DIE
NEULATEINISCHE
BIBLIOTHEK

Herausgegeben von
Daniela Mairhofer (Princeton)
Gernot Michael Müller (Bonn)
Florian Schaffenrath (Innsbruck)
Hartmut Wulfram (Wien)

Band 6

BASINIO DA PARMA

Hesperis
Der italische Krieg

Herausgegeben, übersetzt und erläutert von
CHRISTIAN PETERS

Universitätsverlag
WINTER
Heidelberg

Bibliografische Information der Deutschen Nationalbibliothek
Die Deutsche Nationalbibliothek verzeichnet diese Publikation
in der Deutschen Nationalbibliografie;
detaillierte bibliografische Daten sind im Internet
über *http://dnb.d-nb.de* abrufbar.

Gedruckt mit freundlicher Unterstützung von:
Stiftung Fürstl. Kommerzienrat Guido Feger
Universität Innsbruck, Vizerektorat für Forschung
Dekanat der philologisch-kulturwissenschaftlichen Fakultät
Institut für Klassische Philologie und Neulateinische Studien
Ludwig Boltzmann Institut für Neulateinische Studien

Für die Herausgabe dieses Bandes verantwortlich:
Florian Schaffenrath (Universität Innsbruck).

UMSCHLAGBILD
Agostino di Duccio, *Arca degli Antenati*
im *Tempio Malatestiano* in Rimini
© Christian Peters

ISBN 978-3-8253-4871-7

Dieses Werk einschließlich aller seiner Teile ist urheberrechtlich geschützt.
Jede Verwertung außerhalb der engen Grenzen des Urheberrechtsgesetzes
ist ohne Zustimmung des Verlages unzulässig und strafbar. Das gilt insbesondere für Vervielfältigungen, Übersetzungen, Mikroverfilmungen
und die Einspeicherung und Verarbeitung in elektronischen Systemen.

© 2021 Universitätsverlag Winter GmbH Heidelberg
Imprimé en Allemagne · Printed in Germany
Druck: Memminger MedienCentrum, 87700 Memmingen

Gedruckt auf umweltfreundlichem, chlorfrei gebleichtem
und alterungsbeständigem Papier.

Den Verlag erreichen Sie im Internet unter:
www.winter-verlag.de

Inhalt

Danksagung 7
I   Einleitung 9
I.i   Rimini, der Humanismus und ein „italischer Krieg"? 9
I.ii   *Malatesta propago* – Sigismondos Ahnen und ihr Staat 15
I.iii   *Italum ductor* – Sigismondo als Staatsmann und Mäzen 20
I.iv   *Parma mihi patria est – sunt sidera carmen et arma*: Basinios Leben und Werk 28
I.v   *populis exempla futuris* – Ein Epos mit ‚Ruinenwert'? 34
I.vi   Gattungsinnovator oder panegyrischer Hasardeur? 37
I.vii   *Vegius Redivivus*? Eine Fallstudie in (e)skalierender *aemulatio* 45
I.viii   Eine Reise ins Ungewisse? Humanistische Epiphanien 52
I.ix   Sprache und literarische Technik der *Hesperis* 59
I.x   Eine Zeitkapsel der Frührenaissance – Stellenwert der *Hesperis* 67
II   Zu Textgestalt und Übersetzung 71
III   Zeithistorie und episches Narrativ: Synopse 73
IV   Glossar zeitgeschichtlicher Figuren und ihrer epischen Avatare 81
Literaturverzeichnis 85
     Handschriften 85
     Textausgaben 85
     Literatur 86
Abbildungsverzeichnis 91
Basinio da Parma: Hesperis – Der italische Krieg 93
Anmerkungen zu Text und Übersetzung 521
Index nominum 545

Danksagung

Der erste und nachdrücklichste Dank, der in dieser *praefatio* ausgesprochen werden soll, gilt assoz. Prof. Florian Schaffenrath (Innsbruck), in Stellvertretung der Reihenherausgeber für das diesem Projekt entgegengebrachte Vertrauen, aber auch ganz individuell und persönlich für die Initiative, der *Hesperis* zu ihrer ersten Übersetzung zu verhelfen, und die unermüdliche Unterstützung über den gesamten Arbeitsprozess hinweg, sowie nicht zuletzt für die Einwerbung von Mitteln für den Druck. Unschätzbar auch die Hilfe von MMag. Nikolaus Hölzl (Innsbruck), dessen sachkundiger und detailgenauer Blick in der Redaktion wichtige Impulse liefern und manche *errata* vor dem Druck abfangen konnte.

Dass ich Prof. Karl Enenkel (Münster) im Wintersemester 2020/21 im Rahmen eines Lehrauftrags in Vorlesung und Lektüreübung vertreten durfte, hat mich auf produktive Weise gezwungen, meine Kenntnis des neulateinischen Humanismus in Italien und der neolatinistischen Forschung dazu einer prüfenden und erweiternden Revision zu unterziehen, und mir die Gelegenheit gegeben, zentrale Passagen des ersten großen Epos des *Quattrocento* mit klugen und engagierten Studierenden zu diskutieren, wofür ich meinem verehrten akademischen Lehrer ebenso wie seinem Assistenten Lukas Reddemann, M.A., Dank schulde.

Diverse Ideen, die Einzug in Einleitung und Kommentar gefunden haben, konnte ich im Rahmen wissenschaftlicher Zusammenkünfte erproben und entwickeln. Dafür danke ich vor allem Dr. Christoph Pieper (Leiden), mit dem ich ein Doppelpanel zu Basinio auf dem IANLS-Kongress 2018 in Albacete organisieren durfte, und Daniel Melde, M.A. (Berlin).

Zuletzt stehe ich auch in der Schuld der Schulleitung der Peter-Ustinov-Schule Hude, die meinen Ausflügen in die Welt der *studia humanitatis* mit – nicht selbstverständlichem – Wohlwollen und beherzter Unterstützungsbereitschaft begegnet. Dass dort, im Hinterland des *Barbaricum*, fast 500 Jahre nach Auflösung des Klosters *Portus Sanctae Mariae,* nun erstmals (und derzeit einmalig an einer niedersächsischen Oberschule) Schülerinnen und Schüler Latein lernen können, legt Zeugnis von einer um Welten bescheideneren, aber – *dis propitiis* – hoffentlich nachhaltigeren *renovatio litterarum* als in Sigismondo Malatestas Rimini ab.

In diesem Geiste möchte ich das vorliegende Buch den Schülerinnen und Schülern der Lateinkurse an der PUS Hude widmen.

Emudae, Id. Oct. MMXXI

I Einleitung

I.i Rimini, der Humanismus und ein „italischer Krieg"?

Der moderne Besucher Riminis, des alten römischen Flottenstützpunktes an der Adria am Knotenpunkt von *via Aemilia* und *via Flaminia*, dessen Nennung Assoziationen mit dem „Teutonengrill" der Wirtschaftswunderjahre weckt und Schwarzweißbilder von Blechlawinen aus VW Käfer und Opel Rekord auf der Brennerautobahn ins Gedächtnis ruft, wird, sofern nicht als Badegast oder Fellini-begeisterter Cineast angereist, ein recht klar umrissenes touristisches Programm absolvieren: Er wird die Steinbrücke des Tiberius besichtigen, sofern er sie nicht bei der Ortseinfahrt schon passiert hat, den Augustusbogen, die spärlichen Überreste des römischen Amphitheaters – vor allem aber wird er die eine Stätte in Rimini ansteuern, die die Region bereits zum zweiten Mal als UNESCO-Welterbe zu lancieren versucht: den *Tempio Malatestiano*, bis heute Kathedralkirche des Bistums. Er wird die monolithische Blöße und die nur scheinbar antiken Formen der sorgfältig restaurierten Marmorfassade ebenso bestaunen wie das von Piero della Francesca ausgeführte Fresko des Stifters und seines Namensvetters auf dem römisch-deutschen Thron, die enigmatischen Reliefs astrologischer und mythologischer Sujets, den prunkvollen Sarkophag, den in einer Seitenkapelle marmorne Elefanten tragen, die trotzig dreinblickenden Marmorputten und einen weiteren Sarkophag mit einem vielsagenden Doppelrelief, das den Stifter als Scipio Africanus inszeniert (s. Buchumschlag). Verlässt der Besucher dann, erbaut oder verstört von der suggestiven und idiosynkratischen Vision der Antike, die die Frührenaissance da unter der Mitwirkung unter anderem Leon Battista Albertis, des quintessenziellen *uomo universale* seiner Epoche, erschaffen hat, informieren ihn mächtige Antiqua-Lettern der Inschrift auf dem Fries der Fassade, dass Sigismondo Malatesta, Sohn des Pandolfo, das Gebäude im Jahre 1450 siegreich errichtet habe. Überwältigt von all dem, entgehen ihm dann womöglich zwei kleine Marmorplatten (Abb. 1), seitlich an den Pilastern der Nordwestfassade angebracht, die ihn mit einer eigenartigen griechischen Inschrift darauf hinweisen, dass ebenjener Sigismondo Malatesta diesen Tempel „dem unsterblichen Gott und der Stadt errichtet" habe, und zwar, nachdem er „siegreich und unbeschadet viele gewaltige Gefahren im italischen Krieg (Ἰταλικὸς πόλεμος) gemeistert" habe.

Abb. 1: Griechische Weihinschrift am *Tempio Malatestiano*, Rimini (Südwestseite)

Ganz so unbedarft wie der idealtypisch naive Besucher, den wir in unserem imaginären Rundgang begleitet haben, wird gewiss kein Tourist, der absichtlich die Grenze zwischen dem Rimini der Badegäste und der Kulturtouristen überschritten hat, den *Tempio* auf sich wirken lassen: Die wichtigsten kulturgeschichtlichen Rahmungen dürfte er aus seinem Reiseführer erfahren haben, und im 20. Jahrhundert hat das Bauwerk wiederholt die wissenschaftliche und belletristische Vorstellungskraft stimuliert – so nimmt es prominente Plätze etwa in den *Cantos* Ezra Pounds oder in Aby Warburgs *Mnemosyne*-Atlas ein. Doch mit Zunahme der Sachkenntnis wird das Inschriftenprogramm des *Tempio* nicht etwa ärmer an Ungereimtheiten: So ist das Bauwerk weder neu errichtet worden, noch sind im Jahre 1450 Bauarbeiten begonnen oder abgeschlossen worden. Die griechische Marmortafel stiftet noch mehr Verwirrung: Warum einen „italischen Krieg" in griechischer Sprache kommemorieren? Um welchen „italischen Krieg" handelt es sich, auf einer Apenninhalbinsel, die zu diesem Zeitpunkt bereits seit vielen Jahrzehnten von regionalen Konflikten mit immer wieder wechselnden Koalitionen und chaotischen, wenn überhaupt vorhandenen, Frontverläufen erschüttert wurde, die unter der Leitung hoch bezahlter Söldnerführer, der *condottieri*,¹ ausgefochten wurden? Welche Gefahren waren es genau, deren unbeschadete Bemeisterung den siegreichen Feldherrn zur Stiftung seines „Tempels" veranlasst haben? Diese Fragen wird zwar nicht abschließend lösen, jedoch mit Tiefenschärfe und Kontext versehen können, wer sich mit einer Figur beschäftigt, die für einige Jahre die humanistischen Bestrebungen am Hofe Sigismondo Malatestas entscheidend prägte und der es gelang, sich für die Schaffung einer humanistisch-antikisierenden ‚corporate identity' der Malatesta-Herrschaft unentbehrlich zu machen, die schließlich auch als einer der Urheber des Inschriftenprogramms in Frage kommt: Basinio da Parma. Im Jahr 1455 oder 1456 wurde von ihm in Rimini das erste panegyrisch-zeitgeschichtliche Epos der neulateinischen Literatur publiziert, das mit annähernd 7000 Versen nicht nur Petrarcas *Africa*, sondern jede hexametrische Großdichtung des Humanismus bis dato im Umfang übertraf: die *Hesperis* (Abb. 2).

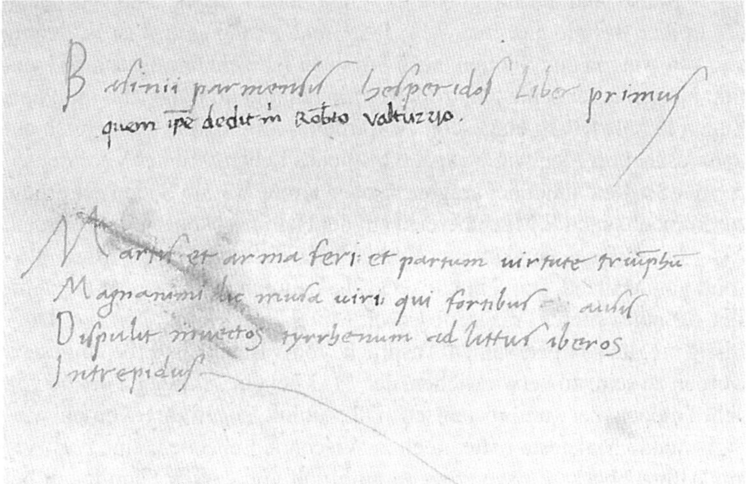

Abb. 2: Titelseite des Autographen der *Hesperis* (mit Roberto Valturios Besitzvermerk), f. 2v.

In ihr wird der Leser in der Tat Zeuge eines existenziellen Krieges, den Italien mit einem ausländischen Aggressor, König Alfons von Aragon, führt und der nur dank des selbstlosen und unermüdlichen Einsatzes von

---

¹ Michael Edward Mallett: *Mercenaries and Their Masters. Warfare in Renaissance Italy*, Barnsley ²2009, S. 76–106.

Sigismondo Malatesta zugunsten der Italiener entschieden werden kann. Der Held muss dafür Gefahren überwinden, die weit über die gängigen Berufsrisiken eines militärischen Dienstleisters hinausgehen, und nach der glorreichen Vertreibung der „Kelten" und „Iberer" von der italienischen Westküste weiht er in Rimini einen Tempel, den zu errichten er Jupiter vor der ersten militärischen Begegnung gelobt hat.

Nun hat Sigismondo Malatesta den Unsummen verschlingenden Umbau der Franziskuskirche zum *Tempio* selbstverständlich nicht wegen oder für Basinio und sein Epos initiiert, zumal der Dichter erst 1449, drei Jahre nach Beginn der ersten Umgestaltungsarbeiten, nach Rimini kam. Doch seine Dichtung und die wenigen, in der Gesamtbilanz vernachlässigbaren epigraphischen Schnittstellen zwischen Literatur und Architektur stiften ideologischen und geschichtspolitischen Sinn in einem Projekt, das sonst als kunsthistorisch zwar wertvoller, aber grotesk megalomaner Geltungskonsum hätte abqualifiziert werden können.

Was also sind die Ereignisse des „italischen Krieges" und was macht der Epiker Basinio aus ihnen? Im Jahr 1442 gelang es Alfons V., König u.a. von Aragon und Sizilien, nach fast zwei Jahrzehnte währendem Konflikt Neapel unter seine Kontrolle zu bringen und im Folgejahr von Papst Eugen IV. als König eingesetzt zu werden – als einziges Königreich auf italienischem Boden war Neapel päpstliches Lehen. Mit der Vereinigung ‚beider Sizilien' unter der aragonesischen Krone war im Süden der größte zusammenhängende Machtbereich auf der Halbinsel konsolidiert worden. Als 1447 Alfons' langjähriger Verbündeter, Herzog Filippo Maria Visconti von Mailand, starb, nutzte jener die dadurch entstehenden Dynamiken für ein weiteres Ausgreifen nach Mittel- und Norditalien, um langfristig möglicherweise seinen Anspruch, von Visconti als Erbe eingesetzt worden zu sein, zu verwirklichen, der 1447 bei einem ersten Vorstoß von den Truppen der ‚ambrosianischen Republik' abgewehrt worden war. Sigismondo Malatesta hatte, noch zu Viscontis Lebzeiten, eine *condotta* mit Alfons abgeschlossen, zögerte aufgrund von dessen Säumigkeit bei der Begleichung der vereinbarten Soldzahlung aber, umgehend am Feldzug des Königs in Richtung Toskana teilzunehmen, zumal er in dieser Situation sicher auch begriff, dass er den Preis seiner militärischen Gefolgschaft und Expertise wohl kaum je höher würde treiben können als zu dem Zeitpunkt, da alle relevanten Mächte Italiens (neben den genannten vor allem noch Florenz und Venedig) in einen Konflikt involviert waren, in dem es ebenso sehr darauf ankam, sich der Unterstützung fähiger

Generäle zu versichern, wie zu verhindern, dass sie für den Gegner zu Felde ziehen. Und so ließ sich Sigismondo von Florenz im Dezember 1447 anwerben. Unter seiner Führung gelang es im folgenden September, die für Alfons' Ambitionen essenzielle Belagerung des kleinen Stadtstaats Piombino zu sprengen und die Ambitionen Neapels auf eine Expansion nach Mittel- und Norditalien vorerst zu vereiteln, wofür Florenz ihm die Bürgerkrone verlieh und seinen Sieg öffentlich feiern ließ. Damit waren jedoch die neapolitanischen Ambitionen nicht endgültig zu Grabe getragen: 1452 verschoben sich die Allianzen der großen Mächte, Venedig schloss ein Bündnis mit Neapel, Florenz mit Mailand (das mittlerweile wieder einen Herzog hatte: Viscontis General und Schwiegersohn Francesco Sforza) und unter Alfons' Sohn Ferdinand begann eine erneute Offensive. Abermals warb Florenz Sigismondo als Oberbefehlshaber an, der zunächst einige Festungen im Chianti, vor allem das von den Neapolitanern verbissen verteidigte Foiano della Chiana, zurückeroberte und schließlich, im Herbst 1453, die stark befestigte Küstenstadt Vada zwischen Livorno und Piombino belagerte, vom Nachschub zur See abschnitt und nach der Vertreibung der Truppen Ferdinands schleifen ließ.[2]

Diese beiden militärischen Operationen Sigismondos stilisiert Basinio nun zu einem existenziellen Endkampf zwischen den keltiberischen Invasoren aus dem Westen und den vereinten Kräften der Italiener, die Freiheit und Selbständigkeit ihrer *patria* verteidigen, und macht sie zu den narrativ tragenden Säulen seiner *Hesperis*, flicht jedoch, um der epischen Konvention zu entsprechen, den *ordo naturalis* aufbrechend, noch in Analepse eine umfangreiche Vorgeschichte, d.h. Sigismondos Jugend und seine früheren Heldentaten im Krieg, ein, ebenso wie eine gänzlich fiktive Reise zur mythischen Insel der Glückseligen, die noch zu thematisieren sein wird. Folgerichtig tauft er sein Werk *Hesperis*, das Suffix -*is* schreibt es in die antike epische Tradition ein, die auch noch einen Walter von Châtillon bei der Titulierung seiner *Alexandreis* zwei Jahrhunderte zuvor geleitet hat. Doch anders als diese oder das übermächtige Modell der *Aeneis* macht der Titel deutlich, dass es nicht um die Taten eines Mannes, sondern um das Schicksal eines Landes gehen soll: *Hesperia*, das Land des Abendsterns *Hesperus*, verweist einerseits auf Italien,[3] in

---

[2] Jerry Bentley: *Politics and Culture in Renaissance Naples*, Princeton 1987, S. 17f.; Paul J. Jones: *The Malatesta of Rimini and the Papal State*, London/New York 1974, S. 199–201; 207–209.

[3] Z.B. *Hesperis* 4, 564 und 5, 150.

dessen Dienst Sigismondo sein taktisches Genie und seinen Heldenmut stellt, andererseits firmieren auch die keltiberischen „Barbaren" ihrer geographisch weiter westlich gelegenen Heimat entsprechend immer wieder als *Hesperidae*.[4] Nicht weniger als um die politische und militärische Überlegenheit geht es in diesem Konflikt also um die Deutungshoheit, wer Italien als das im ersten Buch der *Aeneis* verheißene *Hesperia*[5] dominieren, wer in einer Fortführung augusteischer Geschichtsteleologie die *translatio* des westwärts treibenden kulturellen und imperialen Anspruchs der trojanischen Gründer Roms verwirklichen kann, und das in einer Zeit, in der sich in Italien ein kulturelles Paradigma durchsetzt, das ebendiese antiken Denkfiguren und Formen zum Ursprung und Zielpunkt politischer Repräsentation macht. Denn auch dem zentralen Antagonisten Alfons gesteht Basinio das Prestige antiker Wurzeln zu, macht durch das epische Epitheton *Taraconius heros*, das er ihm häufiger als jedes andere beigibt, gar die größte der römischen Provinzen auf der iberischen Halbinsel zu seiner Heimat. Dabei unterstellt er ihm zugleich ebenfalls einen Wunsch nach Teilhabe am humanistischen Projekt. So räumt er in einer Feldherrenrede an seine Truppen ein, dass es die kultivierte Lebensart und vor allem die Redekunst ist, die ihn in das Mutterland der einstigen Weltbeherrscherin Rom lockt, der er zugleich aber nicht vergeben kann, Spanien einst erobert zu haben:

> Hier sind die Künste, das Auftreten der Menschen und die Wortgewandtheit angesehener, die Erscheinungsformen, und schließlich auch das königliche Rom, Zier der Welt und Herrscherin der Erde, das spürt, dass in euch, die es einst besiegte, nach vielen Zeitaltern Rächer erstanden sind.
>
> (*Hesperis* 2, 201–204)[6]

Im Vorfeld des zweiten militärischen Aufeinandertreffens versucht er dann, Sigismondo mit einer humanistisch inspirierten Argumentation, die mit Mythographie ebenso wie mit römischer Geschichte operiert, davon zu überzeugen, dass es das Schicksal Italiens sei, von auswärtigen

---

[4] Z.B. *Hesperis* 1, 580 und 2, 139.
[5] *Aeneis* 1, 530.
[6] Auf Zitation des lateinischen Textes wird mit Verweis auf Edition und Übersetzung verzichtet, die Zitate aus der deutschen Übersetzung werden zudem auf das zum unmittelbaren Verständnis Nötige reduziert.

Herrschern unterworfen zu werden.[7] Die *Hesperis* bedient sich also nicht nur bei antiken Modellen, um Zeitgeschichte panegyrisch zu überhöhen, sie thematisiert auch die humanistische Beanspruchung der Antike durch die Politik ihrer Zeit selbst und lässt Akteure der Zeitgeschichte die politische Valenz humanistischer Gelehrsamkeit aushandeln. Der eigenwillige Titel *Hesperis* verdichtet dies durch seine Mehrdeutigkeit in einer Weise, die schwerlich ins Deutsche zu übertragen ist. Wohl aber liegt uns mit der merkwürdigen griechischen Inschrift am *Tempio*, der ja einen der wesentlichen außerliterarischen Fluchtpunkte der *Hesperis* darstellt, ein weiteres Zeugnis der ideologisch motivierten Antikenbeanspruchung in Rimini vor, das sich mit Basinios Epos neben der heroischen Zeichnung des Stifters auch die Idee e i n e s italienischen Krieges teilt, dessen Ausgang darüber entscheidet, wer in der zeitgenössischen Gegenwart auf Augenhöhe mit den Alten deren Erbe beanspruchen möge. Vor diesem Hintergrund darf „Der italische Krieg" als geeigneter Behelf für die Übersetzung des Titels *Hesperis* gelten.

I.ii *Malatesta propago* – Sigismondos Ahnen und ihr Staat

Um den von Basinio betriebenen panegyrischen Aufwand und dessen Verhältnismäßigkeit angemessen taxieren zu können, gilt es, sich vor Augen zu führen, für wen Basinio sein ehrgeiziges Epos verfasste – zunächst nicht individualbiographisch, sondern politisch-administrativ gesprochen. Wer waren die Malatesta, wie war ihr Staat organisiert, welchen Rang bekleideten sie in der Hierarchie der Großen Italiens im 14. und 15. Jahrhundert und auf welche Ressourcen konnten sie politisch, wirtschaftlich und militärisch zugreifen? Die Herrschaft der Malatesta über die Städte Rimini, Pesaro, Fano, Cesena, Ancona und Senigallia sowie den *contado* um sie herum mit seinen Dörfern und Festungen kam der Familie in zwei Hinsichten zu, einerseits als *signori* der entsprechend verfassten Städte, andererseits als päpstlich eingesetzte *vicarii*, befand sich ihr Herrschaftsbereich doch sämtlich auf dem Territorium des Kirchenstaates. Dabei war das apostolische Vikariat eben nicht die alleinige Machtbasis der Familie, sondern wurde von ihr zur Konsolidierung ihrer fragmentierten traditionell gewachsenen *signorie* genutzt, welche sie aber wiederum vor

[7] *Hesperis* 11, 117–127.

zu großer päpstlicher Einflussnahme zu schützen suchten, was in der Phase zentralisierter Machtagglomeration in den Staaten der Hochrenaissance an seine Grenzen stieß: Letztlich war es der Status als *vicarii*, der Cesare Borgia um 1500 die Legitimation gab, die Macht der Malatesta endgültig zu zerschlagen.[8] Wie zahlreiche andere kleinere Geschlechter, die sich als *signori* in zuvor als *comune* verfassten Städten der Region etablieren und ihren Herrschaftsanspruch teils auch dynastisch festschreiben konnten, wie etwa die Montefeltro in Urbino, die wichtigsten Nachbarn und einflussreichsten Konkurrenten der Malatesta insbesondere zu Sigismondos Zeit, begann auch der Aufstieg der Malatesta als Feudalherren im Umland von Rimini: Fassbar sind sie zuerst in Verucchio und Il Trebbio nahe San Marino.[9] Die dort unter ihre Kontrolle gebrachten Gebiete unterstellten sie formal Rimini, was der *comune* ihnen mit weitgehenden Steuer- und Rechtsprechungsprivilegien und dem Bürgerrecht vergalt. Mit dieser Ausgangslage gelang es dem Familienoberhaupt Malatesta da Verucchio (1226–1312), die Malatesta als eine der führenden Familien in Rimini zu etablieren und als Anführer der guelfischen Fraktion in der Stadt die Schwäche der kaiserlichen Machtdurchsetzung in der Romagna und die Bestrebungen des Papsttums zur Restitution eines Kirchenstaates auszunutzen, um sich 1295 als *signore* Herrschaft über die Stadt zu sichern.[10] Streitigkeiten zwischen den einzelnen Linien der Familie und die verstärkten päpstlichen Bestrebungen, aus dem avignonesischen Exil (ab 1309) die Souveränität über den Kirchenstaat wieder zu stabilisieren, ließen die Malatesta manches von dem, was sie in den Unruhen des ausgehenden 13. Jahrhunderts an sich gebracht hatten, wieder verlieren, doch ab den 1330er-Jahren setzte unter dem nun führenden Zweig der Familie um Malatesta III. und Galeotto I., ersterer Enkel Malatestas da Verucchio und zweiterer Großvater von Sigismondo, eine Phase der Konsolidierung und Ausweitung der Malatesta-Herrschaft in der Romagna ein, die ihnen in den folgenden Jahrzehnten die Kontrolle über Pesaro, Fano, Cesena, Fossombrone, Ascoli, Ancona und zahlreiche weitere Städte und deren Umland einbrachte.[11] Territoriale Expansion und ungünstige Bündnisse mit Gegnern der Päpste in Avignon brachten die Malatesta in Konflikt mit dem nominellen Herrn über die Romagna und

---

[8] Jones, *The Malatesta*, ibid., S. 320.
[9] Ebd., S. 26.
[10] Ebd., S. 35–41.
[11] Ebd., S. 64–66.

führten zu einem Feldzug des päpstlichen Legaten und Generalvikar des Kirchenstaats Egidio Albornoz gegen die Gebiete der Malatesta. Resultat der Auseinandersetzung war eine territoriale Schwächung der Malatesta und zugleich ihre Einsetzung als päpstliche *vicarii* in den von ihnen *de facto* schon seit Jahrzehnten kontrollierten Städten. Das im Juli 1355 eingerichtete Vikariat verlieh der *signoria* der Malatesta Legitimität um den Preis erhöhter Abhängigkeit von ihrem apostolischen Lehnsherren, insbesondere, da der Titel des *vicarius* nie erblich wurde und Macht und dynastische Konstitution der Malatesta in dieser Hinsicht prekär blieben.

Die Sukzession der vier Söhne Galeottos I. (um 1300–1385), deren Staatswerk Sigismondo beerben sollte, etablierte einen Modus der kooperativen und komplementären Herrschaft der einzelnen *signori*, während des abendländischen Schismas (1378–1417) orientierten die Malatesta sich auf den römischen Papst hin, für den sie immer wieder in militärischen Operationen auf den Plan traten.[12] Durch die enge, auch dynastisch zementierte Bindung an die Gonzaga war eine Teilnahme am mailändisch-florentinischen Krieg in der letzten Dekade des *Trecento* auf Seiten der von Florenz geschmiedeten Liga für Carlo Malatesta und seine drei Brüder zur Notwendigkeit geworden, zumal sie so auch hoffen konnten, ihre Territorien gegen die Ambitionen Gian Galeazzo Viscontis zu behaupten, und gerade Carlo konnte sich bei der späteren Annäherung an die Visconti seitens Mantuas einen Ruf als besonnener Vermittler erwerben – eine Rolle, die er, seit 1386 wiederholt zum *Gonfaloniere della Chiesa* ernannt, später auch zwischen Mailand und dem Papst spielte. Er und zwei seiner Brüder kämpften erfolgreich auf Seiten Mailands gegen den von Florenz unterstützten Italienfeldzug Ruprechts von Bayern, nach Gian Galeazzo Viscontis Tod engagierten sich die Malatesta jedoch bei der Rückgewinnung päpstlicher Städte und Territorien im Norden. Einzig Pandolfo (1370–1427), der Vater Sigismondos, dem bei der Herrschaftsteilung Fano zugefallen war, nahm den Tod des Visconti-Herzogs zum Anlass, statt seinem apostolischen Lehnsherrn bei der Restitution der kirchlichen Autorität zu helfen, möglichst großen territorialen Gewinn aus dem drohenden Kollaps des Herzogtums Mailand zu ziehen, als er einige Städte in der Lombardei entweder als Lohn für seine Dienste entgegennahm oder eroberte, darunter 1404 Brescia, das er, im Gegensatz zu vielen seiner übrigen lombardischen Erwerbungen, länger halten

[12] Ebd., S. 104.

konnte:¹³ Sigismondo und sein Bruder Domenico (genannt Malatesta Novello) kamen dort 1417 bzw. 1418 zur Welt. Wieder in enger Partnerschaft stritten Carlo und Pandolfo für den neuen Einheitspapst Martin V. (1417–1431), unter dem sich auch das apostolische Vikariat über die Malatesta-Besitzungen in der Romagna konsolidierte, das während des Schismas immer wieder zum Spielball für die konkurrierenden Ansprüche der zeitweise drei Päpste geworden war. Pandolfo preschte jedoch vor, Florenz bei dem Versuch zu unterstützen, das unter Filippo Maria Visconti wiedererstarkende Mailand einzuhegen – ein Unterfangen, das sich nicht nur als katastrophal verlustreich erwies, sondern auch den Montefeltro als regionalen Konkurrenten erlaubte, die Leerstelle zu füllen, die die Richtung Mailand abgelenkte Aufmerksamkeit der Malatesta hinterließ. Erst hier konnte sich Urbino in eine Ausgangsposition bringen, die es später als Sieger aus der Rivalität mit dem Rimini der Malatesta hervorgehen lassen würde.[14]

Nach dem Tod Pandolfos 1427 kamen dessen drei (illegitimen) Söhne Galeotto Roberto (*1411), Sigismondo und Domenico, die letzten beiden aus einer Verbindung Pandolfos mit Antonia da Barignano, in die Obhut ihres kinderlosen Onkels Carlo, an dessen Hof in Rimini sie ohnehin weite Strecken ihrer Kindheit zugebracht hatten. Aus außenpolitischem Kalkül ebenso wie aus einer langen devotionalen Tradition seiner Familie heraus engagierte Carlo sich für die Bestrebungen, das abendländische Schisma zu beenden.[15] Er und seine Frau Isabetta trugen eine Frömmigkeit und religiöse Gelehrsamkeit zutage, die von zeitgenössischen und späteren Humanisten mit Bewunderung verzeichnet wurde.[16] Nicht teilen konnten sie jedoch die Rigidität, mit der Carlo seine christlichen Überzeugungen auch an Zeugnissen der liebgewonnenen paganen Antike auslebte: Besondere Bestürzung rief der Herr von Rimini hervor, als er 1397 in Mantua

---

[13] Ebd., S. 113–125.
[14] Ebd., S. 155–161. Vgl. zu der lebenslangen Rivalität zwischen Sigismondo Malatesta und Federico da Montefeltro, die Basinio ebenso wie die bloße Existenz Federicos beschweigt, ausführlich Maria Grazia Pernis/Laurie Schneider Adams: *Federico da Montefeltro and Sigismondo Malatesta. The Eagle and the Elephant*, New York u.a. 1995.
[15] Jones, *The Malatesta*, ibid., S. 135–144.
[16] Ebd., S. 129.

eine lokal verehrte Statue Vergils niederreißen und in den Mincio werfen ließ.[17] Mit dem Tode Carlos 1429 kam die Regentschaft schon recht bald darauf den drei Brüdern gemeinsam zu, unterstützt wurden sie dabei von Carlos Witwe und einem Regentschaftsrat, dessen Mitglieder jedoch teils auf Usurpation sannen, sodass insbesondere die ersten Regierungsjahre der drei jungen Malatesta unruhig waren: Ausgehend von einem Plan des Familienzweigs in Pesaro, der schon gegen die Legitimation der Pandolfo-Söhne agitierte, die Carlo beim Papst hatte erreichen können, hätten die drei Erben durch eine päpstliche Kassation ihres Vikariats enthoben werden und dieses vorübergehend an die Malatesta von Pesaro übertragen werden sollen. Insbesondere durch Fürsprache von Niccolò d'Este konnte Martin V. jedoch zu einer Bestätigung der drei Erben bewegt werden. Kurz darauf, 1431, stiftete ein Mitglied des Regentschaftsrats, Giovanni di Ramberto Malatesta, Unruhen in der Bevölkerung von Rimini, Cesena und Fano an, die jedoch vor allem durch das Auftauchen des erst 13-jährigen Sigismondo zur jeweils rechten Zeit am rechten Ort schnell unterdrückt werden konnten – zunächst in Cesena, von wo aus er mit einer Entsatztruppe nach Rimini zurückkehrte.[18] Die immer wieder bezeugte Beliebtheit der Malatesta bei ihren Untertanen mag das Ihre beigetragen haben.[19] Durch die souveräne Behauptung des Machtanspruchs der jungen Malatesta-Brüder, aber auch dank der Nachfolge eines Malatestafreundlichen Papstes in Gestalt von Eugen IV. (1431–1447), konnten Sigismondo und Domenico auch über den baldigen Tod ihres Halbbruders Galeotto Roberto (1432) hinaus ihre Stellung als *signori* vorerst unhinterfragt festigen. Die schon in der Generation ihres Vaters und Onkels gepflegte administrative Teilung sah für die verbliebenen Brüder dann vor, dass Sigismondo alle Gebiete südlich des Marecchia zufielen, neben dem Zentrum Rimini Santarcangelo, Scorticata, Fano und Sant'Agata Feltria (später kam unter anderem noch Senigallia hinzu), während Domenico

---

[17] Alan Fisher: *Three Meditations on the Destruction of Vergil's Statue: The Early Humanist Theory of Poetry*, in: *Renaissance Quarterly* 40,4 (1997), S. 607–635, hier S. 607–609 zeichnet nach, wie diese Anekdote zum Zündfunken für humanistische Reflexionen über den Stellenwert der nicht-geistlichen Dichtkunst wurde.
[18] Jones, *The Malatesta*, ibid., S. 168–174.
[19] Ebd., S. 320f.

seine Residenz in Cesena nahm und die Städte und *contadi* nördlich des Marecchia kontrollierte.

I.iii *Italum ductor* – Sigismondo als Staatsmann und Mäzen

Die durch seinen Husarenritt aus Cesena geweckten großen Erwartungen der Zeitgenossen konnte der 1433 zusammen mit Domenico – der hernach den Namen Malatesta Novello trug – von Kaiser Sigismund zum Ritter geschlagene Sigismondo mit achtbarem militärischen Erfolg in seinen ersten *condotte* erfüllen, zunächst insbesondere für den apostolischen Lehnsherrn.[20] So wurde er 1435 *capitaneus generalis* des Kirchenstaates und trug in dessen Allianz mit Venedig und Florenz dazu bei, das Ausgreifen des Herzogtums Mailand unter Filippo Maria Visconti zu verhindern, zeigte jedoch unter dem strategischen Druck des fortwährend am und im Malatesta-Gebiet operierenden mailändischen Oberbefehlshabers Niccolò Piccinino erste Risse in seiner Bündnistreue – anders als der stets zuverlässige Malatesta Novello. Gewiss nicht als einziger *signore-condottiere* seiner Epoche legte er dabei auch immer wieder das Kalkül an den Tag, durch plötzliche Loyalitätswechsel, taktisches Nichtstun oder Hinhaltemanöver Konflikten größeren Maßstabs als Kollateralnutzen eigene Gebietsgewinne abzuringen oder doppelt ausgezahlt zu werden.

Dies handelte ihm schon in jungen Jahren mindestens zweimal die Exkommunikation ein, erstmals, als er das für den Papst besetzte Cervia nicht an diesen herausgeben wollte und erneut, als er sich 1444 weigerte, eine *condotta* an die Republik Venedig zurückzuerstatten. Die einzige Konstante seiner ersten Dekade im Geschäft des Söldnerführers war Francesco Sforza, der im Kampf gegen seinen ehemaligen Dienstherrn Filippo Maria Visconti in den 1440er-Jahren den Nordosten Italiens in Atem hielt und der für zehn Jahre stets auf der gleichen Seite wie

---

[20] Anita Delvecchio: *Il principe-condottiero Sigismondo Pandolfo nel primo cinquantennio del Quattrocentro*, in: *La signoria di Sigismondo Pandolfo Malatesti*, a cura di Anna Falcioni, 2 Bde., Rimini 2006, Bd. 2: *La politica e le imprese militari*, S. 31–83, hier S. 43–60 bietet neben Anna Falcioni: Art. *Malatesta, Sigismondo Pandolfo*, in: *Dizionario Biografico degli Italiani*, a cura di Antonio M. Ghisalberti u.a., 100 Bde., Mailand 1960–2020, Bd. 68 (2007), 107–114, hier S. 107–110 eine der klarsten und konzisesten Darstellungen von Sigismondos politischer und militärischer Karriere bis 1450.

Sigismondo kämpfte. Doch selbst Sforza konnte Sigismondo nicht von einem spektakulären Alleingang abhalten, als dieser sich gegen seinen römischen Lehnsherrn, Mailand, Florenz, Venedig und seinen Bruder gestellt hatte und im November 1443 die Festung Monteluro bei Pesaro eroberte. Der Ruf seiner militärischen Brillanz war damit fürs Erste zementiert, doch musste er sich aussichtsreicheren Bündnispartnern annähern. Ein Bündnis zwischen Sforza, dessen Bruder Alessandro, Federico da Montefeltro und Sigismondos Vetter Galeazzo Malatesta in Pesaro mit dem Ziel, ebendiese Stadt aus Malatesta-Besitz zu lösen und Alessandro Sforza als *signore* einzusetzen, bot Anlass, wieder in die Dienste des Papstes einzutreten, der sich unterdessen mit dem frisch eingesetzten König Alfons von Neapel verbündet hatte, um die Bedrohung durch Sforza an der Adria einzuhegen. In dieser Konstellation, die ihn Ende 1445 auch zum *gonfaloniere della chiesa* aufsteigen ließ, eilte der Malatesta von Erfolg zu Erfolg und konnte in einer aufsehenerregenden Schlacht um die Festung Gradara bei Cattolica im Herbst 1446 Sforza zur Aufgabe der Belagerung und zu einem Waffenstillstand zwingen.[21] Ein erneuter diplomatischer Hakenschlag ließ Sigismondo schließlich im Folgejahr zum operativen Oberbefehlshaber (formal lag die höchste Befehlsgewalt bei Vertretern der Republik Florenz) der Allianz zwischen Florenz und Venedig werden, als der er, wie oben bereits geschildert, mit seinem ursprünglichen Dienstherrn bei Piombino im Sommer 1448 auf dem malariaverseuchten Feld der Ehre aufeinandertraf. Nach der offiziellen Ehrung, den Florenz ihm nach dem Sieg an der Westküste zugestand (Basinio macht aus ihr einen Triumphzug, Roberto Valturio spricht von Verleihung der Bürgerkrone), ging der Malatesta nahtlos in die Dienste der Republik Venedig über, verbrachte die Jahre 1449 bis 1451 aber vornehmlich mit der Pflege der territorialen Konflikte, die die Nachbarschaft zu den Montefeltro in den Marken ihm immer wieder eintrug. Der toskanische Krieg flammte 1452 erneut auf, diesmal mit Alfons' Sohn Ferdinand an der Spitze der königlichen Armee, und abermals griff Florenz auf die Dienste Sigismondos zurück. Auch bei der hier entscheidenden Schlacht von Vada am Tyrrhenischen Meer war der Rückzug der neapolitanischen Armee eher ein taktischer, bedingt durch die unterbrochene Nachschubversorgung, doch gab er Sigismondo die Gelegenheit, sich ein letztes Mal als Mann der Stunde feiern zu lassen, bevor die Zeitläufte

---

[21] Jones, *The Malatesta*, ibid., S. 182–196.

seinem rastlosen und unbeherrschten Temperament entglitten: Noch während der florentinische *capitaneus generalis* Ferdinands Armee in der Maremma nachstellte, im Juni 1453, kam 1500 Kilometer östlich der toskanischen Küste ein weit ambitionierterer Feldzug zu seinem vorläufigen Ende – Mehmed II. hatte Konstantinopel erobert, die zweitausendjährige Geschichte des römischen Reiches im Handstreich beendet und der Christenheit apokalyptische Vernichtungsängste eingejagt.

Grund genug für deren obersten Hüter, Papst Nikolaus V., die kriegführenden Mächte Italiens an einen Tisch zu bringen und sich mit einem dauerhaften Friedensschluss für den heilsgeschichtlichen Endkampf zu wappnen. Nikolaus brachte zunächst Mailand und Venedig zur Aussöhnung, die am 5. April 1454 in Lodi den Grundstein zu einer Friedensarchitektur legten, der sich Anfang 1455 auch Alfons von Neapel anschloss, allerdings nicht, ohne sich eine Bedingung auszuerbitten: Sigismondo Malatesta sollte aus der gegründeten Liga ausgeschlossen und vom gefeierten Söldnerführer zum Renegaten unter den *signori* Italiens werden – der König hatte sich in der Angelegenheit der gebrochenen *condotta* sogar im Vorfeld kompromissbereit gezeigt, was Sigismondo aber ausgeschlagen hatte. Dass er sich in einer aus Not eingegangenen *condotta* mit Siena ungeschickt verhielt und sich damit auch den Unmut seiner letzten Fürsprecher zuzog, besiegelte das politische Schicksal des Malatesta vorerst.[22] Auch die spätestens 1456 geschlossene Ehe mit seiner langjährigen Mätresse Isotta degli Atti negierte, anders als seine vorherigen Vermählungen mit einer Este und einer Sforza, jede diplomatische Rationalität.[23] Als politisch vogelfreier Potentat und arbeitsloser *condottiere* in einem weitgehend befriedeten Italien war er nun ohne Nebeneinkünfte, Freunde und Unterstützer, hört an dieser Stelle aber auch, mit dem Tod unseres Dichters 1457, auf, uns zu interessieren: Da Sigismondo uns in diesem Kontext in erster Linie als episch imaginierter Heros angeht, ist seine weitere Biographie weit weniger von Belang als das weite Ausholen, das die komplizierten Gefüge von Macht und Legitimation in einer vikarialen *signoria* in der Romagna erhellen sollte – zumal die ‚dunkle Legende', die sich vor allem Pius' II. publizistischer und politischer Agitation verdankt,

---

[22] Ebd., S. 209f.
[23] Paolo Zanfini: *La pace di Lodi (1454)*, in: *La signoria di Sigismondo Pandolfo Malatesti*, a cura di Anna Falcioni, Storia delle Signorie dei Malatesti 2, 2 Bde., Rimini 2006, Bd. 2: *La politica e le imprese militari*, S. 103–116, hier S. 105–108.

dem „Fürsten aller Schändlichkeit" (*totius nequitiae princeps*)[24] immerhin die Kanonisation als Verdammter zu Lebzeiten einhandelte und ihn für Jahrhunderte zur schaurigen Projektionsfigur von Faschisten und Schwarzromantikern hat werden lassen, sattsam erforscht und anderweitig luzide dargestellt wurde.[25]

Sowohl die kostenintensive Pflege der militärischen und zivilen Infrastruktur in den eigenen Gebieten als auch die verschwenderische Patronage in Architektur und höfischem Leben belasteten den Etat der Malatesta-*signori* über die Mittel, die allein im eigenen Besitz erwirtschaftet werden konnten oder der den Haushalten der Familie über Steuern und Abgaben zuflossen, zumal auch die Päpste als Lehnsherren sich das Vikariat immer wieder teuer entlohnen ließen. Nicht nur im Falle der konventionellen Geltungskonsum weit übersteigenden Extravaganz eines Sigismondo Malatesta waren somit zusätzliche Einnahmequellen unabdingbar, die die Tätigkeit als *condottieri* in reicher Fülle bot. Doch was genau machte Sigismondo aus dem Hof, den er in Rimini von seinem Onkel übernahm? Wie oben schon angedeutet, wandte sich Sigismondo unverhohlener als der fromme Carlo dem Antikenprogramm des Humanismus zu. Das höfische Leben, das sich vor allem im und am 1444 fertiggestellten *Castel Sismondo* abspielte, dessen Schanzwerke niemand Geringeres als Filippo Brunelleschi entworfen hatte,[26] bildete wie in vielen Zentren Oberitaliens eine Synthese aus überkommenen Ausdrucksformen der ritterlichen Kultur des europäischen Spätmittelalters und eben den zunehmend sich durchsetzenden antikeorientierten Geschmacksparadigmen, die die humanistische Bewegung den Eliten Italiens nahegebracht hatte. Orientierung bei der Pflege seiner kulturellen und mäzenatischen Ambitionen boten Sigismondo die nahen und in politischer wie familiärer Freundschaft verbundenen Höfe der Gonzaga in Mantua und der Este in

---

[24] So Pius II. über ihn in seinen *Commentarii* 1, 31, 2. Einen sallustianisch geschulten Exkurs zur Persönlichkeit Sigismondos bietet Pius in 2, 32, 1–5.

[25] Franco Gaeta: *La ‚Leggenda' di Sigismondo Malatesta*, in: *Studi Malatestiani*, a cura di Paul J. Jones, Rom 1978, S. 159–196; Anthony F. D'Elia: *Pagan Virtue in a Christian World. Sigismondo Malatesta and the Italian Renaissance*, Cambridge, MA/London 2016, S. 1–30, zuletzt Christian Guerra: *Der erzählte Papst: Enea Silvio Piccolomini-Pius II. und die römische Historiographie in den ‚Commentarii de rebus a se gestis'*, Schweizerische Beiträge zur Altertumswissenschaft 46, Basel 2018, S. 143–165.

[26] D'Elia, *Pagan Virtue*, ibid., S. 49.

Ferrara, die mit der Bestallung von Vittorino da Feltre bzw. Guarino Veronese zugleich auch die prominentesten Zentren humanistischer Erziehung bildeten. Sigismondo holte neben Basinio weitere Schüler Guarinos an seinen Hof und warb auch bildende Künstler aus Ferrara ab, wie etwa Agostino di Duccio, der das Skulpturenprogramm im *Tempietto delle Muse* im *Tempio* nach Sigismondos Vorstellungen ausführte, ihrerseits inspiriert von Leonellos d'Este privatem *studiolo* und gestützt auf die humanistische Expertise Basinios.[27] Auch als Epizentrum griechischer Gelehrsamkeit wurde Ferrara, maßgeblich etabliert durch Guarino und seine Schüler, speziell nach Theodorus Gazas Übersiedlung 1446, modellhaft für Sigismondo – ein Umstand, ohne den Basinio sicherlich keine so prominente Rolle am Hof in Rimini hätte einnehmen können. Mit der Translation der Gebeine des griechischen Platonikers und verurteilten Neuheiden Gemistos Plethon in einen Sarkophag an der Flanke des *Tempio* erregte Sigismondo noch in den 1460er-Jahren Aufsehen und festigte seinen Ruf als neopaganer Apostat.[28]

Zu Vertretern des Florentiner Humanismus pflegte Sigismondo schon in seiner Jugend Freundschaften: Als Giannozzo Manetti den Malatesta 1447 als Gesandter vom Seitenwechsel überzeugen musste, konnte er auf einen gewachsenen vertrauten Umgang mit ihm zurückgreifen. Florenz war zudem auch meistens der Ort, an dem Eugen IV., der Rom nach 1434 eine Weile mied, sich mit seinem zeitweisen *capitaneus generalis* konsultierte.[29]

Über den Papst lernte Sigismondo Leon Battista Alberti kennen, den er mit dem Konzept für die antikisierende Verschalung von San Francesco, dem gotischen Kern des *Tempio*, und dem Entwurf einer monumentalen Kuppel, die nie ausgeführt wurde, beauftragte. Ob Alberti jedoch jemals vor Ort war, ist fraglich, mit der Umsetzung in Rimini wurde der heute vor allem als Medailleur bekannte Matteo de' Pasti betraut.[30]

---

[27] Ebd., S. 30–38.
[28] Ebd., S. 41.
[29] Ebd., S. 48.
[30] Ebd., S. 53–55. Die Zahl der Rekonstruktionen des Bauprozesses und der kunst- und architekturhistorischen ebenso wie philosophie- und wissenschaftsgeschichtlichen Ausdeutungen des ästhetischen Programms im *Tempio* ist Legion. Beispielhaft sei hier verwiesen auf Pier Giorgio Pasini: *Il Tempio malatestiano. Splendore cortese e classicismo umanistico*, Mailand ²2011; Charles

Die beiden schufen für Sigismondo ein Monument, das unverhohlener als jedes andere Bauwerk der Renaissance die Inanspruchnahme des Augustus-Diktums, eine Stadt aus Ziegeln in eine aus Marmor verwandelt zu haben,[31] emblematisiert. Diese Vision setzt sich im Innern fort, wo die Marmorreliefs von Agostino di Duccio Stadtveduten von Rimini zeigen, die wie selbstverständlich die Manifestationen von Sigismondos Architekturpatronage, *Tempio* und *Castel Sismondo*, mit den tatsächlichen kaiserzeitlichen Zeugnissen des antiken *Ariminum* (Augustusbogen, Amphitheater und Tiberiusbrücke) zu einer epochenübergreifenden Einheit verschmelzen. Dass der *signore* von Rimini zur Baustoffbeschaffung für den *Tempio* unter anderem die Marmorverkleidungen der spätantiken Kirche San Apollinare in Classe bei Ravenna und der augusteischen Brücke in Savignano abbrechen und nach Rimini transportieren ließ, fügt der Idee einer enthusiastischen Antiken-„Aneignung" durch den Humanismus ironische Obertöne bei, die unserem Dichter möglicherweise ein Schmunzeln abgerungen hätten. Basinio selbst fand in Nachahmung des Enniusgrabs im Scipionenmausoleum seine letzte Ruhestätte ebenfalls an der Flanke des *Tempio* (s.u. Abb. 3).

Nun ist unser Dichter, trotz seines außergewöhnlichen Talents, seines immensen Selbstbewusstseins und sonstiger Eigenheiten im humanistischen Literaturbetrieb des *Quattrocento* keine kontextlose Singularität am Hofe Sigismondos gewesen, sondern er fand dort bei seiner Ankunft in der zweiten Jahreshälfte 1449 eine Vielzahl humanistischer *peers* vor,[32] die der Malatesta in unterschiedlicher Funktion und Bestallung angeworben hatte. Unter diesen sollte Basinio bald eine führende Rolle einnehmen, Sigismondos wichtigster Berater blieb jedoch der aus Rimini

---

Mitchell: *The Imagery of the Tempio Malatestiano*, in: *Studi Romagnoli* 2 (1951), S. 77–90; Charles Hope: *The Early History of the Tempio Malatestiano*, in: *Journal of the Warburg and Courtauld Institutes* 55 (1992), S. 51–154; Gabriele Fattorini: *Signis potius quam tabulis delectabor'. La decorazione plastica nel Tempio malatestiano*, in: *Le Arti Figurative nelle Corti dei Malatesti*, a cura di Luciano Bellosi, Storia delle Signorie dei Malatesti 13, Rimini 2002, S. 259–393.

[31] Sueton, *Divus Augustus* 28,3: *Urbem [...] excoluit adeo, ut iure sit gloriatus marmoream se relinquere, quam latericiam accepisset.*

[32] Vgl. Christian Peters, *Mythologie und Politik. Die panegyrische Funktionalisierung der paganen Götter im lateinischen Epos des 15. Jahrhunderts*, Wissenschaftliche Schriften der WWU Münster X, 24, Münster 2016, S. 158–161.

stammende Roberto Valturio (1405–1475), dessen umfänglicher militärantiquarischer Traktat *De re militari* zu den spektakulärsten Inkunabeldrucken zählt. Valturios enge Kollaboration mit Basinio schlug sich auch darin nieder, dass er das Arbeitsexemplar der *Hesperis* anvertraut bekam (s.o. Abb. 2).[33] Weitere wichtige Humanisten am Hof, die allesamt nicht dem intellektuellen *otium* frönten, sondern in vielfältiger administrativer, diplomatischer oder militärischer Funktion für Sigismondo tätig waren, waren der Jurist und volkssprachliche Dichter Giusto de' Conti (1380/1390–1449), die Historiker Tobia del Borgo (1410/1420–1449) und Pietro Parleo (um 1400–1463), der Dichter Roberto Orsi (um 1420–1496) und zahlreiche Randfiguren, die am intellektuellen Leben in Rimini, das Sigismondo sich so viel kosten ließ, Anteil hatten.[34] Doch ebenso schnell, wie sich in der Phase der großen Erfolge des Malatesta ein erlesenes humanistisches Milieu am Hof in Rimini zusammengefunden hatte, verließen viele wichtige intellektuelle Figuren das nach Lodi sinkende Schiff auch wieder – für 1458 ist ein regelrechter humanistischer Exodus zu verzeichnen.[35]

Besondere Strahlkraft für seinen Hof, gemessen an dessen Größe und politischem Gewicht, erzeugte Sigismondo durch die Bemühungen um das Griechische, ohne die sicherlich auch Basinio nicht zu der herausragenden Stellung am Hof des Malatesta gelangt wäre, derer er sich selbst rühmen konnte.[36] Im Wortsinne beredtes Zeugnis davon legt eine 1455 hoföffentlich ausgetragene Kontroverse zwischen unserem Dichter und seinen beiden Konkurrenten ‚Porcellio' Pandoni und Tommaso Seneca da

---

[33] Christoph H. Pieper: *In Search of the Marginal Author. The Working Copy of Basinio of Parma's ‚Hesperis'*, in: *Neo-Latin Philology. Old tradition, new approaches. Proceedings of a conference held at the Radboud University, Nijmegen, 26–27 October 2010*, ed. by Marc van der Poel, Supplementa Humanistica Lovaniensia 35, Leuven 2014, S. 49–70, hier S. 64f.

[34] Grundlegend dazu Antonio Piromalli: *Gli intellettuali presso la corte malatestiana*, in: *La cultura letteraria nelle corti dei Malatesti*, a cura di Antonio Piromalli, Rimini 2002, S. 37–59; vgl. auch den aufschlussreichen Einblick, den Donatella Frioli: *Alla corte di Sigismondo Pandolfo Malatesta: per la tradizione manoscritta di Basino da Parma*, in: *Filologia mediolatina* 13 (2006), S. 241–303, hier S. 262–300 in das humanistisch dilettierende Milieu in Rimini gibt, ausgehend von der Tätigkeit der Akteure als Kopisten von Basinios Werken.

[35] Piromalli: *Gli intellettuali*, ibid., S. 59.

[36] D'Elia: *Pagan virtue*, ibid. S. 75–78.

Camerino ab, die Ferruccio Ferri, dem wohl besten Basinio-Kenner des 20. Jahrhunderts, eine eigene kurze Monographie wert war.[37] Die beiden Humanisten warfen Basinio in invektivischen Schriften vor, griechische Sprache und Gelehrsamkeit zu fetischisieren und als *Graeculus* das eigene, römische, Nest zu beschmutzen. In einer versifizierten Replik legt er ihnen und Sigismondo nicht nur die universelle Geltung der griechischen *litterae* dar, sondern weist Porcellio und Seneca als *leçon par l'exemple* auch zahlreiche stilistische und metrische Fehler nach, womit er den Beweis führt, dass auch lateinisch nur zu dichten vermag, wer die griechischen Vorbilder kennt. Doch anders als sein verehrter Lehrer Theodorus Gaza schien Basinio keine genuin didaktische Berufung für das Griechische zu verspüren oder sich als bloßer Übersetzer profilieren zu wollen. Das Angebot, für Papst Nikolaus V. Homer zu übersetzen, schlug er diesem in einer panegyrischen Versepistel aus[38] – übertrug für seine eigenen Dichtungen jedoch eifrigst Verse aus den homerischen Epen, um sie modular zum Lobpreis Sigismondos ebenso wie zum Nachweis seiner eigenen dichterischen Berufung neu zu arrangieren (s. dazu auch unten die Ausführungen zu Sprache und literarischer Technik Basinios).[39] Bedeutendstes Zeugnis von Basinios eigener griechischer Textproduktion wäre dann, neben einer fragmentarischen *Polydoreis* eben die ihm zugeschriebene griechische Inschrift am *Tempio*, von der diese Einleitung ihren Ausgang nahm.

---

[37] Ferruccio Ferri: *Una contesa di tre umanisti. Basinio, Porcellio e Seneca. Contributo alla storia degli studi Greci nel Quattrocento in Italia*, Pavia 1920.

[38] *Carmina varia* 20, vgl. Peters: *Mythologie*, ibid. S. 156f. und die Einleitung in Basinio da Parma: *Meleagris*, ed./ übers. von Andreas Berger, Bochumer Altertumswissenschaftliches Colloquium 52, Trier 2002, S. 18f.

[39] Ob also Basinios Umgang mit dem griechischen Archegeten des Epos in der verdienstvollen Übersichtsstudie von Robin Sowerby: *Early Humanist Failure with Homer (II)*, in: *International Journal of the Classical Tradition* 4,2 (1997), S. 165–194, hier S.165–167 als „humanist failure with Homer" angemessen verschlagwortet ist, muss dahingestellt werden.

I.iv Parma mihi patria est – sunt sidera carmen et arma
Basinios Leben und Werk

Folgerichtig hinterließ unser Dichter seinem Patron mit Testament vom 24. Mai 1457 bei seinem frühen Tod neben der Bitte, ihn mit dem Hexameter aus der Überschrift als Epitaph am *Tempio* zu bestatten, mit seiner Homer-Handschrift und der unvollständigen *Hesperis*– den Urgrund und den vorläufigen Zielpunkt allen epischen Dichtens; Sigismondo möge die *Hesperis*, wie Augustus die *Aeneis,* vernichten oder emendieren.[40] Seiner Witwe wiederum ließ er in erster Linie Schulden zurück, die den Wert der Erbmasse überstiegen, weshalb sie das Erbe im August ausschlug: Genug Stoff also, um anachronistisch das kurze Leben Basinios als das eines genialischen Poeten mit Leib und Seele, dessen Flamme zu schnell, zu hell und für nichts Anderes als das Dichten brannte, zu romantisieren. Doch auch wenn in dieser Einleitung die Regeln der wissenschaftlichen Lauterkeit aus Sympathie und Faszination für unseren Dichter bisweilen etwas gedehnt wurden und noch werden, so sollen uns doch zunächst die gesicherten Fakten in der Biographie eines bemerkenswerten, aber nicht einzigartigen Humanisten interessieren, bevor wir in einem kurzen Versuch über Basinios Selbstverortung zwischen Lehrern, *peers* und Mäzenen seinem Ego noch einmal kontrolliert die Zügel schießen lassen wollen.

Zunächst aber zu den unspektakulären Anfängen: Geboren 1425 in Tizzano oder Vezzano, zwei Kastellen beiderseits einer Schlucht südlich von Parma im Besitz der Terzi, entstammte Basinio, wie seine zwei nachweisbaren Brüder, einer ansonsten nicht weiter zutage getretenen Familie aus Parma. Vater und Mutter starben 1453 bzw. 1457, mussten den frühen Tod Basinios also möglicherweise beide nicht miterleben. Da im Umland von Parma bis ins 17. Jahrhundert hinein eine Familie Basini nachweisbar ist, hat die Forschung unserem Dichter bisweilen deren Nachnamen beigegeben, für den jedoch jeder zeitgenössische Beleg fehlt. Nach bestem humanistischem Brauch bezeichnete er sich mit der Kombination aus Vornamen und Ort seiner Herkunft: *Basinius Parmensis* (wie etwa auch Giovanni Boccaccio als *Ioannes de Certaldo* und Leonardo Bruni als

---

[40] Augusto Campana: Art. *Basinio da Parma*, in: *Dizionario Biografico degli Italiani*, a cura di Antonio M. Ghisalberti u. a., 100 Bde., Mailand 1960–2020, Bd. 7 (1970), S. 89–98, S. 94. Das Testament ist transkribiert in der Einleitung der Edition Basinio da Parma: *Opera Praestantiora*, ed. Lorenzo Drudi, Drudi, 2 Bde., Rimini 1794, Bd. 1, S. 14f.

Leonardus Aretinus firmierten).⁴¹ Offenkundig waren seine Eltern vermögend und ambitioniert genug, um dem jungen Basinio eine Ausbildung über die elementare Schulzeit in Parma hinaus finanzieren zu wollen und zu können. Hierfür siedelte er schon bald nach Mantua um, sei es wegen der Wurzeln seiner Familie, die in die Stadt Vergils weisen, sei es wegen des Rufs, die Vittorino da Feltres *Casa Giocosa* als humanistische Musterschule genoss. An Vittorinos Schule machte er auch die für ihn lebensverändernde Bekanntschaft mit Theodorus Gaza, der ab 1443 in Mantua unterrichtete. Zeugnisse literarischer Produktivität in dieser ersten Phase seiner Biographie, die man als genuin humanistisch taxieren kann, gibt es keine, wohl aber gewisse Verweise darauf in späteren Werken. So schließt eine Versepistel an Theodorus Gaza, dem Basinio 1446 nach Ferrara folgte, mit einem Distichon, das den gemeinsamen Lehrer Vittorino (der Gaza im Gegenzug für dessen Griechischunterricht Latein lehrte) in den Rang einer paganen Inspirationsinstanz erhebt, inspiriert von der göttlichen Raserei, die die cumäische Sibylle in der *Aeneis* in ihrer Brust trägt.⁴²

> Omnia nanque tuo nosti, Theodore, labore
> Et Victurini pectore numen habes.

> Denn alles weißt du dank deiner eigenen Mühen, Theodorus, und trägst in deiner Brust den göttlichen Geist Vittorinos.
> (*Carmina varia* 4, 45f.)

Neben der noch zu diskutierenden Transposition der Antikevermittlung durch Lehren und Lernen in die Sphäre des Numinosen ist hier vor allem die Generierung einer virtuellen Gemeinschaft durch das Bekenntnis zu einer gemeinsamen intellektuellen Filiation bemerkenswert,⁴³ die weit

---

⁴¹ Die biographische Skizze stützt sich im Wesentlichen auf Campana: *Basinio*, ibid. S. 89–95, der bis heute den Ausgangspunkt für jede Beschäftigung mit Basinios Lebenslauf bilden muss. Zum Geburtsort s. auch die Einleitung bei Basinio da Parma: *Le Poesie Liriche (Isottaeus, Cyris, Carmina varia)*, ed. Ferruccio Ferri, Testi Latini Umanistici 1, Turin 1925, S. vii.

⁴² *Aeneis* 6, 77–79.

⁴³ Patrick Baker: *Italian Renaissance Humanism in the Mirror*, Ideas in Context 14, Cambridge 2015, S. 254. Bakers Studie ist grundlegend für eine zeitgemäße Bewertung des Humanismus als Bewegung und als eine durch bestimmte Formen und Prozesse selbstpostulierte Gemeinschaft, vgl. ebd., S. 1–35 und S. 234–280.

über die sentimentale Erinnerung an einen gemeinsamen Weggefährten und -bereiter hinausgeht.

Als Autor greifbar wird unser Dichter in der Tat erst, als er nach Vittorinos Tod 1446 gemeinsam mit Gaza Mantua in Richtung Ferrara verließ, wo mit Guarino Veronese der neben Vittorino renommierteste humanistische Lehrer seiner Generation wirkte, eine Professur für Griechisch innehatte und das kulturelle Leben am Hof der Este wesentlich mitgestaltete. An ebendiesem höfischen Leben durch panegyrische Dichtung literarisch teilzuhaben regte Guarino seine Schüler mit Nachdruck an,[44] und Basinio folgte diesem Impuls nur allzu bereitwillig. Nach einem zwar diffus überlieferten, konzeptionell aber überzeugend als kohärent nachgewiesenen Elegienzyklus, der *Cyris*,[45] fand Basinio schnell zu seinem späteren dichterischen Kerngeschäft, dem mythologisch-heroischen Epos, und verfasste mit der *Meleagris* ein solches über die Jagd nach dem calydonischen Eber und den Tod des Titelhelden. Das 1448 abgeschlossene Werk, das Markgraf Leonello d'Este, als Aristokrat ein Waidenthusiast, gewidmet war und diesem über einen Freund und Mithumanisten Basinios, den Ferrareser Arzt Girolamo Castelli, zugespielt wurde,[46] verdeutlicht, wie schnell es Basinio mit seinen Ambitionen als epischer Dichter ernst geworden war: Keine antike Behandlung des Stoffs hat auch nur annähernd den Umfang von Basinios Version, und sie ist zugleich auch die längste epische Dichtung in lateinischer Sprache seit Petrarcas *Africa*. Basinio warb zugleich mit Versepisteln um Leonellos Wohlwollen für ein mögliches zeithistorisches Epos über dessen eigene Taten und versuchte, den begeisterten Kunstmäzen vom Primat der Dichtung gegenüber den bildenden Künsten zu überzeugen.[47] Mit dem Jahr 1448, in dem Basinio im September noch eine Anstellung als Lateinlehrer antrat, neigte seine Ferrareser Periode sich jedoch auch bald schon ihrem Ende zu. Ein kurzes

---

[44] Luciano Capra: *Gli Epitafi per Nicolò III d'Este"*, in: *Italia Medioevale e Umanistica* 16 (1973), S. 197–226.

[45] Christoph H. Pieper: *Epic challenges. Basinio da Parma's Cyris and the discourse of genre in early humanistic elegy*, in: *Tradição e transformação. A herança latina no Renascimento*, org. Ricardo da Cunha Lima u.a., Sao Paolo 2019, S. 121–147, hier S. 123–129.

[46] *Carmina varia* 3 ist ein Propemptikon, das Basinio den ersten beiden Büchern, die er Castelli zur Prüfung vorlegte, beigab.

[47] *Carmina varia* 7 und 16. Vgl. dazu Peters: *Mythologie*, ibid., S. 244–251. Zur Edition der *Meleagris* s. Anm. 38.

Parma mihi patria est – sunt sidera carmen et arma   31

Zwischenspiel ließ im Herbst des Folgejahres *arma* an die Stelle von *litterae* treten: Im Konflikt um eine mögliche Eingliederung des mailändischen Parma in den Machtbereich Ferraras nach dem Tod Herzog Filippo Maria Viscontis sollte Basinio im Auftrag Leonellos die Kontakte seiner Familie zu den in Parma tonangebenden Terzi für die Sache der Este nutzen und fand sich unvermittelt nahe seiner Heimat im Kastell von Guardasone als Teil der vom Alessandro Sforza Belagerten wieder. Die Eingeschlossenen gaben mangels Entsatztruppen innerhalb weniger Tage auf und Basinios diplomatischer Auftrag war gescheitert, doch als *poeta militans* konnte er seiner angebeteten *Cyris* zumindest einen elegischen Gruß dichten.[48]

Spätestens 1449 hat unser Dichter begonnen, sich nach einem neuen Förderer umzusehen und fand ihn, anders als das Gros erfolgloser *pens-for-hire* seiner und nachfolgender Generationen, auch: Auf dem Zenit des militärischen Ruhms schlugen die epischen Versepisteln, mit denen Basinio Sigismondos Siege von Roccacontrada und Piombino feierte,[49] offenbar genau die Saiten in Selbstbild und politischem Selbstdarstellungskonzept Sigismondo Malatestas an, die unserem Dichter sodann in Rimini die Türen öffneten und ihm die Gelegenheit gaben, mit den vollmundigen Ankündigungen, von denen Leonello d'Este nach der *Meleagris* offenkundig nicht mehr allzu viel wissen wollte, ernst zu machen und das erste panegyrisch-zeitgeschichtliche Epos der neulateinischen Literatur abzufassen. Doch bevor Basinio sich an die *Hesperis* machte, gab er Sigismondo und dem Hof in Rimini mit dem *Liber Isottaeus* eine Kostprobe seiner gattungspoetologischen Innovationsfreude. Das Werk, das möglicherweise noch von Basinios 1449 verstorbenen Freund und Vermittler Tobia del Borgo begonnen wurde, ist äußerlich eine drei Bücher umfassende Elegiensammlung, inhaltlich aber ein elegischer Briefroman, der in der – unverkennbar an Ovids *Heroides*, aber auch an Properz geschulten – Korrespondenz zwischen Sigismondo, seiner Geliebten Isotta degli Atti, deren Vater und dem *poeta* die Liebesgeschichte des Paares

---

[48] *Cyris* 8.
[49] O *decus Asculeum* in der Edition *Trium Poetarum elegantissimorum, Porcelii, Basinii, et Trebanii opuscula*, ed. Christophorus Preudhomme, Paris: Colinaeus 1539, f. 85v–87r und *Carmina varia* 18.

entspinnt und zugleich episch-panegyrisch auflädt.[50] Die Einschaltung der Dichterinstanz dient Basinio dabei gewiss nicht nur als Kohäsionsfaktor für seine Gattungsexperimente, sondern auch zur hemmungslosen Bewerbung seiner Dichtung und, wie schon im Austausch mit Leonello d'Este, deren Überlegenheit über andere potenzielle Empfänger fürstlichen Mäzenatentums.[51] Denn nun kann er im epistolographischen Dialog gewissermaßen den panegyrischen Vertragsschluss zwischen *poeta* und auf *posteritas* bedachtem Heros inszenieren und Sigismondo einräumen lassen, dass sich seine Hoffnung auf Nachruhm einzig mithilfe eines fähigen panegyrischen Dichters erfüllen wird und den Patron mithin zum Bittsteller machen.[52] Im dritten Buch des *Isottaeus* verstirbt die Geliebte nach kurzer, schwerer Krankheit (die historische Isotta überlebte Sigismondo um sechs Jahre, auch hier ist wieder der Einfluss von Properz' drittem Buch fassbar), was Basinio nicht nur die Möglichkeit gibt, allen Hinterbliebenen wortreiche elegische Totenklagen in den Mund zu legen, sondern auch auf eine außerliterarische Realie zu verweisen, das Grabmal für Isotta nämlich, das Sigismondo schon in der zweiten Hälfte der 1440er-Jahre in einer rechten Seitenkapelle des späteren *Tempio* hatte anlegen lassen, das beim Besuch Sigismondos aber – wieder ist die Dichtung der bildenden Kunst überlegen – stumm bleibt.[53] Denn die literarische Isotta ist längst entrückt worden zu den elysischen Gefilden, wo Sigismondo, im *Isottaeus* wild entschlossen, die Grenzen von Raum, Zeit und Wirklichkeit für seine verlorene Geliebte zu überqueren,[54] sie in der *Hesperis* dann auch antreffen wird – doch dazu unten mehr.

---

[50] Dazu Donatella Coppini: *Basinio e Sigismondo. Committenza collaborativa e snaturamento epico dell'elegia*, in: *Città e Corte nell'Italia di Piero della Francesca*, a cura di Claudia Cieri Via, Venedig 1996, S. 449–467, hier S. 461–466.

[51] So etwa in der Synkrisis der beiden Kunstformen in Liber Isottaeus 1, 6, 45–54, vgl. Coppini, *Basinio*, ibid., S. 465.

[52] *Liber Isottaeus* 3, 7, 45f., vgl. Christoph H. Pieper: *Nostrae spes plurima famae – Stilisierung und Autostilisierung im Liber Isottaeus des Basinio von Parma*, in: *‚Parodia' und Parodie. Aspekte intertextuellen Schreibens in der lateinischen Literatur der Frühen Neuzeit*, hg. von Reinhold F. Glei/Robert Seidel, Frühe Neuzeit 120, S. 91–110, hier S. 93f.

[53] *Liber Isottaeus* 3, 9, 19–22.

[54] *Liber Isottaeus* 3, 9, 71–94.

Der *Liber Isottaeus* ist Basinios letztes Werk im elegischen Distichon, alle größeren Dichtungen, die er von nun an in Angriff nahm, sind im heroischen Versmaß verfasst. Den Anfang macht die *Diosymposis*, gleichermaßen inspiriert von Catulls *carmen* 64 und Maffeo Vegios *Convivium deorum*. Das kurze Epos ist weniger narrativ als ekphrastisch und nimmt die Schilderung eines Götterbanketts zum Anlass, ausgiebig den Tempel der *Fama* zu beschreiben, in dem sich neben den Dichtern und Heroen der Antike auch goldene und stählerne Skulpturen von Sigismondo Malatesta und Basinio befinden.[55]

Unterdessen hatte unser Dichter auch privat und gesellschaftlich in Rimini Fuß gefasst: Offenbar auf Vermittlung Sigismondos ehelichte er 1451 die zehn Jahre ältere Witwe eines Arztes aus bester Familie,[56] – jene Frau, der er 1457 zu wenig vermachte, als dass sie damit die Schulden, die er angehäuft hatte, hätte tilgen können, und die daher das Erbe ausschlug. In dem Jahr, in dem auch die oben bereits nachgezeichnete Kontroverse um das Griechische stattfand, 1455, stellte Basinio die zwei Bücher seiner *Astronomica* fertig, eines astronomisch-astrologischen Lehrgedichts, das das astrologische Interesse seines Patrons, greifbar in Agostino di Duccios Reliefs im *Tempio Malatestiano* mit Basinios eigener Auseinandersetzung mit der astronomischen Lehrdichtung der Antike verknüpft, für deren genaue Kenntnis er Theodorus Gaza in einem der *Carmina varia* preist.[57] Wohl nicht zufällig weist das Testament Basinios neben seinem Homer nur eine weitere griechische Handschrift, Apollonios von Rhodos, aus, denn bis zu seinem Tod arbeitete unser Dichter an lateinischen *Argonautica,* die abermals einen Ball, der von Maffeo Vegio mit seinem *Vellus aureum* erstmals in der neulateinischen Dichtung aufgespielt worden war, in wesentlich größerem Maßstab aufgenommen und

---

[55] *Diosymposis* 363 und 367–70; Sigismondo wird jedoch noch in zwei weiteren Ekphrasen in Aktion dargestellt. Zur Datierung Campana: *Basinio*, ibid., S. 90 und Donatella Coppini: *Un epillio umanistico fra Omero e Virgilio: il ‚Diosymposeos liber' di Basinio da Parma*, in: *Confini dell'umanesimo letterario. Studi in onore di Francesco Tateo*, a cura di Mauro de Nichilo u.a., Rom 2003, Bd. 1, S. 301–336, hier S. 302f.
[56] Campana: *Basinio*, ibid., S. 90f.
[57] *Carmina varia* 17, 16–46. Das Gedicht ist ein Empfehlungsschreiben, das Basinio Andrea Contrario mit nach Rom gibt. Mit Astronomie und Meteorologie etabliert der Dichter eine gemeinsame Schnittmenge in der Gelehrsamkeit der beiden Männer, die sich bis dahin nicht kannten.

deutlich panegyrisch konturiert hätte, aber Fragment von weniger als zwei Büchern geblieben ist.[58]

I.v *populis exempla futuris* – Ein Epos mit ‚Ruinenwert'?

Damit wird die *Hesperis* zum eigentlichen Schlussstein im imposanten Œuvre unseres jung verstorbenen Dichters, der in seinem kurzen Leben um die 18.000 Verse lateinischer und zumindest einige Fragmente griechischer Dichtung hinterließ. Zwar weist Basinios Testament, in dem einzig die *Hesperis* unter seinen Werken Erwähnung findet, sie, sein *maximum omnium bonorum*, ebenfalls als unvollendet aus, insofern sie *nondum ultimae limae impositum* sei,[59] doch kann hier erstens davon ausgegangen werden, dass damit eher eine Endredaktion in Feinarbeit auf Versebene gemeint war als gravierende konzeptionelle Eingriffe, und zweitens gilt es, das Testament zwar durchaus auch als letzten Willen mit formaler Rechtskraft, aber eben auch als ein finales Versatzstück eines durch und durch an den antiken Modellen orientierten und mit diesen in einen Wettstreit tretenden Humanistenlebens zu verstehen, zumal Basinio für sein Testament ja auch den Hexameter dichtete, der seinen Grabstein zieren solle. Für einen Gelehrten, der selbst wesentliche Teile seines Lebens damit zugebracht hat, produktiver Teil einer *posteritas*, der der griechisch-römischen Antike nämlich, zu sein, liegt es nahe, schon im Vorgriff die Parameter seines eigenen Fortlebens gestaltend zu beeinflussen, und dabei auf ein durch den größten aller römischen Epiker und seine Biographen und Kommentatoren etabliertes Modell zurückzugreifen. Wie es seit dem älteren Plinius und Sueton Vergil zugeschrieben wird, seine *Aeneis* lieber den Flammen überantwortet als sie unvollendet publiziert

---

[58] Vgl. Gianvito Resta: *Basinio e l',Argonautica' di Apollonio Rodio*, in: *Miscellanea Augusto Campana*, a cura di Rino Avesani/Mirella Ferrari/Giovanni Pozzi, 2 Bde., Padua 1981, Bd. 2, S. 639–669. An der Schlegel-Graduiertenschule der FU Berlin entsteht zum Thema derzeit eine Dissertation von Vivien Lara Bruns.

[59] In der Edition Basinio: *Opera Praestantiora*, ibid., S. 14f.

populis exempla futuris – Ein Epos mit ‚Ruinenwert'? 35

zu wissen,⁶⁰ so vermacht auch Basinio die *Hesperis* seinem Patron unter Vorbehalt:

> Item reliquit [...] D[omi]no suo D[omi]no Sigismundo pandulfo de malatestis Hesperida opus nondum ultime lime impositum quod est maximum omnium sui bonorum hac lege ne corigi patiatur [.] [S]I vero D[omi]nus corigi aut emendari voluerit per alu[m]nos et indoctos viros qui omnes hodie viventes in hac arte parum valent jubet omnino aut flammis comburi aut profluentiis dissipari [.] melius enim hoc opus sic se habet quam si a pluribus emendetur[,] novit enim testator que sint in hac arte ut superius ait ingenia[.]

Ebenfalls hinterließ er seinem Herrn Sigismondo Pandolfo Malatesta das Werk *Hesperis*, das noch nicht dem letzten Feinschliff unterzogen wurde, das aber das größte aller seiner Güter ist, unter der Bedingung, dass er nicht duldet, dass etwas daran verändert wird. Wenn Herr Sigismondo aber will, dass etwas verbessert oder verändert wird durch Schüler und ungelehrte Männer, die ohne Ausnahme heutzutage von dieser Sache zu wenig verstehen, befiehlt er, dass das Werk zur Gänze entweder im Feuer verbrannt oder von den Fluten aufgelöst werden soll. So ist es nämlich besser für das Werk, als wenn es von mehreren verbessert wird, der Erblasser weiß nämlich, was für Geister sich heutzutage mit dieser Sache beschäftigen, wie oben beschrieben.

Es ist das Glück des Neolatinisten, dass Sigismondo diesen Wunsch bereitwilliger umsetzte, es also weder verbrannte, noch in den Marecchia warf oder zweitklassige Emendatoren darauf ansetzte, als denjenigen nach der Grabinschrift, die auf dem Sarkophag am *Tempio* nirgends zu finden ist (Abb. 3).

---

⁶⁰ Einen Überblick gibt Fabio Stok: *The Life of Vergil before Donatus*, in: *A Companion to Vergil's Aeneid and its Tradition*, ed. by Joseph Farrell/Michael C. J. Putnam, Blackwell Companions to the Ancient World, Chichester 2010, S. 107–120, hier S. 117.

Abb. 3: Basinios Sarkophag an der Südwestseite des *Tempio Malatestiano*, Rimini

Doch ob Basinio seinen Herrn tatsächlich verdächtigt hätte, unberufene Hände an die *Hesperis* zu lassen, ist fraglich. Vielmehr bereitet er einem Narrativ von Transmission und Rezeption seines eigenen Werkes den Boden, zu dem auch die ungewöhnliche Zahl von 13 Büchern beiträgt: Seine *Hesperis* ist so gelungen und Zeugnis einer so bedeutenden Gegenwart, dass sie es wert ist, überliefert zu werden und die Gelehrten einer späteren Epoche sich den Kopf darüber zerbrechen zu lassen – ähnliches hatte auch Sigismondo praktiziert, als er einige der Medaillen, die er von Pisanello oder Matteo de' Pasti hatte prägen lassen, den Fundamenten seiner Bauprojekte beigab.[61] Und Basinio hatte hier gewiss auch einen zeitgenössischen Präzedenzfall im Sinn: Keine 30 Jahre vor der Niederschrift des Testaments erweiterte Maffeo Vegio, mit dem der junge Basinio in poetischem Austausch stand, die *Aeneis*, deren Ende schon seit der Spätantike mit Befremden aufgenommen wurde und Vergils kolportiertem letzten Willen Glaubwürdigkeit verlieh, um ein 13. Buch bzw. um ein Supplement, das sogleich als 13. Buch wahrgenommen wurde.[62] Basinio räumt

---

[61] Vgl. dazu Joanna Woods-Marsden: *How quattrocento princes used art. Sigismondo Pandolfo Malatesta of Rimini and ‚cose militari'*, in: *Renaissance Studies* 3 (1989), S. 387–414; Peters: *Mythologie*, ibid., S. 155f. Zu Basinios Spiel mit der Überlieferung s. auch die Anmerkung *ad loc.* 6, 274.

[62] Vgl. zur Publikationsgeschichte des Aeneissupplements die Einleitung in der Ausgabe Maffeo Vegio: *Short Latin Epics*, ed./transl. by Michael C. J. Putnam, The I Tatti Renaissance Library, 15, Cambridge 2004, S. x–xii.

nun alle Zweifel aus und sät sie zugleich neu: Sein Werk hat 13 Bücher, und dass es genau diese Zahl von Büchern haben sollte, legt allein schon die ungleichmäßige Verteilung des vorhandenen Materials auf die Bücher nahe, von denen die längsten mehr als doppelt so umfangreich sind wie die kürzesten,[63] auch die Handlung lässt im Gegensatz zum Endkampf der *Aeneis* kaum lose Fäden liegen. Zugleich aber gibt Basinio der Arbeitshandschrift hexametrische *Argumenta* bei, die eindeutig auf ein vierzehntes Buch verweisen, in dem es (erneut) um die Spiele zur Feier des Sieges bei Vada gegangen wäre.[64] In seinem Anspruch auf totale Kontrolle seiner eigenen Überlieferungsgeschichte gibt Basinio der *posteritas* also zu verstehen, dass der Tod ihm nicht die Feder aus der Hand genommen hat, bevor er nicht in einem 13. Buch alles zu einem guten Ende hätte führen können, und vergeheimnisst sein Hauptwerk zugleich hinreichend, um die avisierten Generationen von humanistischen Lesern und eifrigen Philologen in ehrfurchtsvollem Staunen rätseln zu lassen.

I.vi Gattungsinnovator oder panegyrischer Hasardeur?

Diese selbstbewusste Geste eines humanistischen *self-fashioning* in *aemulatio* der Alten und ihrer Wirkungsgeschichte führt uns zu einem letzten Aspekt der Dichterpersönlichkeit und -biographie Basinios, der hier in einem Exkurs beleuchtet werden soll. Ein Autor, der so immens produktiv war, damit beruflichen Erfolg genoss, von dem viele seiner Zeitgenossen und Mitbewerber um die Gunst spendabler Patrone nur träumen konnten, und nicht müde wurde, auf seine eigene Unentbehrlichkeit für den dauerhaften Nachruhm eines ebensolchen Patrons zu pochen, wird klare Begriffe von seiner eigenen gattungshistorischen Stellung, von seinem Rang unter Kollegen und Wegbereitern sowie von dem haben, was seine Kunst mit einem Mäzen machen würde, der umsichtig genug ist, Basinio in seine Dienste zu nehmen.

---

[63] Dazu s. auch Christian Peters: *Narrative Structures in Neo-Latin epic from 1440 to 1500*, in: *Structures of Epic Poetry*, ed. by Simone Finkmann/Christiane Reitz, Berlin/New York 2019, Bd. 3, S. 247–299, hier S. 266f.

[64] Biblioteca Civica Gambalunga, Sc-Ms 34, f. 2r: *Ultimus et variis ponit certamina ludis.*; „Das letzte [Buch] stellt Wettkämpfe mit mannigfachen Spielen zusammen."

Zwei Dinge scheinen elementar für Basinios Dichter*persona* zu sein: Erstens zu betonen, dass er der erste ist, der ein bestimmtes literarisches Terrain betritt, und zweitens zu suggerieren, dass er auch der einzige ist, der sich seit der Antike daran versucht hat. Beides sind gewiss alles andere als unerwartete oder ungewöhnliche Regungen im kompetitiven humanistischen Projekt der Wiederauffrischung einer als idealer ‚erster Zeit' verstandenen Antike in ihrer eigenen Epoche, doch Basinios Beharren darauf lässt einen näheren Blick angemessen erscheinen. Beide Ansprüche sollen durch Basinios frühe Werke verfolgt und ähnlichen Behauptungen von Humanisten früherer Generationen gegenübergestellt werden, um sie dann vor der Folie der frühen Dichtungen eines älteren Zeitgenossen Basinios zu bewerten, dessen poetisches Werk in vielerlei Hinsicht wie eine Blaupause für das wirkt, was unser Dichter anderthalb Jahrzehnte später schrieb.

Doch zunächst zu den Anfängen: Die Anmaßung, derjenige zu sein, der als erster nach dem Niedergang der Antike wieder lateinische Epik schreibt, ist so alt wie die neulateinische Dichtung – doch wie alt ist das genau? Üblicherweise lässt die neolatinistische Literaturgeschichtsschreibung die neulateinische Epik mit Francesco Petrarcas (1304–1374) *Africa* das Licht der Welt erblicken,[65] dem unvollendeten Epos über die militärischen Großtaten des quintessenziellen republikanischen Heros Scipio Africanus. Doch bereits mehr als 20 Jahre, bevor Petrarca 1341 den Dichterlorbeer für die bis dahin abgeschlossenen Passagen der *Africa* empfing, hatte ein anderer Urhumanist ein *carmen heroicum* verfasst: Albertino Mussatos (1261–1329) *De obsidione Domini Canis Grandis Veronensis ante Civitatem Paduanam* ist ein hexametrischer Durchhalteappell an die Stadt, in der Mussato so viel Anklang als Dichter und Gelehrter gefunden hatte, vor der Bedrohung durch die Veroneser Scaligeri 1319/20 nicht einzuknicken. Im Prooemium kündigt Mussato an, mit der Hilfe Clios, der Muse der Geschichtsschreibung, Historie in epische Dichtung zu transponieren und damit etwas zu erschaffen, das so seit ganzen Zeitaltern nicht mehr praktiziert worden sei:

> Invictum populum formidatumque per omnem
> Italiam, Clio, quovis, soror inclita, cantu

---

[65] Für einen stärker an Kontinuitäten orientierten Ansatz vgl. Paul Gwynne: *Epic*, in: *A Guide to Neo-Latin Literature*, ed. by Victoria Moul, Cambridge 2017, S. 200–220, hier S. 201–203.

ede virum, nec te non equa voce sequentem
dedignare chelim. Sanctorum tempora vatum
preteriere, modis nunc nostra minoribus
admittit tenerum leni modulamine carmen.

Vom unbesiegbaren Volk und dem in ganz Italien gefürchteten Mann
künde, Clio, hochberühmte Schwester, mit einem Gesang deiner Wahl,
und verschmähe nicht die Lyra, die dir mit unangemessener Stimme folgt.
Die Zeiten der heiligen Dichter sind verstrichen, unser Zeitalter gestattet nun
bescheideneren Maßen mit sanfter Melodie ein zartes Gedicht.

(Mussato: *De obsidione* 1, 1–6)

Doch mit seiner Konzeption als Versifizierung einer vorhandenen Chronik ist Mussatos Epos noch ganz im Einklang mit der Tradition historiographischer Epik, die das ganze Mittelalter hindurch florierte, und auch der Umfang (1300 Verse in drei Büchern) nimmt sich bescheiden aus gegenüber Petrarcas weit ambitionierterem Projekt eine Generation später. Petrarca nimmt ebenfalls für sich in Anspruch, dass er der erste ist bzw. sein wird, der ein Epos über die Zeithistorie schreiben wird, wenn nämlich der Abschluss der *Africa* ihm die Zeit und Muße geben würde, ein panegyrisches Epos über seinen Widmungsadressaten, König Robert von Sizilien, zu schreiben. Hier sind wir auf ganz vertrautem Terrain epischer *recusatio*, und weder ein antiker oder zeitgenössischer Kollege, noch ein moderner Philologe würde Petrarca dafür tadeln, das verheißene Epos nie geschrieben zu haben. Doch das Rennen um den ersten Platz setzt sich fort, und zwar in einer der berühmtesten und am intensivsten beforschten Passagen der *Africa*. Im neunten Buch träumt Scipios Hofdichter Ennius von einer Begegnung mit dem ältesten und ehrwürdigsten aller Epiker, Homer. Nach einigen Reflexionen über poetische Inspiration führt Homer Ennius zu einem Ort, an dem ein junger Dichter, Petrarca nämlich, sich anschickt, nach Größerem zu streben:

Ille diu profugas revocabit carmine Musas
tempus in extremum, veteresque Elicone sorores
restituet, […].

Jener wird die schon so lange flüchtigen Musen in die jüngste Zeit zurückrufen und die altehrwürdigen Schwestern wieder auf dem Helikon ansiedeln, […].

(Petrarca: *Africa* 9, 229–231)

Als Basinio mehr als hundert Jahre nach Petrarcas Dichterkrönung seine Werke verfasste, scheint er immer noch großen Wert darauf gelegt zu haben, dass er der erste ist, der epische Dichtung produzierte bzw. sie als erster in die eigene Epoche überführte, und vor allem, dass Dichtung zu verfertigen mehr – und mehr wert – ist, als einfach nur die Alten zu kennen. Seinem Herrn am Hof in Ferrara, Leonello d'Este, macht er in einer in den *Carmina varia* edierten Versepistel deutlich, dass das Leistungsspektrum eines guten Hofdichters über Gelehrsamkeit und Antiquarismus hinausgeht:

> Omnia carminibus prisci cecinisse feruntur.
> Quid moror ulterius? Prisca referre soles.

> Es heißt, die Alten hätten alles in ihren Gedichten besungen. Doch was halte ich uns noch länger damit auf? Du selbst berichtest ja regelmäßig von den Dingen der Alten.

> (*Carmina varia* 7, 27f.)

Basinios Einsicht ist frappant: Ein kultivierter Patron wie Leonello braucht keinen Höfling, um ihn über die Antike zu belehren, er kennt sie ja gut genug, um ständig darüber zu reden. Dennoch ist auch dieses Gedicht eine konventionelle elegische *recusatio*. In einer späteren Epistel macht Basinio Leonello ein potenziell attraktiveres Angebot:

> Primus Apollineas pro te, Leonelle, camenas
> Aonas ad fontes Parnasia ductus ad antra,
> Aggrediar cunctosque canam tua facta per annos.
> [...]
> Ut colitur nostro Troianus Iulius orbe,
> Teque tuosque novo divum dignamur honore.

> Als erster werde ich für dich, Leonello, an die apollinischen Musen herantreten, wenn ich zu den aonischen Quellen bei den Höhlen des Parnass geführt worden bin, und deine Taten werde ich dann für alle Zeiten besingen.
> [...]
> Wie in unserer Welt der trojanische Julius verehrt wird, so werde ich dich und die Deinen neuen Ruhms würdigen.

> (*Carmina varia* 16, 1–3, 84f.)

Er, Basinio, kündigt an, dass er der erste sein werde, der ein Epos über Leonellos Leben, Taten und Dynastie schreiben wird, und rechtfertigt dieses ganz und gar neuartige Unterfangen mit dem immerwährenden Ruhm, den die julischen Caesaren dem Umstand verdankten, Fokalisationspunkt eines Epos gewesen zu sein. In der episierenden Versepistel, die später zum narrativen Keim der *Hesperis* werden würde, setzt Basinio eine ähnliche Strategie des Beharrens auf der Erstmaligkeit der eigenen dichterischen Projekte ein:

> Ausoniae decus atque Italum fortissime gentis,
> ipse tibi ante alios vates non ultimus olim,
> Sigismunde, canam laudes et magna parentis
> bella genusque tuum regesque et maxima semper
> nomina scaeptriferosque atavos gentemque superbam.

Zierde Ausoniens und Tapferster aus dem Volk der Italiener, ich persönlich, als erster, aber gewiss nicht letzter Dichter, werde dir, Sigismondo, Loblieber singen, und ich werde singen von den großen Kriegstaten deines Vaters und deiner Familie, von Königen und Trägern der größten Namen, den Herrschern unter deinen Vorvätern und all deinem stolzen Geschlecht.

(*Carmina varia* 18, 1–5)

Während sich all dies noch auf die spezifischen Verhaltens- und Kommunikationsmuster zwischen Basinio und seinem jeweiligen Mäzen und deren ungeschriebene Regeln beziehen lassen könnte, macht die *Hesperis* schließlich klar, dass Basinio nicht bloß der erste sein wird, der für einen bestimmten Herrscher ein panegyrisches Epos schreiben wird, sondern der erste seines Zeitalters insgesamt. Im vierten Buch begleiten wir den Helden Sigismondo auf einem Spaziergang durch Rom, nachdem er sich mit Papst Eugen IV., der ihn gerade zum *gonfaloniere della chiesa* gemacht hat, über das weitere Vorgehen gegen Mailand unterredet hat.[66] Er erblickt Denkmäler all seiner geliebten Heroen der Römischen Republik, aber die geschilderte steinerne und marmorne Heldenschau hat dringenden Sanierungsbedarf: Die Statuen bröckeln und vielen fehlen bereits Körperteile. Dieser traurige Anblick weckt im Malatesta ein tiefes Verlangen danach, einen Dichter in seine Dienste zu nehmen, der seinen Ruhm in einem haltbareren Medium konserviert: „Glücklich ist freilich jener, dem seine Zeit einen großen Dichter schenkt, / der in seinen Taten

---

[66] Dazu s.o. S. 21.

künftigen Lobpreis erkennt."[67] Ein Glück für Sigismondo, dass der geheime Wunsch, den Basinio ihm hier retrospektiv in den Mund legt, ein paar Jahre später mit der Ankunft unseres Dichters in Rimini erfüllt wird. Wir wollen uns hier jedoch nicht länger mit dieser bemerkenswerten und durch und durch basinianischen autoenkomiastischen Tautologie aufhalten, sondern auf die weiteren Implikationen von Sigismondos Wunsch blicken: Gäbe es doch bloß einen Dichter, von seinem Ruhm zu künden! Das heißt, dass es bisher noch keinen gibt, Basinio wird vier extradiegetische Jahre später der erste seiner Ära sein, der der Aufgabe gewachsen ist, menschlichen Tatenruhm unsterblich zu machen. Basinios Insistieren auf dieser Pionierleistung ist unentwirrbar verflochten mit seiner panegyrischen Technik, da für ihn die Aufgabe des Dichters nicht bloß das Schreiben ist: Sie beginnt früher, nämlich damit, zeitgeschichtliches Handeln als die Quelle künftigen Ruhms zu identifizieren, und damit kann die antikisierende Umdeutung der Gegenwart einen höheren Rang beanspruchen als die bloße Kenntnis der antiken Welt und deren Vermittlung.

Doch der erste zu sein, bedeutet nicht notwendigerweise, der einzige zu sein. Wir wollen noch einmal in das neunte Buch der *Africa* zurückkehren, wo in Ennius' Begegnung mit Homer der griechische Dichter seinen römischen Erben mit diesen Worten grüßt: *Salve, care michi Latie telluris amice / unice!.* – „Sei gegrüßt, mein einziger Freund auf latinischem / Boden!" (Petrarca: *Africa* 9, 173f).

Damit wird der Anspruch, der wesentliche Archeget des Epos, der quintessenzielle epische Dichter zu sein, durch die Epochen weitergereicht von Homer an Ennius und von Ennius an Petrarca, sobald dieser von Homer als der gemeinsame Nachfahre der beiden ins Spiel gebracht wird. Durch typologische Filiation ist Petrarca für Ennius, was Ennius für Homer ist: Sein einziger Freund auf italienischem Boden, mithin der einzige lateinische Epiker von Rang.

Auch Basinio ist gerne in guter Gesellschaft: In der bereits erwähnten *Diosymposis* machen Jupiter und seine unsterblichen Gäste einen Verdauungsspaziergang zur Insel der Glückseligen, wo sie den Tempel der *Fama* besuchen, in dem sie die Galerie der Helden und Dichter betrachten. Der letzte in der Reihe der Dichter, direkt nach Catull und Ovid, ist Basinio selbst:

---

[67] *Hesperis* 4, 568–584, hier 583–4.

Omnibus effigies adamantina vatibus. Illos
maximus insequitur Romanae gloria linguae,
qui canit Aeneae casus et bella supremo
carmine. Post illum divinus Horatius atque
vates chalcidico cecinit qui plurima versu.
Nec minus insequitur perdocti dulce Catulli
carmen et ille senex Pleignis natus aquosis.
Atque ego non fueram tanti pars vana laboris.

Die Abbilder aller Dichter waren aus härtestem Stahl. Jenen folgt der Größte, die Zierde der römischen Sprache, der die Geschicke und die Krieges des Aeneas in überragender Dichtung besingt. Nach jenem der göttliche Horaz und der Dichter, der unzählige Dinge in cumäischem Vers besang. Und nicht minder folgt nach der hochgelehrte Catull mit seinem liebreizenden Gedicht und der alte Mann, der im wasserreichen Paelignerland geboren wurde. Und auch ich war nicht unbedeutender Teil solch eines Kunstwerks.

(*Diosymposis* 356–363)

Wie Petrarca unterstreicht auch Basinio seine Einzigartigkeit insofern, als er der einzige der zeitgenössischen Dichter ist, der von einer antiken Instanz als gleichrangig mit den antiken Modellen anerkannt wird, wobei er die Autorisation nicht durch seine diachronen *peers*, sondern durch das überzeitliche Urteil der olympischen Götter vornehmen lässt.

Gibt es also für Basinio nichts anderes als die Alten und ihn selbst? Im Gegenteil, er ist sehr freimütig darin, sowohl seinen Lehrern als auch seinen Wohltätern außerhalb der dichtenden Zunft Respekt zu zollen. Der oben öfters genannte Theodorus Gaza etwa wird stolz benannt als die Quelle von Basinios Griechischkenntnissen, und Vittorino da Feltre tritt sogar an die Stelle des helikonischen Personals, wenn es um das Entfachen des poetischen *furor* geht. Die ebenfalls schon bekannten Tobia del Borgo und Roberto Valturio, die beide als Vermittler für Basinios Anstellung in Rimini fungierten, werden in der langen Versepistel, in der Basinio Papst Nikolaus' V. Anfrage, Homer zu übersetzen, ausschlägt, ausdrücklich benannt:

Hinc ego digressus Theodoro doctus Achaeo, [...].

Von dort [=Mantua] ging ich fort, unterwiesen durch den Achäer Theodorus, [...].

(*Carmina varia* 20, 165)

Non ego Castaliis venio demersus ab undis,
Sed Victurini pectore plenus eo.

Nicht getauft in den kastalischen Wogen, sondern im Herzen erfüllt von Vittorino schreite ich einher.

(*Carmina varia* 7, 5f.)

Sunt mihi qui faveant iuris legumque peritus
Burgius et scriptis clarus Valturius armis,
Qui docet arte modis committere praelia miris.

Es gibt Männer, die mir gewogen sind, wie den aus Borgo, der kundig in Gesetz und Recht ist, und Valturio, den man rühmt für seine Schriften über Waffen, der kunstfertig lehrt, auf wundersame Weise zu kämpfen.

(*Carmina varia* 20, 262–65)

Auf der anderen Seite scheut Basinio auch nicht davor zurück, seine humanistischen Mitbewerber in Rimini der Lächerlichkeit preiszugeben, wie wir um Umfeld der Griechisch-Kontroverse gesehen haben, deren Nachhall sich in der *Hesperis* in den epischen Avataren von Porcellio und Tommaso Seneca als hässlichen, begriffsstutzigen und illoyalen Greisen findet.[68] Selbst Guarino Veronese, dessen Gelehrsamkeit wesentlich zu Basinios Kompetenz als Autor beigetragen haben dürfte, wird eines Mangels an ebensolcher Gelehrsamkeit in mythographischen Dingen geziehen: Als *Carinus* wird er durch eine Metamorphose verdammt, für immer als Frosch in den Sümpfen des Po-Delta bei Ferrara vor sich hin zu quaken.[69]

---

[68] *Hesperis* 1, 501–529 (Porcellio-*Phorbas*) und 11, 279–372 (Seneca-*Seneucus*).
[69] *Hesperis* 10, 171–235, vgl. Christian Peters: *Bella novabo. Basinio da Parma's Instant Epics*, in: *The Economics of Poetry. The Efficient Production of Neo-Latin Verse, 1400–1720*, ed. by Paul Gwynne/Bernhard Schirg, Court Cultures of the Middle Ages and Renaissance 6, Oxford u. a. 2018, S. 101–130, hier S. 158f. Zum Hintergrund des mutmaßlichen Streits vgl. Ferruccio Ferri: *Un dissidio fra Basinio e Guarino*, in: *Athenaeum* 5 (1917), S. 33–43.

Während Petrarcas *self-fashioning* als Pionier seines Genres ein gewisses Maß an Glaubwürdigkeit nicht nur durch die unmittelbare Wertschätzung, die Autor und Werk erfuhren, sondern auch dadurch erlangt, dass es zu dem Zeitpunkt in der Tat kaum anderthalb Generationen so etwas wie eine humanistische Bewegung gab, so offenbart die Exklusivität, die Basinio für sich und seine Epik beansprucht, ihre Volatilität schon durch den Überdruck, mit dem er sie vorbringt, aber auch im Angesicht der kulturellen und literarischen Landschaft, in der Basinio aufwuchs: Humanistische Studien florierten allerorten in den urbanen Zentren Nord- und Mittelitaliens, und Heerscharen von talentierten und produktiven lateinischen Dichtern waren seine Lehrer, Schüler oder Weggefährten. Ein Blick auf Basinios Umgang mit den poetischen Mitbewerbern dürfte daher aufschlussreich sein.

I.vii *Vegius Redivivus?* Eine Fallstudie in (e)skalierender *aemulatio*

In all seinen erhaltenen Werken wendet sich Basinio nur ein einziges Mal an einen anderen humanistischen Dichter – außer an sich selbst, aber damit haben wir uns im Zusammenhang mit dem *Liber Isottaeus* schon beschäftigt – und dieser ist auch der einzige Dichterkollege, den er mit seinem tatsächlichen Namen nennt oder anspricht: Maffeo Vegio (1407–1458). Vegio, dem wir oben schon als Autor des gefeierten *Aeneis*-Supplements begegnet sind, war in Rimini als Sieger im Wettbewerb um die Weihinschrift über dem Portal des neuen *Castel Sismundo* hervorgegangen und scheint mit der Formel „Ein Mann wie seine *rocca!*" gewissermaßen die panegyrische Formel für den weiteren poetischen Output in Rimini vorgegeben zu haben:

Aspice, quam mole ingenti cultuque superbo
 quae sim, quam miris machina structa modis.
Sismundo nomen mihi, Sigismundus et auctor.
 Quantus ab exemplo disce sit meo.
Quem Malatestarum magno de sanguine natum
 mirare et laudes effer ad astra suas.

Vermutet wird entweder ein möglicher Rückzieher bei einem avisierten Umzug Guarinos nach Rimini oder die Umwidmung eines Werkes, das eigentlich Sigismondo gewidmet werden sollte.

Schau, von welch gewaltiger Masse ich bin, was für ein Werk erhabener Zierde und auf welche staunenswerte Weise errichtet. Ich habe den Namen ‚Sismundo' und ein Sigismondo ist mein Urheber. Was für ein Mann er ist, ersieh aus meinem Beispiel. Ihn, geboren aus dem großen Geschlecht der Malatesta, bestaune und trage sein Lob hinauf zu den Sternen.[70]

Vegio hatte in den 1440er-Jahren unter Eugen IV. Karriere am Papsthof gemacht und wurde von Basinio in einer Versepistel ersucht, dessen Entwurf einer *Polydoreis* zu prüfen und zu emendieren und sie mutmaßlich Papst Nikolaus V. als Gegenvorschlag für die Homerübersetzung, um die der Papst unseren Dichter ersucht hatte, zuzuspielen. Wenn wir vorab Vegios und Basinios dichterisches Schaffen vergleichen, so finden wir für annähernd jedes hexametrische Werk Basinios einen Vorläufer in Vegios Œuvre, dessen unser Dichter sich aemulatorisch annahm. Zunächst ist hier das *Aeneis*-Supplement zu nennen, dem Basinio die 13 Bücher seiner *Hesperis* gegenüberstellen konnte – wir haben oben gesehen, wie wichtig es ihm offenkundig gewesen ist, bei exakt 13 Büchern zu landen. Doch Vegio hat auch eigenständige mythologische Epen hinterlassen: Den kurzen *Astyanax* und das längere *Vellus aureum*. Letzteres erwiderte Basinio mit der doppelt so umfangreichen *Meleagris*, die einen der Argonauten, Meleager, zum Gegenstand nimmt – später nahm er ja zudem auch die *Argonautica* in Angriff, die aber Fragment geblieben sind. Der *Astyanax* lässt sich neben Basinios geplante *Polydoreis* stellen, die das tragische Schicksal eines weiteren Kindes aus Troja erzählt hätte. Die *Polydoreis* hätte den *Astyanax* insofern übertroffen, als es Basinios einziges Werk in griechischer Sprache gewesen wäre. Doch lassen wir hinsichtlich dieses hier bisher nur hypothetischen Überbietungsanspruchs Basinio selbst zu Wort kommen. In der Versepistel an Vegio (*Carmina varia* 14) benennt unser Dichter ausdrücklich die engen Analogien zwischen den Werken der beiden:

> Hectoridae pueri cecinisti funera, vates,
> Nec minus Esonidem Graiugenasque duces.
> Ast ego poene puer cecini, qui matris ob iram

---

[70] Zitiert nach Angelo Battaglini: *Della corte letteraria di Sigismondo Malatesta*, in: *Basinii Parmensis Opera Praestantiora*, ed. Lorenzo Drudi, 2 Bde., Rimini 1794, Bd. 2, 1, S. 44–255, hier S. 131; vgl. D'Elia: *Pagan Virtue*, ibid., S. 34.

Vegius Redivivus? Eine Fallstudie in (e)skalierender aemulatio 47

> Venit ad infernas igne perustus aquas.
> Nunc ego Priamidae pueri crudele sepulchrum
> Et refero crudi barbara facta ducis.

Dichter, du hast den Tod des Hektorknaben besungen und ebenso den Aesoniden und die griechischen Fürsten. Ich aber, fast selbst noch ein Knabe, besang ihn, der des Zornes seiner Mutter wegen verkohlt zu den Wasser der Unterwelt ging. Nun aber künde ich vom grausigen Ende des jungen Priamiden und den barbarischen Taten des brutalen Anführers.

(*Carmina varia* 14, 17–22)

Auf den ersten Blick gibt Basinio nur, in chiastischer Anordnung, zu verstehen, dass er Werke verfasst hat oder derzeit verfasst, die denen, die Vegio anderthalb Dekaden zuvor publiziert hat, thematisch ähneln. Doch man sollte schon hier vermerken, wie der jüngere Dichter selbstbewusst insinuiert, dass seine Dichtungen diejenigen Vegios übertreffen: Zunächst nehmen die Anspielungen auf Basinios Werke doppelt so viel Raum (vier gegenüber zwei Versen) ein wie die Vegios, was dem Umstand Rechnung trägt, dass allein die *Meleagris* schon doppelt so umfangreich ist wie *Astyanax* und *Vellus aureum* zusammen. Dann isoliert Basinio aber auch noch einen Aspekt in der Geschichte des Argonauten Meleager, seinen Tod infolge eines Fluchs, den seine wütende Mutter reaktiviert, um eine zunächst nicht evidente Parallele zum Tod des *Astyanax* zu suggerieren (Mutter – Kind – tragischer Tod – Feuer). So erscheint es, als sei Basinio nun schon gleichauf mit dem, was Vegio an mythologischer Epik vorzuweisen hat, und alles, was er nun produziere, würde ihm einen höheren Rang verschaffen als seinem Vorläufer, insbesondere wenn es so etwas Spektakuläres wie das erste humanistische Epos in griechischer Sprache wäre.

Nun sollten wir diese Art von skalierender *aemulatio*, egal wie explizit, zunächst einmal als einen verspielten Wink freundschaftlicher Konkurrenz und vor allem als das Höchstmaß an kollegialer Ehrerbietung, zu dem Basinio in der Lage war, begreifen, zumal unser Dichter keinen Grund hatte, Vegio zu düpieren, da er wenig später auf dessen Hilfe und Fürsprache angewiesen war. Basinio hatte Vegio für die Rolle eines *brokers* in der möglichen Patronage durch Nikolaus V. ausersehen und etablierte diese spezifisch humanistische Art von professioneller Beziehung literarisch in einer Ekloge – der einzigen, die er je verfasste – für den

Papst, deren propemptische *sphragis* Vegio explizit nennt und ihm genau den Status von Erstmaligkeit und Einzigartigkeit einräumt, den er sich selbst, wie oben gezeigt, in anderen Werken angemaßt hatte:

> Vegius, Argeo qui proximus unus Homero.
> Ille Linum et fratrem cithara superare canora
> atque alios vates, quos aurea protulit aetas,
> audet et egregias heroum dicere laudes,
> iudicio cuius rauca haec ego carmina mitto,
> Corticibus falcis morsu signata salignis.

Vegio ist es, der als einziger dem argäischen Homer nahekommt. Jener wagt es, Linus und dessen Bruder mit wohlklingender Lyra zu übertreffen und auch die anderen Dichter, die das Goldene Zeitalter hervorbrachte, und das erhabene Lob der Helden zu singen, seinem Urteil überstelle ich diese ungeschlachten Gedichte, die ich mit der Spitze der Sichel in Weidenrinde gekratzt habe.

(*Carmina varia* 19, 96–101)

Eine weitere auffällige Parallele zwischen dem Werk Vegios und Basinios ist, dass beide ein Epyllion über ein Bankett der olympischen Götter verfasst haben. Vegios *Convivium deorum* datiert vom Februar 1430 und ist 163 Verse lang, Basinios bereits erwähnte *Diosymposis* aus dem Jahr 1449 ist mehr als 500 Verse lang – erneut skaliert und überbietet Basinio seinen älteren Kollegen durch die Verdreifachung des Umfangs und die Gräzisierung des Titels. Diese oberflächlichen Beobachtungen lassen sich auf der inhaltlichen Ebene vertiefen. Beide Werke inszenieren ihren panegyrischen Gehalt auf dem Weg der Ekphrase: In Vegios *Convivium* erscheint Mars mit einem Schild, den eine Darstellung Filippo Maria Viscontis, der in die Schlacht reitet, ziert:

> Pene sequens, laetis stabat Gradivus in armis
> sydereo tectus clipeo, cui maximus haeros
> impressus stricto herebat mucrone Philippus
> anguigeramque ferens aeterna in secula gentem
> fulmineo flagrabat equo, et foelicibus armis
> exultans sese in medios interritus hostes
> auspicibus superis, inter sese arma ferebat.

Dicht folgend stand dahinter Gradivus in stolzer Rüstung, geschützt von einem sternengleich schimmernden Schild, an dem in einem Relief der

Vegius Redivivus? Eine Fallstudie in (e)skalierender aemulatio 49

gewaltige Held Filippo mit gezücktem Schwert prangte, den Ruhm seines
schlangengeschmückten Geschlechts in die Ewigkeit tragend, auf blitzendem Pferd gleißte und mit siegreichen Waffen jauchzend unerschrocken
mitten in die Menge der Feinde unter dem Schutz der Götter seine Kampfkraft führte.

(*Convivium Deorum* 29–35)

In der *Diosymposis* endet die Galerie der Helden mit zwei Statuen, Augustus und Sigismondo Malatesta. Vulcanus hat ihre Harnische verfertigt:
Der des Augustus zeigt die Schlacht von Actium, während Sigismondos
arma ihn zeigen, wie auf dem Rücken seines Pferdes in die Schlacht
stürmt:

Vides quali virtute feratur
spumifero Sismundus equo? Quem solus in hostem,
solus in Alphonsum primis se praestet ab annis?

Siehst du, mit welcher Tatkraft Sigismondo auf schaumstiebendem Pferd in die Schlacht rast? Gegen welchen Feind er allein, gegen
Alfonso nämlich, er allein schon in jüngsten Jahren sich behauptet?

(*Diosymposis* 384–386)

Beide Dichter bilden ihren jeweiligen *signore* und Patron in der Weise ab,
in der dieser sich ebenfalls in Münzprägungen und Medaillen gerne inszeniert sah, und erstellen damit ein Portal zwischen der epischen Transposition menschlicher Krieger zu mythologischen Heroen und deren tatsächlichen Repräsentationsmedien – nur das Material des ekphrastischen
Gegenstands ist fiktiv, nicht aber sein Inhalt und dessen Darbietung. Dies
führt uns zu unserem letzten Beispiel in der Synkrisis von Vegio und Basinio und zurück zu narrativer Epik: Vegio wandte sich nicht nur mit dem
Convivium deorum unmittelbar an Filippo Maria Visconti, sondern auch
an drei von dessen erfolgreichsten oder vielversprechendsten *condottieri*:
Niccolò Piccinino, Francesco Sforza und Antonio da Pontedera wurden
mit je einer Versepistel bedacht, die zusammen Vegios *Carmina heroica*
bilden, welche ihren Namen dem Hexameter, in dem sie verfasst sind,
verdanken, aber auch ihrem thematischen Zuschnitt – alle drei bieten episierende Darstellungen zeitgeschichtlicher Schlachten. Vegio erkannte
das Potenzial, das sich ihm im Windschatten dieser aufstrebenden Figuren
der politischen Landschaft Italiens bieten würde, und er hatte beim unbekanntesten und unbedeutendsten der drei genannten Söldnerführer, dem

toskanischen Grafen Antonio da Pontedera, *Antonius Pisanus*, Interesse geweckt, ihm ein episches Projekt weit größeren Maßstabs zuzueignen – oder wollte dieses Interesse erst durch eine antizipatorische *recusatio* wecken, denn der volle Titel der Epistel lautet *Excusatio a scriptione rerum gestarum Italiae ad Co[mitem] Antonium Pisanum*.[71] Der reale oder unterstellte Patron in Antonio da Pontedera, dessen unbeherrschtes Temperament ihn dazu befähigte, seinem Auftraggeber in Mailand manchen Sieg zu erstreiten, ihn aber am Ende das Leben gekostet haben dürfte – ein ehemaliger Kollege nahm ihn 1436 gefangen und ließ ihn an einem Olivenbaum erhängen[72] –, hat offenkundig das Potenzial des panegyrischen Epos gewittert und Vegio darum gebeten, ihm ein solches auf den Leib zu dichten, sodass dieser sich der Avance in einer so koketten wie konventionellen *recusatio* erwehren muss, die auf dem Weg der *praeteritio* allem, das an Antonio als Krieger preiswürdig ist, Raum bietet. Das Gedicht ist nur gut 200 Verse lang und mutet insbesondere im letzten Abschnitt wie eine Blaupause heroischer Dichtung speziell für *condottieri* an:

> [...], neque cognita toti
> Ausoniae tua gesta canam, non turbine quanto
> Quo vultu, qua fronte tuos, quo pectore in hostes
> Vectus equo insurgas, et stricto interritus ense
> Fulmineasque acuens vires, horrendus aperto
> Marte ruas, non digna tuae praeconia dicam –
> Hectoreae virtutis erunt qui dicere possint.

> [...], und nicht werde ich deine Taten besingen, die ganz Ausonien bekannt sind, nicht, mit was für einem Stürmen, mit was für einer Miene und mit welchem Gesicht, mit welchem Mut du auf deinem Pferd dich gegen deine Feinde wirfst und mit gezogenem Schwert furchtlos, deine alles zerschmetternden Kräfte anstachelnd, schreckenerregend in offener Feldschlacht dahinstürzt, nicht werde ich deine verdiente Verherrlichung verkünden – hektorsgleicher Tugend werden die sein, die davon künden können.

(Vegio: *Excusatio* 199–205)

---

[71] Herausgegeben in Maffeo Vegio: *Poemata et alia carmina. Operum pars secunda*, Lodi 1613, S. 48–54.
[72] Armando Petrucci: Art. *Antonio da Pisa*, in: *Dizionario Biografico degli Italiani*, a cura di Antonio M. Ghisalberti u.a., 100 Bde., Mailand 1960–2020, Bd. 3 (1961), S. 196f.

Wie wir mittlerweile wissen, wandte sich auch Basinio in den späten 1440er-Jahren an einen solchen aufstrebenden Feldherrn und Söldnerführer, dessen militärischer Wagemut gerade ganz Italien in Staunen versetzte, und lotete mithilfe kürzerer episierender Versepisteln das Interesse Sigismondo Malatestas an einem umfangreicheren Epos über dessen Taten aus. Speziell *Carmina varia* 18, die Epistel *Ausoniae decus*, schlägt in eine ähnliche Kerbe wie Vegios *Excusatio*:

> Atque ea fatus, equum medios animosus in hostes
> Cogis et ingenti sonat excita terra tumultu.
> Pulverulentus ager glomerata per agmina nubem
> Aetheream quatit; aere micant auroque catervae.

> Und als du so gesprochen hast, drängst du beherzt dein Pferd in die Mitte der Feinde und der aufgewühlte Boden ertönt unter dem gewaltigen Ansturm. Das staubige Feld lässt eine Wolke durch die zusammengeballten Schlachtreihen zum Himmel stieben und von Bronze und Gold glänzen die Scharen.

> (*Carmina varia* 18, 106–109)

Doch Basinio setzt sich trotz aller Parallelen dadurch von Vegio ab, dass er, anstelle einer Entschuldigung für das Missverhältnis zwischen Tatenruhm und dichterischer Kompetenz, Sigismondo gegenüber betont, dass dieser in jedem Fall die *praeconia* seines Heldenmuts aus Basinios berufenem Munde hören werde:

> Post ego magna tuae referam praeconia famae
> Virtutemque animosque tuos, tua plurima quondam
> Praelia consiliisque tuis quae multa secundo
> Numine bella geris.

> Dann werde ich die Verherrlichung deines Ruhms bekannt machen, deine Tugend und deinen Mut, all die unzähligen Schlachten, die du einst fochtst, und die Kriege, die du mit taktischem Verständnis und unter göttlichem Wohlwollen führtest.

> (*Carmina varia* 18, 6–9)

Was beide Texte also zudem verbindet, ist die Idee von epischer Dichtung als *praeconium*, vom Dichter als Herold des Patrons – Vegio tritt jedoch von diesem Anspruch zurück und vertröstet seinen potenziellen Patron auf einen geeigneteren Kandidaten. Eventuell ist sein durch die Leitplanken der *recusatio* eingehegtes panegyrisch-episches Musterstück ohnehin zu sehr innerhalb der Grenzen des *decorum* gewesen, um eine Figur wie Antonio zu überzeugen, der wiederum möglicherweise ein panegyrisches Feuerwerk, wie Basinio es ab 1449 für den Malatesta abbrannte, zu schätzen gewusst hätte. Männer wie Antonio da Pontedera oder Sigismondo Malatesta waren hinreichend überzeugt von ihren eigenen Leistungen – was sie benötigten, war ein durch Gattungskonventionen in seinem unverbindlichen Umgang mit den politischen Realitäten hinreichend abgesichertes episches *framing* einer Zeitgeschichte, in dem sie von politischen Spielbällen und militärischen Dienstleistern zu unverzichtbaren Zivilisationsheroen avancieren konnten.

I.viii Eine Reise ins Ungewisse? Humanistische Epiphanien

Diese Leistungen konnte Basinio seinem Patron in Rimini gewiss bieten, und zwar im Augenblick von dessen größter politischer Bedrängnis, als der Frieden von Lodi ihn aller potenziellen Unterstützer und Einnahmequellen beraubte, doch scheint es bei allem, was wir bisher über die poetologische Standortbestimmung des Dichters aus Parma sagen und erfahren konnten, nicht plausibel, dass er sich damit begnügt hätte, bloß das propagandistische Mundstück eines in diplomatische Schieflage geratenen Duodezfürsten zu sein. Der letzte Teil unseres Exkurses soll daher einer möglichen Lesart der *Hesperis* gewidmet sein, die nicht unwesentliche Teile des Epos als eine halb allegorische, halb narrative Rekapitulation der transformativen Wirkung liest, die das humanistische Programm auf einen Herrscher haben kann, so er sich nur der richtigen Führung anvertraut. Mit der mittelalterlichen Vergil-Exegese, die die Abenteuer des Aeneas als Weg der menschlichen Seele allegorisierte,[73] und der im Italien des 14. und 15. Jahrhunderts immer noch allgegenwärtigen *Commedia* Dante Alighieris[74] ist aus produktions- wie rezeptionsästhetischer

---

[73] Eine konzise Gesamtschau zuletzt bei Petra Korte: *Die antike Unterwelt im christlichen Mittelalter. Kommentierung – Dichtung – philosophischer Diskurs*, Tradition – Reform – Innovation 16, Frankfurt am Main 2012, S. 33–94.

[74] Zumal in einer Zeit, in der die Selbstschau der humanistischen Bewegung gerade massiv darauf hinwirkte, Dante als Wegbereiter zu einem der Ihren zu machen, vgl. Baker: *Italian Renaissance Humanism*, ibid., S. 94–96.

Eine Reise ins Ungewisse? Humanistische Epiphanien 53

Perspektive ein hinreichendes Substrat gegeben, um ein Epos des *Quattrocento* in mehr als nur einem Schriftsinn gelesen werden zu lassen. Um besser zu verstehen, welche Rolle Basinio sich selbst in der epischen Kollaboration mit seinem Patron zuwies, sollten wir uns vor diesem Hintergrund der vielleicht befremdlichsten und rätselhaftesten Passage der *Hesperis* zuwenden, Sigismondos fiktiver Reise zur Insel der Glückseligen im Westen, die mit An- und Abreise sowie einem Zwischenstopp im Feindesland an der spanischen Küste annähernd vier Bücher (7–10) einnimmt. Nach einem Seesturm, der seine gesamte Mannschaft tötet und auch ihn mehr tot als lebendig am Strand ausspuckt, wird Sigismondo von einer Nymphe namens Isothea gefunden und mit zu ihrem Vater, dem Windgott Zephyrus, genommen. Unterdessen seine Geliebte geworden, besucht sie zusammen mit ihm den Tempel der *Fama* und durchwandert Unterwelt und Elysium, wo ihnen Sigismondos Vater Pandolfo begegnet und den Helden über die große Vergangenheit seiner *gens* und seine eigene Verpflichtung gegenüber der italischen Zivilisation aufklärt.

Die dantesken und neuplatonischen Implikationen dieser narrativen Großeinheit sind in der Forschung bereits zu großen Teilen erhellt worden,[75] sie erklären jedoch nicht die Funktion der Episode in der narrativen Makrostruktur des Epos. Es wurde angenommen, auch vom Autor dieser Zeilen, dass die fraglichen Bücher in erster Linie einen gefälligen mythologischen Firnis über die Jahre zwischen dem ersten und zweiten toskanischen Feldzug (1449 bis 1452) ziehen, in denen sich Sigismondo vornehmlich in glanzlosen Konflikten mit seiner Nachbarschaft verstrickte.[76] Doch die hätte Basinio auch einfach ganz verschweigen können, wie er es mit einer Vielzahl weiterer militärischer Misserfolge seines Patrons praktizierte. Daher müssen wir uns fragen, was genau in den genannten Jahren außerhalb der politischen und militärischen Sphäre passiert sein könnte, das einen tiefgreifenden Wandel in Sigismondos Selbstkonzept hatte und mit dem Schwerpunkt seiner Reise, der Liebe und der Begegnung mit der Antike, zu tun hat. Die plausibelste Erklärung ist hier – die Hinführung lässt es bereits erahnen –, dass Basinio seine eigene Ankunft

---

[75] Hier sei beispielhaft auf den tiefschürfenden Artikel von Stanko Kokole: *The Tomb of the Ancestors in the Tempio Malatestiano and the Temple of Fame in the poetry of Basinio da Parma*, in: *Drawing Relationships in Northern Italian Renaissance Art. Patronage and Theories of Invention*, ed. by Giancarla Periti, Aldershot 2004, S. 11–34 hingewiesen.

[76] Peters: *Mythologie*, ibid., S. 204.

und sein Wirken in Rimini in der Passage enkodierte. Wir haben den Helden oben in der Begegnung mit den Trümmern des alten Rom ja bereits eine tiefe Sehnsucht nach einem Dichter, dessen Talent seinen Taten angemessen ist,[77] äußern hören – die Erfüllung dieses Wunsches übersteigt nun seine wildesten Träume, zumindest in der vorgeschlagenen Lesart, für die es einige Indizien gibt, die im Folgenden zusammengetragen werden sollen.

Sigismondos Gegenspieler Alfons kommt, wie wir oben bereits gesehen haben, nach Italien als ein Barbar, den die überlegene Lebensart und Kultur des Italiens der Frührenaissance anlocken. Ihn reizen die *artes*, der *habitus virum* und vor allem das hohe Ansehen, das die *linguae facultas* genießt – zudem liegt in Italien das einstige Haupt der Welt: Rom.[78] Ein neues Geschmacksparadigma in Sachen Kultur und Literatur in Verbindung mit der Beanspruchung des römischen Erbes – Alfons, in der Realität ja durchaus einer der bedeutendsten Förderer des Humanismus und dessen wichtigster Vermittler nach Süditalien,[79] buchstabiert den Markenkern des italienischen Humanismus *in nuce* aus. Keine Erwähnung findet hingegen der jahrzehntelange, erbittert ausgefochtene Erbfolgestreit mit Anjou, der seiner Krönung in Neapel vorausging und der sich als symptomatisch für die Kriege, die Italien ab dem Ende des 15. Jahrhunderts heimsuchten, erweisen würde – tatsächlich wird an keiner Stelle in der *Hesperis* von irgendeinem Charakter ein Anspruch dynastisch begründet, die einzig legitime Genealogie ist die der heroischen Filiation der römischen Vorbilder. Nun haben wir also zwei epische Protagonisten, die beide Teil des humanistischen Projekts der Wiederbelebung antiker Größe sein wollen, beide handeln schon in gewissem Maße entsprechend und es lässt sich vermuten, dass ihr Erfolg im epischen Kampf miteinander auch von der Tiefe und Aufrichtigkeit ihrer humanistischen Ambitionen abhängen wird.

Auf der Insel der Glückseligen betritt Sigismondo den Tempel der *Fama* durch ein zweigeteiltes vergilisches Tor, mit einer Seite aus Horn, dekoriert mit den harten Fakten der Zeithistorie, d.h. Sigismondos Feldzug gegen Alfons in der Toskana, und einer aus Elfenbein, die Aspekte von Basinios epischer Augmentation ebendieser Zeitgeschichte

---

[77] *Hesperis* 4, 568–584.
[78] *Hesperis* 2, 199–204.
[79] Bentley: *Politics and Culture*, ibid., S. 253–287.

abbildet.[80] Sigismondo tritt durch das Tor ein und erkennt damit das epische *framing* seiner bisherigen Taten an: Ein tapferer Krieger zu sein und Schlachten zu gewinnen allein genügt nicht, um ein Heros auf Augenhöhe mit den Alten zu werden; genau so entscheidend ist es, sich selbst als ein solcher zu begreifen. Das kann nur erreicht werden, indem man *Famas* Haus durch das Elfenbeintor betritt, das, wie die Ekphrasis offenbart, nur dank Basinios poetischer Imagination besteht. Diese Verschränkung von Historie und Fiktion in polarisierter *mise en abyme* lässt sich bis auf die Ebene der Syntax verfolgen: Die hörnerne Tür stellt in indirekter Rede Ereignisse dar, die tatsächlich passiert sind, derweil die aus Elfenbein in direkter Rede frei Erfundenes zeigt.

Während sich diese Beobachtungen unter Umständen noch als schwache Indizien, gewonnen aus einem esoterischen *close reading*, abtun lassen könnten, so gibt es doch hinreichend Spuren von Basinios literarischer Aktivität an Sigismondos Hof in der untersuchten Passage. Der Vollzug der Liebe zwischen Sigismondo und Isotta degli Atti, die Basinio in seinem ersten größeren Werk für den Malatesta, dem oben bereits thematisierten *Liber Isottaeus*, in Szene gesetzt hat, kann direkt nach Sigismondos Ankunft auf der Insel stattfinden[81] – mit der entrückten Parallelidentität Isottas, der Nymphe *Isothea*, die nur existiert, weil Basinio Isotta – empirisch quicklebendig – im dritten Buch des *Isottaeus* hat sterben lassen.

Doch nicht nur Sigismondos Ankunft wird von Ereignissen begleitet, die einzig Basinio als Hofdichter zustande kommen lassen konnte, sondern auch sein Abschied. Bei seiner Abreise bekommt Sigismondo Hinweise zur Wegfindung von Isotheas Vater Zephyrus, speziell hinsichtlich bestimmter Gefahrenstellen wie der Plankten und Skylla und Charybdis, wobei der Windgott sich ausdrücklich auf die Argonautenfahrt bezieht. Sigismondo kann sich nicht beherrschen und muss seinem Gastgeber ins Wort fallen, um ihm mitzuteilen, dass er das meiste schon wisse und Zephyrus da wohl etwas falsch verstanden habe.[82] Zephyrus antwortet mit einer jovialen Belehrung, einerseits über den fraglichen Gegenstand, andererseits über die Risiken mythographischer Irrtümer.[83] Was folgt, ist die oben bereits paraphrasierte Metamorphose des *Carinus* in einen Frosch. Die charmante und gewitzte Episode ist damit aber mehr als nur ein

---

[80] *Hesperis* 8, 205–213.
[81] *Hesperis* 8, 80–85.
[82] *Hesperis* 10, 171–185.
[83] *Hesperis* 10, 200–230.

Beispiel für aitiologische Neuschöpfungen von Humanisten, wie sie auch von anderen Schülern Guarinos fabriziert wurden,[84] es ist auch eine Aushandlung von Basinios Rolle am Hof Sigismondos: *Carinus* repräsentiert den Typus eines etablierten Hofhumanisten, den sein materieller Erfolg und sein unhinterfragtes Renommee nachlässig und bequem haben werden lassen. Sollte Sigismondo tatsächlich, wie von Ferri gemutmaßt,[85] eine Abwerbung Guarinos aus Ferrara erwogen haben, unterstreicht Basinio hier noch einmal, dass sein Patron seinen Etat für die *studia humaniora* besser allozieren könnte.

Auch die Kontroverse um das Griechische, die im Herbst 1455, kurz vor der Fertigstellung der *Hesperis*, zum Eklat führte, hat ihren Niederschlag in der *Hesperis* gefunden und stützt die hier vorgeschlagene Lesart weiter. Beide Kontrahenten von Basinio, Porcellio und Tommaso Seneca, treten kodiert in der *Hesperis* auf und die Weise, wie sich ihre epischen Avatare in Interaktion mit den Hauptfiguren verhalten, liefert ein weiteres Indiz. Phorbas und Seneucus erscheinen als Soldaten, entsprechend der invektivischen Darstellung der beiden in Basinios Korrespondenz als zwei lächerliche Greise, die sich in zerlumpte Uniformen kleiden, um zum allseitigen Spott Soldaten zu spielen.[86] Phorbas ist ein *vates* in Alfons' Heer, entsprechend Porcellios früherer Tätigkeit als Hofdichter in Neapel, und als solcher mitverantwortlich für das Debakel des Eidbruchs nach dem Zweikampf zwischen den beiden Hauptcharakteren.[87] Sowohl Alfons als auch sein Seher/Hofdichter (Basinio spielt hier sehr offenkundig mit der doppelten Semantik von *vates*) scheitern daran, die göttliche Intrige, obwohl so unverhohlen in der *Ilias* (im Zweikampf zwischen Menelaos und Paris im dritten Buch) präfiguriert, zu erkennen. Doch auch der prä-basinianische Sigismondo begreift nicht die homerische Dimension der Situation, in die er sich begibt. Im Versuch, es den Helden der Antike gleichzutun, fallen Alfons und Sigismondo mangels seriöser humanistischer Expertise dem Intertext zum Opfer.

---

[84] Christian Peters: *Founding Sisters. Nymphs and Aetiology in Humanist Latin Poetry*, in: *The Figure of the Nymph in Early Modern Culture*, ed. by Karl Enenkel/Anita Traninger, Intersections 54, Leiden/Boston 2018, S. 421–444, hier S. 425–438.
[85] Ferri: *Un dissidio*, ibid., S. 38–40.
[86] Ferri: *Una contesa*, ibid., S. 58–61.
[87] *Hesperis* 1, 501–520.

Eine Reise ins Ungewisse? Humanistische Epiphanien 57

Nach der Reise in den Westen sieht die Sache für den Protagonisten freilich anders aus, Sigismondo ist an ihr gewachsen. Dies legt der Auftritt von Tommaso Senecas Avatar Seneucus nahe, der noch offensichtlicher Basinios Widersacher in der Griechisch-Kontroverse nachmodelliert ist: Seneucus ist ein hässlicher alter Mann in Sigismondos panitalischer Armee, der nur ein Auge hat, um anzudeuten, dass er nicht in der Lage ist, die andere, griechische, Hälfte des humanistischen Kosmos zu begreifen. Er trägt mit idiotischem Stolz einen Schild vor sich her, der in großer ekphrastischer Detailverliebtheit eine verunstaltete Version des Mythos von Iphigenie in Aulis darstellt.[88] Da er selbst einäugig und ein kulturloser Schwachkopf ist, erkennt er im Gegensatz zum Leser nicht, wie viele mythographische Fehler sich in seinen *arma* verbergen. Doch immerhin ist er Humanist genug, eine Rede zu halten, die ebenso ausgreifend ist wie die lange Ekphrasis seines Schildes: Er rät von dem anstehenden zweiten Waffengang mit den Aragonesen ab und verunglimpft den Feldherrn Sigismondo als einen gierigen Feigling, dem die Opfer seiner Soldaten gleichgültig sind.[89] Sigismondo, ansonsten nie um eine mitreißende Rede verlegen, lässt ihn wortlos aus dem Feldlager jagen.

Seneucus ist ein Idiot, aber für den Gegner Alfons ein nützlicher, ein Agent wider Willen, was uns zum letzten Indiz für die humanismustheoretische Lesart von Sigismondos Reise führt. Denn in der Rede des Soldaten klingen zahlreiche Ideen an, die Alfons selbst bereits in einem zweiten diplomatischen Austausch mit Sigismondo geäußert hat, in dem der König seinem Kontrahenten einzureden versucht, dass es schlicht das Schicksal Italiens sei, von fremden Herrschern regiert zu werden, wie doch die Geschichte der Antike zeige, während er ihn gleichzeitig mit dem Angebot einer gemeinsamen Herrschaft über die Halbinsel locken möchte.[90] Nach seinem humanistischen Erweckungserlebnis in den mythologischen Landen des Westens ist Sigismondo jedoch immun gegen solche oberflächlich ansprechenden Argumente, die sich im antiken Gewand zeigen: Bezeichnenderweise ist die fragliche Passage die einzige im ganzen Epos, in der es einen ausgedehnteren Gebrauch von indirekter Rede gibt, womit auch formal, auf syntaktischer Ebene, der Verachtung des Protagonisten für lauwarmes pseudohumanistisches Wissen aus dem Munde eines ausländischen Parvenu und Möchtegern-Humanisten

[88] *Hesperis* 11, 279–314.
[89] *Hesperis* 11, 316–369.
[90] *Hesperis* 11, 117–148.

Rechnung getragen wird – dank seiner poetischen Epiphanie im Westen ist er all den Heroen der Alten immerhin persönlich begegnet.[91] Das Bild von Alfons als wortgewandtem politischen Verführer spiegelt die zeitgenössische Wahrnehmung der Ereignisse nach der Schlacht von Ponza 1435 wider,[92] als Alfons von Filippo Maria Visconti in der Festung von Porta Giovia festgehalten wurde und es dem König irgendwie gelang, den ursprünglich mit Anjou alliierten Herzog zu einer vollständigen Palinodie seiner bisherigen Neapel-Politik zu bewegen und sich mit Alfons zu verbünden.[93] In seiner Erwiderung entlarvt Sigismondo sodann auch meisterlich die Oberflächlichkeit der Argumentation des Königs und dessen trügerische Absicht.[94] Nun hat es sicherlich einen intensiven diplomatischen Austausch zwischen Alfons und Sigismondo als dem *gonfaloniere* seines Feindes gegeben, doch sowohl das Duell im ersten Buch als auch die Idee einer gemeinsamen Herrschaft über Italien sind rein fiktiv. Dennoch sind die Konsultationen zwischen den beiden in der *Hesperis* mehr als nur Räder im narrativen Getriebe, sie dienen auch als Messlatte von Sigismondos Entwicklung zu einem wahrhaft humanistischen Herrscher und zeigen damit den Mehrwert der richtigen Personalentscheidungen im höfischen Kulturleben. Wir können diese Entwicklung von der narrativen in die paratextuelle Ebene verfolgen: Das hoföffentliche Arbeitsexemplar der *Hesperis* enthält zahlreiche griechische Glossierungen, die sich im Umfeld von Sigismondos Erwiderung von Alfons' Offerte verdichten. Auffällig ist, dass sie teilweise direkt auf den Kontext der Ereignisse in der *Ilias* verweisen, die Pate für den Eidbruch im ersten Buch der *Hesperis* gestanden haben – derselbe Sigismondo, der sich in seiner ersten Begegnung mit dem König noch in eine Situation hat verstricken lassen, deren homerische Exposition ihn hätte misstrauisch machen können und sollen, nutzt nun homerische Phrasen, um auf den

---

[91] Zu erfahren, wo deren Seelen sich befinden, ist Sigismondos erste initiative Bitte, nicht bloß Nachfrage zu etwas schon Gesehenem, an seine Führerin Psycheia, s. *Hesperis* 8, 142–144.

[92] Francesco Somaini: *Filippo Maria e la svolta di 1435*, in: *Il ducato di Filippo Maria Visconti, 1412–1447. Economia, politica, cultura*, a cura di Federica Cengarle/Maria Nadia Covini, Florenz 2015, S. 107–166, hier S. 131f.

[93] So etwa in Giovanni Simonettas *Res Gestae Francisci Sphortiae* 171 oder in Enea Silvo Piccolominis *Pentalogus* 699.

[94] *Hesperis* 11, 151–168.

Prätext ebenjener Situation zu verweisen und damit zu unterstreichen, dass er sich nicht noch einmal aufs Glatteis führen lassen wird.[95] In Anbetracht des Aufwandes, den Basinio auf narrativer, intertextueller und paratextueller Ebene betreibt, können wir also mit einer gewissen Plausibilität davon ausgehen, dass der ansonsten im Epos nahezu unsichtbare Autor seiner eigenen Ankunft ein Denkmal gesetzt hat,[96] indem die mysteriösen Ereignisse der *Hesperis* zwischen 1449 und 1452 die humanistische Epiphanie Sigismondo Malatestas erst ermöglichen. Ein humanistisches Epos über ein humanistisches *Coming-of-age* wäre kein absolutes Unikum: In Basinios unmittelbarem Studienumfeld findet sich mit Janus Pannonius ein weiterer Schüler Guarinos, der dem gemeinsamen Lehrer ein Epos widmete, in dem dessen Verdienste um die lateinische und griechische Antike gepriesen werden. In Janus' Epos kommt Guarino ebenfalls von einer Seereise, in diesem Fall einer historisch verbürgten nach Konstantinopel, als gewandelter und humanistisch vervollkommneter Kulturheros zurück.[97]

I.ix Sprache und literarische Technik der *Hesperis*

Kehren wir von der aufgewühlten See poetologischer Re-Lektüren in das ruhige Fahrwasser des philologischen Positivismus zurück und werfen einen Blick darauf, wie Basinio handwerklich das erreicht, was er programmatisch als unabdingbar für den größeren Ruhm seines Patrons ausgibt.

---

[95] Sc-Ms 34, f. 120r: „rursus ut argutum nervo curvaverat arcum" (Durchstreichung nach 11, 108) = *Ilias* 15, 442: τόξον ἔχων ἐν χειρὶ παλίντονον ἠδὲ φαρέτρην und „Ille inimicus enim mihi plus quam Tartaro et ipsi / pectore qui celet, numquam quod et ore revelet" (11, 167f.) = *Ilias* 9, 312f.: ἐχθρὸς γάρ μοι κεῖνος ὁμῶς Ἀΐδαο πύλῃσιν / ὅς χ' ἕτερον μὲν κεύθῃ ἐνὶ φρεσίν, ἄλλο δὲ εἴπῃ.

[96] Zur Sichtbarkeit eines fiktiven Sprechers in den grammatischen Personen vgl. Florian Schaffenrath: *Some Considerations on the Poetological Aspects of Basinio da Parma's Hesperis,* in: *Humanistica Lovaniensia* 66 (2017), S. 1–21, hier S. 8–14.

[97] Janus Pannonius: *Panegyricus* 88–324.

Mit großer Souveränität appliziert und arrangiert Basinio typische Bauformen des Epos,[98] und das sowohl im deskriptiven als auch im narrativen Register. Es gibt zahlreiche Ekphraseis, sei es von Landschaften wie dem fiktiven Idealort auf dem Apennin, wo alle bedeutenden Flüsse Italiens entspringen (11, 437–441), oder dem realen, von Sigismondo mit einem neuen Befestigungskonzept versehen Senigallia (13, 321–342), von Gebäuden wie dem entstehenden *Tempio Malatestiano* (13, 343–360) oder dem Tempel der *Fama* (8, 205–237) oder von Naturereignissen wie der aufgewühlten See im Sturm (7, 512–530). Beschrieben werden auch Rüstungsgegenstände wie natürlich der Schild des Helden (11, 373–421), Apparaturen wie der Triumphwagen beim Zug durch Florenz (6, 151–157) und Kriegsgerät wie der Belagerungsturm bei Foiano della Chiana (12, 589–600) oder eine Kanone, die die Aragonesen bei der Belagerung Piombinos einsetzen (2, 359–82). Kataloge kommen ebenfalls bisweilen vor, so etwa der beteiligten Völker Italiens (2, 312–324), der Nereiden, die sich bei Sigismondos Schifffahrt nach Venedig in unseren Helden verlieben (4, 295–307) oder der Beutestücke, die beim Triumphzug in Florenz präsentiert werden (6, 171–181). Auch auf Vergleiche greift Basinio intensiv zurück: So setzt Sigismondo den Feinden nach wie dem Wild, das bejagt wird (3, 346–358), die Armeen sammeln sich vor Gradara wie ein Vogelschwarm (5, 163–170), der Held mäht die Feinde nieder wie der Bauer das Getreide mit der Sense (12, 459–462), Sigismondos Triumphzug ähnelt dem des Dionysos bei dessen Heimkehr von den Indern (6, 44–48) und ein nachträglich auf Rasur eingefügter Vergleich ist textsyntaktisch nur unzureichend in die umgebenden Passagen eingepflegt worden (13, 281–285).[99] Mythographische Exkurse wie die Aitiologie des

---

[98] Eine kompakte Darstellung der humanistischen Theorie des panegyrischen Epos bei Paul Gwynne: *Poets and Princes. The Panegyric Poetry of Johannes Michael Nagonius*, Courts. Medieval and Renaissance Court Cultures 1, Turnhout 2012, S. 48–59; vgl. Christian Peters: „*verbis phucare tyrannos'*? – *Selbstanspruch und Leistungsspektren von zeithistorischer Epik als panegyrischem Medium im 15. Jahrhundert*, in: *Portraying the Prince in the Renaissance*, hg. von Patrick Baker/Ronny Kaiser/Maike Priesterjahn/Johannes Helmrath, Transformationen der Antike 44, Berlin 2016, S. 415–441, hier S. 421–430.

[99] Der modulare Umgang mit den epischen Bauformen ist hier deutlich greifbar: Basinio scheint den Vergleich mit einem Hirten nach überstandenem

Lorbeerkranzes (6, 58–91) sorgen für narrative Einschlüsse in den deskriptiven Passagen.

Unzählige Aristien und Zweikämpfe, die oft mit drastischen Schilderungen von Verwundungen einhergehen und auch vor unappetitlichsten Details nicht haltmachen (so etwa in 10, 422f.), täuschen den Erzähler (und dieser den Leser) nicht immer darüber hinweg, dass die Realität der frühneuzeitlichen Kriegführung blind für epideiktische Nachweise besonderer Tugend ist: *Praecipui ignavique cadunt, discrimina nulla / virtutisque metusque* (10, 442f.). Es gibt dennoch vor und nach Schlachten oder anderen militärischen Meilensteinen und Wendepunkten immer wieder Reden der jeweiligen Feldherren (Sigismondo, Alfons und Ferdinand) oder bestimmter Nebencharaktere, die das Geschehene weiter panegyrisch explizieren oder für ein hinreichendes teleologisches *framing* der Ereignisse sorgen. So finden wir direkt im ersten Buch ein Redenpaar der Hauptkontrahenten (1, 421–486), der Spanier Iphitus beklagt nach der Gefangennahme in Piombino sein Schicksal und das seiner Kameraden (6, 9–22), Seneucus als defätistische Witzfigur haben wir oben bereits kennengelernt (11, 316–366), und schließlich muss Sigismondos Hauptmann Narnius seine wagemutigen und trotzigen Drohungen, die er in Richtung Vadas ausspricht, mit dem Leben bezahlen (12, 533–554).[100]

Sichtliche Mühe verwendet Basinio auch darauf, der Gattungskonvention nachzukommen, den *ordo naturalis* zu vermeiden und stattdessen zeitlich zurückliegende Heldentaten oder die Ursachen für gegenwärtige

---

Unwetter auf die zuvor beschriebene Gemütslage der italienischen Soldaten beziehen zu wollen, beginnt den Vergleich aber mit *Ac velut...*,wie er es an 16 anderen Stellen tut, um damit den Vergleich dem Verglichenen voranzustellen. Der kodikologische Befund weist ebenfalls eindeutig in diese Richtung, vgl. Sc-Ms 34, f. 147v. Das Bedürfnis, diese Verse hinzuzufügen, scheint Basinios Beschäftigung mit der *Ilias* und deren passagenweiser Übersetzung geschuldet zu sein, dazu s.u. die Ausführungen zu den expliziten Querverweisen auf die homerischen Originaltexte.

[100] Dazu Anthony F. D'Elia, *Heroic Insubordination in the Army of Sigismundo Malatesta: Petrus Parleo's Pro milite, Machiavelli, and the Uses of Cicero and Livy*, in: *Humanism and Creativity in the Renaissance. Essays in Honor of Ronald G. Witt*, ed. by Christopher S. Celenza/Kenneth Gouwens, Studies in Intellectual History 136, Leiden/Boston 2006, S. 31–60, S. 39f.

Konflikte analeptisch in Binnennarration zu verkapseln,[101] wofür auf die unten gegebene Synopse von Zeithistorie und epischer Handlung verwiesen sei. Eine ganz wesentliche Bauform in einem panegyrischen Epos, das sich so leidenschaftlich in antiken Formen kleidet, ist natürlich die Götterhandlung, die für einen Dichter des *Quattrocento*, wiewohl nicht weniger christlich als die neulateinischen Epiker späterer Jahrhunderte, offenbar noch keinen konfessionellen Gewissenskonflikt bedeutete.[102] Im Gegenteil, ohne das olympische und infernalische Personal würde das historische Fakten- und Ereignisgerüst der *Hesperis* einen ärmlichen und diffusen Eindruck machen, mithilfe der mythologischen Akteure gelingt es Basinio aber, zu camouflieren, den Leser (ab-) zu lenken, Kohärenz und narrative Stimmigkeit zu schaffen und zugleich noch mühelos eine stupende Gewandtheit in der griechisch-römischen Gattungstradition unter Beweis zu stellen.[103] Gerade in Anbetracht der Produktions- und Rezeptionsbedingungen der frühen Renaissance gilt es sich daher stets zu vergegenwärtigen, dass die Applikation und Disposition dieser Bauformen keine unbeholfen und grobschlächtig verfugten ‚Versatzstücke' bedeutet, sondern man hier eher von einem modularen Kompositionsprinzip sprechen sollte, das in sich und in seiner rezeptionsästhetischen Transparenz seinerseits eine Bauform des neulateinischen Epos darstellt und das Basinio in besonderer Virtuosität zur Anwendung bringt.[104]

Das bedeutet nicht, dass unser Dichter nicht auch auf Arbeitsökonomie Wert gelegt hätte. Ein Vergleich zwischen der *Hesperis* und vorausgehenden Werken Basinios zeigt, dass fast ein Viertel der Verse aus den früheren episierenden Versepisteln an Sigismondo in der *Hesperis* wiederverwendet wurden. Zugleich ist aber festzuhalten, dass er umgekehrt auf dieses frühere Material nicht zwingend angewiesen war, machen die

---

[101] Anders als etwa die strikt chronologisch vorgehende und letztlich nur die Ereignisse von drei Jahren abarbeitende *Sphortias* Francesco Filelfos, vgl. die Einleitung in *Francesco Filelfo and Francesco Sforza. Critical Edition of Filelfo's ‚Sphortias', ‚De Genuensium deditione', ‚Oratio parentalis', and his Polemical Exchange with Galeotto Marzio*, ed. Jeroen de Keyser, Noctes Neolatinae 22, Hildesheim 2015, S. xxxiii–xliii.

[102] Gwynne: *Epic*, ibid., S. 204 verwendet für die offensichtliche Paradoxie einer paganen Götterhandlung in einer christlichen Welt die treffende Metapher der geologischen „fault line".

[103] Im Detail Peters: *Mythologie*, ibid., S. 193–234.

[104] Peters: *Narrative Structures*, ibid., S. 293–295.

nachweislichen Selbstplagiate doch nur knapp drei Prozent des Textbestandes der *Hesperis* aus. Vielmehr kann bei Basinio eine Zweigleisigkeit in der Wiederverwendung seines Materials diagnostiziert werden: Neben das ökonomische Recyceln, das sicherlich zu seiner immensen Produktivität beitrug, tritt das strategische, mit dessen Hilfe der so meisterhaft auf der gattungspoetologischen Klaviatur spielende Basinio seinem Patron immer wieder unter Beweis stellen konnte, dass er der Panegyriker ist, der seine vollmundigen Ankündigungen auch einhält.[105] Durch Querverweise zwischen den Werken gelingt es Basinio zudem, eine ganze panegyrische *story world* zwischen seinen Werken und dem höfischen Leben in Rimini zu entspinnen, wenn etwa der Triumphzug in Florenz im sechsten Buch der *Hesperis* an den Schilderungen desselben im *Isottaeus* angelehnt ist,[106] Isottas Antwort auf Sigismondos Brief den Triumphzug wieder aufnimmt,[107] Isotta aber gleichzeitig auch zum Sprachrohr von Sigismondos Untertanen werden lässt, die ihm den *Tempio* versprechen, den er selbst dann in ähnlichen Worten Jupiter als Votivgabe erst verspricht und dann tatsächlich errichtet.[108]

Der immense Einfluss der im *Quattrocento* erst in Erschließung befindlichen griechischen Epik auf unseren Dichter kann hier nur peripher gestreift werden,[109] doch Basinio macht es uns, wie auch schon seinen zeitgenössischen Kollegen und Rezipienten, verhältnismäßig einfach: Viele Verse aus der *Ilias*, die er wörtlich übertragen in der *Hesperis* verwendet, fügt er seiner Arbeitshandschrift *in margine* hinzu, bietet uns also eine Möglichkeit, den Homer-Connaisseur Basinio bei der Arbeit zu beobachten und nachzuvollziehen, wie eng bei ihm die Bemeisterung der griechischen Studien und die adressatenwirksame Pflege seiner panegyrischen Alleinstellungsmerkmale zusammenhängen (Abb. 4).[110] Im Einzelnen sind es: *ad pugnam vocat ille choros non ducit ad ullos* (5, 232) = *Ilias* 15, 508: οὐ μὰν ἔς γε χορὸν κέλετ' ἐλθέμεν, ἀλλὰ μάχεσθαι (f. 57r), *mortali dea mixta viro* (3, 14) = *Ilias* 2, 821: θεὰ βροτῷ εὐνηθεῖσα (f. 28v), *rursus ut argutum nervo curvaverat arcum* (durchgestrichen nach 11,

[105] Peters: *Bella novabo*, ibid., S. 125f.
[106] *Liber Isottaeus* 3, 4, 1–52.
[107] *Liber Isottaeus* 3, 5, 1–34.
[108] *Hesperis* 1, 556–571 und 13, 343–360.
[109] Zumal, wie oben erwähnt, derzeit eine grundlegende Studie dazu mit stärkerer gräzistischer Akzentuierung entsteht.
[110] Dazu ausführlich Pieper: *In Search*, ibid., S. 65f.

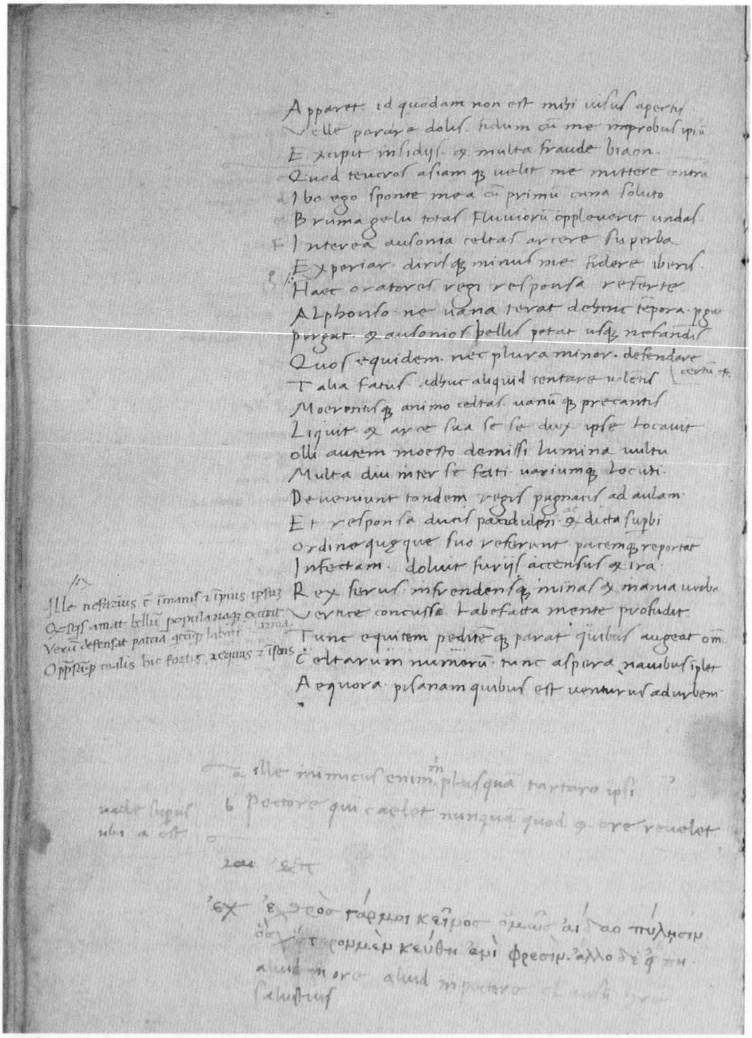

Abb. 4: *Hesperis* mit Spuren von Basinios Redaktion und griechischen Glossierungen, f. 121v.

108) = *Ilias* 15, 442: τόξον ἔχων ἐν χειρὶ παλίντονον ἠδὲ φαρέτρην (f. 120r), *Ille inimicus enim mihi plus quam Tartaro et ipsi / pectore qui celet, numquam quod et ore revelet* (11, 167f.) = *Ilias* 9, 312f.: ἐχθρὸς γάρ μοι κεῖνος ὁμῶς Ἀΐδαο πύλῃσιν / ὅς χ' ἕτερον μὲν κεύθῃ ἐνὶ φρεσίν, ἄλλο δὲ εἴπῃ. (f. 121v), *laeto stat pectore pastor* (13, 285) = *Ilias* 8, 559: γέγηθε δέ τε φρένα ποιμήν (f. 147v), außerdem unter Durchstreichung (vermutlich) 8, 555: ἄστρα φαεινὴν ἀμφὶ σελήνην als Vorbild für 13, 281, ferner kommt mit *custodes hominum, pellentes damna, malumque* (8, 282) = *Werke und Tage* 123: ἐσθλοί, ἀλεξίκακοι, φύλακες θνητῶν ἀνθρώπων (f. 92r) ein Hesiod-Zitat dazu. Der Befund, der nur einen Bruchteil der tatsächlichen Homeranleihen in der *Hesperis* abbildet, zeigt, dass Basinio augenscheinlich unsystematisch und diffus immer wieder das eine oder andere griechische Zitat aus den unterschiedlichsten Teilen der *Ilias* einstreut, um den Nachweis seiner fortwährenden Beschäftigung und profunden Kenntnis von Homers Epos zu führen.

Doch auch im Umgang mit der lateinischen Sprache zeigt Basinio Gestaltungswillen: Er erfindet einige Neologismen, zumeist Adjektive wie *spumivomus* (12, 37), *multifragus* (12, 518), *sparsicomus* (12, 125) oder *ventifugus* (7, 352), und setzt sowohl Archaismen wie *adparuit* (12, 620) oder *adpellans* (7, 156) als auch künstliche Archaisierungen und Hyperurbanismen wie die immer wieder begegnenden *Ethrusci* ein. Bisweilen bildet er auch eine prägnante neue Junktur wie *hiare animis* (12, 170). Metrischen Gründen werden die zahlreichen Passiv-Infinitive auf *-ier* geschuldet sein (z.b. *vescier* in 1, 203, *amplectier* in 4, 67 oder *vocarier* in 8, 164), ebenso wie der häufige archaische Genitiv der o-Deklination, z.B. in der Anrede *Italum fortissime* (8, 173). Um der Metrik willen geht Basinio weitere Kompromisse syntaktischer und morphologischer Natur ein, die hier aufzuzählen müßig wären. Die zahlreichen Ellipsen, Synkopen, Kontraktionen und vor allem locker gehandhabte Wortstellung sowie die ständigen unvermittelten Brüche in der *consecutio temporum* springen schon bei oberflächlicher Lektüre unmittelbar ins Auge, von Tmeseis wiederum macht er fast nie Gebrauch (eine Ausnahme wäre 11, 330: *inque solens*).

Die Namensgebung der Charaktere ist ebenfalls bemerkenswert. Neben den unten in einem Personenverzeichnis aufgeschlüsselten zeitgeschichtlichen Akteuren erfindet Basinio zahlreiche völlig austauschbare Charaktere, die er eigentlich nur benötigt, um sie im nächsten Moment in der Aristie eines Helden zu Tode kommen zu lassen – einen bedauernswerten Krieger namens Pelias ganze vier Mal, davon drei Mal auf aragonesischer und ein weiteres Mal auf italienischer Seite.[111] Doch es gibt auch sprechende Namen, wie etwa den im etymologischen Wortsinne unglücklichen *Dys-tychius*, dem die zweifelhafte Ehre zuteilwird, als erster den Heldentod zu finden – ein ähnliches *fatale nomen*, wie die antike Tradition es in der Etymologisierung von Protesilaos zu erkennen glaubte.[112] Gräzisierte Platzhalternamen narratologischer Funktionsträger sind auch *Antiphates* (erstes Auftreten in 1, 340), der allein es wagt, Alfons vor der Schlacht von Piombino zu widersprechen, oder die Herolde Sigismondos *Chalcobous* und *Eurybromus*.[113] Sonst leiten sich die Namen beiderseits oft aus Ortsnamen ab (z.B. *Tagus* oder *Palermes* – dass ein Träger des alten phönizischen Namens der Stadt *Taraco*, *Tarchon*, auf Seiten der Italiener kämpft, mag eine antiquarische Nachlässigkeit unseres Dichter sein)[114] oder es sind generische Namen epischer Helden aus Argonautensage oder trojanischem Krieg.

Dem griechischen Epos verpflichtet sind die formelhaften Epitheta und Antonomasien wie *Pandulphius heros* für Sigismondo (39 Nennungen), die Entsprechung *Taraconius heros* für Alfons (8 Nennungen) oder der fast vollständige Hexameter *Italum ductor, Pandulphi maxima proles* (6 Nennungen). Ebenfalls formelhaft erscheinen, vor allem in den Feldherrenreden, regelmäßige Sentenzen, die wie Paraphrasen überlieferter Zitate wirken, im Wortlaut jedoch jeweils Neuschöpfungen unseres Dichters sind. Begründen lässt sich dies sicherlich einerseits mit dem sich verschulenden und immer noch stark autoritätenfixierten Charakter der *studia humaniora*, andererseits sind sie wohl aber auch ein weiteres Zeugnis von Basinios Absicht, sein eigenes projiziertes Nachleben gestaltend zu beeinflussen, in der Hoffnung, dereinst würden eifrige Erforscher seines Zeitalters markige *loci communes* wie *Omnia finem / propter agenda bonum.* (9, 410f.) und *Finis laudatur in omni re magna, socii!* (5, 141f.) oder den nahezu goldenen Vers *Consilio verbis opus est, certamine bello.* (5, 345f.) ehrfürchtig auf den Lippen führen.[115]

---

[111] *Hesperis* 12, 66; 12, 244; 12, 272; 12, 456.
[112] Ausonius: *Epitaphia* 12, vgl. auch Hyginus 103.
[113] Dazu die Anm. *ad loc.* 2, 75.
[114] *Hesperis* 2, 120.
[115] Dass Basinio hier tatsächlich originär Wendungen schöpfen wollte, legt auch der Umstand nahe, dass er das zu diesem Zweck ebenfalls höchst geeignete

I.x Eine Zeitkapsel der Frührenaissance – Stellenwert der *Hesperis*

Basinios Sentenzen sind keine geflügelten Worte geworden, seine hexametrische Grabinschrift hat es nicht auf die Frontplatte seines Sarkophags geschafft und die Statuen des antiken Rom, die Sigismondo im vierten Buch der *Hesperis* seinen mäzenatischen Stoßseufzer entlockten, sind nach wie vor prominenter im kulturellen Gedächtnis verankert als ein gewisser päpstlicher *vicarius* aus der Romagna des 15. Jahrhunderts. Was bleibt also von unserem Epiker, dessen Schaffen seinen Kommilitonen und Zeitgenossen Janus Pannonius zu dem beißenden epigrammatischen Spott veranlasste, die *Calliopea fames* der Dichter des *tyrannus* Sigismondo Malatesta mache aus einer Ameise einen Elefanten (das Wappentier der Malatesta) und verhülfen der Hybris des kleinen *signore* zu einer Echokammer, in der er sich gleichauf mit den Caesaren wähnen könne,[116] und die nach dem Verschwinden der wenigen Prachthandschriften in den Bibliotheken Europas erst wieder der Rimineser Lokalpatriotismus Lorenzo Drudis an der Dämmerung zur Moderne ans Licht einer bescheidenen akademischen Öffentlichkeit beförderte, die dann aber durchaus gewillt war, Basinios formale Meisterschaft anzuerkennen?[117]

Zunächst gilt es, dem unverfrorenen Selbstplagiator und hingebungsvollen Homerzeloten Basinio die Pionierleistung zuzugestehen, sowohl das erste nicht-fragmentarische vollumfängliche große Epos der neulateinischen Dichtung verfasst zu haben, das zugleich das erste panegyrisch-zeitgeschichtliche Epos des Humanismus ist – den Primat in dieser

---

Iliaszitat in 5, 232 aus der 1. Person Pl. in die 3. Person Sg. überführt im Munde Francesco Sforzas auf Sigismondo anwendet und damit seiner universellen Anwendbarkeit beraubt.

[116] Janus Pannonius, *epigr.* 316: Urbis Ariminee modicus Malatesta tyrannus, / Caesaribus summis maior in orbe sonat. / Sic e formica faciunt elephanta poetae, / Cogunt et muscas fulmina ferre Iovi; „Malatesta, der unbedeutende Tyrann der Stadt Rimini, macht in der Welt lauter Aufhebens um sich als als größten Caesaren. So schaffen es die Dichter, aus einer Ameise einen Elefanten zu machen, und zwingen Mücken, dem Jupiter seine Blitze zu tragen." Vgl. dazu Peters: ‚*Verbis*', ibid., S. 430f.

[117] Vgl. etwa Georg Finsler: *Homer in der Neuzeit von Dante bis Goethe. Italien – Frankreich– England– Deutschland*, Leipzig/Berlin 1912, S. 30–33, oder Vladimiro Zabughin: *Vergilio nel rinascimento italiano da Dante a Torquato Tasso*, 2 Bde., Bologna 1921–1923, Bd. 1, S. 289–293.

Spielart des Epos, in der die Epen in den folgenden Jahrhunderten eher immer noch umfangreicher und adulatorischer wurden,[118] müssen wir Basinio an dieser Stelle also schon einmal zugestehen. Doch evident wird die Bedeutung der *Hesperis* jenseits dieser Kennzahlen vor allem dann, wenn wir sie in einer Matrix aus Basinios Provenienz aus dem entstehenden System humanistischer Schulen und *think tanks* insbesondere in Nordostitalien, dem Fortschritt der humanistischen Bewegung als kulturellem Leitbild der europäischen Eliten für kommende Jahrhunderte *in spe* und der spezifischen panegyrischen Situation vor Ort betrachten. Dann wird, so dürfte diese Einleitung hoffentlich in Grundzügen gezeigt haben, deutlich: Die *Hesperis* ist einerseits gewiss ebenso schrill und radikal wie Sigismondo Malatesta und dessen mäzenatisches Programm, andererseits ist sie aber gerade damit ein besonders augenfälliges Zeugnis der Ära, in der das frühneuzeitliche Europa sich in antiken Formen selbst erfand und seinen Geschmack allen folgenden Epochen in allen Teilen der Welt bis auf Weiteres unauslöschlich einprägte. Basinio macht Sigismondo ein mehrfaches Identitätsangebot: als antiker Heros, als leistungsfähiger Militär, aber eben auch als Agent und treibende Kraft des Humanismus. Zwar muss er einen konkreten tagespolitischen Zweck erfüllen, zugleich will er aber auch ein bestimmtes, von den Urhebern bewusst konturiertes Bild der Epoche und den Beitrag bestimmter Figuren dazu an die Nachwelt übermitteln. Er versucht, kontingente Ereignisse in einer Weise zu *framen*, die die Epoche Sigismondos in einer antizipierten Zukunft auf Augenhöhe mit dem römischen Erbe Italiens und der Stadt Rimini erscheinen lassen. So wie Sigismondo Malatesta den Marmor aus San Apollinare in Classe bei Ravenna entwenden ließ, um die gotischen Backsteinwände von San Francesco zu verkleiden und die Kirche zu dem werden zu lassen, das die Nachwelt als *Tempio Malatestiano* kennt, bediente sich auch Basinio in ähnlich ehrfurchtsfreier Weise bei allem,

---

[118] Siehe hierzu die gattungsgeschichtlichen Überblicke von Heinz Hofmann: *Von Africa über Bethlehem nach America: Das Epos in der neulateinischen Literatur*, in: *Von Göttern und Menschen erzählen. Formkonstanzen und Funktionswandel vormoderner Epik*, hg. von Jörg Rüpke, Potsdamer Altertumswissenschaftliche Beiträge, Stuttgart 2001, S. 130–182; Ludwig Braun: *Ancilla Calliopeae. Ein Repertorium der Neulateinischen Epik Frankreichs (1500–1700)*, Mittellateinische Studien und Texte 38, Leiden/Boston 2007; Florian Schaffenrath: *Narrative Poetry*, in: *The Oxford Handbook of Neo-Latin*, ed. by Sarah Knight/Stefan Tilg, Oxford u.a. 2015, S. 57–72.

Eine Zeitkapsel der Frührenaissance – Stellenwert der Hesperis 69

dessen er für sein panegyrisch-episches Projekt an tatsächlich Antikem habhaft werden konnte, um etwas grundlegend Neues zu erschaffen, das zwar nachdrücklich antik aussah, in Wirklichkeit aber mindestens ebenso sehr die Epochensignatur der frühen Renaissance in sich trug.

II Zu Textgestalt und Übersetzung

Der Text folgt weitgehend der zuverlässigen Edition von Drudi 1794, der Basinios Autograph zugrunde liegt, und bietet anstelle einer eigenen Inhaltsangabe auch dessen *Argumenta*, deren jeweils abschließende Bewertung formal besonders gelungener Passagen auch philologiegeschichtlich ein spannendes Schlaglicht wirft. Korrigiert werden in der Regel nur offensichtliche typographische Fehler und mutwillige Eingriffe des Herausgebers, Letzteres jeweils durch einen Kommentar kenntlich gemacht. Hier soll Basinios Autograph im Zweifelsfall stets das letzte Wort haben, gerade da Christoph Pieper gezeigt hat, mit welchem Nachdruck sich Basinio durch dessen textuelle und paratextuelle Einrichtung als Urheber ‚autorisiert' hat.[1]

Aufgrund der hohen Qualität von Drudis Ausgabe und mit Blick auf die entstehende kritische Edition von Anna Chisena kann auf einen kritischen Apparat verzichtet werden. Die von Drudi teils ebenfalls herangezogenen Prachthandschriften aus Rimini, die nun in Oxford, Paris und im Vatikan liegen, sind, außer letzterer, als Digitalisate bei den besitzenden Bibliotheken verfügbar und seien dem Leser aufgrund der teils spektakulären Miniaturen als Lektürebegleitung unbedingt ans Herz gelegt.[2]

Der Kommentar beschränkt sich, neben sparsamen textkritischen Anmerkungen, auf das, was für das Verständnis der *Hesperis* als ein Zeugnis des neulateinischen Humanismus im *Quattrocento* erforderlich ist, d.h. gelehrte mythologische Umschreibungen und Antonomasien werden nur dann erläutert, wo sie nicht durch einen kurzen Blick in ein gängiges Wörterbuch oder Referenzwerk aufgelöst werden können. Das Augenmerk soll vielmehr auf den Aspekten liegen, die helfen, das Werk in seinen zeithistorischen Kontext einzubetten, sowohl im Hinblick auf die militärische Ereignisgeschichte als auch die humanistische Kultur am Hofe Sigismondo Malatestas und in der entstehenden humanistischen ‚Gelehrtenrepublik'.

---

[1] Pieper: *In Search*, ibid., *passim*.
[2] Zur Produktion illuminierter Handschriften am Hof in Rimini vgl. Giovanna Ragionieri: *Nota sui codici miniati malatestiani*, in: *La Cultura Letteraria nelle Corti dei Malatesti*, a cura di Antonio Piromalli, Storia delle Signorie dei Malatesti 14, Rimini 2002, S. 199–208.

Vor Schwierigkeiten stellen den Übersetzer die oftmals antikisierenden Eigennamen von Orten und Personen, nicht so sehr bei der in der Regel recht unproblematischen Identifizierung der jeweiligen zeitgenössischen Realien, sondern bei der Entscheidung, ob die Antikisierung des Autors übernommen werden soll oder ob stattdessen der moderne Name gesetzt wird. Daher wird wie folgt vorgegangen: Handelt es sich bei der lateinischen Namensform lediglich um die gängige lateinische Fassung des Namens oder um die antike Form eines nur peripher genannten Ortes, so wird die moderne Form gesetzt, wie etwa bei *Philippus* = Filippo; *Sapius* = Savio; *Pisaurus* = Foglia. Ist der lateinische Name jedoch von Basinio im Rahmen seines episch-panegyrischen Projekts sichtlich sinnstiftend gewählt oder handelt es sich um eine (Pseudo-)Etymologisierung mit dadurch erweitertem semantischem Gehalt, so wird die antike oder antikisierende Form beibehalten und ggf. im Kommentar erläutert. Beispiel hierfür sind etwa *Ethruria/Ethrusci* = Etrurien/Etrusker (für die Toskana und ihre Einwohner), *Gradiva* = Gradiva (für Gradara), *Phorciades* = der Phorciade (für Francesco Sforza, den Basinio als einen Nachkommen des Meeresgottes Phorcus imaginiert). Ehrentitel werden nur dann, wenn sie Teil der Titulatur einer Person sind (z.B. *Alphonsus Rex* = König Alfons, aber *rex* = König), Namen mythologischer Figuren oder Orte werden jedoch großgeschrieben, unabhängig davon, ob sie das eigentliche mythologische Lemma bezeichnen (z.B. *Mars* = der Kriegsgott Mars, *Mars* = der Krieg).

Die Graphie ist bis auf offenkundig vom Autor beabsichtigte Archaisierungen und sinntragende Hyperurbanismen (*adplicare*, *Ethrusci*) an die klassische angelehnt, die Zeichensetzung folgt im Allgemeinen der deutschen Übersetzung. Bei Aufzeichnungen, die im Lateinischen durch Korrelativ (*et...et*, *-que...-que*) realisiert werden, mag dies in Widerspruch zur Interpunktionslogik der Ausgangssprache zu stehen scheinen, soll aber ebenso wie die Prosa-Übersetzung, die, wo immer möglich, die Versumbrüche des lateinischen Textes nachahmt, dem nicht-altphilologischen Leser eine bestmögliche Orientierung zwischen Ausgangs- und Zielsprache ermöglichen.

III Zeithistorie und episches Narrativ: Synopse

JAHR	ZEITGESCHICHTE	HESPERIS
1417	19.6.: Sigismondo Malatesta wird als illegitimer Sohn Pandolfos III. Malatesta in Brescia geboren.	
1425	Basinio wird bei Parma geboren.	
1427	3. Oktober: Pandolfo III. Malatesta stirbt, Pandolfos Söhne kommen in die Obhut seines Bruders Carlo in Rimini. Sigismondo verbringt Teile seiner Jugend am Hof der Este in Ferrara und erwirbt dort eine umfassende humanistische Ausbildung, die seinen Geschmack als Patron nachhaltig prägt.	Sigismondo verbringt seine Kindheit und Jugend mit Jagd, Sport und Gebet (4, 37–72).
1429	14. September.: Carlo Malatesta stirbt, Sigismondos Halbbruder Galeotto Roberto wird Herr über Rimini.	Galeotto herrscht als älterer Bruder gerecht über das Reich des Vaters (4, 111f.).
1430	Der *condottiere* Sante Carillo versucht auf Antreiben der Montefeltro und der Malatesta von Pesaro, Rimini unter seine Kontrolle zu bringen.	Der Spanier *Carillus* verwüstet das Piceno und trachtet nach der Herrschaft in Rimini, Sigismondo zieht gegen ihn in den Kampf und siegt (4, 175–180).
1431	5. Mai.: Usurpationsversuch eines Seitenarms der Malatesta aus Pesaro, Sigismondo verlässt die Stadt und kehrt mit Truppen	*Labienus* versucht mit falschen Freiheitsversprechen an die Bürger, die Macht in Rimini an sich zu reißen; der junge Sigismondo

	aus Cesena zurück, als der Aufstand bereits kollabiert ist.	unternimmt einen mutigen Ritt nach Cesena und kehrt von dort mit einem Entsatzheer zurück, das die Stadt befreit (4, 103–156).
1432	10. Oktober: Galeotto Roberto stirbt, die Bevölkerung verehrt ihn aufgrund seiner Mildtätigkeit und devotionalen Praxis und erwirkt seine Seligsprechung. Sigismondo duldet die Verehrung widerwillig.	Galeotto Roberto erscheint Sigismondo aus dem Empyreion und unterstreicht die Gleichwertigkeit von Werken der Frömmigkeit und Kriegstaten aus Patriotismus (8, 300–356).
1434	Sigismondo heiratet Ginevra d'Este (†1440).	
1437– 1444	Sigismondo lässt Carlos *rocca* zu einer Festung nach modernen militärischen Erfordernissen ausbauen und tauft sie *Castel Sismondo*.	Sigismondo errichtet zum Zeichen seiner strengen und gerechten Herrschaft eine gewaltige Festung in Rimini und gibt ihr seinen Namen (4, 172–174).
1437– 38	Sigismondo kämpft für Venedig gegen Mailand und erleidet in der Schlacht von Calcinara sull'Oglio (22. Juli 1437) eine entscheidende Niederlage.	Sigismondo erringt einen spektakulären Sieg über die Truppen Filippo Maria Viscontis und wird von Venedig mit einem Triumphzug belohnt (4, 238–374).
1442	Sigismondo heiratet Polissena Sforza (†1449).	
1443	8. November: Sigismondo bringt gegen den Rat seines letzten Verbündeten Francesco Sforza in einem spektakulären Alleingang Monteluro bei Pesaro unter seine Kontrolle.	Filippo Maria Visconti entsendet den *Perusinus* Niccolò Piccinino an den *Mons Laureus*, wo er von Sigismondo gestellt und aus dessen Territorium vertrieben wird (4, 383–494).

Zeithistorie und episches Narrativ: Synopse 75

1445	Oktober: Sigismondo wird durch Kardinal Ludovico Scarampi zum *Gonfaloniere della Chiesa* ernannt, Eugen IV. bestätigt diese Ehre persönlich bei einem Besuch Sigismondos in Rom Ende des Jahres.	Papst Eugen lädt Sigismondo zu einer Unterredung in Rom, empfiehlt angesichts der Aussöhnung zwischen Sforza und Visconti ein Bündnis mit König Alfons und entsendet Sigismondo als Oberbefehlshaber ins Piceno (4, 495–564).
1446	ab Juli: Als Oberbefehlshaber der Truppen von Neapel, Mailand und Papst zieht Sigismondo gegen Francesco Sforzas Vorstoß in den Marken ein und erobert Fermo, Roccacontrada und zahlreiche andere Städte.	*Firmum* und andere Städte des Piceno jubeln über die Befreiung durch Sigismondo, die *Arx Contracta* fällt ihm nach erbitterter Schlacht in die Hände (5, 25–40).
	Oktober/November: Sigismondo entsetzt das von Sforza belagerte Gradara, danach Waffenstillstand mit Sforza.	Der *Phorciade* zieht sich nach *Gradiva* zurück, wo Sigismondo ihn zur Aufgabe der Festung zwingt (5, 63–514).
1447	Mitte Oktober: Abschluss einer Condotta mit Alfons V., der einen Erbanspruch auf das Herzogtum Mailand verwirklichen will und daher auf die Toskana zurückt, nach zähen Verhandlungen seit April, Uneinigkeit über Höhe und Zeitpunkt der Vorschusszahlung	Papst Eugen rät zum Bündnis mit Neapel, der junge Sigismondo äußert seine Vorbehalte nicht (4, 525-560).
	10. Dezember: Abschluss einer Condotta mit Florenz auf Vermittlung von	Sigismondo kündigt Alfons durch seine Herolde Vergeltung für dessen Überfall auf die Toskana an (5, 515–528).
		Sigismondo wird von Jupiter aufgefordert, sich an die Spitze eines italienischen Verteidigungsheeres zu

	Giannozzo Manetti, Vertragsbruch mit Alfons V.	stellen und bricht, diesem Aufruf folgend, in die Toskana auf (1, 46–123).
1448	Der Krieg in der Toskana verläuft vorerst schleppend, das Klima in der Maremma sorgt für Verluste durch Krankheit und Desertion.	Sigismondo und Alfons einigen sich zunächst darauf, den Krieg durch Zweikampf zu entscheiden, eine göttliche Intrige macht die Absprache, den Konflikt per Zweikampf zu entscheiden, zunichte (1, 245–659).
	24. Juni: Alfons' Truppen ziehen einen Belagerungsring um Piombino, dessen *signore* Rinaldo Orsini ihnen Quartier und Nachschub verwehrt.	Sigismondo muss sich verletzt zurückziehen, während die Aragonesen *Populonia* belagern (2, 1–204).
	8. Juli: Das florentinische Heer beginnt mit den Entsatzoperationen.	Erbitterte Kämpfe um *Populonia* unter heldenhafter Beteiligung von Sigismondos Truppen (2, 295–478).
	10. September: Sigismondo zwingt Alfons zum Rückzug nach Castiglione della Pescia, von wo aus er nach Neapel zurückkehrt.	Sieg bei *Populonia*, Alfons flieht zu Schiff nach Neapel (3, 55–444).
	Herbst (Oktober?): Sigismondo erfährt eine öffentliche Ehrung in Florenz (Triumphzug oder Verleihung einer Auszeichnung).	Sigismondo hält einen Triumphzug in Florenz ab, bei dem die Beute und die Kriegsgefangenen durch die Stadt geführt werden, erhält Geschenke von den Stadtvätern, stiftet einen neuen Feiertag zu Ehren der *Reparata libertas* und veranstaltet Spiele zu Ehren der Gefallenen (6, 92–290; 364–455).

Zeithistorie und episches Narrativ: Synopse 77

1449–1451	Sigismondo erhält gutdotierte *condotte* der Republik Venedig, ist aber wenig in deren militärische Operationen eingebunden; territoriale Rivalitäten u.a. mit den Montefeltro im Süden seines Machtbereichs.	Vorgebliche Abreise nach Zypern; Begegnung mit Minerva; Erkundung Tarra-gonas; Seesturm, Ankunft auf der Insel der Glückseligen; Liebesaffäre mit *Psycheia/Isothea;* Unterweltgang, Rückkehr nach Italien (7, 1–10,602)
1452	2. Juni: Alfons von Neapel erklärt Florenz erneut den Krieg. Juli: Abschluss einer neuen Condotta mit Florenz	Sigismondo kehrt über Genua und Parma nach Rimini zurück und wird dort umgehend wieder zum Feldherrn über das gemeinsame italienische Heer berufen, überquert den Apennin und marschiert auf das Barbarenheer zu (11, 1–116; 430–601).
	August: Alfons, verbündet mit Venedig, versucht, Sigis-mondo als Condottiere zu gewinnen. Sigismondo zieht als *Capitaneus Generalis* der Truppen von Florenz und Mailand gegen das neapolitanische Heer in der Toskana.	Alfons versucht, Sigismondo mit Versprechungen von einer gemeinsamen Herrschaft über Italien auf seine Seite zu ziehen (11, 117–184).

1453	Anfang August: Neapolitanische Truppen nehmen Foiano della Chiana ein.	Das Barbarenheer unter Alfons' Sohn Ferdinand erobert *Folianum*, noch während Sigismondo auf See ist. *Narnius* kann den Spaniern einen ersten Rückschlag einhandeln und verschafft den Belagerten Zeit (10, 272–488).
	Ende August/September: Das neapolitanische Heer verliert Foiano della Chiana und zieht sich nach Vada an der Westküste zurück.	Unter massivem Artilleriebeschuss und mithilfe eines aus Trümmern konstruierten gigantischen Belagerungsturms gelingt Sigismondo die Rückeroberung der Stadt (12, 352–490).
	Sigismondo belagert Vada und erstürmt es, während seine Belagerungsmaschinen die genuesische Entsatzflotte fernhalten.	Ferdinand erhält aus Neapel den Befehl, in einer Stadt zu überwintern, die für den Nachschub besser zu erreichen ist, und erobert Vada (12, 501–531). Sigismondo erobert Vada, ein von seinen Belagerungsmaschinen verursachtes, von Vulcanus auf Venus' Betreiben außer Kontrolle gebrachtes Feuer vernichtet große Teile der Flotte, mit der die Aragonesen fliehen wollten (12, 585–13, 285).
bis 1455	Sigismondo lässt Senigallia wiederaufbauen und versieht es mit einer modernen Stadtbefestigung. Einen Wachtturm, den heutigen *Torrione*	Sigismondo versorgt seine Veteranen mit Land in *Sena Gallorum* und lässt sie eine Festung, Mauern und Tore errichten (13, 319–341).

Zeithistorie und episches Narrativ: Synopse 79

ab 1447 (unvollendet)	*San Giovanni*, weiht er Isotta. Sigismondo lässt unter großem finanziellen Aufwand die Kathedralkirche von Rimini, S. Francesco, antikisierend umgestalten, vermutlich von Basinio verfasste griechische Inschriften erklären den Umbau zum Monument für den Abschluss des „italischen Krieges".	Sigismondo kehrt nach Rimini zurück und löst sein Gelübde ein, Jupiter einen gewaltigen Tempel zu errichten (13, 342–360).
1454–56	Sigismondo heiratet seine langjährige Geliebte Isotta degli Atti, der bereits 1447 eine Sepulchralkapelle in S. Francesco geweiht worden war.	Sigismondo hat eine Liebesaffäre mit der vergöttlichten *Isothea*, einer Tochter des Zephyrus, auf der Insel der Glückseligen (8, 1–85).
1457	Ende Mai: Basinio stirbt und wird in einem Sarkophag an der südwestlichen Außenwand von S. Francesco bestattet, testamentarisch hinterlässt er Sigismondo Malatesta die unvollendete *Hesperis* und seine Homer- und Apollonios-Handschrift.	
1458	27. Juni: Alfons V. stirbt, sein Sohn Ferdinand tritt die Nachfolge als König Aragons und beider Sizilien an.	
1468	9. Oktober: Sigismondo Malatesta stirbt, ein jahrelanger Konflikt um das Erbe bricht zwischen Isotta und Sallustio (gemeinsamer Sohn mit Sigismondo) auf der einen	

und Roberto (Sohn Sigis-
mondos aus einem früheren
Verhältnis) auf der anderen
Seite aus.

IV Glossar zeitgeschichtlicher Figuren und ihrer epischen Avatare

FIGUR IN DER HESPERIS	HISTORISCHE ENTSPRECHUNG	TRITT AUF IN BUCH
Alphonsus (Taraconius heros)	Alfons V. (1396–1458), König von Aragon, damit zugleich König von Mallorca, Valencia, Sizilien, Sardinien, Korsika und ab 1442 König Alfons I. von Neapel (=*septem regna*)	1–8, 10–13
Carinus	Guarino Veronese (1374–1460), neben Vittorino da Feltre bedeutendster humanistischer Lehrer seiner Generation, seit 1436 Professor für Griechisch am *studio* in Ferrara, enger Vertrauter Leonellos d'Este in Sachen Kulturpolitik und Patronage; Basinio wurde im Gefolge Theodorus Gazas, den Guarinio 1446 nach Ferrara holte, sein Schüler	10
Eugenius	Papst Eugen IV. (Gabriele Condulmer, 1383–1447), ab 1431 Papst und damit Lehensherr der Malatesta als päpstlicher Vikare	4–5
Fanius	Giuliano da Fano (?–1460), Hauptmann in Sigismondos Truppe	2–3, 12
Galaotus Robertus	Galeotto Roberto Malatesta (1411–1432)	4, 8
Isotta/Isothea/ Psycheia	Isotta degli Atti (1432/33–1474), ab 1445 Geliebte Sigismondo Malatestas aus einem Patriziergeschlecht in Rimini, 1456 oder 1457 Hochzeit mit Sigismondo in dessen dritter Ehe	6, 8–10
Narnius	Antonello da Narni (?–1453), Condottiere und Hauptmann in	12

82 Glossar zeitgeschichtlicher Figuren und ihrer epischen Avatare

Pandulphus	Sigismondo Malatestas florentinischem Heer vor Vada, wo er durch eine Schusswunde fiel Pandolfo III Malatesta (1370–1427), Sigismondo Malatestas Vater	7, 9
Perusinus	Niccolo Piccinino (um 1380–1444), Condottiere in Diensten Filippo Maria Viscontis, insbesondere in dessen Auseinandersetzung mit Francesco Sforza	4
Pherinas	Ferdinand von Aragon (1424–1494), unehelicher Sohn Alfons' V., nach dessen Tod König Ferdinand I. von Neapel	6, 10–13
Philippus (dux Insubrum)	Filippo Maria Visconti (1392–1447), letzter Visconti-Herzog von Mailand	4–5
Phorbas	vermutlich Giannantonio ‚Porcellio' Pandoni (vor 1407–nach 1484), Dichter am Hof Sigismondo Malatestas von 1455 bis 1456, überwarf sich mit Basinio in der Kontroverse um den Stellenwert des Griechischen	1
Phorciades	Francesco Sforza (1401–1466), *condottiere*, Widersacher und schließlich Schwiegersohn Filippo Maria Viscontis, der die nach dessen Tod 1447 ausgerufene ambrosianische Republik bekämpfte und sich 1450 die Herzogswürde sicherte	4–5, 7
Seneucus	Tommaso Seneca da Camerino (1390–1472), Beamter und Dichter am Hof Sigismondo Malatestas in den frühen 1440er-Jahren und erneut von der Mitte der 1450er-Jahre bis 1457/58, überwarf sich mit Basinio in der Kontroverse um den Stellenwert des Griechischen	11

Glossar zeitgeschichtlicher Figuren und ihrer epischen Avatare

Sismundus (Pandulphius heros, Pandulphiades)	Sigismondo Pandolfo Malatesta (1417–1468), ab 1432 zusammen mit seinem Bruder Domenico Malatesta *signore* und päpstlicher Vikar von u.a. Rimini, Cesena, Fano und Pesaro, Condottiere in wechselnden Diensten (Kirchenstaat, Francesco Sforza, Florenz, Neapel, Venedig)	1–13

Literaturverzeichnis

Handschriften

Autograph der *Hesperis*
Rimini, Biblioteca Civica Gambalunga, Sc-Ms 34.
Prachthandschriften der *Hesperis*
Paris: Bibliothèque nationale Française, Bibliothèque de l'Arsenal. Ms-630 (https://gallica.bnf.fr/ark:/12148/btv1b525024658).
Vatikanstadt: BAV, Vat. lat. 6043
Oxford: Bodleian Library, Canon. Class. Lat. 81
Nicht illuminiert
Vatikanstadt: BAV, Vat. lat. 1677

Textausgaben

Trium Poetarum elegantissimorum, Porcelii, Basinii, et Trebanii opuscula, ed. Christophorus Preudhomme, Paris: Colinaeus 1539.
Basinio da Parma: *Opera Praestantiora*, ed. Lorenzo Drudi, Drudi, 2 Bde., Rimini: Albertiniana 1794.
Basinio da Parma: *Liber Isottaeus*, hg. von Ferruccio Ferri, Città di Castello 1922.
Basinio da Parma: *Le Poesie Liriche (Isottaeus, Cyris, Carmina varia)*, ed. Ferruccio Ferri, Testi Latini Umanistici 1, Turin 1925.
Basinio da Parma: *Meleagris*, ed./ übers. von Andreas Berger, Bochumer Altertumswissenschaftliches Colloquium 52, Trier 2002.
Basinio da Parma: *Diosymposis*, ed. Donatella Coppini, in: Donatella Coppini, *Un epillio umanistico fra Omero e Virgilio: il ‚Diosymposeos liber' di Basinio da Parma*, in: *Confini dell'umanesimo letterario. Studi in onore di Francesco Tateo*, a cura di Mauro de Nichilo u.a. Rom 2003, Bd. 1, S. 301–336, hier S. 323–336.
Antonio Beccadelli, *De dictis et factis Alphonsi Regis Aragonum libri IV*, ed. Jacob Spiegel, Basel 1538.
Francesco Filelfo: *Francesco Filelfo and Francesco Sforza. Critical Edition of Filelfo's ‚Sphortias', ‚De Genuensium deditione', ‚Oratio parentalis', and his Polemical Exchange with Galeotto Marzio*, ed. Jeroen de Keyser, Noctes Neolatinae 22, Hildesheim 2015.
Albertino Mussato: *De obsidione domini Canis de Verona ante civitatem Paduanam*, ed. Giovanna Maria Gianola, Padua 1999.
Janus Pannonius: *Pjesme i Epigrami*, ed. Mihovil Kombol, Zagreb 1951.

Janus Pannonius: *Panegyricus in Guarinum Veronensem*, in *Humanist Pietas. The Panegyric of Ianus Pannonius on Guarinus Veronensis*, ed. Ian Thomson, Indiana University Uralic and Altaic Series 151, Bloomington 1988, S. 68–251.

Francesco Petrarca: *Africa*, hg./übers. von Bernhard Huss/Gerhard Regn, 2 Bde., Mainz 2007.

Enea Silvio Piccolomini/Pius II.: *I commentarii*, ed. Luigi Totaro, Mailand ²2008.

Giovanni Simonetta: *Rerum gestarum Francisci Sfortiae mediolanensium ducis Commentarii*, hg. v. Giovanni Soranzo, Rerum Italicarum Scriptores 21, 2, Bologna 1934.

Maffeo Vegio: *Poemata et alia carmina. Operum pars secunda*, Lodi 1613.

Maffeo Vegio: *Short Latin Epics*, ed./transl. by Michael C. J. Putnam, The I Tatti Renaissance Library, 15, Cambridge 2004.

Literatur

Patrick Baker: *Italian Renaissance Humanism in the Mirror*, Ideas in Context 14, Cambridge 2015.

Angelo Battaglini: *Della corte letteraria di Sigismondo Malatesta*, in: *Basinii Parmensis Opera Praestantiora*, ed. Lorenzo Drudi, 2 Bde., Rimini 1794, Bd. 2, 1, S. 44–255.

Jerry Bentley: *Politics and Culture in Renaissance Naples*, Princeton 1987.

Paul Botley: *Learning Greek in Western Europe, 1396–1529: Grammars, Lexica, and Classroom Texts*, Transactions of the American Philosophical Society, New Series 100, 2, Philadelphia 2010.

Ludwig Braun: *Ancilla Calliopeae. Ein Repertorium der Neulateinischen Epik Frankreichs* (1500–1700), Mittellateinische Studien und Texte 38, Leiden/Boston 2007.

Paolo Campagnoli: *La Bassa Valle del Foglia e il territorio di Pisaurum in età romana*, Studi e scavi 7, Bologna 1999.

Augusto Campana: Art. *Basinio da Parma*, in: *Dizionario Biografico degli Italiani*, a cura di Antonio M. Ghisalberti u. a., 100 Bde., Mailand 1960–2020, Bd. 7 (1970), S. 89–98.

Augusto Campana: Art. *Atti, Isotta degli*, in: *Dizionario Biografico degli Italiani*, a cura di Antonio M. Ghisalberti u. a., 100 Bde., Mailand 1960–2020, Bd. 4 (1962), S. 547–556.

Luciano Capra: *Gli Epitafi per Nicolò III d'Este"*, in: *Italia Medioevale e Umanistica* 16 (1973), S. 197–226.

Donatella Coppini: *Basinio e Sigismondo. Committenza collaborativa e snaturamento epico dell'elegia*, in: *Città e Corte nell'Italia di Piero della Francesca*, a cura di Claudia Cieri Via, Venedig 1996, S. 449–467.

Anthony F. D'Elia: *Pagan Virtue in a Christian World. Sigismondo Malatesta and the Italian Renaissance*, Cambridge, MA/London 2016.

Anthony F. D'Elia: *Heroic Insubordination in the Army of Sigismundo Malatesta: Petrus Parleo's Pro milite, Machiavelli, and the Uses of Cicero and Livy*, in: *Humanism and Creativity in the Renaissance. Essays in Honor of Ronald G. Witt*, ed. by Christopher S. Celenza/Kenneth Gouwens, Studies in Intellectual History 136, Leiden/Boston 2006, S. 31–60.

Anita Delvecchio: *Il principe-condottiero Sigismondo Pandolfo nel primo cinquantennio del Quattrocentro*, in: *La signoria di Sigismondo Pandolfo Malatesti*, a cura di Anna Falcioni, 2 Bde., Rimini 2006, Bd. 2: *La politica e le imprese militari*, S. 31–83.

Andrea Donati: *L'immagine vittoriosa di Sigismondo Pandolfo Malatesta e l'orazione di Giannozzo Manetti per la consegna del bastone di comando dell'esercito fiorentino (Vada, 30 settembre 1453)*, in: *Studi Romagnoli* 61 (2010), S. 773–840.

Anna Falcioni: Art. *Malatesta, Sigismondo Pandolfo*, in: *Dizionario Biografico degli Italiani*, a cura di Antonio M. Ghisalberti u.a., 100 Bde., Mailand 1960–2020, Bd. 68 (2007), 107–114.

Anna Falcioni: Art. *Malatesta, Galeotto Roberto*, in: *Dizionario Biografico degli Italiani*, a cura di Antonio M. Ghisalberti u.a., 100 Bde., Mailand 1960–2020, Bd. 68 (2007), 49–51.

Anna Falcioni: Art. *Malatesta, Pandolfo*, in: *Dizionario Biografico degli Italiani*, a cura di Antonio M. Ghisalberti u.a., 100 Bde., Mailand 1960–2020, Bd. 68 (2007), S. 90–95.

Anna Falcioni: Art. *Malatesta, Galeotto, detto Malatesta Ungaro*, in: *Dizionario Biografico degli Italiani*, a cura di Antonio M. Ghisalberti u.a., 100 Bde., Mailand 1960–2020, Bd. 68 (2007), S. 44–47.

Gabriele Fattorini: *Signis potius quam tabulis delectabor'. La decorazione plastica nel Tempio malatestiano*, in: *Le Arti Figurative nelle Corti dei Malatesti*, a cura di Luciano Bellosi, Storia delle Signorie dei Malatesti 13, Rimini 2002, S. 259–393.

Ferruccio Ferri: *Un dissidio fra Basinio e Guarino*, in: *Athenaeum* 5 (1917), S. 33–43.

Ferruccio Ferri: *Una contesa di tre umanisti. Basinio, Porcellio e Seneca. Contributo alla storia degli studi Greci nel Quattrocento in Italia*, Pavia 1920.

Georg Finsler: *Homer in der Neuzeit von Dante bis Goethe. Italien – Frankreich– England– Deutschland*, Leipzig/Berlin 1912.

Alan Fisher: *Three Meditations on the Destruction of Vergil's Statue: The Early Humanist Theory of Poetry*, in: *Renaissance Quarterly* 40,4 (1997), S. 607–635.

Donatella Frioli: *Alla corte di Sigismondo Pandolfo Malatesta: per la tradizione manoscritta di Basino da Parma*, in: *Filologia mediolatina* 13 (2006), S. 241–303.

Franco Gaeta: *La ‚Leggenda' di Sigismondo Malatesta*, in: *Studi Malatestiani*, a cura di Paul J. Jones, Rom 1978, S. 159–196.

Peter L. Garretson: *A Note on the Relations between Ethiopia and the Kingdom of Aragon in the Fifteenth Century*, in: Rassegna di Studi Etiopici 37 (1993), S. 37–44.

Stephen Greenblatt: *The Swerve. How the Renaissance Began*, London 2011.

Christian Guerra: *Der erzählte Papst: Enea Silvio Piccolomini-Pius II. und die römische Historiographie in den ‚Commentarii de rebus a se gestis'*, Schweizerische Beiträge zur Altertumswissenschaft 46, Basel 2018.

Paul Gwynne: *Poets and Princes. The Panegyric Poetry of Johannes Michael Nagonius*, Courts. Medieval and Renaissance Court Cultures 1, Turnhout 2012.

Paul Gwynne: *Epic*, in: *A Guide to Neo-Latin Literature*, ed. by Victoria Moul, Cambridge 2017, S. 200–220.

Heinz Hofmann: *Von Africa über Bethlehem nach America: Das Epos in der neulateinischen Literatur*, in: *Von Göttern und Menschen erzählen. Formkonstanzen und Funktionswandel vormoderner Epik*, hg. von Jörg Rüpke, Potsdamer Altertumswissenschaftliche Beiträge, Stuttgart 2001, S. 130–182.

Charles Hope: *The Early History of the Tempio Malatestiano,* in: *Journal of the Warburg and Courtauld Institutes* 55 (1992), S. 51–154.

Paul J. Jones: *The Malatesta of Rimini and the Papal State*, London/New York 1974.

Stanko Kokole: *The Tomb of the Ancestors in the Tempio Malatestiano and the Temple of Fame in the poetry of Basinio da Parma*, in: *Drawing Relationships in Northern Italian Renaissance Art. Patronage and Theories of Invention*, ed. by Giancarla Periti, Aldershot 2004, S. 11–34.

Petra Korte: *Die antike Unterwelt im christlichen Mittelalter. Kommentierung – Dichtung – philosophischer Diskurs*, Tradition – Reform – Innovation 16, Frankfurt am Main 2012.

Michael Edward Mallett: *Mercenaries and Their Masters. Warfare in Renaissance Italy*, Barnsley ²2009.

Charles Mitchell: *The Imagery of the Tempio Malatestiano*, in: Studi Romagnoli 2 (1951), S. 77–90.

Elke Pahud de Mortanges: *Der versperrte Himmel. Das Phänomen der sanctuaires à répit aus theologiegeschichtlicher Perspektive*, in: *Schweizerische Zeitschrift für Religions- und Kulturgeschichte* 98 (2004), S. 31–48.

Pier Giorgio Pasini: *Il Tempio malatestiano. Splendore cortese e classicismo umanistico*, Mailand ²2011.

Maria Grazia Pernis/Laurie Schneider Adams: *Federico da Montefeltro and Sigismondo Malatesta. The Eagle and the Elephant*, New York u.a. 1995.

Christian Peters: *Mythologie und Politik. Die panegyrische Funktionalisierung der paganen Götter im lateinischen Epos des 15. Jahrhunderts*, Wissenschaftliche Schriften der WWU Münster X, 24, Münster 2016.

Christian Peters: *‚verbis phucare tyrannos'? – Selbstanspruch und Leistungsspektren von zeithistorischer Epik als panegyrischem Medium im 15. Jahrhundert*, in: *Portraying the Prince in the Renaissance*, hg. von Patrick Baker/Ronny

Kaiser/Maike Priesterjahn/Johannes Helmrath, Transformationen der Antike 44, Berlin 2016, S. 415–441.
Christian Peters: *Bella novabo. Basinio da Parma's Instant Epics*, in: *The Economics of Poetry. The Efficient Production of Neo-Latin Verse, 1400–1720*, ed. by Paul Gwynne/Bernhard Schirg, Court Cultures of the Middle Ages and Renaissance 6, Oxford u. a. 2018, S. 101–130.
Christian Peters: *Founding Sisters. Nymphs and Aetiology in Humanist Latin Poetry*, in: *The Figure of the Nymph in Early Modern Culture*, ed. by Karl Enenkel/Anita Traninger, Intersections 54, Leiden/Boston 2018, S. 421–444.
Christian Peters: *Narrative Structures in Neo-Latin epic from 1440 to 1500*, in: *Structures of Epic Poetry*, ed. by Simone Finkmann/Christiane Reitz, Berlin/New York 2019, Bd. 3, S. 247–299.
Armando Petrucci: Art. *Antonio da Pisa*, in: *Dizionario Biografico degli Italiani*, a cura di Antonio M. Ghisalberti u.a., 100 Bde., Mailand 1960–2020, Bd. 3 (1961), S. 196f.
Christoph H. Pieper: *Nostrae spes plurima famae – Stilisierung und Autostilisierung im Liber Isottaeus des Basinio von Parma*, in: *‚Parodia' und Parodie. Aspekte intertextuellen Schreibens in der lateinischen Literatur der Frühen Neuzeit*, hg. von Reinhold F. Glei/Robert Seidel, Frühe Neuzeit 120, S. 91–110.
Christoph H. Pieper: *Die vielen Facetten des Sigismondo Malatesta in der ideologischen Poesie des Hofes in Rimini*, in: *Discourses of Power. Ideology and Politics in Neo-Latin Literature*, ed. by. Karl A. E. Enenkel/Marc Laureys/Christoph Pieper, Noctes Neolatinae 17, Hildesheim u.a. 2012, S. 19–41.
Christoph H. Pieper: *In Search of the Marginal Author. The Working Copy of Basinio of Parma's ‚Hesperis*, in: *Neo-Latin Philology. Old tradition, new approaches. Proceedings of a conference held at the Radboud University, Nijmegen, 26–27 October 2010*, ed. by Marc van der Poel, Supplementa Humanistica Lovaniensia 35, Leuven 2014, S. 49–70.
Christoph H. Pieper: *Epic challenges. Basinio da Parma's Cyris and the discourse of genre in early humanistic elegy*, in: *Tradição e transformação. A herança latina no Renascimento*, org. Ricardo da Cunha Lima u.a., Sao Paolo 2019, S. 121–147.
Antonio Piromalli: *Gli intellettuali presso la corte malatestiana*, in: *La cultura letteraria nelle corti dei Malatesti*, a cura di Antonio Piromalli, Rimini 2002, S. 37–59.
Giovanna Ragionieri: *Nota sui codici miniati malatestiani*, in: *La Cultura Letteraria nelle Corti dei Malatesti*, a cura di Antonio Piromalli, Storia delle Signorie dei Malatesti 14, Rimini 2002, S. 199–208.
Gianvito Resta: *Basinio e l'‚Argonautica' di Apollonio Rodio*, in: *Miscellanea Augusto Campana*, a cura di Rino Avesani/Mirella Ferrari/Giovanni Pozzi, 2 Bde., Padua 1981, Bd. 2, S. 639–669.
Florian Schaffenrath: *Narrative Poetry*, in: *The Oxford Handbook of Neo-Latin*, ed. by Sarah Knight/Stefan Tilg, Oxford u.a. 2015, S. 57–72.

Florian Schaffenrath: *Some Considerations on the Poetological Aspects of Basinio da Parma's Hesperis,* in: *Humanistica Lovaniensia* 66 (2017), S. 1–21.

D. L. Simms: *Archimedes and the Invention of Artillery and Gunpowder,* in: *Technology and Culture* 28 (1987), S. 67–79.

Francesco Somaini: *Filippo Maria e la svolta di 1435,* in: *Il ducato di Filippo Maria Visconti, 1412–1447. Economia, politica, cultura,* a cura di Federica Cengarle/Maria Nadia Covini, Florenz 2015, S. 107–166.

Robin Sowerby: *Early Humanist Failure with Homer (II),* in: *International Journal of the Classical Tradition* 4,2 (1997), S. 165–194.

Fabio Stok: *The Life of Vergil before Donatus,* in: *A Companion to Vergil's Aeneid and its Tradition,* ed. by Joseph Farrell/Michael C. J. Putnam, Blackwell Companions to the Ancient World, Chichester 2010, S. 107–120.

Joanna Woods-Marsden: *How quattrocento princes used art. Sigismondo Pandolfo Malatesta of Rimini and ‚cose militari',* in: *Renaissance Studies* 3 (1989), S. 387–414.

Vladimiro Zabughin: *Vergilio nel rinascimento italiano da Dante a Torquato Tasso,* 2 Bde., Bologna 1921–1923.

Paolo Zanfini: *La pace di Lodi (1454),* in: *La signoria di Sigismondo Pandolfo Malatesti,* a cura di Anna Falcioni, Storia delle Signorie dei Malatesti 2, 2 Bde., Rimini 2006, Bd. 2: *La politica e le imprese militari,* S. 103–116.

Abbildungsverzeichnis

Abb. 1: Griechische Weihinschrift am *Tempio Malatestiano*, Rimini (Südwestseite), Bild: Christian Peters 10

Abb. 2: Titelseite des Autographen der Hesperis (mit Roberto Valturios Besitzvermerk)
Cesena, Biblioteca Civica Gambalunga, Sc-MS 34, f. 2v., ... 11

Abb. 3: Basinios Sarkophag an der Südwestseite des *Tempio Malatestiano*, Rimini, Bild: Christian Peters 36

Abb. 4: Hesperis mit Spuren von Basinios Redaktion und griechischen Glossierungen
Cesena, Biblioteca Civica Gambalunga, Sc-MS 34, f. 121v. 64

Basinio da Parma

Hesperis – Der italische Krieg

Lateinisch/Deutsch

Argumenta

In Librum Primum Hesperidos Basinii Parmensis Argumentum

Basinius poeta Sigismundum Pandulphum Pandulphi Malatestae filium, in cuius aula plurimis iisque maximis beneficiis cumulatus Musis vacabat, epico poemate celebraturus, occasionem capit ab eo bello, quod Alphonsus Aragonum et Neapolis rex potentissimus, qui rebus in Italia turbatis omni ope operaque enitebatur, ut regni sui fines extenderet, Florentinorum Reipublicae indixerat, quo, Italiae sin minus universae, Hetruriae saltem dominationem sibi compararet. In cuius quidem belli initio cum Florentini res sibi minus prospere aliis sub ducibus cadere fuissent experti, Sigismundum auxilio advocarunt eumque Hetruscarum copiarum imperatorem constituerunt. Qui bello fortiter feliciterque confecto fugatoque Alphonso a Florentinae Reipublicae Senatu laurea et triumpho donatus fuit. Verum Alphonsus, propositi non minus quam odii tenax, quatuor post annos arma iterum in Hetruscos sumpsit eiusque belli summum Ferdinando filio summo cum imperio tradidit. At Sigismundus a Florentinorum Senatu Imperator secundum renuntiatus pluribus Ferdinando illatis cladibus, eum quoque turpiter fractum expulit ab Hetruria atque ita bis de Alphonso victor evasit. Haec ad historiam satis. Poema igitur Homerum imitatus, sub ipso poematis initio Musam ad Sigismundi Pandulphi praelia et triumphum de Alphonso canenda invitat bellique causas exquirit ac enumerat, simulque portenta bellum ominantia enarrat (a v. 2 ad v. 42). Alphonso itaque Hetruriam armis invadente, Iupiter Mercurium ad Sigismundum in somnis mittit, ut mora omni abiecta Italos cogat sub signis et Alphonsum expellat ab Hetruria. Mercurius iussa exequitur Iovis illique deorum omnium, tum etiam Iunonis ipsius favorem pollicetur (v. 72). Sigismundus Iovis admonitu expergefactus cunctisque probe perpensis Hetruscarum copiarum imperium sumit, Alphonsoque per praecones indicat, ut ab Hetruriae finibus iniuste occupatis abscedat (v. 108). Dein Pallade comitante loca explorat, Alphonsumque investigat atque infestat. Sed nocte ingruente dum curis distentus unus vigilat, Venus soporem in eum immittit. Iupiter vero Iridi mandat, ut eum nectare ambrosiaque reficiat (v. 244). Alphonsus Sigismundi praeconibus superbe indignanterque respondet, atque optionem dat, utrum collatis signis depugnare an singulari

Inhaltsangaben der Bücher

Zum ersten Buch der *Hesperis* des Basinio von Parma

Der Dichter Basinio, aus dem Bestreben, Sigismondo Pandolfo Malatesta, den Sohn des Pandolfo Malatesta, an dessen Hof er, im Genuss sehr vieler großer Wohltaten, den Freiraum für die Beschäftigung mit den Musen hatte, mit einem epischen Gedicht zu preisen, nimmt hierfür zum Anlass den Krieg, den Alfons, der überaus mächtige König von Aragon und Neapel, welcher in einer Situation allgemeiner Unruhe in Italien mit allen Mitteln und Anstrengungen darauf hinarbeitete, sein Reich zu vergrößern, der Republik Florenz erklärt hatte, um sich, wenn schon nicht ganz Italiens, so doch zumindest Etruriens zu bemächtigen. Nachdem die Florentiner zu Beginn dieses Krieges hatten feststellen müssen, dass die Dinge mit anderen Heerführern für sie nicht gut ausgingen, riefen sie Sigismondo zur Hilfe und machten ihn zum Oberbefehlshaber über die etruskischen Truppen. Dieser wurde, da er den Krieg tapfer und erfolgreich zu einem Ende geführt und Alfons vertrieben hatte, vom Senat der Republik Florenz mit dem Siegeslorbeer und einem Triumphzug geehrt. Alfons aber, starrsinnig in seinem Vorhaben ebenso wie in seinem Hass, ergriff vier Jahre später erneut die Waffen gegen die Etrusker, und betraute seinen Sohn Ferdinand mit dem Oberbefehl über diesen Kriegszug. Sigismondo jedoch, zum zweiten Mal vom Senat der Stadt Florenz zum Oberbefehlshaber berufen, fügte Ferdinand mehrere Niederlagen zu und vertrieb auch ihn schmählich geschlagen aus Etrurien und ging somit zweimal als Sieger aus der Auseinandersetzung mit Alfons hervor. Soviel zur Geschichte.

In Nachahmung von Homer lädt der Dichter die Muse daher ganz zu Beginn des Gedichts ein, die Schlachten des Sigismondo Pandolfo und seinen Triumph über Alfons zu besingen, fragt nach den Kriegsursachen und zählt sie auf, und schildert zugleich die Vorzeichen, die von dem Krieg künden (1–42). Als Alfons sodann unter Waffen in Etrurien einmarschiert, schickt Jupiter Merkur im Schlaf zu Sigismondo, damit er ohne weiteren Verzug die Italiener unter seinem Befehl vereine und Alfons aus Etrurien vertreibe. Merkur führt den Auftrag Jupiters aus und verheißt jenem das Wohlwollen aller Götter, insbesondere auch dasjenige der Juno (–72). Sigismondo, von der Aufforderung Jupiters aus seiner

certamine rem velit dirimere (v. 260). Sigismundus Iove, Marte, et Minerva exoratis singulare certamen eligit, simulque iubet totum exercitum in armis esse, et dolos malos praecaveri. Tum excitatam ignoti cuiusdam odio in Italico exercitu discordiam compescit (v. 332). Antiphates Alphonsi consiliarius, cui Sigismundi virtus erat explorata, regem a proposito studet revocare. Eius tamen consilium Alphonsus, Phorbantis vatis augurio fidens, superbius contemnit (v. 419). Duobus ergo exercitibus ad fundae iactum compositis ac militum ardore utrinque per imperatores compresso, Sigismundus aequas singularis certaminis conditiones coram exponit, quas Alphonsus accipit, amboque sacrificio et iureiurando firmandas decernunt (v. 468). Iupiter Italis favens, suam Iunoni aperit voluntatem, ut nempe Iberi foedus rumpant. Quare Iuno Irim dimittit, quae Phorbantam falsis visis illusum in remotum locum seducit, eiusque speciem induta Biaonem Libycum adit suadetque ut favente Apolline Sigismundum per insidias teli ictu interficiat (v. 540). Sacris rite peractis statisque conditionibus sacramento utrinque sancitis, duces certamen ineunt, quod hic graphice describitur. Dumque Sigismundus Alphonsum in suum tentorium victum vitamque deprecantem trahit, Biaon Sigismundum iaculo ferit in humero. Quam ob rem Alphonsus elabitur, seseque ad suos recipit incolumis (v. 659). Sigismundus sortem suam cum Iove conqueritur eumque ut nefarii sceleris ultor velit esse deprecatur. Tum ab Apolline sibi uni viso ad suos adducitur, qui se et sceleris vindicem et, cum tota acie dimicabit, auxiliatorem futurum promittit (v. 686). Sigismundus Apollinis praesentia recreatus, ut Paeonem, Iove tamen annuente, ad se mittat etiam atque etiam exorat. Quod item Apollo in se recipit, statim ac Iupiter post dies duodecim ab Oceano, apud quem in finibus Aethiopiae convivandi gratia diversabatur, sese ad Olympum retulerit (v. 713). Totus liber iste descriptionibus et comparationibus elegantissimis refertus est.

Ruhe aufgetrieben, übernimmt nach reiflicher Überlegung das Kommando über die etruskischen Truppen und fordert Alfons durch Herolde auf, sich von dem unrechtmäßig besetzten Gebiet in Etrurien zu entfernen (–108). Daraufhin kundschaftet er unter Begleitung der Pallas die Gegend aus, spürt Alfons auf und stellt ihm nach. Als er jedoch bei Hereinbrechen der Nacht als einziger, von Sorgen erfüllt, wach liegt, lässt Venus ihm Schlaf in die Glieder fahren. Jupiter aber beauftragt Iris, ihn mit Nektar und Ambrosia zu erfrischen (–244). Alfons antwortet Sigismondos Herolden unwirsch und überheblich und stellt ihn vor die Wahl, den Konflikt entweder in offener Feldschlacht oder im Duell auszutragen (–260). Nachdem er Jupiter, Mars und Minerva um Unterstützung gebeten hat, entscheidet Sigismondo sich für den Einzelkampf, und befiehlt zugleich aber auch, dass das gesamte Heer sich kampfbereit halten und sich vor üblen Hinterhalten in Acht zu nehmen solle. Dann legt er die Streitigkeiten bei, die durch den Hass eines nicht weiter Bekannten im italienischen Heer hervorgerufen wurden (–332). Antiphates, ein Berater des Alfons, der mit der Tugend Sigismondos vertraut ist, versucht, den König von seinem Vorhaben abzubringen. Dessen Rat jedoch verachtet der König im Vertrauen auf die Vorhersage des Sehers Phorbas allzu hochmütig (–419). Nachdem die beiden Heere auf die Entfernung eines Steinschleuderwurfes aneinander herangerückt sind, und die Kampfeslust der Soldaten auf beiden Seiten von den Feldherren unter Kontrolle gebracht wurde, legt Sigismondo öffentlich die Regeln des Zweikampfes dar. Alfons akzeptiert sie und beide beschließen, sie durch Opfer und Eid zu bekräftigen (–468). Jupiter, der zu den Italienern hält, eröffnet Juno seine Absicht, dass nämlich die Iberer den Pakt brechen. Daher schickt Juno Iris, die den Phorbas mit Illusionen an einen fremden Ort führt, in dessen Gestalt an den Libyer Biaon herantritt und ihn überredet, mit der Unterstützung Apollons Sigismondo mit einem Pfeilschuss zu töten (–540). Nachdem die Kulthandlungen ordnungsgemäß vollzogen sind und die Vereinbarung beiderseits mit einem Schwur bestätigt ist, beginnen die Anführer einen Zweikampf, der nun anschaulich geschildert wird. Und während Sigismondo den besiegten und um sein Leben flehenden Alfons in sein Zelt führt, verletzt Biaon Sigismondo mit einem Pfeilschuss an der Schulter. Daher kann Alfons entfliehen und zieht sich unversehrt zu den Seinen zurück (–659). Sigismondo beklagt Jupiter gegenüber sein Los und betet zu ihm, damit er Rächer des frevelhaften Verbrechens gegen ihn werde. Dann wird er

In Librum Secundum

Iberi, violato per Biaonis proditionem foedere, ex improviso in Italos impetum faciunt, quo hi fortasse disiecti fugatique fuissent, nisi si Sigismundus, sauciatus quidem, non animo perculsus, suos continuisset, atque a pugna committenda prohibuisset, donec ipse recuperata salute se suosque ulcisci queat. Quod profecto Alphonsus non sine astu factum esse arbitratus et ipse receptui canit. Sigismundus itaque, ut suae consulat valetudini Volaterris se recipit cum suis, Iovemque deprecatur, ut poenas facto pares ab Iberis reposcat (a v. 1 ad v. 49). Interea Alphonsus Populoniam cum omnibus copiis terra marique obsidet impetitque. Vates pugnam caesosque enarraturus Musam interpellat, primo Dystychium in fossis devolutum et ab Alphonso interfectum laude luctuque prosequitur. Atrox pugna committitur, quae non minori styli elegantia, quam vario comparationum ac descriptionum apparatu ob oculos ponitur. Iberi cuniculos agunt, scalas apparant igneisque missilibus globis infestant. Itali sese defendunt, hostes e muris deturbant et necant. Tarchon Populonius Lycum Tagumque sternit, Haemophagus quoque occiditur cum aliis compluribus. Inter haec nuntiatur Alphonso ingressum in urbem, muris mare versus pene dirutis, patere. Hinc illorsum impetum facit, sed frustra. Quare advesperascente die receptui canit, urbisque expugnationem in crastinum iactabundus differt (v. 204). Dum noctu Iberi cuncta ad Populoniae expugnationem necessaria disponunt, Apollo vadit ad arva beata Oceani, quae hic describuntur, petitque a Iove, ut Paeonem ad Sigismundum mittat. Quo annuente, Paeon Sophoeni speciem indutus Sigismundum adit eumque pristinae integritati restituit. Denique discedens se Paeonem esse atque ab Apolline missum profitetur (v. 294).

von Apollo, den nur er sieht, zu den Seinen zurückgeführt. Der Gott verspricht, ihm später als Rächer und als Helfer, wenn es zur offenen Schlacht kommt, beizustehen (–686). Sigismondo, gekräftigt durch das Einschreiten Apollos, bittet wieder und wieder, dass Paeon ihm geschickt werde, sofern Jupiter es gestatte. Apollo beherzigt diese Bitte, sobald Jupiter nach zwölf Tagen vom Okeanos, bei dem er im Land der Äthiopier eines Gastmahls wegen verweilt, zum Olymp zurückgekehrt ist (–713). Das gesamte Buch ist voll mit überaus gelungenen Beschreibungen und Vergleichen.

Zum zweiten Buch

Nach dem Bruch des Pakts durch den Verrat des Biaon machen die Spanier ohne Vorwarnung einen Angriff auf die Italiener, durch den diese versprengt und die Flucht geschlagen worden wären, hätte nicht Sigismondo, zwar verwundet, aber in seinem Mut unerschüttert, die Seinen zusammengehalten und am Eintritt in den Kampf gehindert, bis er nach seiner Genesung sich und die Seinen rächen würde. Alfons hält dies für eine List und lässt zum Rückzug blasen. Sigismondo zieht sich mit seinen Truppen nach Volterra zurück, um seine Gesundung zu gewährleisten, und betet zu Jupiter, dass er die Spanier der Tat angemessen bestrafe (1–49). Inzwischen belagert Alfons Populonia mit allen Truppen, zu Lande und auf dem Wasser, und greift es an. Als der Dichter sich anschickt, die Schlacht und die Verluste zu schildern, fällt er seiner eigenen Muse ins Wort und bedenkt zunächst den in den Gräben dahingestreckten und von Alfons getöteten Dystychius mit Lob und Wehklage. Eine grässliche Schlacht kommt zustande, die mit ebenso erlesenem Stil wie mit einer reichen Ausgestaltung mit Vergleichen und Beschreibungen vor Augen gestellt wird. Die Spanier legen Stollen an, stellen Leitern bereit und setzen mit Feuergeschossen nach. Die Italiener verteidigen sich, vertreiben die Feinde von den Mauern und töten sie. Der Populonier Tarchon tötet Lycus und Tagus, auch Haemophagus wird mit vielen anderen getötet. Unterdessen wird Alfons gemeldet, dass der Zugang zur Stadt offenstehe, da die Mauern zur Meerseite hin fast völlig zerstört wurden. Daraufhin macht er dort einen Erstürmungsversuch, doch vergebens. Daher lässt er zum Rückzug blasen, als der Tag sich Richtung Abend neigt, und verschiebt die Erstürmung der Stadt auf den Folgetag (–204). Während

Sigismundus tali erectus nuntio et deorum ope confisus, ira et furore aestuans, poenas ab Alphonso reposcere constituit suamque aciem ex diversis Italiae populis conflatam instruit. Iberis postero die Populoniam omni castrensium machinarum et novo praesertim tormentorum genere oppugnantibus, dum Lydi, quamvis hosti impares, parati cum patria potius occumbere quam cedere, acriter resistunt, Fanium Sigismundus mature cum auxiliaribus mittit, qui eos ad patriam animosius tutandam incendit et Sigismundi cito adventuri spe erigit. Quare moeniorum partem tormentorum ictibus, non sine oppugnantium caede collapsam, aggere facto restituunt, reiectisque deditionis, quas Alphonsus proponebat, conditionibus, aquas e proximis stagnis in cuniculos derivant hostesque in iis latentes, felici sane artificio, submergunt (v. 440). Ingentum suorum iacturam indigne ferens Alphonsus, rabie impotentiori urbem terra marique adoritur duasque triremes, quae in obsessorum subsidium venerant, praedatur. Magna fit utrinque caedes (v. 478). Haec inter Sigismundus, ut Alphonsum a Populoniae obsidione revocet, die noctuque properato itinere, montem urbi adversum occupat, nobilissimoque stratagemate suos oriente sole per recurvi montis latera ire redire agmine perpetuo iubet, ut plures numero hosti appareant, equitesque praemittit, ut eum interturbent ac retardent. Lydi acie Sigismundi cominus prospecta animos erigunt, Alphonsus vero timore percellitur, et quid potius agat in eo rerum statu, ambigit (v. 522). Plura in hoc quoque libro summum poetae ingenium et excellentiam ostendunt, tum maxime inter alia ducum conciones, comparationes multiplices atque ingeniosissimae, rerum descriptiones vividissimae et quorundam in praelio cum honore occumbentium encomia.

die Spanier in der Nacht alles Notwendige für den Sturm auf die Stadt in die Wege leiten, schreitet Apollo zu den seligen Landen des Okeanos, die hier beschrieben werden, und verlangt von Jupiter, Paeon zu Sigismondo zu schicken. Mit Jupiters Billigung sucht Paeon in der Verkleidung von Sophoenus Sigismondo auf und stellt ihn wieder zu alter Unversehrtheit her. Beim Aufbruch bekennt er, dass er Paeon sei und Apollo ihn gesandt habe (–294). Von so einer Nachricht ermutigt und im Vertrauen auf die Hilfe der Götter, beschließt der vor Zorn und Wut schäumende Sigismondo, Alfons zur Rechenschaft zu ziehen und gibt seinem aus verschiedenen Völkern Italiens zusammengesetzten Heer Anweisungen. Als die Spanier am nächsten Tag Populonia mit Belagerungsmaschinen aller Art und insbesondere auch mit einer neuen Art der Wurfmaschinen bestürmen, während die Lyder, wiewohl dem Feind nicht gewachsen, eher gewillt, mit dem Vaterland unterzugehen als zu weichen, beherzt Widerstand leisten, schickt Sigismondo rasch den Fanius mit Hilfstruppen, der sie dazu anstachelt, ihr Vaterland noch beherzter zu verteidigen, und ihnen mit der Hoffnung auf ein baldiges Eintreffen Sigismondos Zuversicht gibt. Daher bauen sie den Teil der Mauern, der unter den Schüssen der Wurfmaschinen, nicht ohne Verluste der Angreifer, zusammengebrochen ist, durch die Errichtung eines Walls wieder auf, und leiten, nachdem sie die Bedingungen für eine Kapitulation, die Alfons ihnen vorgeschlagen hat, ausgeschlagen haben, Wasser aus nahen Teichen in die Stollen und ertränken mit diesem erfolgreichen Kunstgriff die Feinde, die sich in diesen versteckt halten (–440). Alfons, erbost über den gewaltigen Verlust an Truppen, greift mit allzu ohnmächtiger Raserei die Stadt von Land- und Seeseite aus an und erbeutet zwei Triremen, die zur Unterstützung der Belagerten gekommen waren. Auf beiden Seiten gibt es große Verluste (–478). Unterdessen besetzt Sigismondo nach einem eiligen Marsch durch Tag und Nacht den der Stadt gegenüberliegenden Berg, um Alfons von der Belagerung wegzuführen, und befiehlt in einem überaus brillanten taktischen Winkelzug seinen Truppen, bei Sonnenaufgang in einem fortwährenden Zug die Serpentinen auf der Bergflanke entlang hin- und herzugehen, um dem Feind den Eindruck größerer Truppenstärke zu geben. Auch schickt er Reiter vor, um den Feind in Aufruhr zu versetzen und ihn zu verlangsamen. Die Lyder fassen neuen Mut, als sie die Armee Sigismondos in der Nähe sehen. Alfons aber wird von Furcht erschüttert, und ist unsicher, was er in dieser Situation besser machen solle (–522). Auch in diesem Buch zeugt vieles von der herausragenden Begabung des

In Librum Tertium

Dum ea, quae superiori libro sunt enarrata, sub Populoniae moenibus peraguntur, Iupiter in summo Olympi loco considens Martem leniter compellat et in Sigismundi partes his praesertim de causis trahere studet, quod is a Quirino ducat originem et iustum pro patriae libertate bellum gerat. Mars rationibus hisce commotus Iovi obsequitur, se ad pugnam comparat et Sigismundum in primo certamine comitatur. Sigismundus equites in Alphonsi castra velitatum praemittit. Alphonsus rei gravitate perculsus obsidione urbis absistere totaque acie in certamen descendere coactus est (a v. 1 ad v. 103). Sigismundus suos adhortatus equo incitato in hostes sese coniicit multosque interimit, sed fracto inter pugnandum hastili viam per medios hostes stricto ense sibi aperit. Hinc districtis mucronibus conseruntur manus et caedes utrinque immanis fit. Populones obsidione liberati auxilia Sigismundo submittunt (v. 185). Rymphus equus Sigismundi, dum Celtas ante se prae timore fugientes insequitur et Alphonsi caput inter hostes repetit, teli ictu necatur, quare pedes maiori aestuans ira obvios quoscumque obtruncat. Hinc Celtae animis concidentes ab Alphonso eriguntur, qui equo admisso in hostes procurrens multos interficit. Quare saevius instauratur proelium plurimique ex primoribus occiduntur. Sigismundus conspecto Alphonso eum inter hostes persequitur. Celtae ab Italis undiquaque perculsi labare incipiunt (v. 367). Iupiter tantae caedis misertus Apollinem vocat divisque omnibus adstantibus Sigismundi atque Alphonsi sortes lancibus imponit, quarum quae Alphonsi ima, quae Sigismundi petit superiora. Mandat itaque Apollini, ut Alphonso significet, sibi vel bello ex Hetruria recedendum vel succubendum esse. Iovis mandata Apollo exequitur apprehensisque equi regii habenis Alphonsum invitum, iratum tantumque dedecus aegerrime ferentem ad suas naves deducit (v. 444). Ubi Sigismundus fugam rescivit Alphonsi, eum ad maris litus insequitur, agmen extremum carpit, fusos capit, captis parcit. Quorum alios cum suis commutat, alios triumpho servat, plures triremibus addicit indictoque

Dichters, insbesondere aber unter anderem die Feldherrenreden, die vielfachen und sehr gewitzten Vergleiche, die überaus lebendigen Beschreibungen der Situation und die lobenden Worte über einige, die in der Schlacht ehrenvoll fallen.

Zum dritten Buch

Während sich die die Dinge, die im vorigen Buch geschildert wurden, vollziehen, schilt Jupiter von seinem Platz auf dem Gipfel des Olymp aus sanft den Mars und bemüht sich darum, die Lage zu Sigismondos Gunsten zu wenden, vor allem weil dieser von Romulus abstamme und einen gerechten Krieg für sein Vaterland führe. Mars lässt sich mit diesen Erwägungen umstimmen und gehorcht Jupiter, bereitet sich zur Schlacht und begleitet Sigismondo am Anfang des Gefechts. Sigismondo schickt seine Reiterei zum Geplänkel gegen das Lager des Alfons und macht mit gesteigerter Geschwindigkeit den Abstieg vom Berg und einen Angriff gegen die Spanier. Erschüttert von den schwerwiegenden Umständen, ist Alfons gezwungen, die Belagerung aufzugeben und mit dem gesamten Heer in die Schlacht einzutreten (1–103). Nach Ermunterung der Seinen stürzt Sigismondo sich, zu Pferde dahinpreschend, auf die Feinde und tötet viele. Als ihm aber die Lanze im Kampf zerbricht, bahnt er sich mit gezogenem Schwert einen Weg durch die vor Furcht fliehenden Feinde. Danach kommt es mit gezückten Klingen zum Nahkampf und auf beiden Seiten gibt es ein großes Morden. Die befreiten Bewohner Populonias senden Sigismondo Hilfe (–185). Sigismondos Pferd Rymphus wird, während es die vor ihm flüchtenden Feinde verfolgt und es inmitten der Feinde auf den Kopf des Alfons anlegt, von einem Pfeilschuss getötet. Schäumend vor noch größerer Wut macht er zu Fuß alle, die sich ihm entgegenstellen, nieder. Darauf werden die in ihrer Beherztheit nachlassenden Spanier von Alfons wiederaufgerichtet, der auf schnellem Pferde gegen die Feinde vorpreschend viele tötet. Daher nimmt das Gefecht wieder an Heftigkeit zu, und eine große Anzahl erstrangiger Krieger wird getötet. Sigismondo erblickt Alfons und nimmt inmitten der Feinde seine Verfolgung auf. Auf allen Seiten von den Italienern schwer in Mitleidenschaft gezogen, beginnen die Spanier zu wanken (–367). Aus Erbarmen über ein solches Blutbad ruft Jupiter Apollo herbei, und legt in Anwesenheit aller Götter Sigismondos und Alfons' Schicksale in die Schalen der

Florentiae in posteram diem triumpho mortuos iubet sepeliri et iusta persolvi (v. 473). Extructis itaque pyris inferiae militari more exsolvuntur. Quibus rite peractis Sigismundus triumphali pompa Florentiam ingreditur (v. 521). Martis se ad pugnam comparantis et pugnae ipsius maximam libri partem complectentis, comparationes quoque complures ad res, de quibus agit, aptissimae, Alphonsi fastus ac desperatio Sigismundique furor ac virtutes ut magnam poetae gloriam, sic ingentem lectori voluptatem conciliabunt.

In Librum Quartum

Alphonsus rex per noctem cum Apolline fugiens Tyrrhenum mare navigat et sortis suae acerbitate vexatus modo se e navigio deturbare, modo sua sibi manu mortem tentat consciscere. Verum Apollo eum erigit solaturque, quod non leve solatium est a praestantibus et exploratae virtutis viris superari, qualem Sigismundum esse rerum ab illo inclite gestarum narratione demonstrat. Dicit itaque Sigismundum Pandulphum supremum Romani exercitus imperatorem usque a puero ingenii maturitatem, et in sua ditione regenda prudentiam animique magnitudinem cum aequitate coniunctum prae se tulisse. Quarum virtutum ope, accedente aetatis robore, pericula et machinationes vitaverit multas et in ferarum venatu athleticisque exercitationibus extiterit fortissimus. Praetereaque eum a frugalitate, bonarum artium studio,

Schicksalswaage, von denen es die des Alfons nach unten, diejenige des Sigismondo aber nach oben zieht. Er weist daher Apollo an, Alfons deutlich zu machen, dass er sich entweder aus Etrurien zurückzuziehen habe oder sterben müsse. Apollo befolgt den Befehl des Jupiter, greift dem Pferd des Königs in die Zügel und führt den wütenden und über eine solche Schande zutiefst entrüsteten Alfons gegen dessen Willen zu den Schiffen (–444). Sobald Sigismondo Alfons' Flucht bemerkt hat, verfolgt er ihn bis an die Küste, bekommt die Nachhut zu fassen und nimmt die verstreuten Truppen gefangen, verschont die Gefangenen aber. Die einen tauscht er gegen Gefangene aus seinen eigenen Reihen aus, die anderen bewahrt er für den Triumph auf, mehr noch aber bestimmt er zum Dienst auf den Triremen. Der Folgetag wird ihm für den Triumphzug in Florenz bestimmt, er lässt die Toten begraben und ihnen die verdiente letzte Ehre erweisen (–473). Nachdem hierzu die Scheiterhaufen errichtet sind, werden die Toten nach militärischem Brauch bestattet. Nachdem dies ordnungsgemäß vollzogen ist, betritt Sigismondo in einem Triumphzug Florenz (–521). Zum Ruhm des Dichters wie auch zum großen Vergnügen des Lesers tragen bei: Die Beschreibung des Mars, der sich zur Schlacht rüstet und der Schlacht selbst, die den größten Teil des Buches umfasst, ebenso die den Sachen, um die es geht, äußerst angemessenen Vergleiche, der Hochmut und die Verzweiflung des Alfons und der Zorn und die Tugenden Sigismondos.

Zum vierten Buch

Auf seiner nächtlichen Flucht mit Apollo segelt Alfons auf dem Tyrrhenischen Meer, und versucht aus Zerknirschung über die Bitterkeit seines Loses bald, sich vom Schiff zu stürzen, bald, sich mit eigener Hand dem Tode zu überantworten. Apollo aber richtet ihn wieder auf und tröstet ihn. Es sei kein geringer Trost, von herausragenden Männern bewährter Tugend besiegt zu werden. Dass Sigismondo ein solcher ist, zeigt er mit einer Erzählung von dessen berühmten Taten. Im Zuge dessen berichtet er, dass Sigismondo Pandolfo als Oberbefehlshaber des römischen Heeres von Kindesbeinen an Reife des Verstandes und bei der Ausübung seiner Herrschaft Umsicht und Großmut im Verband mit Gerechtigkeit an den Tag gelegt habe. Mit Hilfe dieser Tugenden und dank des Hinzutretens der Kraft des Erwachsenenalters habe er viele Gefahren und Nachstellun-

vigilantia et pietate in deum ceterisque virtutibus impense laudat (a v. 1 ad v. 71). Quarum praesidio seditionem a Labieno imperium sibi vindicare molienti Arimini, Galaoto Roberto natu maiori imperante, excitatam adhuc iuvenis compescere valuerit. Dein rerum potitus arcem ea in urbe extruxerit munitissimam, experientia edoctus familiari, populos non pietate tantum, verum etiam iustitia metuque regi (v. 174). Peritiam ad haec artis militaris in Sigismundo Carillum Iberum, qui Piceni regionem in eius odium vastaturus advenerat, fractum fugatumque sensisse. Quibus de causis ingenti sibi fama comparata universos Italiae principes Sigismundi amicitiam cupidissime appetivisse ac praecipue Venetos, qui eum adhuc iuvenem contra Philippum Mediolanensium ducem Perusini ope Bergomum obsidione prementem Insubrici belli ex senatus consulto imperatorem constituerunt. Quo in bello strenue adeo se gesserit, ut non modo in obsessam urbem auxiliares per medios hostes intulerit, sed etiam Perusino cladis, quam ad Montem Laurum a Sigismundo accepturus erat, ignaro in fugam coniecto, Venetias reversus summo cum honore et plausu ubique exceptus Veneto senatu cum Centauro obviam exeunte, ad regias aedes triumphali pompa donatus fuerit perductus. Quo quidem honore nihil elatus, icto cum Veneto senatu foedere Ariminum redierit (v. 374). Philippum idcirco vindictae amore raptum, Perusinum cum suis Ligurumque copiis in Picenum submisisse, qui tamen a Sigismundo Venetis et Florentinis auxiliaribus aucto ingenti ad Montem Laurum clade fusus fugatusque fuerit (v. 484). Quibus bellis fortiter feliciterque confectis Romam perrexisse, ut contra Philippum et Alphonsum Italiae pacem libertatemque perturbantes Italorum reliquorum principum foedus conflaret. Quod sane consilium etsi Romano Pontifici summopere arrideret malletque Alphonsum prae Sfortiade Philippi filiae nupturo in foedus recipere, uni ipsi tamen foederatarum copiarum imperium committere decrevisse (v. 557). Ad haec Romanae magnitudinis ac potentiae monumenta heroumque imagines temporum iniuria mutilas ac labefactas aequa commiseratione invisentem, mortalium rerum inanitatem infirmitatemque contemplatum, maluisse ad nominis immortalitatem ab insigni aliquo poeta celebrari, quam in aere vel marmore exculpi. Intereaque reliquos dies septem Romae commoratum, eos in sacris aedibus obeundis et naturalium rerum causis perscrutandis insumpsisse (v. 610). Toto hoc libro Basinius in herois sui laudes excurrit. Qua vero arte quove ingenio, ii facile intelligent, qui in maximorum poetarum lectione sunt versati. Ut enim

Zum vierten Buch

gen gemieden und sich bei der Jagd nach wilden Tieren und sportlichen Ertüchtigungen als überaus kraftvoll erwiesen. Außerdem lobt er ihn ausführlich unter dem Gesichtspunkt seiner Genügsamkeit, seines Studiums der Künste, seiner Auffassungsgabe, seiner Gottesfurcht und der übrigen Tugenden (1–71). Unter dem Schutz dieser Tugenden sei es ihm gelungen, noch als Jugendlicher, während sein älterer Bruder Galeotto Roberto die Herrschaft innehatte, einen Umsturzversuch von Labienus, der darauf sann, Rimini unter seine Kontrolle zu bringen, zu vereiteln. Als er danach die Regierung übernommen hatte, habe er in ebendieser Stadt eine sehr gut befestigte Burg errichtet, da ihn die Erfahrung seiner Sippe gelehrt hatte, dass Völker nicht nur mit Pflichtgefühl, sondern auch mit Gerechtigkeit und Furcht regiert werden (–174). Die Kriegskunst Sigismondos habe zudem der Spanier Carillus, der angerückt war, um, ganz zur Abscheu von jenem, das Piceno zu verwüsten, zu spüren bekommen, als er geschlagen und vertrieben wurde. Da Sigismondo sich aus diesen Gründen einen gewaltigen Ruhm erworben hatte, hätten alle Fürsten Italiens sehr nach dessen Freundschaft getrachtet, vor allem die Venezianer, die ihn noch zu Jugendzeiten mit einem Senatsbeschluss als Oberbefehlshaber im lombardischen Krieg gegen Herzog Filippo von Mailand, der mithilfe des Perusiners Bergamo belagerte, aufstellten. In diesem Krieg habe er sich so tatkräftig verhalten, dass er nicht nur mitten durch die feindlichen Reihen hindurch Hilfstruppen in die belagerte Stadt führte, sondern auch nach Vertreibung des Perusiners, der noch nichts von der Niederlage ahnte, die er bei Monteluro gegen Sigismondo erleiden würde, bei seiner Rückkehr nach Venedig mit größter Ehre und allseitigem Beifall empfangen wurde, und man ihm einen Triumphzug zum Dogenpalast bewilligte, bei dem ihm der venezianische Senat mit dem Staatsschiff entgegen kam. Ohne über diese Ehre hochmütig zu werden, kehrte er nach Abschluss eines Bündnisses mit den Venezianern nach Rimini zurück (–374). Filippo habe daraufhin, hingerissen vom Verlangen nach Rache, den Perusiner mit seinen eigenen sowie ligurischen Truppen ins Piceno entsandt. Dieser sei jedoch von Sigismondo, um venezianische und florentinische Hilfstruppen verstärkt, in einer schweren Niederlage am Monteluro geschlagen und verjagt worden (–484). Nachdem diese Kriege tapfer und erfolgreich zu einem Ende geführt worden seien, sei er nach Rom weitergereist, um gegen Filippo und Alfons, die Frieden und Freiheit in Italien gestört hätten, ein Bündnis der übrigen italienischen Fürsten zu schmieden. Auch wenn dieser Plan dem Papst sehr zugesagt habe und er lieber

narrationi suae auctoritatem fidemque conciliet, Apollinem eas enarrantem inducit. Multa praeterea insunt admiratione digna, imprimisque Sigismundi Venetias navigantis ornatissima descriptio.

In Librum Quintum

Sigismundo Romae adhuc commorante – sic narrationem suam Apollo prosequitur – Philippum Sfortiadi filiam suam spopondisse foedusque cum eo inivisse nuntiatur simulque Picenum timore concussum ab Romana dominatione defecisse. Rei iniquitate commotus Sigismundus Neapolim digreditur et foedus cum Alphonso Rege ferit. Sfortiades opportunitate arrepta Sigismundi ditionem conatur invadere, sed tamen a Sigismundi copiis eo usque repressus fuit, dum Sigismundus in Picenum remeavit. Atque hic Apollo, sermone ad Alphonsum ipsum converso, obiicit foedera cum Sigismundo tunc temporis aperte iis conditionibus inita, ne Hetruscos amplius impeteret sibique Apuliam Lucaniamque tranquilla possessione haberet. Sigismundum vero Romani Neapolitanique foederati exercitus imperatorem Asculum, Arcem Contractam, Firmum totumque Picenum Sfortiade fugato subegisse. Qui odio in Sigismundum flagrans bellum in eius ditionem, Gradaria Malatestarum oppido prope Isaurum obsessa, intulit (a v. 1 ad v. 50).

den Alfons als Francesco Sforza, der im Begriff war, die Tochter Filippos zu heiraten, zum Bündnispartner habe nehmen wollen, so habe er doch entschieden, den Oberbefehl über die Truppen des Bündnisses ihm allein zu übertragen (–557). Außerdem habe er, als er die Denkmäler der alten Größe und Macht Roms und die Statuen der Heroen, vom Zahn der Zeit verstümmelt und ins Wanken gebracht, mit gleichmütiger Rührung besichtigt und über die Nichtigkeit und Schwäche der menschlichen Angelegenheiten nachgedacht habe, den Wunsch verspürt, lieber von einem berühmten Dichter gefeiert zu werden, als in Bronze und Marmor nachgebildet zu werden. Er habe unterdessen sieben weitere Tage in Rom verbracht und sie mit dem Besuch heiliger Stätten und dem Studium der Naturphilosophie verlebt (–610). Das ganze Buch über ergeht sich Basinio im Lobpreis seines Helden. Mit welcher Kunstfertigkeit aber, mit welchem Talent, das werden die leichthin erkennen, die eine gute Kenntnis der bedeutendsten Autoren haben. Um nämlich seiner Erzählung Glaubwürdigkeit und Nachdruck zu verleihen, setzt er Apollo als ihren Erzähler ein. Viele Dinge sind darüber hinaus der Bewunderung würdig, vor allem die überaus schmuckreiche Schilderung von Sigismondos Einfahrt nach Venedig.

Zum fünften Buch

Während Sigismondo noch in Rom geweilt habe – so setzt Apollo seine Erzählung fort –, habe Filippo dem Sforza seine Tochter zur Frau gegeben, und es sei die Meldung ergangen, dass er ein Bündnis mit ihm geschlossen habe. Im selben Moment sei das Piceno, von Furcht erschüttert, von der römischen Oberherrschaft abgefallen. Aus Erregung über die Brisanz der Lage habe Sigismondo sich nach Neapel gewendet und sei ein Bündnis mit König Alfons eingegangen. Unter Ausnutzung der Gelegenheit versuche Sforza, in das Herrschaftsgebiet Sigismondos einzufallen, aber er werde von Sigismondos Truppen so lange zurückgehalten, bis Sigismondo ins Piceno zurückgekehrt sei. Und hier wendet sich Apollo direkt an Alfons und wirft ihm das Bündnis vor, das er mit Sigismondo damals offen unter den Bedingungen eingegangen sei, dass er nicht weiter Richtung Etrurien expandiere und sich stattdessen mit dem ungetrübten Besitz von Apulien und Lukanien begnüge. Sigismondo aber habe als Befehlshaber der verbündeten römischen und neapolitanischen Streitkräfte

Sigismundus Piceni urbibus probe communitis et a Summo Pontifice triumphi honore et Ecclesiae vexillo donatus Ariminum cum paucis suorum millibus regreditur collectoque ad Rubiconem exercitu Gradariam citissime Sfortiadem adorturus contendit (v. 170). Magna hinc inter deos suborta discordia, Iupiter pro Italiae pace stans eos Martemque in primis compescit bellandique finem indicit. Neque Sigismundo bella vincendique opportunitates defuturas, cum Alphonsus Hetruscos iterum adortus ab eo fractus victusque fugabitur. Tum se Iovis nutu in Sfortiadis equitatum pestem primo immisisse indeque in toto exercitu famem morbosque induxisse, ut is Sigismundum deorum progeniem esse cognosceret (V. 213). Sfortiades ubi Sigismundi adventum rescivit, illico insidiis circumvenire, arcem scalis admotis expugnare seque ad pugnam componere. At Sigismundus inpetu facto eoque in fugam coniecto insidias vitat districtisque gladiis persecutus rursusque insidiis circumventus, pugna acrius instaurata, caesis inclinatisque Sfortianis iterum evasit. Hostesque prorsus sane confecisset, nisi superveniente nocte a pugna supersedere fuisset coactus (v. 320). Nocte intempesta Sigismundus duce Pallade Gradariam ingressus animos addit obsessis iubetque ut summo mane pugna iterum commissa portis erumpant Sfortiademque a tergo aggrediantur (v. 348). At Sfortiades fugam meditatur et decernit, diique pro eo Iovem, ut misereatur, impense exorant. Nec minus Iuno pro Sigismundo Iovem interpellat, qui eam iocose excipit. Hinc illa ad iurgia convertitur, quae Iove obdormiscente dirimuntur (v. 437). Tum Iuno thalamo egressa Somnum adit praecipitque, ut Sigismundum occupet, curis solvat, ferociorem reddat. Ille Iovis metu Iunonis mandata facessere detrectat. At illa iureiurando Iovis iram se ab eo aversuram obstringit. Ille avis Cymindis formam induit et soporem in Sigismundum inducit (v. 484). Interea Sfortiades Sigismundo dormiente paucis sub Gradariae moenibus ad simulationem relictis castra movet et fugit. Sigismundus albente die fuga Sfortiadis retecta queritur cum Iove, quod eo evadente novum in Italia bellum futurum sit, eoque magis, quod Alphonsus arma iterum adversus Hetruscos meditabatur. Quam ob rem Sigismundus praecones ad eum mittit, qui certiorem redderent, se pro Hetruscis in aciem descensurum. Denique Apollo ad Alphonsum conversus suam illi exprobrat perfidiam et narrationi finem facit. Alphonsus se a tanto viro devictum sentiens adversam aequiore animo sortem fert (v. 528). Quid ab Homero, quem sibi in succum et sanguinem converterat, Basinius sit mutuatus,

Zum fünften Buch

Ascoli, Roccacontrada, Fermo und das ganze Piceno nach der Vertreibung Sforzas unterworfen. Dieser trug, vor Hass brennend, den Krieg in Sigismondos Herrschaftsbereich, indem er die den Malatesta zugehörige Stadt Gradara nahe dem Isaurus besetzte (1–50). Sigismondo kehrt, nach sorgfältiger Befestigung der Städte im Piceno und Auszeichnung mit einem Triumphzug und der Standarte des Kirchenstaates durch den Papst, mit wenigen seiner Truppen nach Rimini zurück und eilt mit seinem am Rubikon zusammengezogenen Heer schnellstens nach Gradara, um den Sforza anzugreifen (–170). Nachdem unter den Göttern eine große Uneinigkeit entstanden ist, zügelt sie Jupiter, dem es am Frieden in Italien gelegen ist, vor allem Mars, und verfügt ein Ende des Krieges: Keinesfalls würde es Sigismondo an Kriegen und Gelegenheiten zum Sieg mangeln, wenn Alfons, in einem erneuten Angriff auf die Etrusker, von ihm geschlagen und besiegt verjagt werden werde. Darauf habe er auf einen Wink des Jupiter eine Seuche über die Reiterei des Sforza gebracht, und dann im ganzen Heer Hunger und Krankheiten verursacht, damit dieser anerkenne, dass Sigismondo ein Abkömmling der Götter sei (–213). Sobald Sforza von der Ankunft Sigismondos erfahren hat, umstellt er ihn mit Hinterhalten, bestürmt die Festung mit herangeführten Belagerungsleitern und macht sich zur Schlacht bereit. Sigismondo aber, nachdem er einen Angriff gewagt und ihn in die Flucht geschlagen hat, meidet die Hinterhalte, verfolgt ihn mit gezogenem Schwert und entkommt, erneut von einem Hinterhalt umstellt und in wieder heftiger gewordener Schlacht, den Soldaten Sforzas, die niedergemacht und in die Knie gezwungen wurden. Er hätte die Feinde vollends erledigt, wäre er nicht von der hereinbrechenden Nacht zur Unterbrechung der Schlacht gezwungen gewesen (–320). In stürmischer Nacht verschafft sich Sigismondo unter Führung der Pallas Zutritt zu Gradara, macht den Belagerten Mut und weist sie an, direkt am Morgen, wenn die Schlacht wieder begonnen haben würde, einen Ausfall zu unternehmen und den Sforza von hinten anzugreifen (–348). Sforza jedoch erwägt die Flucht und entscheidet sich dafür. Die Götter flehen Jupiter mit Nachdruck an, er solle sich seiner erbarmen. Nicht weniger tritt Juno für Sigismondo bei Jupiter ein, der sie bloß scherzend empfängt. Jene lässt sich daher auf eine neckische Rangelei an, die aber unterbrochen wird, als Jupiter einschläft (–437). Dann, dem Bett entstiegen, wendet sich Juno an Somnus und weist ihn an, Sigismondo zu befallen, von seinen Sorgen zu erlösen und ihn mutiger zu machen. Jener lehnt aus Furcht vor Jupiter ab, Junos Auftrag zu erfüllen.

humaniorum literarum cultores facile perspicient. Descriptiones vero atque similitudines in hoc libro nec minus elegantes nec minus vividae quam in superioribus.

In Librum Sextum

Absoluta rerum a Sigismundo gloriose gestarum narratione, poeta illuc, unde discesserat, redit et triumphum Florentiae de Alphonso actum hoc libro describit. Albescente itaque die Sigismundus Populonia discedens et captivis Florentiam praemissis cum parva suorum manu laxandi animi causa venationi indulget. Post biduum Florentiam pergens Florentini cives catervatim obviam exeunt et senatus ipse lauream coronam victori defert. Hic poeta occasionem nactus, quare laurea corona vates atque imperatores donentur, Phoebi Pythonem sternentis fabulam docte eleganterque subnectens edocet, tum etiam quod ut laurus semper virescit frondescitque, sic ducum et vatum nomen aeternum vivit (a v. 1 ad v. 91). Florentiam tandem ingressus ab uno e senatorum numero aperto capite ob partam de Alphonso Rege victoriam pro concione laudatur. Ipse vero deorum voluntate eam sibi partam profitetur, proinde sacra iis fieri, templa festis coronari sertis militibusque laurea caput redimiri iubet, atque triumphi omine accepto ad eum Lydorum primores invitat (v. 123). Florentinorum senatus equos albos quattuor currumque ex pretiosa

Jene aber verpflichtet sich mit einem Schwur, dass sie den Zorn Jupiters von ihm abwenden werde. Jener nimmt die Gestalt des Vogels Cymindis an und versetzt Sigismondo in tiefen Schlummer (–484). Unterdessen rückt, während Sigismondo schläft, Sforza ab, wobei er zum Schein einige Soldaten unterhalb der Mauern stationiert lässt, und flieht. Sigismondo beklagt sich, als er bei Tagesanbruch die Flucht des Sforza entdeckt, bei Jupiter, dass mit der Flucht von jenem ein neuer Krieg in Italien kommen werde, umso mehr, als Alfons erneut gegen Etrurien rüste. Daher sendet Sigismondo Herolde zu ihm, die ihn benachrichtigen sollen, dass er für die Etrusker ins Feld ziehen werde. Schließlich wendet sich Apollo an Alfons und hält ihm seine Treulosigkeit vor und beendet damit seine Erzählung. Als er erkennt, dass er von einem solchen Mann besiegt worden ist, erträgt er sein widriges Los mit größerem Gleichmut (–528). Was hier von Homer entlehnt ist, den Basinio sich in Fleisch und Blut hat übergehen lassen, werden die Kenner der klassischen Literatur leichthin erkennen. Die Beschreibungen und die Vergleiche sind in diesem Buch aber nicht weniger feinsinnig und lebendig als in den vorhergehenden.

Zum sechsten Buch

Nach Abschluss der Erzählung von Sigismondos früheren Ruhmestaten kehrt der Dichter dorthin zurück, wo er seinen Ausgang genommen hatte, und beschreibt in diesem Buch den Triumphzug in Florenz anlässlich des Sieges über Alfons. Und so, frönt, als der Tag anbricht, Sigismondo bei der Abreise aus Populonia, nachdem er die Gefangenen nach Florenz vorausgeschickt hat, mit einer Handvoll der Seinen zur Zerstreuung der Jagd. Als er nach zwei Tagen Florenz erreicht, kommen die Florentiner ihm zu Scharen vor der Stadt entgegen und der Senat selbst überbringt ihm den Lorbeerkranz. Hier erläutert der Dichter, die Gelegenheit nutzend, warum Dichter und Feldherren mit einem Lorbeerkranz beschenkt werden, wozu er gelehrt und wohlgesetzt den Mythos von Apollo, der den Python niederstreckt, einflicht, und außerdem, dass so, wie der Lorbeer immer grünt, auch der Name von Feldherren und Dichtern ewig lebt (1–91). Nachdem er schließlich Florenz betreten hat, wird er vor dem versammelten Volk von einem der Senatoren mit entblößtem Haupt für seinen Sieg über König Alfons gepriesen. Er selbst aber bekennt, dass er den

materie elaboratissime fabrefactum Sigismundo donat. Prima ergo die victi regis tentorium Celtarumque arma et manubia per urbem circumducuntur. Altera vero, pueri verbena coronati vasa ad sacra facienda, tum Alphonsi pocula et vestes aliaque barbarum gentium indumenta comportant. Hos Alphonsi effigies curru quadriiugo subvecta subsequitur cum captivorum militum turba, quam Iphitus Celtarum dux praecedit (v. 220). Ad haec septem regnorum Alphonsi coronae, ipseque Sigismundus triumhali elatus curru ditissimaque indutus veste, in qua Isotta Phrygio opere deorum amore affabre pictos distinxerat, olivae ramum dextra gerens caputque laurea corona praecinctus. Triumphale agmen denique claudebant victores milites Italiae liberatoris laudes concinentes (v. 252). Tali Florentiam pompa ingressus suorum in proelio interemptorum merita funebri laudatione extollit eisque parentari iubet. Tum maiori urbis templo Divae Reparatae nomen imponit ad aeternam reparatae libertatis memoriam, quam quotannis et sacris, et ludis et defunctorum inferiis recoli mandat. Quae omnia differt in crastinum (v. 290). Interea Alphonsus noctu Neapolim reversus fortunam sibi adversam et spreta Antiphatis consilia conqueritur. Arcem clam ingressus, vultu ad serenitatem composito, administros maestitiam aegre dissimulantes solatur. Tum Ferdinandum filium sevocat: Et sui unius causa se Italiam non deserere nec animum despondere. Se quidem a Iove potius quam a Sigismundo victum, sortis inconstantiam tandem expertum alia septem regna, in quibus tute vivat, possidere (v. 346). Sed Ferdinandus patrem solatur promittitque se bellum Sigismundo illaturum, quod illi pater felix faustumque auguratur (v. 362). Summo mane Sigismundus per tubicines cursum equestrem indicit. Rymphus Sigismundi victor evadit. Denique praemiis in singulos datis senatoris aedes adit ibique splendidissime convivatur (v. 455). Quid potius in hoc libro commendem nescio – Iphiti captivi querelae, Pythonis fabula, triumphi et cursus equestris descriptiones Basinium optimis quibusque poetis parem faciunt.

Sieg nur mit dem Willen der Götter errungen habe und befiehlt daher, ihnen Opfer zu bringen, die Tempel mit Girlanden zu schmücken und die Soldaten mit Lorbeer zu bekränzen, und lädt die Stadtoberen zu dem Triumphzug ein, der ihm zugebilligt wurde (–123). Der Senat der Florentiner schenkt Sigismondo vier weiße Pferde und einen aus wertvollem Material aufwändig gefertigten Wagen. Am ersten Tag werden nun das Zelt des besiegten Königs, die Waffen der Spanier und Beute in der Stadt herumgeführt. Am zweiten Tag aber tragen mit heiligen Zweigen bekränzte Knaben die Gefäße für die Opferhandlungen, Geschirr und Kleider des Alfons und andere Gewänder der Barbaren zusammen. Ihnen folgt eine Nachbildung des Alfons, die auf einem vierspännigen Ochsenkarren transportiert wird, mit einer Schar gefangener Soldaten, denen Iphitus, ein Anführer der Spanier, vorangeht (–220). Danach die Kronen der sieben Königreiche des Alfons, und Sigismondo selbst auf einem Triumphwagen, bekleidet mit einem sehr kostbaren Gewand, auf dem Isotta mit Stickereien Liebesgeschichten von Göttern kunstreich abgebildet hat, mit einem Olivenzweig in der rechten Hand und einem Lorbeerkranz auf dem Haupt. Den Triumphzug beschlossen die siegreichen Soldaten, mit Lobliedern auf den Befreier Italiens auf den Lippen (–252). Nachdem er mit solchem Prunk in Florenz eingezogen ist, rühmt er die Verdienste seiner im Kampf gefallenen Truppen mit einer Leichenrede, und befiehlt, ihnen ein Totenopfer zu bringen. Darauf gibt er dem größten Tempel der Stadt den Namen der Heiligen Reparata bei, zum ewigen Andenken an die Wiederherstellung der Freiheit, die er jährlich mit Opfern, Spielen und Totenfeiern für die Gefallenen zu ehren gebietet. Dies verlagert er auf den Folgetag (–290). Unterdessen beklagt Alfons, nächtens nach Neapel heimgekehrt, die Widrigkeit seines Schicksals und seine Geringschätzung von Antiphates' Rat. Nachdem er heimlich die Burg betreten und eine heitere Miene aufgesetzt hat, tröstet er seine Diener, die ihre Trauer kaum verhehlen können. Darauf befiehlt er seinen Sohn Ferdinand zu sich: Allein seinetwegen gebe er Italien nicht auf, noch verzage er, denn er sei eher von Jupiter als von Sigismondo besiegt worden und besitze nun, nachdem er die Unbeständigkeit des Schicksals zu spüren bekommen habe, ja immer noch seine sieben Reiche, in denen er in Sicherheit lebe (–346). Ferdinand aber tröstet den Vater, und verspricht, dass er gegen Sigismondo in den Krieg ziehen werde. Der Vater weissagt ihm, dass dieses Unterfangen glücklich und erfolgreich sein werde (–362). In aller Frühe lässt Sigismondo durch die Trompeter ein Pferderennen ausrufen. Rymphus,

In Librum Septimum

Dum Sigismundus meditatur, Neapolimne an Iberiam invadat, Pandulphus pater se illi secundum quietem obiicit mandatque ut Insulam Fortunatam adeat, in qua Psyche regnat Zephyri filia, quae Celtas Alphonsumque vincendi rationem docebit suosque amores non refugiet. Esse illac Famae templum, Campos Elysios iterque ad Tartara. Illam ad ea invisenda ducem sibi adstituram (a v. 1 ad v. 64). Tali viso expergefactus Sigismundus haeret primum, quid potius agat. Mox patris mandata animo revolvens ad Cypri reginam agnatam suam navigare se velle simulat, re tamen vera domum reverti. Atque plurimis curis distentus nocte insomni transacta mane senatorias aedes petit discessurus. Senatus pro reddita S.P.Q. Florentino libertate gratias Sigismundo agit et muneribus cumulat pretiosissimis (v. 121). Hinc Ariminum reversus administratione ditionis suae filiis commissa institutoque in singulis urbibus XIIvirum consilio, quousque rediret, navim quinquaginta delectis remigibus instructam conscendit et post dies viginti superata Siciliae insula Africam versus cursum dirigit (v. 157). Sigismundo navigante Iupiter deorum concilium convocat et Neptuno, qui apud Aethiopes convivabatur, uno deficiente simulato sermone audacem Sigismundi ad arva beata Oceani navigationem eis significat simulque eorum super ea navigatione sententiam sciscitatur (v. 195). Iuno Sigismundo favens divinam eius audaciam commendat eamque humano generi ab Iove ipso inditam compluribus exemplis ostendit. Eius orationi dii omnes assentiuntur (v. 226). Iupiter vultu ad hilaritatem composito deos timore solvit hominibusque navigandi potestatem facit, ea tamen conditione, ne, si qua iis mala eveniant, deos causentur (v. 242). Interea Alphonsus ira curisque agitatus iter Sigismundi ad oras Tarraconiae ignorat. At Minerva sub forma pauperis conchas in maris litore legentis Sigismundum expectat et hospitio excipit (v. 281). Sigismundus ficta narratione se navi, mercibus

Sigismondos Pferd, geht als Sieger daraus hervor. Schließlich, nach der Preisverleihung an die einzelnen Teilnehmer, betritt er das Senatsgebäude, und dort findet ein rauschendes Fest statt (–455). Ich weiß nicht, was ich an diesem Buch am ehesten loben soll: Die Klage des Gefangenen Iphitus, der Mythos von Python, die Beschreibungen von Triumph und Pferderennen – sie alle machen Basinio den allerbesten Dichtern ebenbürtig.

Zum siebten Buch

Während Sigismondo überlegt, ob er gegen Neapel oder Spanien ziehen soll, begegnet ihm in der Stille sein Vater Pandolfo und weist ihn an, die Insel der Glückseligen anzusteuern, auf der Psyche, die Tochter des Zephyrus, herrscht, die ihn den Plan, wie die Spanier und Alfons zu besiegen sind, lehren und sich der Liebe zu ihm nicht entziehen wird. Dort gebe es einen Tempel der Fama, die elysischen Felder und den Weg zum Tartarus, und jene werde ihm als Führerin zur Seite stehen, um diese Orte aufsuchen zu können (1–64). Von diesem Traumgesicht aufgeschreckt ist Sigismondo zunächst unsicher, was er tun soll. Bald darauf, die Anweisungen des Vaters überdenkend, gibt er vor, dass er eine Seereise zur Königin von Zypern, einer Verwandten, unternehmen wolle, tatsächlich aber will er heimkehren und sucht, von zahlreichen sorgenvollen Überlegungen angespannt, nach einer schlaflosen Nacht vor seiner Abreise den Senat auf. Der Senat dankt Sigismondo dafür, der Republik Florenz ihre Freiheit wiedergegeben zu haben, und überhäuft ihn mit kostbaren Geschenken (–121). Nach seiner Rückkehr nach Rimini vertraut er seinen Söhnen die Verwaltung seiner Herrschaft an, richtet in den einzelnen Städten ein Zwölfmännerkollegium für die Zeit bis zu seiner Rückkehr ein, besteigt ein Schiff, das mit fünfzig ausgewählten Ruderern bemannt ist, und nimmt nach zwanzig Tagen, nachdem er Sizilien hinter sich gelassen hat, Kurs auf Afrika (–157). Während Sigismondo auf See ist, beruft Jupiter eine Götterversammlung ein und unterrichtet sie in einer nachgestellten Rede, bei der Neptun, der zu einem Gastmahl bei den Aethiopen weilte, als einziger fehlt, über die kühne Seereise Sigismondos zu den Landen der Glückseligen, und fragt sie zugleich nach ihrem Urteil über diese Reise (–195). Juno, Sigismondo wohlgesonnen, lobt dessen gottgleichen Wagemut, und zeigt anhand zahlreicher Beispiele auf, dass dieser dem Menschengeschlecht von Jupiter selbst eingegeben wurde. Alle

sociisque, dum in Italiam reditum faceret, in Syrtibus Africae amissis, nunc ab Carthagine advenire, Tarraconem petere velle. Ac sociis simulate dimissis et, quid agant, edoctis mapale divae ingreditur ciboque refectus hospitem suum de Alphonsi regnis, subditorum animo, locorum natura, viis ac similibus percontatur. Illa vero omnia edisserit, tum praecipue Hispanis ingentem Sigismundi victorias metum incussisse (v. 335). Postridie Tarraconem cum dea petens, Bentium cum sociis tanquam ignotos et casu offendens multa de Alphonso deque Sigismundi bellis inquirit: Illi Italos se quidem esse, de iis nihil prosus rescivisse, Africae litora et urbes lustravisse. Tali astu omnis a se suspicione remota, noctu moenibus et viis urbis exploratis clam navim conscendit (v. 354). Neptunus ab Oceano reversus hominum audaciam indignatur ac praesertim Sigismundi, quem ob expulsum a Piceno Sfortiadem (cuius patrem in Aufido submersum maris deum fecerat) odio prosequebatur, excitis ventis submergere conatur (v. 383). Repentina itaque coorta tempestate navis post novem dies obruitur. Nautae cuncti pereunt, unus tabulae auxilio enatat Sigismundus, qui litore cominus prospecto ab Ino Leucothea reficitur ac consolatur (v. 553). Neptunus eum periisse arbitratus Aegas petit. Pallas caelum serenat, sed mare iterum aestuat et Sigismundum fere semianimem Pallade opem praebente ad ignoti fluminis ostia in litore deserto relinquit. Ipse terram incognitam explorat. Olivae ramis se obnubit, et in aprico litore procumbit ac somnum capit. Hebe nectare et ambrosia eum reficit ac recreat (v. 615). Vates heroem suum ad arva beata ducturus mirabili sane utitur artificio. Ceterum maris tempestatem et Sigismundi naufragium ab Homeri quinto Odysseae libro exacte adeo est imitatus, ut eum pene vertisse videatur.

Götter pflichten ihrer Rede bei (–226). Jupiter setzt eine heitere Miene auf und erlöst die Götter von ihrer Furcht und gestattet den Menschen die Seefahrt, allerdings unter der Bedingung, dass sie, wenn ihnen Übel widerfahren, diese nicht den Göttern anlasten (–242). Alfons bekommt unterdessen, von Zorn und Sorgen umgetrieben, nichts von Sigismondos Reise zur Küste Tarragonas mit. Minerva aber erwartet in der Gestalt eines armen Muschelsammlers Sigismondo am Strand und nimmt ihn gastlich auf (–281). Nachdem er seine Gefährten heimlich fortgeschickt und sie angewiesen hat, was sie tun sollen, betritt Sigismondo unter Vorspiegelung eines Berichts, nach dem er Schiff, Waren und Gefährten auf dem Rückweg nach Italien an den Syrten Afrikas verloren habe und nun aus Karthago komme und nach Tarragona wolle, die Hütte der Göttin und forscht seine Gastgeberin, mit einer Mahlzeit gestärkt, über die Reiche des Alfons, das Wesen von dessen Untertanen, die örtlichen Gegebenheiten, die Wege und dergleichen aus. Jene aber legt ihm alles ausführlich dar, insbesondere dass die Siege Sigismondos den Spaniern gehörige Furcht eingejagt hätten (–335). Als er am Folgetag mit der Göttin in Richtung Tarragona strebt und dabei den Bentius mit einigen Gefährten wie zufällig und, als kenne er sie nicht, trifft, erfragt er vieles über Alfons und die Kriegszüge des Sigismondo. Jene erwidern, sie seien zwar Italiener, wüssten aber über diese Dinge gar nichts, sie hätten nämlich die Küsten und Städte Afrikas erkundet. Als er mit diesem Kniff jeden Verdacht von sich gelenkt und des Nachts die Mauern und Straßen der Stadt erkundet hat, besteigt er heimlich sein Schiff (–354). Neptun, vom Ozean zurückgekehrt und empört über die Kühnheit der Menschen, insbesondere diejenige Sigismondos, für den er wegen der Vertreibung Sforzas (dessen im Ofanto ertrunkenen Vater er zum Meeresgott gemacht hatte), aus dem Piceno nur Hass übrig hat, versucht, ihn mit den heraufbeschworenen Winden zum Kentern zu bringen (–383). Durch diesen plötzlich entstandenen Sturm wird das Schiff nach neun Tagen versenkt, alle Seeleute kommen um, allein Sigismondo kann sich mit einer Planke über Wasser halten. Als die Küste in Sichtweite kommt, wird er von Ino, auch Leucothea genannt, gerettet und getröstet (–553). Neptun, der Sigismondo tot wähnt, strebt in Richtung Aegae. Pallas beruhigt das Wetter, doch das Meer tost erneut auf und lässt Sigismondo, nur dank Pallas' Hilfe noch leidlich am Leben, an der Mündung eines unbekannten Flusses am Strand zurück. Er erkundet das unbekannte Land, bedeckt sich mit Olivenzweigen, sinkt an einem sonnenbeschienenen Strand nieder und schläft ein.

In Librum Octavum

Somno experrectus Sigismundus ac parum procedens Psychen in maris litore ambulantem videt eamque, ut opem ferat, deprecatur. Illa eum a virtute laudans, se eius amore teneri, verbo, eam esse, quam pater in somnis monstraverat, Zephyri filiam, quam Dii Isottam nominant, eumque ad Zephyrum patrem ducit. Sigismundus aulam Zephyri ingressurus a quattuor nymphis lavatur. Charites crinem dulci liquore perfundunt et purpura vestiunt. Recuperata priori venustate Psyche eum deperit, amplectitur, virum facit suum, in silvas beatas ducit ac multa de hominum vita et de naturae scientia docet (a v. 1 ad v. 110). Sigismundus omnia tacite contemplatus cantum a longe obaudit multaque a diva sciscitatur, quae cuncta exponit, et crastina die Elysios Campos, eiusque in iis avos, Romanos Graecosque duces monstraturam recipit (v. 151). Dum silvam obeunt, filius Hesperi eos videt atque, unde ac quare veniant, tum qui sint quidve petant, exposcit. Sigismundus se Latinum esse, Pandulphi Malatestae filium, Italiae defensoren Alphonisque victorem. Hesperus ergo eum excipit honorificentissime scutumque tribus capitibus insculptum ab Malatesta Pannonio ob puellae amore illuc deducto centum ante annos sibi relictum ostendit (v. 190). Pergit inde Sigismundus ad loca voluptatibus sacra iisque parum immoratus adit Famae templum, in cuius portis cum sui tum aliorum heroum res fortiter gestas contemplatur insculptas. Intus vero Orphei Musam rerum a mundi exordio seriem universam carminibus explicantem atque Famam ipsam poetas ad labores et gloriam inflammantem audit (v. 256). Hinc Famae domum ibique in temporis simulacro quattuor mundi aetates repraesentatas considerat. Dein domum reversus et deos Erebi vincendi iisque litandi rationem a Psyche edoctus somno cum illa indulget (v. 299). Galaotus Sigismundo fratri in somnis apparet ac patrem et loca Tartari invisuro atque Stygiam plaudem transituro significat id sibi datum esse, ut facilius in caelum

Hebe erfrischt und belebt ihn mit Nektar und Ambrosia (–615). Um seinen Helden zu den Landen der Glückseligen zu bringen, bedient der Dichter sich staunenswerter Kunstfertigkeit. Im Übrigen hat er den Seesturm und den Schiffbruch des Sigismondo aus dem fünften Buch von Homers Odyssee so exakt nachgeahmt, dass er ihn nahezu übersetzt zu haben scheint.

Zum achten Buch

Sigismondo wacht aus dem Schlaf auf, geht ein Stück und sieht Psyche, wie sie am Strand spaziert, und bittet sie inständig um Hilfe. Jene, voll Lob für seine Tugend, spricht aus, dass sie in ihn verliebt sei, dass sie es sei, die der Vater ihm im Traum gezeigt hatte, die Tochter des Zephyrus nämlich, die die Götter Isotta nennen, und führt ihn zu ihrem Vater Zephyrus. Im Begriff, den Thronsaal des Zephyrus zu betreten, wird Sigismondo von vier Nymphen gewaschen. Die Chariten übergießen sein Haar mit süß duftendem Nass und kleiden ihn in Purpur. Als er so seine frühere Anmut wiedergewonnen hat, verliebt sie sich in ihn, umarmt ihn, macht ihn zu ihrem Mann, führt ihn in die seligen Wälder und lehrt ihn vieles über das Leben der Menschen und die Naturkunde (1–110). Sigismondo, der all dies schweigend in sich aufgenommen hat, vernimmt aus der Ferne einen Gesang, und will vieles von der Göttin erfahren, die ihm alles erläutert, und er erfährt, dass sie ihm am folgenden Tag die elysischen Felder, und auf diesen seine Vorfahren und römische und griechische Heerführer zeigen werde (–151). Als sie den Wald betreten, sieht ein Sohn des Hesperus sie, und verlangt zu wissen, woher und warum sie gekommen seien, wer sie seien und was sie wollten. Sigismondo erwidert, er sei ein Latiner, der Sohn des Pandolfo Malatesta, Verteidiger Italiens und Bezwinger des Alfons. Hesperus empfängt ihn daher mit allen Ehren und zeigt ihm einen mit drei Köpfen verzierten Schild, den ihm Malatesta Ungaro hinterlassen hat, als ihn die Liebe zu einer jungen Frau vor hundert Jahren dorthin verschlagen habe (–190). Sigismondo setzt seinen Weg fort zum Heiligtum der Vergnügungen und betritt nach kurzem Verweilen bei ihnen den Tempel der Fama, auf dessen Türen eingearbeitet er seine tapferen Taten und die anderer Helden betrachtet, im Innern aber die Muse des Orpheus hört, wie sie den Lauf aller Dinge seit Anbeginn

ascendat, ad quod vias plures indigitat: Se illuc pervenisse ob suam in Deum et in pauperes pietatem. Locum sibi cum patre non esse communem, sed in lacteo circulo habitare eoque ex loco Dei faciem videre secumque eos degere, qui patriam fuerunt tutati, religionem, pietatem misericordiamque coluerunt. Sibi quidem aras, templa et cultum in terris esse, suam tamen beatitatem non in terrenis illis rebus consistere, sed in certa Dei visione, quem animae corporis vinculis irretitae, nisi in eius operibus, videre non possunt. Qua de re mortalem spernere, immortalem vero resumptis post mundi exitium corporibus sperare praecipit (v. 356). Sigismundus viso obstupescit petitque a Psyche, num fratris sui verba auscultaverit. At illa se omnia a principio novisse plurimaque in Galaoti gentisque Malatestae laudem dicit, ac praecipui Sigismundi, cui ob praeclare facta caelum pollicetur (v. 402). Basinii in hoc libro pietatem ac Christianorum dogmatum scientiam omnes rectae persuasionis homines non minoris profecto facient, quam domus Zephyri, templi Famae, beatorum sedis ac Tartari descriptiones sane multo luculentissimas.

In Librum Nonum

Surgente Aurora Psyche Sigismundum a somno excitat et ad sacra Proserpinae, Manibus et Plutoni facienda in lucum Sylvano sacrum ducit. Sacris peractis antrum ingrediuntur. Basinius eorum, quae apud inferos Sigismundus viderat, narrationem aggressurus deos infernos exorat, ut

der Welt mit Liedern offenbart, und Fama selbst, die die Dichter zu Mühen und Ruhm anfacht (–256). Danach beschaut er den Tempel der Fama, und ebendort die vier Weltalter, die auf einem Bildnis der Zeit dargestellt sind. Nach seiner Rückkehr und einer Belehrung durch Psyche, wie die Götter des Erebus zu bändigen und zu besänftigen seien, legt er sich mit ihr zum Schlafen (–299). Im Schlaf erscheint Galeotto seinem Bruder Sigismondo und gibt ihm, der im Begriff ist, den Vater und die Gefilde des Tartarus zu besuchen und den stygischen Sumpf zu überqueren, zu verstehen, dass es ihm erlaubt sei, einfacher in den Himmel aufzusteigen, zu dem er verschiedene Wege aufzählt. Er selbst sei dort hingelangt aufgrund seiner Ehrfurcht vor Gott und seiner Milde gegenüber den Armen. Ein gemeinsames Heim mit dem Vater teile er nicht, sondern wohne in der Milchstraße, und könne von dort aus das Angesicht Gottes schauen. Mit ihm weilten dort diejenigen, die ihr Vaterland verteidigt hätten und Religion, Anstand und Barmherzigkeit verehrten. Er habe zwar Altäre, Tempel und genieße Verehrung auf Erden, doch bestehe seine Seligkeit nicht in jenen irdischen Dingen, sondern in der gewissen Schau Gottes, den die Seelen, die mit den Fesseln des Körpers gebunden seien, nur in seinen Werken erahnen könnten. Er hält seinen Bruder daher an, das sterbliche Leben zu verachten, das unsterbliche aber, wenn einst die Leiber wiederauferstünden nach dem Ende der Welt, zu erhoffen (–356). Sigismondo staunt über das Gesehene, und will von Psyche wissen, ob sie die Worte seines Bruders gehört habe. Jene aber entgegnet, sie habe alles von Anfang an gewusst, und spricht noch einiges mehr zum Lob Galeottos und der Familie Malatesta, vor allem Sigismondos, dem sie aufgrund seiner strahlenden Taten den Himmel verspricht (–402). Basinios Frömmigkeit und seine Kenntnis christlicher Lehren werden alle rechtgläubigen Menschen in diesem Buch gewiss nicht weniger schätzen als die unvergleichlich glänzenden Beschreibungen des Hauses des Zephyrus, des Tempels der Fama, des Landes der Seligen und des Tartarus.

Zum neunten Buch

Als sich die Morgenröte erhebt, weckt Psyche Sigismondo und führt ihn in einen Hain, der dem Silvanus heilig ist, um dort die Opferhandlungen für Proserpina, die Manen und Pluto zu vollziehen. Nach deren Abschluss betreten sie eine Höhle. Bevor er die Schilderung dessen, was Sigismondo

sibi vivo ea loca invisere ac describere liceat, divinoque actus furore Musam invocat, ut sibi vera renarranti adesse velit (a v. 1 ad v. 47). Percurrentes itaque silvam subobscuram Psyche locum ostendit, in quo mente capti, pueri senesque, habitant, ibi eousque mansuri, donec labe omnis abstersa ad Elysios transeant, infantibus tamen seclusis, qui non abluti perierunt nullamque proinde neque poenam neque praemium habituri (v. 69). Transeunt inde ad flumen rapidissimum ibique Graecos Romanosque oratores vident, atque in iis Ciceronen ac Demosthenem, de quibus plura (v. 106). Hinc montem myrtis consitum conscendunt, in quo heroinas amoris vi ad mortem adactas vident, quarum aliquot Sigismundus facile internoscit, plures Psyche indigitat (v. 142). Superato montis iugo ad Elysium perveniunt, in eoque Musas, poetas, mortuos pro patria, philosophos, verae religionis cultores Sigismundus cernit, colit laudibusque prosequitur (v. 176). Porro iterum montis cacumen ascendit prospicitque in subiecta planitie omnium gentium duces et agmina ab historicis celebrata, in quae Sigismundus stricto mucrone furere adortus a patre corripitur moneturque, ne frustra cum umbris depugnare velit. Agnito patre Sigismundus eum amplexari nititur, qui longe recedens nullo id fieri posse modo docet simulque celebriores Romanorum et Carthaginensium duces atque in iis Galaotum Malatestam avunculum indicat. Tum filium a Martis campo seducit urbiumque et nationum conditores ostendit interque Italiae reges Malatestam gentis suae conditorem Pandulphum patrem, Galaotum et Pannonium, quos videns Sigismundus lacrimatur melioremque post mundi excidium priora corpora indutos sperare vitam iubet (v. 253). Illinc discedens ad Chaos infernum patris iussu transit damnatorum supplicia nosciturus. Docet itaque pater aeternis illic eos poenis torqueri, qui Deum lucem unam veram videre eiusque legibus obtemperare noluerunt (v. 301). Ad haec Sigismundus ex patre sciscitatus, num bella Gigantum vera sint quaque ii poena mulctentur, respondet pater ad eorum loca accedere nefas esse eaque ab Tantalo eorum gnaro discere opertere. Advocatus itaque Tantalus totam ab exordio illius belli historiam, Orphei ad inferos descendentis fabulam interserens, evolvit (v. 350). Dumque alios, quos nominatim indicat, maximorum facinorum reos diversis affectos suppliciis contemplatur Sigismundus, unaque infernos iudices, Cocytum, Phlegetontem et Plutonis regiam, admonetur Psyche, ut fugiat. Media enim nocte transacta non amplius licere. Exeunt omnes. Pater quidem Elysias sedes repetit, at Sigismundus sub ipso Famae templo in silvam

in der Unterwelt gesehen hat, beginnt, bittet Basinio die Götter der Unterwelt, ihm als Lebendem zu gestatten, diese Orte zu sehen und zu beschreiben. Von göttlichem Rasen getrieben ruft er die Muse an, sie möge ihm beistehen, die Wahrheit zu schildern (1–47). Als sie dann den finstern Wald durchqueren, zeigt Psyche auf einen Ort, an dem die Verrückten, junge und alte, wohnen und dort so lange verbleiben werden, bis sie nach Reinwaschung aller Sünde zu den elysischen Feldern weiterziehen. Getrennt davon sind die Kinder, die ungetauft verstorben sind und daher weder Strafe noch Lohn erhalten werden (–69). Sie gehen daran vorbei bis an einen reißenden Fluss und sehen dort Redner der Griechen und Römer, darunter Demosthenes und Cicero, über die weitere Worte verloren werden (–106). Dann besteigen sie einen von Myrten bewachsenen Berg, auf dem sie die Heldinnen sehen, die von der Macht der Liebe zu Tode gebracht wurden, von denen Sigismondo einige leicht erkennt, die Mehrzahl aber Psyche ihm bezeichnet (–142). Auf der anderen Seite des Bergrückens gelangen sie zum Elysium, und dort erkennt Sigismondo Musen, Dichter, die fürs Vaterland Gestorbenen, Philosophen und die Verehrer der wahren Religion, und spricht ihnen seine Verehrung und sein Lob aus (–176). Danach besteigt er einen weiteren Berg und erblickt in der Ebene darunter Anführer aller Völker und Heerscharen, die von den Geschichtsschreibern gepriesen wurden. Als Sigismondo mit gezogenem Schwert auf sie losgehen will, wird er von seinem Vater ergriffen und ermahnt, nicht sinnlos mit den Schatten zu kämpfen. Sowie Sigismondo seinen Vater erkennt, will er ihn umarmen, doch dieser belehrt ihn, weit zurückweichend, dass dies auf keinen Fall geschehen könne, und zeigt ihm umgehend die berühmteren Anführer der Römer und Karthager, und unter ihnen seinen Onkel Galeotto Malatesta. Darauf führt er seinen Sohn vom Schlachtfeld fort und zeigt ihm Gründer von Städten und Ländern, darunter die Könige Italiens und den Begründer seiner eigenen Familie, der Malatesta, seinen Vater Pandolfo, Galeotto und Malatesta Ungaro. Bei deren Anblick muss Sigismondo weinen und hält sie dazu an, ein besseres Leben zu erhoffen, wenn sie nach dem Ende der Welt ihre früheren Leiber wieder angelegt haben würden (–253). Als er sich von dort wieder entfernt, tritt er auf Geheiß des Vaters über in das Chaos der Unterwelt, um dort die Strafen der Verdammten zu sehen. Der Vater belehrt ihn, dass dort die von ewigen Strafen gepeinigt würden, die Gott, das einzig wahre Licht, nicht sehen und seinen Gesetzen nicht gehorchen wollten (–301). Als Sigismondo zudem vom Vater wissen will, ob die Geschichten über

fortunatam emergit (v. 394). Psyche antequam illucescat, quamnam de sui absentia opinionem gerant Itali, ab Sigismundo quaerit. Is vero se naufragium fecisse, at Psyche Alphonsum quoque idem sentire asserit, proindeque arte atque astu in Italiam sibi esse redeundum eamque a barbarorum armis totis viribus tutandam (v. 413). Sigismundus filiorum et periclitantis Italiae ergo avet reverti. Quo vero id modo, navi sociisque amissis, facere possit, non videt. Sed Psyche dubitationem amovet omnem: Navim Liguris cuiusdam Phegei ad ea litora eiecti praesto esse patrisque Zephyri auxilim non defuturum. Sigismundus ad litus descendit, Phegeo se notum facit multaque pro reditu in Italiam munera promittit. Phegeus ad eius pedes provolutus de suo infortunio solatur se diis, quod tantam sibi adtulerint sortem, agit gratias, magnumque sibi pretium esse Italiae defensorem Zephyro adspirante in Italiam revehere. Quare eum Sigismundus ad Psychem adducit (v. 463). Quae de superiori libro diximus, de hoc quoque dicta aequo iure volumus. Luci Sylvano sacri, Elysii inferorumque descriptiones, Orphei insuper ad inferos descendentis et Titanum fabulae Basinium antiquioribus poetis non minorem probant.

die Gigantomachie wahr seinen, und wo diese ihre Strafe erlitten, antwortet der Vater, dass es nicht gestattet sei, diese Orte zu betreten, und dass man diese Dinge von Tantalus erfahren müsse, der darin kundig sei. Der herbeigerufene Tantalus breitet daher die gesamte Geschichte jenes Krieges von Beginn an aus und fügt den Mythos von Orpheus' Gang in die Unterwelt ein (–350). Und während Sigismondo die anderen Büßer verschiedener Strafen für ihre gewaltigen Missetaten, auf die er namentlich hinweist, betrachtet, und dabei auch die Unterweltrichter, den Cocytus, den Phlegeton und den Palast des Pluto, ermahnt Psyche ihn, zu fliehen, denn dies sei nach Mitternacht nicht mehr gestattet. Sie gehen gemeinsam fort, der Vater freilich kehrt zu den elysischen Gefilden zurück, Sigismondo aber tritt unterhalb des Tempels der Fama im Wald der Seligen wieder an die Oberfläche (–394). Noch vor Tagesanbruch will Psyche von Sigismondo wissen, was die Italiener denn über seine Abwesenheit dächten. Dass er Schiffbruch erlitten habe, erwidert dieser. Psyche aber gibt zu bedenken, dass auch Alfons dasselbe denke, und dass er daher mit Klugheit und List nach Italien zurückkehren müsse, um es mit ganzer Kraft vor den Waffen der Barbaren zu schützen (–413). Um seiner Söhne willen und der Gefahr, in der Italien schwebt, verlangt es Sigismondo danach, heimzukehren, er sieht aber nicht, wie er dies ohne Schiff und Gefährten bewerkstelligen soll. Doch Psyche kann jeden Zweifel ausräumen: Das Schiff eines an diesen Gestaden gestrandeten Ligurers namens Phegeus liege bereit und auch an der Hilfe ihres Vaters Zephyrus solle es nicht fehlen. Sigismondo geht zur Küste hinab, gibt sich Phegeus zu erkennen und verspricht ihm reiche Belohnung für die Rückfahrt nach Italien. Phegeus wirft sich ihm zu Füßen, tröstet sich über sein Ungemach und dankt den Göttern, dass sie ihm dieses Los beschieden haben. Es sei ihm ein großer Lohn, den Verteidiger Italiens mit Unterstützung des Zephyrus nach Italien zurückzubringen. Sigismondo führt ihn daher zu Psyche (–463). Was wir über das vorhergehende Buch sagten, wollen wir mit gleichem Recht auch über dieses sagen. Die Beschreibungen des Hains des Silvanus, des Elysiums und der Unterwelt und dazu noch die Geschichte von Orpheus' Abstieg in die Unterwelt und von den Titanen beweisen, dass Basinio den antiken Dichtern nicht nachsteht.

In Librum Decimum

Italis Sigismundum naufragio periisse pro certo habentibus et prae maerore ab armorum usu omnino cessantibus Alphonsus animos resumit iterumque Italia potiri meditatur. Ad arma itaque Celtae se accingunt. Quapropter Italis consternatis Populonii a foederatis deficiunt. Veneti cum Alphonso Rege foedus ineunt contra Insubres et Ligures, qui iam pro Hetruscis stabant, hinc maior Hetruscorum metus. Ferdinando Alphonsi filio copiarum imperium committitur, quae iam ab Neapoli discedunt (a v. 1 ad v. 88). Iupiter Mercurium in Cimmeriis ad Sigismundum mittit, ut de Alphonso bellum iterum parante commonefaciat, simulque discedere et fortunam experiri iubeat Iovisque auxilium promittat (v. 114). Nuntio accepto Sigismundus Iovis oracula Zephyro revelat eiusque auxilium poscit. Favet Zephyrus eumque itineris rationem et pericula edocet (v. 170). Sigismundus cuncta sibi maris discrimina nota esse dicit. Quod vero Iasonis navigationem spectat, se a Carino praeceptore olim suo aliter edoctum fuisse. At Zephyrus Carini inscitiam ostendit, eiusque causa a Mercurio in ranam fuisse mutatum. Hisce prolatis opem fert ac, ut Phegeum vocet et laete discedat, iubet (v. 235). Discessus moliens Sigismundus Psyche gratias agit eiusque de Alphonsi iterum vincendi ratione consilium expetit. Illa vero certam illi victoriam spondet, hostemque, etsi aliquot Hetruscorum oppida ante sui adventum expugnaverit, nihilo tamen minus rescito eius in Italiam reditu, fugam moliturum (v. 272). Interea dum Sigismundus prospera navigatione in Italiam contendit, Ferdinandus multa capit oppida et solo aequat. Prima die ancipiti Marte ad Folianum pugnatur, secunda vero adhuc acrius, obsessis tamen valide resistentibus. Mars Lydos inflammat, ut libertatem tueantur, ostenditque Ferdinandum bellicae inscium esse artis, ipseque e muris egressus Celtas complures necat et Ferdinandum bracchio prehensum a muris amovet. Pallas vero a Martis ira eum tuetur, Celtasque iam iam cessantes excitat nec Sigismundo absente morandum esse admonet. In Folianum iterum ac tertio aggrediuntur, quod moeniorum parte hinc inde collapsa tandem subigitur (v. 488). Vulgata eius victoriae fama Italia universa timore maximo repletur. Ferdinandus legatos ad Alphonsum mittit, qui victoriam nuntient et belli prosequendi rationem edoceantur. Alphonsus in terra hostili hibernare urbemque ad id opportuniorem expugnari iubet (v. 519). Ferdinandus patris mandata cum ducibus suis communicat, Venetosque Insubribus ac Liguribus opponit

Zum zehnten Buch

Da die Italiener für sicher halten, dass Sigismondo beim Schiffbruch ums Leben gekommen ist, und vor Trauer den Gebrauch der Waffen ganz aufgegeben haben, schöpft Alfons neuen Mut und macht erneut Pläne, sich Italiens zu bemächtigen. Die Spanier rüsten sich zum Krieg. Die Italiener sind darüber beunruhigt, weshalb die Bewohner Populonias von ihren Verbündeten abfallen. Die Venezianer verbünden sich mit Alfons gegen Neapel und die Ligurer, die bereits vor den Toren Etruriens stehen. Daher ist die Furcht der Etrusker umso größer. Alfons' Sohn Ferdinand wird mit dem Oberbefehl über die Truppen betraut, die sich bereits von Mailand aus auf den Weg machen (1–88). Jupiter schickt bei den Kimmeriern Merkur zu Sigismondo, um ihn zu warnen, dass Alfons einen neuen Krieg vorbereitet. Er solle ihn zugleich zum Aufbruch auffordern und dazu, sein Glück zu versuchen, und ihm die Hilfe Jupiters versprechen (–114). Nach Erhalt dieser Botschaft offenbart Sigismondo Zephyrus die Zeichen Jupiters und fordert seine Hilfe. Zephyrus ist ihm wohlgesonnen und unterrichtet ihn über die Route und die dortigen Gefahren (–170). Sigismondo sagt, dass ihm alle Gefahren des Meeres bekannt seien. Er sei aber im Hinblick auf die Fahrt des Jason von seinem Lehrer Carinus damals anderweitig gelehrt worden. Zephyrus aber zeigt die Unkenntnis des Carinus auf. Daher sei er auch von Merkur in einen Frosch verwandelt worden. Nachdem er dieses vorausgeschickt hat, stellt er die Hilfe zur Verfügung und weist Sigismondo an, den Phegeus zu holen und guten Mutes aufzubrechen (–235). Bei den Vorbereitungen zur Abreise dankt Sigismondo Psyche und bittet sie um Rat, wie Alfons abermals besiegt werden könne. Jene aber verheißt ihm einen sicheren Sieg, und dass der Feind, auch wenn es ihm gelingen werde, einige Städte der Etrusker vor Sigismondos Ankunft zu erobern, die Flucht ergreifen werde, sobald er von dessen Rückkehr nach Italien erfüre (–272). Unterdessen, während Sigismondo mit voller Fahrt Italien ansteuert, erobert Ferdinand viele Städte und macht sie dem Erdboden gleich. Am ersten Tag wird unentschieden bei Foiano gekämpft, am zweiten aber noch verbissener, wobei die Belagerten jedoch tapfer Widerstand leisten. Mars feuert die Etrusker an, ihre Freiheit zu verteidigen und zeigt ihnen, dass Ferdinand unkundig in der Kriegführung ist. Er selbst stürmt aus den Mauern hervor und tötet viele Spanier, und den Ferdinand führt er, seinen Arm festhaltend, von den Mauern fort. Pallas aber schützt ihn vor dem Zorn des Mars und treibt die bereits zurückweichenden Spanier an und ermahnt sie, nun, da Sigismondo fort sei,

agrosque et oppidula multa late vastat (v. 550). Iupiter Ferdinandi immanitatem indignatus Iunoni ideo Italis id evenire affirmat, quod forti duce careant. Nullo tamen pacto ferendum eos, qui sacra fecerint priores, ab Celtis in deum impiis nulloque in loco sacerdotes, quos ad triremes damnaverant, habentibus tam male mulctari. Sibi cordi esse Italos tutari, adeoque iubet, ut Iridem mittat in Aeoliam ad Hippotadem, qui Zephyrum dimittat (v. 581). Iuno Iovis consilii ignara, cur Zephyrum prae aliis ventis exoptet, scire desiderat. Iupiter vero se alios quidem ventos odio non habere, sed nunc Zephyro opus esse, qui Sigismundum parvo navigio a Hispaniae oris ad Italiam navigantem tuto et mature deferat, ut Celtas depellat ab Hetruria. Iovis consilium Iunoni arridet, hinc Iridem in Aeoliam celerrime dimittit (v. 602). Poeta in hoc libro herois sui laudes acri sane ingenio ab hoste ipso elicit. Sic etiam Italici metus causae in Sigismundi laudem perbelle sunt excogitate. Carini vero metamorphosis, ut grammatici cuiusdam petulantiam mordeat, egregie admodum conficta est.

In Librum Undecimum

Tenebat iam Sigismundus Tyrrhenum mare iamque Genuam a longe prospiciebat, cum Celtarum classis mare illud infestans insequi atque urgere. At Phegeus ventos, quos utre inclusos coercuerat, solvit seque ab iis Genuam quam ocissime appellens subducit. Ignotus urbem ingreditur explorataque Genuensium ergo voluntate senatui se obtulit, a quo magnificentissime exceptus, donatusque validoque equitatu communitus

dürfe man keine Zeit verlieren. Sie rücken ein drittes Mal gegen Foiano vor, das, nachdem die Mauern teilweise einstürzen, unterworfen wird (–488). Als sich die Kunde von diesem Sieg verbreitet, erfüllt ganz Italien große Furcht. Ferdinand schickt Gesandte zu Alfons, um ihm den Sieg zu melden und in Erfahrung zu bringen, wie der Krieg weitergeführt werden soll. Alfons befiehlt, im Feindesland zu lagern und eine hierfür geeignetere Stadt zu erstürmen (–519). Ferdinand berät mit seinen Generälen über die Anweisungen des Vaters, bringt die Venezianer gegen die Mailänder und Ligurer in Stellung und verwüstet zahlreiche Landstriche und kleinere Städte (–550). Jupiter entrüstet sich über die Grausamkeit Ferdinands und bekräftigt Juno gegenüber, dass es den Italiener so ergehe, weil sie eines tapferen Anführers entbehrten. Es sei nicht hinzunehmen, dass die, die ihren Opferpflichten als erste nachgekommen seien, von den Spaniern, die ruchlos gegenüber Gott seien und nirgends Priester hätten, die sie nämlich alle zum Galeerendienst verurteilt hätten, so gestraft würden. Ihm liege es am Herzen, die Italiener zu schützen, und daher befiehlt er Juno, Iris nach Aeolien zu Hippotades zu schicken, damit dieser den Zephyrus entfessele (–581). In Unkenntnis von Jupiters Plan, wünscht Juno zu wissen, warum er dem Zephyrus den Vorzug gegenüber den anderen Winden gebe. Jupiter erwidert, er habe zwar nichts gegen die anderen Winde, aber nun sei der Westwind nötig, um Sigismondo mit seinem kleinen Schiff von der Küste Spaniens auf dem Weg nach Italien sicher und schnell voranzubringen, damit er die Spanier aus Etrurien vertreibe. Juno stimmt Jupiters Plan zu. Daher sendet sie in aller Eile Iris nach Aeolien (–602). Der Dichter entlockt hier das Lob seines Helden mit scharfem Verstand gewissermaßen dem Feind selbst. So sind auch die Gründe für die Angst in Italien zum Lobe Sigismondos wunderbar ersonnen. Die Verwandlung des Carinus aber, um die Leichtfertigkeit eines gewissen Grammatiklehrers anzugreifen, ist ganz ausgezeichnet erfunden.

Zum elften Buch

Sigismondo hat schon das tyrrhenische Meer erreicht und kann bereits Genua aus der Ferne erblicken, als die spanische Flotte, die jenes Meer unsicher macht, ihm nachstellt und ihn bedrängt. Phegeus jedoch lässt die Winde, die er in einem Schlauch eingeschlossen gebändigt hat, los und entzieht sich ihnen, mit schneller Fahrt Genua erreichend. Unerkannt betritt Sigismondo die Stadt, und, nachdem er also die Haltung der Genue-

Ticinum adit et Parmam, inde Mutinam denique per Aemiliam Ariminum contendit (a v. 1 ad v. 49). Comperto eius reditu Celtae in diversas abeunt sententias. Itali vero exultant eumque in Hetruriam ultro meditantem sollicitant. Quibus Sigismundus Italicarum copiarum imperator iterum creatus assentitur (v. 116). Alphonsus, ut eum ab inito foedere dimoveat, oratores mittit, qui pacem foederisque innovationem cum muneribus offerant, modo ad Hetruscorum societate recedat. Sigismundus Alphonsi pollicitationes ac conditiones despicit eiusque oratores re infecta dimittit (v. 184). Alphonsus Sigismundi constantiam inique ferens exercitum instruit, legiones supplet et Pisas ducere molitur (v. 195). Nec minus Sigismundus se ad bellum parat sacrisque Marti ceterisque diis rite factis commilitones suos hortatur, ut arma sumant et Tarraconem ipsam, si res ferat, ire sint parati (v. 289). Seneucus Sigismundo inimicus Italis bellum dissuadere multaque insulse oblocutus consulit, ut eo relicto Alphonso pareant. Quem Sigismundus nihili faciens virgis caesum e castris eiicit sumptoque clypeo, quod Pandulpho patri Mars dono dederat, vexillum extollit, quod sibi Roma post Asculi expugnationem tradiderat (v. 429). Conscenso Apennini vertice Ferdinandus de Sigismundi adventu commonefactus ingenti metu concutitur. Tagus ad naves confugere hortatur et Neapolim reverti. Ferdinandus eum corripit et pugnare constituit (v. 601). Inter plurima, quae in hoc libro enitent, primum certe locum sibi vindicant Apollinis Lycia redeuntis cum Sigismundo Ariminum revertente atque exercitus iter facientis cum Hadriaco aestuante comparationes, tum bellici apparatus et armaturae atque clypei Sigismundi, nec non ridiculi Seneuci descriptiones.

sen geprüft hat, gibt er sich dem Senat zu erkennen, von dem er in aller Pracht empfangen, beschenkt und mit einer schlagkräftigen Reiterei verstärkt wird. Sodann erreicht er den Ticino, Parma und von dort aus Modena. Schließlich durchquert er die Emilia und eilt nach Rimini (1–49). Die Spanier sind, als sie von seiner Rückkehr erfahren, unterschiedlicher Meinung. Die Italiener aber frohlocken und fordern ihn, als er von sich aus schon einen Aufbruch nach Etrurien vorbereitet, zu sich. Sigismondo ist einverstanden, erneut der Oberbefehlshaber der italienischen Truppen zu werden (–116). Um ihn von dem geschlossenen Bündnis abzubringen, sendet Alfons Unterhändler, die ihm Frieden und die Erneuerung eines Bündnisses mit Geschenken anbieten, solange er nur von der Bundesgenossenschaft mit dem Etruskern ablasse. Sigismondo verachtet Alfons' Versprechungen und Vorschläge und entlässt dessen Unterhändler, ohne dass sie etwas erreichen konnten (–184). Erbost über die Standhaftigkeit Sigismondos setzt er sein Heer instand, füllt die Truppen auf und plant, gegen Pisa zu ziehen (–195). Ebenso rüstet auch Sigismondo sich zum Krieg und ermuntert, nach korrekt vollzogenen Opfern für Mars und die übrigen Götter, seine Kameraden, zu den Waffen zu greifen und, wenn nötig, bereit zu sein, bis nach Tarragona zu ziehen (–289). Seneucus, der Sigismondo feindlich gesonnen ist, müht sich, den Italienern den Krieg auszureden, und rät ihnen unter vielen abgeschmackten Einwänden, jenen zu verlassen und Alfons zu gehorchen. Sigismondo macht sich nichts daraus und lässt ihn auspeitschen und aus dem Lager jagen. Mit dem Schild in der Hand, den Mars seinem Vater Pandolfo zum Geschenk gemacht hatte, hebt er die Standarte in die Höhe, die Rom ihm nach der Eroberung Ascolis verliehen hatte (–429). Nach Überwindung des Apennins erfährt Ferdinand von Sigismondos Ankunft und wird von großer Angst erschüttert. Tagus ruft auf, zu den Schiffen zu flüchten und nach Neapel zurückzukehren. Ferdinand maßregelt ihn und hat sich bereits entschlossen, zu kämpfen (–601). Unter den vielen Dingen, die in diesem Buch herausstechen, können den ersten Platz sicher verbuchen die Vergleiche von Sigismondos Rückkehr nach Rimini mit der Apollos aus Lykien und des marschierenden Heeres mit der Brandung der Adria. Danach kommen die Beschreibungen der Kriegsgeräte und Rüstungen und des Schilds von Sigismondo, aber auch die des lächerlichen Seneucus.

In Librum Duodecimum

Albente die Sigismundus ut hostem adoriatur, iter suscipit valde salebrosum. Septima tandem die eo cominus viso aciem instruit et adoritur. Ferdinandus pugnam excipit et Sigismundum in se incurrentem vitat (a v. 1 ad v. 84). Pugnatur hinc inde acriter multaque caedes fit. Ferdinandus Tagum e Narnii manibus subducere nititur, vivum tamen non potest. Districtis gladiis concurritur. Celtae cedunt. Minerva Italos excitat, Iberi valde resistunt et retro agunt ordinem. Sigismundum sibi obviantem Ferdinandus fugit et ab Apolline nebula circundatus mortem vitat. Sigismundus cum Apolline eam ab rem conqueritur, in hostes incursat, multos sternit (v. 283). Rebus ita se habentibus Iupiter deorum concilium cogit, atque Alphonsum contra sententiam suam bellum Hetruscis iterum intulisse, se Ferdinando parcere, quod patri obsequebatur, non minus tamen iustis Italorum votis moveri ac praecipue Tyrrhenorum, quod sibi sacra faciant, proindeque Italos ab Alphonsi manibus eripere et Celtas in fugam coniicere decrevisse (v. 304). At Iuno, ut neutris faveat, sed rem fatorum ordini committat, impense efflagitat. Iupiter vero se praesentem Sigismundi victoriam nihili facere, opus tamen esse, ut sic res cedat, quandoquidem Sigismundo maiores paratae sunt victoriae, cum pro Graecis adversus Dardanios pugnabit. Iuno, cui Graecorum res cordi sunt, Iridi mandat, ut ingenti excitata tempestate pugnam dirimat (v. 351). Interea dum magna utrinque caedes fit, Iris adacto turbine caelum obscurat. Sigismundus subita turbatus tempestate cum Iove conqueritur, quod bis leto Iberos eripuerit. Ferdinandus in montes fugit (v. 490). Sigismundus perspecta Iovis voluntate, hoste fugato oppida a Ferdinando occupata expugnare decernit. Foliano itaque recepto Vadam natura et arte munitam obsidet. Pallas rationem eius devincendae docet. Hinc lapideis, ac plumbeis ignitisque missilibus globis Celtarum naves portum tenentes pessundat et vexat unaque oppidum scalis ac turribus admotis oppugnat. Ipseque Sigismundus ter muros conscendens ter a Pallade Marti eripitur (v. 611). Mars Palladi iratus hastam in eam torquet, quam illa Aegida repellit, et ab alta turri saxo immani proiecto Martem humi sternit. Sigismundus ridet, acriter pugnat atque oppido, nisi nox incubuisset, plurimis caesis procul dubio fuisset potitus (v. [65]6). Nullus cum isto e prioribus liber similitudinum copia comparari potest – est enim refertissimus.

Zum zwölften Buch

Als der Tag dämmert, schlägt Sigismondo, um den Feind anzugreifen, eine sehr unwegsame Route ein. Als er am siebten Tag endlich in Sicht gekommen ist, bringt er das Heer in Stellung und greift an. Ferdinand stellt sich dem Angriff und weicht Sigismondo aus, der auf ihn zustürmt (1–84). Überall wird erbittert gekämpft und viele fallen. Ferdinand müht sich, Tagus aus den Händen des Narnius zu befreien, aber lebend bekommt er ihn nicht. Mit gezogenen Schwertern trifft man aufeinander und die Spanier weichen zurück. Minerva treibt die Italiener an. Die Spanier halten tapfer stand und treiben die Schlachtreihe zurück. Ferdinand flieht vor dem ihm entgegenkommenden Sigismondo und entgeht dem Tod, weil Apollo ihn in Nebel hüllt. Sigismondo beklagt sich bei Apollo darüber, stürzt auf die Feinde zu und streckt viele nieder (–283). In dieser Situation ruft Jupiter eine Götterversammlung zusammen und verkündet, dass Alfons gegen seine Entscheidung den Krieg mit den Etruskern wieder angefangen habe, dass er Ferdinand schone, weil dieser seinem Vater gehorche, dass er dennoch nicht weniger von den gerechten Wünschen der Italiener bewegt werde als vor allem von denen der Etrusker, weil diese ihm opferten. Folglich habe er beschlossen, die Italiener aus den Händen des Alfons zu befreien und die Spanier in die Flucht zu schlagen (–304). Juno jedoch fordert mit Nachdruck, keinen zu begünstigen, sondern die Angelegenheit dem Schicksal zu überantworten. Jupiter aber entgegnet, er mache sich aus dem aktuellen Sieg Sigismondos nichts, doch es sei dennoch nötig, dass die Sache derart ablaufe, da auf Sigismondo bereits größere Siege warteten, wenn er für die Griechen gegen die Türken kämpfen werde. Juno, der die Angelegenheiten der Griechen am Herzen liegen, trägt Iris auf, den Fortgang der Schlacht zu vereiteln, indem sie einen gewaltigen Sturm heraufbeschwört (–351). Während es unterdessen beiderseits ein großes Gemetzel gibt, führt Iris einen Wirbelsturm herbei und verfinstert so den Himmel. Sigismondo, aufgebracht über den plötzlichen Sturm, beklagt sich bei Jupiter, dass er die Spanier zweimal dem Untergang entrissen habe. Ferdinand flieht in die Berge (–490). Nachdem er den Willen Jupiters erkannt und den Feind verjagt hat, beschließt Sigismondo, die von Ferdinand besetzten Städte zurückzuerobern. Nachdem er daher Foiano unter Kontrolle gebracht hat, belagert er Vada, das von Natur und Technik befestigt ist. Pallas unterrichtet ihn, wie es zu bezwingen sei. Darauf zerstört und beschädigt er mit steinernen,

In Librum Decimum Tertium

Palermes cum Iberis noctu fugam maturare consulit adeoque tum mortem, tum Sigismundo victoriae gloriam praeripere, fugae vero causam in commeatuum defectum reiicere (a v. 1 ad v. 43). Celtis ad fugam paratis Mars a Pallade sauciatus Venerem marinam adit, quam ut ab Olympo redeuntem videt, orat ad se accedere vulnusque curare sibi a Pallade inflictum, quae nunc Sigismundo contra Celtas pugnanti faveat. Optare se ut saltem Alphonsi triremes salvae sint, Sigismundo satis superque esse Celtas bis vicisse. Esse ex re Hetruscos modo Alphonsi navibus uti non posse adeoque praestare relictas uri, quam in Sigismundi potestatem cadere. Eam illi curam demandare, sibi cetera reservare (v. 84). Venus Martem demulcet, vulnus tegit, incendii curam Vulcano mandat. Mars Apennini verticem scandit, Venus domum Vulcani adit, navium Alphonsi in Vadae portu relictarum periculum patefacit eorumque urendarum negotium committit. Quod Vulcanus in se recipit et illico descendit (v. 175). Cognito Celtarum discessu Sigismundus ruit ad arma, Vadae litus et muros invadit. Celtarum naves partim fugatae, partim submersae, quattuor incendio absumpte (v. 207). Vulcanus id sibi praereptum aegre ferens urbem ventorum auxilio fere omnino flammis absumit. Celtae evadere ac naves deducere, Lydi comburere. Sigismundus Vadam solo aequat ac mortuos sepeliri iubet. Tum fusis devictisque hostibus in ditionem suam regrediens Senam Gallorum venit, veteranos civitate et agris donavit, arcem extruxit ad mare, urbem moenibus cinxit, pontem, portam, turrim forumque

bleiernen und feurigen Geschossen die Schiffe der Spanier, die den Hafen blockieren. Gleichzeitig bestürmt er die Stadt mit herangeführten Leitern und Türmen. Und Sigismondo selbst, der dreimal die Mauer erklimmt, wird dreimal von Pallas dem Mars entrissen (–611). Mars schleudert aus Zorn auf Pallas einen Speer in ihre Richtung, den sie mit der Aegis abblockt, und streckt Mars mit einem riesigen Felsen, den sie von einem hohen Turm wirft, nieder. Sigismondo frohlockt, kämpft verbissen und hätte sich ohne Zweifel, nachdem er viele erschlagen hat, in den Besitz der Stadt gebracht, wäre nicht die Nacht eingebrochen (–656). Keines der vorhergehenden Bücher kann sich mit diesem messen, was die Anzahl der Vergleiche betrifft, denn damit ist es geradezu vollgestopft.

Zum dreizehnten Buch

Als Palermes den Spaniern rät, nächtens schnell zu fliehen und damit sowohl dem Tod zu entgehen, als auch Sigismondo den Ruhm des Sieges vorzuenthalten, den Grund für die Flucht aber auf den Mangel an Proviant zu schieben (1–43). Als die Spanier zur Flucht bereit sind, wendet sich Mars, von Pallas verwundet, an Venus, die er, als er sie vom Olymp zurückkehren sieht, bittet, zu ihm zu kommen und seine Wunde von Pallas zu versorgen, die nun Sigismondo im Kampf gegen die Spanier unterstütze. Er wünsche, dass wenigstens Alfons' Triremen in Sicherheit kämen. Sigismondo solle mehr als zufrieden damit sein, die Spanier zweimal besiegt zu haben. Es sei nur angemessen, dass wenigstens die Etrusker die Schiffe des Alfons nicht nutzen können, und daher sei es besser, die verbliebenen zu verbrennen, als dass sie Sigismondo in die Hände fielen. Er betraue sie damit, das zu bewerkstelligen, alles andere behalte er sich vor (–84). Venus liebkost Mars, behandelt seine Wunde und beauftragt Vulcanus mit dem Feuer. Mars steigt auf den Scheitelpunkt des Apennin, Venus sucht das Haus des Vulcanus auf, legt ihm die Gefahr, die von den im Hafen von Vada verbliebenen Schiffen des Alfons ausgeht, offen und überlässt es seinem Wirken, sie zu verbrennen. Vulcanus beherzigt es und steigt dorthin hinab (–175). Als er von der Abreise der Spanier erfährt, stürzt Sigismondo zu den Waffen und rückt auf den Strand und die Mauern Vadas vor. Die Schiffe der Spanier werden teils verjagt, teils versenkt, vier von der Feuerbrunst verzehrt (–207). Vulcanus nimmt es übel auf, dass ihm zuvorgekommen wurde, und lässt die Stadt mit Hilfe

aedificavit, leges condidit et militiam instituit. Porro Ariminum reversus templum Deo immortali in urbis medio excitat et votum solvit (v. 3[6]0). Postremo hoc libro descriptionum et similitudinum paucitatem selectu et elegantia compensavit. Dum enim Vulcani domum eiusque profectionem ad Vadam, Vadae ipsius incendium ac singularem Tolonii virtutem describit, res ipsas veluti in tabula pictas digito monstrare atque oculis subiicere videtur.

der Winde fast ganz in Flammen vergehen. Die Spanier fliehen und lassen ihre Schiffe zu Wasser, die Etrusker setzen sie in Brand. Sigismondo macht Vada dem Erdboden gleich und befiehlt, die Toten zu begraben. Nachdem er die Feinde vertrieben und besiegt hat, gelangt er auf dem Heimweg in die Lande seiner Herrschaft nach Senigallia, belohnt die Veteranen mit dem Bürgerrecht und Ländereien, errichtet eine Burg am Meer und befestigt die Stadt mit Mauern. Er baut eine Brücke, einen Hafen, einen Turm und einen Marktplatz, erlässt Gesetze und richtet eine Miliz ein. Dann, nach Rimini zurückgekehrt, veranlasst er inmitten der Stadt den Bau eines Tempels für den unsterblichen Gott und löst damit sein Gelübde ein (–360). In diesem letzten Buch hat Basinio die geringe Zahl an Beschreibungen und Vergleichen durch Auswahl und Anmut wettgemacht. Wenn er nämlich das Haus des Vulcanus, dessen Aufbruch nach Vada, den Brand Vadas und die einzigartige Tugend des Telonius beschreibt, scheint er auf die Dinge selbst zu zeigen, als seien sie auf einem Gemälde dargestellt, und sie so vor Augen zu stellen.

Basini Parmensis
Hesperidos
Liber Primus

Martis et arma feri, et partum virtute triumphum
magnanimi dic, Musa, viri, qui fortibus ausis
dispulit invectos Tyrrhenum ad litus Iberos
intrepidus. Gentem neque enim periisse Latinam
fas erat, externoque viros parere Tyranno. 5
Quis metus exactas animis in proelia gentes
barbaricas, Italasve novo concurrere bello
impulit? Indomitum quae causa lacessere Martem
suasit, et amborum populos, aeterna subegit
exercere odia, ac tantas consurgere in iras? 10
Prisca fides, veterumque memor Discordia rerum.
Quod mare, quod terras, Romana potentia quondam
imperiis elata suis Garamantas, et Afros,
Auroram, et Zephyrum, nec non Boreamque, Notumque
subdiderat pedibus, domitumque subegerat orbem. 15
Hinc fluere urgenti semper discordia fato
longius, et stimulis agitatae ingentibus irae
misceri, totisque furor crebrescere terris,
Romanosque duces vani indignantur Iberi
extremas populasse plagas, tempusque monere 20
tum demum faciles Latii tentare ruinas,
discordesque animos, bellum crudele videbant,
Italiae commune scelus. Ligus omnis in armis
Euganeusque fuit: regem sortita potentem
barbara gens Italas ibat sibi poscere terras. 25
Iam tum fama viros movet inclyta, totaque surgit
gloria, et antiquae iam laudis amore feruntur
praecipites populi: veterum iam facta parentum
inter se memorant, varioque ardore tumescunt.
Hinc decus Ausonium, priscique superbia regni, 30
et fortuna deum, rebus quae fida Latinis
usque fuit, dum bella domo procul alma gerebat
Italia, et virtus hominum Romana priorum.
Monstra deum multos iam tum vulgata per annos

**Der *Hesperis*
Basinios von Parma
Erstes Buch**

Von den Waffen des wilden Mars und dem durch Tugend erworbenen Triumph des mutigen Helden, sprich zu mir, Muse, der furchtlos mit wagemutigen Unternehmungen die Iberer vertrieb, die am tyrrhenischen Strand eingefallen sind. Es hätte nämlich gegen göttliches Recht verstoßen [5] wenn das latinische Volk zugrunde gegangen wäre und seine Männer einem ausländischen Tyrannen gehorchten. Welche Angst hat die barbarischen Völker angetrieben, sich in Kämpfe drängen zu lassen, und die Völker Italiens, in einem neuen Krieg aufeinanderzustoßen? Welche Ursache hat sie verlockt, es zum entfesselten Krieg kommen zu lassen, und [10] auf beiden Seiten die Völker dazu getrieben, endlosen Hass gegeneinander zu entfalten, und sich zu solchem Zorn zu versteigen? Althergebrachte Treue und auch Zwietracht, vergangener Dinge eingedenk. Deswegen nämlich, weil die römische Macht seinerzeit das Meer und die Länder ihren Füßen unterworfen und sich die Welt untertan gemacht hat, [15] emporgetragen von ihren Feldzügen, die Garamanten, die Afrikaner, das Land der Morgenröte und das des West-, Nord- und Südwinds, entströmte immer weiter die Zwietracht, mit dem drängenden Schicksal im Nacken, und wild aufgestachelte Zornesbrünste trafen aufeinander, das grimmige Wüten machte sich in allen Landen breit, und die eitlen Spanier entrüsten [20] sich darüber, dass die römischen Feldherren die äußersten Winkel der Erde verwüsteten. Und die Gelegenheit ermunterte sie schon lange, den bereitwilligen Untergang Latiums zu erproben und ihre zwieträchtigen Herzen, und man sah grausamen Krieg, die gemeinsame Schuld Italiens. Jeder Ligurer und alle Euganeer standen unter Waffen. Einen mächtigen [25] König hatte sich das Barbarenvolk erwählt und kam, die italischen Lande für sich einzufordern. Bald treibt der Ruf der Berühmtheit die Männer um, Ruhmsucht regt sich allenthalben, und die Völker stürzen vor Verlangen danach, es in der Ehre mit den Alten aufzunehmen, blindlings dahin, bald machen die Taten ihrer Vorfahren die Runde unter ihnen, [30] und sie versteigen sich zu vielfacher Glut. Hinzu tritt der Glanz der Ausonier, der Stolz ihrer früheren Macht, das Wohlwollen der Götter, das den Latinern immer hold gewesen ist, wenn ihre Mutter Italien fern der Heimat Kriege führte, und die römische Tugend früherer Generationen von Männern. Zeichen der Götter gaben damals schon über Jahre

signa futura dare, ac caedem et crudele minari 35
excidium, terraeque tremor. Tum coepta moveri
proelia per populos inter se, et plurima leto
corpora, Parcarum demesso stamine, reddi,
defectusque polo Solis, Lunaeque recursus,
et dirae facies, et sidera ab aethere lapsa, 40
omnia quae iam tum belli portenta futuri
signa dabant, letumque viris stragemque parabant.
Nam ferus Ausonias veniens Alphonsus ad oras,
exponensque feram Tyrrheno in litore gentem
adventu et fama populos terrebat Ethruscos, 45
cum pater ipse deum caelo Saturnius alto
Mercurium arcessit, tenues qui verba per auras,
et mandata refert patris: „Cyllenia proles,
nate, vola, claroque celer delabere Olympo,
Sismundumque moras qui nunc terit, eia age, longas 50
alloquere, ut totas compellat in agmina gentes
Italiae, et patriis Alphonsum avertat ab oris.
Ille quidem, quamvis bello sit clarus et ipso,
Parthenopenque suis olim submiserit armis,
effugiet, sese velocibus auferet austris, 55
pontivagoque dabit sinuantia lintea malo."
　　Sic ait. Ille pedem pulchris talaribus ornat,
et levibus pennis ventosas implicat alas.
Tum virgam, assuetumque capit de more galerum,
ac pariter labens caelo se misit, et auras 60
navigat aethereas, vastumque relinquit Olympum.
Olli operans longe Zephyrum aspirabat Apollo.
Contigit accitis demum tentoria ventis
Pandulphi magni, media qui nocte quietem
divinam, et placidos carpebat pectore somnos. 65
　　„Heus", ait, „an vigilas, Italorum maxime ductor?
Me pater ille deum supero tibi mittit Olympo,
qui freta, qui terras atque aurea sidera torquet.
Duc, iubet, in Celtas ex omni gente Latinos:
numina cuncta favent, neque enim tibi maxima Iuno 70
usquam aberit." Dixit celeresque elapsus in auras
incertum iuvenem tali sermone reliquit.

[35] weithin Andeutungen über das, was kommen würde, und drohten mit
Gemetzel und grausamem Morden, und die Erde bebte. Dann zogen die
Völker in Schlachten gegeneinander, und allzu viele Menschenleben wurden dem Tod hingegeben, mit ihrem Schicksalsfaden ans Ende angelangt.
Die Sonne verschwand vom Himmel und der Mond änderte seine
[40] Richtung, grausame Gesichte erschienen und Sterne, die vom Himmel fielen – all diese Vorzeichen ließen damals schon den Krieg, der kommen würde, erahnen und brachten den Männern Tod und Gemetzel.
Denn der grausame Alfons kam an die Gestade Ausoniens, stellte sein
wildes Heervolk an der tyrrhenischen Küste auf und versetzte durch seine
[45] Ankunft und seinen Ruf die Etrusker in Schrecken, als Saturns Sohn,
der Vater der Götter persönlich, hoch am Himmel den Merkur zu sich
befahl, der durch die zarten Lüfte die Worte und Weisungen des Vaters
überbringt: „Wohlan, kyllenischer Sohn und Spross, flieg und gleite herab
vom hellen Olymp, und sprich Sigismondo an, der gerade eine lange
[50] Zeit der Muße vertreibt, er soll alle Streitkräfte Italiens in seinem
Heer zusammenbringen und Alfons von den heimatlichen Gestaden vertreiben.
Jener, mag er auch gerade im Kriege berühmt sein und Neapel seinen
Waffen unterworfen haben, wird doch fliehen, er wird sich mit den
[55] schnellen Winden davon machen und seine gekrümmten Schiffsrümpfe dem seefahrenden Ruder anvertrauen."
So sprach er. Jener bekleidet seinen Fuß mit schönen Schuhen, und
umflicht mit leichten Federn die windgleitenden Flügel.
Er nimmt dann seinen Stab und, wie gewohnt, seine bewährte Kappe, und
[60] schwingt sich sodann gleitend in den Himmel, durchquert die Lüfte
und lässt den weiten Olymp hinter sich zurück.
Apollo hauchte ihm zu diesem Behufe von weither den Westwind zu. Mit
den Winden, die er einberief, gelangt er schließlich zum Zelt des großen
Pandolfo, der tief in der Nacht die göttliche Ruhe und den friedlichen
[65] Schlaf im Herzen genießt.
Merkur sprach: „Heda, wachst du, größter Feldherr der Italiener? Der
Vater der Götter schickt mich vom Gipfel des Olymp zu dir, er, der die
Erde und die leuchtenden Sterne bewegt.
Führe – so befiehlt er – die Latiner allen Volks gegen die Spanier. Alle
[70] Götter sind auf deiner Seite, denn auch die große Juno wird dich niemals im Stich lassen." Sprach's und, wieder in die geschwinden Lüfte
entschlüpft, ließ den Jüngling zurück, unsicher ob solcher Rede.

Nec minus ille Iovis secum mandata volutat,
alternatque animum curis: Tum singula secum
mente movens tacita, tristi sub corde retractat 75
eventus varios primum, bellique labores
assiduos et fata deum. Tum tempore tali
quid fortuna ferat, qua se ratione sequatur
certa salus, animum partes mutatur in omnes,
omnia pro patriis metuit discrimina terris. 80
Surgit, et exiles tunicas indutus, amictu
purpureo, chlamydemque super circumdatus auro,
peronesque pedi iungit, simul accipit ensem
fulmineum, et gemmis insignem, auroque superbo,
caelatum et signis, olli quem fecerat ipse 85
Mulciber et fulvis stridentem merserat undis.
Tum sceptrum capit, omnipotens quod tradidit olim
Pandulpho egregium munus, quo lata tenebat
imperia, atque Italum populos, urbesque regebat.
His accinctus adest coram Pandulphius heros 90
omnibus effulgens tumulo sublimis ab alto
Chalcoboum Eurybromumque vocans, queis talia mandat:
   „Ite, Iovis magni, praecones, cura virumque,
Alphonso et celeres iam nunc mea dicta referte!
Haud nos umbriferi montes, pelagusve sonorum 95
dividit – ambo armis campum veniemus in aequum.
Non ego contra illum scelerata capessere bella
regnorum, patriave avidus concedere terra
constitui. Me magna movens iniuria Martem
impulit Ethruscis agitare in proelia campis. 100
Me genus Ausonidum, me raptae litora terrae
sollicitant, coguntque novo concurrere bello.
Cedat, et incassum tandem male rapta relinquat,
post ego Maeonias linquam, velut hospes, arenas.
Sin decus Ausonium, atque animos contemnere nostros 105
apparat, incipiam, neque me bellare pigebit,
donec agam invisas Italos Taraconis ad oras."
Talia mandabat magno referenda Tyranno.
   Interea Oceano fusis Aurora quadrigis
vecta, novo tremulos spargebat lumine fluctus 110

Und nicht wenig sinnt jener über die Weisungen Jupiters nach, und setzt seinen Geist bald der einen, bald der anderen Sorge aus. Mit [75] schweigsamem Sinn überdenkt er in seinem bedrückten Herzen zunächst die verschiedenen möglichen Ausgänge, die beständigen Mühen des Krieges und die Schicksalssprüche der Götter. In alle Richtungen schwankenden Mutes, was nämlich in solch einer Zeit das Schicksal mit sich bringt, wie die sichere Rettung eintrete, fürchtet er jede denkbare [80] Gefahr für die Lande seiner Heimat.

Er erhebt sich, bekleidet sich mit einem dünnen Untergewand, einem purpurnen Rock und darüber mit einem goldenen Überwurf, zieht seine Stiefel an, nimmt zugleich das blitzende Schwert an sich, das mit Edelsteinen und prächtigem Gold verziert ist und ziseliert mit Bildern. Vulcanus hatte [85] es ihm einst persönlich geschmiedet, und zischend in das leuchtende Nass getaucht.

Dann nimmt er das Szepter, das einst der Allmächtige dem Pandolfo zum trefflichen Geschenk machte, mit dem er über ein großes Gebiet gebot, und italienische Völker und Städte beherrschte.

[90] Mit all dem gerüstet ist der Held, Sohn des Pandolfo, strahlend zur Stelle und vom hohen Hügel herab ruft er Chalcobous und Eurybromus, denen er folgendes aufträgt:

„Geht, Herolde, die ihr dem großen Jupiter und den Menschen am Herzen liegt, und überbringt nun geschwind Alfons meine Worte: Nicht [95] trennen uns schattenspendende Berge oder das tosende Meer, wir werden beide unter Waffen ins ebene Feld ziehen. Nicht ich hatte vor, einen unrechten Krieg gegen jenen anzuzetteln, oder war begierig darauf, meine Heimat zu verlassen. Mich bewegte, ja, drängte das große Unrecht dazu, den Krieg auf die Schlachtfelder Etruriens zu tragen. Mich treibt [100] das Volk der Ausonier, mich treiben die Gestade des geraubten Landes an und zwingen mich, in diesem neuen Krieg mit ihm zusammenzutreffen. Er soll weichen, und endlich das, was er vergebens geraubt hat, zurücklassen. Dann werde ich, wie ein Gast, die mäonischen Strände verlassen. Sollte er aber den Stolz der Ausonier und unseren Mut für gering [105] achten, werde ich gegen ihn vorgehen, und es wird mich nicht verdrießen, so lange Krieg zu führen, bis ich die Italiener zu den verhassten Gestaden Tarragonas geführt habe." Solche Worte hieß er sie dem großen Tyrannen übermitteln.

Inzwischen war Aurora mit dahingleitendem Viergespann aus dem [110] Ozean hervorgekommen, übergoss die unruhigen Fluten des Meeres

aequoris, et summos lustrabat lampade montes.
Constitit, ac magni spectans nova lumina Solis,
„Sol, qui cuncta vides, atque omnia maximus audis,
summe deum arcitenens, Chrysai cultor Apollo,
qui Cyllam, et Tenedon, felicia regna, tuamque   115
Delon, et Ortygiae fontes, Cynthumque iugosum,
Eurotamque cavum, Lyciam, Soractis et arces
Hesperias, altaeque tenes Capitolia Romae –
ipse fave coeptis, Divum pulcherrime, nostris."
   Sic effatus equum pressis conscendit habenis,   120
exploratque vias, incultaque saxa, locosque
difficiles, facilesque oculis, Arnumque sonantem,
Ethruscosque amnes alios, silvasque virentes.
   Ac veluti fulvum sequitur cum forte leonem
saxosas inter valles, aditusque malignos   125
venator summis Poenorum in montibus ille
stat ferus, et fremitum ter dentibus expuit albis,
murmuraque increpuit, rabidoque exhorruit ore;
excitum tamen Afer agit, telisque fatigat
usque premens, silvisque feram vestigat opacis,   130
haud secus Alphonsum regem Pandulphius heros
insequitur, positisque vetat requiescere castris,
quem circum Italiae populi versantur, et olli
grata animo placidis infundunt gaudia dictis.
Illi Pallas erat comes invidiosa, decusque
immortale dabat, vires, animumque secundans,   135
cara Iovis proles, medio Tritonia campo
ostentans angues, et Gorgonis ora Medusae
sibila, terribilemque aeratis Aegida monstris,
nubigeri Iovis arma, solo quibus eruit urbes   140
atque hortata viros, cunctis in mentibus unum
iniecit bellum, tum dulcem Martis amorem.
Amplius haud ultra patriam, carosque penates,
arma sed, arma viri cupiunt, amor omnis in armis,
arma fremunt Itali, sonat excita terra tumultu   145
horrisono, fulgent auro fulvoque orichalco,
qualis ubi silvam in densam furit ignis anhelas
effundens late flammas, in montibus altis

mit neuem Licht und erhellte die Gipfel der Berge mit ihrem Strahlen. Er stellte sich hin und sprach, das neue Licht der großen Sonne schauend: „Größter Sonnengott, der du alles siehst und alles hörst, höchster der Götter, Bogenschütze, Apollo, Bewohner Chrysas –
[115] du, der du Kylle, Tenedos, diese glücklichen Reiche, und dein Delos, die ortygischen Quellen, den zerklüftetten Cynthus, den tiefen Eurotas, Lykien und die hesperischen Höhen des Soracte und den Kapitolshügel in Rom besitzt –
sei meinem Vorhaben geneigt, schönster der Götter."
[120] So sprach er und besteigt sodann mit strammen Zügeln sein Pferd, erkundet die Wege und die unbebauten Berge, und die schwer zu erreichenden, leicht zu erspähenden Orte und den tönenden Arno, sowie andere Flüsse Etruriens und grüne Wälder.

Und ganz so, wie wenn ein Jäger den goldenen Löwen zwischen [125] felsigen Tälern und gefährlichen Schlüften verfolgt, jener grimmig auf den Gipfeln der punischen Berge steht und dreimal aus seinen weißen Fängen brüllt, ein Grollen ertönen lässt und sich ihm mit wildem Maul drohend entgegenstellt, der Afrikaner ihn aber trotzdem aufschreckt, treibt, mit Pfeilschüssen ermüdet, ihm fortwährend nachstellt und dem [130] wilden Tier in dunklen Wäldern auf der Fährte bleibt –
ganz so setzt der Held, Sohn des Pandolfo, König Alfons nach, hindert ihn daran, Lager aufzuschlagen und zur Ruhe zu kommen, er, um den sich die Völker Italiens scharen und ihm freudig Dank abstatten mit freundlichen Worten.

[135] Pallas hatte er zur bis zur Missgunst parteiischen Gefährtin, und sie gab ihm unsterblichen Glanz, Kräfte und Mut, sie, die geliebte Tochter Jupiters und Mündel des Triton, die inmitten des Schlachtfeldes ihre Schlangen zeigte, das zischende Haupt der Gorgonin Medusa und den Ägisschild, furchteinflößend mit bronzenen Ungeheuern, Waffen des [140] Wolkentreibers Jupiter, mit denen er Städte dem Erdboden gleichmacht. Und sie treibt die Männer an, gibt ihrem Sinnen einzig den Krieg ein, wie auch das süße Verlangen nach Waffentaten.

Nicht sehnen sich die Männer mehr nach ihrer Heimat und ihren teuren Heimen, sondern nach Waffen, nur Waffen, all ihre Liebe richtet sich auf [145] Waffen, sie tönen mit ihren Waffen, der Erdboden erschallt, aufgetrieben vom schreckenerregenden Lärm, sie aber strahlen von Gold und güldener Bronze, wie dort, wo eine Feuersbrunst durch einen dichten Wald wütet, atemlose Flammen weithin speiend hoch in den Bergen ein

apparet rubor, innumeris incendia lucem
sparsa locis tendunt, micat hinc Vulcanus et illinc, 150
talis ab aere dabat radiis percussa coruscis
lumina Solis apex surgentis, et omnia iuxta
complebat nova lux flammis geminata refusis.
    Haud secus innumerae volucrum se millia gentis
multa ferunt ad te densis iam protinus alis, 155
Mantua, cum turba resonant tua stagna canora,
Mincius et longas pater accipit amne cohortes,
cygnorum ut solet compelli ad litora nubes
Asia prata super, flavi super arva Caystri,
ludentes tolluntur aves stridore per auras, 160
tot fortes Itali cunctis sese undique fundunt
urbibus ad campum et liquidi iam flumina ad Arni.
    Constitit hic primum pulchris Sismundus in armis
in campi et procerum medio, quem millia circum
hinc atque hinc permulta virum stant agmine, ferro 165
non minus, accincti iuvenes, quam si horrida duri
Martis ad arma vocet totus furor. Undique clamor,
undique concursus, illum mirantur et illum
postremi primique adeunt, velut aequore in alto
paulatim fremitus liquidis exsurgit in undis, 170
luctanti scopulo Zephyrique Notique sonantes,
obtrudunt fluctus, fervet mare et ocius omnis
magna tumet ponti facies, tum cana repulso
marmore spuma salit, cunctae se in saxa sequuntur
innumeris undae cumulis, ipse imbribus atris 175
tunditur, in nubemque volans se condit Orion,
et caelo caput, atque pedes tellure recondit.
    Hic ubi iussa ducis constare silentia dextra,
tot fortes Itali secum taciturna trahebant
agmina, nec quisquam mortali in pectore vocem 180
tot populum putet esse, nihil quos lingua iuvabat,
nec dulcis socium varia in commercia sermo.
Tanta quies animis, adeo parere decorum,
toto densa die veniebant agmina tali
ordine, nec cessant, donec nox atra virum vim 185
dividit, et placidae suadet parere quieti.

rotes Leuchten aufscheint und die Brände an zahllosen Orten verstreut ihr [150] Licht auswerfen und der Feuergott von hier und dort lodert, so warf der Rand der aufgehenden Sonne vom Metall sein Licht zurück, das von hellen Strahlen gleißte, und das Licht des neuen Tages erfüllte alles in seiner Reichweite mit der doppelten Helligkeit des Widerscheins.

Nicht anders, als wenn viele tausend Vögel aller Art sich Schwinge [155] an Schwinge zu dir aufmachen, Mantua, wenn deine Weiher erschallen von der klangvollen Schar, und Vater Mincio die langen Geschwader in seinem Lauf aufnimmt, und wie eine Wolke von Schwänen Jahr für Jahr zu seinen Gestaden getrieben wird über die asiatischen Weiden, über die Lande des goldenen Kaystros, und die Vögel zum Spiele [160] schnatternd durch die Lüfte getragen werden, zu so vielen strömen die tapferen Italiener aus allen Städten auf dem Felde zusammen und bis an den Lauf des klaren Arno.

Zuallererst stellte sich hier Sigismondo in prächtiger Rüstung auf, mitten auf dem Schlachtfeld und umringt von seinen Hauptmännern. Um ihn [165] herum stehen in dichtem Heereszug tausende von Männern, und mit Schwertern gerüstete Jünglinge, nicht weniger als, würde sie die völlige Kampfeswut zu den schrecklichen Waffen des grimmigen Kriegsgotts rufen. Von überall Geschrei, von allen Seiten Gedränge. Jenen bestaunen sie, und zu ihm drängen sie von vorne und von hinten, wie wenn auf hoher [170] See sich allmählich ein Rauschen in den klaren Fluten erhebt, die West- und Südwinde tosen im Ringen mit dem Kliff, die Fluten dagegen schlagen, das Meer brodelt und die weite Meeresoberfläche schneller schwillt, dann die weiße Gischt am hellen Stein vom Anprall hochspringt, die zahllosen Wellenberge sich kreuz und quer über alle Felsen werfen, [175] Orion selbst von den finsteren Regengüssen gepeitscht wird und sich fliegend in eine Wolke birgt, und im Himmel das Haupt, unter der Erde die Füße birgt.

Als nun Schweigen geboten ward von der Rechten des Feldherrn, bildeten so viele tapfere Italiener einen stillen Heereszug, niemand mochte [180] meinen, dass es auch nur eine Stimme in der sterblichen Brust so vieler Völker gebe, denen die Sprache Freude bereitete, auch nicht das Gespräch im Miteinander der Kameraden. Solch eine Ruhe im Gemüt, solch eine Zierde ist es ihnen, zu gehorchen, den ganzen Tag lang kamen dichte Heereszüge in solcher Ordnung und werden nicht müde, bis die [185] dunkle Nacht die Kraft der Krieger zerstreut und sie anhält, der friedvollen Nachtruhe zu gehorchen.

Tum Venus ambrosium sic est affata Soporem:
   „Somne, deum requies, hominum divina voluptas,
qui renovas pressos variis languoribus artus,
et genus humanum curis urentibus aufers, 190
cernis ut ipse super patriae stet nomine carae
sollicitus pulchris solus Sismundus in armis?
Qui pius Ethruscas tueatur ut inclytus urbes,
venit Arimineis instructo milite terris,
et nunc optatis Lydorum tendit in oris. 195
I, Sopor, i iuveni fessis infunde medullis
divinam requiem, totique illabere menti.
Hic te digna manent tali pro munere dona:
Inter enim Charites quae sit pulcherrima nostras
grata tibi coniux, vincloque dicata, iugali 200
aeternos dabitur spes invidiosa per annos,
Pasitheae tu connubiis utere superbis,
nec tu Iunonem speres dare posse mearum
nympharum quicquam, nec si velit ipse deum rex
vertet Acidalias nostro de fonte puellas." 205
   Dixerat. Ille graves tardis torporibus alas
solvit, et obscuris sensim circumdatus umbris
evolat, elapsas torquet qui plurimus undas
Arnus, et e viridi suspectat margine silvas.
Invenit ut varios volventem pectore motus, 210
factaque per multam repetentem plurima noctem,
insomnemque oculis et cuncta futura videntem,
„Cur", inquit, „Pandulphe, caput non ponis, et ipsum
te reficis, grataeque negas parere quieti?"
Dixit, et immensum defudit in alta soporem 215
pectora divinum. Iacuit Pandulphius heros
membra levi deiecta deo devictus, et alto
corde sub increscunt magnarum oblivia rerum.
   Tum pater omnipotens aliud fecundius olli
auxilium parat, et variam simul advocat Irim: 220
„Iri, vides quantas clades stragemque minetur
Ausoniis veniens patrio rex asper Ibero,
quem contra saevis fidens Pandulphius armis
crastinus ire parat, serae qui membra quieti

Da sprach Venus also den ambrosischen Schlafgott an:
„Somnus, Ruhe der Götter, göttliches Vergnügen der Menschen, der du die von Erschöpfung aller Art belasteten Glieder der Menschen [190] erfrischst, und das Menschengeschlecht seinen brennenden Sorgen enthebst, siehst du, wie allein Sigismondo, in Sorge über das Wohl seines geliebten Vaterlandes, noch wach in prächtiger Rüstung dasteht? Pflichtschuldig die etruskischen Städte zu schützen, kam der Hochberühmte mit gerüsteten Truppen aus den Landen von Rimini, und steht nun an den [195] ersehnten Gestaden der Lyder. Geh, Schlafgott, geh zu dem Jüngling, gib seinen müden Knochen göttliche Ruhe ein und lass dich über seinem ganzen Geist nieder.
Hier erwarten dich deiner würdige Gaben für solchen Dienst: Unter unseren Chariten nämlich wird dir die schönste, im Bund der Ehe versprochen, [200] zur Frau gegeben werden, als Verheißung zum Neid der anderen für alle Zeiten.
Der glanzvollen Vermählung mit Pasithea wirst du dich erfreuen, und du solltest dir nicht erhoffen, dass Juno dir eine meiner Nymphen geben könnte, nicht einmal wenn der König der Götter höchstpersönlich dir die [205] acidalischen Mädchen von meinem Quell entführte."
So hatte sie gesprochen. Jener breitet die vom trägen Schlaf schweren Schwingen aus, und kaum merklich von dunklen Schatten umgeben fliegt er davon, dorthin, wo der wasserreiche Arno seine gleitenden Wogen wälzt, und von grünem Ufer auf die Wälder hinaufblickt.
[210] Sowie er ihn dort findet, der allerlei Regungen in seinem Herzen abwägt, bis spät in die Nacht zahllose Taten noch einmal überdenkt und mit schlaflosem Blick alles, was in der Zukunft liegt, sieht, sagt er:
„Warum, Pandolfo, bettest du nicht dein Haupt, und erholst dich, sondern versagst dir selbst, der ersehnten Ruhe zu gehorchen?" So sprach er und [215] goss den gewaltigen Schlummer der Götter tief in seine Brust. Der Held, Sohn des Pandolfo, lag da, seine ausgestreckten Glieder vom sanften Gott bezwungen, und tief unter seinem Herzen wächst das Vergessen bedeutender Dinge.
Darauf leistete der allmächtige Vater ihm eine noch ersprießlichere [220] Hilfe und rief sogleich die bunte Iris zu sich.
„Iris, du siehst, welche Niederlage und welches Blutbad der grimmige König den Ausoniern androht, der vom heimischen Ebro zu ihnen kommt, gegen den der Sohn des Pandolfo morgen im Vertrauen auf seine furchtbaren Waffen ins Feld zu ziehen sich anschickt, der seine Glieder zu später

vix tandem misso potuit deflectere somno: 225
illum nulla Ceres, illum non ipse Lyaeus
adiuvat, at curis pascit se ingentibus. Olli
nectar et ambrosiam iubeo referre, cibosque
libet homo quos divus edet: Fas noscere divum
munera, fas illi divina vescier aura." 230
    Haec ait. Illa nihil contra adversata, sed alti
vertice lapsa poli caelo se misit, Ethruscum
castra petens rapido dea magna celerrima lapsu.
Conspicit armatos diverso in gramine edentes,
fumantesque locos. Hos insedisse relictis 235
exploratores castris, hos ordine presso
membra levare solo. Cuncti, quod cuique caducum
sorte fuit, statione sua pro se usque morari
quisque volunt. Tum diva duci divina sub alto
pectore defudit, validisque levamina membris. 240
Pristinus extemplo magnos vigor imbuit artus,
dulcis odoratae spiravit anhelitus aurae
vivaci sub corde micans, totumque replevit
corpus et antiquos renovavit in ossibus ignes.
    Interea Alphonsi nivea ad tentoria regis 245
praecones mandata ferunt. Nihil ille relatis
obstupuit verbis, audacique ore profatur:
    „Ite, redite citi ductorique haec mea vestro
dicta referte: Italum nihil est quod bella virorum
me moveant, non usque adeo me nota fatigant 250
proelia. Parthenope, quam septimus addidit annus
imperio, hac Iove stante meo, non tale vereri
subsidium docuit, terris nunc quale paternis
duxit in Ethruscas heros Pandulphius oras.
Dicite sive velit totis exercitus armis 255
concurrat, si mi populos conferre Latinos
apparat, aut nostro dirimi si sanguine Martem
non piget, ambo armis campo certemus in uno,
miles uterque vacet, positis quin spectet et armis
cui Deus, et cui fida ferat sua dextra salutem." 260
Talia dicta ferunt Pandulpho, atque ordine pandunt
omnia. At ille hilari iamdudum fronte salutat,

[225] Ruhe erst jetzt, den Schlaf kaum zulassend, entlassen konnte. Kein Brot, nicht einmal Wein erfreut jenen, sondern er nährt sich einzig mit gewaltigen Sorgen – jenem Nektar und Ambrosia zu überbringen befehle ich dir, und Speisen, die dieser gottgleiche Mensch essen wird. Es ist Recht, dass er von den Gaben der Götter kostet, es ist Recht, dass er sich [230] vom göttlichen Hauch nähre."

Dies sprach er. Jene entgegnete ihm nichts, sondern ließ sich von der Spitze des Firmaments durch den Himmel gleiten, die große Göttin, die die schnellste unter ihresgleichen ist, und machte sich auf den Weg zu den Lagern der Etrusker in geschwindem Flug. Sie erblickt Bewaffnete, die [235] verteilt im Gras ihre Mahlzeiten einnehmen, und qualmende Feuerstellen. Sie sieht die einen, die ihre Lager verlassen und als Kundschafter Posten bezogen haben, die, die dicht an dicht ihre Glieder auf dem Boden ausruhen. Alle gehen dem nach, was ihnen durch das Los zuteilwurde, und ein jeder möchte fortwährend um seiner selbst willen auf dem Posten [240] bleiben. Darauf hauchte die Göttin dem Feldherrn und seinen starken Gliedern tief in seiner Brust göttliche Linderung ein. Die alte Lebenskraft umfing sofort den stattlichen Körper, der süße Hauch der duftenden Luft wehte glimmend unter dem erfrischten Herzen, erfüllte seinen ganzen Körper und erneuerte die alten Feuer in seinen Knochen.

[245] Unterdessen tragen die Herolde die Botschaft zum schneeweißen Zelt von König Alfons. Jener staunt keineswegs über die ihm zugetragenen Worte, und spricht mit kühner Stimme dies:

„Geht und kehrt schnell zurück, und überbringt diese meine Worte eurem Feldherrn. Es ist nicht so, dass der Krieg mit den Italienern mich [250] anficht, und die fortwährenden Schlachten, die ich kenne, ermüden mich nicht so sehr. Parthenope, das meinem Reich einzuverleiben mich sieben Jahre kostete, lehrte mich, mit Jupiters Beistand, ein solches Heer nicht zu fürchten, wie es der Held, Sohn des Pandolfo, nun aus väterlichen Landen an die etruskischen Gestade führt. Teilt ihm mit, er soll sich [255] entscheiden, ob er will, dass das Heer in voller Stärke zusammentrifft, falls er sich anschickt, die latinischen Völker gegen mich antreten zu lassen, oder ob wir, wenn es ihn nicht verdrießt, mit unserem Blut den Krieg zu entscheiden, beide bewaffnet auf demselben Schlachtfeld streiten, die Soldaten beider also untätig bleiben, um stattdessen mit abgelegten Waffen [260] zuzusehen, wem Gott und wem die sichere Hand Heil bringt."

Solche Worte bringen sie Pandolfo, und setzen ihm der Reihe nach alles auseinander. Jener jedoch begrüßt sie schon von weitem mit heiterer

agnoscitque Iovem simul et sic ore precatur.
"Sic tu, summe deum, iubeas, sic horride Mavors,
tuque, Minerva, velis nunc tempus in arma vocari. 265
Magnanimi gaudete viri, nam fortibus ausis
congredior soli solo in certamine Regi
Alphonso, iniustis Italos qui provocat armis.
Hic finis tandem belli. Me verius unam
hanc animam vovisse ferent pro gentibus almae 270
Italiae quicumque volent fera bella minores
mirari, et veterum censeri sanguine avorum.
Vos tamen arma, viri, vos arma crepantia cuncti
induite, et facto procedite in agmine, ferro
non minus accincti proceres, quam si horrida duri 275
Martis ad arma vocet totus furor. Ite manipli,
insidias alii praelustrent, ne qua latentes
barbara turba dolos meditetur, et obvius hostis
obtexat fraudes latebrosi in valle recessus."
Dixerat. Ast Itali vario fremuere tumultu, 280
et gemitum ingentem tellus dabat incita magno
murmure, tum fremitusque virum vocesque loquentum
misceri, et varius volitare per aethera clamor,
haud secus atque olim cum Iupiter altus Olympo
intonuit, sonitus rediere per ardua vasti 285
omnia, tum pelago spumantia caerula tollunt
Icario in magno venti, Zephyrique Notique
incumbant, imoque cient iam Nerea fundo.
Tum dextram intendit, populoque silentia iussit,
ductoresque videns nunc hos, nunc admonet illos, 290
tum si quem sumptis clamantem prospicit armis
ignotum, et tardo miscentem murmura vulgo,
talibus increpitans dictis castigat amaris:
"Infelix, quae tanta animo dementia vano
venit, ut alterius nolis audire loquelas? 295
Imbellis, non hic Itali regnabimus omnes.
Unus enim rex est, unus sit ductor Ethruscum,
cui pater omnipotens sceptrum dedit, ille Latinos
imperio regat." Et tali tum voce locutus,
arma humeris magni circumdat ponderis, omnes 300

Miene, erkennt Jupiters Wirken darin und spricht zugleich dies Gebet:
„So mögest du, Höchster der Götter, gebieten, so du, grausiger Mars, [265] und du, Minerva, es wollen, dass es nun an der Zeit ist, uns zu den Waffen rufen zu lassen. Freut euch, tapfere Männer, denn in einem wagemutigen Unterfangen treffe ich im Einzelkampf mit König Alfons allein zusammen, der Italien zu einem unrechten Krieg herausfordert. Hier findet der Krieg endlich ein Ende. Ja, berichten, dass ich diese eine Seele für die [270] Völker Italiens, des Landes, das uns geboren hat, aufs Spiel gesetzt habe, werden all die nach uns, die grausame Kriege bestaunen und am Blut ihrer Ahnen gemessen werden wollen. Ihr aber alle, Männer, legt die klirrenden Waffen an, und tretet in geschlossener Formation vor, Vornehmste eurer Zunft, nicht weniger mit dem Schwert gegürtet, als wenn euch die [275] ganze Raserei des grimmigen Mars zu grausigen Waffentaten riefe. Geht, ihr Kompanien! Ein paar von euch sollen auskundschaften, ob die Barbarenschar womöglich irgendwo einen Hinterhalt vorbereitet und der Feind auf unserem Weg Tücken verbirgt in den unübersichtlichen Winkeln des Tales."
[280] So hatte er gesprochen. Die Italiener aber tönten mit vielfältigem Aufruhr, und vom lauten Gemurmel aufgestachelt gab die Erde ein gewaltiges Dröhnen zurück. Darauf mischten sich das Murmeln der Männer und die Stimmen der Redenden und ein vielfältiges Geschrei erhoben sich zum Himmel, nicht anders als der hohe Jupiter bisweilen vom Olymp [285] donnerte, und der Schall weithin zurückhallte durch alle Schluchten, sodann die Winde die Wassermassen schäumend aufwühlten im weiten ikarischen Meer, die West- und Südwinde sich darauf niederließen und bald darauf Nereus tief vom Meeresgrunde hervorriefen. Da streckte er die Rechte aus und gebot dem Heervolk zu schweigen, lässt den Blick [295] über seine Hauptmänner schweifen und ermahnt bald die einen, bald die anderen, und wenn er dann noch einen Niemand erblickte, der in voller Rüstung die Stimme erhob und sein Gemurmel in die träge Masse mischte, so schalt er ihn tadelnd mit solch harschen Worten:
„Unseliger, zu was für einem Wahn hat sich dein nutzloser Geist [295] verstiegen, dass du das Reden deines Mitmenschen nicht hören willst? Feigling, wir haben, wiewohl allesamt Italiener, hier nicht alle das Sagen. Einer nämlich ist der Anführer, nur einer soll Feldherr der Etrusker sein. Er, dem der allmächtige Vater das Szepter gab, soll auch den Oberbefehl über alle Latiner haben." Und nachdem er mit solcher Stimme [300] gesprochen hat, legt er seinen Armen die Rüstung von stattlichem

ante alios longe lucenti splendidus auro.
Ut canis aurati fulgens decus Orionis
sidera multa micat superans, et crine minaci
ipse sub ardenti moribundus nascitur aestu,
debilibusque serit morbos mortalibus atros, 305
multigenumque animal, permixto et sanguine cretum
omne perit, periere canes in montibus albi,
talis erat fulgens pulchris Sismundus in armis
aureus, ut fulvo radiarent cuncta metallo
agmina: „Nunc vires Martis tentemus acuti, 310
ut videam, validas quisquis iaculetur et hastas.
Pascat equos seu quis melius farragine pingui,
quisve pedum melior cursu, furtoque paratus,
aut biiugum levior currum conscendat, et arma
induat, aut galeam rapiat, clypeumque micantem. 315
Non equidem nunquam populis mandare quiescam,
numquam hodie, donec stellis venientibus altum
nox subeat caelum, curruque invecta virum vim
dividat, atque animis, stimulisque ardentibus iras.
Et quoscumque procul cessantes litore cernam, 320
alitibus, canibusque feris dare frusta iubebo.
Vos timidos medio constringite in agmine, fortes
ante illos sistant. Seniores terga sequantur."
  Sic fatur. Fremitum magno clamore Latini
ore dabant cuncti, et campos atque arva tegebant, 325
non secus ac liquidis si quando exsurgit in undis
aequor, eunt rapidi per aperta sonantia venti,
parte alia madidis infert sese Notus alis
turbidus, Aeolio si forte e carcere missus
liber habet pelagus, salit unda sonantia circum 330
litora, tum scopulum adversum, tum saxea pulsat
dorsa Notus, fremit omne fretum rupesque relinquit.
  Sed iam fama volans saevos implerat Iberos
adventare ducem magnum, felicior alter
quo neque in Italia praesenti Marte, nec usquam. 335
Multis quippe dolor stetit imis ossibus ardens,
multis ira modum super addita, multus ubique
clamor, ubique vagans agitat discordia vulgus.

Gewicht an, weit prächtiger als alle anderen Männer an leuchtendem Gold. Wie die gleißende Himmelszier im Orion, die vielen Sterne des goldenen Hundes weithin überstrahlend, mit dräuendem Schweif unheilvoll unter der lodernden Hitze geboren wird und den schwachen
[305] Menschen scheußliche Krankheiten bringt, ein Wesen mit vielen Vätern, geboren aus gemischtem Geblüt, vergeht, und seine weiß strahlenden Hunde mit ihm vergehen über den Bergen, so erschien golden strahlend Sigismondo in schöner Rüstung, dass alle Heerscharen von glänzendem Metall zurückstrahlten auf ihn:
[310] „Nun wollen wir die Kräfte des unerbittlichen Mars versuchen, auf dass ich sehe, wer besser seinen starken Speer schleudert, wer besser seine Pferde mit gehaltvollem Schrot füttert, wer schneller im Laufe zu Fuß ist, wer sich besser zu einem heimlichen Handstreich eignet, oder leichtfüßiger den zweispännigen Wagen besteigt, die Waffen anlegt oder den Helm
[315] an sich reißt und den blitzenden Schild. Niemals werde ich für meinen Teil aufhören, unsere Völker anzuführen, am allerwenigsten heute, bis die Nacht mit dem Kommen der Sterne hoch an den Himmel gezogen ist, und, mit dem Wagen aufgefahren, die Kraft der Krieger nimmt und dem Mute und dem brennenden Drängen den Zorn. Und wen immer ich in der
[320] Ferne sehe, wie er sich von diesem Strand entfernt, den werde ich den Vögeln und wilden Hunden zum Fraß vorwerfen lassen. Zwängt die Furchtsamen in der Mitte der Schlachtordnung ein, die Tapferen sollen sich vor sie stellen. Die Älteren sollen ihnen den Rücken decken."

So spricht er. Mit großem Geschrei gaben die Latiner ihm ein Raunen
[325] zur Antwort und bedeckten die Felder und Fluren, nicht anders als wenn sich bisweilen in den glänzenden Wogen die See erhebt, die Winde schnell durch die tönenden Weiten rauschen, und von der anderen Seite der ungestüme Südwind mit nassen Schwingen einfällt, wenn er einmal aus dem äolischen Kerker befreit frei über das Meer verfügen kann, die
[330] Woge rings um donnernde Gestade tanzt, der Südwind dann die Klippen in seinem Weg und die steinernen Grate erzittern lässt, über das ganze Meer braust und zerklüfteten Fels hinter sich lässt.

Doch es hatte schon das eilende Gerücht die Spanier erfüllt, dass ein großer Feldherr komme, erfolgreicher als alle anderen im gegenwärtigen
[335] Krieg in Italien oder irgend sonst. Vielen stand freilich brennender Kummer tief in den Gliedern, bei vielen kam unmäßiger Zorn hinzu, viel Geschrei allerorten, und allerorten treibt grassierende Zwietracht das Heervolk auf.

Hos Italum virtus, illos movet inclyta tanti
fama ducis, movet Antiphaten, qui maximus uni   340
ante alios comes usque fuit per maxima regi
bella, bonus dextra, claris cui gloria factis
parta dabat magnum magnae virtutis honorem.
Consiliis haud inferior, cui fama nec usquam
futilis, est vanis primum quod crimen Iberis.   345
Isque, ubi magnanimum conspexit in agmine Regem
Alphonsum, alloquitur dictis securus acerbis:
   „Dicam equidem, veniamque dabis, rex optime, siquid
peccarim, pandamque libens quae mente locarim:
Tu desiste manum committere fortibus armis   350
Sismundi, expertis dudum te credere factis
desine, nos Italum fortunae deme furenti.
Quod si nulla tuae tangit te cura salutis,
at patriae miserere tuae, miserere labantis
Hesperiae extremis terrarum nobilis oris.   355
Quid moror? An patrios, si te mors atra, Penates,
occupet, arripiant Itali? Prius o mihi tellus
ima dehisce, prius Stygias illabar ad umbras,
quam bonus Ausoniis moriens Alphonsus in oris
hanc laudem Italiae, populisque relinquat Ethruscis.   360
Sunt tibi bella gerant populi qui magna potentes,
praeque aliis aliaeque manus. Tu vince paratu
ingenti, terrae atque maris pars utraque nostris
in manibus. Quid bella times cum desidet omnis
Italia? An patriis unus Sismundus in armis   365
fuderit innumeras, multo nec milite, gentes?"
   Dixerat Antiphates, dictis quem torvus iniquis
alloquitur pavidum turbata fronte tyrannus:
   „Antiphate infelix, quamquam tibi multa loquendi
copia, mitte loqui, nec regibus ista procaci   370
ore velis tandem populum obiurgare per amplum.
Oh pudor! Hi me igitur quondam quicumque secuti
ad patrias remeare iubent, proh Iupiter, urbes,
polliciti quondam, quaecumque ad bella vocassem,
ire palam, rapidisque domos circumdare flammis   375
Ausonidum et longo committere proelia bello?

Diese versetzt die Tatkraft der Italiener, jene der weithin gepriesene Name [340] eines solchen Feldherrn in Unruhe. Er bewegt auch den Antiphates, der einzig dem König stets der wichtigste Begleiter war, vor allen anderen, durch die gewaltigsten Kriege, ein behänder Mann, der seinen Ruhm und die hohe Ehre großer Tugend seinen berühmten Taten verdankte. Doch war er auch an Rat nicht schlechter, und sein guter Ruf trog in keiner [345] Sache, was ansonsten das häufigste Vergehen der Spanier ist. Als dieser nun den tapferen König Alfons im Heer erblickt hat, spricht er ihn ohne Scheu mit bitteren Worten an:

„Ich für meinen Teil werde aussprechen – und ich hoffe, dass du es mir nachsehen wirst, wenn ich in irgendeinem Punkt fehlgehe – und dir [350] gerne eröffnen, was ich in meinem Sinn trage. Halt dich zurück, deine Hand gegen die starken Waffen des Sigismondo zu erheben, lass ab, dich Dingen auszusetzen, die du schon lange kennst, und entzieh uns dem rasenden Schicksal der Italiener. Wenn dir aber nichts an deinem eigenen Wohlergehen gelegen ist, so erbarme dich aber dennoch deines [355] Heimatlandes, erbarme dich des schwankenden Hesperien, das geadelt ist bis an die entferntesten Gestade der Welt. Was halte ich dich auf? Sollen die Italiener sich der heimatlichen Penaten bemächtigen, wenn ein finsterer Tod dich ereilt? Ach, lieber soll sich der Boden unter mir auftun, lieber will ich zu den stygischen Schatten hinabgleiten, als dass der gute [360] Alfons, in ausonischen Gefilden sterbend, diese Ehre Italien und den etruskischen Völkern überlässt. Du hast noch mächtige Völker, die große Kriege für dich führen sollen, und Heere über weitere Heere. Erringe du deine Siege mit gewaltiger Schlagkraft, Land und Meer sind zu beiden Seiten in unseren Händen. Was scheust du den Krieg, wenn [365] ganz Italien so untätig ist? Hat denn nur Sigismondo mit den Waffen des Vaters und wenigen Truppen unzählige Feinde geschlagen?"

So hatte Antiphates es gesagt. Ihn, dem die ängstliche Sorge im Gesicht steht, spricht der finstere Tyrann mit harschen Worten an:

„Unseliger Antiphates, auch wenn du viel zu sagen hast, hör auf zu [370] sprechen und mach nicht mit vorlautem Mund Königen solche Vorwürfe vor versammeltem Heervolk!
Ach, Schande! All diese Leute, die mir einst hierher gefolgt sind, gehen mich, o Jupiter, nun an, in die Städte der Heimat zurückzukehren, Leute, die mir einst frei heraus versprochen haben, mit mir zu gehen, zu welchen [375] Kriegszügen ich sie rufen würde, und die Heimstätten der Ausonier mit raubgierigen Flammen zu umlagern, und Schlachten zu schlagen in

Hosne morae piguit? Maneant, dum compleat orbem
luna semel, populi. Bellis imponere finem
decretum Alphonso. Regem ne reddite vestrum
omnibus aeternum me dedecus esse futuris.   380
Non tam arguerim vos, si mora longa fatigat,
Hesperidae, multos quos Iupiter altus in annos
distulit, at patrios tamen hic rediisse penates
turpe sit. O socii, bello durate supremo,
aque brevi spatio videamus ut omnia Phorbas   385
vera canat vates. Etenim vidistis, Iberi,
vidimus hoc omnes, cum navibus aequora multis
teximus, atque Italis funesta paravimus arma."

    Nec longum est, sanctos aris cum accenderet ignes
Iasius aurata redimitus veste sacerdos   390
fronde sub umbrosa pandentis brachia quercus,
quam penes in silvis surgebat plurima pinus
tonsa comam, et virides complexa cacumine ramos.
Ambarum in summo geminae sedere columbae
vertice. Quae viridi consederat altera pinu,   395
alitis armigeri Iovis est pavefacta volatu,
in ramisque latens se frondibus abdidit atris.
Illam septenos volitans premit undique gyro.
Atque ubi septenos circumvolat ales in orbes
fugit, et aethereas it iuncta columba per auras,   400
quam sacer in mediis Iovis armiger arripit Euris.
Post autem sacra quae sederat altera quercu
ocior aggreditur, pavidamque eviscerat uncis
unguibus, et victor sublimi in vertice perstat.

    Tunc Atlantiades: „Populi sperate superbi,   405
hunc finem belli caelo Saturnius alto
ostendit nobis", inquit, „septem undique gyri
septem annos monstrant, septenaque tempora signant
queis bellare diu magnis continget Iberis.
Altera at Italia est, parvo conamine quam vos   410
vincetis, vestri teneant quae regna nepotes.
Talia Atlantiades, quae nunc peraguntur, Iberi,
durate, o proceres, donec Saturnia regna,
atque solo celsas Italum exaequavimus urbes."

einem langen Krieg? Haben sie denn nicht das Warten satt? Mögen sie noch bleiben, bis der Mond sein Rund einmal erfüllt hat – Alfons hat entschieden, dem Krieg ein Ende zu setzen. Sorgt nicht dafür, dass ich, euer [380] König, für alle Zeiten zur Schande werde. Ich mache euch keinen Vorwurf, wenn ihr des langen Wartens müde seid, Söhne des Westens, die der erhabene Jupiter viele Jahre schon hingehalten hat, aber hier und jetzt in die Heimat zurückzukehren, das dürfte wohl schändlich sein. O meine Gefährten, harrt aus in der letzten Phase des Krieges, und in kurzer [385] Zeit lasst uns sehen, dass Phorbas nur Wahres prophezeit. Ihr habt es schließlich gesehen, wir alle haben es gesehen, als wir mit zahlreichen Schiffen das Meer bedeckten und unsere Waffen bereiteten, die den Italienern das Verderben bringen."

Und es dauert nicht lange, da entfacht auf den Altären das heilige [390] Feuer der Priester Jasius, umgürtet mit goldenem Gewande, unter dem schattenspendenden Blätterdach einer Eiche, die ihre Äste weit ausstreckt, bei der im Walde sich eine hohe Kiefer erhob, mit kahlem Wipfel, um den herum sich grüne Zweige rankten.
Auf der Spitze beider Bäume saß jeweils eine Taube. Die eine, die sich [395] auf der grünen Kiefer niedergelassen hatte, wurde durch den Anflug des Vogels, der dem Jupiter die Waffen trägt, verschreckt und verbarg sich im finsteren Nadelwerk der Zweige.
Jener setzte der Adler von allen Seiten mit siebenfacher Umkreisung zu, und sowie der große Vogel die sieben Umkreisungen vollendet hat, macht [400] er sich davon. Mit ihm in die hohen Lüfte fliegt die Taube auf, die der heilige Waffenträger des Jupiter im Winde reißt. Danach aber greift er noch geschwinder die Taube an, die sich in der heiligen Eiche niedergelassen hatte, zerfleischt die Ängstliche mit seinen gebogenen Krallen und verharrt als Sieger hoch oben im Wipfel.
[405] Darauf sprach der Sohn des Atlas: „Stolze Völker, habt Hoffnung! Hiermit zeigt der Saturnssohn uns hoch vom Himmel her ein Ende des Krieges an: Die sieben Umkreisungen weisen auf sieben Jahre hin, und zugleich bezeichnen sie die sieben Zeiten, in denen es den großen Spaniern zukommt, Krieg zu führen.
[410] Die zweite Taube aber ist Italien, das ihr ohne große Mühe besiegen werdet, auf dass noch eure Enkel es beherrschen. Solches, was nun vollbracht wird, atlantische Iberer, haltet aus, ihr Edlen, bis wir die saturnischen Lande und die hoch aufragenden Städte der Italiener dem Erdboden gleichgemacht haben."

    Dixerat, et cuncti magno clamore ruebant 415
armati e vallo, veluti cum nubila tradant
cum rauco clangore grues, pontumque feruntur
trans gelidum, et longae glomerantur in agmine turbae
Pygmaeis mala fata viris, mortemque ferentes.
    Ast Itali contra secum taciturna trahebant 420
agmina. Primus erat pulchris Sismundus in armis
ante alios. Veluti ducit cum in proelia taurus
diversis armenta locis, cervice lacessit
insurgens ventos, talem te rector Olympi
tum, Pandulphe, dedit populis decus esse Latinis. 425
Iamque adeo vicinae acies utrimque volabant,
illi clamantes, Itali sine more silentes.
    Haud secus ac monti nubem protendit opacam
aerio Notus, et meliorem nocte latroni,
pastorique gravem, tantum distabat uterque 430
iret ut in primos tectis exercitus arvis,
quantum tela manu dubiis committeret auris,
aut lapidem quisquis torta ferit aethera funda.
Extemplo primi turbantur, et horridus arvis
it globus, arripiunt campum, pugnamque lacessunt. 435
Hic hastam ipse tenens Italos secedere iussit,
et firmare gradum, quamquam iactare sagittas
instabant Celtae, glomerataque saxa per auras.
Quos tamen Alphonsus pugna revocavit ab atra.
Novit enim secum quianam velit inclytus heros 440
fari aliquid. Tum sic Pandulphi maxima proles:
    „Vos haec, Hesperidae, vos haec audite, Latini:
Cesserit haec Italis victoria si bona nostro
Marte, placet patrias redeant Taraconis ad oras
et Celtae et nati permixto sanguine Iberi. 445
Sin me me Ausoniis fortuna inimica nefando
invideat casu, si me pater ille deum rex
lumine iam cassum, iam dulcibus auferat auris,
bella gerant Italis invicti ferrea Iberi.
Scit pater omnipotens letum cui pendeat atrum." 450
    Sic ait Ausonides. Populi strepuere frementes,
quos inter dictis rex est effatus acerbis:

[415] So hatte er gesprochen, und alle stürmten bewaffnet mit großem Geschrei vom Wall herab, wie wenn die Kraniche mit lautem Krächzen die Wolken durcheilen, über das eisige Meer getragen werden und die langen Schwärme sich zum Heer ballen, den Pygmäen Verderben und Tod bringend.

[420] Die Italiener aber zogen in schweigendem Heereszug dahin, ganz vorn Sigismondo, prachtvoller gerüstet als die anderen, wie wenn ein Stier seine Herde an verschiedenem Ort zum Kampfe führt und, um den Wind zu reizen, den Kopf hebt – so gab da dich, Pandolfo, der Herrscher des Olymp den latinischen Völkern, auf dass du ihr ganzer Stolz [425] werdest.

Und schon eilten die Heere, einander bereits so nah, aufeinander zu, jene schreiend, die Italiener ungewohnt still.

Nicht anders, als wenn der Südwind eine dunkle Wolke über einen hohen Berg stülpt, günstig für den Räuber in der Nacht, gefährlich für den [430] Hirten, fehlte nur noch so viel zwischen den beiden Heeren, um von der einen Schlachtreihen auf dem dichtgedrängten Felde zur anderen zu gelangen, wie ein jeder von ihnen mit dem Wurf eines Speeres durch die unsicheren Lüfte oder dem Schuss einer Schleuder hätte zurücklegen können. Sofort geraten die ersten von ihnen in Unruhe, und ein schreckliches [435] Menschenknäuel bewegt sich auf der Ebene, sie bemächtigen sich des Feldes und reizen zur Schlacht. Hier gebietet er, Sigismondo, höchstselbst mit der Lanze in der Hand, den Italienern zurückzutreten und haltzumachen, wiewohl die Kelten drängten, Pfeile auf sie zu schießen, und steinerne Geschosse durch die Lüfte. Alfons jedoch rief sie zurück vom grimmigen [440] Kampf, denn er wusste, dass der hochberühmte Held etwas sagen wollte. Darauf hob der gewaltige Sohn des Pandolfo an zu sprechen:

„Hört dies, ihr Söhne des Westens, hört dies, Latiner: Wenn es an dieser Stelle gelingt, mit meiner Kampfeskraft den Sieg für die Italiener davonzutragen, so ist abgemacht, dass die Kelten zurückkehren zu den [445] heimatlichen Gestaden Tarragonas und mit ihnen die Iberer gemischten Blutes. Sollte aber ein feindseliges Geschick mich, so sage ich, mich den Ausoniern bei einem bösem Ausgang missgönnen, sollte jener Vater der Götter mich, des Lebenslichts beraubt, in die süßen Lüfte entheben, so mögen die Spanier mit den Italienern eisern Krieg führen, den diese niemals gewinnen [450] können. Der allmächtige Vater weiß, wem der finstere Tod winkt."

So sprach der Ausonier. Die Völker lärmten ruhelos, dazwischen sprach der König mit bitteren Worten:

„Nos quoque, si fas est, audite, rogamus, Iberi,
et magni Ausonii, quae Iupiter ipse sub auras
ferre iubet dulces. Sancto favet ille tyranno; 455
ab Iove talis honos, acris haec foedera firment
Hispani Ausoniique viri. Vos ducite nigram
huc pecudem, proceres. Niveum mihi ferte iuvencum
Telluri, Solique sacros, aliumque feremus
nos agnum insignem Diti, ne quis Iovis audax 460
rumpere sacra velit, densis dum se occulit armis."
    Dixerat. Ast animis laeti fremuere Latini,
Hispanique simul, sperantes aspera tolli
bella diu incepta, et nullis exhausta trophaeis.
frenatisque feruntur equis, quibus omnis humo se 465
turba iacit, campoque viri statuuntur in aequo.
Inter utrosque soli spatium telluris opimae
signatur, quo meta viris, quo terminus exstat.
    Tum pater ipse deum claro sublimis Olympo
despectans acies, obliquo barbara vultu 470
agmina, sed fortes meliore fronte Latinos,
succinctam nimbo, gelidaque in nube sedentem
Iunonem alloquitur: „Quid adhuc, gratissima coniux,
quid dubitamus adhuc prisca de gente Quirites
et superesse viros, valeant qui fortibus armis 475
Italiam tegere, et veterum superare parentum
fortia facta. Vides quali virtute feratur
spumifero Sismundus equo? Quem solus in hostem,
solus in Alphonsum primis se praestet ab annis?
Ergo age, quandoquidem mea te te arcana fatigant, 480
accipe, diva, meae quae stet sententia menti.
Nunc cupio aeriam demittere nubibus Irim
ventipedem, sacris ut foedera sacra solutis
incipiant primi violare sine omine Iberi."
    Vix ea, cum fatur contra sic candida Iuno: 485
„Convenit inter nos, quoties arcana patescunt
utrique alterius. Neque enim dare maius ubique,
nec praestare mihi potes, o gratissime, munus.
Namque ego progenies Saturni prima parentis,
inde tibi genus unde mihi: Tua maxima coniux 490

„Auch mich, so bitte ich, mich hört an, Iberer und große Ausonier, um das, was Jupiter selbst zu uns an diesem schönen Ort bekannt zu geben [455] gebietet, zu erfahren. Jener ist einem ehrbaren Herrscher gewogen, eine solche Ehre wird von Jupiter verliehen. Mit Opfern sollen die spanischen und ausonischen Mannen diese Abmachung bekräftigen. Ihr, Edle, bringt mir ein schwarzes Schaf, bringt mir auch einen weißen Stier, als Opfer für Erde und Sonne, und wir werden zudem ein ausgezeichnetes Lamm [460] dem Dis darbringen, auf dass niemand dreist die Eide des Jupiter breche, während er sich inmitten der dichtgedrängten Waffen verbirgt."

So hatte er gesprochen, die Latiner aber murmelten frohen Mutes, ebenso die Spanier, in der Hoffnung, dass der vor langer Zeit begonnene bittere und zum Sieg keiner Seite ausgefochtene Krieg nun von ihnen [465] genommen werde. Auf gezäumten Pferden reiten sie ein, vor denen sich die ganze Schar zu Boden wirft, und auf ebenem Felde stellen die Helden sich auf. Zwischen den beiden wird ein Stück Bodens von bester Erde abgesteckt, das den Männern als Ziel und Grenze dient.

Da blickte der Vater der Götter höchstselbst, erhaben vom strahlenden [470] Olymp, auf die Heere hinab, mit misstrauischer Miene auf die barbarischen Scharen, doch freundlicheren Blicks auf die Latiner, und spricht Juno an, die von Dunst gegürtet auf einer kalten Wolke sitzt:
„Was zweifeln wir noch, liebste Gemahlin, was zweifeln wir noch daran, dass vom ursprünglichen Volke noch echte Römer übrig sind, in der Lage, [475] Italien zu schützen mit starken Waffen, und die tapferen Taten ihrer Vorfahren noch zu übertreffen.
Siehst du, mit welcher Tatkraft Sigismondo auf schäumendem Ross einherreitet? Welchem Feind, Alfons nämlich, er allein seit frühesten Jahren Einhalt gebietet?
[480] Wohlan, da meine Geheimnisse dich sicher schon ermüden, höre, Göttin, welches Urteil mir im Sinn steht.
Ich wünsche, nun die luftige Iris windschnell von den Wolken hinabzusenden, damit die Spanier trotz des dargebrachten Opfers als erste und ohne Not beginnen, den Schwur zu brechen."
[485] Kaum hat er dies gesprochen, als die strahlende Juno erwidert:
„Wir sind uns einig, wann immer uns die Geheimnisse des jeweils anderen offenliegen. Du kannst mir nämlich keinen größeren Dienst erweisen, noch ein größeres Geschenk machen, Liebster.
Denn ich bin die erste Tochter von Vater Saturn, ich stamme von dort, [490] von wo auch du stammst. Man nennt mich schon lange deine ge-

dicta diu atque soror, superum regina deorum."
Iupiter huic contra: „Tua me, tua gratia, coniux,
flexit, et aeterno mihi te devinxit amore."
    Dixit. At illa deam vario circumdata nimbo
caeruleam vocat, et magni mandata tonantis   495
pandit, et aeripedem caelo dea mittit ab alto.
Illa volat, terras et turbine adacta revisit:
Conspicit armatas acies, atque aere micantes
hinc atque hinc populos, et latis agmina campis.
Hos Mars armipotens, illos agitarat Enyo.   500
Illa nihil speculata viros, solumque per omnes
ad Phorbanta venit, fuerat qui maximus illo
tempore cunctigenum sciret qui noscere divum
consilia, atque modis scrutari somnia miris,
solus et Ausonias ipsum qui duxit ad oras   505
Alphonsum augurio fretus. Quem Phoebus honorem
addiderat vati, quoniam citharamque fidesque
is puer a primis olli sacraverat annis.
Hunc dea semotum populis utrimque refusis
longaevum opposita deludit nube, proculque   510
amovet in solas nemorum loca tristia silvas,
ostendens illi populos, regemque secutos,
agmine cedentes simulato: Talia vati
obiectat falsis Thaumantis filia visis,
donec eum in solas abducit litoris oras.   515
Huius deinde capit formam, similemque figurat
se dea mortali: Rari stant vertice cani,
pendula cum cana stant labra trementia mento,
sunt tremulaeque genae, tremulaeque est vocis imago
discors, assiduo respirant ilia motu.   520
Venerat auxilio Libyca de gente Biaon
insignis pharetra iuvenis teretique sagitta,
montivagas agitare feras, cervosque fugaces,
nec non et fulvos solitus turbare leones
horridus, et rapidi perfultus pellibus ursi,   525
cui caput hirsutum malae texere lupinae,
mille viros olim iaculis tremefecit acutis.
Hunc postquam videt adstantem dea talibus Iris

waltige Gattin und Schwester, die Königin der himmlischen Götter."
Jupiter erwiderte ihr: „Dein anmutiges Wesen, Gemahlin, hat mich erweicht und dich mir in ewiger Liebe verbunden."
So sprach er. Jene aber ruft von bunt funkelndem Dunst umgeben die [495] blauschimmernde Göttin herbei, eröffnet ihr den Auftrag des großen Donnerers, und schickt die schnellfüßige Göttin hoch vom Himmel herab. Jene fliegt und besucht, vom Wirbel getrieben, die Länder: Sie erblickt bewaffnete Heere und von Metall glänzende Scharen zu beiden Seiten, und die Streitkräfte auf den weiten Felder. Diese hatte der vor Waffen [500] starrende Mars, jene Enyo aufgepeitscht. Ohne lange die Krieger zu beobachten, sucht jene allein unter allen Phorbas auf, der in jener Zeit derjenige unter allen Menschen war, der am meisten über die Pläne aller Götter zu erfahren wusste und auf wundersame Weisen die Träume der Menschen zu erforschen verstand. Er allein war's, der im Vertrauen auf [505] seine Sehergabe den König Alfons höchstselbst an die ausonischen Gestade führte – eine Ehre, die Phoebus dem Sänger verliehen hatte, weil dieser schon in jüngsten Jahren als Knabe seine Zither und deren Saiten jenem geweiht hatte.

Diesen alten Mann führt die Göttin beiseite, wobei die Menschenmassen [510] zu beiden Seiten an ihm vorbeiströmen, täuscht ihn, indem sie ihn mit einer Wolke umhüllt, und bringt ihn weit weg in die einsamen Wälder, die tristen Stätten eines Hains, wobei sie ihm vorspiegelt, dass die Scharen und der König ihm in falschem Heereszug folgen. Solcherlei setzt die Thaumastochter dem Seher mit falschen Gesichten vor, bis sie ihn zum [515] einsamen Ufer geführt hat.

Darauf nimmt sie seine Gestalt an und formt sich – als Göttin – zur Ähnlichkeit eines Sterblichen: Schütter stehen die weißen Haare vom Scheitel ab, während die blassen Lippen schlotternd am Kinn hängen. Zitternd sind seine Wangen, und zitternd ist das brüchige Abbild der Stimme, sein [520] Unterleib geht unablässig mit der Atmung mit.

Ein Mann namens Biaon war zur Unterstützung vom libyschen Volke gekommen, ein Jüngling – gut erkennbar an Köcher und gedrechseltem Pfeil, geübt darin, die wilden Tiere der Berge, die scheuen Hirsche und die goldenen Löwen zu scheuchen, schrecklich anzusehen, gehüllt in den [525] Pelz des flinken Bären, sein struppiges Haupt bedeckt vom Schädel des Wolfes. Tausend Mann hatte er einst mit seinen spitzen Pfeilen vor Angst erzittern lassen.

Als die Göttin diesen, herausragend im Mut und bebend vor Tatkraft, bei

alloquitur praestantem animo, et virtute frementem.
 „O Libyae virtutis honos, ubi certa, Biaon, 530
tela tibi quondam? Pulsa est quo gloria famae,
qua nulli Libya solitus concedere? Ubi arcus
insignes olim venatibus? Ergo age Phoebo
tela favente iace, et pulchrum pete primus honorem.
Incipe quae cunctis facies gratissima Celtis, 535
Alphonso Regi prae cunctis grata, tuo si
ingenio sumptis pereat Sismundus in armis."
 Sic effata homini mentem convertit ad arma
insano, et nondum meditanti obscura deorum
consilia, ac vires Italorum et bella potentum. 540
 Interea Ausonii, nec non Taraconia pubes
in medium lecti divosque deasque precati
sacra ferunt, sacrasque incendunt ignibus aras.
Tum rex, extremis audax qui venerat oris,
stabat, et Ogygii libabat pocula Bacchi, 545
sumebatque prior pateris spumantibus almi
dulcia dona soli, puroque ardebat in auro
nectare dulce magis Sileni munus alumni.
Tum super imperio multum rimatus anhelas
poscebat fibras. Nihil illi fibra, nec arae, 550
nec prosunt superi, cum sic prior ipse precatur:
 „Haec ego sive manu, sive armis foedera rumpam,
tum caput hoc aliena manus cervice recisa
auferat, et victrix alienas portet in oras."
 Vix ea, at Ausonides haec tali retulit ore: 555
„Iupiter Ethruscum nemorum sanctissime cultor,
aethere qui celso regnas, ne cedat Olympo
sol prius Oceani liquidas prolapsus in undas,
quam fugiant victi Tyrrheno in litore Iberi,
Alphonsique caput terra foedare cruenta 560
avulsum nostris manibus, da, maxime Divum,
da, pater, et comptos in pulvero ducere crines
perfusos myrrha crines calidoque metallo
contortos. Da praedones decedere capta
Italia. Da, ne Celtas terraque marique 565
horrescant Itali. Tibi tum de marmore templa

sich stehen sieht, spricht sie ihn mit solchen Worten an:
[530] „O Stolz der libyschen Tugend, wo sind deine einst so treffsicheren Pfeile hin? Wohin hat es den Ruhm deines Namens verschlagen, wo du doch keinem in ganz Libyen den ersten Platz zu überlassen pflegtest? Wo sind deine Bögen, die dich einst auf der Jagd auszeichneten? Nur zu, zum Gefallen des Phoebus schieß die Pfeile, und strebe nach der schönen Zier, der [535] erste zu sein. Unternimm, was allen Spaniern der schönste Anblick sein wird, vor allen anderen auch König Alfons willkommen, wenn nämlich durch dein Können Sigismondo in voller Rüstung zugrunde geht!

So sprach sie und wendet sie dem Mann den Sinn zu den Waffen – ihm, der im Wahn die verborgenen Pläne der Götter noch nicht erfasst, und auch [540] nicht die Kräfte und den Kriegsmut der mächtigen Italiener.

Inzwischen bringen Auserwählte von den Ausoniern und auch aus der der Jugend Tarragonas ihre Opfer, in die Mitte vorgetreten und betend zu den Göttern und Göttinnen, und entfachen die heiligen Altäre mit Feuern. Dann stellte der König, der tollkühn zu Schiff von fernen Gestaden [545] gekommen war, sich auf und goss hin die Weihetränke des ogygischen Bacchus. Als erster nahm er aus den schäumenden Kelchen noch die süßen Gaben des nährenden Bodens, und im reinen Gold strahlte die Gabe mehr als der Nektar des gütigen Silenus. Als er dann lange über die Herrschaft nachgesonnen hatte, ließ er sich die entseelten Eingeweide [550] geben – doch nichts nützen ihm die Opfergaben, nichts die Altäre, nichts die Götter, als er höchstselbst so betet:

„Sollte ich unsere Abmachung brechen mit der Hand oder Waffen, so möge eine fremde Hand dieses Haupt vom Halse trennen, fortnehmen und es siegreich in fremde Lande tragen."
[555] Kaum hatte er dies gesprochen, da entgegnete der Ausonier solches: „Jupiter, heiligster Bewohner der etruskischen Haine, der du hoch am Himmel herrschst, nicht eher soll die Sonne untergehen und in den klaren Fluten des Ozeans versinken, als dass die Spanier, am tyrrhenischen Strand besiegt, fliehen. Und gewähre, größter der Götter, meinen [560] Händen, den abgetrennten Kopf des grausamen Alfons mit blutiger Erde zu beschmutzen, und seine gekämmten Haare durch den Staub zu ziehen, seine mit Myrrhe gesalbten und mit heißem Metall gewickelten Haare, das gewähre mir, Vater. Gewähre, dass die Räuber das Italien verlassen, das sie gefangen genommen haben. Gewähre mir, dass die [565] Italiener zu Land und auf dem Meer nicht vor den Spaniern zurückschrecken. Dann werde ich dir Tempel aus glänzendem Marmor er-

candenti statuam miris surgentia signis,
Daedaliis miranda modis, aedesque dicabo
urbis Arimineae in medio, quas barbarus omnis,
atque Italus stupeat. Da tantum vincere nobis, 570
et removere nefas." Dixit, dulcemque Lyaeum
fudit humi patera et breviter sic ore profatur:
    „Sic penitus fracti sedes elisa cerebri
fusa cadat, quicumque prior pia foedera telis
sive manu rumpet, madidas ut vina per herbas 575
ipsa cadunt pateris numquam reditura supinis."
    Talibus ante aras armati foedera dictis
firmabant, varioque virum clamore fremebant.
Nec mora, praecipites ambo, nec territus usquam
in medium Hesperidum atque Italum processit uterque, 580
terribiles visu quassantes vertice cristis
surgentes galeas signis auroque decoras,
hinc Malatesta potens, illinc Taraconius heros.
Spectantes populos magnus stupor occupat omnes.
Olli indignantes secum, saevumque frementes 585
obsistunt contra dubio sub Marte laborem,
vulneraque inter se minitantur multa ruuntque
alter in alterius geminatis ictibus arma.
    Ac veluti silvam magnam petit advena taurus
arva aliena premens nemorosa per avia passim 590
diversis armenta locis trahit atque ita late
optatos populatur agros, timet asper arator
omnis et in montes alii fugere iuvenci,
maximus ille autem silvis dominatur avitis,
huic inimicus atrox, sua qui postquam arva teneri 595
sensit, in oppositum fertur violentior hostem,
tum pavidae siluere boves, siluere magistri,
haud aliter Taraconis honos, et gloria magnae
Italiae ingentes duris versantur in armis.
    Hic vero Alphonsus durae fore dum putat hastae 600
vim solitam, Stygio multos qua miserat Orco,
hanc iacit. Illa volans clypei septemplicis orbes
rupit, et in medio stridens umbone pependit.
Non tulit Ausonides, clypeumque abiecit, humique

richten, die mit wunderbaren Standbildern in die Höhe ragen, staunenswert in ihrer Kunstfertigkeit, wie sie eines Dädalus würdig wäre, und ich werde diese Tempel weihen inmitten von Rimini, damit sie dort jeder [570] Barbar, und jeder Italiener bestaune. Gewähre mir einzig, zu siegen und den Frevel zu tilgen." So sprach er und vergoss den süßen Wein aus der Schale auf den Boden und verkündet in aller Kürze darauf solches:

„So soll der geborstene Schädel, Sitz des Gehirns, dahinfließen von jedem, der unsere pflichtschuldige Vereinbarung mit Waffen oder mit der [575] Hand vor der Zeit bricht, wie dieser Wein hier aus den umgekippten Schalen auf das Gras fällt, es zu benetzen und nie mehr zurückzukehren."

Solches sagten sie unter Waffen vor dem Altar, um ihre Abmachung zu bekräftigen, und sie erbebten unter dem vielfältigen Geschrei der Männer. Und man verliert keine Zeit, eilends und ganz ohne Furcht treten sie [580] beide in die Mitte zwischen die Söhne des Westens und die Italiener, schrecklich anzuschauen mit Helmen, auf denen sich eine wiegende Helmzier erhebt, und die prächtig anzuschauen sind, mit goldenen Figuren verziert, auf der einen Seite der mächtige Malatesta, auf der anderen Seite der Held aus Tarragona. Großes Staunen befällt alles Volk, das [585] zusieht. Jene zürnen für sich und murmeln grimmig vor sich hin, sträuben sich gegen die Mühsal im ungewissen Kampf, drohen einander allerlei Verletzungen an und stürzen aufeinander zu, die Rüstung des jeweils anderen mit doppelter Wucht treffend.

Und wie wenn ein Stier bei seiner Ankunft in einem neuen, [590] fremden Revier seine Herde durch die unwegsamen Waldgebiete führt, und so weithin die ersehnten Äcker verwüstet, ein jeder derbe Landmann ihn fürchtet und alle anderen Stiere in die Berge fliehen, jener aber unangefochten in den angestammten Wäldern herrscht, diesem ein wilder Feind, der gespürt hat, dass sein Revier von einem [595] anderen beansprucht wird, dem Feind, der ihm gegenübersteht, sodann umso grausamer entgegentritt, die Rinder aber keinen Laut machten und auch die Hirten bei ihnen schwiegen –
nicht anders kämpfen die Zierde Tarragonas und der Ruhm des großen Italien mit Waffengewalt gegeneinander.

[600] Auf der einen Seite aber wähnt Alfons in seinem starker Speer, mit dem er schon viele in die stygischen Gefilde der Unterwelt geschickt hatte, die gewohnte Kraft und schleudert ihn. Der aber durchbrach im Flug die sieben kreisrunden Häute des Schildes und blieb quietschend im Buckel stecken. Das duldete der Ausonier nicht, warf den Schild fort, zerbrach

cum clypeo telum defregit, et arduus ipsi 605
ipse manu regi telum penetrabile torsit,
et summam clypei partem praerupit et altum
gustavit leviter violato pectore corpus.
Conclamant Itali laetumque ad sidera tollunt
murmur, at Hesperidum solvit genua omnia torpor. 610
Hic Malatestai certissima gloria gentis
magnanimus duris fidens Pandulphius armis
constitit in geminas alacris duo fulmina plantas
arrecto capite, et socios adspectat ovantes,
ense manumque onerat violento ac vulnerat hostem. 615
Ter quater alternis agitantur in orbibus enses.
Tum celer insurgens digitos Sismundus in imos
alte depressos habilem se flexit in ictus.
Tum ferit ingeminans, tum pulsat anhelus utrimque
ardentem galeam signis auroque decoram, 620
buccula sed postquam de casside pene revulsa est,
ter ferit usque premens, fessum sed iam quater ensem
dum domat aere gravi, medium se frangit in ictum
ensis, et imprudens fragilis cadit atque ita summo
fragmina delucent humero. Non ipse caduco 625
ense, nec amissis iuvenis deterritus armis
saevior ingreditur pugnam, et se se horridus ira
suscitat ac regem dextra petit alta minantem
vulnera. Tum manibus perstringit guttura iunctis,
nunc galeam tenet, et conum premit. Ille nec auras 630
nec caelum potuit captis haurire sub armis,
sed trahitur manibus Sismundi digna potentis
praeda, sed attonitus dubiis effatur in umbris:
„Maxime dux Italum, cui Iupiter ipse precari
me iubet, et rerum fortuna celerrima, cuius 635
munere me victum potuisti cernere regem,
parce odiis ultra. Vivum, precor, optime, serva!
Lata tibi variis quae sunt mihi regna sub oris,
omnia victori cedensque volensque relinquo."
    Sic ait. Huic contra fatur Pandulphius heros: 640
„Regna meis armis, quae maxima multaque iactas,
desine deberi: Trahere huc prius ante superbos

Erstes Buch

[605] am Boden mit dem Schild auch den Speer und schleuderte selbst mit der Hand in hohem Bogen seinen scharfen Spieß nach dem König, durchschlug damit den Schildrand, und die Spitze kostete den hohen Leib des Gegners, ihn leicht an der Brust verletzend. Die Italiener jubeln und erheben ein fröhliches Raunen zu den Sternen, den Söhnen des Westens aber lässt der [610] lähmende Schreck die Knie weich werden. Hier stellte er sich wieder hin, der unangefochtene Stolz der Malatesta, Pandolfos mutiger Sohn, im Vertrauen auf seine starken Waffen, voll Eifer, doch fest auf den Füßen stehend wie auf zwei Donnerkeilen, und sieht erhobenen Hauptes zu seinen jubelnden Gefährten hinüber. Er nimmt das mächtige Schwert zur Hand [615] und verwundet den Feind. Drei-, viermal krachen Schwerter in wechselndem Bogen gegeneinander. Dann schnellt Sigismondo hoch, bis auf die äußersten Zehenspitzen und streckt sich hintüber, um dann krachend hinunter von oben, mit doppelter Wucht, zuzuschlagen, mal stößt er atemlos dem Gegner vor den gleißenden Helm, prächtig mit Gold und [620] Verzierung. Doch nachdem dem Gegner beinahe das Backenstück vom Helm gerissen worden war, schlägt er unablässig nachsetzend dreimal auf ihn ein, aber als er schon zum vierten Mal das Schwert mit dem Eisen bändigt, zerbricht ihm das Schwert mitten im Schlag, es fällt unglücklich berstend zu Boden, die Bruchstücke glitzern auf seiner Schulter. Doch [625] der Jüngling lässt sich vom Fall des Schwerts, vom Verlust der Waffen nicht schrecken, sondern nimmt den Kampf umso wilder wieder auf, treibt sich selbst, grausig im Zorn, und attackiert den König, der ihn schwer zu verwunden trachtet. Bald würgt er ihn im Griff seiner Hände, bald hält er seinen Helm fest und drückt den Kegel nieder. Jener konnte nicht [630] nach Luft schnappen noch den Himmel sehen, denn seine Rüstung war fest im Griff des anderen, sondern er wird von den Händen Sigismondos über den Boden geschleift als würdige Beute des mächtigen Kriegers, doch spricht er sodann wie von Sinnen in den ungewissen Schatten:

„Gewaltiger Anführer der Italiener, den flehentlich zu bitten Jupiter [635] höchstselbst und das rasch wechselnde Geschick der Dinge mir gebieten, durch dessen Wink du mich – einen König – hier besiegt hast sehen können. Zügle deinen Hass ab jetzt! Lass mich am Leben, Bester! Ich überlasse dir als Sieger all die großen Reiche, die ich an allen Gestaden besitze, freiwillig und ohne Bedingungen!"
[640] So sprach er. Dem entgegnete der Held, Sohn des Pandolfo: „Hör auf davon, dass deine Reiche, von denen viele und die größten zu haben du dich brüstest, nun meinen Waffen gehören. Eher wirst du hier sogleich

Italiae populos, tentoria nostra subito.
Illic, ni fallor, faxo nova foedera firmes."
    Dixerat et regem dextra laevaque trahebat 645
afflictum, et miseris urgentem pectora curis.
At procul insidiis et multa fraude Biaon
cingitur in notas turbandi foederis artes.
Illum tum memorant incensum numine et ira,
arma nefanda manu et diras hausisse sagittas. 650
Arcum laeva viri, laevam cita dextra papillam,
hastaque prima manumque tenax, nervumque sonantem
contigit, at laevamque fugax arcumque sagittae
cuspis, et horriferas it stridula lapsa per auras,
et venit, et magni Sismundi in nobile corpus 655
figitur inque humero dextro pennata pependit.
Maximus extemplo magnos dolor occupat artus.
Labitur, eque manu rex est avulsus et usque
liber adit laetos violato foedere Iberos.
Hic Pandulphiades, postquam dolor ossibus imis 660
sedit, in hunc morem miseranda voce profatur:
    „O pater omnipotens, mihi cum miserabilis aevi
tempora pauca dares, meliorem impendere honorem
debueras. Mortine manu dimittere regem?
An variis caruisse dolis haec foedera rebar? 665
Omnia credideram, quae nunc Notus horridus auras
iactat in aethereas. Diris me fidere Celtis,
me decuit sacris sceleratam adiungere gentem?
At tu, summe deum, triplici qui foedera sancis
fulmine, qui saevos potis es punire tyrannos, 670
respice mortales casus et foedera firma
ipse tua melior dextra." Nec plura, recessit
saucius. Huic magnus magno Iove natus Apollo
adstitit et nullis aliis perspectus eum dux
ipse manu iuvenem socios ducebat ad ipsos. 675
Obstupuit visis Pandulphi maxima proles:
„Ecquis es, o superum, claro qui missus Olympo
venisti in terras, nostros ut forte labores
adspiceres primum caelo requietus in alto?"
    Filius huic contra Latonae pauca Iovisque: 680

vor den stolzen Völker Italiens in mein Zelt gezerrt. Wenn ich nicht irre, werde ich dort dafür sorgen, dass du einen neuen Bund eingehst."
[645] So hatte er gesprochen und zog dann mit beiden Händen den gestürzten König, der sein Herz mit kummervollen Sorgen bedrängte. Fernab jedoch war Biaon von Heimtücke und großem Trug umhüllt, um mit bekanntem Kunstgriff den Bund zu brechen. Es heißt, jener sei damals von göttlichem Einwirken und Zorn entbrannt gewesen und habe seine [650] ruchlosen Waffen und die unheilvollen Pfeile an sich genommen. Die linke Hand des Kriegers berührt den Bogen, die angespannte rechte seine linke Brust, das Ende des Schafts liegt fest an der Hand und an der sirrenden Sehne an, die flinke Pfeilspitze aber an seiner Linken und dem Bogen, und so saust sie nach dem Abschuss zischend durch die grauenerregenden [655] Lüfte und kommt an ihr Ziel, bohrt sich in den edlen Leib des großen Sigismondo und steckt bis zu den Federn in seinem rechten Oberarm. Sofort befällt ein großer Schmerz seine Glieder, er taumelt, der König reißt sich aus der Hand los und allda geht er frei zu den Spaniern zurück, die sich über den Bruch des Paktes freuen. Da aber hebt der Sohn des [660] Pandolfo, nachdem der Schmerz sich tief in seinen Knochen festgesetzt hat, mit unglücklicher Stimme so an:

„Oh allmächtiger Vater, da du mir nur eine so kurze Zeitspanne meines elenden Lebens einräumst, hättest du mir dann nicht zumindest eine größere Ehre zubilligen müssen, den König nämlich mit meiner eigenen [665] Hand in den Tod zu entlassen? Oder habe ich mich zu arglos auf diesen Pakt eingelassen? Alles hatte ich dir anvertraut, was nun der schreckliche Südwind in alle Lüfte zerstiebt: Hätte ich den unseligen Kelten trauen, hätte ich mich mit heiligem Eid gemein machen dürfen mit einem verbrecherischen Volk? Du aber, höchster der Götter, der du Verträge [670] mit dreifachem Blitzschlag besiegelst, der du in der Lage bist, die grausamen Tyrannen zu strafen, nimm Rücksicht auf die Angelegenheiten der Sterblichen und bekräftige den Bund nun selbst, stärker noch, mit deiner eigenen Hand." Mehr sprach er nicht, sondern zog sich verletzt zurück. Bei ihm stand der große Apoll, Sohn des großen Jupiter, und ohne [675] dass ihn ein anderer sah, nahm er den Jüngling bei der Hand und führte ihn zu seinen eigenen Gefährten. Der gewaltige Sohn des Pandolfo stutzte über den Anblick: „Wer von den Göttern bist du, der du vom lichten Olymp gekommen bist auf die Erde, um unsere Bemühungen in den Blick zu nehmen, nachdem du zuvor oben im Himmel geruht hast?"
[680] Darauf erwiderte der Sohn der Latona und des Jupiter dies Wenige:

„Ipse ego progenies magni Iovis altus Apollo.
Non equidem, non te linquam deus aequus inultum.
Nec minor insigni tua te victoria fama
miserit in populos, campo qui viceris isto
congressus soli solo in certamine regi –   685
Victor eris totas agitans in proelia turmas."
    Dixerat haec magnus magno Iove natus Apollo.
„Ista quidem nobis gratissima, Phoebe, tulisti
ab Iove cuncta, pater. Sed enim grave vulnus inermem
me premit. Ipse tuum claro quin mittis Olympo   690
Paeona, qui medicas adhibet mortalibus artes?
Sed venia Iovis ille patris iussuque venito,
ne pater iratus Stygias detrudat in undas
illum etiam, ut quondam – meministi cuncta novusque
est meminisse dolor, curvo cum litore fractae   695
defudere rotae iuvenem, celeresque marinis
turbabantur equi monstris rapidoque tumultu
Hippolytum fusis lacerum traxere quadrigis,
quem tuus exanimum Stygio revocavit ab Orco
filius. Omnipotens sed enim indignatus, ut illum   700
fulmine terrifico Stygiis intorserit undis.
Proinde Iovis magni quae sit sententia primum
disce, decet. Posthac sanctis me Paeonis ulnis
siste, pater, gnati. Prosit mihi laurea serta
gestasse, atque artes placidarum hausisse sororum."   705
    Huic contra placido respondit Cynthius ore:
„Iupiter Oceanum dapibus visurus edendis
Aethiopum ad fines primos venit usque piorum,
bissenosque dies, nec plus remoratus, Olympum
ibit, ubi assiduis celebrantur limina divis.   710
Hic ego magnanimi quae sit sententia regis
et scire, et nato possum mandata referre."
Dixerat haec magnus magno Iove natus Apollo.

„Ich bin es selbst, der Sohn des großen Jupiter, der himmlische Apollo. Ich, ein gerechter Gott, lasse dich gewiss nicht ungerächt. Und keinesfalls ist dein Sieg in seinem glanzvollen Ruhm geschmälert bei den Völkern, wo du doch auf diesem Feld im Zweikampf auf den König getroffen [685] bist und gesiegt hast– wenn du deine ganzen Heerscharen in die Schlacht führst, wirst du der Sieger sein."

So hatte der große Apollo, Sohn des großen Jupiter, gesprochen. „Du hast mir freilich all diese hochwillkommenen Botschaften von Jupiter gebracht, Vater Phoebus. Aber es macht mich diese schwere Wunde nun [690] doch kampfunfähig. Warum schickst du nicht vom lichten Olymp deinen Paeon, der den Menschen seine Heilkünste schenkt? Doch muss er mit der Erlaubnis und auf Geheiß seines Vaters Jupiter kommen, dass nicht der Vater auch jenen zornig hinab in die stygischen Wellen schleudert wie einst. Du erinnerst dich an alles und dich zu erinnern ist ein neuer [695] Schmerz: Als am gewundenen Strand die geborstenen Räder den Jüngling zu Boden warfen, die schnellen Pferde von den Meeresungeheuern scheu gemacht wurden und den geschundenen Hippolytus schließlich in rasendem Taumel und mit zerstiebendem Gespann dahinzogen, rief ihn dein Sohn nach dem Tod zurück vom stygischen Orkus. Das aber erzürnte [700] den Allmächtigen, sodass er jenen mit einem schrecklichen Blitz hinab zum stygischen Flussbett schleuderte. Drum, so ist es nur angemessen, bringe erst in Erfahrung, was das Urteil des großen Jupiter ist. Danach, Vater, gib mich in die heiligen Arme Paeon, deines Sohnes. So möge es mir etwas nützen, den Lorbeer getragen und mich an den Künsten der [705] anmutigen Schwestern ergötzt zu haben."

Ihm erwidert der cynthische Gott mit heiterem Antlitz: „Jupiter ist, um den Okeanus zu besuchen und ein Gastmahl zu nehmen, bis ins Land der ehrerbietigen Äthiopen gereist, dort wird er nicht mehr als zwölf Tage verbringen und anschließend zum Olymp zurückkehren, [710] dessen Schwelle von eifrigen Gottheiten bevölkert wird. Dort kann ich herausfinden, was der Sinn des hochherzigen Königs ist und dem Sohne sein Geheiß mitteilen."

So hatte der große Apollo, Sohn des großen Jupiter, gesprochen.

Basini Parmensis
Hesperidos
Liber Secundus

Interea ipse furens murorum impulsor anhelos
exhortatur equos Mars horridus, atque flagello
sanguineo insultans, duros in proelia Iberos
suscitat, ac multam primo certamine caedem,
qua furor, et qua scaeva vocat minitatur Erinnys.　　　　　5
Extemplo disiectae acies, confusaque turba
omnis, et in turmas equites sparsique manipli
erravere locis. stetit imperterritus unus
saucius Ausonides, quamquam dolor ossibus imis
tardet anhela novus torpentibus ilia nervis,　　　　　10
sed timuit dubio temeraria proelia campo
conserere: „O socii, non haec mea foedera. Dextra
hac ego pro vobis communia iura refellam.
Desinite, ac differte minas, iramque sequacem
ponite dum redeant vires, dum tela lacertus　　　　　15
saucius hic vibret, qui vulnere pressus acerbo
me prohibet victum violato in foedere regem
huc huc ante duces mediis subducere Celtis."
Haec Pandulphiades, Itali stupuere morantes.
　　Credidit esse dolos facto Taraconius heros,　　　　　20
iussit et ipse retro populos aciesque referri.
Tum Pandulphiades pennata voce profatur:
　　„O decus Ausoniae, miles, quo sospite nondum
vincor", ait, „proceres, expertae robora pubis,
barbara turba ducem violato foedere vestrum　　　　　25
insidiis ingressa suis desistere bello
cogit, et invictum Volaterrae ad moenia nostrae
ferre pedem, et dirum curari vulnus. Abite,
linquite iam testes disiecti foederis oras.
Sit pater ipse deum testis, sanguisque sacrorum　　　　　30
agnorum, et recti mens conscia fallere dirum
quam sit, et ipse deus finem feret omnibus ultor,
et capiti ille suo insidias intenderit illas.
Neve futura putent sero quascumque daturi

Der *Hesperis*
Basinios von Parma
Zweites Buch

Inzwischen treibt auch der furchtbare Mauerbedränger Mars seine Pferde bis zur Atemlosigkeit, tobend und rasend mit blutiger Peitsche stachelt er die hartherzigen Iberer zum Kampf auf und verheißt dräuend viel Gemetzel im ersten Aufeinandertreffen, wohin die wilde Wut und die grausame [5] Erinnye ihn rufen. Sofort brechen die Schlachtreihen auf und die ganze Armee gerät durcheinander. Die Reiter irren in kleinen Gruppen über das Schlachtfeld, ebenso wie die zerstreuten Trupps von Fußsoldaten. Einzig der ausonische Held steht trotz seiner Verwundung unerschrocken da, obschon ihm der frische Schmerz tief in den Gliedern den Leib lähmt und [10] die Muskeln schwächt. Doch er scheut davor, auf ungewissem Schlachtfeld eine schlecht vorbereitete Schlacht zu versuchen: „O meine Gefährten – dies Bündnis war nicht in meinem Sinne. Mit meiner eigenen Hand werde ich das an uns begangene Unrecht für euch strafen. Lasst ab, für den Moment, von den Drohungen, und lasst von der beharrlichen Wut [15] ab, bis die Kräfte zurückkehren, bis dieser verwundete Arm wieder Speere schleudert, der, von bitterer Wunde geschwächt, mich noch daran hindert, den König, den ich, sei der Pakt auch gebrochen, besiegt habe, vor den Heerführern inmitten der Kelten zu unterwerfen." Dies sprach der Sohn des Pandolfo – die Italiener hielten verwundert inne.
[20] Der Held aus Tarragona wähnte, hinter dieser Handlung stecke eine List, und auch er befahl nun seinem Kriegsvolk, sich zurückzuziehen. Da rief der Sohn des Pandolfo mit geflügelter Stimme aus:
„O Zierde Ausoniens, meine Soldaten – solange ihr noch steht, bin auch ich", so sprach er, „noch nicht besiegt. Ihr Edlen, Kraft kriegstüchtiger [25] Jugend, der Barbarenhaufen, der infolge seiner eigenen Treulosigkeit hier eingefallen ist, zwingt euren Anführer durch den Bruch des Paktes, dem Kriegsgeschehen fernzubleiben, seine Schritte unbesiegt zu den Mauern unseres Volterra zu lenken, und seine üble Wunde dort behandeln zu lassen. Geht fort, verlasst diese Gestade, die die Preisgabe des [30] Bundes bezeugen. Der Vater der Götter selbst sei mein Zeuge, das Blut geweihter Lämmer, und ein Sinn, fähig zu Anstand, der weiß, wie grässlich es ist, zu täuschen, und Gott selbst wird als Rächer all dem ein Ende setzen, und der möge am Ende dessen Heimtücke gegen sein eigenes Haupt wenden. Und sie sollen nicht glauben, dass all die Qualen

supplicia horrebunt poenas: Maiora parabit 35
longa dies scelera infidis. Ego cuncta capaci
mente fero prudens, animus mihi cuncta futura
ante oculos posuit: Iam iam cum sanguine sparsum
litus abundanti caesis sudabit Iberis,
ille dies veniet cum Iupiter Aegida summo 40
aethere terrificam monstrabit, et omnibus iras
ipse acuet populis. Superos quicumque fefellit,
ille, deo turbante, fugae se credere turpi
et volet, atque mori frustra tentabit. At, o vos,
indigni hac mulcta, superi, quos sanguine nostro 45
vana pios sacris violavit Iberia falsis.
Ferte, precor, memori vos pectore tristia regis
facta feri. Vestra haec iniuria, talia numquam
imperfecta, precor, populis differte futuris."
    Interea Alphonsus Populonia moenia duro 50
Marte petit, pavidam cupidos qui ducit ad urbem
agmina tota viros, vicinumque omnibus aequor
viribus obtexit iam prona in bella carina.
Parte alia ante equites saevos praemittit Iberos
laetitia incensus, vanoque elatus honore. 55
    Haud secus atque uncis avulsus ab unguibus anser
altis ante sacri volitantis ab aethere praeda,
aera liber habet tenerum iam tutus, et alis
ventisonis raucas compellit ad alta cohortes
flumina sive lacus calamo crepitante sonoros, 60
non aliter pavidam concussit gentibus urbem
innumeris veniens patrio rex asper Ibero.
At miseri postquam est exercitus omnis Ethrusci
ante oculos, scandunt muros, atque alta capessunt
moenia. Custodes portarum claustra canoro 65
cardine rauca cavis stridentia turribus addunt,
armatumque vident armati cominus hostem.
    Quis canat, o Musae, caedes, stragemque virorum,
quae nunc Celta ferox, Italus quae funera fortis
ediderit, quem quisque ducem dux unus adibit, 70
aut quem quisque virum vir legerit? Omnia, divae,
nostis enim cunctos, vati memorate canenti.

[35] ihnen erst viel später zuteilwerden, vor denen sie sich als Strafen grausen. Ein langer Tag wird den Treulosen größere Verbrechen bereiten. Ich aber trage alles schon umsichtig in meinem fähigen Verstand, mein Geist hat mir alles, das sein wird, schon vor Augen gestellt. Bald, bald, wenn die erschlagenen Iberer den Strand mit ihrem Blut überquellen [40] lassen, wird jener Tag kommen, an dem Jupiter seine schreckliche Aegis am Himmel zeigen wird, und höchstselbst allen Völkern den Zorn aufstacheln wird. Wer auch immer die Götter getäuscht hat, er wird, vom Gott hingerissen, sich der schmählichen Flucht anvertrauen wollen und vergebens zu sterben trachten.

[45] Ihr aber, o Götter, unwürdig dieser Strafe, ihr Treuen, die das eitle Iberien mit meinem Blut in falschem Opfer entehrte. Haltet, so bitte ich, die bösen Taten des grausamen Königs tief in Erinnerung: Dies ist ein Unrecht, das an euch begangen wurde. Schiebt es nicht künftigen Völkern zu, solche Missetaten zu ahnden, so bitte ich."

[50] Inzwischen greift mit grimmiger Kriegslust nach den populonischen Mauern Alfons, der seine gesamte Streitmacht, gierige Männer, zu der ängstlichen Stadt führt und das anliegende Meer mit seiner ganzen Flotte bedeckt, deren Rümpfe schon auf Krieg sinnen. Auf der anderen Seite schickt er freudig aufgestachelt die wilden iberischen Reiter voraus, [55] fortgetragen von falschem Stolz.

Nicht anders, als wenn sich hoch oben die Gans von den gekrümmten Krallen losgerissen hat, zuvor Beute des heiligen Vogels, und sie schon wieder sicher und frei durch die untere Luftschicht fliegt, und mit windpfeifenden Schwingen die krächzenden Kohorten zu den tiefen Strömen [60] drängt oder zu Weihern mit rauschendem Schilf, nicht anders erschüttert der grause König, der vom heimatlichen Ebro kommt, die furchtsame Stadt mit unzählbarem Kriegsvolk. Aber nachdem das ganze Heer vor den Augen des unglücklichen Etruskers angetreten ist, erklimmen sie die Mauern und drängen zu den hohen Befestigungen der Stadt. Die [65] Wächter der Tore verstärken die Riegel, als die in den hohlen Türmen widerhallen und die Türzapfen schon knarren, und bewaffnet sehen sie den bewaffneten Feind aus der Nähe.

Wer soll, o Musen, das Erschlagen und Morden von Männern besingen, all die Toten, die der grausame Kelte, die der tapfere Italiener [70] verursacht hat, wen auf beiden Seiten der Anführer angriff, wen sich jeder einzelne zum Gegner erkor? Ihr nämlich, Göttinnen, wisst alles, drum nennt sie dem singenden Dichter alle.

Primus ut ante alios fuerat Taraconius heros
vectus equo, Numidum quem rex donarat, anhelo,
Dystychium in fossis volventem ac foeda cadentem 75
occupat, obversaque solo transfixerat hasta.
Occidis, o iuvenum pulcherrime, clara Metauri
progenies, quem nympha deo permixta fluenti
edidit in teneras iucundi luminis oras.
Non tibi vita patris, cui clausa est ianua leti, 80
munere servata est, non te Driopeia mater
eripuit duris scelerati faucibus Orci.
　　Tum vero accelerant omnes, urbique propinquant,
clamoremque ferunt convexi ad sidera caeli,
hinc Tyrrhena manus, illinc Taraconia pubes. 85
Tum procul horrifico strepitu cava concha tremendum
rauca dedit sonitum crepuitque per aethera clangor.
Nec minus incensi bellorum pectus amore
ingenti incumbunt omnes, atque omnibus idem
ardor in arma simul gliscit praesente tyranno. 90
Pars aditus caecos et moenia scandere furtim,
pars in aperta parant animas iactare pericla,
atque alii subita fossas implere ruina.
Illis tela sonant, arcus et Apollinis arma,
his glandes referunt liquefacto murmura plumbo. 95
At Lydi celsis miseri pro turribus adstant,
missilibusque procul Celtas arcere furentes,
infensumque parant detrudere moenibus hostem,
saxaque praecipiti devolvunt grandia dextra.
Turbidus Haemophages crista praeclarus Iberi 100
tradit equum Clytio, comitem quem miserat illi
dulcis Ilerda, domus cui clara, paterque superbo
sanguine natus, avis celeber. Pedes ipse sub ipsis
moenibus et scalas in propugnacula poscit,
atque in procelsas subiecit lampada turres 105
ardentem, et pariter tabulasque virosque sequentem.
Tum iuvenum fera corda micant, perculsaque vulgi
pectora laetitiaque fremunt, plausuque sonanti
seque suosque trahunt et moenia longa coronant.
　　Ac veluti subito cum fulgura murmure rumpunt 110

Sowie an vorderster Front der Held von Tarragona einherritt auf dem schnaubenden Pferd, das ihm der König der Numider geschenkt hatte, [75] dringt er auf Dystychius ein, der sich im Graben windet und schmählich zu Boden geht, und durchbohrte ihn auf dem Boden mit der gestreckten Lanze. Du fällst, o schönster der Jünglinge, berühmter Spross des Metauro, den eine Nymphe dem Flussgott gebar auf die sanften Ufer des heiteren Lichts.
[80] Dein Leben konnte vom Vater nicht gerettet werden, der die Schwelle des Todes nicht öffnen kann, auch die dryopische Mutter entriss dich nicht dem grimmigen Schlund des bösen Orkus.

Dann aber eilen sie alle, nähern sich der Stadt, und erheben ein Geschrei zu den Sternen des gewölbten Himmels, die tyrrhenische Schar auf [85] der einen, die Jugend Tarragonas auf der anderen Seite.
Dann gab von fern das ausladende, rau klingende, Horn mit grausigem Klang das schreckliche Signal und der Schall kroch zum Himmel hinauf.
Und nicht weniger im Herzen mit gewaltigem Kriegseifer angefacht stürzen sich alle in die Schlacht, und dieselbe glühende Waffenlust glimmt in [90] allen unter den Augen des Tyrannen.
Teils schicken sie sich an, die finsteren Zugänge und die Mauern zu ersteigen, teils, ihr Leben in der Gefahr offener Schlacht zu riskieren, und noch andere, die Gräben mit dem entstandenen Schutt aufzufüllen. Jene lassen die Speere, Bögen und die Waffen des Apollo surren, diese [95] schießen eichelgroße Murmeln aus geschmolzenem Blei.
Die unglücklichen Lyder aber stehen auf den steilen Türmen bereit, die wütenden Kelten aus der Ferne mit Wurfgeschossen abzuhalten, und schicken sich an, den verhassten Feind von den Mauern zu vertreiben, und lassen große Steine mit hastiger Hand hinabrollen.
[100] Stürmisch übergibt Haemophages, weithin erkennbar an seinem iberischen Helmkamm, dem Clytius sein Pferd, das ihm das schöne Ilerda geschickt hatte, er aus berühmtem Hause und sein Vater von stolzer Abstammung, gefeiert durch seine Ahnen. Er lässt nun direkt an den Mauern Kletterhilfen und Leitern an die Bollwerke anlegen, und Brandsätze lässt [105] er auf die Fundamente der Türme werfen wie auch auf Gebälk und Menschen.
Dann blitzen die wilden Herzen der Jünglinge, dem Heervolk wallt die Brust vor Freude und mit lautem Jubel ziehen sie sich und die Ihren hinauf und krönen die langen Mauern.
[110] Und so, wie sich, wenn Blitze mit plötzlichem Grollen den Himmel

aethera nubiferi glomerantur grandine nimbi,
ante Notumque volant toto cava nubila caelo,
tali ubi ad muros totis discurritur arvis,
insequitur longe diversa per omnia clamor.
At contra duris sudibus Populonia pubes 115
desuper audaces deturbat ab aggere Celtas,
occidit Haemophages incertis obrutus armis,
et Lycus ipse dedit arcum cui magnus Apollo,
sed non divini defensus Apollinis armis.
Namque ut tela manu demisit ab aggere Tarchon 120
fervidus, ingenti patriaeque incensus amore,
coniugis et carae memor alta Lycoque Tagoque
vulnera bina sinit fracto non vana cerebro.
Quos ut functa vident dulci duo corpora vita,
indignata magis manus omnis, et omnibus idem 125
additus ardor agit stimulos, nec tela, nec hostem
respiciunt, sed caeca ruunt in proelia, ducit
quo furor, et superans semper Mavortis imago.
Nec requies datur ulla viris: Toto agmine caedes
alterna virtute Italis Celtisque remittunt 130
nunc hi, nunc illi, mora nulla volantibus hastis.
    Ac veluti medio concurritur aetheris actis
seditione apibus, cum tecta relinquere avita
est animus, cum densa vocant in proelia reges
agmina, et undantes aliae se pumice promunt 135
in cuneos gens dura alios, contraque remittunt
murmura, stridentesque cient clangoribus alas,
dira veneniferis mutantes spicula rostris,
haud secus Hesperidae atque Itali concurrere telis
omnibus. Ante alios insignis Fanius armis 140
impiger Hermophilum vallo deiecit ab alto
atque in praecipites deturbat ab aggere fossas.
Ast illi, ut iacuit limosa turpis in ulva,
surgenti frustra duro ferit ilia ferro
cuspide proiecta tabulatis Arnus ab altis, 145
infixitque solo, repetitaque abdidit ulva.
Quid tibi fama, puer, primis praedulcis ab annis?
Quid domus atque genus proavorum nomina regum?

aufbrechen, Sturmwolken mit Hagel zusammenballen und am ganzen Himmel die ausladenden Wolken dem Südwind vorausbrausen, setzt allerorten ein Rufen ein, als man von allen Seiten zu den Mauern eilt.
Auf der Gegenseite vertreibt die Jugend Populonias mit harten Spießen [115] die tollkühnen Kelten von der Stadtmauer.
Haemophages fällt, unklar, durch wessen Waffe, und auch Lycus, dem der große Apollo persönlich den Bogen überreichte, den aber die nicht die Rüstung des göttlichen Apollo schützte.
Und sobald Tarchon hitzig seine Speere mit der Hand vom Wall hinab [120] schleuderte, angefacht von der großen Liebe zur Heimat, und in Gedanken bei der geliebten Frau, fügt er dem Lycus und dem Tagus zwei tiefe und schwere Wunden an ihren Schädeln zu, die davon in Stücke bersten.
Die ganze restliche Schar, sowie sie die beiden Leichname, des Lebens [125] beraubt, sehen, gerät in noch größere Wut, allen verleiht der zusätzliche Eifer den Antrieb und ohne Rücksicht auf Geschosse und Feinde stürzen sie sich blindlings in Gefechte, wohin der Zorn sie führt und das über allem stehende Angesicht des Kriegsgottes.
Keine Rast wird den Männern gewährt, im ganzen Heer vergelten die [130] Italiener und die Kelten einander, Tatkraft mit Tatkraft beantwortende, das Morden mit Morden, und die fliegenden Speere stehen nie still.

Und wie in einem Zusammenstoß mitten in der Luft, wenn die aufgepeitschten Bienen, wenn es ihnen in den Sinn kommt, die Heimstätten ihrer Ahnen zu verlassen, aufeinandertreffen und die Königinnen ihre [135] dichtbestückten Heere ins Gefecht rufen, und die einen, ein grimmiges Volk, in Strömen aus dem porösen Gestein hervorkommen gegen die Formationen der anderen und ihnen ein Summen entgegensenden, und mit Getöse ihre surrenden Flügel herbeirufen, abwechselnd mit ihren giftigen Kiefern und ihren grausamen Stacheln kämpfen, trafen die [140] Söhne Hesperiens und die Italiener zusammen mit aller Waffengewalt. Zuerst warf Fanius, gut erkennbar an seiner Rüstung, beherzt den Hermophilus hoch von der Mauer herab, und stürzt ihn kopfüber weiter vom Wall in die Gräben. Jenem aber, sowie er schmählich im schlammigen Schilf lag, treibt beim vergeblichen Versuch, aufzustehen, Arnus mit [145] eherner Spitze seinen von den hohen Schanzwerken hinabgeschleuderten Speer in die Eingeweide, bohrt ihn in den Boden und lässt ihn wieder im Schilf versinken. Was nützte dir, Junge, der Ruhm schon in frühesten Jahren? Was deine Familie, deine Ahnen mit königlichen Namen?

Tectus arundinibus nullo decorande sepulcro
nempe iaces. Non ipse parens, non optima mater, 150
non socii tua membra legent – proh dura furentum
praemia! Nam tantum nostrae, tua numina, Musae
te referent. Tibi nostra satis solacia, quando
digna damus forsan ventura carmina fama.
    Nuntius Alphonso Regi defertur apertam 155
esse viam, horrisono qua proxima moenia ponto
diruta paene iacent. Tum sic Taraconius heros
disiectum volat ad murum Lydosque superba
clade premit miseros, multis et funera dextri
mittit, et e muris trahit atra in fata cadentes. 160
    Ac velut ille lupus stabula acer adortus aperta
ante pecus mutum pleno detraxit ovili,
quam veniens pastor caulis avertat ab altis,
ille quidem immanis non iam minus, undique tentat
prendere lata manu deiectis moenia Lydis. 165
Verum ubi iam prodesse nihil fraudesque, dolosque,
nec videt adversis hostem concurrere fatis,
evocat effusas tentoria ad alta cohortes.
Illi terga suis obvertunt hostibus omnes,
et regem cuncti fossis petiere relictis. 170
Quos ubi convenisse videt, secum ante volutat
dicendum quodcumque putet, qua suadeat arte
pugnandum, atque Itali longum tellure morandum,
atque haec in mediis sic est effatus Iberis:
    „Ille ego sum, proceres, frustra cui nulla voluntas, 175
nulla adversa cadit coepto fortuna labori.
Incoeptis opus est audacibus. Omnia cedent
tentanti Alphonso. Quid enim memorare iuvabit
Parthenopen aliasque urbes, quos Africa honores
praestet, et occiduis qua Sol se proluit undis, 180
qua tepet Oceani, qua caerula Tethyos ora?
Omnia sunt nostris loca debita Marte trophaeis.
Reliquiae faciles Italae mihi gentis Iberos
tardabunt toties, sua quam discordia nobis
obiicit? Idne sat est, bellum quod triste videmus 185
Italiae commune scelus? Ligus omnis ad arma

Zweites Buch

Nun nämlich liegst du überdeckt von Schilfhalmen dort, von keinerlei [150] Grabmal geziert. Nicht dein Vater höchstselbst, nicht deine wundervolle Mutter, nicht deine Gefährten werden deine Gebeine auflesen – ach, welch grausamer Lohn der Kriegswütigen! Denn nur meine Musen, dein einziger göttlicher Beistand, werden von dir berichten. Mein Trost ist dir genug, wenn wir, so es das Schicksal will, Lieder singen, künftigen Ruhmes würdig.
[155] König Alfons wird gemeldet, dass der Weg frei ist, wo die Mauern, die dem tosenden Meer am nächsten liegen, beinahe zerstört sind.
Da eilt der Held von Tarragona zur zertrümmerten Mauer und bedrängt die unglücklichen Lyder mit großem Unheil, schickt viele mit der Kraft seiner eigenen Hand zum Tode und reißt sie von den Mauern in ihr [160] Verderben.

Und wie der wilde Wolf sich in den offenen Stall einschleicht und dort das stumme Schaf aus dem vollen Pferch geraubt hat, bevor der eintreffende Hirte ihn noch von der hohen Umfriedung fernhalten kann, so versucht jener – gewiss nicht weniger grausam – von allen Seiten die weiten [165] Mauern zu nehmen, wofür er mit eigener Hand die Lyder von ihnen hinabstürzt. Sowie er aber erkennt, dass Trug und List ihm nichts mehr nützen, und dass der Feind nicht in sein Verderben rennt, ruft er seine weit verstreuten Scharen zu seinem stolzen Zelt. Jene wenden den Feinden allesamt den Rücken zu, verlassen ihre Gräben und suchen den König auf.
[170] Als dieser sieht, dass sie zusammengekommen sind, wälzt er bei sich hin und her, was er meint, ihnen sagen zu müssen, mit welchem Kunstgriff er sie zum Kampfe überreden kann und dazu, sich lange auf italienischem Boden zu halten.
Und so sprach er schließlich inmitten seiner Iberer:
[175] „Jener bin ich, ihr Vornehmen, dem bei dem, was er beginnt, nie etwas gegen Willen oder Geschick ausgeht. Wagemutige Maßnahmen sind nun nötig – Alfons wird alles willfahren, wenn er es nur versucht. Was nämlich soll es noch bringen, Parthenope und die anderen Städte zu nennen, die Ehren, die Afrika mir verleiht – und auch dort, wo die Sonne [180] beim Untergang in die Wellen eintaucht, wo das Gestade des Ozeans, wo die blauen Wasser der Tethys lau fließen.
Sie alle gebühren mir, habe ich sie mir doch in siegreichem Kriegszug erworben. Und nun soll das, was vom italienischen Volk übrig ist, mir meine iberischen Krieger wieder und wieder aufhalten, das Volk, dessen [185] eigene Zwietracht es uns zum Fraß vorwirft? Ist der erschütternde Krieg, den wir hier als gemeinsame Schuld Italiens zu sehen bekommen,

Euganeusque ruit. Bello dum saucius hostis
abstinet, usque vices dum non volvenda timendas
fert fortuna, viri, fatis pugnate secundis.
O veterum gens prisca virum! Cum crastina primum 190
Aurora e roseis fundet se lutea bigis,
omnibus obsideo Populonia viribus urbis
moenia Tyrrhenae, nec machina ahena volutis
cessabit saxis, nec ferreus excidet horror
interea, et subitis lapidum tormenta ruinis 195
audiet Ausonius caelo crepitare recusso.
Hanc ego si capio fatis auctoribus urbem
cetera cuncta iacent manibus regna Itala nostris.
Hic mihi regna, domo et patria procul urbe relicta,
optanda, et placitis vivendum mollius oris: 200
Hic artes, habitusque virum, linguaeque facultas
clarior, hic species, et lati regia mundi
Roma decus rerum, quae vos, quos vicerat olim,
sentiat ultores post saecula multa repertos."

    Dixerat Alphonsus, tum turba soluta vocabant 205
quisque suos atque hinc tentoria ad alba redibant,
queis fera diversas agitabant pectora curas.
Omnia magnanimi regis praecepta moventes
mente animoque viri, vario sermone vicissim
multa serunt, multamque trahunt in singula noctem. 210
Insidias alii varia regione locabant,
pars aditus dubios, et moenia longa coronant.
Occupat hos nigris leti germanus et alis
somnus et ignava concludit membra quiete.

    Postquam cuncta silent, magno Iove natus Apollo 215
fertur ad Oceani magni simul arva beata,
et Fortunatos felici ex arbore lucos,
reddit ubi assiduos, tellus inarata maniplos
sponte sua, incultis non ulli obnoxius arvis
Liber purpureas ubi candidus induit uvas, 220
collis ubi aeternum flava vestitus olivi
frangit utrimque cavas nemora inter frondea silvas,
atque hic ante Iovem non inscius altus Apollo
adstitit, ac genua incanumque ex ordine mentum

nicht genug? Jeder Ligurer und alle Euganeer standen unter Waffen. Solange der Feind sich noch verwundet vom Kampf fernhält, solange das wankelmütige Schicksal uns nicht noch einen Wechsel bringt, vor dem [190] wir uns zu fürchten hätten, Männer, kämpft mit günstigem Los, o ihr altehrwürdiges Heldenvolk! Wenn das nächste Morgenrot sich goldgelb aus seinem rötlichen Zweigespann ergießt, belagere ich mit allen Kräften die Stadtmauern des tyrrhenischen Populonia, und die eiserne Artillerie wird nicht müde werden, Felsen zu schleudern, noch wird einstweilen [195] der Schrecken der Klingen verhallen und der Ausonier wird die steinschleudernden Wurfmaschinen mit plötzlicher Zerstörungswut am erschütterten Himmel dröhnen hören. Wenn ich auf Geheiß des Schicksals diese Stadt einnehme, liegen auch alle übrigen Mächte Italiens in meinen Händen. Hier will ich ein Reich anstreben, nun, da ich Vaterstadt und [200] Heimat verlassen habe, und angenehmer leben an wohlgefälligen Gestaden. Hier sind die Künste, das Auftreten der Menschen und die Wortgewandtheit angesehener, die Erscheinungsformen, und schließlich auch das königliche Rom, Zier der Welt und Herrscherin der Erde, das spürt, dass in euch, die es einst besiegte, nach vielen Zeitaltern Rächer erstanden sind."
[205] Alfons hatte gesprochen. Darauf löste sich die Versammlung auf und ein jeder rief die Seinen. Und so kehrten sie zu ihren weißen Zelten zurück, wobei ihre Herzen mannigfaltige Sorgen umtrieben. Wie sie alle Anweisungen ihres hochherzigen Königs überdachten in Sinn und Geist, verhandeln die Männer in wechselndem Gespräch untereinander viele [210] davon, und die Details halten sie bis weit in die Nacht wach. Die einen planten an verschiedenen Stellen Hinterhalte, ein Teil besetzt in Gedanken die unsicheren Zugänge und die langen Mauern. Doch der Schlaf, des Todes Bruder, befällt sie mit schwarzen Schwingen und umschließt ihre Glieder mit ahnungsloser Ermattung.
[215] Nachdem alles schweigt, lässt Apollo, der Sohn des großen Jupiter, sich sogleich zu den seligen Landen des weiten Ozeans hinabtragen, und zu den seligen Hainen aus glückverheißendem Baumwerk, wo der ungepflügte Boden von sich aus beständig Garben liefert, und der strahlende Bacchus auf unbestelltem Weinberg purpurne Trauben [220] trägt, ohne jemandem dafür Gehorsam zu schulden, und der Hügel immerwährend mit gelber Olive gekleidet beiderseits in den Wald zwischen laubreichen Hainen vordringt.
Dort stand aufrecht der kluge Apollo vor Jupiter, fasste nacheinander dessen Knie und sein gräuliches Kinn und schickte solche Stimme

amplectens, tales mittebat ad aethera voces: 225
„Summe pater divum rerum, cui magna potestas,
tu mihi quae posco si iusta, petendaque nato
munera promittis, genua ista ego sancta relinquam
felix et voti compos, natumque videbis
numquam etiam ingratum, quem Delos, et inclyta sacris 230
Cylla colit, Tenedosque ferax, Chrysaeque iuventus,
et Patarae sedes, Grynaeaque templa, Clarosque,
atque Lycaoniae servit cui prisca Zeliae
regia." Cui placido respondit Iupiter ore
subridens genitor: „Quid enim, pulcherrime divum, 235
non dederim? Sana quid enim tibi mente negarim,
Phoebe, genus nostrum, Latonae ac lucida proles?"
 Filius huic contra Latonae pauca suusque:
„Nota tibi quonam statuat Fortuna loco res
Pandulphi magni, diris quem barbarus armis 240
excipit, insidiis et multa fraude Biaon.
Hunc ego certe Italum ductorem, et gentis Ethruscae
rebar adire deos, et tangere sidera fama.
Quare age, namque potes, caelo demitte sereno
Paeona, qui medicas adhibet mortalibus artes." 245
 Sic ait. Ille autem: „Quid me tua iura rogabas,
nate, mihi aeterna vitae iucundior aura?
Mitte tuum ad iuvenem de summo Paeona caelo.
Ille quidem dignus tali cultore, sed arte
indignus tali. Sed non impune lacessent 250
regna aliena truces populi, Celtaeque superbi.
Paeona sed quam mox magno mittamus Olympo",
dixit, „ut omne levet Sismundi vulnus." At ille
inde patris celerata ferens pia iussa per auras,
devolat in terras, docti quem forma Sophoeni 255
vana tegit. Non ille deus, non ille, Coronis
quem peperit, visus. Vestes succinctus honoras
constitit ante virum, cui sic Pandulphius heros:
 „Docte Sophoene, dedit tantum cum munus Apollo,
haec ego pro vestrum communi ferre salute 260
non renui. Fer opem! Si me dimittere salvum,
si potes Italiam solus servare cadentem,

[225] hinauf in die Luft:
„Höchster Vater der Götter, der große Macht über alle Dinge hat, wenn du mir die Gefallen, gerecht und dergestalt, dass ein Sohn sie verlangen darf, zu erweisen versprichst, die ich fordere, werde ich glücklich und mit erfülltem Wunsch diese heiligen Knie loslassen, und du wirst [230] deinen Sohn nimmermehr undankbar sehen, den Delos und das für seine Opfer berühmte Cylla verehrt, das fruchtbare Tenedos und die Jugend von Chrysa, Patara, die Tempel von Grynium und Claros, und dem der alte Palast des lycaonischen Zelia dient." Jupiter antwortet ihm lächelnd mit sanftem Gesichtsausdruck: „Was sollte ich dir nicht geben, [235] schönster der Götter? Was sollte ich dir mit klarem Verstand verweigern, Phoebus, der du zu meinem Geschlecht gehörst und strahlender Sohn der Latona bist?"

Sein und der Latona Sohn erwiderte darauf nur diese wenigen Worte: „Wie es um das Geschick des großen Pandolfo bestellt ist, ist dir bekannt, [240] den der Barbar Biaon mit Hinterhalt und viel Tücke dem grimmigen Kampf entzog. Ich vermeinte, dieser Anführer der Italiener und des etruskischen Volkes fahre zu den Göttern auf und greife mit seinem Ruhm nach den Sternen.
Daher los, entsende – denn du vermagst es – vom hellen Himmel den [245] Paeon, der seine heilsamen Künste am Menschen ausübt."

So sprach er. Jener aber antwortete: „Warum bittest du mich um Dinge, die von Rechts wegen dir zustehen, Sohn, der du mir lieber bist als der Atem des ewigen Lebens? Schicke deinen Paeon vom höchsten Himmel zu dem Jüngling. Jener freilich hat einen solchen Helfer verdient, nicht [250] aber seine helfende Kunst. Doch die wilden Völker, die Kelten in ihrer Überheblichkeit, werden nicht ungestraft fremde Reiche herausfordern. Doch den Paeon will ich", so sprach er, „alsbald vom großen Olymp herabsenden, damit er die Wunde des Sigismondo gänzlich lindere." Jener aber, den Befehl des Vaters geschwind mit sich durch die Lüfte tragend, [255] saust auf die Erde herab, wobei ihn die Gestalt des kundigen Sophoenus tarnt. Nicht als Gott, nicht als der, den die Coronis gebar, erschien er. Mit ehrwürdigen Gewändern gekleidet stellte er sich vor dem Recken auf. Zu ihm sprach der Held, Sohn des Pandolfo:

„Gelehrter Sophoenus, dem Apollo solch eine Gabe verlieh, ich habe [260] nicht verwehrt, mich für das gemeinsame Wohl euer aller zu verwenden. Doch hilf mir!
Wenn du mich gesundet ins Feld schicken, wenn du allein das taumelnde

non auri, argentique simul, quae copia multa
est mihi, defuerit merito sua praemia tanto."
    Vix ea, at ille nihil persuasus munere, verum 265
imperiis maiora patris praecepta volentem
cogunt, et variis infigunt omnia curis.
Tum sic orsus ait: „Dubitas an, maxime ductor
Ausonidum, frustra? Magno Iove natus Apollo
ad tua per somnum me misit limina, cum iam 270
nocte soporifera carpebant fessa soporem
membra mihi, et placidos fundebant pectora somnos.
Eia age, ne dubita magnorum ductor Ethruscum!"
Nec plura, inde suo succinctus more, profundi
vulneris inspiciens os latum, terque quaterque 275
abstersit dextra leviter mulcente cruorem
iam siccum, et dulces defudit in atra liquores
vulnera, in Eridani quas margine legerat herbas,
Apennine, tuo quas vertice vellit, et alto
Peliaco, Ossaeoque revulsa cacumine passim 280
gramina, quas Crete, centum quae sustinet urbes,
dives alit teneras, laetis radicibus herbas.
Quos ubi composuit succos, latumque replevit
vulnus, abit dulci pulsus dolor ipse liquore.
Ocius ille cava vagina sustulit ensem 285
fulmineum, et solitas sese explorabat ad artes
arduus, atque rotans teneras diverberat auras.
„Docte Sophoene, dedit tantum cui munus Apollo,
adspice, quam sancta doctaque levaveris arte
vulnus", ait, „nostrum." Contra cui talia Paeon: 290
„Ille ego, quem genuit magno Iove natus Apollo,
quem peperit Phoebo nimium dilecta Coronis."
    Dixit, et in tenues fugit intractabilis auras
verticibusque vagis magnum conscendit Olympum.
Obstupuit visis Pandulphi maxima proles, 295
ardet in arma magis, totamque in proelia mentem
arrigit, et curis manifesta subire deorum
maxima coepta ratus, multa se suscitat ira
exsuperatque animis ingentibus. Ac velut ille
saucius ante leo Poenorum in montibus olim 300

Italien retten kannst, so wird ein solches Verdienst nicht ohne Lohn an Gold und Silber, von dem ich viel habe, bleiben."
[265] Kaum hatte er diese Worte gesprochen, jedoch ohne, dass jener durch eine Gabe hätte überredet werden müssen, da drängen ihn doch, nicht zu seinem Unwillen, die Anweisungen des Göttervaters, größer als alle Befehlsgewalt, und prägen sich sämtlich seinen mannigfachen Bemühungen an. Darauf hob er so an zu sprechen: „Zweifelst du noch ohne [270] Sinn, größter Anführer der Ausonier? Apollo, der Sohn des großen Jupiter, sandte mich im Schlaf zu deiner Schwelle, als meine müden Glieder in der schlafbringenden Nacht bereits nach dem Schlummer griffen und meine Brust den sanften Schlaf ausgoss. Nun auf, Führer der großen Etrusker, zögere nicht!"
[275] Danach sprach er nichts mehr und, ausgestattet nach seinem Brauche, besah die weite Öffnung der Wunde, strich drei, vier Mal über die Wunde, wobei er mit seiner Hand das schon trockene Blut abwischte, und träufelte in die dunkle Wunde lindernde Tinkturen – Kräuter, die er am Ufer des Eridanus aufgelesen hatte, welche, Apennin, er auf deinen [280] Gipfeln erntet und Gräser, überall auf dem hohen Grat des Pelion und Ossa ausgerissen, ebenso wie zarte Kräuter, die das reiche Kreta, das hundert Städte beheimatet, mit zarten Wurzeln nährt.
Sowie er diese Säfte vermischt und die klaffende Wunde damit gefüllt hat, schwindet der Schmerz, vertrieben von der lindernden Tinktur.
[285] Rasch zieht jener das blitzende Schwert aus der hohlen Scheide, erprobt sich eifrig in den wiedergewonnenen Künsten und zerteilt die zarten Lüfte beim Schwingen des Schwertes.
„Gelehrter Sophoenus, dem Apollo eine solche Gabe verlieh, sieh her, mit welch heiligem und kundigen Handwerk du meine Wunde gelindert hast", [290] sprach er. Darauf erwiderte ihm Paeon solches: „Jener bin ich, den Apollo, der Sohn des großen Jupiter, zeugte, den dem Phoebus die allzu geliebte Coronis gebar."
So sprach er, entschwand unaufhaltsam in die zarten Lüfte und flog in weiten Schrauben hinauf zum Olymp.
[295] Der große Sohn des Pandolfo staunte über diesen Anblick und entbrennt umso mehr zu den Waffentaten, verfestigt sein ganzes Sinnen auf die Schlacht und erhebt sich in großem Zorn, fest in der Annahme, dass dieses riesige Unterfangen offenkundig ein Anliegen der Götter ist, und ringt sich empor mit gewaltigem Mut. Und wie einmal der zuvor [300] verwundete Löwe in den punischen Bergen rastlos tausend Leben

mille animos secat impatiens, gaudetque timendo
conscius, aut meminit capream stravisse fugacem,
aut sperat silvis candentem avertere taurum;
talis in Alphonsum regem Pandulphius heros
aestuat ingenti furiarum flumine et ira 305
terribilis, totaque vagans fremit aureus aula.
Hac et in urbe fremunt vario rumore superbi
Italiae populi, Martis densissima, saepes,
quique tenent dulces colles, atque arva rigantis
amnis Ariminei, valles, camposque propinquis 310
fluctibus adiectos sueti felicibus armis.
Hic qui Flaminias vertebant vomere terras,
quos Apennini de vertice Sapis opaco
dividit Hadriacas fluvius proclivis in undas,
qui nigros latices pluviis turgentis Isauri, 315
quique, Metaure, tuas potant sub collibus undas
Picenis in agris, et amoenos agmine saltus
qui cingunt, praedas soliti raptare recentes,
montivagasque agitare feras, aprosque furentes,
Gallorum quos Sena gravi pavisse palude 320
creditur, at post hos montani protinus Umbri,
Thuscorumque manus, quos magna Fluentia pascit,
quos Volaterrani misere in proelia patres,
Alpheaeque potens sed Graia colonia Pisae.
Cetera nam legio campis tendebat Ethruscis. 325
Talia magnanimo parebant omnia regi
agmina. Sed postquam stellas Aurora micantes
expulit, et magnum flammis implevit Olympum,
extemplo ad Lydum muros Taraconia pubes
fertur in arma volans, animis audacibus ardens 330
stringere tela manu, mortes miscere cruentas.

    Non tantum fremit unda maris, pontique sonori
turbida spuma salit, cum marmora rauca reclamant,
non tam flamma furens summis in montibus altas
incidit in silvas Borea miscente fragorem 335
horrisonum, neque enim tantum lauri alta comarum
bractea vibrantum ventus declinat, eunti
subsidunt virgulta Noto, tonat humidus aether

nimmt und sich über die Furcht vor ihm freut, um die er weiß, oder sich daran erinnert, wie es war, das flüchtende Reh zu erbeuten, oder hofft, den weißen Stier in den Wäldern abzuwehren, so zürnt der Held, Sohn des Pandolfo, König Alfons mit gewaltigen Wallungen des Tobens und [305] schrecklich in seiner Wut, schnaubend, während er goldgeschmückt in seiner Halle auf und abgeht.

Und in derselben Stadt raunen auch die stolzen Völker Italiens angesichts vieldeutiger Nachrichten, ein dichtgedrängter Pferch des Kriegsgottes, sie, die sie die sanften Hügel bewohnen, und die Lande [310] des wasserspendenden Marecchia, die Täler und die Felder, die an den umliegenden Strömen liegen, erfolgreiche Waffentaten gewohnt.

Hier lagern die, die den flaminischen Boden mit dem Pflug umwälzten, die der Savio vom schattigen Gipfel des Apennins auf seinem [315] steilen Weg in die Fluten der Adria teilt, die die dunklen Wasser des vom Regenguss geschwollenen Foglia und deine Wogen, Metauro, unter den Hügeln in den picenischen Landen trinken und die, die mit ihrem Heervolk die liebreizenden Höhenzüge umgeben, stets frisches Wildbret zu erbeuten pflegen und dafür den Tieren der Berge nachzustellen [320] und den wilden Ebern, die, die dem Vernehmen nach Senigallia mit seinem trägen Sumpfland ernährt hat, und nach ihnen direkt die Umbrer aus den Bergen, die Schar der Etrusker, die das große Florenz nährt, die, welche die Stadtväter Volterras in die Schlacht geschickt haben, und die, die das mächtige, aber schon von Griechen aus den Landen [325] des Alpheus gegründete Pisa entsandte.

Das ganze übrige Heer jedoch strebte den etruskischen Landen zu.

All diese Heere gehorchten dem hochherzigen Anführer. Nachdem aber Aurora die funkelnden Sterne vertrieben und den weiten Himmel mit Flammen erfüllt hatte, strömt umgehend die Jugend Tarragonas eilends [330] zu den Mauern der Lyder, mit wagemutigem Sinn darauf brennend, die Waffen zu zücken und sie todbringend in Blut zu tränken.

Nicht die Brandung des Meeres tost derart und die brausende Gischt der rauschenden See spritzt so empor, wenn die brausende Meeresoberfläche sie erwidert, nicht die wilde Flamme auf dem Gipfel der Berge [335] bricht so über die hohen Wälder herein, wenn sich der Nordwind mit dem grausigen Krachen vereinigt, und nicht beugt der Wind so sehr die hohen Goldblätter im wogenden Laub des Lorbeers, weichen die Zweige vor dem rauschenden Südwind und tönt die feuchte Luft, wenn

in gremium terrae largos cum discutit imbres,
cum crepitant dura glomerati grandine nimbi – 340
tantus in obsessos heros Taraconius hostes
fertur, ut ira graves animis immiscuit ignes
felle tumente iecur, furiisque aspersus amaris
terribilem rutilo succensus lumine frontem
evolat, et nebulis, et pulveris obrutus umbris, 345
cui galea ardenti cristas gerit aurea cono,
Getulus quem portat equus, cui candida frontis
pars oculos supra micat aurea lora retorquens.
Alba pedum pariter vestigia lataque in armum
it iuba nigranti dextrum. Tum naribus acrem 350
dat patulis flatum et duris terit ora lupatis,
stare loco impatiens, sonitu exsultare tubarum
primus et arrecta campi quatere aequora cauda.
Talis erat Balius, vel magni Xanthus Achillis,
quos peperit Zephyro pratis Harpyia Podarge 355
Oceani propter depasta fluenta reposti.
Hunc postquam ante alios duris calcaribus urget,
illum tota phalanx laxis imitantur habenis.
Ut ventum ad muros, Alphonsus maxima iussit
muniri ad subitas lapidum tormenta ruinas. 360
Aerea tum rigido completur machina saxo,
sulphure tum clauso tristi medicamine, diri
pulveris ardentes educit in aethera fumos.
Tum vero ad strepitum subito tremere omnia motu,
dant strepitum montes, toto tonat aethere fractas 365
involvens sonitus tremefacta per ardua voces.
Hoc non magnanimi iecerunt turbine Graii
grandia saxa super periturae moenia Troiae,
hoc non Roma potens rerum, fortisque Saguntus,
non Poeni, non magnanimum rex laetus equorum 370
maximus Aeacides, cui tantum Epiros honorem
praestat adhuc, non Pellaeo stirps tanta Philippo
edita, verum aliis inventum tale per oras
diversas iam tum, et totum compleverat orbem.
Ergo ubi terribili sonitu subitoque fragore 375
saxea flammifero moles emissa camino

Zweites Buch 197

sie reiche Regengüsse in den Schoß der Erde abschüttelt, wenn die
[340] dichten Wolken rasseln vom harten Hagelkorn –
mit solcher Gewalt donnerte der Held von Tarragona in die belagerten
Feinde hinein, als der Zorn seinem Mut mächtige Flammen eingab, ihm
mit brodelnder Galle die Leber befiel und er in bitteres Wüten gehüllt,
die Stirn in Röte glühend, dahineilt, stiebend vor Dampf und der
[345] Schwärze der Staubwolken, auf der funkelnden Spitze des goldenen Helms die Zier, getragen von seinem gaetulischen Pferd, dessen
weiße Stirn über den Augen die goldenen Riemen des Zaumzeugs nach
außen biegt und dabei strahlt.
Weiß sind auch die Huffesseln, und dem ansonsten schwarzen Pferd fällt
[350] die lange Mähne über die rechte Schulter. Dann schnaubt es aus
weiten Nüstern und kaut auf der gezahnten Trense, den Stillstand kaum aushaltend, als erstes zur Stelle, auf den Klang der Heerestrompeten hin sich
aufzubäumen und mit aufgerichtetem Schweif den Huf auf den Boden zu setzen. Ein solches Pferd war Balios oder der Xanthus des großen Achilles,
[355] die die Harpyie Podarge dem Zephyrus auf der Wiese gebar, nachdem sie dort bei den Fluten des fernen Ozeans geweidet hatte.
Nachdem er diesen vor allen anderen mit harten Sporen angetrieben hat,
macht es ihm die ganze Schwadron mit losgelassenen Zügeln nach. Sowie
man zu den Mauern gelangt war, befahl Alfons, die größten Geschütze
[360] bereitmachen zu lassen, um mit Steinen jähe Zerstörung über die Stadt
zu bringen. Die bronzene Maschine wird daraufhin mit einem harten Felsen geladen, und mit dem darin eingeschlossenen Schwefel als grausamem Wundermittel, entlädt sie brennende Dämpfe des grausigen Pulvers
in die Luft. Darauf erzitterte alles zum Krach in plötzlicher Bewegung,
[365] die Berge hallen vom Lärm wider und der Schall lässt am ganzen
Himmel die krachenden Laute die erzitternden Höhen entlangfahren.
Mit solchem Wirbel schleuderten nicht die hochherzigen Griechen
große Felsen über die Mauern des todgeweihten Troja, nicht Rom, die
Gebieterin über die Welt, nicht das tapfere Sagunt, nicht die Punier,
[370] nicht der frohgemute Gebieter über stolze Pferde, der gewaltige
Aeacide, dem noch heute Epirus so große Ehre erweist, nicht der so bedeutende Sohn des pelläischen Philipp. Solches war damals schon erfunden in anderen Landen, und nun hat sich die Kenntnis davon auf der
gesamten Welt verbreitet.
[375] Als nun also mit schrecklichem Klang und unvermitteltem Krachen
die steinerne Masse auf ihrer flammenden Flugbahn auf die gegenüber-

impulit adversos titubantia moenia muros,
destituere metu mentes, animosque gelanti
corde premunt, nullamque audent sperare salutem
rebus in afflictis, extremoque omnia fato 380
seque suosque parant, mortemque evadere nulli
Lydorum est animus. Muros tamen, atque superbas
Marte tenere minas suprema in luce recusat
nemo hominum. Sed enim sumptis iam Fanius armis,
subsidio tibi quem misit Populonia forti 385
milite stipatum patriis Sismundus ab oris,
saevus adest, pavidamque vocans in proelia gentem
increpat attonitos summo in certamine Ethruscos:
  „Quo metus ignavos, quo duri Martis imago,
vana refert, cives? Terraque marique tuendi 390
sunt nati, et dulces peramatae coniugis ignes.
Parte ab utraque parens vobis tutandus: eundum
per medios Celtas, et saevos agmine Iberos.
Mox Italum ductor Pandulphi maxima proles
ipse aderit forti cum milite. Vincite primos 395
aggressus, iuvenes! Praeceps Alphonsus in ipso
principio belli. Quem si fortuna morantem
magnanimo reddat Sismundo, moenia frustra
vestra quatit, teneras strepitu dum territat auras."
  Talibus attonitis pridem mens una furentis 400
Martis amore redit. Trepida in praecordia cuncti
una igitur fremuere viri, quos ardor in arma
unus agit cunctos nudo decernere ferro,
machina nec prohibet proiectis aerea saxis
stare viros summo minitantes omnia muro. 405
Occidit immanis collisus pondere saxi
Euphilus, ut muros tentat conscendere. At illum
magnanimi Celtae duris subducere saxis
certabant, Itali contra detrudere summis
viribus invisoque viros donare sepulcro. 410
Tum pariter tabulata Itali, murumque labantem
tormenti pulsu crebro solvere. Cadenti
fit strepitus, quantum pluvio tonat altus Olympo
Iupiter ardenti cum mittit ab aethere fulmen.

liegenden Mauern traf und sie zum Wanken brachte, sanken die Geister in Furcht, und im gefrierenden Herzen unterdrückten sie ihren Mut, und sie wagten kein Heil zu erhoffen in so gefährlicher Lage, ein jeder bereitet [380] sich und die Seinen auf das Schlimmste vor, und keiner der Lyder hat die Zuversicht, dem Tod zu entrinnen.
Die Mauern aber und die stolzen Zinnen im letzten Augenblick des eigenen Lebens zu halten, verweigert keiner der Männer.
Denn es ist ja auch Fanius in voller Rüstung zugegen, den dir, Populonia, [385] Sigismondo zur Unterstützung gesandt hat, ausgestattet mit tapferer Truppe aus den väterlichen Landen. Wild und das furchtsame Volk zur Schlacht aufrufend geht er die auf dem Gipfelpunkt des Kampfs erstarrten etruskischen Krieger an:
„Wozu verleitet euch feige Bürger Furcht, wozu das eitle Schreckbild [390] des grausamen Krieges? Zu Lande und zu Wasser habt ihr eure Kinder zu verteidigen und das süße Herdfeuer eurer innig geliebten Weiber. Von beiden Seiten habt ihr auch eure Eltern zu schützen. Ihr müsst mitten durch die Reihen der Kelten und der wilden Iberer gehen. Bald wird der Anführer der Italiener, der größte Sohn des Pandolfo, höchstpersönlich [395] zur Stelle sein mit tapferer Truppe. Wehrt ihr nur die ersten Angriffe ab, junge Männer. Zu Beginn des Krieges stürzte Alfons sich Hals über Kopf in die Schlacht. Wenn er sich aufhalten muss und das Schicksal ihn damit dem hochherzigen Sigismondo preisgibt, schlägt er vergebens an eure Mauern, während er mit seinem Lärm die zarten Lüfte aufschreckt."
[400] Dank solcher Worte kehrt zu den vormals Erstarrten die gemeinsame Lust am wütenden Kriege zurück. Gemeinsam lärmen alle Männer daher gegen ihre furchtsamen Herzen an, Männer, die ein gemeinsames Verlangen nach Waffentaten antreibt, mit blanker Klinge zu kämpfen und keine bronzene Belagerungsmaschine kann sie mit den Felsen, [405] die sie verschießt, davon abhalten, allem trotzend oben auf der Mauer zu stehen. Zerschmettert vom Gewicht eines gewaltigen Felsblocks fällt Euphilus beim Versuch, die Mauer zu ersteigen. Die hochherzigen Kelten aber mühen sich darum, ihn unter dem harten Felsen hervorzuziehen, die Italiener dagegen, sie mit aller Kraft abzuwehren [410] und die verhassten Männer ins Grab zu schicken. Ebenso zerlegen die Italiener darauf das Gerüst und die Mauer, die unter fortwährendem Beschuss durch ein Katapult schwankt. Beim Zusammenbruch erhebt sich ein Lärm, wie hoch am regnerischen Olymp Jupiter donnert, wenn er vom brennenden Himmel einen Blitz sendet.

Corporaque ut fuerant lapsuro subdita muro 415
occubuere gravi casu ignotoque tumultu.
Tum gemitus tollunt convexi ad sidera caeli
et Celtae, et nati permixto sanguine Iberi.
At vero Ausonidum spes addita mentibus omnis,
omnibus unus amor coepto defendere bello 420
moenia, tum muro tabulasque trabesque reponunt,
et terram obtusi condensant aggere muri –
non aliter, quod fama refert, Caeusque Pholusque
optavere Iovem capto divellere caelo,
cum pater ipse deum triplici cava nubila telo 425
rupit, et audaces deiecit ab arce Gigantas
frondosum umbrosae supponere Pelion Ossae
conatos, superisque deos avertere tectis.
    Hic ubi destituit Celtas fortuna superbos,
mutarunt animum et mentem flexere priorem, 430
ire dolis lati subter fundamina campi
aggressi, occultisque domos intrare cavernis
dum pugnam miscent alii, dum proelia tentant.
Agnovere dolos, et opacae fraudis hiatum
perspexere Itali, multaeque ut forte lacunae, 435
stagna antiqua, manent, latices solvere morantes,
barbaricas subito qui replevere latebras.
Defluxere undae, et late occuluere latentes
ingressosque solo Celtas – miserabile longe –
mortua tum tumidis haeserunt corpora fossis. 440
Tum vero Alphonsus subitas exarsit in iras,
rursus in arma magis fremit, indignansque furenti
corde tumet, fortesque volans impingit Iberos
moenibus: „O iuvenes, nunc nunc pugnate! Quis", inquit,
„primus erit vestrum medios animosus in hostes 445
qui ruat, aut muros Tyrrhenae protinus urbis
scandat, et ancipites trahat atra in funera Lydos?"
Talia cum dixet, cunctis in mentibus ardor
immensus laudum sedit. Tum clamor Olympo
tollitur, irrumpunt strepitu, fremituque frequentes, 450
rursus et obsessis incumbunt agmina muris.
Nec minus et magni Sismundi Martia pubes

[415] Und soweit Körper unter der Mauer, die zu fallen drohte, lagen, so wurden sie von heftigem Zusammenbruch und Krachen namenlos begraben. Da erheben die Kelten ebenso wie die gemischtblütigen Iberer ein Ächzen zu den Gestirnen des Himmelszelts.
Den Gemütern der Ausonier jedoch ist alle Hoffnung zurückgegeben, [420] sie alle haben wieder das gemeinsame Verlangen, den begonnenen Krieg von ihren Mauern abzuwehren. Da richten sie an der Mauer wieder Gerüste und Balken auf und füllen sie aus mit einem Erdwall aus der zerstörten Mauer – nicht anders als in der Sage Caeus und Pholus darauf sannen, den Himmel zu erobern und Jupiter herabzureißen, als der Vater [425] der Götter selbst mit dreifachem Geschoss die hohlen Wolken zerriss und die tollkühnen Giganten von der Himmelsburg hinabschleuderte, denn sie hatten versucht, den laubreichen Pelion unter den schattigen Ossa zu schieben und so die Götter aus ihren himmlischen Häusern zu vertreiben.
Als hier nun das Glück die hochmütigen Kelten im Stich ließ, änderten [430] sie ihr Ansinnen und wandten wieder ihren ursprünglichen Plan darauf, mit List unter dem Boden des weiten Schlachtfeldes zum Angriff zu schreiten, und in verborgenen Stollen in die Häuser einzudringen, während andere weiterhin im Kampf blieben und es in der Schlacht versuchten.
Doch die Italiener erkannten die List und den Fehler des finsteren Trugs. [435] Und da es dort zufällig von alters her viele Tümpel und Teiche gab, setzten sie die stehenden Wasser in Bewegung, die die Geheimgänge der Barbaren sofort anfüllten.
Die Wassermassen flossen dahin und begruben weithin die Kelten, die sich versteckt hatten und unter die Erde gegangen waren, ein erbärmliches [440] Ende! Danach hingen ihre Leichen in den angeschwollenen Gräben. Darauf entbrannte Alfons aber in plötzlichen Zorn, und braust erneut, und mehr als zuvor, zu Waffentaten auf, wallt in seinem wütenden Herzen vor Empörung, und setzt die tapferen Iberer eilends auf die Mauern an: „O Jünglinge, nun, nun kämpft!", so spricht er, „Wer von euch wird der erste [445] sein, der sich beherzt mitten unter die Feinde stürzt, oder geradewegs die Mauern der tyrrhenischen Stadt erklimmt, und die Lyder jäh in ihren finsteren Tod reißt?"
Als er solches sprach, setzt sich in den Gemütern aller ein gewaltiges Verlangen nach Ruhm fest. Sodann erhebt sich ein Geschrei zum Olymp. Die [450] Truppenmassen stürzen dichtgedrängt einher unter Lärm und Gebrüll und gehen wieder auf die belagerten Mauern los.
Doch nicht weniger stellt dem die kriegerische Jugend des großen Sigis-

opposuere aciem. Prae cunctis Fanius hostem
turbat, et hinc duris capita alta molaribus aequat.
Ille animos Italum dictis regit, effera Celtis 455
accensis ira Pandulphi bella minatur.
Hoc magis impulsi furiis bacchantur Iberi,
certatimque parant mediis occumbere fossis.
Fanius Alphonso misisse volatile telum
fertur, at ille videns celeri vitasse recursu. 460
Tum strepitu ingenti revoluto machina saxo
intonat aere gravi, vastoque remugit Olympo,
atque minas celsi contundit turbine muri
ingentique fuga totam penetraverat urbem.
Parte alia densis Hispani navibus alti 465
litora curva maris remo veloque volantes
attigerant, geminasque simul, quae forte triremes
subsidio obsessis ibant, cepere cruento
Marte, Italum multos Thusco mersere profundo,
multos remigiis servarunt tristibus aptos. 470
Quod scelus ut cives videre, labantia rursum
corda repente cadunt. Fit tristis ab aequore clamor,
ac tellure simul, pariter fremit undique Mavors
turbidus, inde soror Martis Bellona furentis
sanguinolenta ruit, terra certatur et alto 475
non sine caede virum multa, tepet humida fuso
sanguine terra recens, vacuas it stridor ad auras
telorum, et duro resonant hastilia ferro.
    Haec dum cuncta gerunt Itali Celtaeque superbi,
interea Ausonidum ductor fortissimus arma 480
induit, ingentesque animos attollit, et iram
corde fero occultam volvit totoque remiscet
pectore tum penitus disiecti foederis aras.
Quippe ea causa virum victorem signat, et illum
in primis tanto suasit concurrere bello. 485
Ergo ubi certa animo sedit sententia, pugna
vertere ab obsessis Alphonsum moenibus urbis,
ipse iugo oppositi montis defertur; at illum
cuncta manus procerum tacitis imitantur habenis,
perque diem noctemque viae indulgere frequenti 490

mondo ihre Kampfkraft entgegen. Allen voran rührt Fanius den Feind auf und zertrümmert die gereckten Häupter auf den harten Steinen.
[455] Er lenkt die Gemüter der Italiener mit seinen Worten und droht den Kelten, die durch Zorn auf Pandolfo angefacht sind, mit grausamem Krieg. Dadurch angetrieben wüten und toben die Iberer nun noch mehr, und wetteifern nun darum, mitten in den Gräben ihr Ende zu finden. Es heißt, Fanius habe einen Speer in schnellem Flug auf Alfons geworfen, aber [460] dieser habe es gesehen und sei ihm durch ein schnelles Umlenken ausgewichen. Darauf donnert die Kanone mit gewaltigem Lärm beim Feuern eines Felsens aus ihrem schweren Bronzerohr, sie dröhnt vom weiten Himmel zurück, mit Wucht zertrümmert sie die Zinnen der hochragenden Mauer, und unter allgemeinem Fortstieben war sie schon in die Stadt [465] eingedrungen. Auf der anderen Seite hatten die Spanier, hoch auf ihren Schiffen, mit dichtgedrängter Flotte den gebogenen Strand eilends mit Ruder und Segel erreicht und eroberten die beiden Triremen, die den Belagerten zu Hilfe kamen, gleichzeitig in einem blutigen Kampf. Viele der Italiener ertränkten sie im tiefen Wasser, viele schonten und retteten sie, weil [470] sie ihnen geeignet schienen für den jämmerlichen Dienst am Ruder. Als die Bürger dieses Verbrechen sahen, sank ihnen der erneut schwankende Mut augenblicklich. Vom Wasser und vom Land her erhebt sich zugleich ein Geschrei. Überall tönt der tosende Kriegsgott gleichermaßen, da bricht auch Bellona, die Schwester des wütenden Mars, blutrünstig über die [475] Schlacht einher, und man kämpft zu Lande wie auf dem Wasser, nicht ohne den Tod vieler Männer, und die Erde ist schnell feucht und warm vom vergossenen Blut, das Zischen der Geschosse geht in die weiten Lüfte und der Stahl der Waffen ertönt beim Aufprall auf Eisen.

Während die Italiener und die hochmütigen Kelten all dies tun, legt [480] der tapferste Führer der Ausonier seine Rüstung an, fasst gewaltigen Mut und wälzt seine verborgene Wut im grimmigen Herzen umher, und seine Brust erfüllt er mit der Erinnerung an den Altar des zunichte gemachten Bundes.
Diese Sache ist es nämlich, die den Bezwinger von Helden ausmacht, und die [485] ihn zuallererst davon überzeugt, in einem solchen Krieg zu kämpfen. Als sein Entschluss nun also feststeht, Alfons im Kampf von den Mauern der belagerten Stadt zu vertreiben, naht er selbst von der anderen Seite des Gebirges. Die ganze Schar aber der Edlen tut es ihm gleich mit schweigsamen Zügeln, und er gibt die Anweisung, Tag und Nacht den [490] Marsch fortzusetzen in dichter Formation.

agmine praecepit. Cuncti sub nocte per umbram
telluris fuscae nigram silvasque cavasque
convalles penetrant, donec iubar extulit alto
Lucifer Oceano. Saevos cum vidit Iberos
ipse Italum ductor, Pandulphi maxima proles, 495
tendentes late Tyrrhenis maxima campis
castra simul, simul obsessos videt undique Lydos.
  Haud procul hinc collis flava vestitus oliva
imminet insurgens, caeloque occurrit aperto
plurimus, et muros Tyrrhenae despicit urbis. 500
Occupat hunc Italum ductor fortissimus imas
metitus valles, oculis vigilantibus imum
despectans late campum. Via lata recurvum
circumdat montem. Studiis ingressus et astu
fallere turbatos subito certamine Iberos, 505
saepius ipse iubet captum circumdare montem
agmine non raro, rursumque remittit in altum
occulta regione viros fulgentia montem
agmina, quae toties redeuntia plura videri,
quam ferus Iliacas duxit Menelaus ad oras. 510
  Ergo ubi per solem surgentem lucida cernunt
arma Italum Celtae, subito torpore iuventus
barbara diriguit, fraudisque ignarus et artis
palluit Alphonsus prospectis eminus armis
ordine perpetuo fulgentibus. Acrius illum 515
praeturbant equites missi, trepidumque retardant.
At Lydi ut primum videre micantia magni
agmina Sismundi, clamoribus aethera complent
Pandulphumque canunt. Perculsus imagine tali
quos agat in subito venientes mussat: Iberos, 520
anne Italos – quondam quos vicit Marte superbo,
Parthenopea, tuos longo certamine cives?

Sie alle dringen im Schutz der Nacht durch den schwarzen Schatten des dunklen Landes, durch Wälder und tiefe Täler, bis der Morgenstern seinen Glanz aus dem tiefen Ozean erhebt. Als da der Anführer der Italiener, der größte Sohn des Pandolfo, die [495] grausamen Iberer mit eigenen Augen sieht, wie sie ihre riesigen Lager weithin auf den tyrrhenischen Felder ausdehnen, sieht er zugleich auch die von allen Seiten belagerten Lyder.

Nicht weit von dort erhebt sich über der Landschaft ein Hügel, gekleidet in goldgelbe Oliven, und ragt hoch in den Himmel hinein, von wo er [500] auf die Mauern der tyrrhenischen Stadt herabblickt. Diesen besetzt der tapferste Führer der Italiener, nachdem er die Täler durchschritten hat, und blickt von dort mit wachen Augen weit ins tiefe Tal hinab. Eine breite Straße umgibt den gewundenen Berg. Mit Hingabe und Kriegslist macht er sich nun daran, die Iberer zu täuschen und [505] mit einem plötzlichen Gefecht aus der Ruhe zu bringen, und befiehlt daher, den besetzten Berg mehrfach mit dichtgedrängtem Heer zu umschreiten, und schickt die strahlenden Truppen darauf wieder in einem unbeobachteten Bereich hoch auf den Berg, die, so oft immer wiederkehrend, mehr zu sein schienen als die, die der wütende Menelaos zu [510] den Gestaden Ilions führte.

Als nun die die Kelten bei Sonnenaufgang die strahlenden Rüstungen der Italiener erblicken, erstarrt die barbarische Jünglingsschar in plötzlicher Lähmung, und Alfons erblich in Unkenntnis von List und Kunstgriff vor den in der Ferne erblickten Waffen, die in endloser Reihe funkelten. [515] Noch härter treffen ihn aber die vorausgeschickten Reiter und lassen ihn zitternd innehalten.
Die Lyder aber, sowie sie den schimmernden Heereszug des Sigismondo erblickt haben, erfüllen den Himmel mit Geschrei und singen ein Loblied auf Pandolfo. Erschüttert von diesem Bild, ist Alfons unschlüssig, wen er [520] gegen die plötzlich Eintreffenden ins Feld schicken soll: Die Iberer oder die Italiener – deine Bürger, Parthenope, die er einst mit hochmütigem Kriegszug in langem Ringen unterwarf?

Basini Parmensis
Hesperidos
Liber Tertius

Nec minus interea divum pater atque virorum
culmine pro celso vasti sublimis Olympi
magnanimum alloquitur sedato pectore Martem:
   „Nate, virum exstinctor, belli violenta potestas,
nate, furor nimium mortalibus addite curis,   5
sanguine qui fuso crudelia pectora solus
imbuis, et muros tremefactaque moenia quassas,
cernis in adversos heros Pandulphius hostes
ut ruat, utque memor violati foederis, omnes
ante alios durae properet se credere pugnae?   10
Ille quidem, ille tui de sanguine, certa Quirini
progenies, prisca deductus origine gentis,
quod genus Idaeis Phrygiae Venus edidit oris
mortali dea mixta viro, quam iunxit amore
ipse sibi Anchises in aquosae vallibus Idae,   15
maximus Aeneas heros unde ortus, et unde
inclytus Albanae memoratur conditor urbis,
Romanique duces, et longi maximus auctor
Iulius imperii, nec non Augustus et omnes
Italiae proceres, totum defluxit in orbem   20
nobilium unde genus, nec non Pandulphius heros
Hectoreus ductor, patriis Sismundus in armis,
qui pius infestos detrudere litore Iberos
Tyrrheno, iusta iuvenis contendit in ira.
Tu semel Aenean Aetolis eripis armis.   25
Huic quoque, si qua ducis tanti te cura remordet,
aeternum, Gradive, decus largire, laboris
praemia certa novi: Primo in certamine soli
sis comes, ac trepidos turbes animosus Iberos."
   Dixerat. Ille gravem thoraca indutus, anhelos   30
iungere iussit equos, ducunt quos tristis Erinnys,
et Furor, et Rabies et pulchri gloria Leti.
Illi autem ardentes pariter raucumque frementes
pulverulenta gravi pulsant sola concita cornu,

**Der *Hesperis*
Basinios von Parma
Drittes Buch**

Unterdessen spricht der Vater von Göttern und Menschen vor dem steilen Gipfel des weiten Olymp den hochherzigen Mars in gelassener Stimmung an:
„Sohn, du Vernichter von Männern, du grausame Macht des Krieges, [5] Sohn, der du den Menschen das Wüten bist, das ihre Sorgen allzu sehr verstärkt, der du allein die grausamen Herzen mit vergossenem Blut tränkst und Mauern und bebende Wälle erschütterst, siehst du, wie der Held, Sohn des Pandolfo, gegen seine Feinde anstürmt, und wie er in Erinnerung an den gebrochenen Bund eilt, sich vor allen anderen in die [10] grimmige Schlacht zu begeben?
Jener, jener stammt freilich von deinem Geblüt, er ist gewiss ein Nachkomme des Quirinus, aus alter Ahnenreihe seines Volkes herkommend. Venus brachte dieses Geschlecht hervor in den idäischen Gefilden Phrygiens, als sie sich als Göttin mit einem sterblichen Mann einließ, sie, die [15] Anchises selbst sich in Liebe verband in den Tälern des wasserreichen Ida.
Der große Aeneas stammt, so erinnert man sich, daher, und der berühmte Gründer der Stadt Alba, die Führer Roms, und der großartige Gründer des langewährenden Reiches, Julius, und auch Augustus, und alle Edlen [20] Italiens, von wo in die ganze Welt das Geschlecht edler Menschen ausging, und auch der Held, Sohn des Pandolfo, ein Anführer vom Schlage Hektors, Sigismondo in der Rüstung seines Vaters, der Jüngling, der in rechtem Zorn nun pflichtschuldig danach strebt, die verhassten Iberer vom tyrrhenischen Ufer zu vertreiben.
[25] Einmal entrissest du Aeneas den aetolischen Waffen.
Auch diesem hier schenke, Gradivus, wenn dich auch nur ein bisschen Sorge um einen solchen Heerführer umtreibt, ewigen Glanz und sichere Belohnung für seine neue Mühsal. Sei ihm allein Begleiter im ersten Waffengang und jage beherzt den Iberern Angst und Schrecken ein."
[30] So hatte er gesprochen. Als jener sodann den schweren Brustpanzer angelegt hatte, befahl er, die schnaubenden Pferde anzuspannen, die die grausame Erinnye führt, der Furor, die Raserei und der Ruhm eines schönen Todes. Jene aber, alle gleichermaßen glühend, und rau schnaubend, traten auf dem staubigen Boden auf und ab, den sie mit schwerem Huf

pectora lata, pari pariter vestigia gressu 35
prima pedum iuncti. Quos ut conscendit, in auras
provolat aethereas vastumque relinquit Olympum.
Fulmine terrifico cristata casside longe
fulget et aethereis caelum secat aureus armis.
In mare quantum oculi possunt spectare sedentis 40
rupe viri vasta caelum mirantis apertum,
tantum Martis equi laxis populantur habenis.
Nec non mille viri quantum clamore supremo
lustra sequuntur, ubi silvis venantur in altis
aut aprum, aut fulvum venientem a monte leonem 45
tantum voce sua vacuas Gradivus ad auras
aethera terrificis clamoribus impulit omnem.
Tum vero tremefacta virum quatit inscia corda
horror, et ancipites trahit atra in bella Latinos
conscia tum recti virtus. Sententia menti 50
omnibus est muris sceleratam avertere gentem.
Contra autem Celtis venientes pellere ab omni
obsidione viros, Italum quos maximus arma
Alphonsi contra tumulo mittebat ab alto.
　At longe praemissi equites in castra ruebant 55
miscentes late turbatis omnia Celtis
congressu primo multam sine nomine caedem.
Paulatim e capto referunt vestigia vallo,
quos non parva manus castris irritat apertis
cedentes retro. Sed versis frontibus hosti 60
saepius, una abeunt. Nam iam Pandulphius heros
agmina densa suis adiungit et obvius armis,
spumifero praevectus equo, secat agmina ventis
ocior, atque aquilam trepida fugiente columba.
Antiphatenque volans, quo non velocior alter 65
venerat Ausonias Numidum bellator ad oras,
ense gravi media stravit sublimis arena,
principium belli faustum, Lamyrumque Cronumque,
dum redit, et medios irrumpit turbine Celtas.
　Tum vero toto desaevit in aequore Mavors 70
turbidus. Addensantur enim Celtaeque, Latinique,
Ethruscique duces, Picenisque addita turmis

[35] aufwühlten, an ihrer breiten Brust gemeinsam angeschirrt und im Gleichschritt antretend. Als er aufgestiegen ist, saust er voran in die himmlischen Lüfte, und verlässt den weiten Olymp. Weithin strahlt er mit schreckenerregendem Gleißen an seinem kammtragenden Helm, und durchschneidet golden den Himmel mit himmlischer Rüstung.
[40] So weit die Augen eines Mannes sehen können, der auf einem öden Felsen im Meer sitzt und den weiten Himmel bestaunt, so weit durchziehen ihn die Pferde des Mars mit losen Zügeln.
Und wie tausend Mann mit ohrenbetäubendem Gebrüll die Wildbahn aufsuchen, wo sie in tiefen Wäldern den Eber jagen oder den goldenen [45] Löwen, der aus dem Gebirge kommt, so erschüttert Gradivus mit seiner Stimme in den leeren Lüften mit schrecklichem Geschrei den ganzen Himmel.
Da aber rüttelt Grauen die ahnungslosen Herzen der Männer auf und lässt sie beben, und so reißt dann die Tugend, die um das Richtige weiß, die [50] Latiner ungewiss in grausigen Krieg. Alle haben den Entschluss, das frevlerische Volk von den Mauern abzuwenden. Die Kelten dagegen sinnen darauf, die Männer vom Belagerungsring zu vertreiben, die der größte Held der Italiener gegen die Waffen des Alfons oben vom Hügel sandte.
Da aber brachen die weit vorausgesandten Reiter bereits in das Lager [55] ein und brachten schon beim ersten Aufeinandertreffen, bei dem sie große Unruhe unter den Kelten stifteten, großes, namenloses Gemetzel mit sich. Stück für Stück ziehen sie sich vom eingenommenen Wall zurück, die beim Zurückweichen aus dem offenen Lager sogleich eine große Schar in Aufruhr versetzt. Doch nachdem sie zuvor mehrfach dem Feind [60] die Stirn geboten hatten, weichen sie gemeinsam. Denn schon vereinigt der Held, Sohn des Pandolfo, die dichtgedrängten Truppen mit den seinen und stürmt mit schäumendem Ross den feindlichen Waffen entgegen, durchschneidet die Reihen schneller als der Wind oder die verschreckte Taube, die den Adler flieht.
[65] Und eilends hochfahrend streckte er den Antiphates, den schnellsten der numidischen Krieger, die an die ausonischen Gestade gekommen waren, mit heftigem Schwerthieb mitten auf dem Schlachtfeld nieder. Die Schlacht beginnt günstig: Auch den Lamyrus und Cronus fällt er, während er umkehrt, und bricht mit großem Ansturm mitten in die keltischen Truppen hinein.
[70] Danach aber wütet der tosende Kriegsgott auf dem gesamten Feld. Denn es vermengen sich Kelten und Latiner und etruskische Heerführer, Truppen der alten Gallier im Verband mit picenischen Schwadronen, und

agmina Gallorum veterum Senonumque nepotes.
Parte alia acre genus Celtarum, barbarus hostis,
et Numida, et Getulus adest: Taraconia Regi 75
tota phalanx iuncta est. Halium Sismundus ovantem,
sternentemque viros et prima in bella ruentem
excipit et multa moribundum caede reliquit.
Illum animam efflantem, vel sanguinis atra vomentem
flumina calcat humi rapido gravis ungula pulsu, 80
viscera rapta pedum cornu foedantur. At heros
vidit ut Alphonsus collatis cominus armis
bella geri et toto misceri proelia campo,
deserit obsessos turbato milite muros
Lydorum, atque alios fertur violentus in hostes, 85
ardentesque oculos nunc huc, nunc iniicit illuc
praecipitans, totamque ferens in proelia mentem
advolat, atque Italis minitatur dura superbis
proelia. Contra autem dictis Pandulphus amicis
hortatur socios: „Itali, fortissima semper 90
pectora, quos mecum voluit Fortuna superbos
Hesperiae populos nostris detrudere terris,
hic nunc ille dies nobis speratus et illud
tempus, in arma viros quo ducere iusta iubebat
Iupiter. Audendum est: Prima haec victoria, coepto 95
cedite ne socii! Per vos, carosque Penates,
optatosque patres dulcesque ante omnia natos,
per mea bella precor totum iam clara per orbem,
ne spolia ulla legant Itali, dum proelia latis
miscentur campis, neu praeda moretur Ethruscos 100
amittenda semel. Communia praemia sunto
omnibus: Arma viris pariter rapiamus, equosque,
Tyrrhenumque solum." Sic fatus, in agmina magni
advolat Alphonsi, laxis Melanippus habenis
magnanimus quem portat equus. Tremit horrida tellus 105
aere recussa gravi, ac rapido strepit ungula pulso.
Arduus ille gerens annosam a monte cupressum
obvius Androphono deflexit grande cruento
pectore robur, equum ante urgens, thoraca, gravemque
loricam, et lato traiecit vulnere pectus. 110

die Nachfahren der Senonen.
Auf der anderen Seite steht das starke Volk der Kelten, der barbarische
[75] Feind, bereit, der Numider wie der Gaetulier – der König von Tarragona
hat seine gesamte Streitmacht bei sich. Sigismondo fängt den Halius ab, der
bei seinem Sturm ins erste Gefecht jubelnd Männer niederstreckt, und lässt
ihn nach dem Angriff sterbend in viel vergossenem Blut liegen. Während
er seinen letzten Lebensatem aushaucht und schwarze Ströme von Blut
[80] speit, zertrampelt ihn am Boden schwerer Huf mit schnellem Tritt.
Seine Eingeweide werden vom Huf mitgerissen und zerfetzt. Doch als der
Held Alfons sieht, dass nun im Nahkampf Waffe auf Waffe trifft und
sich die Gefechte auf dem gesamten Feld vermengen, lässt er die von
aufgebrachten Soldaten belagerten Mauern der Lyder zurück und fällt
[85] mit Gewalt über die anderen Feinde her, wendet jäh preschend seinen glühenden Blick bald hier, bald dorthin, braust, alles Sinnen auf die
Schlacht richtend, herbei, und verheißt den stolzen Italienern einen erbitterten Kampf. Pandolfo aber treibt seine Gefährten mit freundschaftlichen Worten an:
[90] „Italiener, eure Herzen sind allzeit die mutigsten, und das Schicksal
wollte, dass ihr mit mir die hochmütigen Völker Hesperiens aus unserem
Land vertreibt. Dieser Tag nun ist jener, den wir erhofft haben, und jener
Zeitpunkt, in der Jupiter Männern zu gerechten Waffen zu greifen gebot.
Wir müssen wagemutig sein, dies ist nur der erste Sieg. Lasst nicht ab von
[95] unserem Ziel. Bei euch, bei den geschätzten Penaten und den verehrten Vätern, und vor allem seinen beiden geliebten Kindern, bei meinen
Kriegen, die schon in aller Welt berühmt sind, bitte ich, dass ihr Italiener
euch nicht an der Beute bereichert, während die Kämpfe auf den weiten
Felder wüten, und dass nicht die Angst vor dem Verlust der Beute euch
[100] Etrusker auch nur ein einziges Mal aufhält.
Ihr werdet alle gemeinsam belohnt werden. Wir werden diesen Männern
gleichermaßen die Waffen, die Pferde und den tyrrhenischen Boden nehmen." So sprach er, und so dann saust mit losen Zügeln auf das Heer des
großen Alfons Melanippus zu, den ein edles Pferd trägt. Voll Grausen
[105] erzittert der Boden, erschüttert vom schweren Eisen, und der Huf
donnert mit schnellem Lauf.
Hoch aufgerichtet mit einem Speer aus altem Bergzypressenholz in der
Hand wendet er dem Androphonus das massive Holz in die sodann blutüberströmte Brust entgegen, zuvor das Pferd in die Knie zwingend, den
[110] Brustpanzer, das schwere Kettenhemd und schließlich die Brust mit

Ille autem foeda iacuit deiectus in herba,
pallenti donec paulatim e corpore vita
effugit ad Stygias Erebi implacabilis umbras.
Hic vero effracto hastili Pandulphius ensem
fulmineum ante rotans media inter tela per hostes 115
atque per arma viam ferro facit. Omnia cedunt
urgenti. Huic galeam sublato cornua cono
bina tegunt, visu horrendum. Tegit aureus armos
loricae squalentis honos. Gradivus acerbum
ceu fremit ante Getas, rapidoque in proelia motu 120
Thracas agit furiis ardentes, talibus armis
emicat antevolans, populosque in bella Latinos
urget. Ubi in pugnam totis concurritur armis
conseriturque manus certatim, nulla Latinis,
nulla reperta fuga est Celtis, admotaque dextrae 125
dextra, pedi pes est iunctus. Stridore canoro
ferrea tela gravi tactu, mucroque cruento
cessat hebes manibus ferro. Seges ingruit arvis
aerea sanguineis, tum pectora quadrupedantum
pectoribus rumpuntur equum, velut aequor in altum 130
impiger Eridanus, torvo qui flumina vultu
torquet in Hadriacas fluviorum maximus undas,
nixus in oppositam violento gurgite pontum.
Fervet arenosis raucum per dorsa procellis,
tunc obnixa cavas impellunt flamina nubes, 135
parte alia insurgens paulatim excedit ab antro
horridior Boreas Getico, cunctantur euntes
Austrique, Zephyrique diu, dabit ecce fragorem
ingentem cumulis tumidarum ventus aquarum,
ipse caput summo Boreas aequabit Olympo, 140
et cava trans Libycas impellet nubila terras.
 Ferrea bellipotens in bella ruebat anhelis
fervidus actus equis, laudumque insana Cupido,
Spes etiam atque Dolor, tum crudae Gaudia pugnae.
Ante omnes palla Discordia dira cruenta, 145
rara prius, sed mox partes effertur in omnes.
Et caelo caput atque pedes tellure recondit
semper in immensum exsuperans. Alphonsus Iopan

einer klaffenden Wunde durchschlagend. Jener aber lag abgeworfen im besudelten Gras, während ihm allmählich das Leben aus dem erblassenden Körper zu den stygischen Schatten des unbarmherzigen Erebus rinnt. Er aber, der Sohn des Pandolfo, bahnt sich nun, da sein Speer [115] zerbrochen ist, das blitzende Schwert vor sich schwingend einen Weg durch die Feinde mitten durch deren Waffen und Rüstungen. Alles weicht vor seinem Ansturm. Den Helm zieren ihm an der Spitze zwei Hörner, schauerlich anzusehen. Die goldene Pracht eines nun schmutzigen Riemenpanzers bedeckt seine Schultern. So wie Gradivus grimmig vor [120] den Geten tost und mit schneller Bewegung die in Wut brennenden Thraker zu Kampf anheizt, so strahlt er in solcher Rüstung vorneweg eilend und drängt die Völker Latiums in den Krieg.

Als sie nun im Kampf mit aller Waffengewalt aufeinandergetroffen sind und sie im Handgemenge miteinander streiten, gibt es für Latiner und [125] Kelten kein Entkommen, Hand reiht sich an Hand, Fuß steht vor Fuß. Mit klangvollem Sausen fliegen die Wurfgeschosse und treffen hart auf, und die vom blutigen Stahl stumpf gewordene Klinge erlahmt in den Händen. Eine metallene Saat fällt auf die blutgetränkten Felder, dann werden Leiber von Leibern vierfüßiger Pferde zermalmt.

[130] Wie der gewaltige Eridanus unablässig gegen das tiefe Meer anströmt, der mit grimmigem Antlitz seine Ströme in die adriatischen Fluten wälzt, dabei mit jähem Tosen in die See wallt, die sich dagegen aufstemmt.

Stürme streichen rau über die Dünen und Winde erheben sich dann aus [135] der anderen Richtung dagegen, auf der anderen Seite stemmt nämlich stemmt noch grausiger Boreas sich allmählich aus seiner getischen Höhle hervor und der wehende Auster und Zephyr zaudern noch lange, dann – sieh! – wird der Wind ein gewaltiges Tosen auf den Gipfeln der brandenden Wellenberge abgeben, Boreas selbst wird sein Haupt bis [140] zum Gipfel des Olymp erheben, und seine hohlen Wolken bis hinüber über die libyschen Lande treiben.

Der hitzige Kriegsgott stürmte, von atemlosen Pferden gezogen in den eisernen Krieg, und die wahnsinnige Ruhmeslust, auch die Hoffnung und der Schmerz, und dann die Freude am brutalen Kampf.

[145] Vor allen anderen breitet sich aber die grimmige Zwietracht mit bluttriefendem Gewand aus, zunächst noch vereinzelt, dann aber in alle Richtungen, verbirgt ihr Haupt im Himmel, und ihre Füße in der Erde, stets ins Unermessliche ragend. Alfons streckt den Iopas nieder und

sternit humi valido fixum mucrone, sed ipso
sanguine vita fluens Stygias effugit ad umbras. 150
Arnus Atyn iacta degustat cuspide. At ille
saucius, ac parvo tardatus vulnere, quando
letali credit ferro sese esse petitum,
congreditur forti medius in millibus Arno
et prior: „O quicumque es, ego haec, tua vulnera qui nunc 155
saucius experior, contra mea dona remitto,
dona tibi diro dextra quae reddimus hosti."
Dixit, et antevolans validam iacit arduus hastam,
et medium iuvenem traiecto pectore terrae
deiicit ac media revolutum liquit arena. 160
Non tulit Haemonides turbato corde Melampus.
Namque ut tela manu duro duo cornea ferro
gestabat, contra solam non amplius hastam
coniicit. Illa leves penetrans grave stridula ventos
frontem olli dextram ferro transfixit acuto. 165
„Quid furis Haemonide tali pro caede Melampu?",
Actor ait, „Frustra laetare: Tuum quoque telis
fata meis pectus dira sub sorte sacrarunt."
Sic ait. Huic autem transverso pectora ferro
perforat ingenti praefallens vulnere Tarchon. 170
„I procul ad Stygias, vates mentite, latebras!",
retulit Haemonides. Illum sine mente iacentem
magnanimi calcastis equi. Tum pulvere taetrum
corpus humi caeco foedatur. Oilus Orontem
solus adit solum, gladio sed, Oile, reducto 175
Celta ferox tibi te collatis abstulit armis,
eduxitque ensem traiectis pectore costis,
cum teloque manum pariter mens una secuta est.
Sanguine terra madet, tum mixta cruoribus unda
aestuat, et portis pubes Populonia ab altis 180
auxilium vallo sociis emisit aperto.
Undique tela volant, iam iam Celtaeque superbi
atque Itali pariter cedunt non cedere certi.
Hos numeri iuvenum tollit fiducia tanti,
hos experta alias Sismundi dextra potentis. 185
    Ac veluti toto confligunt aethere venti,

durchbohrt ihn mit starker Klinge, mit dem Blut selbst aber entfleucht
[150] auch dessen Leben fließend zu den stygischen Schatten.
Arnus knöpft sich Atys mit einem Speerwurf vor, jener trägt eine kleine
Wunde davon und wird von ihr nur verlangsamt. Als er spürt, dass er von
einer tödlichen Klinge angegriffen wird, trifft er inmitten der Tausenden
mit dem tapferen Arnus zusammen und spricht als Erster:
[155] „O wer auch immer du bist, ich erwidere die Wunden, die ich nun
von dir davongetragen habe, mit einem Gegengeschenk, einem Ge
schenk, das ich dir grimmigem Feind mit dieser Hand überreiche."
So sprach er, dann wirft er jäh hervorschnellend die starke Lanze, wirft
den Jüngling mit mittig durchbohrter Brust zu Boden und lässt ihn sich
[160] im Staub windend zurück. Der Haemonide Melampus wollte dies,
sein Herz war aufgebracht, nicht dulden. Er trug nämlich zwei Wurfspieße in seiner Hand, aus Kornelkirschenholz und mit harter Spitze,
doch warf er davon nur einen auf den Feind. Er durchbohrte jenem, laut
pfeifend die leichten Lüfte durchschießend, die rechte Seite der Stirn
[165] mit spitzem Eisen.
„Was jubelst du über so einen Tod, Haemonide Melampus?", fragt ihn
Actor, „Freu dich nur vergebens. Das Schicksal hat auch deine Brust mit
grimmigem Losspruch meinen Geschossen geweiht."
So sprach er. Ihm aber treibt Tarchon, listig zuvorkommend, mit einer ihn
[170] durchdringenden Klinge in einer gewaltigen Wunde ein Loch in die
Brust. „Geh fort, falscher Prophet, zu den stygischen Tiefen", erwiderte
ihm da der Haemonide. Ihr, stolze Pferde, zertrampeltet ihn, als er be-
wusstlos am Boden lag. Daraufhin wird sein scheußlicher Leichnam vom
Staub bis zur Unkenntlichkeit beschmutzt. Oilus begegnet dem Orontes
[175] im Kampf Mann gegen Mann. Doch als ihr aufeinander losgeht,
Oilus, entreißt der wilde Kelte dich dir mit fest an sich gehaltenem
Schwert und zieht die Klinge wieder aus der Brust, nachdem sie die Rippen durchstoßen hat, dein Lebensgeist folgt gemeinsam mit der Waffe seiner Hand. Die Erde trieft von Blut, auch die Wogen des Meeres branden
[180] von Blut durchzogen und die Jugend Populonias entsendet aus der
geöffneten Mauer durch die Tore den Verbündeten unten Hilfe.
Von allen Seiten fliegen die Geschosse, und im Wechsel weichen die stolzen
Kelten und die Italiener, obwohl sie beide entschlossen waren, nicht zu weichen. Jene ermuntert die Zuversicht auf eine so große Menge junger Männer,
[185] diese die andernorts bewährte Hand des mächtigen Sigismondo.
Und wie wenn am ganzen Himmel die Winde miteinander streiten,

hinc Notus, hinc Aquilo, viresque animaeque furentum
nimborum oppositis concurrunt frontibus, omnis
pontus in ambiguum nigras eructat arenas,
haud aliter Latio geniti, et Taracone profecti 190
una omnes certant animis insistere campum
optatum arreptasque semel non linquere terras.
Lydius Omophagum, Taracon quem misit in arma
Alphonsi auxilio, longa ferit obvius hasta,
et stomachum ferro foedatis hausit arenis. 195
Italiam, quam tu bellis, Hispane, petebas
nunc habe, et infelix alienas arripe terras.
Orbem alium advenies, quo te nec classis Ibera,
nec ferus optatis sonipes insistet arenis,
inque sepultus adhuc Stygios errabis ad amnes. 200
    Nec minus ante alios secat impiger agmina forti
vectus equo Pandulphiades, caedesque minatur
omnibus et Celtis, et mixtae stirpis Iberis
Alphonsoque duci, veluti Iovis ales ab alto
aethere se mittens trepidas fugat ante columbas. 205
Hic hastam ut Butae defregit pectore, crudum
mucronem elisa circum caput egerat aura
usque rotans duroque volans secat agmina ferro.
Mille viro pendent infixa hastilia laena
pectora squamiferumque auro thoraca tegenti. 210
Telorum ille gravem referebat ab agmine silvam
rursus. At huius equi coniecto tempora ferro
dividit Alcinous, pedes ipse per arma, per hostes,
per strages, per tela virum, per sanguinis undas
evolat ad socios, Tyrrhenorumque phalangas. 215
Rymphus (eum tali nam nominat ore) furenti
ductus equus iuveni. Quem sic praefatus ovantem
conscendit late lucenti splendidus auro:
    „Rymphe hodie, Ausonidum decus et nova gloria equorum,
aut caput Alphonsi mecum, fortissime, Regis 220
ipse feres, Celtas captis aut cedere terris
cogemus pariter. Videat Tyrrhena iuventus
ut tua crura levi glomerentur pulvere, quanto
cum strepitu iussis campi quatis aequora nostris."

von hier der Süd, von hier der Nord, und die Kraft und Energie der wütenden Wolken aus entgegengesetzten Richtungen aufeinandertrifft, und das ganze Meer schwarzen Schlick hin und her speit, nicht anders kämpfen
[190] die in Latium Geborenen und die aus Tarragona Gekommenen alle darum, mit ihrem Mut das ersehnte Schlachtfeld zu behaupten und die einmal eroberten Lande nicht zu verlassen.
Lydius trifft den Omophagus, den Tarragona dem Alfons zur Hilfei n den Krieg schickte, von vorne mit einer langen Lanze, und entleert mit dem
[195] Schwert dessen Leib in den blutbesudelten Sand. Nun sollst du, Spanier, das Italien, das du im Krieg nehmen wolltest, haben, und glücklos anderer Völker Land an dich reißen. In eine andere Welt wirst du kommen, wo weder die iberische Flotte noch das wilde Ross auf dich warten in ersehntem Sande, und dort wirst du ohne Grab für immer an den
[200] stygischen Ufern umherirren.

Nicht weniger durchschneidet der rastlose Sohn des Pandolfo, getragen von seinem tapferen Pferd, die Reihen vor allen anderen und verheißt allen Kelten den Tod, und auch den gemischtblütigen Iberern und ihrem Anführer Alfons, wie wenn der Vogel des Jupiter hoch vom Himmel
[205] herabstürzend die ängstlichen Tauben vor sich hertreibt.
Als er dem Butes seine Lanze in die Brust treibt, bis sie bricht, schwingt er sodann seine blutige Klinge um sein Haupt durch die Luftwirbelnd in einem fort und durchdringt eilends mit dem harten Stahl die Reihen. Tausend Speerschäfte stecken dem Held im Gewand an der Brust und im
[210] goldbewehrten Schuppenharnisch. Einen dichten Wald aus Wurfgeschossen brachte er aus dem Schlachtgetümmel wieder mit. Doch den Schädel seines Pferdes spaltet mit einem Wurf des Eisens Alcinous, zu Fuß flüchtet er selbst dann durch das Waffengewirr, durch die Feinde, durch das Gemetzel und die Speere der Männer, durch Wogen von Blut
[215] zu seinen Gefährten, den Reihen der Tyrrhener.
Das Pferd Rymphus (denn mit einem solchen Namen rief er es) wird dem wütenden Jüngling gebracht. Der steigt auf das freudige Tier auf weithin strahlend von glänzendem Gold, doch zuvor sprach er ihn an:
„Tapferster Rymphus, Zierde und neuer Stolz der ausonischen Rosse,
[220] heute wirst du selbst König Alfons' Kopf mit mir aus der Schlacht holen oder wir werden die Kelten gemeinsam dazu zwingen, aus dem besetzten Land zu weichen. Die tyrrhenische Jugend soll sehen, wie sich im leichten Staub deine Beine im Bogen heben und mit welchem Donner du auf meinen Befehl hin die Ebenen des Schlachtfeldes erschütterst."

Dixit et arreptis sublime celerrimus armis 225
ibat agens hosti stragem, multamque ruinam
praecipitans. Multos pressis impegit arenis.
    Tum vero multo cessere labantia campo
agmina Celtarum. Quos ut prospexit ab alto
pallantes Alphonsus equo: „Non talia dudum 230
foedera, nec tales ventura in proelia dextras
polliciti auxilio patriis venistis ab oris.
Quo vos foeda rapit segnes fuga? Quove refertis
tela Italis promissa diu? Terraque marique
claudimur, o socii. Contra Populonia pubes, 235
parte alia Sismundus agens in bella Latinos.
Nulla salus captis – ferro quaerenda salutis
est via, vel potius sumptis moriamur in armis,
quam pecus ut mutum gladiis iugulemur iniquis
atque animas ferro capti reddamus opimas 240
egregia et spolia victoribus." Haec ubi fatus,
in medios Italum densis sese intulit armis,
atque neci Chromiumque dedit, fortemque Thoanta
Hyrtaciden, Graia nuper qui venerat urbe
seditione fugax, patriaque exactus avita. 245
Argos equis dives latis ubi moenia fossis
erigit, ille animum curis confectus amaris
errabat Latio desertae coniugis ignes
usque pio sub corde ferens, fatalia donec
fila manu rumpunt Parcae. Tum tristis ad undas 250
umbra fugit Stygias, animusque relapsus in auram
aetheream. Alcithoum fortis prosternit Iolas,
Euryalumque Gyas prisca generosus Ilerda,
atque Gyan Telamon, Thebis quem Daphnia partu
nympha tulit Clytio. Salium non vitat Orestes, 255
sed longe ante alios ferro praecurrit acuto.
„Ecquis es, o superum genus insuperabile divum,
qui mea tela manu mortemque moraris iniquam?
Heu miseri, quorum nati mea tela, meam vim
experiuntur", ait Salius, cui fortis Orestes: 260
„Accipe nostra prius, tua quam laudaris, et illa
tela proba, valida quae sint non irrita dextra!"

[225] So sprach er, griff zu seinen Waffen und eilte erhaben und geschwind wieder, den Feinden ein Gemetzel zu bereiten und jäh ihren Untergang zu betreiben. Viele trampelte er dabei in den aufgewirbelten Sand.
Da aber verließen viele Einheiten der Kelten überall auf dem Schlachtfeld strauchelnd ihre Stellung. Als Alfons sie hoch von seinem Pferd [230] erbleichen sah, sprach er: „Das ist nicht die Bündnistreue, das sind nicht die Hände, die ihr für die Kämpfe, die kommen sollten, verspracht, als ihr damals aus den heimatlichen Gestaden zur Hilfe kamt. Wohin treibt euch die schändliche Flucht, ihr Unnützen? Wohin zieht ihr eure Waffen zurück, die ihr den Italienern lange angekündigt habt? Wir sind zu Lande [235] und zu Wasser eingeschlossen, o Gefährten. Gegen uns steht die Jugend Populonias auf der anderen Seite Sigismondo, der die Latiner in den Krieg führt. Die Gefangenen erwartet keine Schonung – das Heil können wir nur mit dem Schwert suchen, oder es ist zumindest besser, mit gezückten Waffen zu sterben, als wie ein stummes Schaf von feindlichen Klingen [240] abgeschlachtet zu werden, und in Gefangenschaft dem Schwert unsere Seelen als fette Beute zu überlassen, und das erlesene Raubgut den Siegern." Als er dies gesprochen hatte, stürzte er sich mitten unter die Italiener ins dichte Waffengewirr, und gab dem Chromius den Tod, dem tapferen Thoas, einem Sohn des Hyrtax, der vor nicht langer Zeit aus einer Stadt in [245] Griechenland als Flüchtling vor einem Aufstand gekommen war als der Heimat Verbannter. Als das pferdereiche Argos über breiten Gräben seine Mauern errichtete, irrte jener im Geist zerknirscht von bittteren Sorgen durch Latium, im Herzen stets die Liebe zur verlassenen Frau tragend, bis die Parzen seinen Schicksalsfaden mit der Hand durchtrennten. Dann floh [250] sein trauriger Schatten zu den stygischen Wellen, und sein Geist stieg zurück in die himmlische Luft.
Der tapfere Iolas streckt den Alcithous nieder, Gyas, ein Edler aus dem alten Geschlecht von Ilerda, den Euryalus, und den Gyas Telamon, den in Theben die Nymphe Daphnia dem Clytius gebar. Orestes weicht dem [255] Salius nicht aus, sondern holt ihn weit vor den anderen mit spitzer Klinge ein.
„Und wer bist du, o unbezwingbarer Spross himmlischer Götter, der du meine Waffen und deinen grausamen Tod mit bloßer Hand aufhältst? Ach ihr Armen, deren Söhne meine Waffen, meine Gewalt zu spüren [260] bekommen," sprach Salius. Darauf erwiderte der tapfere Orestes: „Bevor du dich im Lob deiner Waffen sonnst, nimm meine und prüfe sie, die nicht vergebens von starker Hand geschleudert sein mögen."

Dixit et adducto telum iacit ante lacerto
viribus inventum fusis. Volat ardua pinus
trans caput, et Salium supra. Depressus humi se 265
flexit enim Salius, nam se collegit in orbem
ardentis latum clypei. Tum reddit Oresti,
adsurgensque simul, mittensque volatile telum,
mercedem solitam, mediam – miserabile! – frontem
rupit, et ante oculos telum crudele pependit. 270
„Haec ego tela probo valida non irrita dextra,
quae tibi missa libens, iuvenis memorande, relinquo."
Dixerat. Ille novo labefacta dolore tenebris
tempora operta novis, defracta cernuus hasta
non regit, undantique imbutam sanguine terram 275
ore petit, Stygias sanguisque animusque latebras
flumine purpureo descendit, et ima petivit
Tartara. Quem Salius media pede calcat arena.
Quin etiam Euryalum detorta cominus hasta
excipit et tenero pulmone tepente refixit 280
cuspide, tum crates animosi pectoris hausit.
Ille volutus humi fluidum vomit ore cruorem
vulneris ingenti. Quid te latissima campi
iugera? Quid saltus, rapidarum ac lustra ferarum
venatusque iuvant? Quid totam in proelia mentem 285
adiecisse? Patris liquisse beantia rura,
si tibi nota satis genitorque domusque fuissent?
Talia dum ferro Salius gerit acer acuto,
illum animis contra tendit Taraconius Idmon,
maxima pars belli, Martis densissima saepes, 290
et peditem contra pedes obvius urget et hastam
mittit in audacem Salium. Sed sustinet ensis
fulmineus telum veniens detortaque longe
hasta volans stomacho Tyri stetit acta recusso.
Ille ardentis equi fuerat cervice volutus 295
pronus humi primum, revolutus deinde supino
pectore, dum caecis conatur pulveris umbris
surgere, anhelanti stomacho stat vulnus aperto.
Ingemuit casum socii miserabilis Idmon
et Salium arrepta contra volat impiger hasta. 300

So sprach er, zieht den Oberarm zurück und schleudert unter Aufbietung aller Kraft den Speer, den er gefunden hat. Das Holz der Kiefer fliegt in [265] hohem Bogen an seinem Kopf vorbei und über Salius hinweg. Salius nämlich duckte sich zu Boden, verbarg sich hinter der breiten Wölbung seines gleißenden Schildes. Dann sendet er, noch im Aufstehen, dem Orestes das Geschoss im Fluge zurück, seinen verdienten Lohn, und durchschlägt ihm dabei – wie schmählich! – die Stirn in der Mitte, und [270] das grausame Geschoss blieb vor seinen Augen hängen.

„Das nenne ich eine Waffe, die da ‚nicht vergebens von starker Hand' kommt, und sende sie dir gerne zurück, denkwürdiger Jüngling, du darfst sie behalten." So hatte er gesprochen. Jener kann, vom plötzlichen Schmerz ins Wanken gebracht, den von plötzlicher Schwärze umfangenen [275] Kopf nicht aufrechthalten, durch die abgebrochene Lanze aus dem Gleichgewicht gebracht, und fällt mit dem Gesicht auf die blutgetränkte Erde, sein Lebensblut und sein Geist rinnen in purpurnem Strom hinab zu den stygischen Höhlen und machen sich auf zur Sohle des Tartarus. Salius stößt ihn mitten auf dem Schlachtfeld mit dem Fuß nieder. Ja, auch den [280] Euryalus fängt er im Nahkampf mit geschickt gewendeter Lanze ab, stößt ihm die heiße Spitze in die verletzliche Lunge und zerfleischt das Gewebe seines noch beseelten Brustkorbs. Jener wälzt sich auf dem Boden und speit aus der klaffenden Öffnung der Wunde einen Schwall Blut. Was nützen dir nun noch die endlosen Triften des Feldes, was die Wälder [285] und die Jagdgründe der raubgierigen Tiere und die Jagd auf sie? Was, all dein Sinnen auf die Schlacht gerichtet zu haben? Die beseelenden Lande des Vaters verlassen zu haben, wo du doch wusstest, wer dein Vater, was dein Zuhause war? Während Salius wild solches mit dem spitzen Stahl vollbringt, tritt ihm beherzt Idmon von Tarragona entgegen, ein bedeutender [290] Teilnehmer des Krieges, ganz erfüllt vom Kriegsgott, stellt den Fußsoldaten als Fußsoldat und wirft die Lanze nach dem wagemutigen Salius. Doch dessen blitzendes Schwert gebietet dem eintreffenden Geschoss Einhalt. Weit abgelenkt kommt die Lanze in ihrem Flug in den Eingeweiden des Tyrus, die sie durchdrang, zum Stehen.

[295] Jener war zunächst vornüber vom Rücken seines glühenden Pferdes zu Boden gefallen, wandte sich dann aber auf den Rücken und, während er versuchte, aus den blindmachenden Schatten des Staubs aufzustehen, klafft dem Atemlosen im offenen Bauch die Wunde. Idmon bejammerte den Fall des armen Gefährten, ergreift seine Lanze und eilt rastlos dem [300] Salius entgegen.

Quem furere ut vidit Salii crudelia contra
fata volans, ut equo forti praevectus, acuto
ense ferit, mediumque caput scidit altus Homocles
Apulus, Alphonsi crudelis nominis acer
hostis, et infectos cui pactae forte hymenaeos 305
coniugis Antigones turbarat barbarus acri
captus amore, ferosque gerens in corde furores,
indomitosque ignes et caecam in pectore flammam.
Ille dolore tumens, iraque incensus amara,
incidit ira animo postquam indignantis amatae, 310
coniugis optatae Regi connubia vitat,
Parthenopenque volens, antiquaque liquerat arva.
„Idmon", ait, „saevi miles vesane Tyranni
accipe militiae quae praemia reddit Homocles,
coniuge qui rapta iustis ulciscitur armis 315
coniugium, et mores Alphonsi proelia Regis."
Talia dicenti Celtisque immane minanti
obvius it vastis fortis Polydemius armis.
Quem simul ac vidit venientem fortis Homocles
talibus huic dictis contra sese arduus infert: 320
„Panthoide Polydemi animis frustrate superbis,
manibus ac maestis comes i nunc Idmonis umbris.
Iam tibi Tisiphone tortos invisa colubros
Tartareumque Chaos monstrabit terra reclusa."
    Dixerat, et iam tum castris legio omnis apertis 325
per campos effusa ruit, nam terga fatigant
Lydorum primi reseratis undique portis.
Sudor ubique virum bellantum, multus ubique
clamor, ubique vagans agitat Discordia vulgus.
Hos Sismundus agit, socios Alphonsus et hostes 330
sustinet: Ambo armis campo bellantur in uno.
Ut semel Alphonsum vidit Pandulphius, utque
ante oculos diri crudelia foedera regis
vulnus et ante recens paulo, calcaribus acrem
pressit equum duris, campoque infertur aperto. 335
Perque hostes, perque arma volans aufertur ab omni
Ausonidum adspectu: „Quo te temerarius", aiunt,
„magne furor Pandulphe rapit? Quid linquis Ethruscos

Als der hochgewachsene Homocles ihn sah, wie er das grausame Verderben des Salius eilends vorantrieb, und auf seinem tapferen Pferd voranpreschte, traf er, ein Mann aus Apulien und erbitterter Feind des grausamen Alfons, ihn am Kopf und hieb ihm seinen Schädel in der [305] Mitte entzwei. Einst hatte ihm der Barbar, von Liebe erfasst und mit wildem Toben und unbezähmbaren Flammen im Herzen und einem Feuer in der Brust, das ihn blendete, die Hochzeit mit seiner Versprochenen Antigone vereitelt.
Jener, vor Schmerz fast berstend, und von bitterer Wut entflammt, mied, [310] nachdem Zorn auf die entehrte Geliebte in seinem Geist aufkam, die Hochzeit mit der vom König Begehrten und verließ Parthenope und die Lande seiner alten Heimat freiwillig.
„Idmon", sprach er, „närrischer Soldat eines brutalen Tyrannen, empfang den Sold für deinen Dienst, den dir Homocles auszahlt, der, nachdem ihm [315] die Braut geraubt wurde, seine Hochzeit mit gerechter Waffe rächt, und Vergeltung übt an Wesen und Kriegszug von König Alfons."
Ihm entgegen schreitet in breiter Rüstung der tapfere Polydemius. Sobald der tapfere Homocles ihn nahen sieht, stürzt er sich mit diesen Worten ihm hochfahrend entgegen:
[320] „Polydemius, Sohn des Panthous, der du dich in deinem hochmütigen Ansinnen täuschen ließest, fahre nun als Gefährte des Idmon zu den Manen und den traurigen Schatten. Die verhasste Tisiphone wird dir ihre sich windenden Schlangen zeigen und das verborgene Land das Chaos des Tartarus."
[325] So hatte er gesprochen und da stürmt schon das gesamte Heer aus den offenen Toren des Lagers über das Feld, denn die vordersten der Lyder setzen ihren hinteren Schlachtreihen zu, nun, da von allen Seiten die Tore offen sind. Der Schweiß kämpfender Männer hängt in der Luft und viel Geschrei allerorten, und überall treibt die Zwietracht das Volk hin und her.
[330] Sigismondo treibt die Seinen, Alfons wiederum seine Gefährten an und gebietet den Feinden Einhalt. Beide kämpfen sie nun auf demselben Feld. Sobald der Sohn des Pandolfo erst einmal den Alfons erblickt hat und ihm der grausame Eidbruch des grimmigen Königs wieder vor Augen steht, sowie auch die Verwundung vor nicht langer Zeit, gibt er seinem [335] hitzigen Pferd die Sporen, und lässt sich auf das offene Schlachtfeld tragen. Durch die Feinde und ihre Waffen preschend entzieht er sich jedem Blick der Ausonier. „Wohin treibt dich", so rufen sie, „dein kopfloses Wüten, großer Pandolfo? Was lässt herzlos du die etruskischen Völker

crudelis populos? Virtus tua linquere suasit,
anne odium Alphonsi populos, invicte, Latinos?" 340
Talia iactabant miserando pectore dicta.
    At bonus Alphonsum Pandulphus in agmine quaerit
hostili, multos ferro detruncat amaro
usque viam sternens, populosque in terga Latinos
Celtarum et subito palantes trudit Iberos. 345
Nuda bis urgenti verterunt terga, bis armis
oppositis socium steterant. Ter ab ordine Lydi
deiectos omni expulerant, quater acrius omnes
incumbunt Itali, toties se barbara campo
implicat obsesso gens omnis. Et horrida quondam 350
qualia bella gerunt excitis cominus apris
Picentes cauti, clauso cum indagine campo
it fera per medios vario clamore molossos,
illa plaga, aut densis iuvenum tardata maniplis
fertur in ambiguum retro, rursumque caterva 355
venantum offensa, fugiens vestigia retro
vana legit, toties lato Taraconia campo
turba labat geminos dubitans se fundere in hostes.
Quam simul ac vario vidit clamore labantem
dux Pandulphiades, multoque errore plicantem, 360
„Vicimus", exclamat, „fusos mihi Iupiter hostes
ante oculos posuit. Nunc, nunc pugna acris adesto,
omnis amor laudum dulcesque ante ora triumphi
defensae Italiae". Sic fatus more leonis
armento stragem mittentis primus in hostem 365
se rapit attonitum. Cuncti simul inde secuti
Tyrrheni et duris praedurus Fanius armis.
    Haec super aethereo divum pater altus Olympo
humanas tristi miseratus pectore caedes,
ipse modum tantae cupiens imponere pugnae, 370
prospectat latis longe fulgentia campis
agmina, magnanimosque duces, missamque sub armis
Hesperiam, et duros Tyrrheno in litore Celtas
Ausonidum clausos turmis utrimque refusis,
Extemplo ad fidam sic fatur Apollinis aurem: 375
    „Phoebe, genus nostrum, Latonae ac lucida proles,

im Stich? Ist es deine Tugend, die dir geraten hat, die Völker Latiums zu
[340] verlassen, oder der Hass auf Alfons, Unbesiegbarer?"
Solche Dinge riefen sie mit verzweifeltem Herzen.
Der edle Pandolfo jedoch stellt Alfons im feindlichen Heer nach, fällt viele mit bitterer Klinge, sich immer weiter einen Weg bahnend, und treibt dabei die Völker Latiums in den Rücken der Kelten und dann ganz [345] plötzlich auf verstreute Iberer zu. Ihre ungeschützte Rückseite wandten sie ihm zweimal zu, als er anstürmte, zweimal stellten sie sich ihm mit den Waffen der Verbündeten entgegen. Dreimal hatten die Lyder sie vertrieben und dabei aus jeder Ordnung gebracht und viermal fielen alle Italier noch beherzter über sie her. Und so oft bricht die Ordnung im [350] ganzen Barbarenvolk auf besetztem Boden in sich zusammen, wie solche grausigen Kämpfe die bedächtigen Picener sie bisweilen bei der Treibjagd den wilden Ebern liefern, wenn das wilde Tier in der Umzingelung unter großem Getöse durch die Meute der Molosser gehen muss, es dann unter Schlägen verlangsamt durch die dichten Reihen junger Männer [355] zurück zu einer Weggabelung gedrängt wird und dann erneut durch die Rotte der Jäger angegangen auf der Flucht seine Spuren vergebens wiederfindet, so oft irrt jedes Mal die Schar Tarragonas auf dem weiten Schlachtfeld hin und her, zögernd, über die zweifachen Feinde herzufallen. Sobald der Anführer, Sohn des Pandolfo, diese mit vielfachem Geschrei [360] umherirren und dabei ihre Schlachtordnung mehrmals verlieren sieht, ruft er: „Wir haben gesiegt. Jupiter hat mir die Feinde direkt vor den Augen dahingestreckt dargeboten. Nun, nun soll es einen heftigen Kampf geben. Alles Verlangen nach Ruhm und auch die lieblichen Triumphzüge zur Verteidigung Italiens sind zum Greifen nah." So sprach er, und wie ein [365] Löwe, der in der Herde ein Blutbad anrichtet, stürzt er sich als erster auf den erstarrten Feind. Im selben Moment folgen ihm sodann alle Tyrrhener und auch Fanius, abgehärtet in erbitterten Kämpfen.

Es betrachtet all dies, weit darüber auf dem himmlischen Olymp, der hohe Vater der Götter und aus Erbarmen mit dem Abschlachten der [370] Menschen, das ihn der Schlacht persönlich ein Ende setzen wollen lässt, betrachtet er die auf den weiten Felder glänzenden Schlachtreihen, die hochherzigen Anführer und das in Waffen stehende Hesperien, die brutalen Kelten am tyrrhenischen Ufer, ringsum eingeschlossen von den ausströmenden Horden der Ausonier.
[375] Umgehend spricht er so zum getreuen Ohr des Apollo:
„Phoebus, mein Blut und strahlender Sohn der Latona, welcher Flucht-

quae fuga iam victis patuisset libera Celtis?
Ni premat a tergo iustas Populonia in iras
gens accensa, gravi dudumque obsessa tumultu,
barbara cui patrios pulsabat machina muros. 380
I celer, Alphonso mea fer mandata labanti:
Aut cedat bello, densis aut protinus armis
occidat Ausonidum. Sic stat sententia, durae
sic Parcae statuere." Tenens examina laeva
Iupiter imposuit populorum fata duorum 385
lancibus ambiguis regumque ducumque labor stat
una in parte labans. Geminas tunc ordine sortes
lancibus ipse gerens, Alphonsi proelia regis
Pandulphique vices. Magnosque ex ordine divos
advocat et certum cunctis ostendit honorem, 390
dedecus ignaris nequicquam mentibus infert.
Nam simul ac steterant aequato examine lances,
Alphonsi Stygias sors lubrica vergit ad umbras,
Pandulphi aethereas sublimior occupat auras,
illam terra tremens, illam non motus Olympus 395
divisere procul. Cunctos secedere iussit
caelicolas rursum Phoeboque potentia rursum
dat mandata: Gravi formidine prorsus abactum
impleat Alphonsum vetitisque avertere terris
imperat. Ille levi dimissus ab aethere gentes 400
barbaricas Italasque novo concurrere bello
ut procul adspexit, sortem miseratus acerbam
magnanimi Alphonsi, felicia bella superbi
Sismundi adspectans „Italum fortissime", dixit,
„quo tua fama cadet venturo tempore saeclo?" 405
Tum Iovis Alphonso crudelia iussa parentis
detulit: „Ille ego sum magno Iove natus Apollo,
quem peperit Latona patri. Fuge bella cruenti
Martis iniqua tibi! Victor Sismundus. Ad aequas
ipse ego te naves occulto tramite ducam. 410
Ne dubita! Melior victum fortuna sequetur
forsitan – hoc superis visum est." Sic orsus habenas
magnanimi deflexit equi, longeque retorsit
Tyrrhenoque freto Celtis amovit ab ipsis

weg mag den besiegten Kelten denn nun noch offenstehen? Wenn doch nur nicht die Bevölkerung Populonias, zu gerechtem Zorn entfacht, ihnen von hinten zusetzen würde, von solchem Ungemach bedrängt in der langen [380] Belagerung, sie, denen das Kriegsgerät der Barbaren gegen die heimatlichen Mauern hämmert. Geh geschwind, bringe dem fallenden Alfons meine Weisungen: Er möge sich entweder aus dem Kriege zurückziehen, oder geradewegs zugrunde gehen unter den dichtgedrängten Waffen der Ausonier. Das Urteil steht fest, so haben es die unerbittlichen [385] Parzen verfügt." Mit dem Zünglein in der Linken legte Jupiter das Schicksal beider Völker in zwei Waagschalen. Das Mühen der Könige und der Anführer steht je nach einer Seite pendelnd. So hielt er dann die beiden Schicksale geordnet in den Waagschalen, die Schlachten von König Alfons und Pandolfos Reaktion darauf. Da ruft er die großen Götter [390] einen nach dem anderen, zeigt allen die unzweifelhafte Schicksalsgunst und beschämt ihre bisher ahnungslosen Geister in keiner Weise. Denn sobald die beiden Gewichte einmal gleichauf gestanden hatten, wandte sich das Los des Alfons geschwind zu den stygischen Schatten, das des Pandolfo aber zu den himmlischen Lüften. Nicht das Zittern der [395] Erde, nicht das Erbeben des Olymp änderten wohl viel am Ergebnis. Er befahl allen Himmelsbewohnern, sich wieder zurückzuziehen, und wandte sich erneut an Phoebus mit einer machtvollen Weisung: Er solle Alfons geradewegs entführen und somit einem großen Schrecken versehen, und ihn auf diese Weise von den verbotenen Landen fortbringen, so [400] befiehlt er. Als jener, vom leichten Himmel herabgesandt, von weitem erblickte, wie Barbaren und Italiener in einem neuen Krieg aufeinandertrafen, da empfand er Mitleid mit dem bitteren Los des hochherzigen Alfons und mit Blick auf das günstige Kriegsglück des stolzen Sigimondo sprach er: „Tapferster der Italiener, in welchem künftigen Zeitalter wird [405] dein Ruhm jemals schwinden?" Dann überbrachte er Alfons die grausamen Befehle seines Vaters Jupiter: „Ich bin es, Apollo, der Sohn des großen Jupiter, den Latona dem Vater gebar. Flieh diesen Krieg des blutrünstigen Mars, der nicht zu deinen Gunsten verläuft. Sigismondo ist der Sieger. Ich selbst werde dich auf einem verborgenen Pfad zu den sicheren [410] Schiffen führen. Zögere nicht! Ein besseres Schicksal harrt womöglich des Besiegten. So haben es die Götter beschlossen." Nachdem er dies gesagt hatte, wandte er die Zügel seines stolzen Pferdes, vollführte eine weite Drehung, trennte ihn gegen seinen Willen am tyrrhenischen Meer von seinen eigenen Kelten und ließ ihn so die Gefechte der grausam wütenden

invitum crudae linquentem proelia pugnae. 415
Ipse malis turbata novis et pectora fluctu
curarum ingenti perculsus, ad aethera magna
voce fremens miserum subitas exarsit in iras:
　„Ergo ego Fortunae maiora minora trahenti
credideram? Quae me heu cunctis immiscuit imis 420
omnia summa? Igitur fugiens Alphonsus honorem
Sismundoque duci populisque relinquet Ethruscis,
quin peream manesque prius delabar ad imos?
Invisamque animam iam nunc ego fundere in auras,
hanc animam exhalare libens crudelibus optem 425
suppliciis? Quo fata trahunt inimica, sequamur.
Me sine, summe deum, medias erumpere turmas
Ausonidum. Sine me Tyrrhenos reddar in hostes,
aut letum crudele manu. Proh dedecus! Omnes
spectabunt Itali fugientem, ac terga parantem 430
spectabunt Celtae, medio quos linquere bello
cogor, et ipse metu iam concitus unus inani
indecorem rapuisse fugam ferar? O mihi tellus,
o mare Tartareas tumidum se scindat ad umbras!
Sed fugio interea quo me furor urget? At o iam 435
si fatis trahimur tumidoque immergere ponto
hoc caput est visum superis, non iam ulla recuso
effugia. In scopulos aut alta Ceraunia, venti,
dividite hos artus, vastaque urgete Charybdi."
　Sic ait et lacrimis confuderat ora profusis, 440
verbaque nubiferi rapiebant irrita venti,
atque propinquabat classi miserumque fremebat.
Accepere ducem nautae fidaque carina,
deduxere virum terris procul inde relictis.
　Nuntius interea Sismundo fertur abactum 445
navibus Alphonsum magnis dare terga Latinis.
Exarsere animi subitamque accensus in iram
magnanimus Pandulphiades vocat agmina magna
voce tonans: „Pelagi primas curramus ad undas,
ne fugiant Celtae. Quando fortuna fugacem 450
sustulit Alphonsum, fusos capiamus at hostes."
　Dixit et in medios, cuneis urgentibus, hostes

[415] Schlacht verlassen. Der König wiederum, aufgebracht über das neuerliche Ungemach, und im Herzen von einer gewaltigen Flut an Besorgnis erschüttert, entbrannte in jäher Wut und brüllte in seiner elenden Lage laut in Richtung des Himmels:

„Und ich hatte dem Schicksal vertraut, das Großes ebenso wie Kleines [420] mit sich reißt? Das das Höchste, weh mir, niedrig macht und umgekehrt? Deshalb wird nun ein fliehender Alfons dem Heerführer Sigismondo und den etruskischen Völkern den Ruhm überlassen, nur um nicht umzukommen und vor meiner Zeit hinunter zu den Manen zu entschweben? Soll ich nun wünschen, mein verhasstes Leben hier zu geben [425] und meine Seele unter grausamer Qual freiwillig auszuhauchen? Wo das feindselige Schicksal mich hinführt, will ich ihm folgen. Doch erlaube mir, höchster der Götter, mich mitten in die Truppen der Ausonier zu stürzen! Erlaube mir, mich den tyrrhenischen Feinden wieder preiszugeben – oder einem grausamen Tod von eigener Hand. O Schande! [430] Sollen alle Italiener mich fliehen, die Kelten mich ihnen den Rücken zuwenden sehen, die mitten in der Schlacht im Stich zu lassen man mich zwingt, und soll man glauben, dass ich als einziger von einer eitlen Furcht verschreckt die ehrlose Flucht ergriffen habe? O, Erde und Meer sollen sich auftun und mich zu den Schatten stürzen! [435] Doch ich, ich fliehe unterdessen, wohin der Wahn mich treibt? Aber, o wenn wir doch vom Schicksal mitgezogen werden, und es den Göttern recht erschienen ist, dieses Haupt in der wilden See zu ertränken, dann lehne ich keine Ausflüchte mehr ab. Winde, zertrümmert diese Glieder auf Felsen, auf ceraunischen Klippen und zermalmt sie im weiten Schlund der Charybdis."
[440] So sprach er, mit Tränenströmen hatte er sein Gesicht übergossen und seine Worte fraßen ungehört die wolkentreibenden Winde, er näherte sich seiner Flotte und tobte bitterlich. Die Matrosen nahmen ihren Anführer an Bord und trugen ihn auf treuem Kiel fern fort, jene Lande weit hinter sich lassend.

[445] Sigismondo wird unterdessen Meldung gemacht, dass Alfons sich mit seiner Flotte davongemacht und den großen Latinern den Rücken gekehrt habe. Sein Geist entflammte und zu plötzlicher Wut entfacht ruft der große Sohn des Pandolfo sein Heer mit lauter Stimme an: „Lasst uns bis zur Brandung eilen, auf dass die Kelten nicht entkommen. Wenn das [450] Schicksal uns schon den flüchtigen Alfons genommen hat, so wollen wir doch die geschlagenen Feinde ergreifen."

So sprach er und fährt mit vordringender Keilformation rasch in die

fertur. Ut ille lupus media intra saepta gregatas
dissipat acer oves, mutum pecus omne repente
amisso pastore cadit, sic barbara linquunt 455
agmina signa, capi se passa, cruentaque cessant
vulnera. Nam prohibet caedes Pandulphius heros.
At Lydi, quorum miseri crudelia nati
servitia expendunt, ratibus cepere redemptis
quos mutent natis, alios Dux ipse triumpho 460
servavit Celtas magno. Tum talia ductor
Ausonidum magnus tumulo est exorsus ab alto:
  „Crastina frugiferas lustrarit lumine terras
orta novo croceis invecta Aurora quadrigis
cum primum et caelo Phaeton se tollet Eoo, 465
magnanimi nos pompa duces non parva sequetur.
Namque Fluentina praeclaros urbe triumphos
defensis bello laetis ducemus Ethruscis.
Interea nunc magna virum, quae plurima campo
strata iacent, solitae mandemus corpora terrae, 470
quo tuto Stygias possint Acherontis ad undas
ferre pedem, et vano digni decorentur honore."
Vix ea, cum lacrimis perfuderat ora decoris.
  Protinus aerios colles adscendere tendunt
abietibus similes, nec non Pandulphius heros 475
nunc hos, nunc illos duris hortatur in armis,
aere gravemque ciet luctans in dura bipennem
robora et avulsas vertit radice cupressos.
Nec mora: Praecipitant omnes, ac iussa sequuntur
magnanimi proceres. Sonat ictu silva securis, 480
ingentesque ruunt summis de montibus ornos,
cornigeras pinus, et odoriferas cyparissos.
Contextas statuere pyras, atque aggere summo
convectant gelidis collapsa cadavera membris.
Tum lamenta sonant, gemitus, lacrimaeque sequuntur, 485
languescitque nemus, singultibus insonat aether,
ardentesque viros, ambustaque membra sepulcris
ferre parant subito et cineres volvuntur inanes.
Adduntur tumuli, et tumulis insignia tela
linquuntur, tremulosque trahunt a pectore questus: 490

Feinde. Wie der Wolf, wenn er mitten im Pferch wild die Schafe auseinanderstieben lässt und alles stumme Vieh sogleich, des Schutzes durch
[455] den Hirten beraubt, zugrunde geht, so lassen die Schlachtreihen der Barbaren ihre Feldzeichen zurück, lassen sich fangen und entkommen so einem blutigen Gemetzel. Der Held, Sohn des Pandolfo, verhindert nämlich ihre Tötung. Diejenigen Lyder aber, deren unglückliche Söhne in Gefangenschaft geraten sind, fingen mit Flößen einige von den Spaniern ein,
[460] um mit ihnen ihre eigenen Söhne freizukaufen. Die anderen Kelten sparte der Heerführer selbst für den großen Triumphzug auf. Dann hob der Führer der Ausonier hoch von einem Hügel an zu sprechen:

„Wenn Aurora morgen bei ihrem Aufgang, gezogen von ihrem goldenen Viergespann, die fruchtbringenden Lande mit neuem Licht erleuchtet
[465] hat und Phaeton sich am morgenroten Himmel erhebt, wird uns, hochherzige Anführer, ein nicht kleiner Zug folgen. Denn wir werden in Florenz einen strahlenden Triumphzug anführen, nachdem wir die Etrusker glücklich im Kriege verteidigt haben. Erst wollen wird jedoch die stattlichen Leichname der Männer, die in großer Zahl auf dem Schlachtfeld
[470] dahingestreckt liegen, der vertrauten Erde übergeben, damit sie ungestört ihren Weg zu den stygischen Wogen des Acheron machen können und dort mit den eitlen Ehren, die ihnen gebühren, gekrönt werden." Kaum hatte er dies gesagt, da ließ er schon sein Gesicht mit ehrbaren Tränen überströmen.

Sogleich strebten sie dann, die wie Tannen emporragenden Hügel zu
[475] erklimmen, und auch der Held, Sohn des Pandolfo, ermuntert in starker Rüstung bald diese, bald jene, und ruft dazu auf, unter großer Anstrengung mit eherner Klinge die schwere Axt an die harten Baumstämme zu legen, und lässt die Zypressen entwurzelt umwenden. Ohne Verzug stürmen die hochherzigen Edlen alle los und folgen seinen Befehlen. Der
[480] Wald erschallt vom Schlag des Beils und gewaltige Eschen stürzen von den Bergeshöhen, nadlige Kiefern und duftende Zypressen. Daraus schichteten sie Scheiterhaufen auf und tragen oben auf dem Holzstapel die Leichname der Gefallenen mit ihren kalten Gliedern zusammen. Dann stimmen sie ein Klagen an, ein Seufzen und es folgen die Tränen, der
[485] ganze Hain ermattet und die Luft erschallt vom Schluchzen. Sie machen sich bereit, die verbrannten Männer und ihre verkohlten Glieder umgehend zu Grabe zu legen, und man wälzt die nichtige Asche nach ihnen um. Grabhügel werden über ihnen aufgeschichtet, und auf ihnen hinterlässt man Grabmale aus Waffen und sie lassen ein zitterndes
[490] Klagen aus der Brust fahren:

„Innocuae salvete animae, salvete supremum,
aeternumque piae. Stygiam transite paludem,
Elysios sperate locos, sperate reverti
rursus in humanos, fatis melioribus, artus."
   Nec non et miseris permittunt tristia Celtis 495
funera subter humum captivi reddere turba.
Tum gemitus tollunt convexi ad sidera caeli
et Celtae et nati permixto sanguine Iberi.
Iphitus ante alios multo maturior aevo:
„O patriae devota suae prostrata iuventus, 500
magnanimi quondam iuvenes, nunc fusa per agros
corpora magna Italos, nec fusa sine ante cruentis
caedibus Ausonidum multis, quos cetera si nunc
gens imitata ruat medios secura per hostes
fugisset non Celta ferox, non asper Iberus. 505
Vos quoque non parva cum laude Acherusia regna
advehet ille senex optatae portitor undae.
Vos tamen omnis honos, quicumque refertur ademptis,
Sismundo debete duci, qui talia reddit
officia, haud vanum miseris invidit honorem." 510
   Haec ubi fleta, petunt Lydorum tecta superba
Pandulphi ante alios belli fortissima proles,
in niveo Sismundus equo, quem mille sequuntur
iamque ipsis heroes equis, et tecta petebant,
et paeana duces et te, Pandulphe, canebant. 515
Sed postquam muris omnes atque urbe recepti,
curat equos famulum manus, et sua corpora laeti
et Cerere et liquido properant explere Lyaeo.

"Seid gegrüßt, ihr schuldlosen Seelen, seid ein letztes Mal gegrüßt, ihr auf ewig Getreuen. Überquert den stygischen Sumpf und hofft auf die elysischen Felder, hofft darauf, wieder in menschliche Glieder zurückzukehren zu einem besseren Schicksal."
[495] Und auch den armen Kelten gestatten sie, in der Schar der Gefangenen ihre bejammernswerten Toten unter die Erde zu bringen. Dann erheben sie ein Wehklagen zu den Gestirnen des Himmelszelts, die Kelten und die Iberer gemischten Blutes. Vor allen anderen spricht Iphitus, dem es seines deutlich höheren Alters wegen zukommt:
[500] „O Jugend, die du dem Vaterland ergeben warst und dich ihm geopfert hast, einst hochherzige Jünglinge, nun stattliche Leichname, die über die Felder Italiens verstreut liegen, und das nicht, ohne zuvor blutiges Morden unter den Italienern angerichtet zu haben, vor denen nun, ahmte ein Volk ihren furchtlosen Sturm durch die Reihen der Feinde nach, [505] kein wilder Kelte, kein grimmiger Iberer flöhe. Auch euch wird nun, mit nicht geringem Ruhme, der greise Fährmann des ersehnten Flusses hinüber in die acherontischen Lande fahren. Doch jegliche Ehre, die man euch nun nach eurem Tode erweist, schuldet ihr dem Führer Sigismondo, der euch solche Ehrenbezeigung gibt und euch, ihr armen Seelen, nicht die Ehre [510] missgönnt, von der ihr nun nichts mehr habt."

Nachdem er solches unter Weinen gesagt hat, streben sie nach den stolzen Häusern der Lyder, vorneweg der kriegstüchtige Sohn des Pandolfo, Sigismondo auf seinem weißen Pferd, dem tausend Helden auf ihren eigenen Pferden folgen, nach den Häusern strebten, und ihren [515] Anführern – und dir, Pandolfo – ein Loblied sangen. Doch nachdem sie alle in den Mauern und der Stadt Aufnahme gefunden haben, versorgt eine Schar von Dienern ihre Pferde, und sie selbst geben sich eilig frohgemut den Speisen der Ceres und dem Trank des Lyaeus hin.

Basini Parmensis
Hesperidos
Liber Quartus

Labitur interea mediis nocturnus in undis
ipse ignota secans Tyrrhenos aequora fluctus,
incertas Alphonsus aquas. Tum pectore curae
vertuntur gelido variae, mentemque recentes
perturbant sonitus, victoremque omnia victo 5
intentant simulacra, metusque iraeque pudore
permixtae variant animum. Ter in aequor opacum
mittere, ter gelido voluit se immergere ponto,
ter miserans animi regem servavit Apollo.
Ille, negata diu quando mors atra labantem 10
deserit, aethereas sic est effatus ad auras:
 „O me Scylla rapax, o me indignata Charybdis
terque quaterque vadis per hiantia dorsa rotatum,
sorbeat aequoreaque vorans procul hauriat unda.
An patrias repetamne domos? Quasne ipse reliqui 15
contentus vitam hanc alienis degere terris?
Parthenopen igitur Tyrrhenam atque Itala regna
obsidione premam rursum, qui milite capto
provehor in sola – proh dedecus – ecce carina?
Ausonios veniam potius, iuvenemque superbum 20
victoremque mei superest orare facultas.
Quin nihil est, nisi morte manum foedare cruenta,
una salus haec est, haec fortibus una voluptas.
Hic modus, haec una est variorum meta laborum."
 Sic ait, et praeceps gladium, quo cinctus, ademit 25
vagina et forti condat sub pectore, Apollo
ni vetet et placida soletur voce dolentem:
 „Magna quidem victis solacia, clara probati
victoris sunt facta. Fugis nec primus ab illo
victus.", ait, „Fugere alii quem fugeris ipse, 30
in te laudis habet plus quamquam, cetera dum sint
maxima facta viri. Cesset dolor iste parumper,
ordine cuncta canam, neque te, rex magne, pudebit
succubuisse duci tanto, cui maxima rerum

**Der *Hesperis*
Basinios von Parma
Viertes Buch**

Unterdessen gleitet auf nächtlicher Fahrt mitten in den Wogen, die tyrrhenischen Fluten, unbekannte Gewässer, durchschneidend, Alfons über die ungewisse See. Im kalten Herz wenden sich verschiedene Sorgen hin und her, das zuletzt Gehörte wühlt seinen Sinn auf, in allen seinen [5] Vorstellungen drängt sich dem Besiegten das Bild des Siegers auf und Furcht und Wut, vermischt mit Scham, wechseln sich in seinem Geist ab. Dreimal hat er sich in die dunkle See stürzen wollen, dreimal sich ertränken im kalten Meer, dreimal rettete Apollo den König aus Erbarmen in seinem Herzen. Jener sprach, als ihn auch der finstere Tod, der ihm [10] verwehrt ward, in seinem Schwanken im Stich lässt, so zu den himmlischen Lüften:
„O es möge mich die raubgierige Scylla, o die zornige Charybdis verschlingen und zuvor drei- und viermal in den Untiefen auf ihrem Rücken hin und her schleudern und schließlich gierig mit der Meereswoge tief in [15] sich aufsaugen. Oder darf ich die Häuser meiner Heimat ansteuern? Die, die ich verließ im Streben, mein Leben hier in fremden Landen zu verbringen? Soll ich also die tyrrhenische Parthenope und die italienischen Reiche erneut mit Belagerung heimsuchen, der ich nach Gefangennahme meiner Truppen auf einsamem Schiff hier – man sehe sich nur an, welch Schande – [20] vorwärtstreibe. Ansonsten gibt es nur noch die Möglichkeit, die Ausonier und den hochmütigen Jüngling, der mich besiegt hat, um Gnade anzuflehen. Fürwahr, es bleibt nichts, als meine Hand mit meinem blutigen Tod zu besudeln. Nur dies Heil gibt es, nur diesen Wunsch für die Tapferen. Dies ist das Ziel, dies allein der Gipfel meiner mannigfachen Mühen."
[25] So sprach er und zieht jäh das Schwert, mit dem er gegürtet ist, aus der Scheide und würde es sich wohl in der wackeren Brust versenken, verböte es nicht Apollo und tröstete den Leidenden mit sanfter Stimme:
„Die Ruhmestaten dessen, der sich als Sieger erwies, sind gewiss ein großer Trost für die Besiegten. Du bist nicht der erste, der nach einer Niederlage [30] gegen ihn flieht", sprach er, „sondern es flohen schon andere den, den du nun fliehst, wenn auch der Sieg über dich für ihn noch ruhmreicher ist, wo alle anderen Taten des Helden schon bedeutend sind. Dein Gram soll in Kürze nachlassen, daher werde ich dir alles der Reihe nach vortragen, und du, großer König, wirst dich nicht weiter schämen, einem solchen Anführer unterlegen

Roma potens Latii fasces, et munera magni 35
imperii et priscum Romanae gentis honorem
tradidit. Ipse puer primis maturus ab annis,
iamque regens placida populos in pace, videri
omnibus ante diem curas gestare viriles,
ingentesque animos, multos terrere nocentes 40
dissimilesque sui populos saevosque Tyrannos.
    Hoc concussa metu Latii pars quaeque futuri
Sismundi iam bella ducis viresque tremebant
venturas iuveni. Multi praetexere fraudes
adsidui instabant, alii obiectare ferinis 45
cursibus. Ille levi montis petere ardua cursu,
atque volans hirtos deferri victor in apros,
saepe lupos, queritur Latio non esse leones.
Saepe gravem dextra subiecit in aethera discum.
Illum nec dura potuit superare palaestra 50
alter ubique puer, saltu nec vincere fossas
ingentes iuvenum quisquam, nec frigora passo
deiecere nives animum. Non ipse furentis
signa canis metuens medio venatus in aestu,
umbriferi nemoris latebras captabat opacas 55
flava sed ostendens impexis colla capillis
et niveis alba ora genis, cum Lucifer almam
extulerat caelo faciem tenebrasque fugarat,
serus ad occiduum Solem nemora alta petebat
cum canibus, sociisque et anhelorum agmine equorum. 60
Ast ubi Arimineam rediens venator ad urbem
cornigeros alte referebat ad atria cervos,
ipse suo partis dapibus sudore repente
vescitur, et parvo contentus surgit et omnes
evolvit fastos veterum monimenta virorum. 65
    Postquam grata quies miseris mortalibus esse
coeperat et nigras alis amplectier umbras,
semper equos placitosque ferunt insomnia ludos.
    Matutinus, avis resonant ubi carmine tecta,
surgit et aethereum votis puer implet Olympum. 70
Templa deum multa visit simul omnia pompa.
    Quem postquam tanta vidit virtute regentem

Viertes Buch 237

[35] zu sein, dem das gewaltige Rom, die Herrscherin der Welt, den Befehl über Latium übertrug, die Würde eines großen Amtes, und die Ehre des römischen Volkes in alter Größe. Schon als kleiner Junge, seinem Alter weit voraus, herrschte er in sanftem Frieden über ganze Völker, und alle waren sich einig, dass er vor seiner Zeit schon die Sorgen des Mannesalters trug, [40] dabei unglaubliche Beherztheit zeigte und damit viele schädliche Völker und grausame Tyrannen, die von Sinnen waren, schreckte.

Von dieser Angst erschüttert zitterte ein jeder Teil Latiums vor all den Kriegen, in denen Sigismondo den Befehl haben würde, und vor den Kräften, die der junge Mann noch entwickeln würde. Drum setzten viele alles [45] daran, Ränke gegen ihn zu schmieden. So wollten manche ihn wilden Tieren aussetzen. Jener aber suchte in schnellem Laufe eilend die Schlüfte des Gebirges auf und ging gegen borstige Eber als Sieger her-vor, oft auch gegen Wölfe, und beklagte dann auch noch, dass es in Latium ja keine Löwen gebe. Viele Male schleuderte er mit seiner Rechten den Diskus [50] gen Himmel. Kein anderer Knabe irgendwo konnte ihn im harten Ringkampf bezwingen, noch irgendeiner der Jünglinge beim Sprung über breite Gräben übertreffen, noch entmutigte ihn, der Kälte vertragen konnte, der Schnee. Die Jagd auch inmitten der Sommerhitze des wütenden Hundsgestirns nicht scheuend, machte er Beute in den dunklen Verstecken [55] der Tiere im schattigen Wald, seinen blonden Schopf aus ungekämmten Haaren der Welt zeigend und sein helles Gesicht mit schneeweißen Wangen, machte er sich, wenn der Morgenstern sein gütiges Antlitz am Himmel erhoben und die Dunkelheit vertrieben hatte, bis zum Sonnenuntergang auf in tiefe Wälder mit seinen Hunden, seinen Gefährten [60] und einer Schwadron schnaubender Pferde. Doch wenn der Jäger bei der Rückkehr in seine Stadt Rimini die behornten Hirsche hoch in sein Heim brachte, aß er sofort etwas von den Dingen, die er sich im Schweiße seines Angesichts erworben hatte, und erhob sich, mit wenig zufrieden, und wälzte mit Hingabe alle Aufzeichnungen und Erinnerungen an die [65] Helden alter Zeiten.

Und wenn dann die ersehnte Nachtruhe über die armen Sterblichen gekommen war und mit ihren Schwingen die dunklen Schatten umarmte, träumte er von nichts als seinen Pferden und den geliebten Wettkämpfen.

Früh morgens stand der Junge auf, sobald das Haus vom Vogelgesang [70] widerhallte, und richtete Gebete in Richtung des Himmels. Mit großem Gefolge stattete er dann allen Tempeln einen Besuch ab.

Als ihn, wie er mit solcher Tugend über das väterliche Reich herrschte,

regna paterna, furens Stygiisque excita latebris
Invidia atra vorans ipsam se, tristia primum
intulit Italiae certo vestigia gressu. 75
Illi Terra parens, Geticis dea nata sub antris
nocte quidem media, diram cum forte Megaeram
illa tulit partu tristi, mortalibus ardens
virus, et occulti monstrum crudele veneni,
monstrum antiquum, horrens, variis informe figuris: 80
Ore sonant nigri foeda robigine dentes,
lingua veneniferis ardescit squalida fibris,
lumina torva tument, iecur ambitione metuque
tunditur, insani vertunt sub corde dolores,
luce oculos, sed nocte animum per maxima versat 85
regna, bonis hominum totos absumitur annos
impia nec rebus meminit cessare secundis.
Haec ubi magnanimi moderantem regna parentis
iustitia Getico Sismundum sensit ab antro,
protinus anguigeris tristis deus evolat alis, 90
quaque volat, pereunt segetes, silvaeque feraces
demisere graves pomorum ex arbore fetus,
concussaeque metu tremuerunt funditus urbes
nec spes ulla fuit venientis messibus anni.
Haec ubi semianimum victrix populaverat orbem, 95
Italiam vario iam tum sermone replevit
crescere, cui, fato volventi, pareat omnis
Ausonia, et prisca deductus origine sanguis
Lydorum, Troumque genus veterumque Pelasgum,
qui terras primi quondam coluere Latinas. 100
Tum libertati patriae dea ficta iubebat
consulere Ausonias studiis ingentibus urbes.
   Unus Ariminea fallax Labienus in urbe
invidus imperio Pandulphi in tristia cives
bella vocat trepidos atque inscia pectora vulgi 105
vocibus his acuit: ‚Leges ac iusta petamus
foedera, dum pueri reges, dum mobilis aetas.'
Sic ait, et trepido antevolans rapit agmina cursu,
Sismundique minax circumstat tecta superbi
exposcitque pios veniant in foedera reges. 110

die sich selbst verzehrende finstere Missgunst sah, schreckte sie wütend auf aus ihrem stygischen Versteck und brachte mit sicherem Tritt ihre bösen [75] Spuren erstmals nach Italien. Die Erde ist ihre Mutter und als jene in grausigen Wehen die grimmige Megaera gebar, wurde auch sie selbst wurde in getischen Höhlen in tiefer Nacht geboren, den Sterblichen ein brennendes Gift und grausames Ungeheuer, das verborgene Seuche bringt, ein uraltes Ungeheuer, entstellt [80] und entsetzlich in vielfacher Gestalt. Im Maul knirschen schwarze, von scheußlichem Rostrot überzogene Zähne, die dreckstarrende Zunge brennt von giftigen Nesseln, finstere Augen wölben sich vor und die Leber bebt ihr von Eifer und Furcht, unter ihrer Brust wälzen sich wahnsinnige Schmerzen hin und her, bei Tag wendet sie ihre Augen, bei Nacht [85] aber ihren Geist vom einen großen Reich zum anderen, ruchlos verzehrt sie sich alle Jahre nach den Gütern der Menschen und kann sich nicht erinnern, in guten Zeiten jemals abgelassen zu haben.

Als sie aus ihrer getischen Höhle heraus erfuhr, dass Sigismondo die Lande seines hochherzigen Vaters mit Gerechtigkeit beherrschte, erhob [90] die schreckliche Gottheit sich umgehend auf ihren schlangenbewehrten Flügeln, wo sie entlangfliegt, verwelkt das Getreide und in den fruchtbaren Wäldern fielen die Früchte schwer vom Apfelbaum, Städte erzitterten, bis ins Mark erschüttert von Furcht, und es gab nirgends mehr Hoffnung für die Ernte des kommenden Jahres. Als sie nun siegreich den [95] ganzen Erdkreis ausgelaugt und verheert hatte, da erfüllte sie schon kurz darauf Italien mit allerlei Munkeln, dass da einer heranwachse, dem, wenn sein Schicksal sich entfalten würde, ganz Ausonien gehorchen würde, das ganze aus uraltem Ursprung entstammende Geblüt der Lyder, das Geschlecht der Trojaner und der alten Pelasger, die einst als Erste [100] die latinischen Lande besiedelten.

Da gebot die trugreiche Göttin den ausonischen Städten, mit allergrößtem Eifer nach der Freiheit ihres Vaterlandes zu streben.

In Rimini gab es nur einen, den verschlagenen Labienus, der Pandolfo die Herrschaft missgönnte, der rief die verunsicherten Bürger zu grimmigem [105] Aufstand auf und trieb die ahnungslosen Herzen des Volkes mit solchen Reden an: ‚Wir wollen Gesetze und gute Bedingungen bestimmen, solange unsere Herrscher Kinder sind und ihre Jugend formbar ist.' So sprach er und treibt die Massen voranstürmend in aufgeschrecktem Lauf mit sich, umstellt mit ihnen drohend das Haus des stolzen Sigismondo und fordert, dass die [110] Herrscher sich in ein gerechtes Auskommen mit den Bürgern begäben.

Pandulphi proles maior Galaotus habenas
imperii iam tum multa virtute regebat.
Ipse tamen, quamvis sanctissimus, atque tonanti
carus, utrumque bonus rex idem, numinis idem
cultor, ut innumeros vidit socia agmina cives, 115
non erat ausus equos medias evadere turmas,
sed pavido tectos versabat pectore questus.
‚Excute corde metum, turpes sepone querelas,
optime frater!', ait Sismundus et ocius acrem
ducere iussit equum, mediosque animosus in hostes 120
evolat, et Zephyris et Iapygis ocior auris
Caesenamque celer defensus numine divum
trans gelidas Rubiconis aquas petit. Obvius olli
civis, et optatis iamdudum amplexibus omnis
turba fovet puerum victorem, illumque frementi 125
prosequitur studio. Dictis quos ille benignis
accipit, et verbis antiquum instaurat amorem:
  ‚O regni spes una mei, fidissima, cives,
pectora, quos iustis nunc primum expertus in armis
agnosco videoque libens. Nunc viribus, omni 130
nunc opus auxilio. Labienus perfidus urbe
victor Ariminea potitur fratresque paventes
obsidet. Unus ego huc medias erumpere turmas
ausus, et ingenti campos transmittere cursu
advento. Vos me scelerato evellite fato, 135
vos mihi fida manus, vos, me duce, prisca parentis
reddite rapta dolis Galaoto regna propinquo!'
  Dixerat. Hi lacrimis vultus lavere profusis,
promittuntque fidem et terras castella propinquas
finitima et totos nudant cultoribus agros, 140
qua pater aethereas tumet Apenninus ad auras.
Quae super Hadriacos pendet plaga proxima fluctus,
omnis in auxilium ruit, omnis in arma iuventus
agresti collecta manu, pars spicula duro
certa gerens humero, pars longas altius hastas 145
cognita tela ferunt, campo legio omnis aperto
perfurit, ultoresque vocat in proelia divos.
  Tertia iamque polo gelidam lux moverat umbram,

Der älteste Sohn Pandolfos, Galeotto, hielt damals bereits die Zügel der Herrschaft mit großer Tugendhaftigkeit in der Hand. Als dieser jedoch, wiewohl gänzlich unbescholten und dem Donnerer lieb, gut als König und als gottesfürchtiger Mann, die unzähligen Bürger sah, die sich zu
[115] einer Masse zusammengeschlossen hatten, wagte er nicht, durch die Pferde, mitten durch die Scharen zu entkommen, sondern wälzte in furchtsamem Herzen stille Klagen:
‚Schüttle die Furcht aus dem Herzen, lass ab von dem schändlichen Jammern, bester Bruder', sprach Sigismondo – und rasch befahl er, ihm sein
[120] starkes Pferd zu bringen, stürmt beherzt mitten in die Feinde hervor und schneller als das Wehen des Zephyrus und des Iapyx reitet er unter dem Schutz der Götter geschwind nach Cesena, über die kalten Wasser des Rubicon.
Ihm kommen die Bürger entgegen, und die ganze Menge begrüßt den
[125] siegreichen Knaben mit lang ersehnten Umarmungen und folgt ihm mit raunendem Eifer. Dieser nimmt sie mit gütigen Worten in Empfang und erneuert mit diesen Worten alte Zuneigung:
„O treueste Herzen, Bürger, einzige Hoffnung meiner Herrschaft, die sich nun das erste Mal bewähren, da ich sie unter gerechten Waffen stehend
[130] mit Freuden sehe und würdige. Nun sind alle Kräfte, nun ist jede Hilfe nötig. Der treulose Labienus hat sich erfolgreich Riminis bemächtigt und verängstigt unsere Brüder durch die Besetzung. Ich habe es als einziger gewagt, mitten durch die Scharen hierher auszubrechen und eile nun, in schnellem Marsch die Lande wieder zu durchqueren. Entreißt
[135] ihr mich einem frevelhaften Schicksal! Gebt ihr, meine treue Schar, gebt ihr unter meiner Führung, die altehrwürdige Herrschaft unseres Vaters dem nahen Galeotto wieder, dem man sie mit List entriss!"
So hatte er gesprochen. Sie übergossen ihr Gesicht mit Tränen, geloben ihm die Treue, ziehen alle Leute aus den umliegenden Ländern und
[140] den nahen Burgen ab, holen die Bauern von den Äckern, so weit der Vater Apennin sich hoch in die Lüfte erhebt. Das ganze Land, das sich über den nahen Fluten der Adria erhebt, eilt zur Hilfe, alle Jugend, in einer Bauernmiliz zusammengefasst, stürmt zu den Waffen, ein Teil von ihnen treffsichere Spieße auf der starken Schulter tragend, ein Teil hält
[145] noch höher die langen Lanzen, bewährte Waffen, und auf dem offenen Feld tobt das ganze Heer vor Wut und ruft die Götter als Rächer in die Schlacht.
Und schon hatte das dritte Morgenlicht den kalten Schatten vom Him-

cum bonus ante urbem Pandulphus in arma paternam
ante exspectatum praeduros ducit agrestes. 150
Curritur obsessis extemplo ad moenia muris
Sismundumque vident audentem digna futuro
maxima facta viro. Sensit Labienus iniquis
invidiae incensus stimulis sua coepta referri
in peius variis studiis ignaraque vulgi 155
pectora non solitis suaderi credula verbis.
Tum fido Hadriacum conscendit remige pontum,
caeruleaque sedens respectat moenia prora,
teque petit fidam sinuosis, Mantua, velis,
tutus ubi extremos senior male degeret annos. 160
At non hoc dudum sperabat caeca futuri
mens ignara mali, capta regnare sed aula
ipse quidem, laetam sceptris finire senectam,
aedibus aut saltem patriis fore primus. At illas
evertit saxo victor Sismundus ab imo, 165
quem reducem, et iam tum dominantem in tecta sequuntur
regia victores. Ex illo fama decusque
egregium claris accessit laudibus, inde
invidiam virtute premit, quem numina servant
magna deum, caelo misit quem Iupiter alto, 170
ex quo, quid posset virtus humana, pateret.
    Ipse ratus posthac cives pietate metuque
iustitiaque regi debere, minantia condit
atria, Sismundo queis nomen dicitur Arci.
    Nec tantum Italiae proceres, sed Iberus honorem 175
invidit puero frustra Carillus et arma
intulit, antiquos populatus caedibus agros
Piceni multis laeti totumque Metaurum
circuit. Ille autem contra capit arma, ducemque
reppulit, et multo spoliavit milite pulsum. 180
    Ex illo innumerae cupierunt tempore gentes
magnanimo adiungi puero Venetique priores
delegere ducem, dubium qui protinus urbi
Bergomeae ferat auxilium. Namque arma Philippus
Gallorum dux obsessis iam moenibus urbis 185
admorat turbans miserandos undique cives.

melszelt vertrieben, als der gute Pandolfo vor der Stadt seines Vaters früher
[150] als erwartet die rauen Landmänner aufziehen lässt. Kaum sind die
Mauern besetzt, schon rennt alles auf den Wehrgang und sie sehen
Sigismondo, wie er großartige Taten wagt, die des künftigen Mannes würdig sind. Von unrechten Stacheln des Neides aufgebracht spürte Labienus,
dass sich durch mannigfache Umtriebe sein Plan zum Schlechteren wendete
[155] und dass sich die ahnungslosen Herzen des Volkes nicht mit den
bewährten Worten umstimmen ließen, leichtgläubig wie sie waren. Da
sticht er mit treuen Ruderern in die adriatische See, auf dem blauen Bugspriet verharrend blickt er zurück auf die Mauern, und nimmt mit gewölbten Segeln Kurs auf dich, treues Mantua, um dort mit Not in Sicherheit als
[160] alter Mann die letzten Jahre seines Lebens zu verbringen.
Das war es wohl nicht, was sich sein Geist lange erhoffte, in blindem Unwissen um das kommende Übel, sondern selbst wollte er im eroberten Palast herrschen, seinen Lebensabend freudig mit dem Szepter in der Hand
beschließen oder zumindest der erste Mann im heimischen Hause sein.
[165] Doch das reißt der siegreiche Sigismondo bis auf die Grundmauern
nieder. Die siegreichen Männer folgen ihm bei seiner Rückkehr, bei der er
da schon die Herrschaft übernimmt, ins fürstliche Haus. Aus jener Tat erwuchs ihm Zier und große Ehre dem strahlenden Ruhm. Sodann erstickte
er jede Missgunst mit seiner Tugendhaftigkeit, er, über den die großen
[170] Kräfte der Götter wachen, den Jupiter hoch vom Himmel gesandt hat,
damit an ihm sichtbar werde, was menschliche Tugend vermag.
  Er selbst errichtet danach, aus der Überlegung, dass seine Bürger
durch Anstand, Furcht und Gerechtigkeit regiert werden müssen, einen
mächtig emporragenden Palast, den man ‚Castel Sismondo' nennt.
[175] Doch nicht nur die Edlen Italiens, sondern auch der Spanier Carillus
neidete dem Knaben grundlos die Ehre und erhob die Waffen gegen ihn,
verwüstete unter viel Morden die uralten Lande des glücklichen Piceno
und besetzte beide Ufer des Metauro. Jener aber griff gegen ihn zu den
Waffen und wehrte den Heerführer ab, vertrieb ihn und nahm dabei
[180] zahlreiche Soldaten gefangen.
  Von jener Zeit an trachteten zahllose Völker danach, sich mit dem
hochherzigen Knaben zu verbünden und als erste erwählten ihn die Venezianer zu ihrem Heerführer, um sogleich der Stadt Bergamo in einer
unsicheren Lage Hilfe zu bringen. Denn Filippo, der Herzog der Gallier,
[185] hatte sein Heer an die Stadt herangerückt, hielt die Mauern bereits
besetzt und säte damit von allen Seiten Unruhe unter den Bürgern.

Maximus ille quidem populos urbesque regebat,
et Genuam ante alias, magno quae adsueta labori
gens praedura virum, navalibus inclyta bellis,
atque alias urbes, Vesulus quas pinifer usque   190
fonte Padi a primo procelsa despicit arte,
Gallorumque domos antiquaque regna parentum,
Insubrum gens imperiis iam fida vetustis
ingentes animos dabat olli, fida Cremona
et iam semirutis vastanda Placentia muris,   195
Parma virum frugumque potens, cui dedit honorem
cetera pars Italae claris regionis in armis.
His opibus Ligurum fretus rex inclytus urbem
Bergomeam multis obsedit millibus acri
obsidione premens miserandos undique cives.   200
Nec quisquam numero e tanto Venetumque catervis
ausus adire ducis fera castra, nisi unus ab annis
Pandulphus primis. Neque te, Perusine, movebat,
dux invicte, alius tantarum a cardine rerum.
Omnis Arimineo in puero metus hostibus, ingens   205
nomen et Ausonias vaga fama repleverat oras.
Obstupuere duces, et quas Benacus ab undis
suspectat gentes vitreis, quas Brixia apricis
montibus et saxis despectat Bergomon altis.
Nam memorant, postquam saevi data copia Martis,   210
mille viros, et mille ferens ingentia saxa
vi propria dum nixus adest, intrarit ut altos
intrepidus muros. Perusini vana repente
spes infracta ducis capiendae labitur urbis.
Namque duces fusi Danaeius atque superbus   215
Rubrius amissis amborum funditus armis.
Nec maior tuus iste dolor, quam cura Philippi
acris erat. Quoties fugientes reppulit hostes
magnanimus Pandulphiades, ducis atra superbo
incidit ira animo toties. Ubi proelia frustra   220
omnia sunt tentata nihilque erat omnibus usquam
actum armis, media tacitus se nocte recepit
hostili e terra vicinum tutus in agrum
atque hac anguigerum mulcebat voce Philippum:

Viertes Buch

Als großer Herrscher gebot jener über Völker und Städte, und ganz besonders Genua, mit einem Volk von Männern, das an große Mühe gewöhnt und für seine Seeschlachten berühmt ist, doch auch noch andere [190] Städte, auf die der kieferntragende Monte Viso vom ersten Quellbach des Po von himmelhoher Warte hinabschaut, Heimat der Gallier und altes Reich seiner Vorfahren.

Das Volk der Insubrer, das sich auch früheren Reichen schon als treu erwiesen hatte, verlieh ihm gewaltigen Mut, das treue Cremona, und das der [195] Zerstörung geweihte Piacenza mit seinen halb zerfallenen Mauern, Parma, mächtig an Männern und Erträgen, dem der Rest Italiens unter strahlenden Waffen die Ehre gab.

Im Vertrauen auf diese Mittel der Ligurer belagerte der hochberühmte Herrscher die Stadt Bergamo mit vielen tausend Mann und setzte mit [200] dieser brutalen Belagerung die armen Bürger von allen Seiten unter Druck. Und niemand aus so großer Zahl, aus all den Streitkräften der Venezianer wagte es, das gefährliche Lager des Herzogs anzugreifen, außer Pandolfo, wenngleich noch sehr jung an Jahren. Und auch dich, Mann aus Perugia, unbesiegbarer Heerführer, hat kein anderer je im entscheidenden [205] Moment so wichtiger Ereignisse aus der Ruhe gebracht. Alle Angst der Feinde wird vom Jüngling aus Rimini beherrscht, seinem gewaltigen Namen, und die Kunde von ihm erfüllt hier wie dort die ausonischen Gestade. Die Heerführer hielten stutzend inne, und auch die Völker, zu denen der Benacus aus glasklaren Wogen hinaufblickt und zu denen Brescia von [210] sonnigen Hügeln und Bergamo von hohen Felsen hinabschaut. Denn es heißt, er sei, nachdem man ihm die Befehlsgewalt im grausamen Krieg gegeben hat, mit tausend Mann im Gefolge und tausend riesigen Felsgeschossen, ganz auf seine eigene Kraft gestützt furchtlos in die hohen Mauern eingedrungen. Die eitle Hoffnung des Heerführers aus Perugia, die Stadt zu [215] erobern, schwindet gebrochen dahin. Denn seine Generäle Danaeius und der stolze Rubrius sind in die Flucht geschlagen und ihre Streitkräfte gänzlich verloren. Und dein Schmerz hier ist nicht größer als es die Sorge des grimmigen Filippo war. Wann immer der hochherzige Sohn des Pandolfo die Feinde in die Flucht schlug, befiel finstere Wut den stolzen Geist [220] des Anführers. Sowie er alle Möglichkeiten einer Schlacht vergeblich versucht hatte und nirgends etwas mit Waffengewalt entschieden worden war, zog der Mann aus Perugia sich schweigsam mitten in der Nacht aus Feindesland zurück in die Sicherheit des angrenzenden Gebietes und besänftigte Filippo, Träger der Schlange im Wappen, mit solcher Stimme:

,Pro Sigismundo divique deaeque malignis 225
certavere dolis. Dabit haec victoria cladem
forsitan ignaro iuveni. Fortuna vicissim
praecipiti fert cuncta gradu. Sucessus ovantem
nunc sine vanus alat: Padus est non ipse Metaurus
non Athesis Sapis, non Abdua laetus Isaurus. 230
Iupiter et nobis aderit pater.' Haec ubi frustra
dicta volant victo ductori, spes quoque tristi
est animo melius iuveni certare furenti.
    Falleris, infelix Perusinae gloria gentis,
falleris o nimium! Nam te Mons Laureus olli, 235
mollis ubi colles suspectat Isaurus apricos,
incautum dabit, interea sperare licebit.
Sed tibi tempus erit, quo tu mortemque cruentam
fatiferumque diem suprema optaveris hora
sanguine cum multo tam saeva rubere fluenta 240
Flaminia Hadriacasque horrere cruoribus undas
perditus adspicies! Sed postquam regna recepta,
hostibus afflictis defensa cessit ab urbe,
nubiferaeque secans radices Alpis opacas
collem Aponum superat Venetisque allabitur undis. 245
Huic Antenoridae Phrygii gens prisca coloni,
Paphlagonesque animis occurrunt obvia laetis
pectora magnanimi praestanti corpore cives,
quos ferus Euganeas Henetus transcripsit in oras.
Parthenium fluvium atque domos liquere superbas 250
qui profugi capta quondam socia agmina Troia,
quique Cythoron habent et Sesamon uda tenebant
arva, Padum qui nunc atque Itala flumina potant,
Cromnanque, Aegialumque diu celsosque Erythinos
in patria coluere sua, nunc molle Timavi, 255
et latus Eridani placidas laetissima ripas
gens antiqua colit. Laeto quae plurima vultu:
    ,Salve Italum ductor, Pandulphi maxima proles,
per quem certa salus populis est reddita nostris.
I puer, i positam mediis in fluctibus urbem 260
ingredere – o quanti puero debentur honores!'
Talia Paphlagones, dictis quos ille benignis

[225] ‚Für Sigismondo stritten Götter und Göttinnen mit üblen Ränken. Dieser Sieg wird dem ahnungslosen Jüngling womöglich eine Niederlage einhandeln. Das Schicksal bringt alles im Wechsel mit rasendem Schritt. Lass zu, dass der eitle Erfolg ihn jetzt in seinem Jubel nährt: Der Po ist nicht der Metauro, die Etsch ist nicht der Savio, die Adda nicht der [230] fröhliche Foglia. Auch uns wird Vater Jupiter einmal helfen.' Sowie diese haltlosen Worte ihren Weg zum besiegten Heerführer finden, keimt auch in seinem traurigen Geist die Hoffnung auf, dem rasenden Jüngling einmal einen besseren Kampf zu liefern.

Du täuschst dich, Unglücklicher, Ruhm des Volkes von Perugia, du [235] täuschst dich allzu sehr. Denn der Monteluro wird dich dort, wo der sanfte Foglia zu den sonnigen Hügeln hinaufblickt, jenem in deiner Unachtsamkeit preisgeben. Bis dahin wird es dir vergönnt sein, Hoffnung zu haben. Doch es wird für dich eine Zeit geben, in der du dir einen blutigen Tod und den Tag deines Verderbens in letzter Stunde herbeisehnst, wenn [240] du nämlich im Augenblick deines Untergangs sehen wirst, wie sich die wilden flaminischen Flüsse vor lauter Blut rot färben und auch die Wogen der Adria voll von Blut sind! Aber nachdem die Herrschaft wiederhergestellt, die Gegner bezwungen und die Stadt verteidigt waren, verließ er sie und die schattigen Wurzeln der wolkenverhangenen Alpen [245] durchquerend überschreitet er den Hügelzug von Abano und steigt zu den venezianischen Wogen herab. Das uralte Volk und die Paphlagonier, die phrygischen Siedler des Antenor, laufen ihm dort frohen Mutes in den Herzen, entgegen, hochherzige Bürger von stattlicher Gestalt, die der verwegene Henetus einst an die euganeischen Gestade übersiedelte. [250] Sie verließen den Fluss Parthenius und ihre stolzen Heimstätten, sie, die sie nach der Einnahme Trojas als dessen Verbündete einst fliehen mussten, denen Cytorus gehörte und Sesamon mit seinen feuchten Landen. Sie, die nun Wasser aus dem Po und den Flüssen Italiens trinken, bewohnten lange Cromna, Aegialus und das hohe Erithynoi in ihrer [255] eigenen Heimat. Nun lebt das uralte Volk glücklich am sanften Lauf des Timavo und des Po, so lieblichen Ufern. In gewaltiger Zahl sprachen sie zu ihm mit fröhlicher Miene:

„Sei gegrüßt, Führer der Italiener, größter Sohn des Pandolfo, durch den unseren Völkern ihr Wohl verlässlich wiedergegeben wurde. Schreite [260] voran, Junge, betritt die Stadt, die mitten in den Fluten errichtet ist. O welche Ehren diesem Jungen gebühren!"
Solches sprachen die Paphlagonier, die mit gütigen Worten jener emp-

suscipit, antiquique volens Antenoris urbem,
et Phrygias Patavi sedes, murosque reliquit.
    Qualis ubi a Troia defensa maximus olim 265
in specus Iliadum rediit Neptunus aquarum,
ille deo pectus similis,similique vagantes
ore deas pelagi liquidis excivit ab undis,
cum graviter summa clamabat Glaucus ab unda,
caeruleam summo protendens aequore barbam, 270
per madidos glauco speculatus lumine crines:
,Quem petitis, nymphae, mortalem? Quaene deum me
spernitis? Ille ego sum liquidarum rector aquarum,
connubio natas Nereus cui tradidit. Ite,
ite maris divae, mortales linquite amores! 275
Neve loci species, neu verba potentia suasu,
neu capiant promissa, volant quae saepe protervis
irrita facta Notis, ne vos fiducia formae.
Nulla fides homini: Circen Laertius heros
liquit homo divam, licuit quam fallere pacto 280
foedere iuratam, ne quid pateretur Ulysses,
qualia dementes socios tolerare videret,
squalida nigranti cecidit queis corpore seta
dulcibus alloquiis facundi et munere Ulyssis.
Aeaeaeque diu pacato pectore divae, 285
consilio ante alios mortales clarus amantem
deserit, ac duris religatus membra catenis
Sirenum fluctus et saxa canora reliquit
invitusque vagi calcavit pascua Solis
intacta atque fame vitanda vireta suprema. 290
Sed quid ego antiquis permulta revolvor ab annis
saecula? Post illum nemo fuit inclytus astu
atque dolis tantum, quantum Sismundus. Abite
ocius in pelagus!' Dixit contraque ruentes
reppulit. Hic aderant, quaecumque tepentibus undis 295
humida connubia atque udos celebrant hymenaeos:
Dotoque, Protoque, Pherusaque Dynameneque,
quae simul ac placido flexerunt lumina vultu,
non prius adspectu torserunt capta supremo
pectora, quam penitus totis arsere medullis. 300

fängt, und freudig verlässt er die Stadt des alten Antenor und die phrygischen Heime Paduas und ihre Mauern wieder.
[265] Wie der gewaltige Neptun, als er nach der Verteidigung Trojas einst in seine Höhle unter den Gewässern um Ilion zurückkehrte, so lockt jener, mit breiter Brust mit seinem Antlitz einem Gott gleich, die umherstreifenden Göttinnen des Meeres aus den klaren Fluten hervor, als ernst vom obersten Wellenkamm Glaucus ihnen zuruft, während er seinen blauen [270] Bart über die Meeresoberfläche ausspannt und mit blaugrauem Auge durch seine triefenden Haare blickt:
‚Welchem Sterblichen strebt ihr da entgegen, Nymphen? Ihr, die ihr mich, einen Gott, geringschätzt? Ich bin es, jener Lenker der klaren Wasser, dem Nereus seine Töchter zu Gemahlinnen gab. Geht fort, Göttinnen des [275] Meeres, geht, und lasst ab von der Liebe zu Sterblichen!
Lasst euch nicht einfangen von der Schönheit ihrer Welt, von der Überredungskraft ihrer Worte oder ihren Versprechungen, die oft folgenlos im jähen Südwind zerstieben. Verlasst euch nicht auf eure Schönheit, die Menschen sind treulos. Der laertische Held, ein Mensch, verließ Circe, [280] eine Göttin, die zu täuschen er sich das Recht nahm, obwohl sie einen Schwur geleistet hatte, damit er, Odysseus, nicht würde ertragen müssen, wovon er sah, dass seine Gefährten, ihres Verstandes verlustig, es erlitten, denen die am geschwärzten Körper starrenden Borsten abfielen dank des süßen Zuspruchs und der Redekunst des Odysseus.
[285] Als das Herz der aeaeischen Göttin schon längst besänftigt war, ließ er, der an klugen Plänen allen Menschen voraus war, die Liebende im Stich und, an seinen Gliedern von harten Ketten gefesselt, ließ er auch die Fluten der Sirenen und ihre klingenden Felsen zurück, betrat widerwillig die unberührten Weiden des Sonnengottes, das Grün, das auch bei äußerstem [290] Hunger nicht angerührt werden darf. Doch was halte ich mich mit so vielen Geschichten aus früheren Zeitaltern auf, so viele Jahre her? Nach jenem war keiner für seine Verschlagenheit und seinen Listenreichtum so berühmt wie Sigismondo. Kehrt also schnell ins Meer zurück!' So sprach er, und drängte die gegen ihn Anstürmenden zurück. Alle waren [295] sie zur Stelle, die in den lauen Wogen ihre nasse Hochzeit und wasserreiche Vermählung feierten:
Doto, Proto, Pherusa und Dynamene, die, sobald sie mit lieblichem Antlitz einmal die Augen auf ihn gerichtet hatten, ihre verzückten Herzen nicht eher wieder von dem erhabenen Anblick abwendeten, als dass sie [300] bis ins Mark für ihn entbrannt waren.

Hic Ephyre atque Halie, tum candida Cymodocea,
Neseeque Actaeeque, Amphinome, Meliteque
et Panope, et felix it Agave flavaque Doris.
Post has it Glauceque, Thaliaque, Cymothoeque,
et Spio et niveis perhonesta Lycorias ulnis, 305
quaeque cavis antris aliae Nereides omnes
humida tecta tenent atque aequora caerula servant.
    Iamque adventabant Veneti regemque videbant,
plurima queis auro radiabat purpura texto.
Ut vero innumerae texerunt aequora cymbae 310
undaque spumigeris incanduit eruta tonsis,
arrexere animum Sismundo tanta faventum
agmina visa procul. Cunctae sine more carinae
tectae auro fulvis imitantur sidera velis,
et melius clara species ea fulsit in unda 315
namque videbantur tranquilli ardere profundi
aequora, propter aquas flammis per inane refusis,
nec non et fulvos prora monstrante leones.
Classica rauca gravi resonant vada caerula cantu
ac laeto clamore viri. Tum regia puppis, 320
Centauro cui nomen erat, suscepit ovantem
Sismundum et multa victoris laude triumphum
conclamant. Crebro resonant vaga caerula plausu,
Tritonesque cava feriunt certamina concha
atque ratem placidae pepulere per aequora nymphae, 325
donec in optato tenuit gravis anchora portu.
Hinc ad nobilium miranda palatia patrum
pergit, et imperii gazas miratur Eoas,
aurea quaeque videns fulvis laquearia tignis.
Canus honos ac certa fides, longaeva senum vis 330
iura ministrabat populis legesque ferebat.
    Aedibus his epulas magno struxere paratu,
ordine cuique suo, ductorique ilicet ipsi
praecipuo. Ille quidem maturis dignior annis,
sed facie insignis, multum et florente iuventa 335
integer, egregio circumspicit omnia vultu.
Illum animis oculisque bibunt illumque frequentes
primum Italum cuncti ductorem deinde futurum

Hier waren Ephyre und Halie, dann die weiße Cymodocea, Nesaee, Actaee, Amphinome, Melite und Panope, und es kam auch die glückliche Agave und die blonde Doris. Ihnen folgte Glauce, Thalia und Cymothoe, und auch Spio und die ehrbare [305] Lycorias mit ihren schneeweißen Armen und alle anderen Nereiden, die in den klaffenden Höhlen ihre feuchten Heimstätten haben und über die blauen Wasser wachen.

Und schon nahten die Venezianer und sahen den Herrscher, sie, deren reiche purpurne Gewänder vom hineingewirkten Gold glänzten. Sowie [310] aber unzählige Kähne das Wasser bedeckten und die Wogen, von den schaumschlagenden Rudern umgewälzt, weiß wurden, da hob dem Sigismondo der Anblick von solchen Massen ihm gewogener Menschen schon von fern den Mut. Die Schiffe, wie sie ohne Ordnung über das Wasser verstreut sind, ahmen mit goldbedecktem Rumpf und goldenen [315] Segeln den Sternenhimmel nach, und umso mehr strahlte dieser Anblick auf dem klaren Wasser, denn die Wasser des stillen Meeres schienen zu brennen, weil das flammende Leuchten sich über ihnen ergoss und auch die Bugspriete goldene Löwen zur Schau trugen.

Die blauen Untiefen erschallen vom schweren Klang der rauen Trompete [320] und vom fröhlichen Geschrei der Männer. Dann nimmt das Flaggschiff des Herrschers, das man den Kentauren nennt, den frohlockenden Sigismondo auf, und mit viel Lobpreis für den Sieger ruft man seinen Triumph aus. Die blauen Wasserstraßen erschallen vom anhaltenden Beifall, und die Tritone fechten einen Wettstreit auf dem hohlen Schneckenhorn [325] aus. Die lieblichen Nymphen trieben das Schiff vorwärts über die Wasser, bis der schwere Anker es sicher im ersehnten Hafen festhielt. Von hier geht er weiter zu den staunenswerten Palästen der edlen Stadtväter und bewundert die Schätze des Reiches aus dem Osten, und all die Decken, die er von goldenen Balken golden glänzen sieht. Die weißhaarigen [330] Würdenträger, verlässliche Ehrenmänner, die hochbetagte Riege der Senatoren gab den Völkern Rechte und brachte ihnen Gesetze.

In diesem Hause servierte man ihnen mit großer Pracht ein Mahl, der Reihe nach ihrem Rang entsprechend, dem Heerführer selbst sofort und als erstem. Jener freilich, an Würde seine jungen Jahre weit übersteigend, im [335] Äußeren ihnen jedoch entsprechend und in der Unschuld prächtig blühender Jugend, lässt mit edlem Antlitz seinen Blick über alles umherschweifen. Gierig saugen sie ihn mit Geist und Augen ein, alle stehen Schlange, um zu bekräftigen, zunächst, dass er Führer der Italiener sei, und dann, dass er es

affirmant placitis deducta voce loquelis.
    Tum vero iuveni totis stetit igneus ardor   340
ossibus, et quae sit talis fortuna requirit,
quisve labor tantum cupido concedat honorem.
Usque adeo pro laude fremit, cui laeta triumphis
obvia tota novis longas urbs isset in undas.
Fixus honos alto sedes in pectore certas   345
ille tenet, neque enim pretio maiore movetur –
nec iam thesauros iuvenis miratur Eoos.
Maior eum iam cura tenet maiorque futurae
laudis amor. Tum sic Venetum iustissimus unus
Apseudes tales referebat pectore voces.   350
    ‚Optime dux Italum, caelo quem Iupiter alto
miserit, ut terras donarit munere tanto,
o fama iam clare vaga, sed clarior armis,
Ausonidum spes certa virum, quem cernimus omnes,
atque libenti animo caris amplectimur ulnis,   355
vive diu, memorande puer! Tua magna futura est
vis animi. Nosco mentem venturaque bella.
Perge age, perge, puer, populos saevosque tyrannos,
si qua cruenta parant mihi bella, repelle, feroces
tunde animos factis. Tibi nostra salusque fidesque,   360
res erit in manibus Venetorum summa tuorum.'
    Sic ait. Ille autem constanti pectore voces
retulit has contra seniori: ‚Fata secundo
numine vota meis tua firment omnia votis.
Certe ego non alios implorem in bella parentes,   365
sive illata mihi pellam, seu sponte remittam
infidis fera bella viris, ego vestra vocaro
auxilio arma libens, vos et mea regna volentes
Hadriacis vicina vadis accite nefando
Marte lacessiti. Si post rex ipse Philippus   370
rursus iniqua geret tibi bella, vocare memento
me me iterum.' Haec fatus Venetorum cessit ab urbe
pontivagoque dedit sinuantia lintea malo,
victor Arimineam repetens laetissimus urbem.
    Tranquillos placida populos cum pace regenti   375
ex improviso subitum et mirabile bellum

Viertes Buch 253

auch künftig sein werde, alles mit lieblichen Worten in ausladender Rede.
[340] Dann aber stellte sich dem Jüngling ein glühendes Verlangen in allen Gliedern ein und er will wissen, was es mit einem solchen Schicksal auf sich habe und welche Mühe eine solche Ehre dem, der danach verlange, zugestehe. Und so bebt er vor lauter Lobpreis, dass ihm die ganze Stadt in Freude über seinen neuen Triumph auf den weiten Wogen [345] entgegengekommen war. Die Ehre ist es, die tief in seiner Brust einen festen Wohnsitz hat, und durch keinen größeren Preis lässt er sich bewegen – ja, auch die Schätze des Ostens bewundert der junge Mann nicht mehr. Eine gewichtigere Sorge hat Besitz von ihm ergriffen und das größere Verlangen nach künftigem Ruhm. Dann hielt Apseudes, der [350] Rechtschaffenste der Venezianer, aus ganzem Herzen diese Rede:
‚Bester Führer der Italiener, den Jupiter hoch vom Himmel gesandt hat, um die Erde mit einer solchen Gabe zu beschenken, o du, der du durch deinen Ruhm schon weithin bekannt, doch noch berühmter für deine Waffentaten bist, sichere Hoffnung der ausonischen Männer, den wir hier alle vor uns [355] sehen und liebend gerne in unsere zuneigungsvollen Arme nehmen, lang sollst du leben, denkwürdiger Jüngling. Groß wird noch die Kraft deines mutigen Herzens. Ich erkenne deine Gesinnung, und auch die Kriege, die noch kommen. Los, Junge, nur weiter, wehre Völker ab und grausame Tyrannen, wenn sie irgendwo auf blutige Kriege gegen uns sinnen, zerschlage [360] die wilden Geister mit deinen Taten. Du hast all unser Heil und unsere Zuversicht, die bedeutendste Angelegenheit, deiner Venezianer in Händen.'
So sprach er. Jener erwiderte dem Älteren standhaften Herzens diese Worte: ‚So die göttliche Macht uns gewogen ist, möge das Schicksal alle deine Wünsche fest mit meinen verbinden. Gewiss will ich nicht die Väter [365] anderer Städte beknien, sei es, in den Krieg zu ziehen, oder sei es, solche, dir mir angetragen werden, abzuwehren, oder aus eigenem Antrieb grausame Kriege zu seinen Verursachern, treulosen Männern, zurücktragen, nein, ich werde eure Streitmacht freudig zu Hilfe rufen, und ruft auch ihr mein Reich, das ja an den Fluten der Adria neben eurem liegt, bereitwillig herbei, [370] wenn man euch mit einem frevelhaften Kriege reizt. Wenn hernach der Fürst Filippo erneut einen ungerechten Krieg gegen euch anzettelt, so denkt daran, mich erneut zu rufen.' Nachdem er dies gesagt hatte, verließ er die Stadt der Venezianer, stach mit gewölbtem Segeln am Mast in See und machte sich als glücklicher Sieger auf den Heimweg nach Rimini.
[375] Als er seine ruhigen Völker mit sanftem Frieden lenkte, zog ohne Vorwarnung Filippo, der Herzog der Insubrer, mit schrecklicher Kriegs-

intulit horrifico Insubrum dux Marte Philippus
indignatus opem Venetis portasse subactis
Sismundum. Perusinus erat dux inclytus olli
bellorum laudisque potens, quem miserat ipse   380
millibus innumeris Picenas magnus ad oras
Insubrum rector magnorum laetus equorum.
    Isque ubi iam ripas liquidi transcendit Isauri,
Laureus altus ubi Mons est, et pronus ab alto
vertice Arimineam despectat plurimus urbem,   385
conscendit montem laxis Perusinus habenis
turbidus, et spissas statuit pro monte cohortes.
Non tulit aerias scandentem maximus arces
dux Pandulphiades, totamque in proelia mentem
arrigit, ac iustas animis immiscuit iras   390
agmine praerepto montemque adversus in altum
tendit, ubi Insubrum positis tentoria castris
candida surgebant. Sed non Pandulphius heros
castra locare ducem sinit. Ipse simillimus Euro
aut Zephyro antevolans, iuga montis iniqua propinqui,   395
securus tanti media inter tela pericli
arripit. Olli autem contra Perusinus et omnis
Insubrum Ligurumque manus fudere maniplos
innumeros. Veluti, cum pressit ab aethere nubem
Iupiter, imbriferis tumefacta frementia nimbis   400
flumina praecipiti volvuntur in aequora cursu,
talis erat durae facies taeterrima pugnae,
tantaque contiguos se miserat omnis in hostes
prima phalanx Ligurum. Contra Sismundus in altum
se recipit tumulum, socios speculatus et hostes   405
magnanimos erumpit atrox Ligurumque phalangas
invadit primas. Stupuit Perusinus amaris
concussus mentem stimulis, iuvenemque superbum
horruit incepti turbatus imagine belli
et procul: ‚O socii, nostra haec fortuna. Furentem   410
claudite, dum trepidant effusis undique telis,
et iuvenem efficite ignotis se credere bellis
discat, et expertis alias occurrere factis.'
    Dixit et innumeras dimisit in atra cohortes

lust in einen plötzlichen und für alle erstaunlichen Krieg gegen ihn, da er sich empörte, dass Sigismondo den Venezianern, die er zu unterwerfen suchte, geholfen hatte. Sein Oberbefehlshaber war der hochberühmte [380] Mann aus Perugia, stark im Krieg und voll des Ruhms, den der große Herrscher der Insubrer, gesegnet mit starken Pferden, persönlich mit vielen tausend Mann zu den picenischen Gestaden entsandt hatte.

Und sobald er die Ufer des klaren Foglia überschritten hat, wo der hohe Monteluro ist, und vom hohen Gipfel mächtig und steil auf Rimini [385] hinabschaut, da eilt der Mann aus Perugia ungestüm mit losen Zügeln den Berg hinan und stationiert nah der Bergflanke dicht seine Einheiten. Der große Heerführer, Sohn des Pandolfo, duldete es nicht, dass jener die Burg am Gipfel zu erklimmen suchte, spannt seinen gesamten Sinn auf den Kampf an, lässt seinen Geist von gerechtem Zorn über den [390] übereilten Vorstoß des Heeres durchziehen und strebt ihm entgegen, hoch auf den Berg, wo sich im Lager, das die Insubrer aufgeschlagen hatten, weiß die Zelte erhoben. Doch der Held, Sohn des Pandolfo gönnt dem Herzog nicht, dort sein Lager aufschlagen zu lassen. Ähnlich dem Eurus oder Zephyrus dahineilend bringt er das unwegsame Gelände auf dem nahen [395] Berggrat furchtlos vor solcher Gefahr im Hagel der Geschosse wieder unter seine Kontrolle. Das erwiderten der Mann aus Perugia und die ganze Schar der Insubrer und Ligurer, indem sie ihm unzählige Einheiten entgegenschleudern. Wie, wenn Jupiter vom hohen Himmel eine Wolke hinabdrückt, die Flüsse von den Regenwolken tosend anschwellen und [400] sich in rasendem Lauf zum Meer hinabwälzen, so bot sich das grässliche Bild der erbitterten Schlacht dar und mit solcher Wucht stürzte sich die vorderste Reihe der Ligurer auf alle Feinde, die ihr begegneten.

Sigismondo dagegen zieht sich hoch auf einen Hügel zurück. Nachdem er sich einen Überblick über seine hochherzigen Verbündeten und die Feinde [405] verschafft hat, bricht er jäh hervor, und fällt über die vordersten Reihen der Ligurer her. Der Mann aus Perugia hielt stutzend inne, im Geist von bitteren Empfindungen erschüttert, erschrak vor dem stolzen Jüngling bestürzt über das Bild, das sich von dem Krieg bot, den er begonnen, und rief von fern: ‚O Gefährten, dies ist unser schicksalhafter Moment. Schneidet dem [410] Rasenden den Weg ab, solange alles erzittert unter den allseitigen Geschossen, und macht, dass der Jüngling lernt, was passiert, wenn man sich in einen Krieg begibt, von dem man nichts weiß, auf dass er lerne, andernorts auf Dinge zu treffen, mit denen er Erfahrung hat.'

So sprach er und entsandte unzählige seiner Einheiten in die grimme

proelia. Sed contra plures Pandulphius heros 415
Flaminios, Picena phalanx quos deinde secuta,
Ethruscumque manus Venetumque ingentia bello
auxilia optato, iustis quos iunxerat armis
ipse sibi ductor Pandulphi maxima proles.
Tum vero fremitus et equum clamorque virorum 420
misceri et varium volitare per aethera murmur
bellantum iuvenum studiisque in fata ruentum.
   Antigonum Pandulphiades dux magnus ovantem,
sternentemque viros et prima in bella micantem,
sternit humi ignarum fractoque in pectore telo 425
liquit equi lapsum tentantem colla caduci
clamantem incassum et socios sine more vocantem.
Pulvere foedatum missis equus acer habenis
quem trahit in medios sociis maerentibus hostes.
Ingemuere viri casum ducis alta Philippi 430
agmina. Tum Chromium venientem illique ferentem
auxilium longa fortis Tagus excipit hasta.
   Rubrius a tergo Sismundi Marte phalangas
invadit iuvenum septem cum millibus acri
vectus equo ante alios cauda cristatus equina. 435
Quem simul ac vidit venientem Martius heros
obvia lecta equitum praemittit millia contra
vix tria, sed fortes prima de gente Latinos.
Ergo utrimque gravi pressos clamore lacessunt
Insubrum Ligurumque manus. Sed Rubrius altam 440
non equitum potuit victus sufferre ruinam.
Namque videbantur summo de monte cadentes
abietibus similes campo se infundere aperto.
Ergo corda metu perculsi cedere toto
aggere nec dubiis iuvenes iam parcere fossis. 445
Tum Pandulphiades dictis haec mandat amicis
monte sub adverso laxis praevectus habenis:
   ‚Magnanimi proceres, mecum quos Iupiter ipse
esse dat Italiae decus auxiliumque cadentis,
nunc nunc adversum mecum conscendite montem. 450
Primus ego adversos apices elapsus in altum
provehor en campum. Fugiunt confusa vicissim

[415] Schlacht. Doch der Held, Sohn des Pandolfo, trat ihm mit noch mehr Truppen entgegen, Flaminiern, denen eine picenische Schlachtreihe folgte, und eine Schar von Etruskern, und die gewaltigen Hilfstruppen der Venezianer, wo man ohnehin auf diesen Krieg gehofft hatte, die alle der bedeutendste Spross des Pandolfo auf seinem gerechten Feldzug unter sich [420] vereint hatte. Da aber vermischten sich das Schnauben der Pferde und das Rufen der Männer, und durch die Luft ging ein mannigfaltiges Tosen der kämpfenden Jünglinge, die eifrig in ihr Verderben stürmten.

Der große Heerführer, Sohn des Pandolfo, streckte den jauchzend Männer fällenden Antigonus, der es mit der vordersten Schlachtreihe [425] aufnehmen wollte, nichtsahnend auf dem Boden nieder, und ließ ihn mit abgebrochenem Spieß in seiner Brust gefallen liegen, während er noch versuchte, nach dem Nacken seines wankenden Pferdes zu greifen, vergeblich schreiend und ohne Sinn nach seinen Gefährten rufend. Das wilde Pferd zog ihn, mit Staub überzogen, mit losen Zügeln zur Trauer [430] seiner Gefährten mitten unter die Feinde. Das stolze Heer des Herzogs Filippo schluchzte über den Fall des Helden. Da fing der tapfere Tagus den Chromius, der jenem zur Hilfe kam, mit einer langen Lanze ab.

Rubrius greift Sigismondos Einheiten mit Waffengewalt von der Rückseite an, mit siebentausend Jünglingen im Gefolge auf seinem wilden [435] Pferd reitend, dabei hob er sich durch seine Helmzier – einen Pferdeschweif – von den anderen ab. Sobald der Kriegsheld ihn hat kommen sehen, schickt er ihm handverlesene Reiter entgegen, kaum dreitausend zwar, aber tapfere Latiner aus dem altehrwürdigen Volk. So reizen sie von beiden Seiten die Insubrer, wobei sie sie mit ohrenbetäubendem Geschrei [440] unter Druck setzen, und die Scharen der Ligurer. Doch Rubrius konnte, obwohl besiegt, die schwere Niederlage der Reiter nicht ertragen. Denn sie schienen ihm wie die Tannen, die vom Gipfel des Berges stürzen, sich auf das offene Feld zu ergießen. Und so, im Herzen von Furcht erschüttert, wichen die Jünglinge ganz von dem Wall zurück und hielten [445] sich nicht einmal mehr von den gefährlichen Gräben fern. Da gebot der Sohn des Pandolfo den Seinen mit kameradschaftlichen Worten, als er mit losen Zügeln zum Fuß des gegenüberliegenden Berges gestürmt war:

‚Hochherzige Edle, die Jupiter selbst mir gestattete, als Zierde Italiens und zu seiner Rettung in der Stunde seines Falls an meiner Seite zu haben, [450] jetzt, jetzt besteigt mit mir den Berg dort drüben! Ich reite als erster voraus, den Bergspitzen entgegen, wenn ich unten ins offene Feld herabgestiegen bin. Das verstörte Heer wird von der einen Seite zur anderen

agmina, nec potis est nostris inimicus in oris
hos alere angusto tendentes colle. Paventes,
disiectosque urgete viros! Nos iura deumque 455
cura regit, iustis quoniam bellamur in armis.
Deterior neque enim numero, neque viribus hoste
bella gero.' Dixit summoque in vertice montis
mille viros et mille ferens volitantia tela
constitit. At Ligurum gens omnis in obvia summo 460
arma inimica ruunt tumulo. Micat aerea densis
rauca seges hastis, liquidas cruor ater in undas
Scarpacis in clarum se praecipitantis Isaurum
sanguine purpureo late descendit. At heros
vidit ut infidos medio in certamine Gallos, 465
et Ligures signis multum cessare relictis,
infelix gemuit lacrimis Perusinus abortis,
conatusque gradum verbis frenare labantem
ipse sui et socium titubans retroque recursans
torquet equum urgenti turba: ‚Quo deinde bilingues 470
vana trahit pavidos segnes fuga? Vincite vosmet,
et cohibete fugam.' Nec plura loquente ruinam
ingentem Pandulphiadae fecere, volantes
terga darent Ligures ut victi ipsique feroces
Gallorum fera corda duces fusique Philippi 475
ingentes populi. Quae gens antiqua supremam
incolit Italiam Tyrrheno proxima ponto,
parte alia duras Gallorum vergit in Alpes,
in Celtasque mari vicinos haec et Iberos
tenditur ac Libyam Tyrrhenis navigat undis, 480
Apennine, tuum caput ultra Alpheaque primos
arva tenent fines et longos litore tractus.
Hac regione Ligus duris fremit usque sub armis,
hi vecti ad Gades saevis procul usque rapinis.
Nec potuit quondam toto commercia ponto 485
permutare vagus non unis hospes arenis,
Aemilius donec bellis insignis et armis
abstulit ipse cavas pacata a gente carinas.
Ergo omnes uno populi sermone favebant
victori et victum Perusinum voce notabant: 490

Viertes Buch

getrieben und der Feind ist nicht fähig, in unseren Landen seine Truppen zu versorgen, wenn sie sich auf den schmalen Hügel begeben. Stellt den [455] verängstigten, verstreuten Männern nach. Uns leiten das Recht und der Schutz der Götter, denn wir kämpfen auf einem gerechten Feldzug. Ich führe diesen Krieg weder an Truppenstärke noch an Schlagkraft dem Feind unterlegen.' So sprach er und stellte auf dem höchsten Gipfel des Berges tausend Mann ab und die tausend fliegenden Geschosse, die er [460] mit sich führte. Das ganze feindliche ligurische Heervolk aber auf der gegenüberliegenden Seite stürmt zu Waffentaten vom Gipfel entgegen. Eine raue Saat aus dichtgedrängten Lanzen schimmert dort ehern, das dunkle Blut fließt mit purpurnem Strom in die schimmernden Wasser des Scarpax, der sich breit in den klaren Foglia ergießt.

[465] Doch als der Held aus Perugia sah, dass die treulosen Gallier und Ligurer mitten im Gefecht ihre Feldzeichen verlassen und sich vielfach zurückziehen, da kamen ihm die Tränen und er seufzte unglücklich, während er strauchelnd versuchte, mit Worten seinen wankenden Schritt und den der Gefährten zur Ordnung zu rufen, und dabei wendet er sein Pferd [470] um in Richtung der anstürmenden Masse:

‚Wohin zieht euch doppelzüngige faule Angsthasen die eitle Flucht? Reißt euch zusammen, und haltet ein!' Und ohne dass er noch mehr sagen konnte, richteten die Truppen des Pandolfo ein riesiges Gemetzel unter ihnen an, sodass die Ligurer und selbst die Führer der Gallier, wild im [475] Herzen, und die gewaltige Streitmacht des Filippo geschlagen und versprengt die Flucht antraten.

Ein altes Volk sind sie, das den äußersten Rand Italiens bewohnt, nah am Tyrrhenischen Meer, auf der anderen Seite reicht es bis zu den gallischen Alpen, und diese Seite erstreckt sich bis zu den am Meer lebenden Kelten [480] und Iberern, und bis nach Libyen streckt es sich über dein Haupt, Apennin, hinaus in den Wellen weiter aus. Und seine vorderste Grenze bilden die alpheischen Lande, einen langen Küstenstreifen.

In dieser Gegend tost immerfort der Ligurer unter starken Waffen, von fern gelangten sie auf brutalen Raubzügen bis nach Gades.

[485] Und einstmals konnte kein reisender Fremder auf dem ganzen Meer seine Waren an irgendeinem Ufer handeln, bevor der für Krieg und Kampf bekannte Aemilier nicht für Frieden sorgte und die hohlen Schiffe dem befriedeten Volk vorenthielt.

Und so bejubelte alles Kriegsvolk mit gleicher Stimme den Sieger und [490] schalt den Mann aus Perugia einen Verlierer:

‚Quo, furibunde, fugis tandem? Magnone dolore
indignans pudibundus abis? Bis iam tibi frustra
proelia coepta tuum decorarunt laudibus hostem.
Tertia tela cave concurrant obvia telis.'

 Haec ubi magnanimus patriis confecit in oris   495
dux Pandulphiades, Romanam fertur ad Vrbem
victor et Eugenii sanctas effatur ad aures
Pontificis Summi: ‚Quid nos antiqua tenere
Romula sceptra iuvat, nostras si barbarus urbes
Celta fera dicione premat? Proh dura furentum   500
proelia caeca Italum! Prisci fudere Quirites
Hannibalem, nostri cecidit prope laeta Metauri
flumina germanus. Nostras Alphonsus in oras
rex impune feros veniens ductarit Iberos?
Nec pater omnipotens oculis haec viderit aequis.   505
Qui nunc Parthenopen invisus, et Apula regna,
Lucanosque gravi vastat dicione, sinemus
immani Italiam populari a gente? Sed huius
causa mali Insubrum princeps, quem nullus honesti
tangit amor, sed bella iuvant infausta, premendo   510
gaudet enim fractisque ferox exsultat in armis
contra hominum morem. Quem nunc quia vicimus, hosti
non erit Alphonso duris adiutor in armis.
Nunc tibi Phorciades Picenas muniat urbes
aggeribus, tu praesidiis impone volentem   515
ductorem cunctis Picentibus. Ille Philippi
obruat unanimes collato Marte phalangas.
Me sine in audaces Italum dux mittar Iberos
Alphonsumque sua doceam considere terra.'
Dixerat. Haec Senior contra cui dicta remittit.   520

 ‚O Latii sublime decus, quem nulla tacebit
posteritas, animi vir praestantissime, cuius
una reperta fides populis non vana Latinis,
quas grates, quae digna satis dem munera tantis
pro meritis? Nunc, nunc o si mihi tota duorum   525
pectora certa virum tellus Romana dedisset,
haud equidem extremos dubitem penetrare vel Indos
aut Parthos signis etiam spoliare relictis.

‚Wohin willst du, ganz von Sinnen, denn noch fliehen? Verlässt du uns in Schande, zerknirscht von großem Kummer? Zweimal haben Kämpfe, die du vergebens angezettelt hast, deinen Feind mit Lobpreis geschmückt. Hüte dich, deine Waffen ein drittes Mal den seinen entgegenzuschicken.'
[495] Als der hochherzige Heerführer, Sohn des Pandolfo, dies in den Landen seiner Heimat vollbracht hat, reist er als Sieger nach Rom, und spricht zu den heiligen Ohren des höchsten Pontifex Eugenius:
‚Was nützt es uns, das alte Szepter des Romulus zu halten, wenn der keltische Barbar unsere Städte mit seiner grausamen Tyrannei bedrängt?
[500] Ach, blinde und grimmige Kämpfe der wahnsinnigen Italiener! Die alten Quiriten vertrieben Hannibal – sein Bruder fiel nahe den lieblichen Wassern unseres Metauro.
Soll König Alfons nun ungestraft seine wilden Iberer in unsere Lande geführt haben? Doch das dürfte der allmächtige Vater mit argwöhnischem [505] Blick verfolgt haben.
Werden wir zulassen, dass der verhasste Mann, der jetzt Parthenope, Apulien und Lukanien mit brutaler Tyrannei verwüstet, auch den Rest Italiens von seinem grausamen Volk verheeren lässt? Doch der Grund dieses Übels ist der Fürst der Insubrer, den keine Liebe zum Anstand rührt, sondern [510] den unselige Kriege erfreuen. Er ergötzt sich nämlich daran, zu unterdrücken, und frohlockt übermütig gegen jede menschliche Sitte, wenn Heere vernichtet werden. Da wir ihn nun besiegt haben, wird er unserem Feind Alfons keine Hilfe bei dessen brutalem Kriegszug sein.
Nun soll der Phorciade gegen dich die picenischen Städte mit Wallanlagen [515] sichern. Setze du zum Schutz aller Picener einen willfährigen Anführer ein. Jener soll, wenn es zum Krieg kommt, Filippos gebündelte Streitkräfte überwältigen. Doch gestatte, dass ich als Führer der Italiener gegen die tollkühnen Iberer entsandt werde und Alfons lehre, in seinem eigenen Land zu bleiben.' So hatte er gesprochen. Der Ältere erwiderte [520] darauf diese Worte:
‚O erhabene Zierde Latiums, du, von dem keine Nachwelt schweigen wird, Held allergrößten Mutes, der allein den latinischen Völkern Treue erwiesen hat, die nicht umsonst war! Welchen Dank, welche Dienste kann ich erweisen, die solcher Verdienste würdig sind?
[525] Wenn der ganze römische Boden mir nur die standhaften Herzen zweier solcher Männer gegeben hätte, ich würde nicht zögern, bis zu den äußersten Grenzen der Inder vorzudringen oder sogar die Parther der verlorenen Feldzeichen zu berauben.

Sed nec talis erit quisquam, nec tempore tali
bella nefanda alius nostris avertere terris, 530
te praeter, Sismunde, volet. Tu solus amore
antiquo Italiam defendis. At altera turba
magnanimos oblita patres priscumque senatum
reliquias miserae insequitur saevissima Romae.
Usque adeo pauci concordes, omnia versat 535
invidia infelix totumque perambulat orbem.
Nec me animi fallit. Regem si in bella vocaris,
invideant Itali. Fama est non rara Philippum
Phorciadae natam laetis dare velle hymenaeis.
Quae quonam usque feres? Picenas forsitan urbes 540
tradiderit socero. Tua fors et regna lacesset
insidiis vicina. Pudet semperque pudebit
haec timuisse mihi. Miserum me vana timere
cogit inane fides nomen, maiorque potestas
tempore in hoc virtus, et quae mensura pudoris 545
nulla, nec Ausoniae gentis delectus. Ethruscos
Alphonsus populos capiat si forte Philippi
auxilio infidi, quonam te opponere tantis
cladibus? Aut quonam poteris defendere pacto
Italiam? Alphonsum potius pro tempore tali 550
iungere amicitia nobis praestabit. Iniquis
Phorciadae stimulis odii permotus acerbi
ad nostras facilis partes flectetur. Honorem
hunc tibi praeterea totis largimur habenis.
Duxeris Alphonsi nec non Romana superbus 555
agmina Phorciaden contra, si forte negarit
restitui nobis Picenas improbus urbes.'
   Sic ait. Ille senis dictis persuasus humi ter
lumina terque senem perspexit talia fatum.
Plura nec ingenuo meditatus pectore fatur: 560
   ‚Cuncta placent quaecumque refers, pater optime, dicta.
Iam tua iussa sequar, nec me vis ulla tenebit,
Maxime Pontificum, clari quem rector Olympi
tradidit Hesperiis rectorem Iupiter oris.'
   Talibus Italiae dubiis de rebus agentes 565
divisere gradus, vestigia uterque ferentes

Doch einen solchen wird es kein zweites Mal geben, und in so einer Zeit [530] wird kein anderer außer dir, Sigismondo, die frevelhaften Kriege von unseren Landen abwehren wollen. Du allein verteidigst Italien nur aus uralter Liebe heraus. Der ganze Rest, die hochherzigen Väter und den altehrwürdigen Senat vergessend, stellt nur grausamst den Überresten des unglücklichen Rom nach.
[535] Und es gibt nur noch so wenige Einträchtige unter ihnen. Die unselige Missgunst treibt alles um und durchstreift die ganze Welt. Und ich täusche mich nicht, was ihre Gesinnung betrifft. Wenn du dem König den Krieg erklärst, werden es dir die Italiener neiden. Das Gerücht macht die Runde, dass Filippo seine Tochter zu glücklicher Vermählung dem [540] Phorciaden geben wolle. Wie lange wirst du das denn dulden können? Gut möglich, dass er die picenischen Städte seinem Schwiegervater übergeben wird. Und möglicherweise wird er dann auch deine benachbarten Gebiete mit Ränken in Unruhe bringen. Ich schäme mich und werde mich immer schämen, mich wegen dieser Dinge gefürchtet zu haben. Ein [545] falsches Vertrauen zwingt mich Unglücklichen, einen leeren Namen zu fürchten. Die größere Macht bedeutet in unseren Zeiten eine Tugend, doch keine, deren Wert man in Scham misst – und so findet auch keine Aushebung ausonischer Truppen statt. Wenn Alfons womöglich die etruskischen Völker mit der Hilfe des treulosen Filippo unter seine Kontrolle [550] bringt, wie wirst du dich so einer Katastrophe noch entgegenstellen können? Wie wirst du Italien verteidigen können? Es wird besser sein, im Angesicht dieser Lage Alfons in Freundschaft an uns zu binden. Angetrieben von den schmerzhaften Stacheln seines bitteren Hasses auf den Phorciaden wird er sich leicht auf unsere Seite ziehen lassen. Diese Ehre aber [555] will ich dann dir mit voller Befehlsgewalt schenken: Du wirst stolz die Heere des Alfons und die Roms gegen den Phorciaden anführen, wenn er sich ruchlos weigern sollte, uns die picenischen Städte zurückzugeben.'

So sprach er. Jener, überredet durch die Worte des Alten, blickte dreimal zu Boden und dreimal den Alten an, der solches gesagt hatte. Und [560] ohne noch weiter in seinem edlen Herzen nachzusinnen, spricht er: ‚Alles, was du sagst, scheint mir richtig, bester Vater. Drum werde ich deinen Befehlen folgen und keine Macht wird mich davon abhalten, größter Pontifex, den Jupiter, der Lenker des strahlenden Olymp, den hesperischen Landen zum Lenker gegeben hat.'
[565] Und die beiden, die mit solchen Worten über die kritische Lage Italiens verhandelten, gingen dann getrennter Wege und entfernten sich wei-

longius. Ille deum templis intentus et aris,
ille autem veterum speculans monumenta virorum
usque gemit famam saxis periisse vetustis
maiorum, Curiosque manu, totisque carentes 570
auribus Aemilios, antiquae nomina gentis,
atque alios, quos est longum memorare, Quirites
miratur. Sed mox ‚Quid prosunt marmora', dixit,
‚aut similes vivis vultus! Me Musa secundo
carmine, cuncta novem referant mea facta sorores. 575
Marmore magnanimum nullus caelavit Achillem
effigiem saxis praeduram immanibus – ille,
Maeonides quantum vates durabit, Atriden
terribilis nota iuvenis turbaverit ira.
Haec mihi, siquis erit nostro qui tempore vates 580
surgat, signa velim, nec marmora dura, vetustos
verum animi interpres declarat lingua triumphos.
Felix ille quidem, magnum cui saecula vatem
dant sua, qui laudes cernit sua facta futuras.
Nam post fata quid est frustra cur talia curem? 585
Si neque sensus inest animis neque morte sepultis
manibus ullus honos superis debetur iniquis.
Aut si vera canant, qui rentur inania rursum
ire modis simulacra virum viventia multis
aequore sub rapido, silvasque intrare beatas 590
et fortunatos felici ex arbore lucos
aut maiore malo Stygiis maerere latebris,
quid curant fragilem fata immortalia famam?
Quare ego, siqua venit venturis gloria factis
ulla meis, vivum fama me soler inani.' 595
  Dixerat, et magnam multis comitantibus urbem
lustrat et humanos miseratus pectore casus
esse nihil firmum miseris mortalibus alta
mente ratus levium risit ludibria rerum.
  Iamque dies septem totis certamina templis 600
sollicitans, rerum de causis quaerere, quales
Pleiades Atlantis geminaeque Lycaonis ursae,
nec minus unde ruunt amnes, fontesque lacusque,
et maria aeternis tumeant agitata procellis,

Viertes Buch 265

ter voneinander. Der eine wendet sich Tempeln und Altären der Götter zu, er aber seufzt fortwährend bei der Betrachtung der Denkmäler alter Helden, dass der Ruhm der Vorfahren mit den uralten Steinen verwittert [570] sei, die Curier, denen eine Hand fehlte, die Aemilier, die keine Ohren mehr hatten, Namen uralter Familien, und andere Römer, die zu erwähnen zu lange dauern würde, bestaunt er.
Doch bald darauf sagte er: ‚Was nützt der Marmor oder die lebensechten Gesichtszüge? Von mir soll die Muse in einem gelungenen Gedicht [575] künden, die neun Schwestern von all meinen Taten. Niemand hat den hochherzigen Achilles aus Marmor geformt als Statue, hart vom gewaltigen Stein – jener Recke wird den Atriden, solange der maeonische Dichter überdauert, dennoch schrecklich mit seinem berühmten Zorn in Aufruhr bringen. Solche Denkmäler will ich für mich, sofern es nur einen geben [580] wird, der sich in diesen Zeiten als Dichter erweist, und nicht der harte Marmor, sondern die Sprache, die doch in Wahrheit Übersetzerin des Geistes ist, verkündet Triumphe auch dann noch, wenn sie schon lange her sein werden. Glücklich ist freilich jener, dem seine Zeit einen großen Dichter schenkt, der in seinen Taten künftigen Lobpreis erkennt.
[585] Denn was ist schon nach dem Tod, um dessentwillen ich mich unnötig bekümmern sollte? Wenn doch die Seelen keine Sinne mehr haben, und von Manen nach ihrem Tode keine Ehre mehr den Lebenden, die nicht gut zu ihnen waren, geschuldet wird, oder wenn die Wahres verkünden, die der Ansicht sind, dass die hohlen Abbilder der Menschen erneut lebend auf viele [590] Weisen unter dem reißenden Meeresstrom wandeln, und dann die seligen Wälder betreten, und die glücklichen Haine aus segenspendendem Gehölz, oder mit größerem Übel in den stygischen Höhlen trauern, was kümmert das unsterbliche Schicksal sich da um den zerbrechlichen Nachruhm? Drum will ich, wenn mir meine künftigen Taten überhaupt irgendein Lob [595] einbringen sollten, mich zu Lebzeiten mit diesem eitlen Ruhm trösten.'
So hatte er gesprochen, durchstreift er mit vielen Begleitern die große Stadt und im Herzen leidend mit den Wechselfällen des menschlichen Lebens sinnt er tief in Gedanken darüber nach, dass für die armen Sterblichen nichts Bestand hat, und da lacht er über das Wechselspiel flüchtiger Dinge.
[600] Und noch sieben Tage lang lässt er in allen Tempeln Wortgefechte abhalten, die Gründe der Dinge zu erfahren, welcher Art die Plejaden des Atlas seien, was die beiden Bären des Lycaon, und ebenso, wo die Flüsse, Quellen und Seen entspringen, weshalb die Meere sich getrieben von ewigen Stürmen auftürmen, dass davon die Erde bebt, wie Jupiter im

intremat ut tellus, toto sua fulmina caelo 605
Iupiter inque sinum fundat telluris aquosam
saepe hiemem et celsos detundat grandine montes,
quis dedit, ut tellus campo penderet aperto
aeris, ut vasto iaceat circumdata ponto,
ut supra aethereae circumstent aera flammae. 610

[605] wasserreichen Winter häufig seine Blitze am ganzen Himmel hinabschleudert in den Schoß der Erde und hoch aufragende Berge mit Hagelstürmen abträgt, wer es gefügt hat, dass die Erde unter dem offenen Zelt des Firmaments hängt, dass sie vom weiten Weltmeer umgeben daliegt und dass darüber die Flammen des Äthers die Schichten der Luft [610] umgeben.

**Basini Parmensis
Hesperidos
Liber Quintus**

Talia dum studio peragit Pandulphius heros
adsiduo, trepidam penetravit nuntius urbem
Phorciaden generum socero iunxisse Philippo
foedera, Picenas Romanis patribus urbes
defecisse metu ductoris. Ut omnia sensit 5
sublatis manifesta dolis contra bona ferri
iura metusque deum et superis procedere iniquis,
Parthenopen adiit. Quem postquam ex urbe profectum
Phorciades sensit, tum fertur ad illius urbes,
vastaturum agros minitans, sed milite multo 10
obvia Pandulphi concurrunt agmina, donec
Picenas rediit victor Sismundus ad oras.
    Foedera quae tecum percussit, novit et omnis
Italia, et populi, miseros ne victor Ethruscos
obsidione gravi premeres, verum Apula regna 15
Lucanosque simul devictaque iura teneres.
Scis, Alphonse, nihil mentitum, tradis et illi
agmina Celtarum Romanis iuncta catervis,
Eugenius quas forte dabat. Tum maximus heros
Asculon antiquum, Picenis urbibus unam 20
ex priscis, penetrat bellisque instructus et armis
obsidet. Illa parum contra adversata recepit
victorem. Hic gessit fasces, et munera magni
imperii, et priscum Romanae gentis honorem.
    Arx Contracta, ferunt sic illam nomine, summis 25
montibus imposita est, trahitur locus omnis in arcem.
Castellum est insigne tamen, magnumque potensque.
Hic memorant, postquam muros ingressus, et alta
moenia vi summa, sibi quae restabat, ut arcem
agmine praecipiti duris instructus et armis 30
mille viros et mille ferens ingentia saxa,
vi propria dum nixus adest, adscendit et altos
intrepidus muros atque omnia turbine complet
horribili. Cecidere virum fera corda simulque

**Der *Hesperis*
Basinios von Parma
Fünftes Buch**

Während der Held, Sohn des Pandolfo, solchen Dingen in eifrigem Studium nachging, verschaffte sich Kunde Zutritt zur verängstigten Stadt, dass ein Heiratsversprechen den Phorciaden und Filippo zu Schwiegersohn und Schwiegervater gemacht habe und dass die picenischen Städte aus Furcht [5] vor dem Heerführer von Rom abgefallen seien. Als er nun begriff, dass die List aufgedeckt war und alles offen zu Tage lag, was gegen gutes Recht und Glauben ging und sich unter göttlicher Missgunst vollzog, da machte er sich auf den Weg nach Parthenope. Als der Phorciade nun erfuhr, dass er aus Rom aufgebrochen war, da begibt er sich zu dessen Städten und [10] droht damit, das Land zu verwüsten. Doch mit großer Truppenstärke tritt ihm das Heer des Pandolfo entgegen, bis Sigismondo siegreich in die picenischen Lande zurückkehrte.

Welches Bündnis er mit dir besiegelte, weiß ganz Italien und wissen alle Völker, dass du nämlich nach deinem Sieg die Etrusker nicht mit [15] schwerer Belagerung unter Druck setzen, sondern Apulien und auch Lukanien als Rechtsanspruch aus dem Sieg erhalten würdest. Du weißt, Alfons, dass das nicht gelogen war, und du übergabst jenem das Heer der Kelten im Verbund mit den Truppen, die Eugen dir gab.

Dann dringt der große Held in das alte Asculon ein, es ist eine der [20] ursprünglichen Städte Picenums, und belagert es mit allen Vorkehrungen für den Krieg und unter vollen Waffen. Jenes hat ihm wenig entgegenzusetzen und empfängt ihn als Sieger. Hier trug er die Ehrenzeichen und die Amtsgewalt des großen Reichen, und die uralte Ehre des römischen Volkes davon.

[25] Rocca Contrada, unter diesem Namen ist es bekannt, thront auf dem Gipfel der Berge. Der ganze Ort dehnt sich zu einer Festung aus, doch die eigentliche Burg ist gut zu erkennen, groß und mächtig. Hier, so erzählt man sich, ist er, nachdem er in die Mauern und die Befestigungen eingedrungen ist mit aller Kraft, die er noch hatte, mit dem sich steil aufwärts [30] mühenden Heer zur Burg aufgestiegen, ausgestattet mit schlagkräftigen Waffen und tausend Männer und tausend gewaltige Felsen auf den Katapulten mit sich führend, wobei er sich hier ganz auf seine eigenen Streitkräfte verlässt, und erfüllt alles mit entsetzlichem Aufruhr. Den Männern sank ihr Wagemut und zugleich verloren die Beschützer ihre

amisit validas custodia perdita vires, 35
sanguine multa tamen multo certavit. Ovantem
Picentes populi primum videre Iovisque
progeniem dixere, deum quod solus honorem
– haud humana quidem, sed illa divina videri
omnia – Sismundus primis sit nactus ab annis. 40
    Auximon eiecto defixit ab hoste fugatis
Phorciadis, placidi Sismundo moenia Firmi
reddita. Phorciades quae cuncta ut regna retectis
forte labare dolis, desperans vincere quamquam,
bella nefanda tamen superis ingressus iniquis, 45
cunctaque, Picenis quae plurima ceperat oris
oppida magna ferox, populos urbesque relinquens
Flaminias profugus terras et Isauria regna
Gradivaeque gravi praecingens moenia celsae
Marte quatit trepidos violento turbine muros. 50
    Quae fama ut stupidas Sismundi fertur ad aures,
deserit attonitas populis Picentibus urbes,
pro patria qui quisque sua pugnare parati
praesidio adstarent fido. Tum Roma secundis
ominibus sortita ducem, felicior alter 55
quo neque in Italia praesenti Marte nec usquam
retulit antiquos patrio certamine ludos,
absentemque nova donavit laude triumphi
victorem, Romana ferens insignia magni
vexilla imperii miris fulgentia signis, 60
quae memorant priscos antiquae laudis honores,
atque ea victori dono dedit inclyta Roma.
    Sed non Phorciades idcirco moenia pulchrae
Gradivae cessat saxo pulsare rotanti,
accenditque animum furiis, et suscitat iras 65
terribiles fractisque iterum se tentat in armis,
taurus uti magna pulsus petit altera silva
pascua, fronte minax inimicos fertur in agros,
et stabula alta trucis victoris prima nec ante
victus abit, latebris idem quam pellat avitis. 70
Hic (tua Pandulphus nam liquerat agmina) paucis
millibus auxilium miseris portabat amicis.

[35] verlässlichen Kräfte. In großer Zahl kämpften sie dennoch mit gewaltigem Blutzoll. Die picenischen Völker sahen den Helden in seinem Jubel als ersten, und hießen ihn einen Sohn Jupiters, weil er allein diesen Ehrenbeweis der Götter schon in so jungen Jahren bekommen hatte – all diese Dinge schienen ihnen freilich nicht menschlichen, sondern [40] göttlichen Ursprungs zu sein.

Osimo fiel, als die Mannen des Phorciaden verjagt waren, vom vertriebenen Feind ab, auch die Mauern des lieblichen Fermo wurden Sigismondo zurückgegeben. Als der Phorciade feststellte, dass alle diese Gebiete nach Aufdeckung seiner Ränke wankten, da kehrt er, der, [45] wiewohl ohne Hoffnung auf Sieg, einen schändlichen Krieg angefangen hatte, der den Göttern missfiel, allen Orten, die er auf seinem wilden Zug in picenischen Landen erobert hatte, den Völkern und Städten den Rücken, flieht aus flaminischem Gebiet und den Landen des Foglia und, die Mauern des hohen Gradiva mit brutalem Krieg umschließend, [50] erschüttert die erzitternden Befestigungen mit brutaler Wucht.

Als Kunde hiervon zu den verdutzten Ohren Sigismondos getragen wird, lässt er die vor Angst gelähmten Städte in den Händen der picenischen Völker zurück, die sich, ein jeder von ihnen, zu treuem Schutze aufstellen sollten, bereit, für das eigene Vaterland zu kämpfen. Da kürte Rom [55] ihn unter guten Vorzeichen zum Anführer, einem, wie es in ganz Italien im laufenden Krieg keinen erfolgversprechenderen gab, und doch veranstaltete es keine Spiele nach alter, von den Vorfahren überlieferter Art. Für seinen Sieg beschenkte es ihn in Abwesenheit mit der Ehrbezeigung eines neuen Triumphzugs, übergab ihm die römischen Abzeichen, die Standarte [60] des großen Reiches, die mit staunenswerten Figuren glänzte, die die Erinnerung an die ursprünglichen Ehren antiken Ruhms wachhalten, und diese Dinge machte das hochberühmte Rom dem Sieger zum Geschenk.

Doch der Phorciade lässt deshalb nicht davon ab, die Mauern des schönen Gradiva mit wirbelndem Fels zu erschüttern, er lässt seinen Geist [65] in Raserei auflodern, und ruft schreckliche Zorn in sich wach, und wieder erprobt er sich in den schon einmal zerbrochenen Waffen. Wie ein Stier, aus dem großen Wald vertrieben auf der Suche nach einem anderen Weidegrund sich mit drohend gesenktem Kopf auf feindliche Wiesen begibt und den hohen Stall seines brutalen Bezwingers, und nicht eher [70] geschlagen davonzieht, als derselbe ihn dann auch aus dem Unterschlupf seiner Ahnen vertreibt. Hier brachte Pandolfo (denn er hatte deine Reihen verlassen) wenigen tausend Getreuen in ihrem Unglück Hilfe.

Ille tamen vario noctesque diesque labore
pulsabat trepidos violento turbine muros.
   Candida sed postquam plenum Latois in orbem 75
menstrua Luna redit puroque argentea caelo
lampade fraterna sacris micat aemula flammis,
tum Pandulphiades patria Sismundus ab arce
signa tulit belli campoque exercitus illo
constitit, unde vident Gallorum rura superbi 80
Ausoniae populi, Martis densissima saepes,
qua levis Hadriacas Rubico decurrit in undas
et parvo laetas humectat flumine terras.
Quae fama ut pavidas pervenerat hostis ad aures,
traxerat unanimes deserta e valle phalangas, 85
nec sine difficili tellus superanda periclo
tentanti fractos animos, mentemque sinebat
illusam, et subiti fessam formidine. Frustra
ire datur medium in montem, pugnante sed hoste
desuper in valles turbatur miles opacas. 90
Hic ubi certa animo sedit sententia pugna
vertere ab obsessis Gradivae moenibus hostes,
convocat aere gravi fulgentes voce cohortes,
praecipuosque duces, et pectora fida priori
Marte reperta, bonos dextris ac talibus orsus 95
infit et aetherei suspectat limen Olympi:
   ‚Iupiter, alte deum genitor, qui fulmina dextra
terrificosque cies vibratis nubibus ignes,
quem mare navigerum sentit, quem daedala tellus,
tuque deum genitrix, turres quae vertice gestas, 100
quam Phrygii laeta vectant cervice leones,
tu quoque, sancta Venus, genus unde deumque hominumque,
et nymphae fluviorum, animis gratissima nostris
numina, quique oculis mortalia cernitis aequis
diique deaeque simul, caeli quique atria magni 105
quique procul caelo terras habitatis amoenas,
et pelagi rector, Nereu, non parve profundi,
amnesque fluviique, potens nemorum alma Diana –
omnia quippe Iovem quae numina tanta precatus
esse reor solum. Neque enim divisa potestas 110

Jener hämmerte dennoch in unablässigem Mühen Nacht und Tag mit brutaler Wucht gegen die erzitternden Mauern.
[75] Doch als die Mondgöttin, die schneeweiße Tochter der Latona, nach Monatsfrist wieder in ihren vollen Kreis zurückkehrt und silbern am klaren Himmel mit heiligem Feuerschein mit dem Licht ihres Bruders um die Wette leuchtet, da hob Sigismondo, der Sohn des Pandolfo, von der heimischen Burg aus die Feldzeichen zum Krieg und stellte auf jenem Feld sein [80] Heer auf, von dem aus die stolzen Völker der Gallier auf die Fluren Italiens blicken, eine dichtgedrängte Heimstatt des Krieges, wo der Rubicon geschwind in die Wogen der Adria hinabfließt und mit schmalem Flussbett die glücklichen Lande netzt.
Als Kunde hiervon an die furchtsamen Ohren des Feindes gelangt war, hatte [85] er seine Truppen einmütig aus dem verlassenen Tal zusammengezogen, und das Gelände, das einen Versuch, es zu bezwingen, nicht ohne große Gefahr erlaubte, ließ gebrochenen Mut zurück und einen Kampfgeist, der enttäuscht und von dem plötzlichen Schrecknis ermattet war. Vergebens gestattet er, auf halbe Höhe des Berges zu ziehen, doch im Kampf mit dem Feind [90] werden die Soldaten in die dunklen Täler darüber zerstreut.
Als man hier nun fest den Entschluss gefasst hatte, die Feinde von den belagerten Mauern Gradivas zu vertreiben, lässt er mit der lauten Stimme der Heerestrompete die strahlenden Einheiten rufen, die herausragenden Anführer und die Kämpfer, deren Herzen sich auf dem vorherigen Kriegszug als treu [95] erwiesen hatten, spricht die guten Männer mit erhobenen Händen an und blickt dabei zur Schwelle des luftigen Olymp auf:
‚Jupiter, hoher Vater der Götter, der du mit deiner Hand Blitze und aus erschütterten Wolken schreckenerregende Feuer herbeirufst, den das schiffetragende Meer spürt und das kunstreich vielgestaltige Festland. [100] Und du, Mutter der Götter, die du Türme auf deinem Haupt trägst, die dich phrygische Löwen mit eifrigem Nacken ziehen. Und du, heilige Venus, von der das Geschlecht der Götter und Menschen stammt, und ihr Nymphen der Flüsse, unseren Sinnen lieblichste Gottheiten, und zugleich all ihr Götter und Göttinnen, die ihr mit gerechtem Blick schaut auf [105] die Angelegenheiten der Sterblichen und die ihr die Paläste des großen Himmels und liebliche Lande fern am Himmel bewohnt, und Nereus, nicht geringer Lenker des tiefen Meeres, all ihr Ströme und Flüsse und du, Diana, die du über die Haine gebietest – freilich glaube ich, dass all diese großen Götter, zu denen ich gerade gebetet habe, allesamt Jupiter [110] sind. Die göttliche Macht kann nämlich nicht geteilt sein. Ein- und

numinis esse potest. Unum regnare necesse est
numen idem caelo, iusti hic deus auctor et aequi.
Quem quoniam recti memorem gratumque putamus,
auxilio nobis pro iustis poscimus armis.
Vos quoque ne dubios teneat fiducia mentis, 115
ignarosque animi, proceres, qui litore in illo
fudistis magni fugientia forte Philippi
agmina, pro causa quoniam pugnarat iniqua.
Nos amor et pietas et nominis illa Latini
gloria, nos veterum moveant exempla virorum. 120
Quid Decios vulgata loquar iam nomina? Muti,
quid dextram praedure tuam? Quid Coclitis uda
vulnera? Quos virtus, pro qua pugnare decorum est,
aequavit superis altoque eduxit Olympo.
Hic amor est laudum, quo vos incensus et ipse 125
incensos pariter, studio non motus inani,
verum ego non dubia spe concitus ocius oro,
este bonis animis, laetumque adsumite Martem,
qua mea vos fortuna vocat. Victoria nobis
in manibus. Votis quae si non vana secundis 130
laeta venit, Latium penitus servavimus orbem.
Phorciaden opus est Italis decedere terris,
inde per Italiam pacem placidam fore. Sed vos
demoror his verbis in maxima facta volentes
ire magis forsan, quos non tot euntibus annis 135
bella diu piguit tanto tolerare labore.
Iamque modum exhausti, proceres, exquirite belli,
ventum est ad finem. Ne vos extrema malorum
a tantis demum moveant vestigia factis,
reliquiaeque breves Ligurum, quos Marte secundo 140
bis fudistis. Enim finis laudatur in omni
re magna, socii. Nunc nunc, victricia semper
pectora, nunc animos summis intendite rebus
Phorciadenque meis iam nunc sperate moveri
arcibus aut misero periturum a milite linqui. 145
Nonne dies multos Gradivae moenia circum
tempora longa terens, vacuas dum territat auras,
incassum superos dictis incusat iniquos?

Fünftes Buch 275

dieselbe Gottheit muss über den Himmel gebieten. Dieser Gott ist Urheber des Gerechten und Guten. Und da wir meinen, dass er weiß, was das Richtige ist, und uns gewogen ist, fordern wir von ihm Hilfe für uns bei unserem gerechten Feldzug.
[115] Auch euch soll euer Zutrauen nicht zaudern und ungewissen Sinnes sein lassen, ihr Edlen, die ihr an jenem Ufer die Heere des großen Filippo in die Flucht geschlagen habt, weil er für eine ungerechte Sache kämpfte. Uns sollen die Liebe und das Pflichtbewusstsein zur Sache der latinischen Völker und deren Ruhm leiten, und auch das Beispiel der Männer des [120] Altertums.
Was muss ich von den Deciern sprechen, weithin bekannten Namen? Was von deiner starken Hand, Mucius? Was von den nassen Wunden des Cocles? Diese Männer machte ihre Tugend, um derentwillen zu kämpfen eine Zier ist, den Göttern gleich und führte sie hoch zum Olymp hinauf.
[125] Das ist die Liebe zum Ruhm, von der ich entflammt bin und auch ihr entflammt seid, von einem Eifer angetrieben, der nicht sinnlos ist, doch ich bitte euch, ohne an dieser Hoffnung zu zweifeln, hier noch dringlicher: Seid guten Mutes, und macht einen guten Krieg zu eurem, wohin mein Schicksal euch auch ruft. Wir haben den Sieg in unseren Händen.
[130] Wenn es günstig um unsere Wünsche steht und dieser glückliche Sieg nicht vergeblich zu uns kommt, dann haben wir die latinische Welt ganz und gar errettet. Der Phorciade muss italienischen Boden verlassen, und dann muss ein sanfter Friede in ganz Italien herrschen. Doch ich halte euch nur auf mit diesen Worten, denn ihr seid ja längst bereit, zu [135] gewaltigen Taten zu schreiten, ihr, die es im Laufe so vieler Jahre nie verdrossen hat, Kriege unter solcher Mühsal zu ertragen. Und so sucht erst recht, dem schon fast überstandenen Krieg eine Grenze zu setzen. Wir sind zum Ende gekommen. Es sollen euch nicht die letzten Spuren der Übel zum Schluss doch von solchen großen Taten abbringen, und die [140] wenigen Überreste der Ligurer, die ihr in erfolgreichem Kriege schon zweimal vertrieben hat. Denn in jeder großen Sache lobt man vor allem das Ende, meine Gefährten. Jetzt, jetzt richtet eure immer siegreichen Herzen und euren Geist auf die höchsten Dinge, und hofft darauf, dass der Phorciade sich nun von meiner Burg vertreiben lässt, oder [145] elendig von seinen Truppen zum Sterben zurückgelassen wird. Bringt er nicht schon viele Tage damit zu, vor den Mauern Gradivas seine Zeit zu vergeuden, während er Drohungen in die leere Luft brüllt, und wirft vergebens den Göttern vor, ungerecht zu sein?

Scilicet Italiae divique deaeque potentes
vastanti Hesperias faveant, proh Iupiter, urbes? 150
Et nunc Iunonis iussu Thaumantias Iris
quod tulit auxilium obsessis, imbresque solutis
nubibus aequatos pleno defudit Olympo,
in nubes, pluviosque iacit convicia divos
Oriona, Hyadas, Iunonem altumque tonantis 155
nubigeri Iovis arma, solo quibus eruit urbes
et nimbos caelo dextra ciet ater ab alto.
His sese excusat divis oppressus iniquis,
iram, ignominiamque ferens, atrumque pudorem
pectore. Quem quoniam vobis fortuna labantem 160
obtulit, unanimes dura circumdate pugna,
et poenas laeti tandem sumamus opimas.'
    Dixerat, et cuncti magno clamore ruebant
armati ferro et campos atque arva tegebant,
ceu quondam obsesso dimotis aethere pennis 165
Idaliae densantur aves, liquidasque per auras
cognita tecta petunt tacitumque per aera lapsae
ingentem plausis fremitum dant eminus alis,
agmine sic celeri populantur concita pulsu
aequora litoreas uno certamine terras. 170
    Iam tectis summi sese vertentis Olympi
adsidue ingenti nata est discordia motu.
Praecipuis late clamoribus insonat alti
regia celsa poli, sero tum Iupiter ore
caelicolas firmo sedans sermone: ‚Quis audet 175
fata Iovis contra vanis contendere verbis?
Quid, Gradive, meam tentas, durissime, mentem,
qui pacem Italiae gemis importunus? Ego, instent
quae tibi bella, canam, quando haec tua sola voluptas.
Semper enim te bella iuvant, tibi proelia cordi. 180
Haec quoque sanguinea tecum Discordia palla
exsequitur? Quis finis erit? Belline nefandi
continuam seriem Latiis habeatis in oris?
Non deerunt quae bella diu, quae proelia possis
Italia spectare tua, Sismundus Iberos 185
cum vincet bello duros et litore Thusco

Ach, Jupiter, meint er etwa, dass die mächtigen Götter und Göttinnen [150] Italiens einem gewogen sind, der die hesperischen Städte verwüstet? Und weil nun die Thaumastochter Iris auf Befehl der Juno den Eingeschlossenen Hilfe gebracht, Wolken geöffnet und allerorten Regen aus vollem Himmel hinabgegossen hat, schilt er die Wolken und die Götter des Regens, Orion, die Hyaden, Juno und die Waffen des in der Höhe [155] donnernden Wolkentreibers Jupiter, mit denen er Städte dem Erdboden gleichmacht und finster mit der Hand Wolken am hohen Himmel zusammenballt.

Er entschuldigt sich, jetzt, wo er unter Druck ist, mit der Ungerechtigkeit der Götter, Zorn und Schmach und schwarze Scham im Herzen tragend. [160] Nun, da das Schicksal ihn euch im Moment des Taumelns dargeboten hat, umringt ihn einmütig mit hartem Kampf – und lasst uns ihn frohgemut mit fetter Beute die Strafe zahlen lassen.'

So hatte er gesprochen, und alle stürmten sie in Eisen gerüstet mit großem Geschrei los und legten sich über Felder und Fluren, wie wenn [165] bisweilen die idalischen Vögel sich mit ausgestreckten Schwingen am Himmel, den sie ganz bedecken, breitmachen, durch die klaren Lüfte ihren bekannten Heimstätten zustreben und durch die stille Luft gleitend mit ihrem Flügelschlag schon von fern ein ungeheures Raunen von sich geben. So überziehen auch die Fluten in schneller Folge vom Wellengang [170] getrieben in einem Ringen miteinander die Lande am Ufer.

Schon erhob sich in den Häusern hoch am sich immerfort drehenden Olymp mit großem Aufruhr die Zwietracht. Von weithin hörbarem Geschrei ertönt der erhabene Palast des hohen Himmelszelts. Mit spät erhobenem Wort spricht dann Jupiter, die Himmelsbewohner mit fester Mahnung [175] zu beruhigen: ‚Wer wagt es hier, sich mit eitlen Worten gegen Jupiters Schicksalssprüche zu stellen? Warum hinterfragst du mein Ansinnen, verhärmter Gradivus, der du unwillig den Frieden in Italien beklagst? Ich will dir verkünden, was für Kriege dir ins Haus stehen, wo doch das allein dein Vergnügen ist. Immer nämlich erfreuen dich Kriege, sind dir [180] Schlachten eine Herzensangelegenheit. Auch diese hier vollstreckt die Zwietracht in ihrem blutigen Gewande mit dir zusammen – welches Ende wird das haben? Wollt ihr einen immerwährenden Kriegszustand in latinischen Landen haben? Es wird wahrlich nicht an Kriegen, an Schlachten fehlen, deren Zeuge du in deinem Italien werden kannst, wenn [185] Sigismondo die grimmigen Iberer im Kriege schlagen und Alfons an der etruskischen Küste zwingen wird, das ihm versagte Land zu ver-

Alphonsum vetita faciet concedere terra.
Illo te cernant populi inter proelia campo.
Nunc autem Latias in pace relinquimus urbes,
non deerunt forti Sismundo bella.' Nec orsus   190
plura deum genitor caelo me misit, ab alto
accinctum pharetri Lycias gestante sagittas,
Phorciaden subita turbarem clade virorum
mortibus innumeris, et amaris corpora telis
magnanimum ipse latens primum popularer equorum,   195
ossibus alberent ut campi. Iussa parentis
inde secutus agor claro demissus Olympo
despectans longe summo fulgentia dorso
agmina Phorciadum. Quae postquam certa notavi
castra oculis, iunctis deflexi cornibus arcum,   200
terribilisque venit, nervo resonante sagitta.
Iamque canes summis perierunt montibus albi
infecto caeli tractu, morbumque famemque,
quae duo terrificis evertunt cladibus urbes,
Phorciadae passus totis exercitus arvis.   205
    Esse deum prolem Pandulphum novit ab illo
tempore Phorciades, steterant cui numina dextra
parte deum, timuitque animis pavitantibus omen
infandum, bellumque viris pestemque virorum,
maxima queis caelo genitor domat altus ab ipso   210
ingratos hominum coetus urbesque deorum
oblitas – quales Solymos urgente superbo
Bellerophonte ferunt patriis cecidisse sub armis.
    Talia Phorciades animis agitabat anhelis,
quem subitus certo turbavit nuntius ore   215
adventare ferens hostem magnoque tumultu
discurri celeri populatis agmine campis.
Extemplo tristi turbatus imagine Martis
venturi, praesaga mali mens talia namque
sensibus attonitis obiectat. Iniqua deorum   220
fata retro sensit ferri. Tum tristia laeto
dissimulans vultu, medio dux aggere perstans
egregiis loquitur simulato pectore verbis:
    ‚Huc volat audaci temerarius ecce caterva

Fünftes Buch

lassen. Auf jenem Feld werden die Völker dich inmitten ihrer Schlachten sehen. Nun aber lassen wir die Städte Latiums in Frieden, dem tapferen Sigismondo wird es nicht an Kriegen fehlen.'

[190] Ohne noch mehr zu sagen, sandte mich dann der Vater der Götter vom Himmel herab, gegürtet mit dem Köcher voller Pfeile, damit ich den Phorciaden mit unzähligen Toden und dem jähen Verlust vieler Männer aus der Fassung brächte und zuerst die Leiber seiner tapferen Pferde heimlich verheerte, dass die Ebenen von ihren Knochen weiß [195] würden.

Die Befehle meines Vaters befolgend stieg ich sodann vom hellen Olymp herab, vom höchsten Bergrücken aus der Ferne den strahlenden Heereszug der Phorciaden betrachtend. Nachdem ich mich mit eigenen Augen vergewissert hatte, dass es wirklich ihr Lager war, spannte ich [200] den Bogen, dass sich die Hornspitzen berührten, und schrecklich schnellte der Pfeil von der surrenden Sehne.

Und schon verendeten hoch in den Bergen die weißen Hunde unter dem verpesteten Himmelsstreifen und das Heer des Phorciaden erlitt allerorten Krankheit und Hunger, die beiden Dinge, die in dieser schrecklichen [205] Katastrophe Städte zerstören.

Von jenem Zeitpunkt an wusste der Phorciade, dass Pandolfo ein Spross der Götter ist, auf dessen Seite die Himmlischen ihre Mächte gestellt hatten, und er fürchtete sich mit ängstlichem Gemüt vor dem unaussprechlichen Vorzeichen, hatte Angst um seine Männer im Krieg und vor [210] der Seuche, die sie befiel. Dies sind die äußersten Maßregelungen, mit denen der hohe Göttervater vom Himmel her unbotmäßige Völker straft und gottvergessene Städte – es heißt, dass so die Solymer, als der stolze Bellerophon ihnen zusetzte, mit den Waffen ihrer Väter in der Hand fielen.

Solches ging dem Phorciaden durch seine atemlosen Gedanken, als ihn [215] ein plötzlich eintreffender Bote aufschreckte, der ihm mitteilte, dass der Feind nahe und dass das Heer schnellen Schrittes unter großem Aufruhr auf dem dicht gefüllten Schlachtfeld aufmarschiere. Sofort ist er durch die bedrückende Ahnung der nahenden Schlacht aus der Fassung gebracht, denn sein Verstand, der das Übel voraussah, stellt seinen erstarrten Sinnen [220] solches vor Augen. Er spürt, dass die ihm ungünstigen Schicksalssprüche der Götter auf ihn zurückfallen. Da stellt er sich als Anführer, die Bestürzung mit fröhlichem Gesicht verhehlend, in der Mitte auf einen Erdwall und spricht mit hochtrabenden Worten unter vorgespieltem Mut:

‚Seht, unser unbesonnener Feind eilt heran mit tollkühner Schar und

hostis et aerios properat conscendere montes 225
protinus. At contra nemo mihi proelia sumat,
usque licet medium cernatis scandere montem
incautos hostes. A tergo bella retectis
sentiat ipse dolis. Vos faucibus eminus atris
insidias medii densis componite silvis, 230
neve timete minas neu verba superba furentis.
Ad pugnam vocat ille, choros non ducit ad ullos.
Altera deinde manus Gradivae ad moenia duro
Marte ruat terraque ardescat pugna cruenta.
Protinus ille volet speculari proelia nostri 235
Martis, et insidias silvis transibit opacis
circumventus et ipse dolis vestigia frustra
vana leget retro.' Sic fatus iniqua recurvi
per iuga montis iter carpit murosque superbae
Gradivae tentat positis transcendere scalis. 240
Tum strepitu ingenti revoluto machina saxo
intonat aere gravi, vastoque remugit Olympo
atque minas celsi contundit turbine muri.
Audiit ipse cavo sonitum Sismundus ab antro,
non tulit inde moras obsessis ferre petitum 245
auxilium, campoque exercitus omnis aperto
ut stetit, ipse manu parva iuvenumque maniplis
Phorciadas longe speculatus, ut atra cieri
bella cruenta videt, primos vi fertur in hostes.
  Ceu ferus alta leo permiscens funera mutis 250
armentis latos stragem caedemque per agros
immittit durosque vocans in proelia tauros
non videt horrendos a tergo exire molossos,
haud aliter tantos fortis Sismundus in hostes
fertur et ingentes animo metitur honores. 255
  Obstupuere simul quaecumque superna videbant
agmina, quaeque cavas servabant milite silvas,
quique dolos clauso speculis tendebat ab altis.
Tum prono montis descendunt vertice densae
Phorciadum medio iungendis cornibus alae, 260
et pugna a muris decurritur intermissa.
Parte alia insidiae manifestis hostibus olli

[225] drängt darauf, sogleich die luftigen Höhen zu erklimmen. Doch gegen mich soll niemand den Kampf eröffnen, mag es auch sein, dass ihr nun seht, wie die arglosen Feinde geradewegs den Berg besteigen. Er selbst soll spüren, wie es ist, von hinten angegriffen zu werden, jetzt, da seine List aufgedeckt ist. Legt ihr ihnen von fern in den finsteren Schlünden [230] mitten im dichten Wald eine Falle, und fürchtet nicht die Drohungen und die hochmütigen Worte des Rasenden. Jener ruft zur Schlacht, er lädt nicht zu irgendeinem netten Reigen. Die andere Hälfte unserer Schar soll dann zu den Mauern Gradivas in grimmiger Kriegswut stürmen und die Schlacht soll auf blutrotem Boden entbrennen. Jener wird sogleich das [235] Gefecht mit unserem Heer in Augenschein nehmen wollen, und an der Falle im dunklen Wald vorbeigehen und dann wird er, von unserem Hinterhalt umzingelt, vergeblich auf gleichem Weg zurückgehen wollen.'
So sprach er, schlägt dann den Weg entlang des unwegsamen Grats des Berges ein und versucht, die Mauern des stolzen Gradiva mit angelegten [240] Leitern zu erklimmen. Dann erschallt mit gewaltigem Krachen das Geschütz aus schwerer Bronze, das einen Fels verschießt, dröhnt vom weiten Himmel zurück und zertrümmert mit seiner Wucht die hohen Mauerzinnen der Stadt. Den Klang vernahm Sigismondo selbst aus einer tiefen Schlucht und wollte sodann keinen Verzug mehr dulden, den Belagerten [245] die erhoffte Hilfe zu bringen. Und sobald sich sein ganzes Heer auf offenem Feld aufgestellt hat, stürzt er selbst mit einer kleinen Schar, wenigen Einheiten junger Männer, nachdem er den Phorciaden aus der Ferne beobachtet hat und nun sieht, dass zur grausamen Schlacht gerufen wird, beherzt in die vorderste Reihe der Feinde.
[250] Wie ein wilder Löwe, der vielfachen Tod über stummes Vieh bringt, weit über die Fluren Tod und Gemetzel verbreitet und dabei die kräftigen Stiere zum Kampf ruft, nicht sieht, dass in seinem Rücken die Molosser losgelassen werden, nicht anders stürzt sich der tapfere Sigismondo auf diese Feinde und setzt mit seinem Mut den Maßstab für [255] gewaltige Ehren.

Alles, was an Heervolk weiter oben aufgestellt war und dies sah, stutzte gleichzeitig mit denen, die den tiefen Wald mit den verborgenen Soldaten bewachten, die von ihren hohen Verstecken aus einen Hinterhalt vorbereiteten. Da steigen vom Gipfel des Berges in dichter Formation die [260] Schwadronen der Phorciaden herab um sich mit den Flügeln zu vereinigen, und so entfernt sich man sich von den Mauern, weshalb die Schlacht unterbrochen wird. Auf der anderen Seite stürmt ihm in dem

obvia turba fremit mediumque utrimque coactum.
Sismundum Italiae populi videre superbi
per strages, per tela virum, per sanguinis undas 265
fervere sanguinea densa inter funera dextra
corpora magnanimum sternentem caede virorum.
Euryalum ante alios, frenis qui iam ora prehensis
magnanimi flectebat equi, cui forte lacertum
deicit oppositas fortis Sismundus in herbas. 270
Inde alios septem deturbat ab aggere vasto
agmine currentes aditumque viamque tenentes.
Sed postquam densos superans evaserat hostes,
rursus in adversas celeri volat agmine turmas,
inclinatque viros omnes palantiaque haurit 275
terga virum gladio. Veluti cum magnus Orion
impulit in pelagus fugientia nubila, nautis
corda repente cadunt neque enim procul altus ab atra
morte tenet pontus, parvo discrimine vitae
ac leti spumis pelago canente feruntur, 280
talis anhela timor fugientibus agmina cunctis
Phorciadis quatit acer. Erant praemissa retectis
insidiis longe patefacto proelia campo.
Parte ab utraque dolis clausus Sismundis iniquis
Phorciadum media duro sub Marte caterva 285
scilicet, et saevis iuvenis circumdatus armis,
incertusque animi quid agat. Tamen omnia secum
versabat subitis vigilanti pectore curis.
    Tum vero innumeris medium se millibus infert
speque metuque celer, Pelagontaque sanguine multo 290
et Latagum domuit ceciditque in proelia saevus
Hippophilus. Periit positis et Orestius armis
Iapetionides, docuit quem Phoebus Apollo
mittere tela feris. Sed non ars illa cadentem
sustinuit, mediaque miser raptatur arena. 295
Hos timor atque metus, dura Discordia pugna
fert Pandulphiaden Martis germana furentis
et comes una, gravi quae moenia celsa tumultu
et superum ingratas evertit funditus urbes.
Ille adeo celeres vertebat in omnia turmas 300

Hinterhalt die Schar der nun sichtbaren Feinde lauthals entgegen und die stolzen Völker Italiens mussten mit ansehen, wie Sigismondo von beiden [265] Seiten eingeschlossen war und sich durch das Gemetzel, durch die Waffen der Männer, durch Ströme von Blut hitzig vorkämpfte mit blutiger Hand unter so vielen Gefallenen und dabei die Leiber tapferer Männer mit tödlichem Schlag niederstreckte. Vor allen anderen den Euryalus, der das Haupt seines Pferdes schon mit angezogenen Zügeln umwandte, als [270] der tapfere Sigismondo ihm den Arm abtrennte, der ins Gras vor ihm fiel. Danach drängte er sieben andere vom Erdwall, die ihm in breiter Reihe entgegenliefen und ihm den Weg, auch den, auf dem er kam, versperrten. Doch nachdem er den dichtgedrängten Feinden erfolgreich entkommen war, eilt er wieder den Schwadronen zu, die sich ihm in [275] geschwinder Formation entgegenstellen, zwingt alle Männer nieder, und durchbohrt die umherirrenden Leiber der Männer mit dem Schwert. Wie den Seemännern, wenn der große Orion seine flüchtigen Wolken auf das Meer getrieben, der Mut augenblicklich sinkt, nun nur noch die nicht mehr ferne hohe See sie von einem grässlichen Tode trennt und nur noch [280] ein schmaler Grat zwischen Leben und Tod da ist, während sie auf dem tosenden Meer dahintreiben, solch eine heftige Furcht erschüttert, während alles flieht, die atemlosen Schlachtreihen des Phorciaden. Die Kämpfe hatten sich nach Vereitelung des Hinterhalts nun weit auf das offene Feld verlagert. Der Jüngling Sigismondo, der von beiden Seiten [285] eingeschlossen war von der List der Phorciaden, im brutalen Kampf mitten im feindlichen Heer von grausamen Waffen umzingelt, ist unschlüssig, was er tun soll, und geht doch alles einzeln bei sich durch, während ihm plötzliche Sorgen im wachen Herzen aufsteigen.

Dann aber stürzt er sich mitten unter die unzähligen Tausend, von [290] Hoffnung und Furcht beschleunigt, und bezwingt mit viel Blutvergießen den Pelagon und den Latagus, es fällt dem Kampf mit ihm zum Opfer Hippophilus und der orestische Abkömmling des Iapetos, den Phoebus Apollo lehrte, seine Pfeile auf Tiere zu schießen. Doch jene Kunst rettet ihn nicht vor dem Untergang und mitten im Sand des [295] Schlachtfelds wird er elend dahingerafft.

Sie treiben Angst und Furcht im harten Kampf, den Sohn des Pandolfo die Zwietracht, die Schwester und einzige Gefährtin des rasenden Mars, die in schlimmem Aufruhr hohe Mauern und die Städte derer, die den Göttern unbotmäßig sind, gänzlich vernichtet.

[300] Jener wandte seine schnellen Schwadronen durch alle Hindernisse,

devia, quaque pedem tulerant, hac maximus heros
turbidus insequitur. Geminat tum fracta virum vox,
in freta ceu quondam Borea miscente fragorem
horrisonum, fugiunt detecto nubila caelo,
imbriferique fugam rapiunt cum nubibus Austri 305
et, quacumque vias tenuere, tumescere magni
incipiunt fluvii, sonitum de montibus audit
agricola infixo terris cum fugit aratro.
    Et iam devexo sol praecipitabat Olympo,
qui ruat Oceani liquidas ni pronus in undas, 310
Phorciadum avertat cunctas de monte cohortes
dux Pandulphiades. Sed nox obscura sepulti
non sinit umbra soli, fuscisque nigerrima pennis
imperfecta opera et ruptos amplexa labores
demebat curas mortalibus atque colores 315
rebus et ambrosio spargebat fessa sopore
corpora. Non volucrum, neque erat vox ulla virorum
cunctaque somniferis Dea nigra quieverat alis.
Sed non magnanimi Pandulphi pectus iniquis
percussum stimulis, victor qui nocte sopora 320
cum socia abscisos intravit Pallade muros,
crastinus ut subitis turbaret cladibus hostem
incautum et sociis, ne proelia nocte capessant
ulla, iubet primum, campo quos liquit aperto.
Mox ubi prima novae surgant certamina pugnae, 325
protinus ardentes cogant in bella phalangas –
se fore praecipitem portis qui rumpat ab altis.
    Haec ubi iussa, volat caecis circumdatus umbris
Gradivamque latens hostes ingressus. At illum,
praesidio fuerant omnes qui forte relicti, 330
suscipiunt lacrimis venientem ultroque salutant.
Ille animos iuvenum dictis ita tollit amicis:
    ‚O mihi fida prius, sed nunc apprima iuventus
nota satis, nec non factis spectata supremis,
quae fuga Phorciaden nostris avertet ab oris? 335
Aut quid opis demum victus bis ferre Philippus
huic queat? Obsessos cum crastina vecta quadrigis
purpureis Aurora polo se ostendet Eoo,

und wohin sie ihren Fuß setzten, dorthin folgte ihnen der gewaltige Held stürmisch. Da verdoppelt die gebrochene Stimme der Männer sein Mühen, wie wenn einmal der Boreas sein grausiges Tosen über das Meer sendet, die Wolken flüchten vom freien Himmel, und die regenspendenden
[305] Südwinde mit den Wolken entfleuchend dahinrasen und, wo immer sie hinsteuern, die großen Flüsse anzuschwellen beginnen, der Bauer den Klang von den Bergen her vernimmt, seinen Pflug in der Erde stecken lässt und flieht.

Und schon senkte sich die Sonne rasch am gekrümmten Himmel, und [310] würde sie nicht so steil in die Fluten des Ozeans gleiten, dürfte der Anführer, der Sohn des Pandolfo, wohl sämtliche Scharen der Phorciaden vom Berg vertreiben. Doch die Nacht, ein finsterer Schatten, der den Boden unter sich begräbt, lässt es nicht zu, sie nahm tiefschwarz mit ihren dunklen Schwingen den Menschen ihre unvollendeten Werke, umarmte ihre [315] unterbrochenen Mühen, nahm ihnen die Sorgen und den Dingen ihre Farbe und streute ambrosischen Schlummer über ihren müden Leibern aus. Keine Stimme der Vögel noch der Menschen war zu hören, die schwarze Göttin hatte alles mit ihren schlafbringenden Schwingen beruhigt. Doch das Herz des hochherzigen Pandolfo war nicht von beschwerlichen Stacheln [320] durchbohrt, als er zu nachtschlafender Stunde erfolgreich mit seiner Gefährtin Pallas die belagerte Stadt betrat, um am folgenden Tag den arglosen Feind mit einem plötzlichen Unheil zu überraschen, und zuvor gebot er seinen Gefährten, die er auf offenem Feld hinterließ, in der Nacht keinerlei Kampfhandlungen zu beginnen. Bald schon, sobald die ersten Gefechte [325] der morgigen Schlacht sich erhöben, sollten sie ihre Reihen mit glühendem Eifer zurück in den Krieg drängen – er werde eilends dort sein, um hoch von den Stadttoren einen Ausfall zu machen.

Nachdem er dies angeordnet hat, eilt er, umgeben von Schatten, die ihn unsichtbar machen und betritt Gradiva, vor den Feinden verborgen. [330] Ihn aber nehmen all die, die zum Schutz der Stadt zurückgelassen worden waren, bei seiner Ankunft mit Tränen und begrüßen ihn freimütig. So hebt er ihren Mut mit dann freundlichen Worten:

‚O ihr jugendliche Schar, mir schon früher treu, doch jetzt ganz besonders, und durch herausragende Taten bewährt, welcher Schlag wird [335] den Phorciaden aus unseren Landen vertreiben? Oder welche Hilfe sollte der schon zweifach besiegte Filippo ihm erneut leisten können? Wenn die nächste Morgenröte von ihrem purpurnen Viergespann gezogen sich am östlichen Himmel zeigt, werden wir euch Belagerte einen Ausfall direkt in

in medium dabimus, nec eum defenderit Auster,
vos simul ut memorat defensos imbribus, omnes 340
viribus atque animis defendi cernat in illo,
tendit ubi campo. Zephyros incuset et Austros
et strepitus vasti simul exsecretur Olympi.
Illi haud verba volent, faxo, cum spectet utrimque
iam Pandulphiadas in proelia Martis euntes. 345
Consilio verbis opus est, certamine bello.'
   Dixerat haec. Illi laeto sermone fovebant
assensusque pares pennata voce ferebant.
   Iam vero in castris hostilibus alta silentum
Phorciadum studia, et nullis audita remotis 350
murmura serpebant pariter, pariterque volabant
inter se comitum, et flammarum exstincta quierant
lumina. Telorum crepitus ac pulsa parumper
arma sonum quatere obstupuit Pandulphius heros
atque alii proceres. Paucos fidosque vocari 355
ad se Phorciades et tacitos iubet ire ministros.
Convenere ducem trepidi sine more vocati,
quos inter dictis sic est exorsus amicis:
   ‚Magnanimi semper socii semperque vocati
Phorciadae invicto per summa pericla, per Alpes 360
nubiferas, frustra quos nunc certare superbo
Sismundo, adversis cerno et concurrere fatis.
Bellum etiam infandum, sive hoc fortuna secundo
iam mihi pulsa loco, sive hoc Iovis ira volentis
cuncta humana palam subitis miscere ruinis, 365
seu meruere mei mores, bellum ipse capesso
fas contra et propere carpentes stamina Parcas.
Quot strages miseri patimur, quam lata tepescant
flumina Phorciadum rubefactis sanguine campis
nota quidem nobis nimium praeque omnibus alta 370
funera stant oculis candentesque ossibus agri.
Namque famem morbosque deum, quid acerba meorum
fata nefanda querar? Quid frustra multa talenta?
Mitto animas iuvenum, Stygio quas miserit Orco,
argenti atque auri impensas tantumque pudorem. 375
Quare ego, quandoquidem superis certamus iniquis,

ihre Mitte machen lassen, und nicht der Südwind wird ihn so beschützen, wie [340] er erkennen wird, dass ihr von den Regengüssen geschützt werdet, sehen soll er, dass auf jenem Feld, das er ansteuert, alle von ihren Kräften und ihrem Mut beschützt werden. West- und Südwinde wird er verfluchen, und zugleich laute Verwünschungen zum weiten Himmel hinaufschicken. Ich werde machen, dass ihm nicht einmal Worte über die Lippen gehen wollen, [345] wenn er sieht, wie von beiden Seiten die Männer des Pandolfo gegen ihn in die Schlacht gehen. Ratschluss braucht Worte, der Krieg eine Schlacht.'

So hatte er gesprochen. Jene spendeten ihm mit zuversichtlichen Worten Beifall und gaben ihre Zustimmung mit hochfliegender Stimme.

Doch schon liefen da im feindlichen Lager die Bemühungen der [350] Phorciaden auf Hochtouren, und es kroch und flog ein für Außenstehende unhörbares Geflüster der Gefährten untereinander umher und die Lichter der Fackeln ruhten, nachdem man sie gelöscht hatte. Dass das Klappern der Waffen und das Schlagen der Rüstungen nur ganz eben einen Ton abgab, ließ den Held, Sohn des Pandolfo, und die anderen Edlen [355] staunen. Der Phorciade ließ wenige Getreue zu sich rufen und befahl den Dienern, schweigend fortzugehen. Die Gerufenen kamen zum Anführer, ängstlich, weil der Ruf so ungewöhnlich ergangen war, und in ihrer Runde hob er mit freundlichen Worten so an:

‚Allzeit mutige Gefährten, die euch der unbesiegbare Phorciade stets [360] in höchster Gefahr ruft, die ihm bis in die Wipfel der Alpen folgen, ihr, die ich vergebens gegen den hochmütigen Sigismondo kämpfen und unter einem widrigen Schicksal mit ihm im Krieg zusammentreffe sehe. Gar unaussprechlich ist dieser Krieg, mag es daran liegen, dass mein Glück sich zum Ungünstigen gewendet hat, mag es daran liegen, dass der [365] Zorn Jupiters, der es so will, alles Menschliche unverhohlen mit plötzlichem Unheil vergiftet, oder mag es auch mein eigener Charakter verdient haben. Diesen Krieg führe ich gegen göttliches Recht und die Parzen, die geschwind ihre Fäden spinnen. Wie viel Blutbad wir Armen erdulden, wie weithin die Flüsse warm sind vom Blut der Phorciaden auf [370] rotgetränkten Feldern, ist mir gewiss mehr als bekannt, und die vielen Gefallenen stehen uns allen vor Augen, wie auch die Felder, die weiß sind von den Gebeinen. Und was soll ich noch den Hunger, und die Krankheiten, die die Götter gesandt haben, was das bittere Los der Meinen beklagen? Was die vielen vergeblichen Ausgaben? Ich schweige von den Seelen junger [375] Männer, die er zum stygischen Orkus gesandt hat, der Verschwendung von Silber und Gold und der großen Schmach. Drum mache ich mich bereit,

castra movere paro. Socer hoc iubet ipse Philippus
Insubrum dominus. Sed vos taciturna sine ulla
agmina quisque tuba medios inducite campos.'
Dixit et ambiguus medio in sermone resedit, 380
saucius et curis et vulnere mentis acerbo.
    Haec ubi iussa, deum chorus omnis in alta tonantis
atria multa fremens toto concessit Olympo.
Multa super miseris tristes mortalibus illi
verba ferunt, alii curas mirantur inanes, 385
insidiasque hominum vario sermone loquentum.
    Tum pater ipse deum stratis excitus ab altis
‚Ecquid‘, ait, ‚media superum me nocte fatigant
concilia? Aut quaenam tali res tempore poscit
sollicitum esse Iovem?‘ Contra cui candida Iuno: 390
    ‚Nocte quidem media fas est audire minores
te tibi, summe pater. Neque enim dare maius ubique
nec praestare tuis potes, o gratissime, munus.
Verum magna deos tali tibi tempore causa
admoveat, neu te levitas invisa fatiget.‘ 395
    Iupiter huic contra: ‚Quando nunc una cupido
me tenet, haud umquam mulier me nulla nec ulla
me dea tam cupido captum submisit amori,
iungamus Veneris solitae nova foedera flammae.
Nunquam adeo calui, nec cum mihi cognita coniux 400
magnanimi Phlegya geniti, quae candida partu
Pirithoum in teneras enixa est luminis oras
consilio aequalem superis, durosque domantem
nubigenas. Neque enim quondam laetissima visu
me Danae totis exussit fixa medullis 405
usque adeo, cunctis genuit quae Persea factis
invictum, neque enim tanto me Europa furore
in falso vidit pelagi freta currere tauro,
quae peperit, Rhadamanthe, tibi Minoa propinquum.
Non Semeles ardor, non coniugis Amphitryonis 410
magnanimi Alcidae genitricis, at huius Iacchi
laetitiae cunctis mortalibus. Haud ita nostrum
flava Ceres pectus magno distendit amore,
nec Latona comis insignis et ipsa tot annis

wo wir ja offenbar zum Unwillen der Götter kämpfen, das Lager abzubrechen. Mein Schwiegervater Filippo, der Herr der Insubrer, befiehlt es selbst. Ihr alle aber, lasst eure Heere ohne jedes Signal schweigend mitten aufs Feld [380] ziehen.' So sprach er und setzt sich unschlüssig mitten in der Rede nieder, getroffen von Sorgen und der schweren Verletzung in seinem Innern.

Als diese Dinge befohlen worden waren, strömte der gesamte Reigen der Götter vom ganzen Olymp unter viel Gemurmel zum hohen Hof des Donnerers. Traurig führen sie viele Beschwerden über die unglücklichen [385] Sterblichen, andere aber staunen nur über die nichtigen Sorgen und die Ränke der Menschen, die mit wechselhafter Stimme sprechen.

Da spricht der Vater der Götter selbst, aufgeschreckt aus seinem hohen Gemach: ‚Was belästigen mich die Auseinandersetzungen der Götter mitten in der Nacht? Welche Angelegenheit fordert denn um die Uhrzeit, [390] Jupiter aufzuwecken?' Darauf erwidert die strahlend weiße Juno:

‚Es ist nur Recht, dass du denen, die geringer sind als du, mitten in der Nacht Gehör schenkst, höchster Vater. Und keinen größeren Gefallen kannst du je den Deinen erweisen oder gewähren, o Liebster. Aber es ist eine große Sache, die die Götter zu dieser Uhrzeit zu dir führt, und sie soll [395] dich nicht mit der dir verhassten Leichtfertigkeit belästigen.'

Darauf erwiderte Jupiter: ‚Da jetzt vor allem ein Verlangen von mir Besitz ergreift und mich niemals eine Frau, noch eine Göttin, einer so gierigen Wollust unterworfen hat, lass uns uns in einem neuen Bund der vertrauten Flamme der Venus vereinigen.
[400] Niemals brannte ich so, weder als ich die Braut des hochherzigen Phlegyasssohns kennenlernte, die strahlend weiß den Pirithous in das Licht der Welt gebar, der es an Klugheit mit den Göttern aufnimmt und die starken wolkengeborenen Kentauren bezwang, noch als mich die allzu schön anzuschauende Danae bis ins Mark an sich fesselte, die den [405] in allen Taten unbesiegbaren Perseus zur Welt brachte, noch als Europa mich in solcher Verzückung mit ihr in der Gestalt eines Stiers über die Meere ziehen sah, die den Minos gebar, der dir, Rhadamantus, so nah ist.
Nicht mein Verlangen nach Semele, nicht das nach der Frau des [410] Amphitryon, der Mutter des hochherzigen Alkiden, jene sogar die des Iacchus, eines Freudenbringers aller Sterblichen.
Nicht weitete die blonde Ceres meine Brust mit so großer Liebe, nicht Latona, gerühmt für ihr Haar, und auch du selbst in so vielen Jahren und vor all den anderen niemals, meine großartige Gemahlin.

hactenus ante alias umquam tu, maxima coniux: 415
Usque adeo nunc una tui me summa cupido
incessit gratumque dedit per membra furorem.'
　　Hunc ingressa dolis contra Saturnia proles:
‚Scilicet hoc tempus patitur, cum plena deorum
atria nostra fremunt! Potius terraeque recessus, 420
Oceanumque deum potius Tethynque parentes
optat adire animus, curas ut soler avitas.
Me sine, quandoquidem numquam tibi copia nostri,
non deerunt cupido nostri tibi gaudia amoris.
Illi autem multo contendunt tempore duris 425
vocibus et nullo inter se revocantur amore,
incidit ira animo postquam gravis, acer utrumque
fluctus agit magno furiarum concitus aestu
insurgens stimulis ingentibus. Unus eorum
Somnus adhuc tantas poterit componere lites 430
forsitan amborum, qui si mihi pareat, exple,
exple animum, patior, si te iuvat ista voluptas.'
　　Iupiter huic contra: ‚Quid enim, gratissima coniux,
non dederim? Sana quid enim tibi mente negarim?'
Dixit, et amplexum dilectae coniugis ulnis 435
perfusus niveis petiit dulcique sopore
victa dedit placidae languentia membra quieti.
Hic Iuno e stratis consurgit mollibus, alti
limina tum thalami liquit, quem filius olli
Lemnius auratis et signis fecit eburnis. 440
Tum dea somniferum sic est affata Soporem:
　　‚Somne, comes fati placidoque simillime leto,
i, Pandulphiaden madidis amplectere pennis,
in venasque viri somnos errare sepultas
mitte levans curas, et corda ferocia fingens. 445
Hic te digna manent tali pro munere dona:
Aurea namque tuis pedibus talaria iungam
laevia, Vulcani summos opus inter honores.'
Huic contra dictis respondit Onirus iniquis:
　　‚Haud sine magnanimi venia Iovis ista facessam. 450
Propter eum Oceani cupiam sopire fluenta,
atque deos omnes et Tartara nigra sub umbris

[415] Nun hat mich so sehr einzig und gänzlich das Verlangen nach dir befallen, und sendet mir ein liebliches Entzücken durch all meine Glieder.'

Listig auf ihn eingehend erwidert die Tochter Saturns:
‚Das freilich muss warten, solange unser Haus voll Götter rumort! Mir [420] steht der Sinn eher danach, die äußersten Winkel der Erde, Oceanus und Tethys, unsere Ahnen aufzusuchen, um die Sorgen ihres Alters zu lindern.

Gestatte es mir, denn dann wird es dir niemals an allem, was ich dir bieten kann, fehlen, und auch nicht an den Freuden unserer Liebe, nach denen [425] du so gierst. Jene aber streiten nun schon lange mit lauten Stimmen, und ringen miteinander ohne Aussicht auf Versöhnung. Nun, da ein ernstlicher Zorn sich einmal in ihrem Geist eingenistet hat, drängt ein heftiger Strom der Wut, angetrieben von einer großer Hitzigkeit, nach beiden Seiten und wird von den starken Anfeindungen nur noch größer. Als einziger von [430] ihnen könnte der Schlafgott nun noch einen solchen Streit zwischen beiden Seiten beilegen. Wenn der unter meinem Befehl stünde, dann hab deinen Willen, hab ihn, ich will es dulden, wenn diese Lust dir Freude macht.'

Jupiter antwortet ihr: ‚Was, liebste Gemahlin, würde ich dir nicht alles geben? Was würde ich dir bei klarem Verstand ausschlagen?'

[435] So sprach er, gab sich der Umarmung der geliebten Frau hin, ausgestreckt zwischen ihren weißen Armen, und überließ seine vom süßen Schlummer ermatteten Glieder der lieblichen Ruhe.

Da erhebt sich Juno aus den weichen Laken, tritt sodann über die Schwelle des erhabenen Gemachs, das jenem sein lemnischer Sohn mit [440] Statuen aus Gold und Elfenbein dekoriert hat. Da sprach die Göttin den schlafbringenden Gott des Schlummers so an:

‚Schlafgott, Gefährte des Schicksals, dem sanften Tode allzu ähnlich, geh, umarme den Sohn des Pandolfo mit deinen nassen Flügeln, sende ihm den Schlaf, auf dass er durch die Adern des Helden fließe, lindere [445] damit die Sorgen, die sich in ihnen verbergen, und berühre sanft sein rastloses Herz. Hier erwarten dich angemessene Belohnungen für einen solchen Dienst. Denn ich werde deinen Füßen zarte Flügelschuhe aus Gold anlegen, eins von den Werken, die Vulcanus höchste Ehre gemacht haben.' Der Schlafgott antwortete ihr mit missmutigen Worten:

[450] ‚Nicht ohne die Erlaubnis des hochherzigen Jupiter werde ich so etwas tun. Seinetwegen bin gewillt, die Ströme des Ozeans in Schlaf sinken zu lassen, alle Götter und sogar den schwarzen Tartarus unter den

perpetuo late pallentibus. Omnia namque
consilia et magni nota est sententia regis
prima tibi, sed nos aliquid nescire nefandum est. 455
Illexi, memini, mentem Iovis in mea quondam
obsequia et dulces divina levamina somnos,
Laomedontaeas cepit cum maximus arces
Amphitryoniades, praedura Pergama dextra
Sigaeumque vocant, quod eo taciturna latebant 460
agmina Graiugenum fera litore, ubi ille solutus
forte sopore redit, sua per praecordia cunctos
caelicolas genitor pulso turbabat Olympo.
Egregie observans prae cunctis Iupiter ipsum
me, memini, e caelo pontum demittat in altum 465
ni domitrixque virum Nox atra deumque, cadentem
servet, et umbriferis labentem sublevet alis.
Tu mihi per saevos iura Titanas et atrae
stagna paludis, aquas Stygis implacabile numen,
te fore in auxilium, si quid factisve minisve 470
rursus agat mecum.' Sic fatur. At illa deum vim
Tartaream, et fontes semper fumantis Averni,
et cava sub terras Ditis testata fluenta.
Ille autem summo praeceps delapsus Olympo
alitis argutae similis volat infima contra, 475
Chalcida divina, mortali parte Cimyndin
dique virique vocant. Summis in montibus illa
vocibus adsiduis, et questibus aethera pulsat.
Huic deus adsimilis iuvenem torporibus altis
implet, et oblita perfusa papavera Lethe 480
ter capiti excutiens defudit in alta soporem
pectora divinum. Iacuit Pandulphius heros
membra levi deiecta deo devictus et alte
tradiderat dulci iuvenilia pectora somno,
cum sua Phorciades de summis agmina movit 485
montibus, Hadriacosque fugax descendit in agros
paucaque, quae strepitent Gradivae moenia circum,
arma relicta sinit. Sed cum per plana volaret
aequora, littoreas, nocturno tempore terras,
iam Pandulphiadum latis exercitus arvis 490

immer bleich sich ausstreckenden Schatten. Denn alle Pläne und das Urteil des großen Götterkönigs sind zuallererst dir bekannt. Dass ich aber [455] etwas davon nicht wissen soll, ist ein Frevel. Einst, so erinnere ich mich, verleitete ich Jupiters Gemüt dazu, mir zu gehorchen, und sich den göttlichen Linderungen des süßen Schlafes zu ergeben, als der gewaltige Amphitryonade die Burg des Laomedon und Pergamon mit starker Hand einnahm. Sigeum nennt man den Ort, weil an dieser Küste schweigend [460] die starken Heere der Griechen sich verbargen, wo jener dann, der Göttervater, erlöst vom Schlummer zurückkehrte, und mit seinem tiefen Zorn die Götter auf dem ganzen Olymp herumschleuderte. Ganz besonders beargwöhnte Jupiter damals mich persönlich, so erinnere ich mich, und er hätte mich wohl vom Himmel ins tiefe Meer hinabgeschleudert, [465] wenn nicht die schwarze Bezwingerin von Männern und Göttern, die Nacht, mich im Fall gerettet und auf ihren schattigen Flügeln gleitend getragen hätte. Schwöre du mir bei den wilden Titanen und den Tümpeln des schwarzen Sumpfes, der unerbittlichen Macht der stygischen Wasser, dass du mir helfen wirst, wenn er es erneut mit seinen Taten und seinen [470] drohenden Worten auf mich absehen sollte.'
So spricht er. Jene aber schwört bei der Macht des Tartarus über die Götter, den Quellen des immer rauchenden Avernersees und den tiefen Flüssen des Dis unter der Erde.
Jener aber gleitet steil vom Gipfel des Olymp hinab und fliegt, einem steil [475] hinabstoßenden Vogel ähnlich, den Tiefen entgegen. Sie nennen den Vogel, Götter wie Menschen, auf göttlicher Seite den bronzenen, auf menschlicher Seite den Nachthabicht. Hoch im Gebirge erschüttert er die hohen Lüfte mit unablässigem Rufen und Schreien.
Diesem macht der Gott sich ähnlich und erfüllt den Jüngling mit tiefer [480] Trägheit, schüttelt über seinem Haupt dreimal Mohnblüten aus, die mit dem Wasser der vergessen machenden Lethe durchtränkt sind, und lässt göttlichen Schlummer tief in seine Brust hinabsinken. Der Held, Sohn des Pandolfo, lag da, seine Glieder bezwungen vom sanften Gott, und versenkte seine jugendliche Brust tief in den süßen Schlaf hinein. Als [485] der Phorciade seinen Heereszug vom Gipfel des Berges hinabbewegte, steigt er auf der Flucht auf die adriatischen Felder hinab und nimmt in Kauf, dass die wenigen Truppen, die noch um die Mauern Gradivas herum wüten, zurückgelassen werden. Doch als er zu nachtschlafender Zeit die weite Ebene durcheilte, die Landstriche an der Küste, da hörte [490] schon das Heer der Männer des Pandolfo, das den weiten Fluren

qui tendebat, equum strepitus fremitusque ruentum
audiit, armari contra quem iussa superbi
Sismundi prohibent. Verum orta Aurora coruscos
extulit ut radios roseisque invecta quadrigis
iam larga aerios lustrabat lampade montes, 495
frigida cum vitrea canebat terra pruina,
sensit abesse feros magnus Pandulphius hostes
Cisalpiniaci generum petere omne Philippi
subsidium. Tunc ipse deos, tunc numina magna
incusans sine more Iovis: ‚Quid me, improbe divum, 500
Iupiter, indecores voluisti volvere casus?
Haecine nostra fides, Italis haec reddita terris
pax antiqua? Ligus nova bella iubente Philippo
sub duce Phorciada nostris geret impia regnis
forsitan et Gallos Capitolia celsa tenentes 505
Roma videbit adhuc? Nec tu, pater optime divum,
respicis humanos aequo, bone, lumine casus?
Namque ubi nulla fides hominum surgente tumultu
restabit Latio, venient in foedera reges
externi Ausoniasque volent sibi poscere terras. 510
En ferus, en nostras veniens Alphonsus ad oras
adventu et fama populos iam terret Ethruscos,
quem pater omnipotens bello dedit esse superbum,
non ut fata deum, non ut pia foedera solvat.'
    Talia sollicitis agitabat pectore curis 515
Chalcoboum Eurybromumque vocans, queis talia mandat:
    ‚Ite, Iovis magni, praecones, cura virumque
Alphonso et celeres iam nunc mea dicta referte.
Non ego contra illum scelerata capessere bella
regnorum patriave avidus concedere terra 520
constitui, me magna movens iniuria Martem
nunc aget Ethruscis agitare in proelia campis.'
    Talia dicta tibi referunt. Tu spernis et illos
et mandata ducis. Scis hoc, Alphonse, nec usquam
mentitum magno genitum Iove." Talia Regi 525
dixerat Alphonso forti Iove natus Apollo.
Ille super magni tanto victoris honore
corda parum tristi laetatus mente quievit.

zustrebte, das Schnauben und das Toben der dahinstürmenden Pferde, gegen die die Waffen zu ergreifen die Befehle des stolzen Sigismondo verbieten. Sobald aber die Morgenröte sich erhoben hat, ihre glitzernden Strahlen ausstreckt und von ihrem rötlichen Viergespann gezogen schon [495] mit freigebigem Leuchten die luftigen Berge beschien, als die Erde noch weiß war vom glasigen Raureif, da verstand der Sohn des Pandolfo, dass die wilden Feinde fort waren, dass der Schwiegersohn alle Hilfe suchte, die sein Schwiegervater, der cisalpinische Filippo ihm bieten konnte. Da schalt er selbst die Götter, da schalt er die große Macht des [500] Jupiter: ‚Warum wolltest du, ruchloser unter den Göttern, Jupiter, dass mich die ehrlosen Zufälle mit sich umherwälzen? Wird damit unsere Treue vergolten, wird damit den italienischen Landender alte Frieden wiedergegeben? Wird der Ligurer vielleicht auf Befehl des Filippo unter der Führung des Phorciaden in einen frevelhaften neuen Krieg gegen unser [505] Reich ziehen, und wird das erhabene Rom noch einmal sehen, wie Gallier den Kapitolshügel besetzen? Und blickst du, bester Vater der Götter, nicht mit gerechtem Blick auf die Wechselfälle der Menschen? Denn sobald Latium beim Aufkommen eines Aufruhrs kein Vertrauen auf die Menschen mehr bleibt, werden sich ausländische Könige miteinander verbünden und [510] sich die ausonischen Lande aneignen wollen. Sieh, sieh, der wilde Alfons kommt an unsere Gestade und mit dem bloßen Gerücht davon versetzt er bereits die Etrusker in Schrecken – und der allmächtige Vater erlaubt ihm, im Krieg hochmütig zu sein, damit er sich dann nicht an das Schicksal der Götter hält, damit er heilige Eide bricht.'
[515] Solches trieb er mit rastloser Sorge in seinem Herzen vor sich her, und rief dann Chalcobous und Eurybromus, denen er solches auftrug:
‚Geht, Herolde, die ihr dem großen Jupiter am Herzen liegt und den Menschen, und teilt Alfons geschwind meine Worte mit.
Ich habe weder beschlossen, gegen ihn einen unrechten Krieg zu beginnen, [520] noch aus Gier nach Herrschaft aus meiner Heimat fortzugehen. Mich wird dieses große Unrecht nun dazu bewegen und antreiben, den Krieg auf die etruskischen Schlachtfelder zu tragen.'
Solche Worte teilen sie dir mit. Du verachtest sowohl jene als auch die Weisung des Heerführers. Du weißt, Alfons, dass der Sohn des großen [525] Jupiter niemals gelogen hat." So hatte Apollo, der Sohn Jupiters, zum tapferen König Alfons gesprochen. Jener beruhigte nun im Wissen über das Ausmaß der Ehre des großen Siegers sein Herz, auch wenn er in seinem traurigen Gemüt wenig Freude empfand.

Basini Parmensis
Hesperidos
Liber Sextus

Extulit interea radiis ardentibus orbi
os croceum roseis invecta Aurora quadrigis.
Iam vero ante alios fortis Sismundus et omnes
victores longe Populonia tecta relinquunt
captivosque duces, nec non fatalia secum   5
castra inimica trahunt. Ante omnes maximus aevo
Iphitus ibat, eques quondam, nunc colla catenis
vinctus, iter duris pedes arripit omnia divum
increpitans saevis crudelis numina dictis:
    „Haec me, saeve parens, aevo tolerare supremo,   10
Iupiter, optatos donaras impius annos
scilicet ut felix quondam, nunc sorte suprema
vana Fluentinis spectacula civibus essem,
queis coram magnum quondam Nicea subegi
viribus indomitum? Sat iam mea vixerat aetas   15
cum ferus Ausonias veniens Alphonsus ad oras
bella nefanda tulit populis infausta Latinis.
Tunc ego cruda nova cingebar cana senecta
tempora. Tum poteram dubio me credere bello.
Nunc autem incurvo bos ut vetus aeger aratro   20
raptus Maeonias ductor mactandus ad aras.'
Felix ille, mori laetis cui contigit annis!"
    Dixerat, et gemitus crebros captiva remittunt
pectora, quos victor dictis sic ipse benignis
solatur maestumque levat sermone timorem: 25
    „Magnanimi Celtae, tuque o modo queste superbam,
Iphite, fortunam, quae vos dementia mortem
vana timere iubet? Non hic mea gloria, campo,
quo victor fueram, sed eo. Nec bella tulissem,
Celta, tibi, nisi rex nostras venisset ad oras.   30
Nec vobis haec est iniuria debita, verum
Alphonso, atque animis regnantum semper avaris."
Sic ait et captos denso iubet agmine duci.
    Ipse autem celeri per plana, per ardua passim

**Der *Hesperis*
Basinios von Parma
Sechstes Buch**

In der Zwischenzeit hat die Morgenröte, von ihrem rötlichen Viergespann gezogen, mit glühenden Strahlen über der Welt ihr goldenes Antlitz erhoben. Und schon verlassen alle, vorneweg Sigismondo, siegreich in langem Zug die Häuser Populonias. Als Gefangene führen sie die Anführer der [5] Feinde, und auch alles, was von ihrem Verderben bringenden Lager übrig ist, mit sich. Allen voran ging Iphitus, der älteste von ihnen, einst ein Ritter, nun muss er am Hals mit harten Ketten gefesselt den Weg zu Fuß zurücklegen, alles Wirken der Götter mit wütenden Worten grimmig scheltend:
[10] „Hast du mir aufgebürdet, grausamer Vater, dies in höchstem Alter noch zu ertragen, mir ungnädig diese ersehnten Jahre noch geschenkt, nur damit ich, einst ein glücklicher Mann, nun am Ende meines Lebens zum eitlen Schaustück für die florentinischen Bürger werde, die einst mitbekamen, wie ich den zuvor mit keiner Kraft der Welt zu besiegenden Nikeas [15] unterwarf? Mein Leben war schon lang genug gewesen, als der wilde Alfons bei seiner Ankunft an den ausonischen Gestaden frevelhaften Krieg zum Leidwesen der latinischen Völker mitbrachte. Damals war ich an meinen rauen, weiß werdenden Schläfen gerade vom beginnenden Alter bekränzt, damals konnte ich mich noch einem Krieg mit ungewissem Ausgang [20] verschreiben. Nun aber werde ich wie ein alter kranker Bulle, vom gekrümmten Pflug fortgerissen, als Opfertier an die maeonischen Altäre geführt. Gesegnet ist jener, dem ein Tod in glücklichen Jahren vergönnt war!"

So hatte er gesprochen, und seine gefangene Brust gibt noch viele Seufzer von sich, denen der Sieger persönlich mit gütigen Worten Trost [25] spendet, und die kummervolle Furcht lindert er mit seinen Worten:

„Hochherzige Kelten, und auch du, Iphitus, der du gerade beklagt hast, wie das Schicksal sich über dich erhebt. Welch eitler Wahnsinn gebietet euch, den Tod zu fürchten? Nicht darin besteht mein Ruhm, sondern er liegt auf dem Schlachtfeld, wo ich gesiegt habe. Und ich hätte keinen [30] Krieg mit dir begonnen, Kelte, wenn euer König nicht an unsere Gestade gekommen wäre. Aber nicht euch ist dieses Unrecht anzulasten, sondern Alfons, und den allzeit gierigen Gemütern der Herrschenden." So sprach er und befiehlt, die Gefangenen in dichtem Marsch abzuführen.

Er selbst aber eilt auf seinem schnellen Pferd durch alle Ebenen und

fertur equo paucis comitantibus. Invia pulsis 35
lustra reperta lupis, et odori monte molossi
montivagas agitare feras cervosque fugaces
surgentes longe sublato in cornua collo.
    Iamque dies geminos curis avulsus amaris
praeteriit studio tali longumque peregit 40
laetus iter, primum muros cum vidit, et urbem
atque Fluentinas procelsa palatia turres.
Obvia victori procedunt agmina cives
innumeri. Qualis nigris cum venit ab Indis,
Liber ad Ogygias currus pater egerat oras, 45
obvia Cadmaeis occurrunt agmina portis,
talis erat positis pulcher Pandulphius armis.
Laurea quin etiam portabant serta senatus
longaevique patres, victori praemia laudis,
antiqui decus imperii, vatique ducique 50
munera, nequaquam non affirmata favore
maiorum. Quamquam non una ex fronde coronam
innexi, dignos referebant laude triumphos.
Quippe ferum Alciden velavit populus albis
frondibus insanoque hederae sua serta Lyaeo, 55
ille licet totum monstris subduxerit orbem,
ille triumphatos primus superaverit Indos.
    Fama sed antiquis magis et magis inclyta factis
prima fuit multis Phoebum petiisse sagittis
terrigenam Pythona, soli qui iugera centum 60
ventre premens, fama Graias tremefecerat oras.
Ille revolventes dissolvit arundine tortus,
et procul incurvans divinis viribus arcum,
misit in horriferas telum penetrabile squamas.
Sibila praeterea ter colla volatile ferrum 65
clausit, et undanti complevit sanguine guttur
ac largo latos rubefecit flumine campos.
Ille tamen contra, quantum vel Parthus in auras
proiicit aethereas versam post terga sagittam,
tollit humo capita et vastum dat in aethere gyrum. 70
Tum sonitu ingenti revoluto corpore tellus
obstrepit, et subitae gemitum traxere ruinae,

[35] Höhen, nur von wenigen Männern begleitet. Sie erkundeten unwegsame Jagdgebiete, vertrieben die Wölfe von dort und die Molosser scheuchten das Bergwild auf, dessen Fährte sie aufgenommen hatten, wie auch die scheuen Hirsche, deren Geweih sich in breitem Joch über ihrem Nacken erhebt.

Und schon hat er zwei Tage allen Sorgen entzogen mit derartiger [40] Beschäftigung verbracht und setzte seinen langen Weg frohgemut fort, als er erstmals die Mauern, die Stadt und die Türme von Florenz sah und seine erhabenen Paläste.

Unzählbare Scharen von Bürgern kamen dem Sieger aus der Stadt entgegen. Wie Vater Liber, der seinen Wagen von den schwarzen Indern zu [45] den ogygischen Gestaden geführt hatte – ihm liefen die Scharen aus von Cadmus erbauten Pforten Thebens zu – so prächtig war der Sohn des Pandolfo, nachdem er seine Waffen niedergelegt hatte.

Ja, es brachten dem Sieger sogar die hochbetagten Stadtväter und der Senat den Lorbeer als Siegpreis seines Ruhms, den Schmuck der Feldherren [50] des Altertums, Geschenk für Dichter und Anführer, und allzeit hochgeschätzt von den Alten. Wiewohl sie ihre Kränze nicht aus nur einer Art von Laub flochten, so kündeten sie doch alle von rühmenswerten Triumphen.

Ja, auch den wilden Alciden umkränzte die Pappel mit ihren weißen [55] Blättern und der tolle Lyaeus hatte seinen Kranz aus Efeu. Mag der eine auch die ganze Welt von Ungeheuern befreit haben, so hat der andere doch vor ihm die Inder besiegt und über sie triumphiert.

Doch zuerst erzählte man sich bei den Alten die durch den Tatenruhm immer bekanntere Sage, dass Phoebus mit vielen Pfeilen den Erdensohn [60] Python angegriffen hat, der hundert Joch Bodens mit seinem Leib bedeckte und die griechischen Gestade mit dem bloßen Gerücht seiner Existenz erzittern ließ. Jener löste mit einem Geschoss die in sich verwundenen Krümmungen, und, von fern mit göttlichen Kräften seinen Bogen spannend, sandte einen Pfeil, der die grausigen Schuppen durchdrang. [65] Dreimal drang das fliegende Eisen in den zischenden Hals ein, füllte den Schlund mit Strömen von Blut und färbte die Felder weithin mit ergiebigem Strome rot.

Jener aber hob, wie etwa der Parther seinen Pfeil nach hinten gedreht in die leichten Lüfte verschießt, sein Haupt vom Boden und vollzieht eine [70] weite Drehung in der Luft.

Da rumort die Erde mit gewaltigem Dröhnen von der Drehung des Körpers, der plötzliche Sturz zog ein Ächzen mit sich, die Tempel der Themis

templaque concusso tremuere Themistis Olympo
e campoque gravi cessit Parnassus hiatu.
Tum vero alma Iovis Latonae ac lucida proles 75
Phoebus in arma magis furit, et se se horridus ira
suscitat, ac totam revocans in proelia mentem,
spiculaque accinctus circumtectamque pharetram
horrendum sonat et iaculis obsistit amaris,
donec eum in solitam deturbat ab aggere terram. 80
Ex illo arcitenens pro tanto Phoebus honore
perpetuam laurum iuvenili in vertice gestat,
vatibus, ac meritis ducibus quae praemia quondam
una fuisse ferunt. Facundae his gratia linguae,
illis grande dabant quod proelia ferrea nomen. 85
Ergo utrique pari pariter se fronde colebant.
    Quare age, cur viridi cinguntur tempora lauro
expediam, et verae referam primordia causae.
Laurus ut aeternum fondescit et alta coruscat
sole sub aethereo semper vergentibus umbris, 90
fama ducum ac vatum viret indelebile nomen.
    Talia Sismundo portabant dona superbi
Italiae populi, quos magna Fluentia pascit.
Atque illi, ut propius victorem cernere magni
Alphonsi potuere, ferunt ad sidera laetis 95
vocibus unanimes nomen, Pandulphe, superbum,
atque tuas laudes. Et te, rex magne, corona
circumstant properi densa. Quos inter honestum
detectus caput in mediis tot millibus omnes
excipit eximios ignota a plebe Quirites 100
atque haec in mediis sic est effatus Ethruscis:
    „O veterum gens prisca virum, quos dulcis in oras
Lydia Tyrrhenas transcripsit et esse ministros
divorum quos Roma pios agnovit, ut omnes
vos video amplectorque libens! Ut sancta senatus 105
ora pii tueor! Quo mens mihi fervet amore
et laudare viros inimicaque pectora saevo
Alphonso et duris, quae gens est barbara, Celtis!
Quos quoniam cunctos campo devicimus uno,
dent nobis laetos capta de gente triumphos, 110

auf dem Olymp erzitterte von der Erschütterung und der Parnass gab nach und riss mit einer gewaltigen Erdspalte auf.
[75] Da aber greift Phoebus, der gütige und strahlende Spross Jupiters und Latonas, noch wütender zu seinen Waffen, stachelt sich in seinem Zorn grausig an und, sein ganzes Sinnen wieder auf den Kampf richtend, lässt einen schrecklichen Ton erklingen, gerüstet mit dem Spieß und dem gepanzerten Köcher, hält den bitteren Giftpfeilen stand, bis er den Gegner [80] von seiner Anhöhe auf die ihm vertraute Erde schleudert.
Seitdem trägt Phoebus mit seinem Bogen zur Ehre dieser Tat den immerwährenden Lorbeer auf seinem jugendlichen Haupt, eine Ehre, die einstmals, so sagt man, allein Dichtern wie Feldherren für ihre Verdienste zuteilwurde. Jene machten sich durch die Anmut ihrer gewandten Sprache [85] einen Namen, diese durch eiserne Kämpfe. Und so schätzen sich beide als Träger desselben Schmuckes auf ihrer Stirn.

Drum wohlan, derart möchte ich erläutern, warum es der grüne Lorbeer ist, mit dem die Schläfen bekränzt werden, und wahrheitsgetreu die Ursprünge berichten. Wie der Lorbeer immer grünt und hochgewachsen unter [90] der himmlischen Sonne glänzte und dabei immer Schatten spendet, so gedeiht der Ruhm der Heerführer und der unauslöschliche Name der Dichter.

Solche Gaben brachten dem Sigismondo die stolzen Völker Italiens, die das große Florenz nährt.
Und als sie den Bezwinger des großen Alfons aus der Nähe sehen [95] bekommen haben, da tragen sie einmütig deinen stolzen Namen bis zu den Sternen, Pandolfo, und deine Loblieder. Und sie stehen in dichter Menschentraube um dich herum, großer Herrscher.
Als man sein ehrenvolles Haupt unter all diesen tausenden von Menschen entdeckt hat, grüßt er alle Bürger, die er aus dem namenlosen [100] Volk hervorragen sieht.
Und da sprach er, inmitten der Etrusker stehend, diese Worte aus:
„O ihr ursprüngliches Volk altehrwürdiger Helden, die einst das liebliche Lydien an die tyrrhenischen Gestade übergab, ihr, die euch Rom als ehrfürchtige Diener der Götter anerkannt hat – wie gerne ich euch sehe [105] und in meine Arme schließe! Wie ich die heiligen Antlitze eures rechtschaffenen Senats betrachte! Mit welcher Liebe mein Geist darauf brennt, eure Männer zu loben und ihre Herzen, die dem grausamen Alfons und seinen rauen Kelten, die ein Barbarenvolk sind, feindlich gesonnen sind! Da wir sie gemeinsam auf einem Felde besiegt haben, sollen sie uns [110] einen frohen Triumph über das gefangene Volk gewähren, als Bei-

exemplum cunctis certantibus inde futuris
Italiae populis externa moventibus arma.
Et quoniam auspicibus parta est victoria divis,
templa coronentur festis florentia sertis,
namque Iovi libare placet. Vos tempora lauro 115
cingite laeta, quibus victoria laudis honorem
hunc dedit. Ite alacres, datur haec pro laude corona,
excitet ut seros haec fama futura nepotes."
    Dixerat atque uno proceres sermone favebant
assensusque pares pennata voce ferebant. 120
Nec bonus aspernans omen Pandulphus amicum
invitat nitidis indutos vestibus ipsos
primores Lydos, albaque in veste senatus
curribus auratis intentus, equique nivali
stant candore pares et frena sonantia duris 125
dentibus evolvunt calidis ferventia spumis.
Quatuor Anchisae de gente celerrima proles,
quod genus e rapto Ganymede volatilis ipse
Iupiter in terras caelo demisit aperto
et regi poenam Troiano et praemia nati 130
reddidit. Acer equas Boreae de gente profectas
suppositas furto cupidis admovit equis rex
Anchises hominum, clam Laomedonte. Nec ante
victor abit, tanta quam duxit origine plenas
Dardanium ad fluvium tondendaque prata solutis 135
reddidit. Hinc fortes generoso sanguine nati
bisseni auripedes ante Euros ire parati
et pedibus siccis rapidum superare Scamandrum,
quem vocat et Xanthum superum chorus. Inde creatos
quatuor Aeneae genitor dedit inclyta circum 140
moenia Dardaniae, currus agitare superbae,
quos Sthenelus victor magnum Diomedis honorem
duxit ad Argivos fortes Graiumque phalangas.
Hos Aetolus equos profugus mox Apula praeter
litora et antiquos egit Calydonius Harpos. 145
Hac et stirpe sati iuvenes, quos Apula pascunt
rura pari ingenio veloces, certaque eorum
cognita progenies nostros manavit ad annos.

spiel für alle künftig Kriegsherren, die von nun an versuchen mögen, den Völkern Italiens mit ausländischem Heer zu Leibe zu rücken. Und weil unser Sieg unter dem Schutz der Götter errungen wurde, sollen die Tempel mit festlichem Blütenschmuck behangen werden. Denn wir wollen [115] jetzt Jupiter ehren. Bekränzt eure fröhlichen Schläfen mit Lorbeer, ihr, denen der Sieg diesen ruhmreichen Ehrenbezeig gewährte. Geht freudig hin, es wird euch diese Krone um des Lobes willen verliehen, dass ihr Nachruhm noch eure nachgeborenen Enkel ermuntere."

So hatte er gesprochen, die Edlen bejubelten ihn wie aus einem Munde [120] und brachten allenthalben ihre Begeisterung mit geflügelter Stimme vor. Und der gute Pandolfo schätzte das freundliche Zeichen nicht gering, er lädt die in glänzende Kleider gewandeten Vordersten der Lyder ein, der Senat hat sich in weißem Gewand auf vergoldeten Wagen aufgestellt und die Pferde stehen alle gleichermaßen in schneeweißem Glanz da und [125] wälzen ihre Trensen knirschend mit den harten Zähnen warm vom heißen Schaum umher.

Vier Abkömmlinge sind es aus dem pfeilschnellen Geblüt des Anchises, eine Linie, die Jupiter selbst im Fluge nach dem Raub des Ganymed vom offenen Himmel auf die Erde hinabsandte und dem König von Troja als [130] Sühne und Preis für dessen Sohn zurückgab. Eifrig führte der Menschenkönig Anchises Stuten aus dem Geblüt des Boreas den gierigen Hengsten heimlich zur Deckung zu, ohne dass Laomedon etwas erfuhr. Und er ging nicht eher erfolgreich fort, als dass er sie, mit einer solchen Linie verpaart, wieder zum dardanischen Fluss führte und sie dort freiließ, [135] um auf den Weiden zu grasen.

Aus dieser edlen Linie wurden zwölf starke Fohlen geboren, schnell wie die Böe, in der Lage, dem Ostwind vorwegzueilen und trockenen Hufs den reißenden Scamandrus zu überqueren, den der Reigen der Götter auch Xanthus nennt. Davon stammten die vier ab, die der Vater des Aeneas [140] hergab, um mit ihnen die Wagen um die berühmten Mauern der stolzen Dardanerstadt Troja zu treiben, die dann Sthenelus nach seinem Sieg über Diomedes als große Ehre zu den tapferen Argivern und den Reihen der Griechen führte.

Auf seiner Flucht brachte der aetolische Held sie alsdann bis zur Küste [145] Apuliens und dann führte der calydonische Held sie bis ins uralte Arpi. Aus diesem Stamm sind schnelle Fohlen hervorgegangen, die in den apulischen Landen weiden, von gleichem Wesen, und ihre Nachkommenschaft hat gesichert bis in unsere Zeit fortbestanden.

Sanguinis huius erant Sismundo dona iugales
impavidi et prisco generis candore decori. 150
His gravis argento currus iuga tendit et auro,
tum radiis octo fulgentibus aere. Sed illis
ferreus axis inest. Aeterna volumina curvae
ferrea versa rotae, vestigia cana polito
limite et argento fulgent capita aequa superbo 155
plemnarum. At currus micat aureus, asper et altis
quatuor actus equis. Talem conscendere currum
dux Pandulphiades elatus honore supremo
iussus erat vario a populo. Nam rumor in omnem
Italiam trepidis iam tum se fuderat alis, 160
qua pater aethereas tumet Apenninus ad auras
atque utrumque videt deiectum vertice pontum.
Fama virum deus est, quae multa per ora voluta
ingentes populos et magnas fertur ad urbes
saecula prona sequens et in omne renascitur aevum. 165
Ergo aderat Latio e multo delecta iuventus
conspectura ducem et miros visura triumphos.
Et quacumque virum pressis gestaret habenis
currus, erant passim varia regione locati.
Tunc et aperta sonant rauco certamine templa. 170
    Prima dies victi pandit tentoria regis,
armaque Celtarum laetam monstrata per urbem,
telaque capta ferunt lato fulgentia ferro.
Tum galeasque graves, tum scuta micantia fulvo
aere procul, clypeosque leves, ocreasque, iubasque 175
ac thoracas, equum ter quinque sonantia frena
Alphonsi ex auro. Una equiti quae gloria longe
dulcis, equoque decus quondam fuit atque vetustae
caesa ferunt Celtis patriae monumenta relictae.
Post haec argento solidos crateras et auro, 180
poculaque, et miris portabant cymbia signis.
    His consumptus abit cunctis memorabilis annis
ille dies. Croceo sed enim cum Phoebus Olympo
postera frugiferis referebat lumina terris,
iam tum rauca procul neque enim iam mite canebant 185
classica nec tenui comitata est tibia cantu.

Von diesem Geblüt waren die furchtlosen Zugpferde, die Sigismondo [150] zum Geschenk erhalten hatte, und man sah ihnen die ehrwürdige Linie am urtümlichen Glanz an. Ihnen legt er das Geschirr des Wagens an, der schwer von Silber und Gold ist und auch von den acht von Bronze glänzenden Speichen. Die aber laufen an einer eisernen Achse. Die immerwährenden Drehungen gehen über ein eisernes Laufrad, der Rand strahlt hell von der [155] polierten Felge, und mit vorzüglichem Silber glänzen die die ebenmäßigen Spitzen der Radnaben. Der Wagen aber glitzert golden und trutzig und wird von den vier hochgewachsenen Pferden gezogen. Einen solchen Wagen zu besteigen wurde der Heerführer, Sohn des Pandolfo, zu höchster Ehre erhoben, von verschiedener Seite im Volke gedrängt. Denn das Hörensagen [160] hatte sich da bereits auf zitternden Flügeln nach ganz Italien verbreitet, wo der Vater Apennin sich in die himmlischen Lüfte auftürmt und das Meer sieht, das sich nach beiden Seiten unter ihm ausbreitet. Der Ruhm der Helden ist eine Gottheit, die, sich durch viele Münder windend, gewaltige Völker und große Städte erreicht, dem jähen Lauf der Zeitalter folgend, und in ein jedes [165] Zeitalter wird sie wiedergeboren. Drum war eine aus vielen Teilen Latiums erkorene Schar von jungen Männern zugegen, um den Heerführer in Augenschein zu nehmen und seine wundersamen Triumphe zu sehen. Und wohin auch der Wagen mit angezogenen Zügeln den Helden trug, überall standen Menschen, die aus verschiedenen Gegenden gekommen waren. Und [170] da tönen schon die offenen Tempel mit rauem Klang um die Wette.

Der erste Tag stellt das Zelt des besiegten Königs zur Schau, und die Rüstungen der Kelten, die in der fröhlichen Stadt herumgezeigt werden, tragen sie wie auch die erbeuteten Waffen, die vom mächtigen Eisen glänzen, danach die schweren Helme, die Schilde, die von rotgoldener Bronze weithin [175] glitzern und auch die leichten Rundschilde, Beinschienen und Helmzieren, die Brustpanzer und die klappernden goldenen Trensen von fünfzehn Pferden des Alfons. Sie waren einst die einzige ansehnliche Zierde für den Ritter und Schmuck für das Pferd und so führt man sie nun, da man sie abgeschnitten hat, als Erinnerungen des alten Heimatlandes, das die Kelten einst [180] verlassen haben, herum. Dann brachten sie Schalen ganz aus Silber und Kelche aus Gold und Gefäße, die mit staunenswerten Reliefs verziert waren.

Mit diesen Dingen verbracht ging jener für alle Zeiten denkwürdige Tag dahin, doch als Phoebus vom goldenen Himmel das Licht des nächsten Tages auf die fruchtbare Erde zurückbrachte, da hörte man schon von [185] fern die raue Fanfare, und es sangen nicht mehr mild die Heerestrompeten und es begleitete sie auch nicht die Flöte mit ihrem zarten Lied.

At cives hesterna petunt loca sedibus altis.
Tum matres studiis ingentibus atque puellae
innuptae, celsis magnum per inane fenestris
despectant proceres, ipsum simul agmine regem 190
vestigant oculis. Pueri crateras habebant
tempora verbena praecincti candida laeta,
ante aram intonsos exculti flore capillos.
Aurea quin etiam gestant carchesia sacris
vasa decora piis. Alphonsi maxima post hos 195
pocula, quae campo cepit Pandulphius aequo,
tum vestes, habitusque novos et barbara gentis
tegmina portabant iuvenes laetique fremebant.
Post hos Alphonsi vehitur turbantis imago
quadriiugo insignis curru, fidique ministri 200
post currum et capti Tyrrheno in litore Iberi.
    Iphitus ante alios Celtarum maximus aevo,
altera qui multis vivebat saecula lustris,
atque illi fuerant dudum confecta senecta
mortua saecla, quibus fuerat nutritus et ortus. 205
Ille simul senior tali se laude superbus
anteferebat, ubi captos respexit Iberos
a tergo, et miserum vidit procedere vulgus:
    „Iupiter, heu patrias quantus, pater, occupat oras
luctus et extremum miseram Taracona fatigat! 210
Quin et Getuli, nullis gens inclyta frenis,
et Numidae atque alii, terris quos omnibus Afris
vicimus, Ausonio tandem gratentur honori.
Nam quae firma fides? Quando fortuna superbos
Celtarum populos Latiis servare triumphis 215
ausa magis, quam nos tepido domuisse sub Austro
aut qua magnus Atlas celso caput urget Olympo?
Hac regione, pater divum, si Marte domares,
nos periisse velim, gens est ubi barbara facti
inscia praeteriti monumentis cassa paternis." 220
    Sic ait. At post hos septem gestare coronas
regnorum Alphonsi iussit Pandulphius heros
in niveis sublimis equis chlamydemque rigentem
indutus, fulvo manibus quam texuit auro

Doch die Bürger streben schon von wieder zu den gestern besuchten Orten und schauen von hochgelegenen Orten zu. Da blicken unter großen Anstrengungen Mütter und unverheiratete Mädchen aus hohen Fenstern [190] über die große Strecke auf die Edlen hinab und den Anführer selbst verfolgen sie zugleich mit den Augen. Jungen hatten Schalen, waren an den Schläfen mit fröhlicher Verbene umkränzt und standen mit Blumenschmuck im ungekämmten Haar vor dem Altar.

Ja, auch goldenes Geschirr, das den gottesfürchtigen Opfern zur Zier [195] dient, tragen sie. Danach brachten Jungen die stattlichen Trinkbecher des Alfons, die der Sohn des Pandolfo im Lager in der Ebene erbeutete, dann Kleider, neue Gewänder und Decken aus dem Barbarenvolk und dabei jubelten sie voll Freude.

Dahinter wird ein Bild des Unruhestifters Alfons gezogen, gut zu sehen [200] auf einem vierspännigen Wagen, und hinter dem Wagen gehen seine treuen Diener und die an der tyrrhenischen Küste gefangenen Iberer.

Allen voran ging der älteste der Kelten, Iphitus, dessen Lebensspanne schon über ganze Zeitalter reichte, und das Jahrhundert, in dem er aufgezogen und geboren worden war, war für jenen wegen seines hohen Alters [205] schon so weit entfernt und tot.

Jener Alte tat sich zugleich undankbar mit solcher vermeintlichen Lobrede hervor, als er auf die gefangenen Iberer hinter seinem Rücken zurückblickte und die elende Schar voranschreiten sah:

„Vater Jupiter, ach welches Wehklagen befällt die Gestade unserer [210] Heimat und lähmt das unglückliche Tarragona bis ins Mark! Ja, endlich dürfen auch die Getuler, berühmt dafür, dass sie ohne Zügel reiten, und die Numider und die anderen, die wir in allen Landen Afrikas besiegt haben, der ausonischen Ruhmestat freudig danken. Denn welches Vertrauen hat noch Bestand, wenn das Schicksal sich erdreistet hat, die stolzen Völker [215] der Kelten lieber für die Triumphe der Latiner aufzusparen, als uns unter dem warmen Südwind bezwungen zu haben oder dort, wo der große Atlas sein Haupt bis hoch zum Himmel reckt? Ich wünschte, in diesem Teil der Welt gefallen zu sein, Vater der Götter, wenn du uns schon im Kriege bändigst, dort, wo das Barbarenvolk nicht um die vergangene Tat weiß und [220] blind ist für Denkmäler der Väter."

So sprach er. Da aber ließ der Held, Sohn des Pandolfo, die sieben Kronen der Reiche des Alfons herantragen, erhaben auf seinen schneeweißen Pferden und bekleidet mit einem kräftigen Mantel, den die Göttliche unter den Mädchen, Isotta, mit Goldfäden gewirkt hatte, und den sie

diva puellarum miris Isotta figuris 225
incipiens densos divum praetexere amores,
flumineaque Iovem cygni vestire figura,
mollibus in squamam plumis haerentibus, alis
ad gremium Ledae quoties lusisset apertis,
Phoebus uti magno Daphnes incensus amore 230
flumina transierit rapido Peneia cursu,
illa velut passos nivei cervice capillos
defundi a tergo placidis dimitteret auris.
Hoc decus, hanc speciem variaverat arte puella,
illa eadem felix Sismundo iuncta superbo, 235
cuius ob egregiam formam, moresque genusque
Iupiter incaluit, toto discordia caelo
orta deos agitans errabat. At ipsa puella
consilio divum, dulcis dum vita maneret,
esset amatoris primi defunctaque vita 240
diva Iovi aeternum caelo se iungeret alto.
　Tali veste decus Latii immortale recepti
gentibus a diris victor multaque verendus
maiestate sedens ramum viridantis olivae
signa bonae pacis dextra gestabat. At altum 245
serta caput tenui mordebant laurea nodo.
Itala post celsis veniebant agmina signis,
et classes equitum pariter celeresque ministri
atque omnes pariter laudes et carmina magno
Pandulpho referunt. Qualis cum, Phoebe, relicta 250
Delon adis Lycia, resonant iuga montis et altus
Cynthus et impulsum late fragor urget Olympum,
talis erat strepitu in medio dux magnus, et ora
insignis laetam tali penetrabat in urbem
ordine. Sic demum magni modus esse triumphi, 255
tum Pandulphiades curro sic fatur ab alto:
　„Nos alias ire ad pompas, praeconia laudum
altera, dura quidem, sed non inimica trophaeis
das, fortuna, meis. Quando licet aequa venires,
invidia tamen obliqua, cui plurima adhaeres, 260
invidisti animas procerum tot lecta meorum
pectora. Quos dulces possent ne cernere ludos

[225] mit staunenswerten Gestalten verziert hat, um die vielen Liebesgeschichten der Götter zu erzählen, Jupiter kleidete sie in die Gestalt eines Flussschwans, die weichen Daunen reichten ihm bis zu den schuppigen Beinen, sooft er mit ausgespannten Flügeln im Schoß der Leda spielte, man konnte sehen, wie Phoebus in großer Liebe zu Daphne entbrannt die [230] peneischen Flüsse in schnellem Lauf überquerte, und wie jene ihre am schneeweißen Hals offenen Haare vom Rücken aus durch die sanfte Luft flattern ließ.

Zu solcher Zierde, zu solcher Anmut hatte die junge Frau mit kunstfertiger Hand das Gewand verschönert, genau jene war auch glücklich mit [235] dem stolzen Sigismondo verbandelt. Doch Jupiter verliebte sich in sie wegen ihrer herausragenden Schönheit, ihres Charakters und ihrer Herkunft, im ganzen Himmel entbrannte ein Streit und durchzog alles, die Götter hier- und dorthin treibend. Doch das Mädchen selbst sollte nach Ratsschluss der Götter, solange ihr süßes Leben währte, ihrem ersten [240] Liebhaber gehören und nach Ende ihres Lebens sich als Göttin am hohen Himmel mit Jupiter vermählen.

Mit solchem Gewand saß die unsterbliche Zier des wiedergewonnenen Latium, der Sieger über grimmige Völker, verehrungswürdig in seiner Herrlichkeit da und trug in der Rechten einen Zweig der grünlich [245] sprießenden Olive als Zeichen des guten Friedens. Doch hoch an sein Haupt klammerte sich ein Kranz aus Lorbeer mit zartem Knoten. Hinter ihm kamen die Heerscharen Italiens mit erhabenen Feldzeichen, und auch die Reitergeschwader, ebenso wie die geschwinden Knappen, und alle brachten sie gleichermaßen dem Pandolfo Lob und Lieder dar. [250] Wie wenn du, Phoebus, nachdem du Lykien verlassen hast, deinen Fuß auf Delos setzt, die Grate der Berge erschallen und der hohe Cynthus, der laute Klang weithin dringt und sogar bis an den Himmel vorstößt, so erschien mitten in all dem Lärm der große Heerführer und trat, gut an seinem Antlitz zu erkennen, in solch einem Zuge in die fröhliche Stadt [255] ein. So kam der große Triumphzug schließlich zum Stehen. Da spricht der Sohn des Pandolfo hoch von seinem Wagen diese Worte:

„Du gewährst uns, zu einem neuen Triumphzug zu gehen, zu einem weiteren Zeugnis meines Ruhms, Schicksal, eines, das zwar hart, aber meinen Erfolgen nicht übel gesonnen ist. Denn magst du auch als ein [260] gerechtes kommen, so missgönnst du mir doch mit einem scheelen Neid, dem du dich allzu sehr hingibst, die Seelen meiner Edlen, so viele Herzen, die du dir genommen hast. Damit sie die lieblichen Spiele nicht

abstulit illa dies, quae prima in bella vocarat,
aut in fata magis, sic, di, voluistis, acerba
ante diem. Hos equidem digno sine honore relinqui 265
crediderim esse nefas. Neque enim sine laude iacentes
procubuere prius, nostri quam parte triumphi
esse suis possent meritis. Qui sanguine mecum
hausta suo magnis decorarunt proelia factis,
indecoresne sinam dignos maiore quotannis 270
laude viros? Nullis referentur digna sepulchris
praemia? Nullus honos? Meritos nec fama sequetur?
Hinc bona libertas ex quo reparata superbis
Lydorum populis, nomen Reparata per annos
templa sonent cunctos. Huius quoque nominis esto 275
ille dies festus, memoret qui facta cadentum
finito hoc bello procerum ludique per urbem
libertate animos pro cara in maxima semper
facta vocent. Primi vos hunc indicite morem,
praemia sint veterum, et populis quae exempla futuris 280
principiumque mihi tanti nascatur honoris.
Praeterea memores nostri, gens aequa, triumphi
ferte Fluentini venturis digna quotannis
praemia victori, superet quicumque fugaci
vectus equo iuvenum. Verum haec ea praemia sunto 285
intextum villis ostri velamen et auri,
munere quo merito cursum dignemur equestrem."
    Sic Pandulphiades. Populi laudare faventes
et firmare diem. Sed postera visa sequenti
ordine prae cunctis celebrandis optima ludis. 290
    Iam late somno se corpora fessa laboris
oblitorum hominum dederant, placidoque sopore
lenibant duras tranquillo pectore curas.
At vero Alphonsus praeceps insomnis amicam
Parthenopen fidasque gravi certamine terras 295
tendit adire. Levis quamquam, tamen aura volentem
impedit adversique vetant concedere venti.
Ut tandem optatam tetigit miserabilis urbem,
ingemuit maestasque furens dedit ore loquelas:
    „Hoccine principium regnorum? Externa petebam 300

sehen können, hat sie jener Tag fortgerissen, der sie zuerst in den Krieg rief, oder in ein Verderben, das noch bitterer ist und vor ihrer Zeit kam – [265] so wolltet ihr Götter es. Gewiss hielte ich es für einen Frevel, ließe man sie ohne die angemessene Ehre einfach zurück. Sie haben sich nämlich nicht eher, ohne Ruhm darniederliegend, zur letzten Ruhe gelegt, als sie dank ihrer Verdienste Teil unseres Triumphes werden konnten. An meiner Seite schmückten sie die Schlachten, die von ihrem Blut trieften, [270] mit ihren großen Taten – soll ich es nun zulassen, dass die Männer jahrein, jahraus ohne Ehrung bleiben, die größeres Lob verdienten? Wird man etwa keinem ihrer Gräber die angemessenen Gaben bringen? Ihnen keine Ehre erweisen? Und wird kein Ruhm ihren Verdiensten folgen? Von nun an, da den stolzen Lydern die liebe Freiheit wiederhergestellt [275] wurde, soll der Tempel für alle Jahre mit dem Namen der Reparata gerufen werden. Auch soll dieser Tag der Festtag dieses Namens werden, der an die Taten der Edlen gemahnt, die gefallen sind, als dieser Krieg zu einem Ende geführt wurde, und Spiele in der ganzen Stadt sollen die Geister der Menschen für immer zu den größten Taten um der Freiheit willen [280] aufrufen. Ruft ihr nun als erste diesen Brauch aus, er mag der Lohn der Veteranen sein, der auch den künftigen Völkern zum Beispiel dient, und für mich soll er der Beginn einer so großen Ehre sein. Gebt ferner, meines Sieges eingedenk, Florentiner, ihr gerechtes Volk, künftig jährlich dem Sieger seinen angemessenen Preis, egal wer von den Jünglingen es [285] ist, der beim Ritt auf scheuem Pferd gewinnt. Dies hier soll nun der Preis sein, ein Umhang, in den Fäden von Purpur und Gold gewirkt sind, damit wir das Pferderennen mit einem würdigen Geschenk würdigen."

So sprach der Sohn des Pandolfo. Die Massen priesen ihn jubelnd und legten den neuen Feiertag fest. Doch der nächste Tag schien ihnen am [290] besten geeignet, um in rechter Ordnung die Spiele zu feiern.

Und schon hatten die Leiber der Menschen sich allenthalben dem Schlaf hingegeben, sie vergaßen ihre Mühsal und mit sanftem Schlummer linderten sie die drückenden Sorgen in ihrem nun ruhigen Herzen. Alfons aber müht sich, jäh eilend und übernächtigt, mit äußerster Anstrengung, [295] die freundliche Parthenope und die ihm treu ergebenen Lande zu erreichen. Eine, wenn auch milde, Brise behindert ihn, obwohl er es doch will, und widrige Winde verbieten ihm voranzukommen. Als er endlich in seinem Elend die ersehnte Stadt erreicht hat, seufzt er auf und gibt, mit Grollen im Antlitz, traurige Worte von sich:

[300] „Ist das hier denn nicht der Ausgangspunkt meiner Reiche? Alles,

quaecumque, atque Italas audebam poscere terras,
nulla movere loco potuere superba probati
facta nefanda viri, nec me iam vincere amicis
Antiphates verbis. Cuius si credere mallem
consiliis, equidem nostram rex tutus ad urbem 305
hanc debellatis remeassem victor Ethruscis?
Sed fortuna deum et votis contraria nostris
fata Iovis prohibent." Dixit celsamque petivit
multa gemens, arcem muris quam fecerat ipse,
aeratasque fores pontesque aptarat ahenos. 310
Hic ubi nocturnus dubiis se condidit umbris,
custodes arcis primum fidosque clientes
adstantes reducem circa lacrymasque tegentes
solatur vultu placido, natumque dolentem
post vocat a densis iuvenem Pherinanta ministris 315
raraque deductis referebat verba loquelis.
  „Nate, mihi longa vitae iucundior aura,
nate, decus nostrum, quo sospite regna relinquo
nondum Itala externis avidus considere terris,
non tamen unus edet cunctos Sismundus Iberos. 320
Herculea haud potuit duras vis vincere Parcas.
Usque adeo nihil est miseris mortalibus umquam
perpetuum, nosmet vario spectemus ut aevo.
Omnia sunt nostris loca debita Marte trophaeis,
qua tepet Oceani, qua caerula Tethyos ora. 325
Nunc autem paucis, succumbere nescius olim
ter tantis, totidemque trahor, Fortuna, tua vi.
Usque adeo laeta est superum lasciva potestas
casibus humanis neque enim sine mente deorum
mirandis alterna modis variare videmus 330
omnia, crede mihi. Verum pater ipse superno
limine fixus agit sortes et fata sub alto
aethere, tum varias gaudet mutare figuras
omnipotens, ut quippe fuat qui solus, honorem
conveniat reddi cui tantum et praemia rerum 335
omnia nec laudi esse locum mortalibus ullis,
aethereo, sed cuncta Iovi debere, secundo
quae sunt gesta deo. Si Iupiter ipse iubebat

was ich an fremden Landen angriff und was ich an Gegenden Italiens zu verlangen wagte, keine hochmütige und frevlerische Tat des tüchtigen Helden konnte mich von meinem Plan abbringen, noch konnte mich Antiphates mit seinen wohlmeinenden Worten überzeugen – hätte ich dessen [305] Ratschlag befolgt, so würde ich nun in Sicherheit als König und Sieger in diese Stadt zurückkehren nach Abschluss des Krieges mit den Etruskern. Doch das Geschick der Götter und die Schicksalssprüche des Jupiter, die meinen Wünschen entgegenstanden, verhindern es." So sprach er und suchte unter großem Schluchzen die erhabene Burg auf, die er [310] selbst mit Mauern versehen hatte, und der er bronzene Türen und eine eherne Brücke gegeben hatte. Sowie er sich hier des Nachts unter den undeutlichen Schatten verborgen hat, tröstet er zunächst die Wächter der Burg und seine treuen Höflinge, die ihn nach seiner Rückkehr umringen und ihre Tränen zu verbergen suchen, mit sanfter Miene, ruft dann aus der Traube [315] der Diener seinen kummervollen Sohn Ferdinand zu sich und gab ihm diese Worte, nur wenige auf einmal und in langsamer Rede, zu Gehör:

„Sohn, der du mir lieber bist als mein langer Lebenshauch, Sohn, meine Zierde, der du, wenn du den Tag erlebst, meine italischen Reiche erben sollst, doch noch nicht jetzt, noch bin ich versessen darauf, mich in fremden Landen [320] festzusetzen, doch wird nicht Sigismondo ganz allein alle Iberer verzehren. Nicht einmal die Kraft des Hercules war in der Lage, die unerbittlichen Parzen zu bezwingen. Es gibt rundheraus nichts, das uns armen Sterblichen jemals so dauerhaft gegeben ist, dass wir es auch über den Wandel der Zeitalter hinaus als unser eigen betrachten dürfen. Alle meine Lande habe ich [325] meinen Erfolgen im Krieg zu verdanken, wo die Fluten des Ozeans und der Tethys mild auf die blauen Gestade treffen. Nun aber werde ich, einst dreimal hintereinander nicht in der Lage, so bedeutenden Gegnern zu unterliegen, von so wenigen durch deine Gewalt, Schicksal, niedergestreckt. So sehr freut sich doch immer die ungezügelte Macht der Götter über den [330] menschlichen Niedergang. Und wir sind Zeuge davon, dass nichts sich ohne den Willen der Götter auf wundersame Weisen vom Einen zum Anderen wandelt, glaube mir. Der Vater selbst aber, fest in seinem himmlischen Heim, lenkt die Geschicke und Schicksale unter dem hohen Himmel, und erfreut sich dann in seiner Allmacht daran, seine Gestalten [335] mannigfach zu wandeln, freilich damit er der einzige ist, dem solche Ehre zu erweisen etwas nützt und allen Dank und Lohn für das, was man hat, und dass Einvernehmen darüber besteht, es gebe keinen Platz für Lob irgendeines Sterblichen, sondern dass man alles dem himmlischen Jupiter schulde,

surgere, cui fato volventi pareat omnis
Italia et prisca deductus origine sanguis 340
Lydorum Troumque genus veterumque Pelasgum,
qui terras primum quondam coluere. Latinas,
cum Iove victor eat patriis Sismundus in oris.
Quod si fata vetant Latio considere Celtas,
sunt mihi diversis septem diversa sub oris 345
regna, quibus liceat tutam deducere vitam."
    Haec ait Alphonsus, contra cui pauca remittit
filius: „O genitor, quid te fortuna diebus
infractum paucis iubet indubitare? Fatebor
vera equidem neque te diversa ambage tenebo. 350
Ipse ego magnanimum Pandulphum in bella vocabo,
quae velit. Ac iam nunc fluvios spectare cruentis
caedibus undantes videor, totamque sub armis
Ausoniam et duros Tyrrheno in litore Celtas.
Nec nostri tu causa mali, sed maximus ille, 355
maximus ille deum ac duri vis ferrea fati.
Aut fortuna quidem melior, si vulnere primo
funditus interiit nec adhuc spes ulla medendi est.
Cedamus superis et, agunt quo fata, sequamur."
    Talia dicta volant iuveni, cui maximus heros: 360
„Di tibi, quando animos tales gestare dederunt
pectore, tale ferant optatis robur in armis."
    Haec dum verba pio referunt sermone vicissim,
exiit Oceanum roseis Aurora quadrigis.
Iam vero in coetus Sismundi ad limina multi 365
Lydorum adstabant. Alii frenare iugales
insignes cursu properant, pars lata viarum
strata superba tenent. Tecti Pandulphius heros
ut vero gradibus primum se mittit ab altis
ante alios, stupuere viri, matresque nurusque, 370
innuptae nuptaeque simul, iuvenesque senesque.
Chalcoboum ille celer praemittit in agmina fidum
praeconem, arguta qui personet omnia concha,
nuntiet ut cursus cunctis animosus equestres.
Haud secus ille facit celerans ac iussus et urbis 375
innumeras clangore vias opplevit, Ethrusci

das mit göttlichem Wohlwollen geschehen ist. Wenn Jupiter selbst befahl, [340] dass sich einer erhebt, dem ganz Italien unter dem Lauf des Schicksals gehorcht, das Geblüt der Lyder, das sich aus uraltem Ursprung herleitet, das Geschlecht der Trojaner und der alten Pelasger, die einst zuerst die latinischen Lande besiedelten, dann soll Sigismondo mit Jupiter an seiner Seite als Sieger im Land seiner Heimat wandeln. Wenn ihr Los es den Kelten aber verwehrt, [345] sich in Latium niederzulassen, so habe ich doch noch sieben Reiche in sieben Teilen der Welt, in denen ich ein Leben in Ruhe führen kann."

Das sagte Alfons, dem der Sohn diese wenigen Worte erwiderte: „O Vater, warum lässt das Schicksal dich, der du dich sonst nicht brechen lässt, innerhalb weniger Tage verzagen? Ich werde dir die Wahrheit sagen [350] und keine Umschweife machen: Ich persönlich werde den hochherzigen Pandolfo zu dem Krieg rufen, den er ja will. Und schon jetzt meine ich auf Flüsse zu blicken, in denen das Blut der grausam Gefallenen fließt auf, auf ganz Italien unter Waffen und die grimmigen Kelten an der tyrrhenischen Küste. Und nicht du bist der Grund unseres Ungemachs, [355] sondern jener größte, jener größte der Götter und die eiserne Macht des unbeugsamen Schicksals. Oder es steht uns doch ein günstigeres Los zu, wenn er nämlich seiner ersten Verletzung erlegen ist und es keine Hoffnung mehr auf Heilung gibt. Wir wollen uns den Göttern fügen und dorthin gehen, wohin das Schicksal uns führt."
[360] Solche Worte gehen dem Jüngling hastig von der Zunge, worauf der große Held erwidert: „Mögen die Götter dir, da sie gewährten, solchen Mut im Herzen zu tragen, auch diese Kraft zu den erhofften Waffentaten geben."

Während sie in vertrautem Gespräch solche Worte miteinander austauschen, hat sich die Morgenröte mit ihrem rosenfarbenen Viergespann [365] aus dem Ozean erhoben. Und es standen bereits viele der Lyder in großen Menschenmengen vor Sigismondos Tür. Die einen eilen im Laufschritt, die ansehnlichen Zugtiere anzuschirren, ein Teil besetzt die stolzen Flächen der Straßen. Sobald der Held, Sohn des Pandolfo, sich vor den anderen die hohen Stufen seines Hauses hinab begibt, stutzten die [370] Männer, Mütter und Mädchen, unverheiratete und verheiratete gleichermaßen, Junge wie Alte.
Jener schickt rasch den zuverlässigen Herold Chalcobous voraus, damit dieser mit dem klangreichen Horn alles durchtönt, um beherzt jedem das Pferderennen anzukündigen. Der eilt und tut nicht anders, als man ihn [375] geheißen, und erfüllt die zahllosen Straßen der Stadt mit dem lauten Klang, einem Lärm, der die Etrusker hastig losstürmen lässt. Dann befahl

quo clamore ruunt trepidi. Tum quatuor ipse
ducere iussit equos, phaleris quibus aurea pulchris
pectore signa micant solidis fulgentia bullis.
Primus erat sonipes Sismundi praeda potentis, 380
Alphonso rapuit campis quem victor Ethruscis,
insignis cursu ante alios, quem miserat olim
rex Numidum Alphonso reddendi insigne tributi.
Vectus eo celeres vertebat in obvia cervos
agmina anhela canum, latratuque alta sonabant 385
litora multivago et fremitu nemora atra gemebant.
Ast alios nec tantus honos nec fama secuta est,
ignotis prope iam dominis. Tum quatuor aequis
viribus hos pueri pressere, manuque flagellum
arrectis tenuere animis laevaque fluentes 390
colla per ante iubam tremulae cervicis habenas.
Et iam carceribus vario clamore reclusis
fronte pares trepidi arrecta pede dura sonabant.
Rymphus habet laevam sonipes Pandulphius atque
Cyllarus, insigni ducit quem corpore Picus. 395
At dextra gemini Dorylas et Daedalus impar
corpore, verum habitus cursu non vilis equestri.
Ac pariter cuncti spatia aequa et signa relinquunt
alitibus similes pernicibus, aethere ab alto
nubila quae tranant veloci turbine magno 400
cum sonitu et teneras rumpunt stridoribus auras.
Haud aliter referuntur equi, primoque favore
attritas legere vias puerique micanti
corde fremunt et equos ad praemia cognita flectunt
verbere continuo – superas it clamor ad auras. 405
Tum studio ingenti certant ductoque flagello
nunc equum, nunc terga notant fugientis ephebi.
Et mala verba volant nunc hos, nunc irrita ad illos!
Tum pariter glomerata fuga vestigia caeco
pulvere magnanimum longe populantur equorum. 410
Iam loca visa procul pulvisque, oculique sequuntur
spectantum iuvenum et vario clamore faventum.
Ecce propinquabant portae pariterque volabant,
cum sonipes longe Pandulphius ante frementes

er persönlich, ihm vier Pferde zu bringen, an deren Fürbug mit hübschem Riemenwerk goldene Abzeichen glänzten, strahlend von massiven Buckeln. [380] Das erste Pferd war die Beute des starken Sigismondo, er hatte es dem Alfons als Sieger auf den etruskischen Feldern entrissen, das Pferd, das der König der Numider dem Alfons als Zeichen der Tributzahlung geschickt hatte, zeichnete sich durch seine Geschwindigkeit vor allen anderen aus. Auf seinem Rücken sandte er die schnellen Hirsche den [385] hechelnden Rudeln der Jagdhunde entgegen, die hohen Küsten erschallten vom Gebell aus allen Richtungen und die finsteren Wälder ächzten unter dem Lärm. Den anderen Pferden jedoch folgte keine solche Ehre, kein solcher Ruf, ja, selbst ihre Besitzer waren beinahe unbekannt. Dann saßen vier junge Männer mit gleichen Kräften auf diesen Pferden [390] auf, hielten mit gespanntem Geist die Gerte in der einen Hand und die lose über den Nacken des Pferdes vor der zuckenden Mähne liegenden Zügel. Und da ließen sie aus ihren verschlossenen Startboxen unter mannigfaltigem Getöse scheu mit erhobener Stirn ihr lautes Hufgeräusch ertönen. Pandolfos donnerndes Ross Rymphus hat die linke Startbox, und mit [395] ihm Cyllarus, ihn führt Picus, den man an seinem Körperbau erkennt. Auf der rechten Seite aber stehen die Zwillinge Dorylas und Daedalus bereit, von ungleicher Statur zwar, ihre Haltung beim Pferderennen ist aber außergewöhnlich. Und alle lassen gleichzeitig ihre gemeinsame Startlinie und das Startzeichen hinter sich, geschwinden Vögeln ähnlich, [400] die hoch vom Himmel die Wolken in schnellem Wirbel unter großem Gekreisch durchqueren und mit Zischen in die zarten Lüfte eindringen. Nicht anders sausen die Pferde dahin und folgen, getrieben vom ersten Ansturm des Jubels, der ausgetretenen Rennbahn, die Jünglinge schnaufen mit glühendem Herzen und lenken die Pferde zum verheißenen [405] Preis mit beständigem Gertenhieb – ihr Geschrei steigt hoch in die Lüfte. Dann streiten sie mit großer Erbitterung und mit gezückter Gerte hinterlassen sie abwechselnd Spuren auf ihrem Pferd und auf dem Rücken des vorauseilenden Jünglings. Auch fliegen böse Worte, ohne Nutzen zwar, bald zu diesen, bald zu jenen. Dann verwüsten sie alle dicht an dicht [410] weithin die im Galopp im blindmachenden Staub hinterlassenen Spuren der stolzen Pferde. Schon von fern ist ihre Reihenfolge sichtbar und der aufgewirbelte Staub und die Blicke der zuschauenden Jünglinge folgen ihnen, während sie sie mit mannigfaltigem Geschrei anfeuern. Sieh, da naht schon die Ziellinie, und sie sausen alle gleichermaßen dahin,

tres abit, acer eques sequitur quem Picus. At olli 415
a tergo gemini instigant clamore priores.
Vix primi amoto linquunt vestigia cornu
pulvere pressa cavo, delent simul illa sequentes
aut magis aere cavant. Adeo calcaribus urget
alter et alter equum, pariter fuga turbida campo 420
tollitur, ac sonitu populata reverberat arva,
alterutroque pedum tremit excita terra tumultu.
Porta relicta fuga postquam dedit ampla patentes
omnibus una aditus, tum vero undantia denso
pulvere lata vident longarum strata viarum. 425
Ergo omnes referunt se se sub tecta viasque
deseruere datas, veluti cum turbidus Auster
impulit in pelagus volitantia nubila longe,
quae ponto referunt venti Tyrrhena moventes
aequora nigra procul, tenuit defessa timore 430
vix genua, ut vidit curvo de litore pastor,
tum pecus ipse tremens cava sub spelaea reduxit.
Rymphus herum ut vidit, stimulis agitatus acerbis
evolat et Zephyris et Iapygis ocior auris
optatamque tenet primo certamine metam. 435
Pice, secunda tenes victor loca. Tertius acri
Daedalus ingenio. Dorylas pudibundus in omni
plebe petit latebras, studio cui deinde vocato
dona dedit magni solamen triste doloris
auratam chlamyden Sismundus. At aurea vobis, 440
Daedale, per varias velamina secta figuras,
et tibi, Pice, dedit medias, laetissime, partes.
    Haec ubi gesta, viros dimittit et aureus acri
vectus equo celsas patrum se vertit ad aedes
iam sole Hesperias dudum labente sub undas. 445
Nec minus ante alios trepidi venere ministri,
qui Cererem plenis statuant et pocula mensis
laetitiae cunctis mortalibus aurea Bacchi
cymbia. Secta ferunt variarum terga ferarum.
    Postquam pulsus amor vescendi, carmina eburna 450
effudit Clytius cithara, quae laetus Apollo
integrat et mensis canit haud ingrata deorum.

Sechstes Buch 319

[415] als das donnernde Ross des Pandolfo sich mit großem Vorsprung von den anderen dreien absetzt, dem der hitzige Picus folgt. Jenen aber hetzen von hinten die beiden Jüngeren mit Geschrei. Kaum hinterlassen die Führenden beim Heben des Hufs Spuren, die sie dem nachgebenden Staub einpressen, da tilgen die Verfolger sie schon wieder, oder prägen sie mit [420] ihrem Eisen noch tiefer ein, so sehr setzen sie einander nach, dass ihre Hufe das Pferd vor ihnen berühren, auf dem ganzen Feld setzt sich das tosende Rennen genauso fort, hallt mit großem Getöse vom belebten Umland zurück und die Erde erbebt, aufgeschreckt vom Trampeln unzähliger Füße hier wie dort. Nachdem sie das Tor hinter sich gelassen hatten und es ihnen [425] in seiner vollen Breite wieder einen weit offenen Zugang zur Stadt gegeben hatte, da sehen sie im dichten Staub die weiten Flächen der Straßen in einer Staubwolke wogen. Da ziehen alle Bewohner sich in ihre Häuser zurück und überlassen die Straßen dem Rennen – wie wenn der rasende Südwind von weither sausende Wolken auf das Meer getrieben hat, die die Winde, die [430] die nachtschwarzen tyrrhenischen Ebenen peitschen, von fern wieder auf das Meer zurücktreiben, der Hirte sich kaum auf seinen von Angst ermatteten Knien halten konnte, als er von der geschwungenen Küste zusah und dann zitternd sein Vieh unter einen ausladenden Felsvorsprung zurücktrieb. Als Rymphus seinen Herrn erblickt hat, eilt er von heftigen Hieben getrieben [435] davon und erreicht, schneller als der Zephyr oder die Böen des Japyx das ersehnte Ziel auf dem ersten Platz.

Picus, du hast siegreich den zweiten Platz, dritter ist Daedalus mit seinem wilden Wesen. Dorylas geht schmachvoll mitten in der Menschenmenge zu seiner Box, dem für seinen Eifer Sigismondo, als er ihn danach noch einmal [440] zu sich rief, einen goldenen Umhang zum Trost schenkte. Goldene Tuche aber, mit bunten Mustern abgesetzt, gab er euch, Daedalus und Picus, dir, Picus, Glücklicher, den mittleren Teil.

Nachdem dies erledigt war, entlässt er die Männer und wendet sich, golden glänzend auf seinem wilden Pferd reitend zu den Hallen der [445] Stadtväter, als die Sonne bereits in die westlichen Wogen sinkt. Auch kommen in pflichtschuldiger Scheu die Diener den anderen zuvor, die Brot und goldene Gefäße auf die vollen Tische stellen, die Kelche des Bacchus, allen Sterblichen zur Freude. Dann bringen sie Stücke aus dem Rücken verschiedener Wildtiere.
[450] Nachdem das Verlangen nach Speise gestillt ist, lässt Clythius auf seiner elfenbeinernen Zither Lieder erschallen, in die Apollo fröhlich einstimmt und singt, was auch an den Tafeln der Götter geschätzt wird.

Circumstant proceres arrectis auribus, ille
ingeminat solitum digito redeunte tenorem
atque eadem repetit numero modulatus eodem. 455

Mit gespitzten Ohren stehen die Edlen um ihn herum, jener singt sodann dasselbe im selben Takt nochmal und erhöht mit anderem Griff die [455] Tonhöhe auf das Doppelte.

Basini Parmensis
Hesperidos
Liber Septimus

Iam domiti somno dederant sua membra sopori
Lydorum proceres, sed non Pandulphius heros
diversis agitans animis, quae bella gerenda,
quae ponenda forent, iustisne invaderet armis
Parthenopen, duris an se se inferret Iberis 5
Ausonias extra deducto milite terras.
Omnia sollicito volvens quae pectore, tandem
demisit dulci iuvenilia membra sopori.
Cimmerium genitor laetis cum pulsus ab arvis
visus adire sui certissima pignoris ora 10
atque his affari natum cum vocibus ipsum:
 „Nate, decus nostrum, Sismunde, celerrime regum
cunctorum ad magnas ventura in saecula laudes,
accipe Pandulphi genitoris amica lubenti
iussa animo, et memori, dicam quae, mente teneto. 15
 Est procul Oceano in magno, quam nomine duri
fortunatam homines, superi dixere beatam,
insula, qua Zephyri proles Psycheia regnat,
quae tibi, nate, viam, duros qua vincere Celtas
Alphonsique alios iterum sperare triumphos, 20
nec minus invisas possis Taraconis ad oras
ire dabit vates venturi praescia fati.
Huc te, nate, refer. Nam te nec spernet amantem.
Hic sibi Fama tenet templum dea magna virum vox.
Post ubi purpureos inviseris ordine lucos, 25
qui tibi perpetuo lucescent sole, ubi campi
Elysii memorantur, adis contraria montis
transgressus latera intrepidus. Sed eo ire memento,
namque ibi perpetuis tellus absconditur umbris
nocte superiecta, quam non ferit aurea lampas, 30
nec Phoebi croceo fulgor nascentis ab ortu,
seu supra terras, seu se libraverit infra.
Talis opaca silens apparet noctis imago
turbida, nec dubiam patitur rarescere lucem.

**Der *Hesperis*
Basinios von Parma
Siebtes Buch**

Schon hatten, vom Schlaf übermannt, die Edlen der Lyder ihre Glieder dem Schlummer hingegeben. Doch nicht so der Held, Sohn des Pandolfo, der mit schwankendem Sinn angestrengt darüber nachdachte, welche Kriege er zu führen, welche er beizulegen habe, ob er in einem gerechten Waffengang [5] gegen Parthenope ziehen oder sogar mit seinen Soldaten die ausonischen Lande verlassen solle, um über die grimmigen Iberer herzufallen. All dies in seinem aufgebrachten Herzen hin und her wälzend, entließ er schließlich doch seine jugendlichen Glieder in den süßen Schlummer, als sein Vater aus den glücklichen Landen der Cimmerier zu drängen, dem vertrauten [10] Antlitz seines Sprösslings gegenüberzutreten und den Sohn höchstselbst mit solchen Worten anzusprechen schien:

„Sigismondo, mein Sohn, Zierde unseres Geschlechts, der du als geschwindester aller Fürsten großen Lobpreis in künftigen Zeiten erhalten wirst, erhöre mit willigem Herzen die freundschaftlichen Weisungen des [15] Vaters Pandolfo und halte gut in Erinnerung, was ich dir nun sage.

Es gibt weit weg im großen Ozean eine Insel, die die grimmigen Menschen die Glückliche, die Götter aber die Selige genannt haben, wo Psycheia, die Tochter des Zephyrus, herrscht, die dir, Sohn, den Weg zeigen wird, wie du die grimmigen Kelten besiegen und einen erneuten Triumph [20] über Alfons erhoffen kannst, und ebenso, wie du die verhassten Gestade von Tarragona aufsuchen kannst, denn sie ist eine Seherin, die das künftige Schicksal vorausahnt. Dorthin begib dich, denn sie wird dich auch als Liebhaber nicht verschmähen. Hier besitzt die Göttin Fama, die große Stimme der Helden, einen Tempel.
[25] Danach, wenn du die purpurnen Haine in der richtigen Richtung durchstreift hast, die dich mit ewigem Sonnenlicht anstrahlen, überquere die Felder, die man die Elysischen nennt und tritt auf der anderen Seite furchtlos in die Bergflanke ein – doch denk unbedingt daran, dorthin zu gehen. Denn dort verbirgt sich unter ewigen Schatten, eingehüllt in die [30] Nacht, ein Land, das der Strahl der goldenen Himmelsleuchte nicht trifft noch der Glanz des Phoebus, wenn er sich bei seinem Aufgang golden erhebt, egal, ob er über oder unter der Erde schwebt. Dort wird sich dir der beunruhigende Anblick einer finsteren Nacht bieten, und diese Nacht duldet nicht, dass auch nur ein Quäntchen Lichts eindringt.

Hic ferrugineae nigra formidine silvae 35
et caligantes aeterno horrore tenebrae.
Hic via, quam nigram superi dixere, sed usque
illa trahit Stygias Erebi implacabilis umbras
atque in Tartareos manes immittit hiatus.
Hic, quicumque nefas furiis immane secuti, 40
quique fidem et vana violarunt foedera lingua.
Quin tibi terrigenum memorabit dura Gigantum
supplicia, et Tityi iecur insuperabile rostro
vulturis et saxum, gestat quod Sisyphus, ingens,
Sisyphus Aeolides lucri cupidissimus omnis, 45
Tantalus ut Stygiis latices sitit impius undis,
ut Danai natas maculosa cribella fatigent,
ut rota praecipitem rapidis Ixiona ventis.
Haec te, nate, docens in templa superba reducet.
Hic heroes erunt, Alcides maximus atque 50
Bellerophontei decus insuperabile monstri
et quicumque piis coluerunt sancta Camenis
carmina, qui rerum causas novere, Iovisque
consilium atque vias semper volventis Olympi,
et qui divitias aliis posuere repertas, 55
qui pauci nemora alma tenent, quos verus honestae
cultus amicitiae longis exercet ab annis.
Hos inter Pyladen ipsumque videbis Oresten,
Thesea Pirithoumque simul, nec parvus agetur
noster honos, nostrumque genus, quod solus Olympo 60
aequasti magno. Neque enim pudet ista fateri,
nate, tibi, quamvis nostrum quoque nomen et ingens
atque illustre fuit, qui Gallica regna subegi."
Dixit et in tenues fugit intractabilis auras.
    At iuvenem attonitum liquit sopor, ossaque multo 65
cum sudore tremor summos erexit in artus
obstupuitque animis ingentibus atque micanti
corde fremens tacitis vigilat turbatus in umbris
omnia magnanimi secum praecepta parentis
mente movens tacita, Libycas an naviget oras, 70
anne per Hesperiae populos ignotus ut hospes
Cimmerios petat arte locos. Sententia menti

Siebtes Buch 325

[35] Dort sind eisengraue Wälder von schwarzem Schrecken, und Schatten, finster von ewigem Grauen. Hier ist die Straße, die die Götter die Schwarze genannt haben, aber ohne Unterlass zieht sie die stygischen Schatten des unerbittlichen Erebus mit sich und sendet die Geister der Toten in den Schlund des Tartarus.
[40] Hier sind all die, die in ihrem Wahn einen gewaltigen Frevel begangen, und die, die mit eitler Zunge Treu und Bündnis verletzt haben. Ja, dieser Ort wird dir die harten Strafen der erdgeborenen Giganten zeigen, die Leber des Tityos, die niemals ganz von dem Schnabel des Geiers vernichtet wird, und den gewaltigen Felsen, den Sisyphos vor sich herschiebt, der Aeolide [45] Sisyphos, der allzu sehr nach jeglichem Gewinn trachtete, er wird dir zeigen, wie der ruchlose Tantalus in den stygischen Fluten nach Wasser dürstet, wie löchrige Siebe die Töchter des Danaus erschöpfen, wie in sausendem Lauf den Berg hinab das Rad den Ixion peinigt.
Sie wird dich, Sohn, in den stolzen Tempel zurückführen und dich dabei [50] unterrichten. Dort werden die Helden zu sehen sein, der gewaltige Alkide und Bellerophon, unbesiegbare Zierde seines Wunderwesens, all die, die mit ihren edlen Musen die heilige Dichtkunst pflegten, die Ursachen der Dinge kannten, den Ratschluss des Jupiter und die Wege des sich ewig drehenden Olymp, und die, die Reichtümer, die sie fanden, [55] anderen schenkten, die wenigen, die die gütigen Wälder bewohnen, die die wahre Verehrung der aufrichtigen Freundschaft seit vielen Jahren antreibt.
Unter ihnen wirst du Pylades sehen und auch Orestes, Theseus und zugleich Pirithous, und auch unsere Würde und unser Geschlecht werden [60] nicht geringgeschätzt, das du allein dem großen Olymp gleichgemacht hast. Ich schäme mich nämlich nicht, dir, Sohn, dies zu bekennen, wiewohl auch mein Name groß und berühmt war, der ich die gallischen Reiche unterwarf."
So sprach er und floh spurlos in die zarten Lüfte.
[65] Doch den aufgebrachten Jüngling verließ der Schlummer und ein Zittern ließ ihm die Knochen bis in die Spitzen der Glieder schweißgebadet steif werden, er stutzte über die gewaltigen Dinge, die ihm in den Sinn kamen, und tosend in seinem glühenden Herzen wacht er beunruhigt in stillen Schatten, wobei er alle Anweisungen seines hochherzigen Vaters [70] still im Geiste durchgeht, ob er die libyschen Gestade ansteuern oder, als unerkannter Gast bei den Völkern Hesperiens listig die cimmerischen Lande aufsuchen soll. Dem Helden kam der Plan in den Sinn,

visa viro melior Cyprum simulare repostam
cernere velle, procul Cleophaeae moenia natae
visere, quae Cypri regi gratissima coniux 75
una fuit, Cleophe, mediis quam pulchra Mycenis
edidit in teneras iucundi luminis oras,
quam pater Italia Graio dedit ire marito
foedere cognati priscos dignatus Achivos
sanguinis optato Malatesta superbus. At illam 80
Graiugenum patrias rex amplus abegit ad oras.
Ille ut visa satis digna haec sibi causa propinquae
visendae, simulare vias atque aequore cursus
flectere spumigeros, patrias exardet ad urbes
scandere magne tuum caput, Apennine, suasque 85
Sismundum ad patrium celsas descendere ad arces.
    Ac velut acer equus subitis calcaribus actus
improvisi equitis glomerata volumine crura
tollit humo, alternans eadem, referensque ferensque,
talis in ambiguas heros sua pectora curas 90
ducit, et ingentes animorum pandit habenas
praeceptis longe patriis, silvasque beatas
optat adire animus multamque in singula noctem
absumens placitis capitur circum omnia curis.
Nunc volat a toto mens corpore, laetaque magnum 95
praevidet Oceanum, rursumque in litore Celtas
Tyrrheno atque Italis cernit considere terris
atque iterum sese laeto clamore vocari
denfensorem Italae per magna pericula gentis
omnibus Ausoniae a populis trepidantis. Imago 100
venturi praesaga virum ter talis ovantem
liquit. Et illa quater mentem subiisset et omnem
explesset numerum venturi praescia fati,
ni strepitus iuvenum vario sermone loquentum
fecissent lucis memorem. Nam pulcher Eoo 105
Lucifer actus equo roseum transcenderat axem
aurorae, croceo lustrabat ut aethera curru.
    Hic postquam thalamum fidi intravere ministri,
surgit et exiles tunicas indutus amictu
purpureo chlamydemque super circumdatus auro, 110

zunächst besser vorzugeben, das entfernte Zypern sehen zu wollen, und die Mauern der Tochter Cleofes zu besuchen, die allein dem König von [75] Zypern zur liebsten Gemahlin gegeben war. Die schöne Cleofe hatte sie in der mycenischen Hauptstadt in das zarte Reich des Lebenslichts geboren, jener wiederum hatte der Vater, der hochherzige Malatesta, gestattet, aus Italien zu ihrem griechischen Gatten fortzugehen, der die uralten Achiver des ersehnten Bündnisses mit seinem Geblüt für wert [80] erachtete. Sie aber führte der hohe König der Griechen fort zu den Gestaden seiner Heimat.

Als jener zu der Ansicht gelangt war, dass sie es wert scheine, der Verwandten einen Besuch abzustatten, brennt er darauf, schnell eine Route vorzugeben und auf dem Meer seinen gischtspritzenden Kurs der Vaterstadt zuzuwenden, [85] deinen Grat zu erklimmen, großer Apennin, und zur väterlichen Burg herabzusteigen, die nach ihm den Namen ‚Castel Sismondo' trug.

Und wie ein hitziges Pferd getrieben von den Sporen in seinem Bauch und beschwert mit dem Gewicht des Reiters, der sie ihm unvermittelt gibt, seine Beine in die Luft wirft und sie in einem Wirbel zur einen und wieder [90] zur anderen Seite schlägt, so wendet der Held sein Herz zwischen ungewissen Sorgen hin und her, lässt seinem Sinnen die Zügel schießen in Anbetracht der Weisungen seines Vaters und es will sein Geist die Seligen Wälder betreten. Und so bringt er einen großen Teil der Nacht damit zu, die einzelnen Dinge zu regeln und wird dabei von den wohlgefälligen Sorgen um alle [95] Einzelheiten in Anspruch genommen. Jetzt schwingt sich sein Geist auf von den Grenzen seines Körpers, blickt fröhlich voraus auf den großen Ozean und sieht, wie sich die Kelten erneut an der tyrrhenischen Küste und in italienischen Landen niederlassen wollen, und er sieht auch, wie er erneut mit fröhlichem Geschrei zum Verteidiger des italienischen Volkes gegen die [100] großen Gefahren von allen Stämmen des zitternden Ausoniens berufen wird. Solch ahnungsvolles Abbild der Zukunft ließ dreifach den Mann frohlockend zurück. Und es wäre ihm ein viertes Mal erschienen und hätte ihm im Voraus die ganze Folge des künftigen Schicksals eröffnet, wenn ihn nicht das Lärmen der Jünglinge, die in mannigfaltigem Gespräch vertieft waren, an [105] den Tagesanbruch erinnert hätte. Denn der prächtige Morgenstern hatte die rötliche Himmelsachse schon überquert, getragen vom Pferd der Morgenröte, als diese den Himmel mit ihrem goldenen Wagen erleuchtete.

Als hier nun die getreuen Diener sein Gemach betreten haben, steht der hochherzige Sohn des Pandolfo auf und, über der schlanken Tunika [110] mit einem purpurnen Gewand angetan und darüber mit einem gol-

hinc ad nobilium miranda palatia patrum
magnanimus Pandulphiades comitante senatu
tendit. Et ut merito grates egere, quod illis
libertatis honos Sismundo carus ab uno
redditus, aeternos populis duraret in annos, 115
plurima praeterea reddantur munera: Vestis
aurea, tum lapides extremo oriente petiti,
tum phalerae insignes, trepidum oblectamen equorum,
atque auro quinque ex solido mira arte lebetes,
in medio quorum saevi mugire leones 120
atque videbantur patulo consurgere rictu.
   Talibus exsultans donis Pandulphius heros
urbe Fluentina patrias concessit ad arces.
Tum geminis populos natis parere iubebat
Flaminios, ac magnanimo Picena Roberto 125
oppida, tum pulchro Malatestae regna vicissim
fraterni dicione regi, iam per mare donec
caeruleum fidas rursum remearet ad oras,
bissenosque viros urbe unaquaque legendos
instituit, quibus imperii ius omne regendi 130
permisit, fidos regno natisque ministros.
   Eximit extemplo multis de navibus unam
insignem, et celeri facilem quam remige norat
quinquaginta hominum numero, quos saepe sonoris
fluctibus Hadriacis ventoso exercuit alto. 135
Quos ubi delegit, vestes, et vina Ceresque
tosta focis posita est curvae spes magna carinae.
Postquam constituit tumido se credere ponto,
litore discedens notos affatur amicos:
   „Vobis nostra, viri, commendo pignora, donec 140
a Cypro patrias remearo victor ad orbes."
   Vix ea, cum ferro retinacula solvit acuto
caerula salsa secans spumosi dorsa profundi,
pontivagoque dedit sinuantia lintea malo
surgentem a patrio respectans culmine fumum, 145
iucundos colles et laeta cacumina Colchi
montis, amoena videns optandae litora terrae.
Sed postquam longi patriam abscondere reflexus,

denen Mantel bekleidet, macht sich in Begleitung des Senats sodann auf zu den staunenswerten Palästen der Edlen der Stadt. Und als sie ihm den verdienten Dank dafür abgestattet haben, dass jenen Völkern einzig von Sigismondo die liebgewonnene Ehre der Freiheit [115] zurückgegeben ward und wünschten, dass dies für ewige Zeiten fortdauere, da gab man ihm außerdem unzählige Geschenke: Erst ein goldenes Gewand, dann Steine, die man aus dem fernsten Orient geholt hatte, dann einen auffallenden Brustschmuck zum Ergötzen der scheuen Pferde und fünf Kessel aus massivem Gold von erstaunlicher Kunstfertigkeit, in [120] deren Mitte wilde Löwen zu brüllen und sich mit weit klaffendem Maul aufzustellen schienen.

Frohlockend über diese Geschenke verließ der Held, Sohn des Pandolfo, die Stadt Florenz und zog zur väterlichen Feste. Dann gebot er den flaminischen Völkern, seinen beiden Söhnen zu gehorchen, und den [125] picenischen Städten, sich bald vom hochherzigen Roberto, bald vom schönen Malatesta unter abwechselnder Führung der Brüder lenken zu lassen, bis er selbst über das blaue Meer wieder zurückkäme an die treuen Gestade der Heimat.

Er verfügte, dass in einer jeden Stadt zwölf Männer zu bestimmen seien, [130] denen er die oberste Befehlsgewalt überließ, als treue Diener für sein Reich und seine Söhne.

Von seinen vielen Schiffen nahm er sodann ein ganz besonderes, eines, von dem er wusste, dass es sich mit schnellem Ruder und einer Mannschaft von fünfzig Männern behände steuern ließ, Männern, die er in den tosenden [135] Fluten der Adria auf der stürmischen Hochsee oft erprobt hatte. Als er diese Männer ausgewählt hatte, wurden Kleider, Wein und trockener Schiffszwieback mit großer Hoffnung in den gebogenen Rumpf des Schiffes verladen. Nachdem er beschlossen hat, sich nun auf das aufgewühlte Meer zu begeben, spricht er, während er vom Ufer übertritt, die Getreuen so an:
[140] „Euch, Männer, vertraue ich meine Kinder an, bis ich erfolgreich von Zypern zur Stadt meiner Väter zurückkehre."

Kaum hatte er dies gesagt, als er mit scharfer Klinge die Taue durchtrennte und die salzig-blaue Oberfläche des schäumenden Meeres durchgleitend die sich blähenden Segel am seetüchtigen Mast hisste, wobei er [145] auf den Rauch zurückblickte, der über dem heimatlichen Dach aufstieg, auf die lieblichen Hügel und den glücklichen Grat des kolchischen Berges und die sanfte Küste des Landes, nach dem er sich noch sehnen würde, ansah. Doch nachdem seine Heimat hinter den langen Windungen

horruit et totis genua intremuere medullis.
Iamque dies totos viginti absumit eundo 150
dorsa super rapidi maris horrida et humida ponti
aequora, cum Siculos verrebat remige fluctus.
Hic iubet ignaros comites dare vela furenti
Tyrrheno, et Libycas cursus inflectere ad oras.
Obstupuere viri Cyprum quod linqueret ipse. 155
Iussa tamen trepidi nullo cunctante facessunt,
nec minus antennis detorquent vela volutis.
   Quos ubi iam medio vidit versare profundo
nec minus ignotis distendere lintea ventis
Iupiter unanimes cogebat in aethere divos: 160
   „Convenistis eo, vasti qui caerula ponti,
quique procul caelo terras habitatis amoenas,
atque omnes alii, praeter quem nomine cuncti
Neptunum appellant." – Dapibus nam solus edendis
Aethiopum ad fines primos venit usque piorum. 165
Quo sine tunc aliis simulato pectore Divis
Iupiter haec: „Equidem, superi, mortalia rebar
corda virum caeli strepitus horrere frementis
interdum, et saeva mitto quae fulmina dextra,
murmura purpureo referunt quae plurima ponto, 170
quae terris late incumbunt, quae nubila rumpunt.
Plurane terrigenae scelerum meruere Gigantes
fulgura, frondosa cum stringere Pelion Ossa
conati aeratisque deos avertere tectis?
Nam mihi Phlegraeae succurrunt proelia pugnae. 175
Ecce mari medio parva celer ipse carina
fertur ad Oceanum patriis Sismundus ab oris
regnaque visurus secreta beata reviset
arva virum atque alium penitus se cernet in orbem
transmissum et tacitis mirantem cuncta sub umbris. 180
Tertia pars rerum restat – caelumne petetur
arte aliqua, divi? Sed enim tua furta, Prometheu,
causa mali fallax tanti mortalibus ignem
ausus ab aethereo Solis depromere curru,
ingenium varias flexisti primus ad artes. 185
Haud impune tamen, poenas si vertice pendis

Siebtes Buch 331

der Küstenlinie verschwand, da erschauderte er und die Knie erzitterten
[150] ihm bis ins Mark. Und schon zwanzig volle Tage verbringt er so über
die grausigen Wogen des reißenden Meeres dahinfahrend und die weiten
Wasser der See, als seine Ruder in die sizilianischen Fluten eintauchen. Hier
nun befiehlt er seinen ahnungslosen Gefährten, die Segel in Richtung der tosenden tyrrhenischen See zu setzen und Kurs auf die Gestade Libyens zu
[155] nehmen. Die Männer stutzen, dass er mutwillig Zypern den Rücken
kehrte, doch sie führten die Befehle trotzdem furchtsam aus, ohne dass einer
zögerte, und wendeten sogleich die Segel durch Drehung der Wanten.
Als er sie auf halbem Wege mitten im Meer den Kurs ändern und die
Segel unbekannten Winden darbieten sah, rief Jupiter die Götter allesamt zu
[160] einer Versammlung im Himmel zusammen:
„Ihr seid hierhergekommen, die ihr das Blau des weiten Meeres und die
lieblichen Lande fern dem Himmel bewohnt, und all ihr anderen, außer dem,
den sie alle unter dem Namen Neptun kennen." – Denn er ist alleine zu einem
Mahl ins Land der frommen Aethiopen gegangen.
[165] Ohne ihn sprach Jupiter dann, ohne zu verraten, was sein Herz umtrieb,
zu den Göttern dies: –
„Gewiss war ich, Götter, einst der Meinung, die Herzen der Sterblichen ängs-
tigten sich bisweilen vor dem Beben des donnernden Himmels und den Blitzen, die ich mit wütender Hand vom Himmel sende, die auf dem purpurnen
[170] Meer viel Grollen erzeugen, die weithin auf dem Land niedergehen und
die Wolken bersten lassen.
Verdienten die erdgeborenen Giganten nicht mehr Blitze für ihre Verbrechen,
als sie versuchten, den Pelion mit dem waldreichen Ossa zu verzurren und die
Götter aus ihren ehernen Häusern zu vertreiben?
[175] Denn mir kommen da auch die Kämpfe der phlegräischen Schlacht in
den Sinn. Nun seht, wie Sigismondo mitten auf dem Meer geschwind mit
einem kleinen Schiff von den Gestaden der Heimat zum Ozean treibt, dort die
geheimen Reiche zu schauen – die seligen Lande der Helden wird er besuchen und er wird sich selbst in eine andere Welt hinüberschreiten sehen, wo
[180] er alles unter schweigenden Schatten bestaunt.
Dann, Götter, bleibt nur noch der dritte Teil der Welt – wird von ihm auch
mit irgendeiner Fertigkeit nach dem Himmel gegriffen werden? Du, Prometheus, hast mit deinem Diebstahl aber doch schon trügerischer Grundstein
solchen Übels gelegt, als du es wagtest, für die Menschen das Feuer vom
[185] himmlischen Sonnenwagen zu entwenden, du richtetest als erster ihren
Verstand auf solche mannigfachen Kunstgriffe. Doch das nicht ungestraft,

Caucaseo, atque avibus semper decrescis avaris –
haec te digna manent antiquae praemia laudis.
Quare agite, o superi, quando huc accesse iubebo
concilium in magnum cunctos, sententia quae sit   190
dicite quique mihi, neque vos mora longa silentes,
dique deaeque, diu teneant: Submergere puppim
vultis et audaces disperdere gurgite nautas?
Anne sua potius iuvenes nos forte sinamus
coepta dare undisono temeraria carbasa ponto?"   195
    Hic dea, Sismundum semper quae prima fovebat,
surgit et ausa loqui dictis ita Pallas apertis:
    „Quale tibi verbum, divum pater, excidit ore?
Queis animas puro largiris ab aethere, nondum
fas habeant homines illam exercere deum vim,   200
munere quippe tuo concessam, unde omne repente
ingenium in terras claris defluxit ab astris?
Huius causa, pater, veniam da, summe, fuisti
incoepti, ut melius meministi cuncta. Nec ipse
Iapetionides omnis fuit artis et auctor,   205
et tanti tibi causa mali. Mortalia namque
pectora nulla modo pateris torpere paterno.
Ingenione acri Vulcanus ut arte manuque
insignis mecum caelo tibi missus ab alto?
Nos ideo ignaros homines ut condere tecta,   210
atque domos silvis doceamus habere relictis?
Prone etiam magno mortales nulla labore
praemia? Nullus honos? Meritos nec fama sequetur?
Nam simul atque dolis Epimethi munus iniquis
Mercurii variis decepto mittere verbis   215
iussisti genitor – neque enim secus ille petisset
munera fraterno monitu firmatus. Ut omnis
plena mali tellus, plenus sit pontus et aer,
ipse vides. Nam praetereo mutata repente
saecula, quae retro in peius sint versa fluenti   220
tempore. Quae quoniam miseris mortalibus esse
talia cuncta iubes, spatio, quod restat, iniquo
fas homines habeant aliquid tentare superbum
inventumque, citae quod tangat acumina mentis."

baumelst du doch vom Gipfel des Kaukasus und verlierst immer wieder einen Teil an die gierigen Vögel – das ist der Lohn, den du verdienst für deinen uralte Ruhmestat. Drum wohlan, o Götter, wenn ich schon gebiete, dass ihr [190] alle hierherkommen sollt zu einer großen Versammlung, sagt mir, jeder von euch, was eure Meinung ist, und rückt ohne langen Verzug heraus mit der Sprache, Götter und Göttinnen: Wollt ihr das Schiff versenken und die tollkühnen Seeleute im Strudel vernichten? Oder wollen wir den Jünglingen lieber gestatten, ihr Glück zu versuchen und ihr Schiff auf eigene Gefahr dem [195] wogentosenden Meer anzuvertrauen?"

Da erhebt sich als erstes die Göttin, die Sigismondo immer gewogen ist, Pallas nämlich, und wagt mit offenen Worten so zu sprechen:

„Was für ein Wort kommt da aus deinem Munde, Vater der Götter? Die, denen du ihre Seelen aus dem reinen Himmel schenkst, sollen es [200] nicht als ihr Recht ansehen, als Menschen jene Macht der Götter auszuüben, die du ihnen doch durch dein Geschenk zugebilligt hast, aus der rundheraus alle menschliche Begabung von den hellen Sternen auf die Erde hinabgeflossen ist? Du, höchster Vater, bist doch, mit Verlaub, der Grund für jenes Unterfangen gewesen, wenn du dich genauer daran [205] erinnern willst. Nicht der Sohn des Iapetos selbst war der Urheber aller Kunst und der Grund für solches Ungemach für dich. Denn du duldest es doch, ganz nach Art des Vaters, nicht, dass die Herzen der Sterblichen in Untätigkeit verharren. Hast du denn nicht mit mir den Vulcanus, herausragend in scharfem Verstand, Kunstfertigkeit und Geschick vom hohen Himmel zu [210] ihnen geschickt, damit wir den noch unwissenden Menschen beibrächten, die Wälder zu verlassen, Häuser zu bauen und feste Behausungen zu bewohnen? Erhalten die Sterblichen keinen Lohn für ihre große Mühe? Wird ihnen keine Ehre und kein Ruhm zuteil, obwohl sie es doch verdienen? Denn du siehst doch selbst, Vater, wie voll von Übel Erde, Meer und Himmel sind, [215] seit dem Moment, als du voll böser Tücke befahlst, dem Epimetheus das Geschenk zu schicken und ihn mit den zweideutigen Worten des Merkur zu täuschen – und jener hätte, durch die Mahnung seines Bruders eher bestärkt, nicht anders gekonnt als dieses Geschenk zu wollen. Ich spare nämlich aus, wie sich die Zeitalter jäh gewandelt haben, die sich im Fluss [220] der Zeit immer weiter zum Schlechteren zurückentwickelt haben. Da du ja verfügst, dass alles für die Sterblichen so ist, sollen die Menschen in der unbarmherzig bemessenen Zeit, die ihnen bleibt, es doch als ihr Recht ansehen, etwas Erhabenes zu versuchen, etwas, das sie ersinnen und das dabei die ganze Schärfe ihres raschen Verstandes kitzelt."

Sic ait, atque uno superi sermone favebant 225
assensuque pares pennata voce ferebant.
    Hic pater omnipotens alio Saturnius ore:
„Iniicite haec animis, quae sint non irrita, vestris.
Nunc ego terrivagos homines, quando una voluntas
vestra iubet magno miseros impune profundo 230
vela dare, ignotis et credere corpora ventis,
solvo equidem nostro – iam nunc audete – timore.
At mea si diris incusent numina dictis
praeterea et causas dicant nos esse malorum
illorum, quae multa pati dementia coget 235
se sua, suppliciis poenas mihi reddere iustis
morte obita manes tali sub foedere iusso.
Aeacus Aeginae partu mihi redditus, aequi
filius ille tenax, nostrum genus, arbiter Orci,
et Rhadamanthus erit iusto cum fratre malorum 240
ultor, et in tenues graviter qui saeviat umbras."
Talibus humanis superi de rebus agebant.
    At ferus indomito languentia corda furore
tunditur, et varias Alphonsus inardet in iras,
tristia perpetuis absumens pectora curis. 245
Infelix! Magni qui non victoris honores
nosse prius, nec iter potuit tunc ille profecti
Sismundi ad patrias Taraconis, ut hospitis, oras.
Sic Parcae voluere, deumque aeterna potestas
et dea, Gorgoneos quae sustinet Aegide vultus. 250
Quae pia Sismundum mediis ut vidit ab undis
litora ad optatae Taraconis vertere puppim
caeruleam et placidis pandentem lintea ventis,
exspectat pavidos deserto in litore nautas
nulli visa prius, primas quam tangere terras 255
incipit incultaque procul tellure vagari
quaerenti similis varias in litore conchas
pauperis ipsa viri, tergo proiecta fluentes
hinc atque hinc vestes. Quam postquam maximus heros
vidit ab aurifuga lustrantem litora prora, 260
imperat ad terras parvam deflectere puppim,
et procul „Hospes", ait, „di, quae tibi cara requiris,

[225] So sprach sie, und die Götter stimmten ihr einmütig zu und ließen in ihrer Zustimmung ihre Stimmen gleichermaßen in die Höhe fahren.
Da sprach der allmächtige Vater, Sohn des Saturn, in anderem Tonfall: „Nehmt euch diese Worte, die nicht vergebens gesprochen wurden, zu Herzen. Wenn euer gemeinsamer Wille es so verfügt, werde ich es den [230] landlebenden Menschen nun gestatten, ungestraft auf dem großen Meer ihre Segel zu hissen und Leib und Leben unbekannten Winden anzuvertrauen, ohne dass wir uns davor fürchten müssen, habt nur Mut. Aber wenn sie fortan noch einmal mein Wirken mit grimmigen Worten schelten und behaupten, wir seien der Grund für ihr Ungemach, das [235] vielfach zu erdulden ihre eigene Tollheit sie drängen wird, dann gebiete ich, dass sie mir als Totengeister mit gerechter Strafe nach dieser Abmachung dafür büßen. Aeacus, den mir Aegina geboren hat, jener Sohn, der das Gerechte wahrt, mein eigen Geschlecht, wird Richter im Orkus sein und mit seinem gerechten Bruder wird Rhadamantus Vergelter [240] der Übel sein, der hart wütet gegen die zerbrechlichen Schatten." Mit solchen Worten verhandelten die Götter über die Angelegenheiten der Menschen.
Der wütende Alfons aber wird in seinem erschöpften Herzen von ungebrochenem Zorn erschüttert und entbrennt zu mannigfaltigem Wüten, [245] derweil er seine elende Brust in fortwährendem Kummer zermartert. Der Unglückliche! Konnte er doch weder den Ruhm seines großen Bezwingers im Voraus wissen, noch die Route, die Sigismondo wie ein Reisender zu den Gestaden seiner eigenen Heimat Tarragonas eingeschlagen hatte. So wollten es die Parzen und die ewige Macht der Götter und die Göttin, [250] die das Gorgonenantlitz auf dem Aegisschild trägt.
Als sie voll Güte sah, wie Sigismondo inmitten der Wogen sein vom Blau umspültes Schiff zur Küste Tarragonas, dem er zustrebte, lenkte und die Segel in den sanften Winden aufspannte, da erwartet sie die furchtsamen Seeleute bereits an einem einsamen Strand, von niemandem [255] gesehen, bevor sie erstmals an Land ging und fern auf menschenleerem Boden umherwanderte, die Gestalt ähnlich der eines armen Mannes, der am Strand bunte Muscheln aufliest, wobei sie nah am Boden kriecht und ihr Gewand auf beiden Seiten des Körpers herabhängt.
Als der gewaltige Held sie vom windschnittigen Bug erblickt hat, wie [260] sie den Strand entlanggeht, da befiehlt er das kleine Schiff an Land zu steuern und ruft von weitem: „Gastfreund, mögen die Götter dir alle Gaben bringen, die dir lieb und teuer sind, was auch immer du

omnia grata ferant cumulatis munera votis.
Est casa, qua fessis possim requiescere membris,
ulla tibi, quando huc pelagi iactatus amaris, 265
fluctibus, in solas venio miserandus arenas?"
Sic ait, et puppi iuvenis descendit ab alta.
Talibus huic contra sic est effata Minerva:
　„Aude animo, neque enim solus magnosque labores,
et pelagi longis odium perpessus in undis 270
venisti magnam pulchrae Taraconis ad urbem.
Nec solum te unum miseratus mente recepi
cladibus a variis, neque enim de gentis Iberae
est populo quisquam, qui me magis orbe vagantes
iuverit atque opibus parvis. Nam pauperis agri 275
sum dominus, semper cunctos miseratus egenos.
Ab Iove gens hominum cuncta est, et pauper et hospes,
qui mihi sunt curae non iam minus atque potentes
terrarum et reges. Quare haec mea tecta subito,
parva quidem, sed fida tibi. Procul – adspice – longa 280
est via, quae nostram ducit Taraconis ad urbem.
　Huic contra placido fatur Pandulphius ore:
„Hospes, amate Iovi atque animo spes maxima nostro,
nunc tibi vera feram, quando mortalia egeni
hospitis acta movent animum, facilisque videris 285
nec tibi barbaries ulla est. Verum omnia forti
membra viro similis, nec hebes, sed vivida cui sit
vis animi atque fides verbis non vana modestis.
Venimus a prisca magnae Carthaginis urbe,
sed mihi nec comites fidi nec navis eunti 290
ista fuit, quam tu deserto in litore cernis.
Quandoquidem Ausonias cupiebam attingere terras,
optatumque patrem dulcesque ante omnia natos,
coniugis et carae lacrymas spectare tepentes
quos ego forte mala pelago iactatus acerbis 295
casibus ignaros infanda clade fefelli
mercibus amissis, sociis fidaque carina
Syrtibus in mediis Libyae ferventis. At hi me
accepere sua, fuerint quicumque, carina.
Quare ego linquere eos statui, pedibusque superbae 300

dir wünschst.
Hast du irgendein Haus, in dem ich meinen müden Gliedern etwas Ruhe
[265] gönnen kann? Denn ich komme ja leider von den grimmigen Fluten des Meeres hin und hergeworfen an diesen einsamen Strand." So spricht der Jüngling und steigt vom hohen Schiff hinab.
Auf solche Worte antwortete ihm Minerva derart:
„Hab nur Mut, denn weder als Einziger hast du in weiten Wogen große [270] Mühen ertragen und den Widerwillen gegen das Meer und bist nun zu großen Stadt, dem schönen Tarragona, gelangt. Nicht als einzigen habe ich, Mitleid empfindend, dich aufgenommen nach mannigfaltigem Unheil, noch gibt es nämlich aus dem Volk der Iberer auch nur einen einzigen, der mehr als ich den Reisenden in der Welt geholfen hätte, und das [275] obwohl meine Mittel gering sind. Denn ich bin Herr nur eines kleinen Ackers, und habe mich doch immer aller Bedürftigen erbarmt. Das ganze Volk der Menschen stammt von Jupiter, auch der Arme und der Fremde, und die liegen mir nicht weniger am Herzen als die Mächtigen und Könige der Welt. Daher komm rasch mit in mein Haus, es ist zwar [280] klein, aber dir treu ergeben. Sieh in die Ferne, der Weg ist weit, der zu unserer Stadt, nach Tarragona, führt."
Darauf erwidert der Sohn des Pandolfo mit freundlicher Stimme: „Gastfreund, der du dem Jupiter so lieb und für mein Ansinnen die größte Hoffnung bist, nun werde ich dir die Wahrheit sagen, wo doch die [285] menschlichen Taten eines armen Gastgebers mich rühren und du mir umgänglich scheinst und dir jedes Barbarentum abgeht. Fürwahr ist deine ganze Erscheinung eher einem tapferen Helden ähnlich, in dem keine Schwäche ist, sondern die lebendige Kraft des Geistes und ein uneitles Vertrauen auf bescheidene Worte. Wir sind aus der uralten Stadt, [290] dem großen Karthago, gekommen, doch es sind nicht meine treuen Gefährten, und es ist dies Schiff, das du dort an dem öden Strand siehst, nicht meins. Denn es war mein Wunsch, die ausonischen Lande aufzusuchen, meinen ersehnten Vater und vor allem meine lieben Kinder und auch die noch warmen Tränen meiner teuren Frau zu erblicken. Doch die habe ich [295] nun, ohne dass sie von etwas wissen, enttäuschen müssen, von bitterer Wechselfällen des Schicksals in einem üblen Unglück auf dem Meer hin und hergeworfen: Meine Waren verlor ich, meine Gefährten und mein treues Schiff mitten in den Untiefen der Syrten des heißen Libyens. Doch diese Männer hier, wer auch immer sie sein mögen, nahmen mich an Bord. Drum [300] beschloss ich, sie zu verlassen, und möchte nun lieber zu Fuß meinen

tendere iter pulchram malim Taraconis ad urbem."
  Sic ait et grates sociis, velut advena, reddit
edoctis primum quid agant. Tum diva dolo se
circumventa magis mortali laeta figurat
adsimilem atque casae Sismundum ad tecta reducit. 305
Ille leves tuguri iuncos intexta salictis
culmina quadrifidis concussit vertice summo.
Tum dea, tum placidis hortatur amica loquelis:
  „Munera sume libens magni non magna laboris,
munera parva quidem, sed non ingrata ferenti. 310
Nam tibi plura darem, si di mihi plura dedissent.
Haec mihi parta Ceres toto non amplior anno,
haec quoque cornigeri sunt mitia dona Lyaei."
  Haec ubi fata, dapes, quos cepit Iberus Iolas,
piscibus adpositis mensa iubet esse saligna. 315
Vescitur Ausonidum fortissimus atque dearum
maxima. Longus amor postquam tenuatus edendi est,
nondum Sismundi cupidis saturata medullis
pectora perquirunt aditus, et scire locorum
difficiles facilesque vias, et barbara regna 320
factaque per multam scitatur plurima noctem,
Alphonsi quis regna probet, quibus urbibus ille
carior, an metuant Sismundi bella potentis.
Illa autem cupido declarat mente fideli
omnia, tum magni Pandulphi Marte superbos 325
Hesperiae populos duris cecidisse sub armis,
illum autem forti cum milite protinus Alpes
adfore trans gelidas, cum primum cana soluto
bruma gelu totas fluviorum oppleverit undas,
tum vario trepidare metu Taraconis et urbem, 330
Celtarumque domos Hispanaque tecta labare,
tangere nonnullos aras aliosque supinis
vota Iovi manibus tacitis effundere verbis.
Talia per noctem Pandulpho diva iubenti
pandere cuncta dabat, fatis quae gesta secundis. 335
  Postera ut orta dies, roseo cum Lucifer ore
purpureum caelo iubar extulit, ibat uterque
ocius egregiam pulchrae Taraconis ad urbem.

Weg zur schönen Stadt Tarragona einschlagen."

So sprach er und stattet seinen Gefährten, wie ein Fremder, Dank ab, nachdem er sie vorab eingeweiht hatte, was sie tun sollten. Da macht die Göttin, fröhlich auf die List sich einlassend, ihre Gestalt der eines Sterblichen [305] noch ähnlicher und führt Sigismondo unter das Dach ihrer Hütte. Dieser stößt sich an den leichten Binsen, die als Dach mit einem Gewölbe aus vier Weidenruten verflochten sind, den Kopf an seiner obersten Stelle. Da ermuntert ihn die Göttin freundlich mit sanften Worten:

„Nimm freimütig die bescheidenen Gaben großer Mühe, sie mögen [310] zwar klein sein, doch der sie gibt, schätzt sie sehr. Mehr würde ich dir nämlich geben, hätten die Götter mir mehr gegeben. Mehr Brot habe ich in einem ganzen Jahr nicht erwirtschaften können und auch von den milden Gaben des horntragenden Lyaeus habe ich nur das."

Nachdem sie das gesprochen hatte, lässt sie die Speisen, die der [315] iberische Iolas gefangen hat, auf dem Tisch aus Weidenholz auftragen und Fisch dazu servieren. So speisen der tapferste der Ausonier und die größte der Göttinnen. Nachdem das ausgiebige Schmausen langsam ein Ende gefunden hat, da ist Sigismondos Herz noch nicht gesättigt und verlangt aus dem Innersten heraus, den Zugang zur Stadt zu erfahren, zu [320] wissen, welche Wege durch leichtes, welche durch schweres Gelände führen, und er fragt nach all den Reichen und den Taten der Barbaren bis spät in die Nacht hinein: Wer die Herrschaft des Alfons billige, welche Städte ihm eher gewogen seien oder ob sie eher einen Krieg mit dem mächtigen Sigismondo scheuten. Jene aber legt dem Wissbegierigen [325] nach bestem Wissen alles dar: Sowohl, dass die stolzen Völker Hesperiens durch die Kriegsmacht Pandolfos in einem harten Waffengang unterlegen seien, dass jener aber geradewegs mit tapferen Truppen jenseits der frostigen Alpen zur Stelle sein würde, sobald die weiße Winterkälte die Wogen aller Flüsse mit geschmolzenem Schnee fülle, als auch, dass die Stadt [330] Tarragona und die Heimstätten der Kelten mit mannigfaltiger Furcht erzitterten und dass die spanischen Häuser schwankten, dass manche schon die Altäre aufsuchten, und andere mit stillen Worten und flehend zum Himmel erhobenen Händen ihre Bitten zu Jupiter auffahren ließen. Solche Dinge, vollbracht unter einem günstigen Gang des Schicksals, offenbarte die Göttin [335] die Nacht hindurch dem Pandolfo, der sie ihr offenzulegen gebot.

Nachdem der nächste Tag angebrochen war und der Morgenstern mit rötlichem Antlitz seinen purpurnen Glanz auffuhr, da gingen sie beide schnell zur erhabenen Stadt, dem schönen Tarragona.

Bentius ipse comes Sismundo fidus in omne
egregium facinus socios fidamque carinam
subduxit facto viridi de marmore portu.
Quos Pandulphiades ut vidit, ut hospes ut omnes
ignotos veluti Latia de gente rogabat,
nunc super Alphonsi imperiis et Marte suo, dux
de duce Sismundo. Nihil illi scire fatentes
se tamen esse Italos memorant, Maurusia verum
litora, et antiquas priscae Carthaginis arces
lustrasse atque datas diversis gentibus urbes.
    Ergo ubi certa fides animos, et barbara firmat
pectora, nocte vias, et moenia solus avaris
explorans oculis, taciturnus ad alta reducit
aequora ventifugam deserto a litore puppim,
Cimmeriasque petens ignaro remige silvas
provolat in pelagus totasque relinquit arenas.
Quem simul ac mediis vidit versarier undis
Aethiopum extremis veniens Neptunus ab oris,
talia concusso proiecit vertice dicta:
    „Hei mihi! Quale Iovis summo pro limine cuncti
me sine caelicolae pelago posuere quieto
imperium? Id sat erat non iam quod Olympia tecta
non ego possideam, communia iura, sed alti
caerula vasta maris, quae sorte tenemus iniqua?
Atque utinam teneamus adhuc! Si Iupiter altum
mittit ad Oceanum nostras humana per undas
corpora et invisum nobis caput illius, ecce,
qui modo Phorciaden Picenis expulit oris.
Cuius ego et genitorem animis miseratus amicis
esse deum pelagi et liquidis regnare sub undis
cum magno genitore dedi. Nam Phorcius ipse
progenies Phorci, pluvia dum se Auphidus unda
circuit, ignotum Hadriacis involvit arenis
semianimis sese, donec spumosa tridenti
aequora pulsa meo Illyricas misere sub undas.
Hic illi alta domus, sed eum nec numina nostra,
nec data regna iuvant, quando sua bella fugatos
se queritur didicisse satos. Sed tristia faxo

Bentius, dem Sigismondo ein treuer Gefährte bei jeder herausragenden
[340] Tat, führte die Kameraden und das zuverlässige Schiff heimlich in
den Hafen aus grünem Marmor.

Als der Sohn des Pandolfo sie erblickte, da befragte er sie wie ein Fremder,
so als kennte er sie alle nicht, wie ein Landsmann aus Latium über die Reiche des Alfons und seinen eigenen Krieg, da befragte der Heerführer [345]
[345] Sigismondo sie über den Heerführer Sigismondo, wobei sie jenem
beteuerten, nichts zu wissen, sie erwähnen aber, dass sie Italiener seien, jedoch die Küsten Mauretaniens und uralten Festen des altehrwürdigen Karthago erforscht hätten und andere Städte von allerlei Völkern.

Als nun also ein aufrichtiges Vertrauen die Gemüter und Herzen der
[350] Barbaren bestärkt hat, da erkundet er die Straßen und die Mauern
allein mit wissbegierigem Blick, und führt im Stillen das windschnittige
Schiff vom öden Strand zurück auf die hohe See, nimmt ohne das Wissen
der Ruderer Kurs auf die cimmerischen Wälder, schnellt auf das Meer
hinaus und lässt den Strand für immer hinter sich. Als Neptun ihn bei
[355] seiner Rückkehr von den fernen Gestaden der Aethiopen sah, wie
er sich mitten in den Wogen fortbewegte, da entflogen seinem erschütterten Antlitz solche Worte:

„Weh mir! Was für eine Gewalt über das stille Meer haben die Himmelsbewohner gemeinsam dem hohen Haus Jupiters überlassen? War es
[360] nicht schon genug, dass ich kein eigenes Haus auf dem Olymp habe,
das gemeinsame Recht aller, sondern nur die blauen Weiten des tiefen
Meeres, die ich dank eines missgünstigen Loses besitze? Und wenn ich
wenigstens noch die hätte! Wenn Jupiter durch meine Wellen hindurch
die sterblichen Leiber der Menschen auf die hohe See entsendet, und
[365] dann, siehe da, einer von ihnen das verhasste Haupt von jenem ist,
der vor kurzem noch den Phorciaden aus den picenischen Landen vertrieben hat, dessen Vater ich in freundlicher Absicht und aus Mitleid gewährte, Gott des Meeres zu sein, und unter den klaren Wogen mit seinem
Vater zu herrschen. Denn Phorcius, selbst ein Nachkomme des Phorcus,
[370] wälzt sich, wann immer der Ofanto sich mit regengeschwellter
Woge schlängelt, als kaum bekannter Fluss halbentseelt durch den Sand
der Adria, bis seine schäumenden Wasser sich von meinem Dreizack getrieben unter die illyrischen Wellen mischen. Hier hat jener sein Haus tief
unten, doch macht er sich nichts aus meiner göttlichen Macht oder dem
[375] Reich, das ihm gegeben, wo er doch klagt, erfahren zu haben, dass seine
Nachkommen aus ihrem eigenen Krieg geflohen sind. Doch ich werde dafür

pectora ponat, agens hiemen magnasque procellas
in caput invisum Sismundi, inimicaque nostro
corda timenda deo, mediis quem fecimus undis.
Quare agite, o mecum venti Zephyrique, Notique, 380
et Boreae atque Euri concurrite viribus omnes
omnibus adversi, fractaque urgete cadentem
puppe virum, et pelago nantem spectate tumenti."
　　Dixit et undivomos spumantia frena iugales
permisit quatere et laxis discurrere habenis. 385
Illi autem prono populata per aequora cursu
spumigeros alto verrebant pectore fluctus,
vastaque nubifera signabant caerula cauda
clamantemque deum diversa per alta trahentes
ibant atque viros inimica fronte petebant. 390
At venti rapido concurrant undique motu.
Extemplo totum fervet mare, et ocius omnis
magna tumet ponti facies, tum cana repulso
marmore spuma salit, cunctae se in saxa sequuntur
innumeris undae cumulis. Ipse imbribus atris 395
tunditur in nubemque volans se condit Orion.
　　Ergo ubi caeruleis caelum iam stare procellis
vidit et innumero surgentem vertice pontum,
talia Sismundus dictis iactabat acerbis:
　　„Hei mihi! Quid subito turbantur caerula motu 400
aequora? Quam densae caelum texere tenebrae?
Nulla videtur enim terrarum, pontus ubique,
undique devexi clausum mare margine caeli.
O ego si quondam campis iam victor Ethruscis
oppetere, et caram potuissem reddere vitam 405
hostibus Alphonsoque duci, cum laetus ab omni
Ausonidum adspectu divulsus in alta ruebam
castra inimica furens, duris cum funera Celtis
mittebam et saeva miscebam proelia dextra!"
　　Talia cum dixet, cumulis per inane volutis 410
extulerat gravis unda ratem. Videt ille frementis
dorsa sonora maris, cumuloque relapsus ab alto
Tartareos ratus esse deos cava saxa profundi
horret adire freti, ter ubi et quater altius atque

sorgen, dass er die Trübsal aus seinem Herzen lässt, indem ich Wolkenbrüche und große Stürme gegen das verhasste Haupt Sigismondos in Bewegung setze, gegen das Herz, das meinem Gott feindselig und furchtbar ist, den ich [380] erst als einen Gott unter die Wellen versetzte. Drum los, Winde, Zepyhr, Notus, Boreas und Eurus, folgt mir und rast alle mit aller Kraft gegeneinander an, jeder in seine Richtung, lasst den Mann Schiffbruch erleiden und lasst jenen sehen, wie er über Bord geht und im tosenden Meer schwimmen muss."

So sprach er, ließ seine wellenspeienden Zugpferde an den schäumenden [385] Trensen reißen und ließ ihnen schließlich die Zügel schießen. Jene aber durchpflügten im rasenden Galopp durch die zerwühlten Wellen mit vollem Eifer die gischtspritzenden Fluten, zogen mit wolkentragendem Schweif eine Spur durch die blauen Weiten, rasten den laut rufenden Gott ziehend durch manch ein Stück Meers und eilten mit grimmigem Antlitz [390] den Männern entgegen.

Die Winde aber stürzen in jähem Lauf von allen Seiten zusammen. Sofort brodelt das ganze Meer und rasch schwillt das gewaltige Antlitz der See an, dann spritzt die weiße Gischt von den Klippen zurück und in unzähligen Bergen branden die Wellen an die Felsen. Orion selbst wird von [395] finsteren Regengüssen erschüttert und zieht sich eilends in eine Wolke zurück.

Als nun Sigismondo den Himmel schon vor blauschwarzen Stürmen starren und das Meer mit unzähligen Wellenbergen anschwellen sah, da machte er sich mit diesen bitteren Worten groß:
[400] „Weh mir! Warum wird das Meer denn nun von plötzlicher Unruhe zerwühlt? Welch dichte Finsternis hat den Himmel bedeckt? Es ist nirgends Land in Sicht, überall nur die See, von allen Seiten ist das Meer umschlossen vom Rand eines Himmels, der sich nach unten beugt. O wenn ich doch einst auf den etruskischen Feldern als Sieger in den Kampf [405] habe ziehen und den Feinden mein teures Leben hätte schenken können und auch ihrem Anführer Alfons, als ich frohen Muts, jeglichem Blick der Ausonier entrissen, gegen die Lager der Feinde in der Höhe anstürmte, als ich den grimmigen Kelten den Tod brachte und mit meiner grausamen Hand den Kampf aufnahm!"
[410] Während er solches sprach, hatte eine mächtige Welle, die sich in Bergen dahinwälzte, das Schiff in die Luft gehoben. Jener sieht die tosende Oberfläche des wütenden Meeres und vermeint dort, rückwärts aus einem hohen Wellenberg fallend, die Götter der Unterwelt zu sehen, fürchtet sich, den klaffenden Felsen des tiefen Meeres nahe zu kommen,

inferius vaga puppis aquis agitatur iniquis, 415
evolvit montes salsarum victor aquarum
Eurus et imbriferum crebris ferit ictibus Austrum.
Ter tonat ante oculos, pelagoque remugit opaco
Iupiter, et fractos iaculatur ab ignibus imbres,
exsultantque undae et gemitum freta rauca remittunt. 420
Tum vero Neptunus equos clamore fatigat
terribili, sceptrumque manu magnumque tridentem
adtollens toto volat aequore, caerula pulsu
lata domans rapido, nimbosque et inania densat
nubila turbatumque secat deus horridus aequor 425
occultans terramque simul pontumque profundum
nubibus. Ut caelo iacuit nox atra fugato,
hinc Eurusque Notusque fremunt, hinc mitior instat
occiduis advectus equis Zephyrusque tonansque
aethereus Boreas rapido contrarius Austro. 430
　　　Iamque novem noctes spumosa per aequora nautae
puppe ferebantur tali discrimine. Verso
terga tamen Zephyro flabris urgentibus Euri
aligeri occiduas pelagus sternentis in undas,
„Ponite", rector ait, „revolutis pinea velis 435
cornua et antennas miserae demittite puppi."
Talia perdiderat, neque enim fragor aequoris ingens
verba volare sinit socias geminatus ad aures.
Tum magno clamore viri, stridore rudentes,
ventorumque undae vi magna aetherque procellis 440
et strepitu magni crudescunt omnia caeli.
Tum densae salsa incumbunt aspergine nubes
caeruleas, vastoque sedent cava nubila ponto.
Fulgura crebra micant elisis nubibus igne
excusso et subitis horrescunt aequora flammis. 445
Tum Zephyrusque Notusque simul malumque ratisque
candida vela petunt humeris et, turbine fracta
arbore, rapta ferunt sinuantia lintea ponto.
At ratis abrupto declinat in aequora malo
demersaque tenus prora latera utraque tinxit 450
unda refusa gravi stridore volubile surgens.
Inde aliusque aliusque ferit latus ater utrumque

[415] und als dreimal und viermal der hin und hertreibende Kiel des Schiffes von den jähen Wassern herumgeschleudert wird, da windet sich der Ostwind als Bezwinger der salzigen Fluten heraus und rückt dem Südwind mit einer dichten Abfolge von Schlägen zu Leibe. Dreimal donnert Jupiter direkt vor seinen Augen und der Donner dröhnt vom finsteren [420] Meer zurück, und schleudert von Blitzen durchbrochene Schauer, die Wellen springen hoch und die raue See gibt ein Ächzen von sich. Da aber hetzt Neptun seine Pferde mit schrecklichem Gebrüll und saust, das Zepter und den großen Dreizack mit der Hand emporhebend über das gesamte Meer, wobei er die blauen Weiten mit schnellem Stoß auftreibt, [425] zieht Wolken und hohle Nebel zusammen und durchschneidet die aufgewühlte See, der Gott in seiner Entsetzlichkeit, wobei er Land und tiefe See gleichermaßen unter Wolken verbirgt. Als sich Nacht über den Himmel gelegt und ihn dem Blick entzogen hat, tosen von hier der Ost und der Süd, von dort drängt der mildere Zephyrus, gezogen von westlichen Pferden, und [430] Boreas, der am Himmel dem geschwinden Süd entgegendonnert.

Und schon neun Nächte trieben die Seeleute in solcher Gefahr auf ihrem Schiff durch die schäumenden Fluten. Als jedoch Zephyrus den anstürmenden Böen des geflügelten Ostwinds, der Wogen westwärts über das Meer treibt, den Rücken gekehrt hat, „Wickelt die Segel um die [435] kieferne Mastspitze", sprach da der Lenker, „legt sie nieder und lasst die Segelstangen zum geplagten Schiffsrumpf hinab." Doch diese Worte hatte er vergebens gesprochen. Denn ein gewaltiges Krachen des Meeres verdoppelte sich und ließ die Worte nicht zu den Ohren der Gefährten fliegen. Da wurden die Männer mit gellenden Rufen und großem [440] Geschrei, die Wellen mit der großen Kraft der Winde, der Himmel mit den Stürmen und alles zusammen mit dem Tosen des weiten Himmels zu einem einzigen Chaos. Da senken sich dichte blaue Wolken mit salzigem Regen herab und hohle Wolken legen sich über das weite Meer, Blitze zucken in dichter Folge mit Feuer, das aus berstenden Wolken [445] stiebt, und das Meer erschaudert vor den plötzlichen Flammen. Da zerren Zephyrus und Notus zugleich mit ihren Armen an Mastbaum und weißen Segeln des Schiffes, und als das Holz dann im Wirbel geborsten ist, da reißen sie die gewölbten Segel ins Meer. Das Schiff aber neigt sich nach dem Bersten des Mastbaums in die Fluten, und das Wasser netzt bis [450] zum bereits versunkenen Bug den Rumpf auf beiden Seiten und dabei bäumt es sich mit lautem Zischen in Windungen auf. Dann trifft finstere Welle um finstere Welle das Schiff von beiden Seiten, bei der zehn-

fluctus. Utrimque fremit decimae gravis impetus undae,
implenturque fori et multam ratis haurit arenam.
Pars latices salsos vomit ore, oculosque dolorum 455
vi premit et certam tentat non cernere mortem,
pars manibus proprias mare triste refundit in undas,
pars tabulas sperant tumido prensare profundo.
Pandulpho eximiam tradunt, grandemque levemque,
quaeque nataturo mediis foret aptior undis. 460
Tum vero ut prono curvati gurgitis alnus
vertice lapsa redit, pelagi spatia ultima plani
dum cupiunt superare, sequens tegit unda morantes
involvitque viros una cum classe procella.
Pars natat in summo diversa per aequora fluctu, 465
atque alii nigris gelidi miscentur arenis
auxilioque vocant superos, pars triste requirit
subsidium tabulas, donec periere. Nisi unus
caeruleis sublimis aquis Pandulphius heros,
cura Iovis magni, tabula miserandus in una 470
usque natans, summoque a gurgite saepe recurvans
lumina, respiciens si quid telluris ubique
cerneret. Ac postquam cumulo sublimis ab alto
terque quaterque caput cana tenus extulit unda,
visa procul tumido facies immobilis alto 475
terrarum et late nemorosis insula silvis.
Tunc ait: „Aequorei, quaeso, miserescite, divi,
reddite me terris, optata exponite arena
denfensorem Italae per magna pericula gentis,
magna quidem, verum non his aequanda periclis." 480
  Talia dicentis fluctus ferit ora levatque
cum viridi furibundus aqua. Tamen arctius ambas
implicat ad tabulam palmas vastumque per aequor
Neptunum precibus tentat placare profusis:
  „Concussor telluris", ait, „Neptune, potestas 485
una superba maris, Sismundo parce natanti.
Non veni, ut pelago tecum certare pararem
Pandulphaea mei genitoris iussa secutus.
Pro me nulla movent me damna. Salutis amore
Ausonidum ingenti liceat superesse. Nec optem 490

ten Welle erschüttert es ein harter Aufprall beiderseits und das Schiff nimmt viel aufgewirbelten Sand auf. Ein Teil der Mannschaft speit [455] Salzwasser aus ihren Mündern, presst die Augen, die vom Wasser schmerzen, zusammen und versucht den sicheren Tod nicht wahrzunehmen. Ein Teil schöpft die grausame See mit den Händen zurück in ihre eigenen Wellen, ein Teil hofft, im tosenden Meer nach Planken zu greifen. Dem Pandolfo reichen sie eine vortreffliche, groß und leicht, die sich [460] besonders eignet für einen, der mitten in den Wellen über Wasser bleiben will. Da aber, als das Schiff aus dem jähen Schlund des gewundenen Strudels gleitend zurückkehrt und sie versuchen, dort, wo das Meer ruhiger ist, über Wasser zu bleiben, da stürzt die nächste Welle über die Ausharrenden und wälzt sich über die Männer und das Schiff gleichermaßen. [465] Ein Teil von ihnen schwimmt in rauester See in unterschiedliche Richtungen über das Wasser, andere geraten unterkühlt in den schwarzen Schlick und rufen die Götter um Hilfe an. Ein anderer Teil greift nach Planken, einer unseligen Rettung, bis sie zugrunde gehen. Allein der Held, Sohn des Pandolfo, der dem Jupiter am Herzen liegt, konnte sich in [470] den blauen Fluten über Wasser halten, kläglich mit einer einzelnen Planke immer weiter schwimmend und oft vom Wellenkamm aus den Blick umherwendend, ob er wohl irgendwo beim Umsehen ein Stück Land erblicke. Und nachdem er oben von einem hohen Wellenberg dreimal und viermal sein Haupt bis zur weißen Gischt aus dem Wasser erhoben hatte, [475] da war in der Ferne vom tosenden Meer aus der Anblick von unbewegtem Land zu sehen, eine Insel die weithin mit dichten Wäldern bedeckt war. Da sagte er: „Götter des Meeres, ich bitte euch, erbarmt euch, gebt mich dem Land zurück, spült am ersehnten Strand den an, der das italienische Volk durch so große Gefahren verteidigt hat, große Gefahren zwar, jedoch diesen [480] Gefahren nicht vergleichbar."

Ein Schwall Wassers fährt ihm über den Mund, als er solches spricht und hebt ihn tosend aus dem grünlichen Wasser. Dennoch schließt er seine beiden Hände noch enger um die Planke und versucht über das weite Meer Neptun mit überschwänglichen Bitten zu besänftigen:
[485] „Erschütterer der Erde", sagte er, „Neptun, du einzige erhabene Macht des Meeres, verschone den schwimmenden Sigismondo. Ich bin nicht gekommen, um mich anzuschicken, mit dir auf dem Meer zu streiten, sondern weil ich die Weisungen meines Vaters Pandolfo befolge. Um meinetwillen schreckt mich kein Unheil. Es sei mir vergönnt, aus der [490] gewaltigen Liebe zum Heil der Ausonier das hier zu überleben. Und

vivere, ni pereant Itali. Iactura meorum,
sed non ulla mei me terret. Adire profundi
regna maligna dei sors est communis et una
morte cavis obitas Erebi miscerier umbras
sedibus. Id vero citius vel serius omnes 495
exitium rapit ad manes. Mihi fama, meusque
partus honos, Latias modo qui detorsimus urbes
faucibus Alphonsi, nomenque decusque geremus
exstincti et carae spoliati lumine vitae.
Pro patria moriamur enim, pro gente Latina, 500
si superis damnare pios sententia fixa est.
Nam quid ego ignaras nequicquam deprecor auras?
Quaeve tibi, Neptune pater, stat gloria victo
tanta viro, ut nostra turbaveris omnia morte
aequora? Merge manu, si te iuvat ista potestas, 505
invisum caput hoc dudum tibi. Viximus annos
optatos, meliora meae sunt acta iuventae
tempora. Vixi equidem decus auxiliumque cadentis
Italiae, quae tuta meis et libera factis
gaudet honore mei sublata, dolore supremo 510
adficienda – nefas! – leti iam conscia nostri."
   Vix ea, cum propior terrae quater actus ab alto
fit cumulo et silvas iam tum suspexit amoenas
fortunatorum laeta regione locorum.
Tum vero rediere animi, tum pectore toto 515
laetior extremas gestit superare procellas
victor et optatis tandem se reddere terris.
At rapidi toto concurrunt aequore venti,
et tabula instabilis nunc huc, nunc pellitur illuc
in numerum. Illi autem diverso turbine cuncti 520
gurgite caeruleo certant fluctumque sonantem
in tabulam atque virum iactant. Spuit ille sonantis
caerula salsa maris, singultuque ilia crebro
pulsa tremit. Nunc Eurus adest, nunc fervidus instat
Hesperides Zephyrus. Reboant Aquilonibus undae. 525
Hinc nigris furit Auster equis totumque liquescit
in pelagus caelum fluctuque obtexitur omne
aequor, ubique fremit revolutis marmor arenis

ich würde nicht wünschen weiterzuleben, wenn die Italiener nicht vom Untergang bedroht wären. Der Verlust der Meinen schreckt mich, aber nicht mein eigener. In das böse Reich des Gottes aus der Tiefe einzutreten ist unser gemeinsames Schicksal, und uns nach unserem Tode als Schatten [495] in die Heimstätten des Erebus zu begeben. Dieses Ende aber reißt uns alle früher oder später in das Totenreich. Den Ruhm und die Ehre, die ich mir erworben habe, ich, der ich die Städte Latiums den Fängen des Alfons entrissen habe, meinen Namen und meinen Stolz werde ich mitnehmen, wenn ich einst ausgelöscht und des süßen Lebenslichts beraubt [500] bin. Für das Vaterland will ich nämlich sterben, für das latinische Volk, wenn die Götter die feste Absicht hegen, so treue Seelen zu verdammen. Denn was flehe ich hier ohne Sinn zu den ahnungslosen Lüften? Oder welcher große Ruhm blüht dir, Vater Neptun, wenn du diesen Mann hier besiegst, dass du das ganze Meer mit dem Versuch, mich zu töten, aufwühlst? Ertränke [505] eigenhändig, wenn dir diese Macht Freude bereitet, dieses Haupt, das du schon so lange hasst. Ich habe so viele Jahre gelebt, wie ich mir wünschen konnte. Der bessere Teil meines jungen Lebens ist bereits vorbei. Ich habe gelebt als Zierde, als Hilfe für das fallende Italien, das dank meiner Taten frohen Mutes frei und sicher sein kann, das nun aber um die Ehre, mich zu [510] haben, gebracht großen Schmerz wird erdulden müssen – welch Frevel! – sobald es von meinem Tod erfährt."

Kaum hatte er diese Worte gesprochen, als er viermal von einer hohen Welle in Richtung Land getragen wird und beim Aufschauen bereits die lieblichen Wälder der Lande der Seligen in glücklicher Landschaft [515] erblickt. Da aber kehrte sein Mut zurück, da verlangt er mit ganzem Herzen danach, siegreich den Stürmen zu trotzen und endlich wieder dem ersehnten Festland übergegeben zu werden. Aber die Winde treffen reißend auf der ganzen Meeresoberfläche zusammen und seine Planke wird ohne Halt im Takt bald hierhin, bald dorthin geschleudert. All jene aber [520] streiten in mannigfaltigem Wirbel um den blauen Strudel und werden die tosende Flut der Planke und dem Helden entgegen. Jener spuckt das salzige blaue Meerwasser aus und erbebt in seinen Eingeweiden, die vom wiederholten Würgen erschüttert werden. Bald rückt ihm der Ostwind zu Leibe, bald bedrängt ihn Zephyrus, der hitzig von Westen kommt, es [525] dröhnen die Wellen von den Nordwinden, dann wieder wütet der Südwind mit seinen schwarzen Rossen, der ganze Himmel geht in Strömen über dem Meer nieder und die ganze See wird von dem Guss überzogen, auf allen Seiten grollt der Fels der Klippen vom Hin- und Herwälzen des Sandes und

nigraque terga gravi latus detunditur aestu
pontus. At hunc Cadmi proles a fluctibus Ino 530
Leucothea adspexit pelagi nunc diva, sed olim
mortalis mulier, quae tum miserata natantem
prona virum glaucis tabulam dea sustulit ulnis,
tum Pandulphiaden dictis mollibat amicis:
    „Infelix! Quidnam tantum Neptunus in unum 535
te, Sismunde, furit? Tanta deus aestuat ira?
Terribile innumeris ut te iactare periclis
non pudeat? Quae tanta odii stat causa nefandi?
Quodve malo caput? En age iam tibi terra relicto
grata propinqua freto. Lacera de pectore laenam." 540
Sic effata manu madidos rescindit amictus
Pandulphi magni, mediis quos liquit in undis.
Ille quidem levior tabula natat altior alta.
Verum ubi iam scopulos videt apparere malignos,
asperaque adversis occurrere caerula saxis, 545
horruit et gelida miserabile fatur ab unda:
    „Hei mihi ne quis", ait, „fraudemque dolosque deorum
texat, adhuc timeo, qui me deponere vestem
forsitan in scopulis nudum, pontoque relinquet.
Sed non ante meis dimittam robora palmis, 550
quam capta optatae calcarim litora terrae."
    Talia magnanimus mediis Pandulphus in undis
fatur et incertum nunc huc, nunc volvitur illuc.
Quem postquam pelago magnus periisse profundo
crediderat Neptunus, abit citus atque iugales 555
flectit ad undosas scopulis curvantibus Aegas.
At bona Pallas adest nebulasque removit et omnem
aetheris adspectum larga regione serenat.
Tum tremuli moto glomerantur gurgite fluctus
et viridi dorso radiis per inane refusis 560
nubila rara sinunt croceis Thaumantida nimbis
reddere conceptos pennis humentibus imbres.
Non tamen idcirco venti posuere tumultu
horrifico, ac caelo tumuerunt rursus aperto
caerulei freta clara maris terrisque propinquis 565
incubuere magis. Labor est in fine supremo.

das weite Meer wird auf seiner schwarzen Oberfläche von der Brandung [530] zerwühlt. Aus den Fluten heraus sah Ino, auch Leucothea genannt, die Tochter des Cadmus es mit an, die nun eine Göttin der See ist, doch einst eine sterbliche Frau war, die sodann wohlwollend Mitleid mit dem schwimmenden Helden empfand, ihm die Planke aus den blaugefrorenen Armen nahm und den Sohn des Pandolfo dann mit freundlichen Worten ansprach:
[535] „Unglücklicher! Warum wütet Neptun denn gerade gegen dich so sehr, Sigismondo? Glüht der Gott vor solcher Wut, dass er sich nicht zu schade ist, dich in seiner Grausamkeit zahllosen Gefahren auszusetzen? Was ist der Grund für so unversöhnlichen Hass? Oder welchen Ursprung hat dieses Unheil? Doch, sieh, wohlan, lass das Meer hinter dir, das Festland ist [540] schon nah. Reiß dir das Gewand vom Leib." So sprach sie und durchtrennte mit ihrer Hand den triefnassen Überwurf des großen Pandolfo, den sie dann mitten in den Wogen zurückließ. Jener, so freilich leichter geworden, schwimmt höher, weil nun die Planke wieder obenauf ist. Sowie er jedoch die gefährlichen Klippen erscheinen sieht und Gewässer, deren Blau [545] durchsetzt ist von spitzen Felsen, da erschrak er und spricht in seinem Elend aus dem kalten Wasser:
„Weh mir, ich fürchte, einer der Götter strickt mir immer noch Trug und List, indem er mich meines Gewandes beraubt und mich nackt auf den Klippen dem Meer überlässt. Doch nicht eher werde ich das Holz [550] dieser Planke aus meinen Händen lassen, als dass ich das Ufer des ersehnten Landes unter meinen Füßen zu fassen kriege."
Solches spricht der hochherzige Pandolfo mitten in den Wogen und wird aufs Geratewohl bald hierhin, bald dorthin gewälzt. Als Neptun schließlich im Glauben war, dass er in der Tiefe des Meeres [555] zugrunde gegangen war, entfernt er sich rasch und lenkt sein Gespann über geschwungene Klippen zum wellenumspülten Aegae.
Doch die rechtschaffene Pallas ist zur Stelle, fegt die Nebel fort und gibt weithin den Blick auf den klaren Himmel wieder frei. Da ballen sich die bebenden Fluten in erregtem Rauschen zusammen und flüchtige Wolken [560] lassen mit den Sonnenstrahlen, die sie auf ihrer blaugrünen Oberfläche spiegeln, die Thaumastochter mit goldenem Sprühnebel die Tropfen, die sie aufgenommen hat, aus ihren feuchten Schwingen zurückspritzen. Doch ließen die Winde deshalb nicht von ihrem grauenvollen Tosen ab, erneut schwollen die klaren Fluten des blauen Meeres unter dem nun [565] klaren Himmel und wälzten sich mit noch mehr Wucht auf das nahe Festland. Mühsam sind die letzten Meter.

Tum iuveni resoluta cadunt genua aegra timore
ingenti, tum corda labant, tum lingua precantis
deficit arenti mediis in fluctibus aestu.
Omnia namque timet, medio ne se aequore turbo 570
mergeret, aut pelagi diversa bellua forma
dentibus atque avidam morsu conferret in alvum
delphini aut magno versantia corpore cete,
qualia monstrifero nascuntur multa profundo.
Talia volventem fluctu gravis aestus amaro 575
pertulit ad cautes invisaque saxa, nec ante
agnita, quam tabula descendit in aequora fracta.
Nam Boreas magnis incumbens viribus undas
torsit et ingenti protexit litora ponto.
Atque ibi summa dies olli sine laude fuisset, 580
ni manibus iuvenem tenuisset Pallas amicis
protinus et scopulo statuisset diva vetusto,
quem tenet, insurgens donec vaga transeat unda
fluctibus alternis et anhelas verberet auras.
Tum quoque spumifero revolutus turbine fluctus 585
dum tonat adventans, rapidis se se unguibus alto
implicuit nitens scopulo, fluctusque labantem
sustulit et gelidas longe proiecit in undas
clamantem atque pio superos clamore vocantem.
Tum dea labentem cumulis per inane volutis 590
ostia ad ignoti perduxit fluminis undas
piscosas. Eiectus adit sola grata relictis
fluctibus et sola solum se cernit arena.

„Evasisse quidem iuvat, o Neptune, tuam vim
me, fateor, triplici qui concutis omnia telo 595
aequora. Non autem vitasse pericula vastae
crediderim telluris", ait, „quae ignota leones
forsitan, atque feras alias, quae sanguine aluntur,
haec habet. Haec tellus forsan peiora minatur.
Hei mihi quid patior! Quantos tolerare labores 600
cogor inops animi, curisque adfectus amaris?
Hei mihi! Non Italum populos, non regna videbo
dulcia, nec natos dulces, non arma movebo
Alphonsum contra! Cui me fortuna malorum

Da werden dem Jüngling die Knie schwach und kraftlos durch die mächtige Furcht, da schwankt sein Herz, da versagt ihm, während er noch fleht, die Stimme im tosenden Wüten inmitten der Fluten. Denn in alle [570] Richtungen geht seine Furcht, dass das Toben der Naturgewalt ihn in die Tiefe ziehe oder mannigfaltige Meeresungetüme mit ihrem Schlund ihn etwa im gierigen Bauch eines Delfines landen ließen, oder die sich mit gewaltigem Leib durch die Fluten windenden Wale, welcherlei in der an Ungeheuern reichen Tiefsee in großer Zahl zur Welt kommen. Über [575] solches Nachsinnen trug ihn eine mächtige Welle mit unsanfter Strömung zu einem Riff und zu unsichtbaren Felsen, die er nicht sah, bevor er mit zerschellter Planke in die Fluten hinabsank. Denn Boreas wälzte die Wogen mit großen Kräften einpeitschend umher und überzog die Küste mit einer ungeheuren Flut.

[580] Und dort hätte jener wohl ruhmlos seine letzte Stunde gesehen, wenn nicht umgehend die Göttin Pallas den Jüngling in ihre gewogenen Hände genommen und ihn auf einer uralten Klippe abgesetzt hätte. Und daran hält er sich fest, solange die brandend anschwellende Woge in den abwechselnden Fluten vorüberzieht und in die keuchenden Lüfte [585] zerstiebt. Und auch in dem Moment, da die Welle sich zurückwälzt und mit gischtspritzendem Tosen herandonnert, da klammert er sich mit verbissen an dem hohen Felsen fest, und die Strömung ergreift den Schwankenden und wirft ihn weit in die eisigen Fluten fort, während er brüllt und mit ehrfürchtigem Schrei nach den Göttern ruft. Da führt die [590] Göttin ihn dahingleitend durch die Weite der Wellenberge zur Mündung und den fischreichen Wassern eines unbekannten Flusses. Von den Wellen ausgespuckt, geht er ans ersehnte Land und findet sich allein am weiten Strand wieder.

„Es freut mich gewiss, deiner Gewalt entwichen zu sein, o Neptun, [595] der du mit dreigezacktem Spieß alle Meere erschütterst. Doch mag ich nicht recht glauben, den Gefahren des weiten Festlands entgehen zu können, das", so sprach er, „unerforscht Löwen und andere wilde Tiere, die sich von Blut ernähren, birgt. In diesem Land dräut mir womöglich noch Schlimmeres. Weh mir, was ich erleiden muss! Welche Mühen zu [600] erdulden werde ich gezwungen, der ich doch schon keinen Mut mehr habe und mit bitteren Sorgen geschlagen bin. Weh mir! Die Völker Italiens werde ich nicht wiedersehen, und auch meine geliebten Lande und meine geliebten Kinder nicht mehr. Die Waffen gegen Alfons erheben werde ich nicht mehr! Für was für ein Größtes aller Übel hat das Schicksal mich da

servavit cumulo? Queis me deus eiicit oris?" 605
    Talia versanti sedit sententia curvo
litore prospectis oculos inflectere silvis,
metirique acie si quid taurisque virisque
cultum habeat prae se. Tum vasta silentia mentem
attonitam reddunt. Sed ubi frondentis olivae 610
obnupsit ramo iuvenilia membra reperto,
procubuit duroque in litore fusus apricis
pectora fessa locis, divini nectaris Hebe
in venas iussit latices errare sepultas
ambrosiaeque novo perfudit pectus odore. 615

[605] aufgespart? An welchen Gestaden hat der Gott mich ausgespuckt?"

Wie er solches erwägt, reift in ihm der Entschluss, seinen Blick auf die Wälder zu richten, die er vom gewundenen Strand aus erblickt hat und abzuschätzen, ob er auf seinem Weg Viehwirtschaft oder menschlicher Siedlung begegnen würde. Da ließen die schweigenden Weiten ihn [610] wie von Sinnen erstarren. Doch als er seine jugendlichen Glieder mit einem grünen Olivenzweig, den er gefunden hatte, verhüllt hat und seine müde Brust auf dem harten Strand auf sonnenbeschienenem Boden niederlegte, da gebot Hebe, dass Ströme von göttlichem Nektar seine verborgenen Adern durchflössen, und übergoss seine Brust mit frischem [615] Duft von Ambrosia.

**Basini Parmensis
Hesperidos
Liber Octavus**

Postquam somnus abit, pura fecundior aura
membra levat pressa iuvenis tellure, parumque
procedens miratur enim, videt ecce vagantem
litore pro summo niveis Zephyreida plantis.
Quam simul ac solam videt ore pudore reflexo, 5
quamquam tegmen habet ramum frondentis olivae,
ter stetit in dubio, quid agat, maneatne, petatne,
an roget unde domo, quae sit genitrixque paterque,
an sit adhuc virgo cupidique ignara mariti,
anne sui miserescat, an hospitioque domoque 10
accipere orantem iubeat. Quae cuncta volutans
talibus alloquitur placido Zephyreida vultu:
    „Nympha, decus nemorum, pelagi quae litora servas,
nympha animo certe iam nunc gratissima nostro,
seu dea sis an homo, nostrae spes maxima vitae – 15
visa quidem nobis certe dea. Talis ubique
nec mortalis adhuc mulier mihi visa, nec usquam
mortales talem viderunt omnibus omnes
ullam annis. Virgo, nostri miserere, precamur,
et quaecumque fuas, tantos mihi deme labores. 20
Praemia certa manent: Magnas tua fama per urbes,
Ausonidumque domos cunctis vulgabitur horis.
Tu, dea, deme metus animo, precor, optima, nostro
eiectumque tuis paulum sine vivere silvis,
hospitioque domus, tectorum et parte recepta." 25
    Sic ait. Illa virum dictis ita firmat amicis:
„Venisti, mea lux, mea spes, mea sola voluptas,
exspectate animo iuvenum pulcherrime nostro,
magnanime, heroum fortissime. Namque deum te
esse genus fateor. Quis enim dubitarit? Ut omnes 30
virtute eximia superas, quae naufraga vidi
corpora, et incolumes si qui venere profundi
caerula ad Oceani. Non sum mortalis ego ipsa.
Vera fatebor enim, Zephyri Psycheia nymphe,

**Der *Hesperis*
Basinios von Parma
Achtes Buch**

Nachdem der Schlaf, in der frischen Luft noch wunderbar belebender, sich verzogen hat erhebt der Jüngling seine Glieder von dem Boden, auf dem er lag, und erblickt, während er langsam fortschreitet, staunend ganz oben am Strand die Tochter des Zephyrus, wie sie auf schneeweißen Fußsohlen [5] spazieren geht. Sowie er sie allein sah mit schamhaft abgewandtem Gesicht, obgleich er seine Blöße wenigstens mit einem belaubten Olivenzweig bedeckte, blieb er dreimal stehen, unsicher, was er tun solle, ob er warten oder auf sie zugehen solle, ob er sie fragen solle, wo sie zu Hause sei, wer ihre Mutter und ihr Vater seien, ob sie noch unverheiratet sei, nicht wissend um [10] die Begierden eines Gemahls, ob sie sich seiner annehmen und ihn auf sein Bitten in Haus und Gastlichkeit aufnehmen würde. All dies in Gedanken abwägend, spricht er die Zephyrustochter mit freundlichem Gesicht so an:

„Nymphe, Zierde der Wälder, die du die Meeresstrände hütest, Nymphe, meinem Herzen gewiss in diesem Augenblick hochwillkommen, ob [15] du nun Göttin oder Mensch bist, die größte Hoffnung auf Überleben bist du allemal. Mir freilich bist du als Göttin erschienen. Eine sterbliche Frau wie dich habe ich bisher nirgends erblickt und nirgends sahen irgendwelche Sterblichen jemals eine wie dich. Mädchen, erbarme dich meiner, so bitte ich, und was für eine Frau du auch immer sein magst, nimm diese [20] Mühen von mir. Sicherer Lohn erwartet dich. Dein Ruhm wird in großen Städten und den Heimen der Ausonier zu allen Zeiten verbreitet werden. Du, beste Göttin, nimm die Furcht fort aus meinem Geist, so bitte ich, und erlaube einem, den die Wellen ausgespuckt haben, ein wenig in deinen Wäldern zu weilen, nimm ihn auf in der Gastlichkeit deines Heims und gib ihm einen [25] kleinen Platz in deinem Haus."

So sprach er. Jene macht dem Helden Mut mit diesen freundlichen Worten: „Du bist gekommen, mein Licht, meine Hoffnung, mein ganzes Verlangen, von meinem Geist ersehnter schönster der Jünglinge, hochherziger, tapferster aller Helden. Ich bekenne nämlich, dass du von [30] göttlicher Abkunft bist – denn wer würde das anzweifeln wollen? Wie du in herausragender Tüchtigkeit sie alle übertriffst, die ich als schiffbrüchige Leichen im Wasser treiben sah, und die Wenigen, die es unversehrt bis zu den blauen Fluten des tiefen Ozeans schafften. Ich selbst bin ebenfalls keine Sterbliche, das ist wahr, so bekenne ich, denn ich bin die

quamque peti genitor mediis tibi iussit in umbris,   35
Isotheam superi enim dixerunt nomine divam –
illa ego sum. Neque Iove non cogente tot undas
tot maria, et vastos superasti pectore fluctus,
fortibus amissis sociis, fidaque carina.
Quare age, iamque domum magni genitoris eamus   40
actutum, placido qui laeta per arva volatu
spirat et inriguos humectat roribus agros."
Sic exorsa virum bibulis seducit arenis.
    Ut primum optati ventum est genitoris ad aulam,
marmoreasque domos mirisque adamante figuris   45
ex solido structas, iuvenem stupor occupat ingens.
Parte alia aeterno radiabant alta pyropo
atria, tum viridi vestitur aperta smaragdo
ianua, templa simul Zephyrique immobile tectum.
In foribus flores varii, violaeque, rosaeque   50
multaque diversis florentia gramina formis.
Ipse pater veris Zephyrus sedet axe tepenti
uno vectus equo, madidis qui naribus ignem
evomit et terras fecundo semine donat.
Ore cadunt imbres, toto simul aequore pisces   55
humida connubia, atque udos celebrant hymenaeos.
Parturit omne solum, nemorosaque silva resultat
cantibus argutis avium nidique loquaces
accipiunt dulcem caris a matribus escam.
Haec manet aeternum series numerosa nepotum.   60
Neve neges fieri, fuerint quae facta. Videntur
omnia mutatis nasci nova corpora formis,
rursus et ignotae remeare ad limina vitae.
Omnibus his animi spirat Psycheia vires.
Quatuor informant mortalia corpora nymphae: 65
Dotoque, Protoque, Pherusaque Dynameneque.
Hae fluvio spargunt corpus iuvenile recenti
Sismundi et salsa relinunt adspergine pectus.
Tunc artus et membra lavant dulcique liquore
omnia perfundant, humeros, solidosque lacertos   70
atque manus niveas. Fluvio post ille relicto
constitit in medio comitum, Psychea, tuarum,

[35] Nymphe Psycheia, Tochter des Zephyrus, die du nach dem Willen deines Vaters inmitten der Schatten aufsuchen solltest, Isothea, wie die Götter sie als Göttin benamsten. Jene bin ich, und wohl nicht ohne Drängen Jupiters wäre es dir gelungen, so viele Wellen, so viele Meere und weite Fluten lebend zu überwinden, nachdem du deine tapferen Gefährten [40] und dein treues Schiff verloren hattest. Drum wohlan, lass uns nun rasch zum Heim meines großen Vaters gehen, der in sanftem Fluge über die glücklichen Lande weht und mit Tau die Äcker benetzt." Nachdem sie so gesprochen hat, führt sie den Helden fort vom feuchten Strand.

Sobald sie zum Hof ihres geliebten Vaters gekommen waren, zu den [45] Bauten aus Marmor und denen, die aus massivem Stahl mit wundersamen Verzierungen errichtet waren, da befiel ein gewaltiges Staunen den Jüngling. Auf der einen Seite strahlten hohe Hallen aus immerwährender Goldbronze, dann ist die offene Türschwelle in grünlichen Smaragd eingefasst, wie auch der Tempel und das trutzige Haus des Zephyrus.
[50] An den Türpfosten ranken mannigfaltige Blumen, Veilchen und Rosen, und allerlei blühende Pflanzen in verschiedenen Formen. Zephyrus selbst, der Vater des Frühlings, sitzt auf der lauen Himmelsachse, getragen von einem einzelnen Pferd, das aus seinen feuchten Nüstern Feuer schnaubt und die Erde mit fruchtbringender Saat beschenkt.
[55] Aus seinem Maul fallen Regenschauer, und sogleich feiern die Fische überall im Meer ihre nassen Eheschließungen und feuchten Hochzeitsnächte. Alles Erdreich gebiert, der dichte Wald frohlockt mit den durchdringenden Gesängen der Vögel und geschwätzige Nester empfangen ihre süße Nahrung von fürsorglichen Müttern.
[60] Hier erwartet sie eine endlose Reihe von Nachkommen. Und man würde nicht abstreiten, dass bereits erschaffene Dinge wieder neu entstehen. Alles scheint in gewandelter Gestalt in neue Körper geboren zu werden und erneut über die Schwelle zurück in ein unbekanntes neues Leben zu treten. Ihnen allen haucht Psycheia neue Lebenskräfte ein. Vier [65] Nymphen geben den sterblichen Leibern ihre Gestalt: Doto, Proto, Pherusa und Dynamene. Diese besprengen nun Sigismondos jugendlichen Körper mit frischem Nass aus dem Fluss und spülen damit das Salzwasser von seiner Brust.
Dann waschen sie seine Glieder und seinen Leib und übergießen mit [70] süßem Nass alles, seine Schultern, seine starken Oberarme und seine schneeweißen Hände. Nachdem er aus dem Fluss wieder emporgestiegen war, stellte er sich in der Mitte deiner Gefährtinnen, Psycheia, auf, worauf

cui Charites dulci crinem lavere liquore
candida purpureo velantes corpora peplo.
    Ipsa autem vero similis coma passa hyacintho 75
fulsit, et ora novi subito legere decores
puniceusque genas nitor improvisus eburnas
occupat illius subito. Tum lumina laeto
clara micant vultu, qualis nitet aureus alto
Lucifer Oceano perfusus. Adire iubebat 80
auricomas iuvenem silvas regina, sed ipsum
ut vidit talem, se se inflammavit amore
candidaque implicuit sublato brachia collo.
Ille deae taedis tantoque potitus amore
laetus adit densos felici ex arbore lucos. 85
    „Vis hominum casus et limina cernere vitae
humanae? Terrena libens vis nosse caduca?
Ut folia arboribus labuntur origine frondis
alterius, sic prima cadunt mortalia leto
corpora. Ceu tenerae pereunt sub frigore frondes, 90
infantum primis multorum vita sub annis
evolat ad Stygias Erebi implacabilis umbras."
Fatur et auricomas monstrat Psycheia silvas,
nec minus ostentat plenis pomaria ramis,
vere sub aeterno genitor frondescere cuncta 95
quae iubet irriguis Zephyrus lenissimus hortis.
Hic annosa virent arbusta fragrantibus auris
sole sub aethereo, lucis quae mitis amoenis
producit Zephyri iucunda spiritus aura.
Hic cerasis ficisque genus seroque futuris 100
crescendo magnis oleis stat fertile et almis
vitibus. Inde nitent oneroso vertice mali
diversae, pruni nec non felicia mala
aurea, quae memorant vigili servata draconi,
Hesperidumque choro sublimi Atlante satarum, 105
quorum fructus obit numquam neque desinit umquam,
non hieme aut aestu venientis ab aethere Phoebi.
Temperies hic tanta iacet: Pars flamine nasci
incipiunt Zephyri, partem sua praecoquit aestas,
non violenta quidem, sed enim quae vere supremo 110

ihm die Chariten mit dem süßen Nass das Haar wuschen und seinen strahlenden Körper in ein purpurnes Gewand hüllten.
[75] Sie selbst aber strahlte mit offenem Haar wie eine Hyazinthe und neue Zier fand rasch den Weg zu ihrem Gesicht, granatapfelroter Glanz schießt ihr plötzlich in die elfenbeinfarbenen Wangen, danach erstrahlen ihr die Augen im fröhlichen Antlitz, wie der Morgenstern strahlt, wenn er sein goldenes Licht über dem Ozean ausgießt. Die Königin gebot dem [80] Jüngling, ihre goldbelaubten Wälder zu betreten, doch als sie ihn sah, wie er vor sie trat, da ließ sie sich entflammen in Liebe zu ihm und legte ihre weißen Arme um seinen aufgerichteten Hals.
Frohgemut, die Vereinigung mit einer Göttin, eine solche Liebestat, errungen zu haben, tritt er auf die dichten Wälder aus fruchtbaren Bäumen [85] zu.
„Willst du die Schicksalsfälle der Menschen und die Grenzen des menschlichen Lebens erkennen? Willst du die Hinfälligkeit alles Irdischen begreifen? Wie vor dem Entstehen neuen Laubes die alten Blätter von den Bäumen fallen, so gehen die früheren sterblichen Leiber mit dem [90] Tod zugrunde. Wie die zarten Blätter bei Frost absterben, so enteilt das Leben vieler schon in den frühen Jahrendes Kindesalters zu den stygischen Schatten des unerbittlichen Erebus."
So spricht Psycheia und weist ihm ihre goldbelaubten Wälder, auch zeigt sie ihm die Obstbäume mit ihren vollen Ästen, denen allen in ewigem [95] Frühling ihr sanfter Vater Zephyrus in den wasserreichen Gärten zu sprießen gebietet.
Hier grünen betagte Sträucher unter der hohen Sonne in den duftenden Brisen, die in lieblichen Hainen der milde Hauch des Zephyrus mit sanfter Brise hervorbringt.
[100] Hier haben die Kirschen und die Feigen ihre fruchtbaren Sprösslinge, die großen Ölbäume, die erst spät tragen, und die fruchtbaren Weinstöcke. Dort glänzen in reichhaltiger Tracht die Kronen mannigfaltiger Apfel und Pflaumenbäume und auch die goldenen Äpfel, die, so erzählt man sich, von einem wachsamen Drachen gehütet werden und von dem [105] erhabenen Reigen der Hesperiden, der Töchter des Atlas, deren Frucht niemals vergeht und niemals versiegt, nicht winters noch im Sommer, wenn Phoebus hoch vom Himmel scheint. Hier herrscht ein solch vollkommenes Maß beim Klima: Ein Teil von ihnen beginnt unter dem Wehen des Zephyrus zu wachsen, den anderen Teil lässt sein Sommer [110] reifen, doch kein zu heftiger, sondern so, wie er zum Ende des Früh-

esse solet nobis. Ergo omnia serpere laeto
ubere, nec pereunt fructus, verum arbore in alta
longaevis stans silva comis genus omne remittit
multa super genera, et dulci de vertice fetus.
In fetus alios alii nascuntur et uvam 115
uva super serpit, malis incumbere mala
adspicias: Hic pumiceo se margine fontes
effundunt gemini, clara queis lucida lympha
unda ferit lapsu florentia prata recenti.
    Talia erant Zephyro divum immortalia dona, 120
quae Pandulphiades heros miratus ut hausit
luminibus tacitis, laetas ad carminis aures
auditi arrexit cantus, aurasque sonantes.
„Dic, age, vera mihi, curaque exsolve molesta,
hic", ait, „o nymphe, quid vult sibi cantus ad auras 125
aethereas hominum vario sermone loquentum?
Quive viri tanto complent nemora inclyta cantu,
quos video? Manesne choro laetantur inani?"
    „Nec manes hi sunt, tibi quos monstramus, at omnes
vescuntur tenera Zephyris spirantibus aura. 130
Nec mors ulla locum tenet his in sedibus, omnis
insula morte quidem caret haec, verum obsita longo
membra situ tristi se inclinavere senectae
atque odio stat vita viris postquam illa, recedunt
puppe levi in tumidum nullis ducentibus aequor. 135
Dum rapidis versantur aquis caelumque relinquunt
adsuetum, mors victa prius, queis terga parabat
nuda fugax, longae spoliat tum lumine vitae.
Hi sunt, quos Graii populos dixere beatos.
Saecula multa virum vestrorum singula vincunt 140
corpora, quae cernis." Cui sic Pandulphius heros:
    „Dic, age, quos Graii memorant heroas ademptis
corporibus superesse, refer qua parte sacrorum
felices habitant nemorum." Cui candida virgo:
    „Crastina purpureo coniux Tithonia curru 145
vecta recens tremulas lustrarit ubi aurea silvas,
ipsa ego ad Elysios ducam te, maxime, campos,
Ausonidum dux clare tuis, Sismunde, trophaeis.

Achtes Buch 363

lings bei uns zu sein pflegt. So wuchert denn alles in fröhlicher Fülle und die Früchte verderben nicht, sondern jede Art von Frucht steht zwischen altem Laub hoch am Baum und trägt noch weitaus mehr an Ertrag und Früchten in seiner lieblichen Krone.

[115] Die einen Früchte wachsen zu den anderen heran, Traube rankt über Traube und man kann sehen, wie sich Apfel über Apfel legt. Hier ergießen sich über eine Schwelle aus Bimsstein zwei Quellen, deren funkelnder Lauf direkt hinter ihrem Ursprung mit klarem Wasser auf die blühenden Wiesen trifft.

[120] Solcherlei waren die unsterblichen Geschenke, die die Götter dem Zephyrus gemacht hatten. Als der Held, Sohn des Pandolfo, sie staunend mit schweigendem Blick in sich aufnahm, da spitzte er seine erfreuten Ohren hin auf den Gesang eines Liedes, das er hörte und dessen Wohlklang in der Luft lag. „Nur zu, sprich wahr zu mir, o Nymphe, und nimm die drängende [125] Neugier von mir", sprach er, „was der Gesang bedeuten soll, den hier Menschen in unterschiedlicher Sprache an die himmlischen Lüfte richten? Und was für Männer sehe ich da, die die berühmten Haine mit solchem Sange erfüllen? Sind es die Geister der Toten, die in nichtigem Reigen frohlocken?"

„Es sind dies nicht die Geister der Toten, die ich dir hier zeige, sondern [130] sie alle leben von der zarten Brise im Wehen der Westwinde. Der Tod hat keinen Platz an diesem Ort. Diese ganze Insel hier ist frei vom Tod. Doch wenn die Leiber sich, vom langen Hinwelken gezeichnet, dem betrüblichen Greisenalter beugen und den Menschen das Leben verhasst geworden ist, dann ziehen sie sich, ohne dass jemand sie leitet, mit einem kleinen Boot auf [135] das tosende Meer zurück. Wenn sie dann auf den reißenden Wassern herumtreiben und sich vom gewohnten Horizont verabschieden, dann nimmt der Tod, den sie zuvor besiegt haben, der ihnen flüchtig seinen blanken Rücken zugewandt hat, das Licht eines langen Lebens. Sie sind es, die die Griechen die Seligen Völker nannten. Der Leib eines einzelnen von ihnen, die du [140] hier siehst, überdauert mehrere Lebensalter eines eurer Menschen." Darauf erwiderte der Held, Sohn des Pandolfo, dies:

„Nur zu, sprich zu mir von den Helden, die, wie die Griechen erzählen, weiterleben, obwohl die Körper ihnen fehlen. Sag mir, in welchem Teil der heiligen Haine die Glücklichen wohnen!" Darauf das strahlende Mädchen: [145] „Sobald morgen die Gattin des Tithonus, auf purpurnem Wagen gezogen, frisch die wogenden Wälder golden erleuchtet hat, da werde ich dich persönlich zu den Elysischen Feldern führen, Sigismondo, gewaltiger Führer der Ausonier, der du berühmt bist für deine Siege.

Namque videbis avos antiquae nomina gentis,
et Malatestarum genus acri ab stirpe profectum.   150
Romanosque duces illic Graiumque catervas
ostendam. Interea, iuvenum fortissime, quando
venisti ad silvas tales lucosque virentes,
omnia iucundae peragremus litora terrae."
   Sic effata pedis nivei vestigia torsit   155
candida praeripiens spatium. Quos maximus aevo
vidit ut Hesperides, illo genitore creatus,
vespere qui solem sequitur, qui mane rubentem
Auroram roseis lustrantem cuncta quadrigis,
talibus aggreditur dictis procul: „Unde venitis?   160
Quem petitis nostrum? Quis tu? Quo patre creatus?"
Cui Pandulphiades dictis haec reddit amicis:
   „Venimus antiquo e Latio patremque rogamus
ostendatis. Is est, ubicumque vocarier usquam
advertisti animum Pandulphi nomine si quem.   165
Sum genus Ausonides Malatestae a nomine gentis.
Sanguinis huius enim laetor me ab stirpe creatum,
nomen Sismundus cunctis notissimus oris,
insignis bello, patriae defensor avitae,
Italiam ex avidis Alphonsi faucibus unus   170
qui rapui et victos Tyrrheno in litore Celtas
his oculis vidi." Dixit. Cui maximus aevo
retulit Hesperides: „Italum fortissime, salve,
salve Italum ductor, Pandulphi maxima proles.
Hic quoque magna viget bellorum fama tuorum.   175
Pannonio cui nomen erat Malatesta, recordor,
venit ad has sedes infernaque regna petivit,
victus amore quidem dilectae – triste – puellae.
Ora ego flava novae vestibar flore iuventae,
ex illo dulces centum iam viximus annos.   180
Illum ego magnanimi iuvenis perculsus amore
hospitio excepi fido dapibusque creatis
sponte sua explevi tutumque in lata remisi
aequora, uti patrias laetus remearet ad oras.
Ille mihi scutum, quod adhuc in limine cernis   185
adfixum, multo caelatum liquerat auro,

Du wirst nämlich deine Ahnen treffen, all die Namen einer uralten Sippe
[150] und das Geschlecht der Malatesta, das von einem starken Blut abstammt. Auch die Führer der alten Römer und die Scharen der Griechen werde ich dir zeigen. Unterdessen, tapferster der Jünglinge, wo du schon in diese Wälder und grünenden Haine gekommen bist, wollen wir alle Gestade dieses liebreizenden Landes durchstreifen."
[155] So hatte sie gesprochen und wandte die hellstrahlenden Schritte ihrer schneeweißen Füße und eilte voraus. Als die beiden der uralte Hesperide sah, geboren von jenem Vater, der am Abend der Sonne folgt und morgens der roten Aurora, wenn sie mit rosenfarbenem Viergespann alles erleuchtet, da sprach er sie von fern mit diesen Worten an: „Woher kommt [160] ihr? Wen von uns wollt ihr aufsuchen? Wer bist du? Von welchem Vater stammst du?"
Ihm erwiderte der Sohn des Pandolfo mit freundlichen Worten dies:
„Ich komme aus dem alten Latium und bitte euch, dass ihr mir meinen Vater zeigt. Solltest du mitbekommen haben, dass hier irgendwo jemand [165] mit dem Namen Pandolfo gerufen wird, dann ist er es. Ich gehöre zum Volk der Ausonier und bin von der Sippe der Malatesta. Stolz bin ich nämlich darauf, dass ich aus diesem Geschlecht gezeugt bin. Mein Name ist Sigismondo und ich bin wohlbekannt in allen Landen als einer, der sich im Krieg auszeichnet, als ein Verteidiger der Heimat seiner [170] Ahnen, ich, der ich als Einziger Italien dem gierigen Schlund des Alfons entreißen konnte und mit meinen eigenen Augen sah, wie die Kelten an der tyrrhenischen Küste geschlagen wurden." So sprach er. Ihm antwortete der uralte Hesperide: „Sei gegrüßt, tapferster der Italiener, sei gegrüßt, Führer der Italiener, größter Sohn des Pandolfo, auch hier ist der [175] Ruhm deiner Kriegstaten groß. Ein Malatesta, den man mit seinem Beinamen ‚den Ungarn' nannte, so erinnere ich mich, kam an diesen Ort und suchte die Reiche der Unterwelt auf, bezwungen von der Sehnsucht nach seinem geliebten Mädchen – wie traurig! Ich kleidete mich damals noch in das Gewand der Jugend, mein Haar war blond, seither habe ich [180] noch hundert schöne Jahre gelebt. Gerührt von Zuneigung zu dem hochherzigen Jüngling empfing ich ihn in treuer Gastlichkeit, sättigte ihn mit Speisen, die von selbst entstanden, und entsandte ihn in Sicherheit zurück auf die weiten Meere, damit er frohen Mutes an die Gestade seiner Heimat zurückkehre.
[185] Er ließ mir seinen Schild mit reicher Goldverzierung zurück, den du bis heute über meiner Tür angebracht siehst und der mit dem Abbild

cumque trium capitum, quod crinibus orbe refusis
fulget imaginibus factorum insigne superbum.
Quare age, et hospitii veterem instauremus honorem
iuraque magnanimum celebres, Sismunde, parentum." 190
    Talibus auditis gaudet Pandulphius heros
agnoscitque genus patrium. Tum laeta per arva
egregio incessu graditur facilesque choreas
ludentum inter se iuvenum videt. Inde parumper
ipse moratus adit silvas aliasque locosque 195
ingenti luxu claros, quos ipsa Voluptas
Deliciaeque colunt variae, Risusque Iocique.
Hic Venus horrenti myrtorum clauditur umbra,
quam non flava Ceres linquit, non ipse Lyaeus.
Huc genii venere, novum strepit insula cantu 200
Musarum alterno; quarum quae commoda ludo
Euterpe innumeras magnum per inane figuras
tellurisque, animaeque viis pontique levisque
ignis inaccisis conflari semina formis.
    Haec ubi visa, petunt Famae mirabile templum, 205
templum augustum immane horrens, cui limen eburnis
canebat gradibus laeva de parte. Nitebant
parte alia cornu solido loca. Falsa elephanti
fama refert vanis insomnia turbida portis,
somnia vera ferunt non vanae cornua famae. 210
Cornea deiectos Tyrrheno in litore Iberos
porta docet templi. Gradibus Sismundus eburnis
tendit ad Oceanum et fracta natat alta carina.
Hac iter Aegides nec non Tyrinthius heros
Taenarias legere vias, hac durus Ulysses 215
Cimmerium obscuras victor concessit ad arces,
hac pius Aeneas Stygio se immisit Averno.
Hoc sibi Fama tenet templum dea magna virum vox.
In foribus totum, qui fluctu amplectitur orbem,
surgebat Nereus, tum monstra natantia vasto 220
gurgite, magna novo versantia corpore cete.
Iamque videbantur montes, campique iacentes,
aequoraque et placidis labentia flumina lymphis,
unde cadit Rhodanus, flavi cadit unde Caystri

dreier Häupter mit ringsum wallendem Haar glänzt als stolzes Abzeichen großer Taten. Drum wohlan, lass uns die Ehrerbietung der alten Gastfreundschaft erneuern und feiere, Sigismondo, die Ehrenrechte deiner [190] stolzen Vorfahren."

Der Held, Sohn des Pandolfo, frohlockt, als er solches gehört hat und erkennt seine Abkunft väterlicherseits wieder. Dann schreitet er in erhabenem Gang durch die glücklichen Lande und sieht gewandte Reigen miteinander scherzender Jünglinge. Nachdem er dort ein wenig verweilt hat, [195] geht er auf andere Wälder zu und einen Ort, der von gewaltiger Pracht glänzt, den die Lust, die mannigfaltigen Liebreize, das Lachen und Scherzen bewohnen.

Hier wird die Liebesgöttin von dichten Schatten der Myrten umschlossen und die Gaben der goldenen Ceres und des Weingotts Lyaeus weichen ihr [200] nie von der Seite. Hierher sind die Schutzgeister gekommen und die Insel tönt aufs Neue vom Wechselgesang der Musen; unter ihnen ist auch Euterpe, denn sie ist geschickt darin, im Spiel die große Leere mit den Samen zu füllen, die sie zu ungekannten Formen aus den Ursprüngen von Erde, Lufthauch, Meer und flüchtigem Feuer zusammenfügt.

[205] Nachdem sie dies gesehen haben, machen sie sich auf zum wundersamen Tempel der Fama, einem erhabenen und gewaltig dräuenden Tempel, dessen Zugang auf der linken Seite von elfenbeinernen Stufen weiß schimmerte, auf der anderen Seite das Bauwerk aber von massivem Horn glänzte. Aus der Elfenbeinpforte führt die Göttin eitle und aufrührende [210] Albträume mit, das Horn bringt wahre Traumgesichte ohne eitles Hörensagen. Der Türflügel aus Horn zeigt, wie die Iberer an der tyrrhenischen Küste niedergeworfen wurden. Auf den elfenbeinernen Stufen eilt Sigismondo zum Ozean und schwimmt nach einem Schiffbruch auf dem Meer. Dort machen der Aegide und auch der Held aus Tiryns ihre Reise [215] in die Unterwelt, dort schritt der tapfere Odysseuss einen Weg zu den versteckten Festen der Cimmerier, dort stieg der treue Aeneas hinab zum stygischen Avernersee.

Dieser Tempel gehört Fama, der großen Göttin und Stimme der Menschen. Über den Türen erhob sich Nereus, der mit seinem Strom die ganze [220] Welt umfasst, auch schwimmende Ungeheuer auf der weiten Flut und die riesigen Wale, die sich mit unvorstellbarer Körpergröße durch die Fluten wälzen. Und bald waren dort Berge zu sehen und flache Täler, Meere und Flüsse, die mit sanften Wassern dahingleiten, aus denen die Rhône entspringt und auch der Strom des goldenen Caystrus, der die Fluren

Asia prata rigans diversis amnis ab oris. 225
Hic Argiva duces antiquae robora pubis
aeterno fulgent auro, queis ductor Iason.
Haec primis foribus magni – mirabile – templi
interiora petens in primo limine liquit
dux Pandulphiades, portasque ingressus ahenas 230
principio rerum, tenerique ab origine mundi
ducta patris summi series, ordoque potenti
numine per varias rerum discrimina formas.
Haec supra dulci circumsonat aethera cantu
Musa parens Orphei, manibus quae serta gerebat 235
laurea. Tum toto volitabant carmina luco,
Parnassusque biceps silvis vernabat amoenis.
Hic vero dea magna sonat sacrosque dearum
fama sacerdotes dictis ita firmat amicis:
    „Indignum nihil est, summo si vertice gressus 240
obfirmare labor, vates. Quin cernitis imas
umbrosis valles lustris serpentibus atris
horrere atque cavis disperdere murmura silvis?
Hi sunt indocti, quos uritis", inquit, „honore
maiori, et longis sinitis languere latebris. 245
Qui, dum vita super vobis erit, atra venena
inspirare piis tentabunt vatibus. At vos
obturate aures constanti pectore et omnes
insidias superate. Venit post funera maius
nomen, et invidia infelix exhausta supremo 250
fine cadit. Vos praeterea timeatis inermes,
nam non adscendunt serpentes ardua montis
haec iuga, nec viles animae nive vivere in alta
nec stridere queunt. Postquam vos miserit huc fons
ingenii, morietur atrox lingua omnis ab ipso 255
funera. Post obitus vivetis vertice in alto."
    Talibus in templo visis Pandulphius heros
egreditur nymphamque gradu verboque secutus
inclyta prospiciens nemorum loca: „Quis locus autem
ille? Refer, virgo!" Tum sic Psycheia fatur: 260
    „Hic sibi Fama virum posuit longissima sedem
non procul a templo magnam, rerumque priorum

[225] Asiens an mannigfachem Gestade wässert.
Hier glänzen in ewigem Gold die Anführer der Jugend des Altertums, die Kampfkraft der Argiver, an deren Spitze Jason steht. Dies ließ der Heerführer, Sohn des Pandolfo, hinter sich, als er von den Eingangstüren das Innere des Tempels – wie wunderbar! – betrat. Nachdem er die ehernen [230] Türen durchschritten hat, da bietet sich ihm vom Anbeginn der Dinge und vom zarten Ursprung der Welt alles in der vom höchsten Vater angeordneten Reihenfolge dar und in der Ordnung, die durch Wirken einer mächtigen Gottheit die Dinge zu verschiedenen Gestalten geschieden hat. Darüber erfüllt die Muse, die den Orpheus gebar, den Himmel mit süßem [235] Gesang. In ihren Händen trug sie den Lorbeerkranz. Da schwang sich der Klang ihrer Lieder durch den gesamten Hain und der Parnass mit seinen zwei Gipfeln war grün und fruchtbar mit lieblichen Wäldern. Hier aber erklingt die Stimme der großen Göttin selbst, und gibt den Priestern, die sich ihr geweiht haben, mit gewogenen Worten Kraft:
[240] „Es ist nicht unwürdig, wenn ich vom höchsten Gipfel hinabgleite, eure Schritte zu bestärken, Dichter. Ja, ihr seht doch, dass die tiefen Täler voll sind von schwarzen Schlangen, die in finsteren Schlupfwinkeln umherkriechen und dass deren Raunen in leeren Wäldern verhallt. Es sind dies die Unwissenden," sprach sie, „denen ihr zusetzt mit eurer größeren [245] Ehre und die ihr in ihrer langen Ruhmlosigkeit darben lasst. Sie werden, solange ihr noch am Leben seid, versuchen, euch treuen Dichtern schwarzes Gift einzuflößen. Ihr aber, verschließt eure Ohren mit standhaftem Herzen und überwindet alle üblen Nachstellungen! Nach euerm Tod wird euer Name zu größerem Ansehen gelangen und der unselige [250] Neid erlebt erschöpft seine letzte Stunde. Überdies fürchtet ihr euch da wohl vor ungefährlichen Gegnern. Denn Schlangen kriechen nicht auf diese hohen Berggrate und weder können solch niederen Wesen in diesem tiefen Schnee überleben noch können sie hier auch nur zischen. Sobald euch der Born eurer Begabung hierher gesandt hat, wird jede schwarze [255] Zunge in demselben Tode verenden. Nach eurem Tod werdet ihr hier oben auf dem Gipfel leben."

Nachdem er solches im Tempel gesehen hat, tritt der Held, Sohn des Pandolfo, nach draußen und folgt der Nymphe in Gang und Gespräch, wobei er vor sich eine sagenhafte Waldlandschaft sieht: „Doch sag mir, junge [260] Frau, was für ein Wald ist das dort?" Da spricht Psycheia also zu ihm: „Hier hat sich Fama, die Göttin des fortdauernden menschlichen Heldenruhms, nicht weit von ihrem Tempel eine große Stätte errichtet, eitle

nomen inane quidem saeclorum exempla novorum.
Hic frondes sine fine cadunt, hic sacra videtur
temporis effigies, quod quinque volumina iam nunc 265
ipsius acta sui cernit meliora doletque
in peiora cadens. Huius fuit aurea quondam
prima viris aetas mortalibus. Illa rapinis
cassa, dolos, artesque nihil curavit, adulter
nullus, et insidiae nondum erupere, nec urbes 270
obsedere alii cives, nec Nerea quisquam
ignotum undiruis pulsaverat advena palmis,
ora pedesque viri similes humerosque manusque,
semper et in primae vivebant flore iuventae.
Nec genus hoc superi fatum ad crudele vocabant 275
ante diem. verum cum multa revolverat aetas
saecula, tum domiti placido pia lumina somno
linquebant dulces auras, animaeque volabant
ad fortunatos felici ex arbore lucos
Oceanum iuxta magnum silvasque beatas. 280
Inde leves totum genii sparguntur in orbem
custodes hominum pellentes damna malumque.
Hoc genus – heu – tellus gremio occultavit opaco.
Protinus argenti proles successit, at olli
aenea, post illam gens ferrea, quae ultima ferro 285
ex solido adcrevit, quae nunc quoque durat: In illa
fortunata deum proles heroes agebant
saecula prima, fuit quibus exitus omnibus idem
fatorum ad Thebas vel magnae moenia Troiae."

    Talia commemorans Sismundum in tecta reducit 290
ostenditque viam vincendi, ipsisque litandi
dis Erebi infernis, Diti nigraeque sorori
Persephoneque simul, patrui quae limina servat,
manibus et maestis agnas cum vellere nigro
nigrantemque bovem setas horrendaque terga. 295

    Interea sol Oceano se fessus Ibero
condidit, aequoreo perfundens gurgite vultum.
Tum Pandulphiades, nec non pulcherrima virgo
victa soporifero posuerunt lumina somno.

    Postquam prona dies umbrarat caeca viarum 300

Erinnerung früherer Taten zwar, aber den kommenden Zeitaltern zum Beispiel dienend. Hier fallen die Blätter ohne Unterlass, hier erblickt man [265] das heilige Abbild der Zeit, die mit ansehen muss, dass schon fünf bessere Alter ihrer Selbst vergangen sind, und voller Kummer darüber ist, dass sie sich zum immer Schlechteren entwickelt. Ihr erstes Zeitalter war den Menschen einst ein goldenes. Das war frei von Räubereien und musste sich nicht mit Trug und List belasten, es gab keinen, der die Ehe [270] brach, und nirgends offenbarten sich Hinterhalte, noch belagerten die Städte Bürger anderer Städte, und niemand hatte als Reisender mit wogenbrechenden Rudern das unbekannte Reich des Nereus aufgerührt. Die Menschen ähnelten sich in Gesicht, Füßen, Armen und Händen und lebten immerfort in der Blüte ihrer frühen Jugend.
[275] Und die Götter riefen dieses Menschengeschlecht nicht vor ihrer Zeit in ein grausames Verderben, sondern wenn ihre Lebensspanne ganze Zeitalter zurückgelegt hatte, dann ließen sie, überwältigt von einem sanften Schlaf, der ihre frommen Augen schloss, den süßen Lebenshauch fahren und ihre Seelen flogen zu den glückseligen Hainen aus fruchtbaren [280] Bäumen am großen Ozean und zu den seligen Wäldern. Von dort werden sie als sanfte Schutzgeister wieder über die ganze Welt verteilt, als Wächter der Menschen, die Schaden und Übel abwenden.
Ach, diesen Menschenschlag hat die Erde in ihrem finsteren Schoß vergraben. Sogleich folgte das Geschlecht von Silber nach, diesem aber ein [285] bronzenes und nach diesem ein ehernes, das aus massivem Eisen heranwuchs, das bis heute Fortbestand hat. In jenem führten erstmals die Heroen, glückselige Sprösslinge der Götter, ihr Leben, deren Schicksal in allen Fällen das gleiche Ende nahm, sei es in Theben oder vor den Mauern des großen Troja."
[290] Während sie dies darlegt, führt sie Sigismondo ins Haus zurück und zeigt ihm den Weg, siegreich zu sein und die Unterweltgötter des Erebus selbst zu besänftigen, Dis und seine finstere Schwester und auch Persephone, die das Haus ihres Onkels hütet, und die traurigen Manen, durch Opfer von Lämmern mit schwarzem Fell und eine Kuh, deren Rücken vor [295] schwarzen Borsten starrt.

Inzwischen verbarg die Sonne sich träge im iberischen Ozean und übergoss ihr Antlitz mit dem Meeresstrom. Da betteten der Sohn des Pandolfo und auch das wunderschöne Mädchen ihre Augen, die der Schlaf mit seiner Macht bezwungen hatte, zur Ruhe.
[300] Nachdem der endende Tag die sich kreuzenden Wege weit und breit

compita longarum, e summis Pandulphius astris
ad fratrem in somnis venit Galaotus et ultro
talibus ignarum compellat vocibus: „O spes
Italiae, germane, tuae, nunc pectore tandem
est opus atque animis ingentibus, atque parentem   305
communem vivis affari vocibus ipsum.
Nec te nunc pigeat iam Tartara cernere et amnes
infernos, Phlegetontis aquas ardentis, et altum
Cocyton Stygiamque procul transire paludem.
Haud aliam ob causam Stygias deus egit ad umbras   310
te, nisi ut inde petas optatum victor Olympum.
Nam diversa via est, magni quae ad moenia caeli
ducit. Ad hanc multi metam venere, nec uno
calle tamen cuncti. Nos, en quos cernis, amando
mirandoque patrem summum miserosque fovendo   315
munere mortales vario, pervenimus altum
ad caelum laeti. Nec me, germane, parenti
proxima prata tenent, sed me qui circulus ambit
lacteus aethereum semper videt altus Olympum.
Hic mihi clara dei facies spectatur et illa,   320
quam colui in terris, pietas immensa. Tuentur
rectorem caeli mecum diversa virum gens:
Quicumque obsessas patriae defenderit oras,
quique fidem, atque pia coluerunt numina lingua,
quique inopes miserati homines, qui funera victis   325
amovere viris, nec sanguine vana suorum
busta piare patrum voluere, sed omnibus idem
aequus amor veniam indulsit pietate secunda.
Nec nobis desunt vestris quoque praemia terris.
Nonne sacerdotes aram statuere, videres   330
quam fratris, germane, tui, temploque dicarunt
nomen inane pio? Moveor sed nullius unquam
turis honore dati. Maior mea gloria sanctis
semper adesse choris superumque haurire tonantem
lumine non dubio. Neque enim dubitare potestas   335
funera post obitusve datur, verum omnia pura
mente vident animae. Quae se dum carceris umbris
continuere, parum potuere videre, solutae

Achtes Buch 373

in seinen Schatten hatte verschwinden lassen, da kam, hoch von den Sternen her, Galeotto, Sohn des Pandolfo, im Schlaf zu seinem Bruder und spricht ihn von sich aus, ohne dass dieser etwas ahnt, mit solchen Worten an: „O Bruder, Hoffnung deines Italien, nun endlich ist Beherztheit
[305] gefordert und ungeheurer Mut, und du wirst unseren gemeinsamen Vater persönlich mit der Stimme der Lebenden ansprechen müssen. Und scheue dich nun nicht, den Tartarus mit eigenen Augen zu sehen und die Flüsse der Unterwelt, die Wasser des brennenden Phlegethon, den tiefen Cocytus und den breiten stygischen Sumpf zu überqueren.
[310] Aus keinem anderen Grund führte Gott dich zu den stygischen Schatten, als dass du von dort aus siegreich den ersehnten Olymp anstrebst.
Denn es gibt verschiedene Wege, die zu den Mauern des erhabenen Himmels führen. Viele gelangten an dieses Ziel, doch nicht alle auf demselben
[315] Pfad. Ich, den du hier siehst, ich gelangte glücklich hinauf zum Himmel, indem ich den höchsten Vater liebte und verehrte und arme Menschen mit vielfacher Spende unterstützte. Doch mich, Bruder, beherbergen nicht die Wiesen nahe unserem Vater, sondern mich sieht allzeit der hohe Kreis der Milchstraße, der den himmlischen Olymp umgibt.
[320] Hier wird von mir das helle Antlitz Gottes geschaut und jene Gottesliebe, die ich auf Erden pflegte, ist hier unendlich. Mit mir schaut ein gemischtes Volk von Menschen den Lenker des Himmels an:
Jeder, der die bestürmten Gestade der Heimat verteidigt hat, jeder, der den Glauben und die göttlichen Wesen mit frommer Stimme verehrt hat, ein
[325] jeder, der sich der bedürftigen Menschen erbarmt hat, der im Kampf unterlegene Männer vor dem Tod bewahrt hat und nicht mit Blut die nichtigen Tode seiner Väter sühnen lassen wollte – doch all ihnen gab dieselbe rechte Liebe mit glücklicher Gottesfurcht die Barmherzigkeit ein.
Aber auch in eurer Welt fehlt es mir nicht an Lohn.
[330] Haben denn nicht deine Priester einen Altar für deinen Bruder errichtet, Bruder, und seinen irdischen Namen mit der Weihe eines frommen Tempels geehrt? Doch ich lasse mich niemals durch irgendeine Weihgabe aus Weihrauch rühren. Viel größer ist mein Ruhm dafür, stets den heiligen Chören anzugehören und den himmlischen Donnerer mit
[335] festem Blick in mich aufzunehmen. Denn nach Tod und Lebensende hat man keine Möglichkeit zu zweifeln mehr, sondern die Seelen sehen alles mit klarem Verstand, was sie, solange sie sich in den Schatten ihres irdischen Gefängnisses festhielten, kaum sehen konnten. Erlöst von

corporibus super astra volant foedamque relinquunt
tellurem et longe longas odere latebras. 340
Quare age, ne dubita magnorum victor Iberum
adventare, vocet cum te deus, et tibi vitae
ianua certa patet melioris, ubi arduus aether
terrenis vacuus nebulis, et mole gravanti
membrorum et caecis linquendi corporis umbris. 345
Haec tamen, haec eadem, quae nunc regis, ossa rotatis
mens divina polis animis reddenda renasci
coget et aetherei sedes explebit Olympi
magno hominum numero. Nec spiritus ullus eorum
se sine vivus erit, tantum divina potestas 350
humanis laetata bonis. Ite ocius atram
intrepidi ad mortem, proceres, quae noctis imago,
atque quiescendi facies pulsanda reducto
sole, nihil metuenda viris, quae temporis instar
exigui est, si laeta velint spectare futura 355
saecula." Sic fatus mediis sese intulit umbris.
 Obstupuit visis Pandulphi maxima proles
motus honore pii fratris laetusque parentum
magnorum atque ultro nympham compellat amicis
vocibus: „An vigilas, nymphe? Fratrisne loquelas 360
accepisti animo?" Cui sic Psycheia fatur:
 „Cuncta a principio novi nec fallere mentem
fas homini nostram. Pius est germanus et ipsi
persimilis tibi. Quippe genus quos esse virorum
magnorum veterumque liquet, neque enim infima patres 365
nomina degeneres tales genuisse putarim.
Ille deum sedes habitat, fruiturque deorum
concilio et summis sese miratur in astris.
Tu vero Italiam defendis et hoste repulso
pro patria cecidisse tua, si fata vocarint, 370
non dubitas – quod nosse bonum potes optimus unum.
Post, ubi sidereos caeli conscenderis orbes
Lunaremque globum nec non Titania victor
sidera despectans telluris et aequoris oras
angustas minimumque solum, tum nosse licebit, 375
distent humanis quantum divina, nec ante

ihren Leibern fliegen sie über die Sterne und hinterlassen die scheußliche
[340] Erde und verabscheuen aus der Ferne ihr langes Exil. Drum wohlan,
zögere nicht, als Bezwinger der großen Iberer auf den Plan zu treten, wenn
Gott dich ruft, und dir wird eine sichere Pforte in ein besseres Leben offenstehen, wo der hohe Himmel frei von irdischen Nebeln ist, von der
beschwerlichen Last der Glieder und den undurchdringlichen Schatten
[345] des Leibes, den wir verlassen müssen.

Diese Knochen, genau diese dort, über die du nun gebietest, wird dennoch
der göttliche Geist, wenn sich das Firmament gedreht hat, zwingen, wiedergeboren zu werden, um sie den Seelen wiederzugeben, und er wird die Stätten
des himmlischen Olymp mit einer großen Zahl von Menschen anfüllen. Und
[350] niemandes Geist unter ihnen wird ohne ihn lebendig sein – so hat an
guten Menschen allein die Macht Gottes Freude! Geht rasch, ihr Edlen, und
furchtlos auf den finsteren Tod zu, der ein Ebenbild der Nacht ist und ein
Abbild der Rast, das sich schnell verflüchtigt, wenn die Sonne wiederkehrt,
den die Menschen doch kein bisschen zu fürchten haben, denn er dauert nur
[355] eine kurze Weile, wenn sie das Glück der kommenden Zeiten schauen
wollen." Als er so gesprochen hatte, tauchte er wieder tief in die Schatten ein.

Pandolfos größter Sohn staunte über das, was er gesehen hatte, denn er
war gerührt von der Ehre seines frommen Bruders und frohen Mutes ob seiner
großen Ahnen, und so spricht er von sich aus die Nymphe mit freundlichen
[360] Worten an: „Bist du wach, Nymphe? Hast du die Worte meines Bruders
mit deinem Geist vernommen?" Ihm antwortet Psycheia dies:

„Alles wusste ich schon von Anfang an und es ist keinem Menschen
möglich, meinen Geist zu täuschen. Fromm ist dein Bruder und dir selbst
sehr ähnlich, denn es ist offenkundig, dass ihr beide von einem großen
[365] und alten Geschlecht abstammt, und man würde wohl nicht glauben, dass Ahnen ohne edlen Namen solche wie euch hervorgebracht hätten. Jener wohnt am Sitz der Götter und hat Teil am Rat der Himmlischen
und kann sich selbst hoch unter den Sternen bestaunen. Du aber verteidigst Italien und zögerst nicht, für dein Vaterland zu fallen, wenn dein
[370] Schicksal dich ruft, solange du nur den Feind verjagt hast – dass
dies das einzige Gut ist, kannst du wissen, zählst du doch zu den Besten.
Danach, wenn du die bestirnten Himmelskreise erklommen hast und die
Sphäre des Mondes und dann siegreich auf die titanischen Sterne niederblickst, auf die engen Grenzen von Erde und Meer und das kleine bisschen
[375] Festland, dann wirst du erkennen können, wie weit die göttlichen
Dinge von den menschlichen entfernt sind, doch nicht eher kannst du es

scire potes, quam tu magnum conscendis Olympum.
Ergo oculos huc verte tuos, hanc adspice sedem
aeternamque domum, solidoque adamante virum vi
non cadit aut longo volvendi temporis aevo. 380
Hic mortale nihil, nihil hic sua deterit aetas,
immutatve situs. Manet hic aeterna iuventus,
omnibus unus amor magnum spectare tonantem.
Contra autem foedo pallent ubi Tartara fundo,
omne malum atque odiis non exsaturata supremis 385
crimina. Dira Fames, Luctus, Gemitusque, Dolorque
et Curae scelerum ultrices, Letumque, Laborque
infandumque truces posuere cubile Rapinae.
Hic Caedes fuso stabulant in sanguine, et atra
Vulnera, caecus Amor, iuvenumque insana Cupido, 390
Invidia atra vorans ipsam se, atque inscia recti
Ambitio, atque auctrix scelerum Discordia et audax
atque ignara modi Fiducia. Talia longe
sunt fugienda tibi. Gemitus strepitusque malorum
est audire satis. Nam iam cum cetera tandem 395
videris, adveniet qui nuntiet illa relictis
Tantalus ipse vadis. Hoc tum monstrante cavendum est
Tartara ne cupias invisere. Namque senili
aridus ipse gradu adventans scelera alta deumque
fata timenda canens fugere hinc te voce docebit 400
infelix senior vera." Sic orsa monebat
diva virum et placitis firmabat pectora dictis.

wissen, als dass du den großen Olymp erklimmst. Drum wende deine Augen hierher, sieh dir diesen Ort, dies ewige Haus an, aus massivem Stahl ist es und fällt nicht durch die Kraft von Menschen [380] oder durch den langen Lauf der vergehenden Zeit. Hier ist nichts Sterbliches, hier wird nichts durch sein eigenes Alter abgenutzt oder durch Dahinwelken entstellt. Hier hält die Jugend ewig an, und alle tragen dieselbe Liebe in sich, den großen Donnerer zu schauen. Auf der anderen Seite aber, wo im grässlichen Grunde der Tartarus bleich lauert, dort haben [385] jedes Übel und alle schlechten Taten, die sich an ihrem eigenen gewaltigen Hass nicht sättigen können, der grimmige Hunger, die Trauer, das Klagen, der Schmerz und die Sorgen, die die Schuld vergelten, der Tod und das Leid und das grausame Rauben ihr unaussprechliches Lager aufgeschlagen. Hier haben die Morde ihre Stallungen in vergossenem Blut, die schwarzen [390] Wunden, die blindmachende Liebe und die wahnhafte Lust der Jungen, der finstere, sich selbst verschlingende Neid und der Ehrgeiz, der nicht weiß, was Recht ist, die Zwietracht, die alle Missetaten noch vergrößert und die tollkühne und maßlose Selbstüberschätzung. Solche Dinge musst du weithin meiden, das Ächzen und Tosen der Übel zu hören ist genug. Denn wenn du [395] das Übrige schon gesehen hast, wird Tantalus seinen Abgrund verlassen und zu dir kommen, um dir von jenen Dingen zu künden. Und wenn er sie dir zeigt, dann musst du dich in Acht nehmen, dass du den Tartarus nicht selbst besuchen willst. Denn wenn er dürstend mit greisem Schritt zu dir kommt und von den Verbrechen in der Tiefe und den Schicksalssprüchen der [400] Götter kündet, dann wird der unglückliche Alte dich mit wahren Worten lehren, diesen Ort zu fliehen." So sprechend ermahnte die Göttin den Helden und machte seinem Herzen mit diesen willkommenen Worten Mut.

Basini Parmensis
Hesperidos
Liber Nonus

Laverat Oceano bigas Aurora rubentes
interea et summum flammis lustrabat Olympum,
cum dea: „Tempus oves nigras sterilemque profundae
Iunoni mactare bovem, tum manibus aras
exstruere infernumque sacris placare tonantem." 5
    Haec ubi, diva virum stratis simul excitat altis
hortaturque sequi movitque a limine gressum.
Ille simul flectens vestigia pone secutus
in nemus umbrosum late lucumque virentem
cornigera sacrum Silvano in valle cupresso, 10
horrida religio cui prisca vetusque parentum
stabit honos dura sub vasta silentia rupe.
Antrum immane soli vasto pendebat hiatu,
non informe quidem, sed enim quod et arte magistra
ingenioque adiuta suo natura deum vis 15
fecerat et vivo discreverat omnia saxo.
Hic iubet in flammam lectas iugulare bidentes,
Persephoneque bovem electam nigraeque sorori
Noctis ovem nigram. Latices tum spargere Avernis
fontibus allatos, tacitisque piacula reddi 20
manibus atque antrum sacris intrare solutis.
Ordine quae postquam perfecit, in alta recepit
se spelaea viro coniuncta celerrima nympha.
    Di cunctorum animas sinitis quicumque malorum
in vestrum penetrare Chaos noctemque soporam, 25
quique vetatis eos superas emergere ad auras,
ne prohibete loqui, quae Fama volatilis ultro
retulit, et vivo liceat mihi adesse silentum
conciliis impune sacris, camposque referre
Elysios variasque virum cognoscere sortes. 30
Res obscura quidem, sed non indigna referri,
quamque minus spectare velim: Dicam inclyta laetis
arva habitata viris nec non metuenda profundi
tertia regna Iovis. Nunc nunc furor omnis adesto,

**Der *Hesperis*
Basinios von Parma
Neuntes Buch**

Aurora hatte ihr rotes Viergespann inzwischen im Ozean gewaschen und erhellte den hohen Himmel mit ihren Flammen, als die Göttin sagte: „Es ist Zeit, schwarze Schafe und einen Ochsen der Juno der Tiefe darzubringen, den Manen dann einen Altar zu errichten und den Donnerer der [5] Unterwelt mit Opfern zu besänftigen."

Als sie dies sprach, ruft die Göttin den Helden zugleich aus seinen Laken, in die er tief gehüllt ist, ermuntert ihn, ihr zu folgen und verlässt das Haus. Jener macht sich sogleich auf den Weg, folgt ihr mit dichtem Abstand in einen Wald, der weithin Schatten wirft, und zu einem Hain, in [10] dem die hornblättrige Zypresse grünt und der dem Silvanus heilig ist, den man vor Urzeiten mit einem schrecklichen Kult verehrte und der bei den Ahnen in großem Ansehen stand, bis in weite Stille unter einem harten Felsvorsprung.

Eine gewaltige Höhle spannte sich über eine breite Erdspalte, doch keine [15] formlose, sondern eine, die die Natur, die Kraft der Götter, mit ihrer Kunstfertigkeit und mithilfe ihrer eigenen Schöpfungskraft geschaffen und alles aus dem lebendigen Fels geformt hatte.

Hier lässt sie ihn für das Feuer bestimmte Schafe schlachten, ein Rind, das für Persephone auserwählt wurde, und ein schwarzes Schaf für die [20] Schwester der finsteren Nacht. Dann lässt er den schweigenden Manen ihre Sühnopfer geben und betritt nach Ableistung der Opfer die Höhle. Nachdem sie alles in rechter Ordnung vollendet hatte, begab die Nymphe sich sehr geschwind an der Seite des Helden in die tiefe Grotte.

Götter aller Übel, die ihr den Seelen gestattet, vorzudringen in euer [25] Chaos und in die schlafbringende Nacht, und ihr, die ihr jenen verbietet, an die Luft der Oberwelt zu kommen, hindert mich nicht auszusprechen, was die flüchtige Fama mir aus freien Stücken berichtete, und es möge mir, einem Lebenden, gestattet sein, den weihevollen Zusammenkünften der Schweigenden straflos beizuwohnen, von den [30] Elysischen Feldern zu berichten und die mannigfaltigen Geschicke der Menschen zu erkennen. Eine verborgene Sache ist es zwar, doch keine, die es nicht wert wäre, berichtet zu werden, oder dass man sie in Augenschein nähme. Ich will von den berühmten Feldern sprechen, auf denen die glückseligen Menschen wohnen, und auch über das dritte

omnis amor laudum, Musarumque ore sonemus. 35
Iam mihi Phoebus adest totoque in pectore numen
addidit. En vagor Aoniis interritus antris
ingentem referens summo de vertice cursum
Parnassi, iam iamque citis vehor actus habenis
fervidus, alipedum curruque elatus equorum 40
Castalios latices, totumque Helicona pererro
nec sequor ambages nec inania verba profundo.
Illum, ego quem vidi, Sismundum dicere adortus,
illum ipsum mihi, Musa, refer, quantusque sub umbras
vivus iit Stygias, tantum mihi, diva, canenti 45
redde virum. Neque enim sine te, quae viderit ille,
posse referre rear. Silvarum obscura petebant
nympha pari gressu nec non Pandulphius heros.
Rara sub obscuro pallebat luna sereno.
Hic inopes animi turbae, puerique senesque 50
errabant luco in magno, passimque volabant
alitibus similes variis aliosque vocabant.
　„Quis globus ille senum, puerum quos tanta sequuntur
agmina, qui dubia lucis glomerantur in umbra?"
Haec Pandulphiades. Contra cui nympha profatur: 55
　„Hi sunt ignari rerum, nimiumque quieti,
queis neque mors neque vita placet, sed utrumque parati
munus obire, rotant quo fata deumque voluntas,
securi sine mente diu, sine pectore cedunt.
Quos pater omnipotens, quoniam nondum ille recessit 60
astrorum caelique vigor, non Tartara ad atra,
nec campos sinit Elysios penetrare, sed horum
concilia hic habitare diu, dum funditus omnis
vanescat labes animis longeque recedat
in ventos aurasque leves. Mox ipse lavari 65
fonte iubet viva silvasque intrare beatas.
Pars tamen infantum remanet, quia flumine nullo
demersi amisere diem. Queis poena paratur
nulla tamen, sed nec pro nullis praemia factis."
　Haec effata pedem silvis amovit opacis 70
ocius. Ille pari torsit vestigia gressu
exsuperatque simul tacitas, iuga turbida, silvas.

[35] schreckliche Reich des Jupiters der Tiefe. Nun, nun möge mir aller Eifer beistehen, alles Verlangen nach Lobpreis und mit dem Mund der Musen will ich tönen. Schon steht mir Phoebus zur Seite und gibt in meinem ganzen Herzen seine göttliche Kraft ein. Sieh, ich schweife furchtlos durch die aonischen Höhlen und lege dabei einen gewaltigen Weg vom höchsten [40] Gipfel des Parnassus zurück, schieße feurig mit schnellen Zügeln vorwärts und, getragen auf einem Wagen mit geflügelten Pferden durch – streife ich die kastalischen Wasser und den ganzen Helicon. Ich gehe auf keine Abwege und lasse keinen eitlen Worten sprudeln. Von jenem Sigismondo, den ich selbst sah, zu sprechen hob ich an und von genau jenem berichte mir, [45] Muse, zeig mir, während ich dichte, Göttin, einen Helden, der er als lebender Mensch hinunter in die stygischen Schatten ging. Ich glaube nämlich nicht, dass ich ohne dich berichten kann, was jener sah. Sie gingen auf die Finsternis der Wälder zu, im gleichen Schritt, die Nymphe und auch der Held, Sohn des Pandolfo. Schwach und bleich hing der Mond unter dem finsteren [50] Himmel. Hier irrten in einem großen Hain Scharen von Menschen ohne Lebensgeist umher, Jungen und Greise, und flogen überall herum, ähnlich einem Schwarm unterschiedlicher Vögel, und riefen einander nach.

„Was ist das für eine Gruppe alter Menschen, der so eine große Schar von Knaben folgt? Wer ballt sich da im Schatten ungewissen Lichts zusammen?" [55] Dies sagte der Sohn des Pandolfo. Ihm entgegnet die Nymphe:

„Dies hier sind die, die nichts von den Dingen wissen und allzu still sind, denen weder Tod noch Leben gefällt, sondern die bereit sind, bei derlei Bürde auf sich zu nehmen, wohin das Schicksal und der Wille der Götter sich wenden, und so lange sorglos ohne Geist und ohne Mut dahingehen. Weil [60] jene Macht der Sterne und des Himmels noch nicht geschwunden ist, erlaubt der allmächtige Vater ihnen nicht, zum schwarzen Tartarus oder zu den Elysischen Feldern vorzudringen, sondern ihre Versammlung muss lange Zeit hier weilen, bis schließlich aller Makel ganz aus ihren Seelen schwindet und fern in die Winde und leichten Lüfte weicht. Bald gebietet er selbst [65] ihnen, sich in der Quelle des Lebens zu waschen und die seligen Wälder zu betreten.

Ein Teil der Kinder verbleibt jedoch dort, weil sie ihr Leben verloren, bevor sie in irgendeinem Wasser getauft waren, doch droht ihnen keine Strafe, aber auch kein Lohn für etwas, das sie nicht getan haben."

[70] Dies hatte sie gesprochen und wandte ihren Gang schnell ab von den dunklen Wäldern. Jener wandte sich mit gleichem Schritt ebenfalls ab und lässt sogleich die windigen Grate mit ihren stillen Wäldern hinter sich.

Inde sonantis aqua veniunt torrentis ad amnem
praerapidum magna volventem saxa ruina.
Hic vero vocesque virum totasque sub auras 75
verba volare ferunt diversis alta loquelis.
Orabant causas multi variumque fremebant
inter se. Obstupuit visis Pandulphius heros
et prior: „O virgo, quae gens est illa tot urbes
et populos agitans! Videone, ut utrumque sequuntur 80
Romani Graiique simul? Quis maximus ille est,
ille decus nostrum, quem sic Romana coronant
agmina? Quisve alius, Graiis adeo inclytus armis?"
„O vir, Arimineae fortissime conditor arcis,
o magnos mirate viros, quem vestra sequuntur 85
agmina lecta, patrem patriae quem dicitis, hic est
maximus Arpinas fama notissimus astris.
Ille movens quondam populos iterumque reflectens,
seu bello, seu pace, bona Romana placeret
vertere consilia. Usque adeo decus omne Latini 90
nominis eloquio penetrat freta, sidera, terras.
Ille autem Graios qui ducit, hic ille priori
tempore natus avos huius superavit et omnes
arte sua externos. Sed postquam Roma supremo
est elata gradu ad superos caelumque petivit 95
vertice turrigero, vicit Romanus et artes
abstulit egregias mediis bellator Athenis.
Clarus uterque tamen, nec quos humana creasse
corpora crediderim." Tum sic Pandulphius ipse
fatur et aeternum verbis testatur honorem: 100
　　„Felices animae, summo facundia caelo
quas tulit! Haec sedes vestra est angusta tenere
nomina. Vos summo decuit conferre tonanti
eloquium superumque choris. Neque enim altera divi
ora sonis laxant. Quid – io – vos caeca profundi 105
regna Iovis prohibent superas emergere ad auras?"
　　Inde iugum capit oppositum, quod silva coronat
myrtea frondifluaeque tenent cum floribus umbrae,
quos nemore in medio dulci complexus odore
lucus alit teneris intervenientibus herbis. 110

Neuntes Buch 383

Von dort gelangen sie an den Lauf eines vom Wasser rauschenden reißenden Bachs, der unter großem Krachen Felsen mit sich wälzt.
[75] Hier aber, so heißt es, schwirren die Stimmen und Worte von Männern in unterschiedlichen Sprachen hoch hinaus und überall durch die Luft. Viele brachten hier ihre Fälle vor und murmelten bunt durcheinander. Der Held, Sohn des Pandolfo, staunte über das, was er sah, und fragte zunächst: „O Mädchen, was für ein Volk ist dies, das hier so viele Städte [80] und Völker umtreibt? Sehe ich hier, wie es zugleich Römer und Griechen sind, die einander folgen? Wer ist jener größte unter ihnen, jene Zierde unseres Volkes, den die römischen Heerscharen umringen? Und wer ist der andere, so hochgerühmt in griechischer Rüstung?"
„O tapferster Held, Gründer der Burg von Rimini, o Bewunderer großer [85] Männer, der eine, dem eure edlen Heerscharen folgen, dieser Mann hier ist es, den ihr einen Vater des Vaterlandes nennt, der größte Sohn Arpinums, dessen Ruhm ihn bis zu den Sternen bekannt macht. Jener, der einst die Völker antrieb und wieder zur Umkehr brachte, ob er die Pläne der Römer nun zum guten Frieden oder zum Kriege wenden wollte. Und [90] so dringt bis heute all der Glanz des römischen Volkes durch seine Beredsamkeit zu allen Meeren, Gestirnen und Landen.
Jener aber, der die Griechen anführt, jener hier übertraf seine Ahnen, die in früherer Zeit geboren waren und alle Nichtgriechen in seiner Kunstfertigkeit. Doch nachdem Rom sich auf der obersten Stufe zu den Göttern [95] erhoben hatte und mit seinem türmestarrenden Haupt nach dem Himmel strebte, da trug der Römer den Sieg davon und nahm im Wettstreit Athen aus dessen Mitte die erhabenen Künste fort. Berühmt sind dennoch beide, und zwar so, dass man nicht glauben würde, menschliche Leiber hätten sie hervorgebracht." Da spricht der Sohn des Pandolfo dies und [100] bezeugt mit seinen Worten ihren ewigen Ruhm:
„Glückliche Seelen, die ihre Redekunst bis hoch in den Himmel gebracht hat! Dieser Ort ist zu eng, um eure Namen hier festzuhalten. Es hätte sich geziemt, eure Beredsamkeit in den Dienst des Donnerers und die Chöre der Himmlischen zu stellen. Die Heiligen geben ihren Klängen nämlich [105] keine andere Art von Stimme. Ach, warum nur verbieten euch die Reiche des Jupiters der Tiefe, in die göttlichen Lüfte emporzusteigen?"
Danach erklimmt er die gegenüberliegende Hügelkuppe, die ein Wald aus Myrten krönt, die wogenden Schatten der Blätter beherrschen ihn zusammen mit Blumen. Die lässt inmitten des Waldes ein Hain, den süßer Duft [110] umströmt, sprießen, wobei sich allerlei zarte Gräser darunter mischen.

Hic Helene Ledaea genus Iovis, inclyta forma
Pasiphae Hermioneque sedent silvasque frequentant
umbriferas, meliore loco quascumque virorum
ad letum perduxit amor. Quas inter amantes
Laodamia tenet sylvae secreta beatae. 115
Hic Dido flammas ostentat, et inclytus ausis
Pyramus, hic Thisbe consors letique, locique
atque animi quondam, Lucretia candida fama
ante alias complexa virum. Stetit agmine in ipso
magnanimus Pandulphiades prolapsus in altos 120
conventus turbasque leves. Tunc orsus anhelis
ilibus aethereas dictis ita verberat auras:
　„Quae gens illa virum, virgo, quos silva coronat
myrtea? Feminei coetus unde undique silvas
clauserunt strepitu tanto? Quisnam furor omnes 125
huc trahit attonitas? Video simulacra Calypsus
et Circes, ni fallor. Ego Procrinque, sororemque
Orithyian adhuc nosco Phaedramque Ariadnes
germanam meliore loco. Medeane, summis
quae sedet illa iugis?" Dicenti talia virgo: 130
　„Dux Pandulphiade, quis nam tibi pandere coetus
innumeros possit? Non, si deus ora dedisset
ferrea bis centum, possem memorare profectas
ad nemus hoc animas iuvenum, quoscumque cupido
tristis adegit ad has silvas. Amor improbus omnes 135
huc trahit, egregios forma quos cernis amorum
tam laetos haec silva tegit, semperque vagantur
sedibus incertis. Requies data nulla nec ordo
ullus et amentum dolor est insanus amantum.
Quin etiam curis confecti semper amaris 140
errant, et tristi pulsant dulcedine pectus
hic, quos saevus amor non una morte peremit."
　Haec ubi nympha locos et myrtea lustra reliquit
exsuperatque iugum, lauro quod silva virenti
cingit et apricos praevestit gramine colles, 145
purpureo quod sole nemus splendore nivali
in medii regione nitet. Tum sidera verso
visa micare polo, fontes hic undique circum

Hier lagern die Ledatochter Helena, von Jupiter gezeugt, die für ihre Schönheit gerühmte Pasiphaë und Hermione und bevölkern die schattenspendenden Wälder, doch an einem noch schöneren Ort sind all die, die die Liebe zu ihren Männern in den Tod geleitet hat. Unter diesen Liebenden [115] ist Laodamia, die das Innere des seligen Waldes bewohnt, hier zeigt Dido ihr Brennen, und der für seinen Wagemut gerühmte Pyramus, hier ist auch Thisbe, die einst seine Gefährtin war im Tode, was den Ort und den Mut angeht, und Lucretia, deren Ruhm den aller anderen überstrahlt, in Umarmung ihres Mannes. Genau in dieser Schar stand nun der hochherzige [120] Sohn des Pandolfo, der in diese edle Zusammenkunft, diesen sanften Reigen vorgestoßen war. Da hob er so an zu sprechen mit Worten, die tief aus seinem atemlosen Innern die Luft erbeben ließen:

„Was für eine Art von Menschen ist es, Mädchen, die der Myrtenwald umschließt? Wie kommt es, dass Gruppen von Frauen von allen Seiten [125] den Wald mit solchen Klagen umschlossen haben? Welche Raserei zieht sie wie von Sinnen alle hierher? Ich sehe die Ebenbilder Calypsos und Circes, wenn ich mich nicht täusche. Ich erkenne auch noch Prokris und ihre Schwester Orithyia, und Ariadnes Schwester Phaedra an diesem schöneren Ort. Und ist es nicht Medea, die dort zuoberst auf dem Hügel [130] sitzt?" Die junge Frau antwortete ihm, als er sprach, dies:

„Führer, Sohn des Pandolfo, wer könnte dir diese ungezählte Schar erläutern? Nicht einmal, wenn der Gott mir tausend eiserne Münder gegeben hätte, könnte ich dir künden von allen Seelen junger Menschen, die zu diesem Hain aufgebrochen sind, all die, die ihre unglückliche Liebe in [135] diese Wälder führte. Die unrechte Liebe zieht sie alle hierher, die, die du hier siehst, die sich durch ihre Schönheit auszeichnen, die sich so ihrer Liebe erfreuen, schützt dieser Wald und immerfort streifen sie dort ohne festen Platz umher. Keine Ruhe ist ihnen vergönnt, noch irgendeine Ordnung, und wahnsinnig ist der Schmerz derer, die in Liebe von Sinnen [140] sind. Ja, mehr noch, sie irren auch, von ihren bitteren Sorgen ganz zermürbt, stets hier umher und schlagen sich in trübsinniger Zärtlichkeit die Brust, sie, die Amor mit mehr als nur einem Tod dahinrafft."

Nachdem die Nymphe dies gesagt hatte, verließ sie den Ort und mit ihm die Lichtungen im Myrtenwald und besteigt den nächsten Gipfel, den [145] ein Wald aus grünem Lorbeer umgürtet und der vor sich Hügel aus sonnenbeschienenem Gras ausbreitet. Dieser Hain aber strahlt unter der purpurnen Sonne mit schneeweißem Glanz mitten in der Landschaft. Da wandelte sich das Firmament und man sah Sterne leuchten. Hier schwol-

aeternis augentur aquis, hic fusa recenti
prata liquore madent, hic strata superba tororum 150
Elysios dixere locos. Hic carmina Musae
ducunt et facili percurrunt pectine chordas.
Hic Phoebus, Phoebique chorus pulcherrima vates
corpora, Calliope genitus praeque omnibus Orpheus,
Maeonidesque Linusque, pater cui clarus Apollo, 155
hic Graii nostrique viri castusque sacerdos,
quisquis erat dum vita super. Quicumque volentes
pro patria cecidere sua, qui noscere rerum
tentarunt causas et qui posuere repertas
divitias aliis, unum quicumque tonantem, 160
non alios, regnare putant – his omnibus alta
tempora cinguntur Phoebaea laeta corona.
Quos omnes ut forte videt Pandulphius heros,
suspicit, et dictis antiquum instaurat honorem:
„Fortunate chorus vatum, qui tempore tanto 165
non canis ingratis felicia carmina divis,
et fortunati venturum heroes in aevum
quos canitis. Vos quippe sua si magnus Apollo
arbore dignatur, tali si munere donat,
mirandum nihil est. Supraque infraque leguntur 170
carmina, fama minor non est tellure sub alta,
quam sit apud superos. Leti securus utroque
orbe chorus vatum, venit cum fenore magno
mortis acerba dies. Ergo altera vita superstes
et vobis non unus honos. Ite, inclyta divum 175
turba, tenete diu nemorum secreta piorum."
   Talia fatus abit, montemque recepit in altum
se se iterum et latos despexit vertice campos.
Hic vero currus, et equos atque arma virorum
innumeris diversa locis, hastasque, iubasque 180
atque graves galeas signis auroque decoras.
Hic videt egregios bello factisque superbos
Thebanos Graiosque duces, hic inclyta Troum
agmina et insignes fati melioris Achivos
laudibus in caelum missos. Hic maximus Hector 185
Aeacidesque ferox hasta nituntur iniqua,

len Quellen von allen Seiten mit unversieglichen Wassern an, hier sind
[150] die Wiesen saftig vom frischen Nass. Hier waren die prächtigsten
Lager bereitet, diesen Ort nannte man nun wahrlich elysisch. Hier bieten
die Musen ihre Lieder dar und lassen das Plektrum geschwind über die
Saiten fliegen. Hier war Phoebus und der Reigen des Phoebus, die Dichter
mit ihren wunderschönen Leibern, allen voran Orpheus, Sohn der
[155] Calliope, der Maeonide und Linus, dessen Vater der strahlende
Apollo ist, hier waren die griechischen und unsere Helden und ein jeder
züchtige Priester. Alle, die, solange sie noch am Leben waren, freiwillig
für ihr Vaterland fielen, die versuchten, die Ursachen der Dinge zu begreifen, und die, die ihren Reichtum für Andere gaben. Alle, die glauben,
[160] dass nur der Donnerer und keine anderen Götter herrschen – ihnen
allen sind die glücklichen Schläfen bekrönt mit einem Kranz wie dem des
Phoebus.
Sowie der Held, Sohn des Pandolfo, all diese Menschen sieht, blickt er zu
ihnen hinauf und erneuert mit diesen Worten ihre uralte Ehre:
[165] „Seliger Reigen der Dichter, der du in einer solchen Zeit glückliche
Lieder singst für Götter, die nicht undankbar sind, und die ihr selig die
Helden für das kommende Zeitalter besingt. Es verwundert gewiss nicht,
wenn der große Apollo euch seines Baumes für würdig erachtet, wenn er
euch mit einer solchen Gabe beschenkt. Dort oben und hier unten werden
[170] Gedichte gelesen, euer Ruhm ist tief unter der Erde nicht geringer
als bei den Göttern, ohne Sorge um den Tod ist der Reigen der Dichter in
beiden Welten.
Der bittere Tag des Todes geht mit großem Gewinn einher. Drum bleibt
euch noch ein weiteres Leben und Ehre wird euch nicht nur einmal
[175] bezeigt. Geht, ihr hochgerühmte Götterschar, und bewohnt noch
lange das Innere dieser frommen Haine."
    Nachdem er dies gesagt hatte, ging er fort und begab sich erneut auf
einen hohen Berg und blickte vom Gipfel auf weite Felder hinab. Hier
aber sieht er Streitwagen, Pferde und mannigfaltige Waffen von Kriegern
[180] an unzähligen Stellen, Lanzen, Helmzieren und Helme, die schwer
sind von ihrem Schmuck und prächtig vor lauter Gold.
Hier sieht er die Führer Thebens und Griechenlands, herausragend im
Krieg und stolz auf ihre Taten, die hochgerühmten Heerscharen der Trojaner und die Achiver, ausgezeichnet durch den Ruhm ihres günstigeren
[185] Kriegsglücks und dafür in den Himmel aufgefahren. Hier streiten
der gewaltige Hector und der wilde Aeacide mit ungleicher Lanze, kämp-

contenduntque manu et multa bellantur arena.
Oedipodionides illic fraterna reposcit
imperia. Hic Tydeus Cadmeia corpora lectos
tot quoque magna viros sternit. Capaneia adusto 190
corpore perstat adhuc muro pendentis imago.
Hippomedonta trahunt immensi fluminis undae.
Magnanimum Theseus leto iubet ire Creonta.
Quae postquam vidit, vagina protinus ensem
diripit in tenuesque furit Pandulphius umbras. 195
Tum genitor placidas nati sic fatur ad aures:
    „Nate, quid arma tenes animas laesura volantes,
corpore quas nullo tangi natura negavit?
Me quoque, cernenti quem vana reportat imago
saepe tibi, cognosce, cava qui condor in umbra." 200
    Dixit, et agnati detersit lumine nubem,
nudavitque humeros latos tantusque videri,
quantus erat, dum vita fuit. Tum filius olli:
    „O decus, o generis certissima gloria nostri
note pater nato tandem. Si tangere fas est 205
te mihi, sancte, sine amplexus petere ante paternos,
corpore discedas quam viso. Cetera demum
ingenti peragas studio. Da iungere dextrae
dextram, oro, coramque loqui." Sic fatus abortis
pendebat lacrimis duplicesque ad laeta ferebat 210
ora manus magni genitoris, at ille precantem
deserit aversus spatioque ita fatur iniquo:
    „Nate, nefas vivis animas tractare sepultas.
Sit satis adfari manes et cernere, paucis
quod datur. Hoc curas faciat tibi, nate, minores. 215
Nunc age, quandoquidem Martis versamur in arvis,
adspice Romanos fortes Poenosque superbos.
Maximus ille, mora qui vicit. Hic ille Camillus
insignis bello, nec non Marcellus et auctor
Iulius Imperii. Venit infelicibus armis 220
ecce gener contra. Pietas en illa Catonis
trans Noton, et siccas Libyae ferventis arenas,
atque alium transgressa polum." Sic fatur et addit:
    „Haec super adspicies Galaoti sceptra parentis

fen mit bloßen Händen und tragen diesen Kampf auf einer großen Sandfläche aus. Der Sohn des Oedipus fordert dort das Reich seines Bruders zurück, hier streckt Tydeus die Leiber aus der Stadt des Cadmus nieder, [190] ebenso viele große Krieger. Das Ebenbild des Capaneus verharrt dort, das eines Mannes, der mit verbranntem Leib noch an der Mauer hängt. Den Hippomedon reißen die Wogen eines gewaltigen Stromes mit sich, Theseus gebietet dem hochherzigen Creon, in den Tod zu gehen. Nachdem er dies gesehen hat, reißt der Sohn des Pandolfo sogleich sein [195] Schwert aus der Scheide und wütet gegen die blassen Schatten. Da spricht sein Vater dies zu den Ohren seines Sohnes, um sie zu besänftigen:

„Sohn, warum hast du Waffen in der Hand, die die fliegenden Seelen verletzen sollen, denen die Natur es versagt hat, von irgendeinem Körper berührt zu werden? Erkenne auch mich, den ein leeres Abbild dir häufig vor [200] Augen stellt, wie ich mich hier in einen hohlen Schatten hülle."

So sprach er und wischte den Nebel vom Blick seines Sohnes fort, entblößte seine breiten Schultern und war als der zu sehen, der er war, als sein Leben noch währte. Da sprach der Sohn zu ihm:

„O Stolz, o klarster Ruhm unserer Familie, Vater, der sich seinem Sohn [205] endlich zeigt. Wenn es statthaft ist, dass ich dich berühre, erlaube mir, Heiliger, deine väterliche Umarmung zu suchen, bevor du wieder deinen sichtbaren Leib verlässt. Das Übrige magst du dann in großer Eile zu Ende bringen. Doch erlaube mir, deine Hand mit meiner zu drücken, so bitte ich, und von Angesicht zu Angesicht mit dir zu sprechen." Nachdem er so [210] gesprochen hatte, brachen ihm Tränen aus und er stand eingefallen da und hob beide Hände zum gütigen Gesicht des großen Vaters. Doch der wendet sich ab, enttäuscht den Sohn in dessen Flehen und mit Abstand spricht er:

„Sohn, es ist nicht statthaft für die Lebenden, die Seelen schon Bestatteter zu berühren. Es möge dir genügen, mit ihren Totengeistern zu [215] sprechen und sie zu sehen, was auch nur Wenigen vergönnt ist. Dies soll deinen Kummer lindern, Sohn. Nun wohlan, da wir uns ja auf den Feldern des Mars befinden, sieh dir die tapferen Römer und die stolzen Punier an. Jener ist der gewaltige Maximus, der durch Ausharren siegte. Hier ist der berühmte Camillus, ausgezeichnet im Kriege, und auch [220] Marcellus sowie Julius, der Gründer des Reiches. Ihm entgegen kommt, sieh, mit erfolglosen Waffen sein Schwiegersohn. Und sieh, jenseits des Südwinds, jenes berühmte Pflichtgefühl des Cato, das die trockenen Sande des glühenden Libyen und den Himmel eines anderen Erdteils überschritten hat." So spricht er und fügt hinzu: „Darüber wirst du

magna mei post hos, aliorum et debita regum 225
praemia." Tum iuvenem latis abducit ab arvis
turrigerasque procul variis regionibus urbes
monstrat, et undantes populos a limine se se
portarum urgentes longe regesque sequentes.
Hic Ninus Assyriis bellator primus in armis, 230
Medorumque duces Persarumque inclyta regum
nomina. Tum Latii reges, Ianusque biformis
Saturnusque senex, Evander et inclytus armis
Tydides, priscos muris qui cinxerat Harpos.
Nec procul Aeneas nec non Lavinia, iuxta 235
Ascanius multique Albano ab sanguine reges
Romulus et frater, Numa post illumque secutus
Tullus honos patriae, sequitur quem vanior Ancus.
Prisce, secunda tenes illi loca. Proximus ardet
Servius eiectumque videt iam sede Superbum. 240
Post alii Italiae reges, Malatesta propago
Pandulphusque pater, nec non Galaotus et acer
Pannonius, quos ipse videns Sismundus abortis
prosequitur lacrimis, dulcique ita fatur amore:
  „Maiores salvete mei, salve inclyta avorum 245
turba verendorum. Iam vos sperate reverti
rursus in humanos fatis melioribus artus.
Fama tamen vivos fecit vos longa, superstes
restares ut, sancte pater, restaret avorum
nomen et aeterno meritos donaret honore. 250
Ite, animae insontes, campos intrate piorum,
corpora dum surgant vobis data, dum deus omnes
evocet effusis cernendus in aethere nimbis."
  Talia fatus abit gelidasque interritus umbras,
hortanti genitore, petit. Hic tristis imago 255
noctis opaca silens caecis obscura tenebris
horrore aeterno volitans densatur. Iniquis
impia gens animis huc omnis inane per altum
it Chaos, hic Rabies et Amor crudelis habendi,
hic Dolus et variae Insidiis comitantibus artes, 260
hic Metus, et Fraudes hominum Luctusque coactis
ora rigans lacrimis, hic Pallor, et inscia recti

[225] nach ihnen das große Szepter meines Vaters Galeotto erblicken, und den gerechten Lohn anderer Herrscher." Dann führt er den Jüngling fort von den weiten Feldern und zeigt ihm von weitem in verschiedenen Gegenden turmbewehrte Städte und Völker, die sich in Wogen weithin an die Schwelle der Stadttore drängen und ihren Herrschern folgen.
[230] Hier ist Ninus, der als erster in assyrischer Rüstung Krieg führte, die Fürsten der Meder und die hochberühmten Namen der persischen Könige. Dann folgen die Könige Latiums, der zweigesichtige Janus, der greise Saturn, Euander und der für seine Waffentaten gerühmte Sohn des Tydeus, der die uralten Mauern um Arpi zog.
[235] Und nicht weit davon entfernt sind auch Aeneas, sowie Lavinia, bei ihnen ist Askanius und die vielen Könige aus dem Blut von Alba Longa, Romulus und sein Bruder, danach Numa, und ihm folgt Tullus, die Zierde seines Vaterlandes, dem der schwächere Ancus folgt. Priscus, du hast nach ihm den nächsten Platz. Direkt neben ihm brennt vor Wut Servius [240] und blickt auf den bereits von seinem Thron vertriebenen Superbus. Danach kommen die anderen Könige Italiens und das Geschlecht der Malatesta, sein Vater Pandolfo und auch Galeotto und der starke Malatesta der Ungar, denen Sigismondo selbst mit dem Blick folgt unter Tränen, die ihm ausbrachen, und so spricht er in zärtlicher Liebe:
[245] „Seid gegrüßt, meine Vorfahren, sei gegrüßt, gerühmte Schar meiner ehrwürdigen Ahnen. Hofft nur, dass ihr wieder zurückkehrt in menschliche Glieder zu besseren Geschicken!
Euer langer Ruhm hat euch jedoch lebendig gemacht, auf dass du fortlebst, heiliger Vater, auf dass der Name unserer Ahnen fortlebe und sie [250] mit der ewigen Ehre beschenke, die sie verdienen. Geht, ihr unbescholtenen Seelen, betretet die Felder der Rechtschaffenen, bis die Leiber, die euch gegeben waren, auferstehen, bis Gott am Himmel die Wolken vertreibt und sich zu erkennen gibt, um euch alle zu sich zu rufen."
Nachdem er solches gesprochen hat, entfernt er sich und strebt, wozu [255] ihn der Vater ermuntert hat, unerschrocken auf die kalten Schatten zu. Hier ballt sich das traurig finstere Abbild der Nacht still und düster zu undurchdringlicher Dunkelheit zusammen und schwirrt in ewigem Grauen umher. Mit unredlichem Geist geht hier alles gottlose Volk durch die tiefe Leere des Chaos. Hier lebt die Raserei und die grausame Liebe [260] zum Besitz, hier lebt die List und die mannigfaltigen Kunstgriffe im Gefolge der Heimtücke, die Furcht lebt hier, die Betrügereien der Menschen und die Trauer, die ihr Gesicht mit erzwungenen Tränen netzt, hier

Invidia, atque Odium crudele, gravisque ferenti
Ambitio et varias agitans Discordia mentes.
Hic via, quam nigram superi dixere. „Quis", inquit, 265
„o genitor, locus hic? Animae, quas triste gementes
adspicimus, qui sorte carent hac luce?" „Fatebor
vera equidem neque te diversa ambage tenebo,
nate decus nostrum. Sedes haec dura. Carentes
lumine quas cernis vitas, dicam ordine causas. 270
Hi sunt, qui magno numquam parere tonanti
nec lucem voluere sequi. Lux ille, sed atris
volvuntur tenebris, rectumque bonumque videntes
a vera longe lapsi ratione relinquunt
iustitiam atque fidem non addixere monenti. 275
Poena viris aeterna dei caruisse sereno
adspectu et numquam summi genitoris adire
limina, venturo cum corpore deinde reverti
huc iterum. O quae mens miseris, qui talia adesse,
etsi multa tamen post saecula, tempora cernunt! 280
Infinita dehinc aetas illa aspera multis.
Utque bonis praelarga dies et lucidus orbis
laeta serena vehet, miseris sic atra vorago,
infernumque Chaos mediis nigrescet in umbris."
  Dixerat et multos monstrat stridore sonantes 285
horrifico, tortae quos verbera dura catenae
adsiduo pulsant fremitu, quos Cerberus atro
ore tonans triplici – miserum – cervice fatigat,
impia Tisiphone media quos surgere mensa
imperat ardentique immittit in agmina taeda, 290
quosve Megaera ferox aut quos irritat Erinnys,
anguibus intortis quae sibilat, altaque turbat
concilia et trepidos medium iubet ire per ignem.
Hic, quicumque nefas furiis immane secuti,
egregias patitur poenas, qui funditus urbes 295
evertit, qui templa deum crudeliter ussit,
quique fidem et vana violarunt foedera lingua.
Hic Catilina ferox, hic Lentulus, atque Cethegus
atque alii infido turbati pectore cives.
Quos omnes ut forte videt Pandulphius heros, 300

leben die Leichenblässe und der Neid, der das Rechte nicht kennt, der grausame Hass und die Geltungssucht, die dem, der sie trägt, schwer wird, [265] sowie die Zwietracht, die die Geister aufeinanderhetzt .Hier ist die Straße, die die Götter die schwarze nennen. „Was für ein Ort", sagt er da, „ist dies, o Vater? Die Seelen, die wir hier jämmerlich wehklagen sehen, durch welches Los ist ihnen das Licht verwehrt?" „Ich werde dir nun gewiss die Wahrheit sagen und dich nicht mit allerlei Umschweifen aufhalten, Sohn, [270] mein Stolz. Es ist dies eine grimmige Stätte. Die, deren Leben hier lichtlos ist – ich werde dir der Reihe nach die Gründe nennen, warum es so ist. Sie sind die, die niemals dem großen Donnerer gehorchen oder dem Licht folgen wollten. Jener ist nämlich das Licht, sie aber hüllen sich in schwarze Finsternis und lassen, obwohl sie das Gute sehen, das Rechte hinter sich, weil sie so [275] tief von der wahren Vernunft abgefallen sind und ihm ihren Glauben auch auf die Ermahnung hin nicht zugestanden. Nun ist es ewige Strafe dieser Menschen, der glücklichen Schau Gottes zu entsagen, niemals an die Schwelle des höchsten Vaters zu treten und dann mit ihrem künftigen Leib wieder hierher zurückzukehren. O wie muss es um den Geist der Armen [280] stehen, die erfassen, dass solche Zeiten, wenn auch erst nach vielen Jahrhunderten, kommen! Viele werden danach die Ewigkeit in Bitternis erleben. Und so wie jener Tag und die strahlende Welt den Guten Glück und Frieden im Überfluss bringen wird, so wird der finstere Abgrund und das Chaos der Unterwelt sich den Elenden tief in den Schatten schwarz auftun." [285] Das hatte er gesagt und zeigt ihm viele Menschen, die mit grauenerregendem Kreischen brüllen, auf die ständig die harten Hiebe einer gewundenen Kette mit beständigem Krachen einschlagen, die der Cerberus, aus finsterem Maul bellend, mit seinem dreifachen Schlund, die Armen, quält, denen die gottlose Tisiphone mitten während der Mahlzeit gebietet [290] aufzustehen und die sie dann mit brennender Fackel in die Schlachtreihen schickt, die die grausame Megaera oder die Erinnye umtreibt, auf deren Kopf sich Schlangen zischend winden und die die Ansammlungen in der Tiefe stört und ihnen befiehlt, angsterfüllt mitten durch das Feuer zu gehen. Jeder, der in seinem Wahn einen gewaltigen Frevel begangen [295] hat, erleidet hier seine außerordentliche Strafe, wer Städte dem Erdboden gleichgemacht hat, wer die Tempel der Götter grausam niedergebrannt hat und wer Treue und Bündnis mit eitler Zunge gebrochen hat. Hier ist der grausame Catilina, hier sind Lentulus und Cethegus und andere, die als Bürger von ihrem treulosen Herzen aufgestachelt wurden. [300] Als der Held, Sohn des Pandolfo, sie alle sieht, spricht er seinen

adloquitur tali carum simul ore parentem:
"Dic, genitor, si vera ferunt, si bella Gigantum
ulla fuere – quibus poenis urgentur, et ipsi
supplicium Titanes ubi exercere iubentur?"
Ille refert: "Non vana petis, verum ista referre 305
Tantalus ipse potest, mediis quem cernis in undis
arentem et ramis captantem poma supernis.
Nam neque fas nobis illuc accesse nec alti
fata videre Iovis. Quare huc concede, senemque
adloquere, et poenas illo scitare magistro." 310
Sic ait. Ille piger numquam ad pia facta profatur:
"Huc ades aeternumque volens iam linque laborem,
o nimium miserande senex frustraque tot annis
aeterno versate malo. Secreta Gigantum
terrigenum mihi damna refer, poenasque suorum 315
quas scelerum pendunt, memora." Tum Tantalus ore
arenti siccas sic solvit in horrida fauces
verba: "Quid in caelum qui iam voluere superbo
ire gradu, hic Erebi fundo miraris in imo?
Ima tenent quicumque petunt sublimia. Nemo, 320
nemo hominum potuit caelum adscendisse, sed alto
vertice deiectus Stygiis caput abluit undis.
Vin' et Aloidas, Otum durumque Ephialtem,
Vin' ausos referam montes imponere summis
montibus aerios? Celso vin' Ossan Olympo 325
supposuisse ferunt quos demum? Hos ordine dicam,
nam memini. Quondam tristis cum Thracius Orpheus
coniugis amissae magno compulsus amore
venit ad has sedes, infernaque regna petivit,
tum fidibus tenues stupuere sonantibus umbrae, 330
tum manes maestos cantu mulcebat et atra
Tartara. Tum licuit saevos vidisse Gigantas.
Namque pater nigri tum nostra remisit Averni
supplicia et dulci tactus fera pectora cantu
ipse Erebi cupidis reginam amplectitur ulnis. 335
Tunc impune quidem poenas ediscere, sed non
evasisse suas licuit post cuique. Sed illa
forte die Tityus nostras emersit ad umbras.

geliebten Vater sogleich mit solcher Stimme an:
„Sag, Vater, wenn es wahr ist, wie heißt, wenn es jemals den Krieg mit den Giganten gegeben hat – mit welchen Strafen werden sie geplagt, und welchen Ort hat man den Titanen gewiesen, dort ihre Strafe zu verbüßen?"
[305] Jener antwortet: „Es ist keine geringe Sache, nach der du verlangst, aber Tantalus selbst kann dir diese Dinge berichten, den du dort mitten in den Wogen dürsten und in den Zweigen über ihm nach Äpfeln greifen siehst. Denn uns ist es nicht gestattet, dort hineinzugehen oder die Schicksalssprüche des erhabenen Jupiter zu schauen. Daher tritt hier heran, [310] sprich den Greis an und erfahre von ihm als Lehrer von den Strafen."
So sprach er. Jener, stets bereit zu frommen Taten, hebt an:
„Komm hierher und verlass freiwillig deine ewige Mühsal, o allzu bedauernswerter Greis, der du schon so viele Jahre vergebens in großem Elend verbracht hast, berichte mir von den geheimen Strafen der erdgeborenen [315] Giganten und erzähl, welche Buße sie für ihre Verbrechen verrichten müssen!" Da öffnet Tantalus mit staubtrockener Kehle seinen durstigen Schlund zu diesen grausigen Worten: „Warum staunst du noch, dass wir, die wir in hochmütigem Schritt auf die Himmelsburg marschierten, hier am Grund des Erebus weilen? Das Niederste gehört all denen, die das Höchste [320] anstreben. Niemand, niemand von den Menschen vermochte zum Himmel aufzusteigen, sondern hat sein Haupt, vom Gipfel hinabgeschleudert, in die Wasser der Styx getaucht. Willst du, dass ich dir von den Aloiden, Otus und dem grimmigen Ephialtes, berichte, dass ich dir berichte von denen, die es gewagt haben, himmelragende Berge auf die Gipfel der Berge zu türmen? [325] Oder von denen, die schließlich, so heißt es, den Ossa auf den erhabenen Olymp gesetzt haben? Davon werde ich dir der Reihe nach erzählen, denn ich erinnere mich noch daran. Als einst der Thraker Orpheus von der großen Liebe zu seiner dahingeschiedenen Frau getrieben wurde, an diesen Ort zu kommen und die Reiche der Unterwelt aufzusuchen, da staunten die zarten [330] Schatten über den Klang seiner Saiten, da besänftigte er die traurigen Totengeister mit seinem Gesang und auch den finsteren Tartarus, da war es ihm erlaubt, die grausamen Giganten zu sehen. Denn damals erließ uns der Vater des schwarzen Avernersees vorübergehend unsere Pein und umarmte selbst im grimmigen Herzen berührt vom süßen Gesang mit begierigen [335] Armen die Königin des Erebus.
Da war es uns vergönnt, ungestraft von den Strafen zu erfahren, doch keinem von uns gelang es danach, unserer eigenen Strafe weiter zu entgehen. Doch an jenem Tag kam Tityos zufällig hinauf zu unseren Schatten.

Ipse mihi poenas imo quascumque baratro
narrabat – quales, iuvenis, ne posce doceri. 340
Ipse sui primum iecur immortale ferebat
vulturis avelli rostro sine fine recurvo,
inde renascenti iecori instaurare recentes
ore dapes avidam volucrem, tum demere tantum,
crescere quantum oculis subita vidisset in hora. 345
Ut Titanes adhuc tenebris volvantur opacis.
Namque hos magna premit moles, quod numina contra,
atque Iovem obsesso conati insistere Olympo.
Ab Iove quam distant miseri nunc!" Haec ubi fatus,
effugit et solitas sitiens se mittit ad undas. 350
    Respicit interea Pandulphi maxima proles
Thesea Pirithoumque videns Ixiona iuxta
versantem rapidis per inane volubile ventis.
Hic Danai natas maculosa cribella fatigant,
nec non Aeolides saxum fert Sisyphus ingens, 355
Sisyphus Aeolides lucri cupidissimus omnis.
Hic Eriphylaei facinus miserabile nati,
Tyndaris hic coniux magnorum regis Achivum,
saeva Clytaemnestre, nec non Aegisthus et ultor
trux Agamemnonides scelerum. Tum caecus et amens 360
Oedipodes Atreusque senex, qui sole Mycenas
fraterna – infandum! – fraudavit caede paternas.
Hic ausi magnum verbo incusare tonantem,
supplicia infidi magnis patiuntur avari
sedibus, hic quicumque pios pulsare parentes, 365
qui patriam aut patriae regem quicumque verendam
prodidit et dominos non una fraude fefellit.
Hos omnes una fundo Styx volvit in imo.
Pars inhonesta ferunt avulsis naribus ora,
pars manibus caesi semper post terga revinctis, 370
pars laticum spuma mediis exaestuat undis,
atque alii gelida nudi tumulantur arena.
Aeacus Aeginae genus hic tonat, Aeacus umbris
imperat ante alios. Sedet hic Rhadamanthus et alter
filius Europae Minos, gravis arbiter Orci. 375
Nec procul hinc diri squalent penetralia regis.

Er selbst erzählte mir von all den Strafen im tiefsten Abgrund – und solche [340] sind es, dass du besser nicht verlangst, sie zu erfahren, Jüngling. Er berichtete, wie zuerst immer wieder seine unsterbliche Leber vom gebogenen Schnabel eines Geiers herausgerissen werde, der gierige Vogel dann mit seinem Schlund der nachwachsenden Leber die jüngst verschlungene Speise wieder hergebe und er wiederum erneut genau das nehme, was er [345] mit eigenen Augen in der vergangenen Stunde habe nachwachsen sehen. Dann, wie die Titanen sich bis heute in der tiefen Finsternis suhlten. Denn auf ihnen lastet das Gewicht der großen Schuld, dass sie nämlich versucht hatten, gegen die Götter und Jupiter den Olymp zu belagern und zu bedrängen. Wie fern die Armen nun Jupiter sind!" Nachdem er dies gesprochen [350] hatte, wich er und stürzte sich durstig wieder in die vertrauten Fluten.

Der gewaltige Sohn des Pandolfo blickt sich unterdessen um und sieht Theseus und Pirithous und daneben den Ixion, wie er sein Rad mit schnellen Umdrehungen durch die Leere wälzt. Hier machen die löchrigen Schalen die Töchter des Danaus müde, und auch der Aeolide Sisyphus trägt [355] seinen gewaltigen Fels, Sisyphus, der Aeolide, der mehr als alle anderen nach Gewinn trachtete. Hier ist die beklagenswerte Schandtat des Sohns der Eriphyle, hier ist die Tyndareustochter, die Gattin des Königs der großen Achiver, die grausame Clytaemnestra und auch Aegisthus und der Agamemnonsohn, der ruchlose Rächer von deren Verbrechen. Dann [360] kommen der blinde und wahnsinnige Oedipus und der greise Atreus, der am helllichten Tag Mykene, das er von seinem Vater hatte – welch Frevel! – um den Brudermord brachte. Hier erdulden die, die es wagten, den großen Donnerer mit Worten zu schelten, die Treulosen und Habgierigen in ihrer großen Wohnstätte ihre Strafen. Hier wälzt die Styx [365] all die, die ihre ehrbaren Eltern schlugen, wer sein Vaterland oder den ehrwürdigen König seines Vaterlandes verriet und seine Herren mehr als einmal mit Arglist täuschte, mit sich tief in ihrem Flussbett. Einem Teil, so heißt es, wurde die Nase aus ihrem ehrlosen Antlitz gerissen, ein Teil liegt dort niedergeschlagen mit allzeit hinter dem Rücken gefesselten [370] Händen, ein Teil kocht sprudelnd in der Gischt mitten in den Wogen und andere ballen sich nackt im kalten Sand. Aeacus aus dem Geschlecht von Aegina lässt hier seine Stimme donnern, Aeacus gebietet vor allen anderen über die Schatten. Hier sitzt Rhadamanthus und der andere Sohn der Europa, Minos, der strenge Richter der Unterwelt. Und nicht weit von [375] dort bietet sich der grässliche Anblick der Gemächer des grimmigen Königs dar.

Hic Phlegeton, illic nigra Cocytos arena
sulphureas permiscet aquas. Quae flumina postquam
conspexere, virum tali Psycheia voce
admonet: „Ausonidum decus immortale virorum, 380
dux Pandulphiade, fugin' hinc, dum exire potestas?
Namque ubi caeruleis Nox intempesta quadrigis
vecta polum gelida medium traiecerit umbra,
frustra iter ad superos datur hinc. Aurora sub alta
quos tellure premit segnis, non amplius umquam 385
e roseis elata rotis videt. Eia age, rectam
carpe repente viam, notisque immittere rebus
et supero te crede solo! Nam cetera nostris
in tectis narrare licet." Sic fata morantem
diva manu prendens Stygiis amovit ab umbris. 390
At pater Elysios invisit et arva beatis
ante parata viris. Superas Sismundus ad auras
sub terris molitus iter redit atque sub ipsum
emersit famae templum silvasque revisit.
Et iam tempus erat, quale est, cum luce remissa 395
sol cadit atque viae longis conduntur in umbris,
aut ubi prima redit rubefactis lampas Eois,
vespere ceu sero, primo ceu mane colores
rebus abire solent, aut cum coepere reverti,
sidera rara micant confuso tempore. Tali 400
tempestate virum verbis praetentat amicis
nympha genus Zephyri: „Quid, age, o fortissime rector
Ausonidum, credis rerum gerat Itala tellus
te sine?" „Nil equidem, nisi me dubitare profectum
antiquam ad Cyprum mediis periisse sub undis", 405
retulit ille. „Eadem nostrae sententia menti est,
Ausonidum vir summe ducum. Taraconius heros
illud idem, hoc populi credent. Quare arte petenda est
Italia atque astu. Quam ni defendere pergis,
hactenus incoeptis actum est nihil. Omnia finem 410
propter agenda bonum. Tum pacis amore gerenda
bella viris. Ne Celta ferox, ne barbarus hostis
occupet Ausoniam, magna virtute cavendum est.
    Tum Pandulphiades medio in sermone loquelas

Hier vermischen der Phlegeton und dort der Cocytus ihre schwefligen Wasser mit dem schwarzen Sand. Nachdem sie die Flüsse erblickt haben, ermahnt Psycheia den Helden mit diesen Worten:
[380] „Unsterblicher Stolz der ausonischen Männer, Heerführer aus Pandolfos Geschlecht, willst du nicht von hier fliehen, solange wir diesen Ort verlassen können? Denn sobald die unmäßige Nacht, gezogen von ihrem blaugrauen Viergespann den Himmel zur Hälfte mit kaltem Schatten überquert hat, schlägt man den Rückweg zur Oberwelt vergebens ein. Wenn einen die [385] träge Aurora einmal tief unter dem Boden gelassen hat, wird sie einen nie wieder von ihrem rosenfarbenen Wagen sehen. Drum auf, schlag sofort den richtigen Weg ein, wende dich in Richtung der Welt, die du schon kennst, und vertrau dich dem Boden der Oberwelt wieder an. Denn den Rest kann ich auch in meinem Hause erklären." So sprach die Göttin und ergriff ihn, noch [390] zögernd, mit der Hand, um ihn aus den stygischen Schatten zu holen. Sein Vater aber besucht wieder die elysischen Felder und die Lande, die den seligen Menschen bereitstehen. Sigismondo mühte sich den unterirdischen Weg zu den Lüften der Oberwelt hinauf, um zurückzukehren, kam direkt am Tempel der Fama wieder an die Oberfläche und sah erneut die Wälder. Und [395] es war schon die Tageszeit, wie man sie vorfindet, wenn die Sonne mit sanfterem Licht untergeht und die Straßen unter langen Schatten begraben werden oder wenn die ersten Strahlen im roten Licht der Morgenröte zurückkehren, wie wenn am späten Abend oder ganz früh am Morgen den Dingen die Farben abhandenkommen oder allmählich zu ihnen zurückkehren und [400] vereinzelte Sterne blass glänzen in dieser Vermischung der Tageszeiten. Zu solch einer Tageszeit fragt die Nymphe aus dem Geschlecht des Zephyrus mit freundlichen Worten beim Helden nach: „Wohlan, o tapferster Anführer der Ausonier, was glaubst du, welche Taten das Land der Italiener ohne dich vollbringt?" „Keine, will ich meinen, außer sich zu fragen, ob ich [405] nach meinem Aufbruch ins alte Zypern tatsächlich in den Fluten umgekommen bin", antwortete jener. „Der Meinung bin auch ich, größter Held unter den Anführern der Ausonier. Der Held aus Tarragona wird nämlich genau das glauben und das werden die Völker ebenfalls. Drum wirst du dich klug und listig nach Italien aufmachen müssen. Denn wenn du nicht fortfährst, es [410] zu beschützen, dann sind alle deine Unternehmungen bis jetzt nichtig. Um eines guten Zwecks willen muss man alles tun. Dann müssen Männer aus Liebe zum Frieden Kriege führen. Du musst mit großer Tatkraft verhindern, dass der grausame Kelte, der feindliche Barbar Ausonien besetzt."
Da fiel der Sohn des Pandolfo ihr mitten in ihrer Rede ins Wort und

abstulit, et tenero sic interfatus amore est 415
multa putans animo natis super atque cadenti
Italia: „O virgo, quanam ratione tot undas,
tot maria et tantos superabo pectore fluctus?
Nam neque navis adest, mediis quam liquimus undis,
nec fidi comites, quorum pars ulla superstes 420
vivit adhuc si forte – reor quod non tamen –, unde
huc venient? Non, ipse velit si Iupiter, oras
posse rear patrias penetrare. Sed omnia quando
scire deas certum est, quam spem tu concipis, ede."
    Sic ait. Illa refert: „Dubitas ergo, optime regum? 425
Ne dubita! Tibi navis erit fidissima praesto,
quam pater ipse domum divino flamine portet.
Puppe Ligus firma flabris surgentibus Euri
stat tristis Phegeus nostris eiectus arenis.
Hunc pete, dum fas est, iuvenemque adfare morantem!" 430
    Sic ait. Ille pedem templo dimovit ab alto
litora curva petens. Placidis tum Phegea verbis
ignarum adloquitur sola sublimis arena:
    „Si potes Italiam solus servare cadentem,
non auri argentive simul, quae copia multa 435
est mihi, defuerit merito sua praemia tanto.
Si potes Ausoniis Sismundum sistere terris,
non remis vexare manus, non ducere tonsas,
non labor insano miserum te credere ponto,
sed tibi laetus ager, quantum exoptasse licebit, 440
et domus et quidquid nostris elegeris oris."
    Haec ait. Ille pedes amplexus et ecce profusis
haerebat lacrimis genibusque adfusus utrisque,
ut primum optatas fas est emittere voces,
ingenti pietate animos arrectus et infit: 445
    „Ergo incusavi ventos aurasque furentes
inscius ingratusque deum, quibus omne, quod optem,
ultro indignanti et Furiis iniusta querenti
auspicibus, fortuna, deus tempusque tulerunt?
Ignarae mentes hominum, quae vota sequuntur 450
incerta ratione! Deus, deus omnia nobis
dat bona, quo sine nil rectique bonique potestur

[415] unterbrach sie voll zarter Liebe, während er viel über seine Kinder nachsann und den drohenden Fall Italiens, so: „O Mädchen, auf welche Weise soll ich denn so viele Meere und solche Fluten bezwingen? Denn ich habe weder mein Schiff, das ich ja mitten in den Wellen verlor, noch stehen mir meine Gefährten treu zur Seite, von denen ein Teil noch am [420] Leben sein könnte, von denen ich aber annehmen muss, dass sie es nicht sind. Woher sollen sie denn auch hierher kommen? Sogar wenn Jupiter selbst es wollte, glaube ich nicht, dass ich zu den Gestaden Italiens vordringen könnte. Aber da es gewiss ist, dass Göttinnen alles wissen, künde mir, welche Hoffnung du hegst."
[425] So sprach er. Jene antwortet ihm: „Was zögerst du noch, bester der Herrscher? Zweifle nicht! Dir wird ein sehr zuverlässiges Schiff zur Verfügung stehen, das mein Vater selbst mit göttlichem Wehen nach Hause trägt. Der Ligurer Phegeus steht in den aufkommenden Brisen des Südwinds am starken Heck, traurig, denn einst wurde er an unserem Strand angespült. [430] Geh zu ihm, wenn es recht ist, und sprich den wartenden Jüngling an!"

So sprach sie. Jener lenkte seinen Schritt fort vom hohen Tempel, um der Küste zuzustreben. Da spricht er den ahnungslosen Phegeus mit freundlichen Worten an, eine erhabene Erscheinung am einsamen Strand:

„Wenn du allein das vom Niedergang bedrohte Italien retten kannst, soll [435] es dir an Gold oder Silber als Lohn für solchen Dienst nicht mangeln, denn ich habe reichlich von beidem. Wenn es dir gelingt, Sigismondo auf ausonischem Boden an Land zu bringen, wirst du deine Hände nie mehr mit Rudern plagen, keine Paddel mehr betätigen, du wirst keine Last mehr damit haben, dich elendig dem rasenden Meer anzuvertrauen, sondern du wirst [440] fruchtbares Land haben, soviel du nur wünschen kannst, ein Haus und was immer du dir von meinen Ländereien aussiehst."

Dies sagte er. Jener umarmte seine Füße, saß unter strömenden Tränen zusammengesunken da, ging seine beiden Knie an und spricht, als er das erste Mal seine Stimme in der Sprache, die er vermisst hat, erklingen [445] lassen kann, wieder aufgerichtet mit großer Ehrfurcht:

„Nun schalt ich die Winde und die tosenden Lüfte, unwissend und voll Undank gegen die Götter, unter deren Fürsprache mir Glück, göttliches Einwirken und Zeit alles gaben, was ich mir wünschte, obwohl ich mich mutwillig über sie empörte und die Ungerechtigkeit der Furien beklagte? [450] Unwissender Verstand der Menschen, der Wünsche äußert, ohne zu verstehen, was er da tut! Gott, nur Gott gibt uns alles Gute und ohne ihn kann nichts Rechtes oder Gutes zustande kommen.

confieri. Nihil ille mali, sed nostra cupido,
quae miseris innata trahit mentemque animumque.
Ille auctor coepti, finem ferat ille precamur. 455
Ut mala perpetuo nunquam fortuna fuisti!
Tune igitur nostra, Sismunde, ferere carina?
Atque deo ducente tuis te reddere regnis
fas mihi, fas populos nautae servare Latinos?
O minimis fortuna viris non semper iniqua! 460
Quin ego non aliud pretii nec munera poscam,
praemia magna satis sunt haec." Sic fatur. At illum
ipse manu ad nympham ducit Pandulphius heros.

An jenem ist nichts Schlechtes, sondern es ist unser Verlangen, das uns angeboren ist und unseren Sinn und Geist mit sich reißt. [455] Jener ist der Urheber jedes Unterfangens und wir beten darum, dass er es zu einem Ende führt. Wie du, mein Schicksal, niemals dauerhaft schlecht gewesen bist! Sigismondo, willst du dich also von meinem Schiff befördern lassen? Und ist es mir vergönnt, unter Gottes Führung dich deinen Reichen zurückzugeben, ist es mir einfachem Seemann vergönnt, die Völker [460] Latiums zu retten? O Schicksal, das du den Geringsten gegenüber niemals feindlich bist! Ja, ich will gar nichts sonst an Lohn oder Preis fordern. Das ist mir eine ausreichend große Belohnung." So spricht er. Ihn aber führt der Held, Sohn des Pandolfo, an seiner Hand zur Nymphe.

Basini Parmensis
Hesperidos
Liber Decimus

Interea totum volitans iam Fama per orbem
ibat et ambiguo populos sermone tenebat
Sismundum Ionio demersum obiisse profundo.
Luctus ubique virum vario sermone loquentum.
Occultant lacrimas Itali, sed mente profunda   5
suspirant miserumque fremunt. Lugubre vagantur
mussantes trepidique senes iuvenesque superbi,
praecipue quos Martis amor, quos gloria belli
dulcis alit. Non ulla tubae data signa per urbes
Ausonias, non acer equus suadente magistro   10
flectier in gyrum et cornu quatere arva sonanti,
non enses, non tela novant clipeosve iubasve.
Arma petit nemo frigetque infracta virum vis.
Quos ubi non vano sensit languore teneri,
ipse iterum mentem totam Taraconius heros   15
impulit ad magnum duri Mavortis amorem,
atque haec in mediis sic est effatus Iberis:
   „Magnanimi Celtae, mentes advertite paucis,
atque bonum sperate Iovem, qui tempore laeto
pronus adest. Non ipse pios, non ipse precantes   20
reppulit et, sero quamvis, tamen omnibus idem,
omnibus interdum dulcem largitur honorem.
Nam penetrans Graias iuvenis vesanus ad urbes
antiquam et Cyprum vanos ducturus Achivos
morte luit poenas scelerum Pandulphius heros   25
in gelida miserandus aqua. Quem terra tenere
non poterat, tenuere freti vada salsa profundi.
Sic pater ille deum domat ingratosque, ferosque
immanesque viros. Italis spes omnis adempta est
imperii. Ductore opus est, qui more superbi   30
Sismundi fera bella gerat. Quisnam ille per omnem
Italiam, solum quem sic Romana coronent
agmina? Quem metuant? Nunc est, nunc tempus acerbum
iam posuisse nefas turpesque refellere casus.

Der *Hesperis*
Basinios von Parma
Zehntes Buch

Unterdessen ging im Fluge das Gerücht durch die ganze Welt und zog mit ungewissem Gerede die Völker in seinen Bann, dass Sigismondo versunken in der Tiefe des ionischen Meeres sein Ende gefunden habe. Überall war Trauer unter den Menschen, die verschiedene Sprachen sprachen. Die [5] Italiener verbergen ihre Tränen, doch tief in ihrem Geist seufzen sie und jammern elendig. Zittrige Greise und stolze Jünglinge streifen kläglich murmelnd umher, vor allem die, die die Liebe zum Kriegsgott, die der süße Ruhm im Kampf nährt. Nirgends in den ausonischen Städten gibt auch nur eine Heerestrompete ihr Signal. Kein Pferd wird auf das [10] Kommando seines Lehrmeisters im Kreis geführt und lässt mit tönendem Huf den Boden donnern. Ihre Schwerter und Speere, ihre Schilde und Helmzieren bessern sie nicht aus.
Niemand greift zu den Waffen und die Kraft der Männer ist gebrochen und erkaltet. Als der Held aus Tarragona bemerkt hat, dass eine nicht [15] geringe Ermattung Besitz von ihnen ergriffen hat, da richtete er wieder sein ganzes Sinnen auf sein großes Verlangen nach grimmigem Kriege und spricht inmitten seiner Iberer diese Worte:
„Hochherzige Kelten, schenkt mir für wenige Worte eure Aufmerksamkeit und setzt eure Hoffnung auf den guten Jupiter, der uns in dieser [20] frohen Stunde wohlgesonnen ist. Er hat die Frommen, die, die zu ihm beten, nicht abgewiesen und gönnt uns ja allen, wenn auch spät, so doch als derselbe für alle, endlich diese wohlgefällige Ehre. Denn als der Jüngling in seinem Wahn zu den Städten Griechenlands vorstieß und die eitlen Achiver zum uralten Zypern führen wollte, da büßte der Held, Sohn des [25] Pandolfo, seine Verbrechen jämmerlich im eiskalten Wasser mit dem Tode. Ihn, den die Erde nicht halten konnte, ihn haben nun die salzigen Weiten des tiefen Meeres in ihren Fängen.
So bändigt der Vater der Götter die undankbaren, die tolldreisten und maßlosen Männer. Den Italienern ist alle Hoffnung auf die Herrschaft [30] genommen. Sie bräuchten einen Anführer, der nach Art des stolzen Sigismondo ihre brutalen Kriege führt. Wen soll es denn in ganz Italien geben, den allein die römischen Heerscharen auf diese Weise zu ihrem Führer küren? Den sie fürchten? Jetzt, jetzt ist die Zeit, den bitteren Frevel beiseitezuschieben und die Schande unseres Falls zu beseitigen. Das Glück hat die

Mutata est fortuna loco, quae fida secundis 35
rebus adest miseras Thuscorum exstinguere gentes.
Scilicet arma ferent auro spectanda polito,
quae praedae quam Martis habent plus obvia telis
Celtarum imbelles Itali. Duce proelia nullo,
Alphonso bellante gerent? Exempla priorum, 40
magnanimi, spectate, viri. Quot millia Xerxes
duxit ad angustum clausi maris Hellespontum,
tot Medum turmas equitare per aequora ponti
ausus et abscissos inter dare carbasa montes?
In duce res belli posita est. Me rege secundis 45
auspiciis fatisque deum sperate superbos
Italiae populos prima devincere pugna."
Talibus ante duces magnorum ductor Iberum.

    Tum subito Celtae, furiis agitata iuventus,
experiuntur equos et se se hortantur in arma. 50
Nescia venturi mens improba, nescia fati,
caecus amor belli tantum suadere malorum,
et gaudere suo potuit fortuna favore,
quos alias fors ad lacrimas mutata reservat.
Exsultant, tumidique ruunt bellumque minantur, 55
bellum Italis omnes, coniuratique repente
limine pro Iani subito fremuere tumultu.

    Quae fama ut pavidas Italum penetravit ad aures,
deficit a sociis Populonia terra Latinis.
Ergo Itali trepidare magis, magis arma timere 60
Alphonsi populumque minas, cunctique metu se
deiecere solo, ac tristi intremuere pavore
cordaque magnanimum quondam sunt strata virorum.
Clade quidem audita concussae funditus urbes
Tyrrhenae. Pisaea gravi tunc arva tumultu 65
deserta a miseris cultoribus. Omnia bellum
tuta minantur. Eunt veteres ex urbe coloni
exilio – proh grande nefas! Timet inclyta rerum
Roma, decus Latii quondam, trepidique Quirites.
Tum Veneti sese regi iunxere superbo 70
Insubrum populos contra Ligurumque catervas,
nam Ligures Thuscos bello iuvere priori.

[35] Seiten gewechselt, es steht uns nun unter günstigeren Bedingungen treu zur Seite, die elenden Völker der Etrusker auszulöschen. Gewiss, sie werden Waffen tragen, die mit edlem Gold schön anzuschauen sind, die aber eher Beute als echtes Kriegsgerät sein werden, wenn die feigen Italiener sie den Waffen der Kelten entgegenstellen. Sollen sie etwa ohne Anführer ihre [40] Schlachten schlagen, wenn Alfons gegen sie zu Felde zieht? Hochherzige Männer, betrachtet die Beispiele früherer Zeiten. Was ist mit Xerxes, der so viele tausend zum Hellespont, der in einer Enge das Meer umschließt, führte, wie er Schwadronen der Meder über die Meeresoberfläche reiten zu lassen und Schiffe durch Berge, die er spaltete, zu schicken wagte? Mit dem [45] Anführer steht und fällt der Krieg. Habt Hoffnung, mit mir als König unter günstigen Vorzeichen und mit dem Wohlwollen der Götter die hochmütigen Italiener direkt in der ersten Schlacht zu bezwingen."
Mit solchen Worten sprach zu den Fürsten der großen Iberer ihr Anführer.

Da erproben sogleich die Kelten, ihre von rasender Wut angetriebene [50] Jugend, ihre Pferde und ermuntern sich selbst zu Waffentaten. Allein der unredliche Verstand, unwissend um das, was kommt, unwissend um das Schicksal, und die blindmachende Liebe zum Krieg konnten sie zu so großen Übeln verleiten, und Fortuna freute sich über das Zutrauen zu ihr, während sie sie bereits für den Moment, da ihr Glück sich wenden würde, zu neuen [55] Tränen aufsparte. Sie bäumen sich auf, stürmen aufbrausend los und drohen mit Krieg, alle drohen sie den Italienern mit Krieg, und als sie sich sodann drauf eingeschworen haben, tosen sie vor Janus' Pforte jäh im Jubel.

Als Kunde davon zu den furchtsamen Ohren der Italiener vordrang, fällt die Gegend von Populonia von den latinischen Verbündeten ab. [60] Umso mehr erzittern die Italiener, fürchten die Waffen des Alfons noch mehr und die Drohungen seiner Völker und alle werfen sie sich vor Angst zu Boden und erbeben in schrecklicher Furcht, und so sind die Herzen der einst stolzen Männer niedergestreckt. Als sie von der Niederlage erfahren, sind die tyrrhenischen Städte gänzlich erschüttert. Unter großem [65] Aufruhr werden die pisanischen Ländereien da von ihren armen Bestellern verlassen. Alles, was sicher schien, deutet nun auf Krieg hin. Die alten Bauern gehen aus der Stadt ins Exil, o welch gewaltiger Frevel! Es fürchtet sich das hochgerühmte Rom, einst Hauptstadt der Welt und Zierde Latiums, und seine Bürger haben Angst. Da verbündeten sich die [70] Venezianer mit dem hochmütigen König gegen die Völker der Insubrer und die Scharen der Ligurer, denn die Ligurer hatten den Etruskern im vorherigen Krieg geholfen.

Ergo omnes Lydi quondam, nunc Thusca iuventus,
praecipuo trepidare metu. Pars squalida duris
crinibus ora tegunt, pars est amplexa Penates 75
et genua alta deum. Celsis altaribus illi
dependent miserumque fremunt, aliique per urbes
supplicio et magnis incendunt aethera votis.
Ipsi, spes bona quos Sismundo certa sub uno
dulcis alebat, eunt pavidi, nec iam ulla minantur 80
bella truci Alphonso. Trepidant iuvenesque, senesque
attonitaeque nurus. Sed iam Taraconius heros
praeficit innumeris gnatum Pherinanta catervis.
Nec minus arma viris sacro depromere templo
iussit et horrendos belli recludere postes. 85
Tum laeti proceres per latos agmina campos
eduxere. Ruunt equites peditesque sequuntur,
Parthenopea, tuos linquentes ordine campos.
   Quos ubi stellifero superum despexit Olympo
rector, in haec vocem divinam fata resolvit 90
Mercurium antevocans: „Iterum, Cyllenia proles,
nate, vola, claroque celer delabere Olympo.
Cimmerios pete, nate, locos, tenebrasque relinque
parte alia, Zephyrique domos et templa superba
ingredere ac notis Sismundum vocibus imple. 95
Dic, ut in arma ruant populi Celtaeque superbi.
Tentet fortunam et fatum inviolabile divum,
namque dabit deus ipse viam tempusque monebit.
Praeterea petat auxilium natamque patremque,
namque dabunt reditus faciles flatusque secundos. 100
Nec prius Ethruscas penetraverit hostis ad oras,
victor Arimineam quam sit delatus ad urbem."
   Sic ait. Ille nihil contra adversatus ab alto
se mittit caelo, solitasque reverberat auras
Oceanique petit deus alta fluenta reposti. 105
Invenit ut vario miscentem pectora motu,
talibus adloquitur iuvenem Cyllenia proles.
   „Me pater ille deum supero tibi mittit Olympo,
qui freta, qui terras atque aurea sidera torquet.
Scin', ut in arma ruant populi, Celtaeque superbi, 110

So erzitterten einst alle Lyder und nun die etruskische Jugend in größter Furcht. Ein Teil von ihnen bedeckt verwahrlost das Gesicht mit borstigen [75] Haaren, ein Teil umarmt die Penaten und die hohen Knie der Götter. Sie scharen sich um die erhabenen Altäre und klagen elendig, andere bedrängen in den Städten den Himmel mit Flehen und demütigen Bitten. Gerade die, die zuvor die gute Hoffnung, gewiss und verlockend, einzig unter Sigismondo am Leben hielt, sie schreiten verschreckt einher, und [80] drohen dem blutrünstigen Alfons mit keinem Krieg mehr. Es erzittern Jünglinge, Greise und junge Frauen gleichermaßen wie vom Donner gerührt. Doch da erteilt der Held von Tarragona seinem Sohn Ferdinand schon den Oberbefehl über seine zahllosen Heerscharen. Auch gebot er, für seine Männer die Waffen aus dem heiligen Tempel zu entnehmen und [85] die grausigen Pforten des Krieges zu öffnen. Dann führten seine Großen fröhlich ihre Heerscharen über weite Felder hinaus. Die Reiter stürmen voraus, ihnen folgen die Fußsoldaten, während sie der Reihe nach, deine Felder, Parthenope, verlassen.

Als der Lenker der Götter vom gestirnten Himmel auf sie hinab [90] blickte, da ließ er seine göttliche Stimme zu diesen Schicksalssprüchen erklingen, wofür er Merkur zu sich rief: „Erneut, cyllenischer Sprössling, Sohn, flieg und gleite hinab vom strahlenden Olymp. Eile zur Heimat der Cimmerier, lass die Dunkelheit auf der anderen Seite hinter dir, betritt das Haus des Zephyrus und die stolzen Tempel und gib [95] Sigismondo die vertraute Stimme ein. Sag ihm, dass nun, wo seine Völker und die hochmütigen Kelten zu den Waffen stürmen, er es auf sein Glück und das unantastbare Schicksal der Götter ankommen lassen soll. Denn der Gott selbst wird ihm einen Weg auftun und ihm den Zeitpunkt vorgeben. Außerdem soll er Tochter und Vater um Hilfe ersuchen, denn sie werden ihm [100] eine leichte Rückfahrt ermöglichen und günstige Winde. Doch der Feind solle nicht eher zu den etruskischen Landen vordringen, als dass er als Sieger nach seiner eigenen Stadt Rimini gelangt ist."

So sprach er. Jener Gott erwidert nichts, schwingt sich hoch vom Himmel hinab, peitscht mit seinen Schwingen erneut die vertrauten Lüfte und [105] strebt den tiefen Fluten des weit entfernten Ozeans zu. Als er den Jüngling vorfindet mit unterschiedlichen Regungen in seinem Herzen, da spricht der cyllenische Sprössling ihn mit diesen Worten an:

„Er, der Vater der Götter, der die Meere, die Länder und die goldenen Sterne bewegt, schickt mich vom hohen Olymp zu dir. Weißt du nicht, [110] wie deine Völker und die hochmütigen Kelten zu den Waffen stür-

Hispanique truces Alphonsique inclyta proles?
Quin petis auxilium, iubet hoc, natamque patremque,
namque dabunt reditus faciles flatusque secundos?"
Dixit, et in tenues fugit intractabilis auras.
 Obstupuit visis magnorum victor Iberum,   115
et subito ad nympham divina oracla reportat
adfaturque patrem Zephyrum: „Dux maxime veris
venturaeque aestatis honos, qui floribus agros
insignis variis laetos, cui spiritus altis
arboribus frondes, cui sufficit aura iugali   120
connubio volucres, et qui ferventibus undis
progeniem liquidis educunt sedibus udam,
quem mare navifragum sentit, quem daedala tellus,
ipse velis nostro, pater, adspirare labori."
 Sic ait. Huic veris contra pater inclytus infit: 125
„O virtute tua summo notissime caelo,
linquere te portus facile est atque alba secundis
tendere vela Notis. Labor est superare furentis
caerula vasta maris, scopulos, et saxa latentia,
et Syrtes vitare malas, avidamque Charybdin   130
latrantemque antro Scyllam canibusque gementem
delphinasque vagos cauda pulsante prementem.
Quare animum dictis adhibe, et te signa docebo
atque utrumque latus quonam vitare licebit
et superare modo. Namque hinc ad sidera moles   135
vasta minans pelago subiectas despicit undas
incussas crebro duris a cautibus ictu.
Has autem cautes Planctas dixere beati
caelicolae, quas praeter aves plaudentibus alis
non veniunt, non inde Iovi venere columbae,   140
ambrosiam summo referunt quum forte. Nec ullis
classibus hac iter est tutum, qua durus Ulysses
non sine parte sui potuit transire relicta.
Sola autem incolumis superavit caerula ponti
Argo, quae saxis non est elisa, quod ultro est   145
praetermissa manu Iunonis, Iasona quando
diva potens caeli miro servavit amore.
Forte duo scopuli adparent, cum veneris illuc.

men, die blutrünstigen Spanier und der hochgerühmte Spross des Alfons? Warum bittest du nicht Tochter und Vater um Hilfe, denn das gebietet er? Sie nämlich werden dir eine leichte Rückfahrt und günstige Winde geben." So sprach er und entfleucht spurlos in die zarten Lüfte.
[115] Der Bezwinger der mächtigen Iberer stutzte über das, was er gesehen hatte, berichtet sofort der Nymphe über die göttliche Weissagung und spricht dann ihren Vater Zephyrus an: „Größter Herrscher des Frühlings und Zierde des sich ankündigenden Sommers, der du die Äcker fröhlich mit mannigfaltigen Blüten verzierst, dessen Atem den hohen Bäumen ihr [120] Laub schenkt, dessen Hauch die Vögel zur feierlichen Hochzeit führt und auch die Wesen, die in den warmen Wogen ihren feuchten Nachwuchs in ihren nassen Heimen aufziehen, den das Schiffe zerstörende Meer spürt und der gütige Erdboden, mögest du, Vater, mit deinem Hauch meine Aufgabe erleichtern."
[125] So sprach er. Ihm erwiderte der hochgerühmte Vater des Frühlings: „O du, der du dank deiner Tatkraft dem höchsten Himmel wohlbekannt bist, leicht ist es, den Hafen zu verlassen und deine weißen Segel in den günstigen Südwinden zu hissen. Doch eine Mühe ist es, die blauen Weiten des tosenden Meeres zu überwinden, die Klippen und verborgenen Felsen, [130] die gefährlichen Syrten zu meiden, die gierige Charybdis und Scylla, die aus ihrer Höhle brüllt, mit ihren Hunden heult und die Delphine mit ihrem peitschenden Schwanz hin und her treibt.
Drum gib Acht auf meine Worte und ich werde dich die Landmarken lehren und die Art und Weise, auf die du beide Ufer wirst meiden können. [135] Denn auf der einen Seite ragt eine gewaltige Landmasse bis in den Himmel und blickt von dort aus auf das Meer und seine Wogen, die durch fortwährendes Aneinanderschlagen der harten Felsen aufgepeitscht werden. Diese Klippen aber nannten die seligen Himmelsbewohner die Plankten, an denen nicht einmal die Vögel mit schnellem Flügelschlag [140] vorbeikommen und denen auch die Tauben nicht entkommen, wenn sie dem höchsten Jupiter einmal Ambrosia bringen. Und keine Flotte kann dort eine sichere Passage finden, wo sogar der tapfere Odysseus nicht, ohne einen Teil seiner Schiffe zurückzulassen, vorbeisegeln konnte.
Einzig die Argo aber hat diese Gewässer unbeschadet passieren können, [145] die nicht von den Felsen zerschmettert wurde, weil sie absichtlich durch Junos Einwirken vorbeigelassen wurde, als die Göttin, die den Himmel beherrscht, aus einer staunenswerten Liebe heraus Iason beschützte. Wenn du dorthin kommst, werden zwei Klippen erscheinen.

Occupat hic caelum sublimi vertice nigris
nubibus obtecto. Rubra non ardor ab aethra 150
triste cacumen habet, nihil hic aestate sereni
autumnoque die candentis. Scandere quem fas
non ulli est hominum. Medio specus aestuat antro.
Hinc procul, o, fragilem, iuvenes, inhibete carinam,
et prohibete ratem saxis haerere malignis. 155
Hic est Scylla rapax, fremitu quae verberat aequor,
monstrum immane ferox, cui stant capita atra frementi
sex numero, atque pedes bisseni, et faucibus atris
impia letifero mortis foedata veneno
ora sonant triplici ter dentis acumine densi. 160
Eminet ex antro taetri pars maxima monstri
et capita aethereas ostentat Scylla sub auras.
Delphinis, canibusque gemunt femora hispida vasto
latratu. Illa viros puppi detraxit Ulyssis.
Et gaudere potest, tranat qui impune Charybdin, 165
parte alia adsurgit scopulis quae tristis adesis
fronde sub horrenti vomitans fluctusque sonantes,
absorbensque iterum. Ter ad aethera murmurat unda,
ter cadit in praeceps, vastoque remugit in antro.
Haec fugienda tibi." Tum sic Pandulphius heros: 170
   „Omnia sunt animo, genitor, haec cognita nostro,
quo fugienda modo Scylla est atque atra Charybdis.
Verum illud, quod tu memoras, quod Iasona Iuno
iuverit auxilio, scopulis ne verteret illis,
non ita me docuit senior iam forte Carinus. 175
Noverat ille situs terrarum. Retulit ille
Euxini solas Graios adnasse per undas,
quique Propontis eos alienis intulit oris."
Vix ea, cum Zephyrus ridenti reddidit ore:
   „Non novit senior, memoras quem forte, Carinus, 180
dum fugit Aesonides abducta sponte puella
magnanimi regis faciles mortalibus Aetae
quod metuens portus, et avaras praeterit oras
atque ideo primum iuvenes venere per Istrum
innumeri iam tum. Qui postquam deesse videbant 185
undas remigio, sublatam fortibus Argo

Der eine verdeckt mit seinem gewaltigen Gipfel, den schwarze Wolken [150] verhüllen, den Himmel. Kein Feuerschein vom rötlichen Himmel erreicht den trostlosen Gipfel, hier gibt es keinen Lichtschein im helllichten Sommer oder an einem Herbsttag. Keinem Menschen ist es gestatten, diesen Berg zu besteigen. Mitten unter dem Steilkliff brodelt eine Grotte. Haltet euren zerbrechlichen Kiel weit von dieser Stelle fern, o Jünglinge, [155] und verhindert, dass euer Gefährt an den gefährlichen Klippen hängenbleibt. Hier haust die raubgierige Scylla, die mit ihrem Grollen das Meer aufpeitscht, ein wildes und gewaltiges Ungeheuer, das aus sechs schwarzen Häuptern brüllt und zwölf Füße hat, und dessen gottloses Antlitz, das von todbringendem Gift getränkt ist, aus schwarzen Schlünden [160] mit dreimal drei Reihen dichtgedrängter spitzer Zähne brüllt. Der größte Teil dieses scheußlichen Ungetüms ragt aus der Grotte heraus und Scylla streckt ihre Häupter in die klaren Lüfte. Ihre Schenkel tosen, übersät von Delphinen und Seehunden mit weit hörbarem Gebrüll. Sie entriss dem Schiff des Odysseus Männer.
[165] Auch kann sich glücklich schätzen, wer unversehrt Charybdis passiert, die sich auf der anderen Seite trostlos mit ausgespülten Felsen erhebt und unter grausigem Bewuchs tosende Fluten ausspeit und wieder einsaugt. Dreimal grollt die Woge bis zum Himmel hinauf, dreimal fällt sie in den Abgrund und hallt wider aus der weiten Grotte. Sie musst du [170] meiden." Da sprach der Held, Sohn des Pandolfo:
„Ich habe alle diese Dinge verstanden und verinnerlicht, Vater, wie man die Scylla meiden muss und die finstere Charybdis.
Jenes aber, was du erwähnst, dass nämlich Juno Iason zur Hilfe gekommen ist, damit er nicht an jenen Felsen kentere, das hat mich damals der [175] alte Carinus nicht so gelehrt. Er kannte sich aus in Geographie und berichtete, dass die Griechen ausschließlich durch die Wellen des Schwarzen Meeres gefahren sind und dort, wo die Propontis sie an andere Ufer gebracht hat."
Kaum hatte er das gesagt, da erwiderte Zephyrus mit lachendem Gesicht: [180] „Der alte Carinus, den du da erwähnst, weiß nicht, dass der Aesonide, während er mit dem Mädchen floh, das sich freiwillig entführen ließ, die für Menschen leicht zugänglichen Häfen des Königs Aeetes und seine gierigen Gestade aus Furcht umfuhr und dass daher damals das erste Mal eine gewaltige Zahl junger Männer über den Ister fuhr. Nachdem sie [185] sahen, dass unter den Rudern das Wasser fehlte, da hoben sie die Argo an, nahmen sie auf ihre starken Schultern und trugen das Schiff, das

imposuere humeris, et quae portaverat ipsos,
portavere ratem, donec posuere reposto
in pelago, hinc remis Tyrrhenum vecta per altum.
Nec te Maeonii vatis memorabile carmen, 190
nec te Musa latet. Circe cum instruxit Ulyssem,
inquit ea haec Ithaco cum iam migrare pararet:
‚Scylla tibi fugienda, viros quae puppe revulsos
obruit aequoreasque furens iubet ire sub undas.
Sola autem incolumis superavit caerula ponti 195
Argo, quae saxis non est elisa, quod ultro est
praetermissa manu Iunonis, Iasona quando
diva potens caeli miro servavit amore.'
Haec Ithaco Circe iam iam memorabat eunti.
Non igitur senior referebat vera Carinus, 200
qui nunc peccati poenam luit improbus omnem.
Et quoniam, ut narras, vidisti forte Carinum,
nunc referam casus mutati corporis omnes.

    Est locus Eridanum iuxta, piscosa secundum
stagna, Padusaeos resonant ubi flumina cygnos. 205
Hic dum forte senex curvos adservat asellos
Mercurium latis ipsum non vidit in arvis.
Viderat ille quidem, sed non agnorat eumdem
saepe deum ad se se venientem ac magna ferentem
munera, si Maia genitum pius ille salutet. 210
Verum alio mentem diviserat atque palustri
culmine saepe latens pecus omne ad tecta reducit
immemor ipse dei, nullum cui reddat honorem.
Non tulit ulterius, peperit quem Maia tonanti:
‚Munera quandoquidem non vis mea', dixit, ‚habebis 215
haec tibi, quae totos memorent tua facta per annos.
Amnibus herbosis, stagnoque querere loquaci.
Guttura quae tibi sunt, eadem remanere iubemus,
idem oculi rubeant, eadem stet vocis imago
spinaque, quam prato posuisti saepe virenti, 220
sit viridis, dorso quae dividat alta natanti
flumina, rana loquax sub aqua quacumque recumbas.'
Sic effatus aqua Lethaei fontis inertem
sparsit et elata percussit tempora virga.

sie selbst getragen hatte, bis sie es wieder in einem weit entfernten Meer zu Wasser ließen und von dort aus über die hohe See bis ins tyrrhenische Meer ruderten.

[190] Weder das denkwürdige Gedicht des mäonischen Sängers ist dir verborgen noch die Kenntnis der Muse. Als Circe den Odysseus unterwies, da sagte sie dies zum dem Ithaker, als er schon im Begriff war, aufzubrechen: ‚Die Scylla musst du meiden, die die Männer vom Schiff reißt und unter ihm begräbt, und ihnen tosend gebietet, in den Wellen der See [195] unterzugehen. Als einziges Schiff aber überwand diesen Teil des blauen Meeres die Argo, die nicht von den Felsen zerschmettert wurde, weil sie absichtlich durch Junos Einwirken vorbeigelassen wurde, als die Göttin, die den Himmel beherrscht, aus einer staunenswerten Liebe heraus Iason beschützte.' Dies rief Circe dem Ithaker noch in Erinnerung, als [200] er aufbrach. Drum hat der alte Carinus dir nicht die Wahrheit erzählt, der nun die Strafe für die Sünde seiner Unredlichkeit verbüßt. Und da du ja, wie du berichtest, Carinus selbst einmal gesehen hast, werde ich dir nun den ganzen Hergang der Verwandlung seines Körpers schildern.

Es gibt einen Ort am Eridanus, nah fischreichen Tümpeln, wo der [205] Fluss von den Schwänen des Padus erschallt. Während ein Greis dort einmal seine krummen Esel hütete, sah er Merkur persönlich nicht auf den weiten Fluren.

Er hatte ihn zwar gesehen, aber nun nicht erkannt, dass es derselbe Gott war, der oft zu ihm kam und ihm große Dienste erwies, wenn er ihn als [210] Sohn der Maia anständig grüßte. Doch diesmal war er mit den Gedanken anderswo und führt all sein Vieh, das sich häufig im hohen Schilf versteckt, zum Haus zurück und verschwendet dabei keinen Gedanken an den Gott, dem er keine Ehre erbietet. Das duldete das, den Maia dem Donnerer gebar, nicht länger: ‚Da du ja offenbar meine Gaben nicht mehr [215] wünschst', sagte er, ‚sollst du stattdessen das hier bekommen, das dich für alle Jahre an deine Taten erinnert, klagen sollst du nämlich in pflanzenreichen Flüssen und geschwätzigen Teichen. Ich verfüge, dass die Kehle, die du hast, dieselbe bleibt, die Röte deiner Augen und der Klang deiner Stimme dir bleiben. Dein Rückgrat, das du oft auf grüner [220] Wiese gebettet hast, sei grün und möge mit deinem Buckel oben die tiefen Flüsse durchschneiden. Als geschwätziger Frosch sollst du unter allen möglichen Wassern lagern.' So hatte er gesprochen, besprenkelte den Mann, der sich nicht regte, mit dem Wasser aus der Quelle der Lethe, holte mit seinem Stab aus und schlug ihm an die Schläfen.

Ille virum exuere incipiens, sine mente, sine arte, 225
ingenio fretus, limosis desilit undis,
turbavitque lacus sonituque exterritus imo
delituit stagno. Talis fuit exitus illi
pastori eximio quondam, si nosse liceret
Mercurium et saevas superum non temnere laudes. 230
Sed nec dignus erat, de quo tot verba referrem,
dum cupis auxilio Italiam contingere nostro.
Nec moror ulterius flatus spirare secundos.
Phegea iamque voca socium navisque magistrum
et conscende meis confisus viribus aequor." 235
 Talibus auditis gaudet Pandulphius heros
adtollitque animos bellorum incensus amore.
Ecce autem Phegeus subducta ut forte carina
utre ferens ventos, quibus ipse per aequora ferri
posset, si norit factum Taraconia puppes. 240
Flamina puppe ligat, clausos vehit aequore ventos.
 Tum bonus Ausonides: „Age, dic, sanctissima nympha,
nympha animo certe dudum gratissima nostro,
per tibi siquid amor meus in te dulce relinquet,
oro, animi miserere mei. Dic, optima virgo, 245
qua virtute feros Italis a finibus hostes
pellere, et audaces possim devincere Celtas.
Nam neque me frustra genitor tua limina iussit
adventare, dares ut tu praecepta, nec ipsis
deficeres fatis, sed sancta oracla referres. 250
Consiliis opus est nunc demum, vincere Celtas
si fortuna iubet. Iam nunc da morte vel atra
occiduis periisse vadis, precor, optima virgo,
defensorem Italae per magna pericula gentis,
victorem Alphonsi quondam. Mors illa beata est, 255
quae cum laude venit. Turpemne ego vivere vitam
atque oculis spectare diem cupiam inde fugatus,
unde ferum validis deieci viribus hostem?
Absit ut iste furor! Potius mihi nigra videnda
Tartara sint iterum, potius terraeque recessus, 260
Oceanumque deum videam Tethynque parentes
aut maneam vestris in sedibus." Haec ita fato

[225] Jener fing an, sein menschliches Wesen abzulegen, sprang, ohne Verstand, ohne Geschick, nur auf seinen Trieb vertrauend in die schlammigen Wogen, wühlte die Seen auf und verbarg sich, von jedem Geräusch verschreckt, am Teichgrund. So ein Ende fand jener einst herausragende Hirte. Ach, wenn es ihm doch vergönnt gewesen wäre, Merkur zu erkennen [230] und die grausame Achtung der Götter nicht zu verschmähen. Doch er war es nicht wert, so viele Worte über ihn zu verlieren, während du doch mit unserer Hilfe nach Italien gelangen willst. Ich werde nicht länger warten, dir einen günstigen Wind zuzuhauchen. Ruf sogleich deinen Gefährten und Bootsmann Phegeus und stich im Vertrauen auf meine Kräfte [235] in See."

Als er das hört, freut sich der Held, Sohn des Pandolfo, und schöpft, angefacht von dem Verlangen nach Kriegstaten, neuen Mut. Und sieh Phegeus, wie er mit dem schnell herbeigeführten Schiff in einem Schlauch die Winde bei sich trägt, mit denen er sich auch dann über das Meer tragen [240] lassen könnte, wenn die Flotte Tarragonas davon erführe. Er macht die Winde am Schiff fest und befördert sie fest verschlossen übers Meer.

Da spricht der edle Ausonier: „Wohlan, heiligste Nymphe, Nymphe, die du mir gewiss schon lange von Herzen lieb bist, sprich, ich bitte dich inständig, erbarme dich meiner, wenn meine Liebe nur irgendetwas Gutes [245] in dir hinterlässt. Sag mir, edelste Jungfrau, mit welcher Tugend ich die bösen Feinde von den Grenzen Italiens vertreiben und die tolldreisten Kelten bezwingen kann. Denn nicht ohne Sinn hat mir mein Vater geboten, an deine Tür zu kommen, damit du mir Anweisungen gibst und nicht vor dem Schicksal selbst zurückschreckst, sondern heilige Weissagungen [250] verkündest.

Wir brauchen nun endlich Pläne. Wenn das Schicksal es so will, dass Kelten obsiegen, dann lass mich doch gleich eines finsteren Todes oder in bodenlosen Tiefen zugrunde gehen, so bitte ich, bestes Mädchen, habe ich doch einst als das italienische Volk in großen Gefahren verteidigt und [255] schließlich über Alfons gesiegt. Glücklich ist der Tod, der mit Ruhm einhergeht. Soll ich mir denn wünschen, ein Leben zu leben und mit meinen Augen den nächsten Tag zu sehen, wenn ich von dort vertrieben wurde, von wo ich einst mit aller Kraft einen bösen Feind vertrieb? Dieser Wahnsinn bleibe mir erspart. Lieber will ich erneut den schwarzen [260] Tartarus sehen müssen, lieber will ich die Schlupfwinkel der Erde und die Ureltern, den Gott des Ozeans und Tethys sehen oder in euren Landen bleiben." Nachdem er so gesprochen hatte, antwortete die junge

rettulit ipsa viro Zephyri Psycheia virgo:
    "Nulla viro forti dura est via, nulla volenti,
si modo recta velit, res est infecta. Quid autem 265
Alphonsum dubitas Italis avertere terris?
Id vero dubitare nefas. Vix ille tuorum
oppida Thuscorum capiens non multa laborem
incassum victor praemissis traxerit armis,
praeter Arimineam cum te pater almus ad urbem 270
vexerit. Ille dolos divum cum norit, et acri
terga parare fuga et solitas volet ire per undas."
    Talibus auditis gaudet Pandulphius heros
conscenditque levem Zephyro spirante carinam.
    "Nympha vale, memori quam pectore semper amabo, 275
semper honore sequar. Nostras tua fama per urbes,
et decus et nomen cunctis vulgabitur horis."
    Dixerat, avulsaque volat per vasta carina
aequora, nec ventos audit spirare frementes.
Solus in Eoos pandebat flamina tractus 280
Hesperides Zephyrus. Neque enim Iovis ales ab alto
aethere se mittens, clausis cum devolat alis,
tantum aperit caeli divisis aeris auris,
quantum puppis aquae vento secat acta secundo.
Miratur silvas Pandulphus abire virentes, 285
miratur tremulos Zephyro subsidere fluctus,
miratur campos liquidarum laetus aquarum,
nec minus aetherei tractus suspectat Olympi.
Omnis ab adspectu tellus abscesserat, altum
spectabat pontum et lati spatia undique caeli. 290
Fallit et ipse viam vario sermone diuque
narrat inauditi multis miracula Ditis,
nunc referens comiti Tityon telluris alumnum,
iugera tota novem vasto qui ventre premebat,
Sisyphon Aeoliden et Tantalon, ancipitique 295
membra rota versi ad vacuas Ixionis auras
Herculis et magni simulacrum grande. Sed huius
umbra stat infernis in sedibus, aethera at ipse
calcat et aeterni patris se coetibus addit,
connubiis Hebes laetus florentis. Ibi alta 300

Frau Psycheia, die Tochter des Zephyrus, dem Helden:
„Kein Weg ist schwer für einen tapferen Mann, keine Sache, die er
[265] will, nicht zu schaffen, solange er nur das Rechte will. Warum aber zögerst du noch, Alfons aus den italienischen Landen zu vertreiben? Damit zu zögern allein ist ein Frevel. Kaum wird jener ein paar Städte deiner Etrusker erobert haben und sich als Sieger vergebens Mühe bereiten mit den Truppen, die er dafür vorausschicken musste, wenn dich mein
[270] gütiger Vater an ihm vorbei in deine Stadt Rimini befördert. Wenn jener dann die Pläne der Götter begreift, wird er dir in wilder Flucht den Rücken zukehren und die bekannten Wellen befahren wollen."

Als er das hört, freut sich der Held, Sohn des Pandolfo, und geht in der Brise des Zephyrus an Bord des leichten Schiffes.
[275] „Leb wohl, Nymphe, die ich allzeit mit andächtigem Herzen lieben, allzeit in Ehre halten werde. Dein Ruhm und deine Zier werden sich in unseren Städten und dein Name zu allen Zeiten verbreiten."

So hatte er gesprochen, saust nun mit losgemachtem Schiff über die weite See und hört nicht die tosenden Winde blasen. Einzig der Hesperide
[280] Zephyrus erhob sein Wehen in Richtung der Lande des Sonnenaufgangs. Und nicht einmal der Vogel des Jupiter, wenn er hoch vom Himmel herabschießt und mit angelegten Flügeln dahineilt, spaltet so sehr die Lüfte, die er durchschneidet, wie das Schiff vom günstigen Wind getrieben die Wasser teilt.

[285] Pandolfo bewundert die grünen Wälder, die langsam verschwinden, er bewundert die gekräuselten Fluten, die sich unter dem Westwind glätten, er bewundert fröhlich die weiten Flächen der klaren Wasser und blickt zugleich auch zum Himmelszelt des Olymp hinauf.

Alles Land hatte sich seinem Blick nun entzogen und er sah zu allen Seiten
[290] nur die hohe See und die Flächen des weiten Himmels. Die Reise vertreibt er sich mit vielfältigem Gespräch und erzählt lange von den Wundern des Dis, die vielen unbekannt sind, berichtet seinem Gefährten dann von Tityos, dem Zögling der Erde, der ganze neun Morgen Lands unter seinem gewaltigen Leib begrub, vom Aeoliden Sisyphos, von
[295] Tantalus und von den Gliedern des Ixion, der auf ein jäh herabschießendes Rad geflochten in die leeren Lüfte rollt, und von dem riesigen Abbild des großen Hercules. Nur sein Schatten weilt in den Heimstätten der Unterwelt, er selbst jedoch geht zum Himmel hinauf und nimmt Teil an den Versammlungen seines ewigen Vaters und erfreut sich der
[300] Vermählung mit der blühenden Hebe. Solches war erzählt, da ver-

talibus Oceani linquens dux ipse fluenta
Atlantis celsi cernit caput, unde solutae
sole nives tandem barba liquuntur ab uda.
Iam terras, mediumque fretum, Maurusiaque arva
Hesperiasque domos, montes camposque videbat. 305
Tum vero laetam tollunt ad sidera mentem
gaudia, ut Ausonia sperans tellure potiri
cernit utrumque latus terrarum et litora noti
aequoris. Hadriacum subiit mare, dulciaque arva
et patriae sedes, campi collesque beati. 310
   Interea pavidos Pherinas invadit Ethruscos
filius Alphonsi Regis, clarissima proles,
Lydorumque domos igni ferroque superbus
exscindit primo ingressu, civesque trucidat
terrorem incutiens aliis Tyrrhenaque forti 315
oppida capta manu fumantia culmine ab alto
aequat humo. Sed ubi iam iam Foliana lacessit
moenia terribili sonitu subitoque tumultu,
Lydorum gens omnis eo confluxerat arctas
tutari fauces hostemque avertere caris 320
finibus. Instabant ergo Celtae atque superbi
Lydorum contra populi, Tyrrhena iuventus.
Agmina Celtarum Thuscis occurrere turmis
praecipitant ipsumque vocant in bella superbum
Estora magnanimum, campis qui se inscius aequis 325
credit, ubi totas amisit perditus alas.
Undique enim positis medium cinxere catervis.
Terribili insultu fugit tamen ipse, sed omnes
amissi bello comites. Ipse aeger inermes
effugit ad socios Tyrrhenorumque phalangas. 330
Tum vero Celtis animum decus extulit ingens
arrectaeque ducum mentes ad laudis honorem.
Tum Foliana petunt turbatis moenia Lydis
iussi equites Pherinanta sequi. Pedes omnis Ethruscos
primus adit, magnumque trahunt in proelia Martem 335
exercentque iras furiis dulcique favore.
At miseri summo pendentes aggere Lydi
despectant imis venientem vallibus hostem.

ließ der Heerführer bereits die tiefen Fluten des Ozeans und erblickt das Haupt des hochragenden Atlas, dem die von der Sonne gelösten Schneemassen endlich als feuchter Bart auf den Flanken glitzern.
Schon sah er die Lande und das Meer in ihrer Mitte, die Weiten des [305] Maurenlandes und die hesperischen Häuser, Berge und Felder. Da aber lässt Freude seinen Sinn glücklich bis in den Himmel steigen, als er in der Hoffnung, endlich in Ausonien an Land zu gehen, auf beiden Seiten Festland sieht und die Küsten einer vertrauten See. Er ist in das adriatische Meer eingefahren und vor ihm liegen die geliebten Fluren und Orte seiner [310] Heimat, die Felder und glücklichen Hügel.

Unterdessen fällt Ferdinand, der Sohn von König Alfons, sein berühmtester Spross, bei den Etruskern ein und versetzt sie in Furcht, zerstört hochmütig die Heime der Lyder mit Feuer und Schwert schon bei seinem ersten Vorstoß und schlachtet die Bürger ab, um den anderen [315] Schrecken einzujagen, und macht mit starker Hand die rauchenden tyrrhenischen Städte nach ihrer Einnahme aus stolzer Größe dem Erdboden gleich. Doch als er bereits die Mauern Foianos mit schrecklichem Getöse und plötzlichem Aufruhr herausfordert, da strömte alles Volk der Lyder dorthin zusammen, um den engen Korridor zu verteidigen und den [320] Feind von ihrem geliebten Land fernzuhalten. Es standen also die Kelten und ihnen gegenüber die stolzen Völker der Lyder bereit, die tyrrhenische Jugend. Die Heerscharen der Kelten eilen, den etruskischen Schwadronen entgegenzustürmen und man ruft sogar den stolzen, hochherzigen Astorre zum Kriegszug hinzu, der sich ahnungslos in die weiten [325] Ebenen begibt, wo er dann geschlagen all seine Schwadronen verlor. Denn von allen Seiten schlossen sie ihn mit im Voraus platzierten Scharen ein. Er floh jedoch vor dieser schrecklichen Nachstellung, aber all seine Gefährten gingen in der Schlacht verloren. Er selbst entkam gekränkt zu seinen schutzlosen Verbündeten, den Reihen der Tyrrhener.
[330] Da ließ aber dieser große Ruhm den Kelten den Mut steigen und die Gemüter ihrer Anführer erbauten sich an der Ehre dieser stolzen Tat. So lassen sie dann die Lyder auseinanderstieben und greifen die Mauern Foianos an. Die Reiterei hat den Befehl, Ferdinand zu folgen. Die gesamte vordere Reihe der Fußsoldaten greift die Etrusker an und verwickelt sie [335] in ein großes kriegstobendes Gefecht, und dabei geben sie ihren Zorn ganz der Raserei hin und ihrem süßen Kriegsglück. Die armen Lyder aber, die auf der Wallkrone festsitzen, blicken auf den Feind hinab, wie er tief aus den Tälern hinaufkommt.

Illi autem contra suspectant turribus altis
adstantes Thuscos, turbataque pectora primo 340
Marte vident caelumque vagis clamoribus implent.
Nunc trepidos segnesque vocant, qui moenia clausis
adservent miseri portis. Non inde futurum
auxilio obsessis Sismundum, dedere malint
sponte sua sese, miseram quam degere vitam 345
navibus, extremum poenae genus. Omnia demum
ante oculos habeant sociorum. Nec minus illi
contra autem dictis incessunt fortibus: Hosti
eventum belli talem fore, qualia circum
moenia gesta diu Populonia bella superbis 350
Hesperiae populis. Italis nec deesse potentes
ductores, quae terra viros invicta superbos
extulerit, Curiosque graves fortesque Camillos.
Talibus Hesperidae atque Itali contendere dictis.
    Verum ubi nil agitur dictis, pugna atra furentum 355
exoritur longe iuvenum. Tuba rauca canorum
utque dedit sonitum crepuitque per aethera clangor,
tum vero incumbunt omnes murisque propinquant
et Celtae et nati permixto sanguine Iberi.
Contra autem magno Tyrrhena favore resistunt 360
agmina. Utrimque quidem pauci, sed Marte probati
iam labente die sumptis cecidere sub armis.
Prima dies parva defecit caede superbos
amborum populos aequo discrimine pugnae.
Postera ut orta dies, Pherinas ingentia iussit 365
muniri ad subitas lapidum tormenta ruinas.
Tum strepitu ingenti revoluto machina saxo
intonat aere gravi vastoque remugit Olympo,
adstantesque viros summis pro turribus ingens
agmen agit secum vasta cum strage ruina. 370
Quo casu defessi animi ceciditque viris spes
omnibus Ausoniis, vires audacia Celtis
addidit. Erumpunt magno clamore cohortes
protinus ardentesque volant, nec tela nec ulla
pugna morata viros – adeo mens omnibus una, 375
unus amor laudum dulcesque ante ora triumphi

Jene aber sehen auf der Gegenseite hinauf zu den Etruskern, die auf ihren
[340] hohen Türmen bereitstehen, sehen, wie ihre Herzen vom ersten Gefecht
erschüttert worden sind, und erfüllen den Himmel weithin mit Geschrei.
Nun rufen sie die Ängstlichen und Schwachen, dass sie bei geschlossenen
Toren jämmerlich die Tore hüten, dass ihnen in ihrer Belagerung kein
Sigismondo zur Hilfe kommen werde, dass sie sich besser freiwillig ergeben
[345] sollten, als ein elendes Leben auf den Galeeren zu führen, die
schlimmste Art von Strafe, dass sie schließlich auch vor Augen haben sollten,
dass für ihre Verbündeten alles auf dem Spiel stehe. Doch mit nicht weniger
tapferen Worten gehen jene auf sie los: Dass der Krieg für den Feind genau
so ausgehen würde wie der, den die stolzen Völker Hesperiens lange Zeit um
[350] die Mauern Populonias geführt hätten, dass es den Italienern nicht an
mächtigen Heerführern mangele, einem unbesiegbaren Land, das zu allen
Zeiten stolze Männer hervorgebracht habe, mit Führern vom Schlage des
ernsten Curius und des tapferen Camillus. Mit solchen Worten stritten die
Hesperier und die Italiener miteinander.
[355] Doch als mit Worten nichts zu erreichen ist, da bricht auf breiter
Front eine grimmige Schlacht zwischen den rasenden Jünglingen aus.
Und sobald die Trompete laut ihren Wohlklang abgegeben hat und ihr
Lärmen bis in den Himmel hinaufgedröhnt ist, da werfen sie sich alle in
die Schlacht, und die Kelten und die Iberer gemischten Blutes marschieren
[360] auf die Mauern zu. Die tyrrhenischen Heerscharen auf der anderen
Seite leisten ihnen mit großer Hingabe Widerstand. Auf beiden Seiten fielen bis zum Ende des Tages zwar nur wenige, dafür aber im Krieg bewährte Männer im Kampf. Der erste Tag strafte unter wenig Verlust das
überhebliche Volk beider Seiten mit unentschiedenem Ausgang der
[365] Schlacht Lügen. Als der nächste Tag angebrochen war, befahl Ferdinand gewaltige Artillerie aufzustellen, um mit Steinen schnelle
Zerstörung zu bringen. Da erschallt das Geschütz von schwerem Erz mit
gewaltigem Lärm vom Abschuss des Felsens und es hallt vom weiten
Himmel zurück, und reißt die Männer, die hoch oben auf den Türmen
[370] stehen, eine riesige Schar, mit großer Verwüstung ins Verderben.
Diese Wende ließ allen ausonischen Männern den Mut schwinden und die
Hoffnung sinken, den Kelten aber gab der Wagemut neue Kräfte. Ihre
Truppen brechen sogleich unter großem Geschrei hervor und eilen
glühend voran, und keine Geschosse noch irgendein Handgemenge kann
[375] die Männer aufhalten. So sehr teilen sie alle das gleiche Streben,
das gleiche Verlangen nach Ruhm und den trotz solchen Brennens auf ein

sperati numquam tantorum ardore favorum.
Obtruncare viros urbemque incendere flammis
omnibus est animus fortunaque suscitat arma.
Ergo animis superant ingentibus omnia contra 380
tela Italum instantes iaculisque a moenibus altis
deturbare parant Lydos. Contra ocius illi
missilibus crebris vastisque molaribus urgent
moenibus haerentes scalasque ad tecta ferentes.

    Hic Mars vociferans summis a moenibus: „O gens 385
Lydorum, quondam saxis contenta iugosis
ponere tuta loco non unis moenia muris,
gentis Tyrrhenae custodes, semper amore
libertatis opus Martis laudemque secuti,
cedite ne Celtis pugna! Queis pectus inermum 390
non ferrum, non saxa gerit, totidemque cruoris
effusae tacto manant de corpore guttae.
Non Alphonsus enim pugnat, sed filius aevi
inscius, et primis vinci qui possit ab annis."

    Sic effatus ovans muris se misit ab altis 395
pugnantique viro similis tonat horridus armis
in medios Celtas, et duros agmine Iberos
terribili inrumpens multis et funera dextra
mittit, et apprenso iuvenem Pherinanta lacerto
arripiens longe fossis amovit ab altis. 400
Atque ibi summa dies olli cum laude fuisset,
ni manibus iuvenem tenuisset Pallas amicis,
quae fratrem adversa venientem reppulit hasta.
Et quacumque tulit gressum Tritonia virgo
cessantes subito revocans in bella, timore 405
quos cessare videt dictis instigat amaris:

    „Non hic dux Italum, non hic Pandulphius heros,
nec differre minas tempus. Nunc fortibus armis
est opus, atque animo praestanti et viribus illis,
queis Getula manu cepistis moenia forti. 410
Nunc ruite et conferte manus. Timor absit Iberis
Ausonios contra paucos!" Sic fata reliquit
accensos ira populos Celtasque furentes.

    Illi autem denso concurrunt agmine ad altos

günstiges Kriegsglück niemals erhofften Triumph, der ihnen nun vor Augen steht. Sie alle sinnen darauf, die Männer zu fällen und die Stadt in Brand zu setzen und ihr Glück erregt ihren Waffenmut. Drum überwinden [380] sie bei ihrem Vordringen mit gewaltigem Eifer alles, was die Italiener ihnen entgegenwerfen und schicken sich an, mit Wurfgeschossen die Lyder von ihren hohen Mauern zu verjagen. Jene setzen sie dagegen mit einem Hagel an Geschossen und großen Felsen unter Druck, während sie sich an den Mauern festsetzen und Leitern an die Gebäude legen.

[385] Hier nun brüllte Mars vom Scheitel der Mauern: „O Volk der Lyder, das sich einstmals nicht begnügte, in Sicherheit hoch auf den felsigen Graten seine Feste mit nur einer Mauer zu umbauen, ihr Beschützer des tyrrhenischen Volkes, die ihr stets aus Liebe zur Freiheit die Tatkraft und die Ruhmestaten des Mars betrieben habt, weicht in der Schlacht nicht [390] den Kelten! Deren Herz trägt unbewaffnet nicht Klinge oder Fels, und wenn ihr Leib versehrt ist, rinnen aus ihnen genau so viele Tropfen vergossenen Bluts. Denn nun kämpft nicht Alfons, sondern sein Sohn, der die Unwissenheit der Jugend in sich trägt und der sich schon seiner jungen Jahre wegen bezwingen lässt."

[395] Nachdem er so gesprochen hatte, stürzte er sich frohlockend von den hohen Mauern, donnerte einem kämpfenden Manne gleich grausig vor Waffen starrend mitten in die Kelten hinein, mit schrecklicher Kampfeskraft über die grimmigen Iberer herfallend, schickte viele von ihnen mit eigener Hand zum Tode und zog den jungen Ferdinand, den er [400] am Arm ergriffen hatte, weit von den tiefen Gräben. Und jenem hätte dort mit größtem Ruhm die letzte Stunde geschlagen, wenn Pallas den Jüngling nicht mit ihren freundlichen Händen festgehalten hätte, die ihrem Bruder die Lanze entgegenstreckte und ihn so aufhielt, als er auf sie zukam. Und wohin auch immer die tritonische Jungfrau ihre Schritte [405] richtete,um die Strauchelnden in die Schlacht zurückzutreiben, die sie vor Furcht zaudern sah, da richtete sie sie wieder auf mit herben Worten:

„Der Führer der Italiener ist nicht hier, der Held, Sohn des Pandolfo, ist nicht hier, es ist nun nicht die Zeit, unsere Antwort auf die Bedrohung aufzuschieben. Nun braucht es starke Waffen, einen wachen Geist und [410] jene Kräfte, dank derer ihr einst mit starker Hand die getulischen Mauern einnahmt. Nun stürmt los, nun stürzt euch ins Handgemenge. Die Iberer sollen gegen so wenige Ausonier keine Furcht kennen!" So sprechend ließ sie die Völker in Zorn entbrannt, die Kelten rasend zurück.

Die aber stürmen in dichter Formation erbittert auf die hohen Mauern

infensi muros. Alphonsi maxima proles 415
Euneon ante alios praemittit. At ille volanti
exsuperat cursu fossas, cui Lydius Atreus
saxum ingens dextri muro demittit ab alto.
Ille quidem contra spirans immane, nec hostes
nec mortem curans, muros dum prendere tentat, 420
occidit immanis collisus pondere saxi.
Crura femurque lapis divulsis ossibus ingens
obruit inque pudens solvit compagibus alvum.
Ille tamen fusus mediaque supinus arena
ad socios dextram tendens orabat, acerbi 425
sorte dolens linqui, atque animo indignatus iniquo.
Non tamen idcirco cessabat maximus Atreus
vulnera crebra ferens truncumque adfixit arena
semianimi iuvenis. Tum viscera rupta fluebant
aggere de summo in fossas tenebraeque natantes 430
demersere oculos. Sed non melioribus Atreus
auspiciis in bella furens certabat. Adunco
quandoquidem ferro raptum detraxit Orontes
praecipitem et lacero signantem moenia vultu.
Morte viri turbata manus Tyrrhena. Vicissim 435
inque viros nunc tela manu, nunc saxa rotabant,
hortanturque suos quisque, et clamore supremo
una unis fremuere animis, hostemque propinquum
pulsant et medium duris hastilibus urgent.
Illi fixa manus clypeo est, singultibus ille 440
ilia crebra ferit – nulli sine sanguine Iberi.
Praecipui ignavique cadunt, discrimina nulla
virtutisque metusque. Virum densa omnia tela
digna, indigna premunt. Telo tum simplice nemo
oppetit, ater abit per multa foramina sanguis. 445
  „Haec promissa, duces, magno solvenda parenti,
haec est illa fides, quam me ductore dedistis
Alphonso genitori? Utinam bello ipse veniret
spectaretque viros, procerum tot lecta suorum
agmina, cessantes retroque timore ruentes! 450
Quae vos segnities tardat? Spes nulla salutis
Ausoniis. Pugnate brevi, qui tempore longo

[415] zu. Der gewaltige Spross des Alfons schickt vor den anderen den Euneos voraus. Der aber überwindet in eilendem Lauf die Gräben. Der Lyder Atreus schleudert einen riesigen Felsen mit der Hand von der hohen Mauer auf ihn. Jener freilich schert sich nicht um Feind oder Tod, während er gewaltig [420] schnaufend die Mauern zu nehmen versucht, findet aber zerschmettert von dem Gewicht des gewaltigen Felsens den Tod. Der riesige Stein begräbt seine Unter und Oberschenkel mit geborstenen Knochen unter sich, und er entleert dabei schmählich die Eingeweide. Trotzdem flehte er, auf dem Rücken wehrlos mitten im Sand [425] dahingestreckt mit zu seinen Gefährten ausgestreckter Hand klagend, dass er mit einem so bitteren Los zurückgelassen werde, und verdross sich mit ungnädigem Geist. Doch ließ der gewaltige Atreus deshalb nicht ab, ihm Wunde um Wunde zuzufügen und spießte den Rumpf des Jünglings schließlich im Sand auf. Da flossen seine [430] geborstenen Eingeweide von der Wallkrone in die Gräben und Dunkelheit begrub seine nassen Augen. Doch auch Atreus, der sich rasend in den Krieg stürzte, focht nicht unter besseren Vorzeichen, denn Orontes riss ihn jäh mit seiner gebogenen Klinge nieder und besudelte die Mauern gut sichtbar mit dessen zerfleischtem Antlitz. Die tyrrhenische [435] Schar ist aufgebracht über den Tod des Mannes. Abwechselnd schleudern sie nun mit ihren Händen Wurfgeschosse und Felsen auf die Männer, ein jeder treibt die Seinen an und in äußerstem Geschreitosen sie gemeinsamen mit geeintem Geist, stemmen sich dem nahen Feind entgegen und drängen mit starken Wurfspießen auf die Masse der Feinde ein. Jenem [440] steckt die Hand am Schild fest, jener erschüttert seine Eingeweide mit Krämpfen – kein Iberer bleibt ohne Verletzung. Die Ausgezeichneten fallen und auch die Feigen, es wird kein Unterschied zwischen Tugend und Angst gemacht. Der dichte Geschosshagel der Männer setzt allen zu, verdient oder unverdient. Keiner fällt aufgrund nur einer Verletzung, das schwarze Blut [445] fließt durch viele Wunden ab.

„Meine Truppenführer, ist das die Treue, die ihr versprochen habt, die ihr meinem großen Vater schuldig seid, die ihr meinem Vater Alfons unter meiner Führung gelobt habt? Wenn er doch bloß selbst in diesem Krieg zugegen wäre und seine Männer sehen würde, so viele erlesene [450] Heerscharen seiner Edelmänner, die hier straucheln und vor Furcht zurückweichen! Welche Trägheit hält euch auf? Die Ausonier haben keine Hoffnung auf Rettung. Kämpft eine kurze Weile, um für lange Zeit

victores teneatis agros et rura beata
devictae Italiae vobis. An praemia parva
pro subito sudore virum reddenda putatis? 455
Eia agite, et mecum vasta quassate ruina
moenia. Non numero vincunt, non viribus hostes."
    Dixit, et ad muros cursu volat impiger acri,
adstantemque Gyan muro durumque minantem
mittentemque sudes ferro rapit asper adunco, 460
detraxitque virum magna cum parte revulsa
murorum ingenti sonitu, Thuscumque iacentem
occupat atque genu pressum terrae adplicat ensem
fulmineum extollens dextra elatumque retorquens,
quo ferus increpitans iugulum simul haurit apertum. 465
Ille volutus humi taetros vomit ore cruores.
Tum quoque terribili sonitu subitoque fragore
saxea flammifero moles emissa camino
impulit adversos titubantia moenia muros.
Inde aliud saxum, bisseni tollere frustra 470
quod cupiant homines, labefactis machina muris
protulit aere gravi vastoque remugit Olympo.
Quo pulsu deiecta solo fumantia multo
pulvere lapsa cadunt turbatis moenia Lydis.
Ut Celtae faciles aditus videre, furentes, 475
urgentes sese muros penetrare diremptos
certatim instabant densi magnumque fremebant.
Quos nec parva manus Lydum prohibere petito,
nec removere loco quibant. Per tecta, per aedes
undique diffugiunt. Hostes potiuntur et urbe 480
et victis bello Thuscis multosque trucidant
praecipuos, multi ad naves, captiva iuventus,
evincti post terga manus mittuntur. Ubique
clamor, ubique graves gemitus in corde resultant
adflicto miseris. Duplicantur vota precesque, 485
et lamenta virum vacuas volvuntur ad auras.
Desperant alii graviterque infanda rogatos
incusant sine more deos. Quae talia postquam
accepere alii vario sermone Latini,
ingenti tremuere metu, quos pontus et infra 490

siegreich das Land euer eigen zu nennen, und die seligen Fluren des bezwungen Italien. Oder meint ihr, dass der Lohn, den man euch für den [455] schnellen Einsatz eurer Männer geben soll, zu gering ist? Los, voran, und erschüttert mit mir gemeinsam mit gewaltiger Zerstörungskraft diese Mauern. Die Feinde können uns weder an Zahl, noch an Kräften besiegen."

So sprach er und eilt nun in schnellem Lauf tatkräftig zu den Mauern, reißt Gyas mit seiner gebogenen Klinge nieder, der auf der Mauer steht, [460] ihm grimmig droht und Spieße auf ihn schleudert, zieht den Mann unter gewaltigem Getöse mit einem Großteil der Mauer, den er mit ihm einreißt, herab, fällt über den am Boden liegenden Etrusker her, drückt ihn mit seinem Knie auf die Erde, zieht mit der Rechten sein blitzendes Schwert, hebt es in weitem Bogen in die Höhe und öffnet ihm sogleich [465] wild schreiend und es in sie versenkend die Kehle. Jener windet sich auf dem Boden und speit grässliche Blutströme aus dem Mund. Dann traf mit schrecklichem Donnern und plötzlichem Krachen eine steinerne Masse, abgefeuert aus einem flammensprühenden Lauf, auf die Mauern der Stadt und brachte sie zum Schwanken. Danach schleuderte die [470] Maschine aus schwerer Bronze einen weiteren Felsen, den zwölf Männer vergebens zu heben versuchen würden, auf die bereits wankenden Mauern und dröhnt vom weiten Olymp zurück. Zum Entsetzen der Lyder krachen die Mauern durch diesen Aufprall rauchend und mit viel Staub einstürzend zu Boden. Als die Kelten den leichten [475] Zugang erblickten, da drängten sie rasend und in dichtem Pulk einander schiebend um die Wette darauf, in die zerstörten Mauern einzudringen und veranstalteten ein großes Getöse. Eine nicht geringe Anzahl von Lydern war nicht in der Lange, sie von dem Ort, dem sie zustrebten, fernzuhalten oder wieder zu vertreiben. Von überall in den [480] Gebäuden und Häusern stieben sie fliehend auseinander. Die Feinde bemächtigen sich sowohl der Stadt als auch der im Kampf besiegten Etrusker und schlachten viele ausgezeichnete Männer ab. Viele, die gefangengenommene Jugend nämlich, werden mit hinter dem Rücken verbundenen Händen zu den Schiffen geschickt. Überall ist Geschrei, [485] überall bricht den Unglücklichen schweres Seufzen aus ihrer gescholtenen Brust hervor. Das Flehen wird immer wieder erneuert und die Gebete und das Klagen der Männer wälzen sich in die leeren Lüfte hinauf. Andere lassen die Hoffnung fahren und schelten mit Unaussprechlichem ohne Anstand die Götter, an die sie ihre Bitten gerichtet hatten. Nachdem die [490] anderen Latiner, die beiderseits des Apennin das Meer umtost, diese

et supra inspecto circumsonat Apennino.
Tantus ubique timor, tantam se fama ferebat
cuncta per ora virum. Multi petere alta canebant
ecce Fluentinos Celtas iam moenia muros,
hi Graias toto iurabant agmine Pisas, 495
Flaminias alii memorabant currere ad oras.
　Hic Pherinas postquam muros ingressus Ethruscum,
vulnera curari, quicumque est saucius, ultro
imperat exsequiasque viris Mavorte caducis
impensa ingenti vanum concessit honorem 500
laetus et ingenti mentem dulcedine tactus.
Nec minus Alphonso legatos mittit, Ethruscum
qui cladem et miseri declarent funera vulgi,
atque aditus Celtis primae regionis apertos.
Exin bella ferat cui primum, quam prius urbem 505
obsideat, quae iussa patris mandata capessat.
Olli Parthenopen optataque regna petebant.
　Nati oratores magnam genitoris ad aulam
ut venere, iubet trepidos mandata referre
rex Alphonsus et haec: „Quid me natusque ducesque 510
sollicitant? Quae bella gerant, quae prima coronent
moenia Marte, sciunt. Neque enim dubitare licebat,
hinc ego digressis quaenam praecepta dedissem,
hostili in terra quos hibernare iubebam
et iubeo. Quamquam viridem decussit honorem 515
arboribus Boreas, autumno et bruma relicto
succedat non tarda licet, quae moenia victu
fertiliora vident, capiant. Haec iussa parentis,
haec sunt, quae nati caras referatis ad aures."
　Talibus attoniti dictis regisque timore 520
legati redeunt Pherinantaque talibus implent.
Laetior ille duces in coetum convocat ultro
adfaturque viros tumulo sublimis ab alto:
　„Quae mandata patris, proceres, quae certa voluntas
est, audire placet. Mentes advertite, dicam: 525
Ipse iubet, patrias ne quis secedat ad oras,
sed cuncti hiberno campis tendamus Ethruscis.
Nec iam dura mei videantur et aspra parentis

Dinge durch allerlei Hörensagen erfahren hatten, erzitterten sie in
gewaltiger Furcht. So groß ist allerorts die Angst, mit solcher Kraft reist
Fama von Mund zu Mund der Menschen! Viele orakelten, dass die Kelten
bereits auf die hohen Mauern, die Grenzen von Florenz marschierten.
[495] Andere wieder schworen, dass sie bereits mit dem ganzen Heer ins
griechische Pisa, andere, dass sie zu den flaminischen Gestaden eilten.

Nachdem Ferdinand hier nun die Mauern der Etrusker betreten hat,
befiehlt er, die Wunden aller, die auf beiden Seiten verletzt sind, zu
behandeln und gesteht frohen Mutes den im Krieg gefallenen Männern
[500] unter großem Aufwand die nichtige Ehre eines Begräbnisses zu, in
seinem Inneren von großer Wonne geregt. Auch schickt er Gesandte zu
Alfons, um ihm von der Niederlage der Etrusker zu künden, den Verlusten
unter der armen Bevölkerung und dass der Zugang zu den ersten Landen
den Kelten nun offenstehe. Dann wolle er außerdem die Anweisungen des
[505] Vaters erhalten, mit wem er nun als erstes den Kampf suchen,
welche Stadt er als erstes belagern solle. Jene machen sich auf nach
Parthenope und dem ersehnten Königreich.

Als die Herolde des Sohnes in den großen Thronsaal des Vaters
gekommen sind, befiehlt König Alfons den ängstlichen Männern, ihm
[510] mitzuteilen, was ihnen aufgetragen, und sagt dann: „Warum behelligen
mein Sohn und seine Heerführer mich? Sie wissen, mit wem sie den Kampf
suchen, welche Mauern sie als erste mit Krieg umgeben sollen. Sie dürfen
nämlich anzweifeln, was für Anweisungen ich ihnen gegeben habe – als sie
von hier auszogen, befahl ich ihnen doch, im Feindesland zu überwintern,
[515] und dieser Befehl steht. Auch wenn der Nordwind schon von den
Bäumen die grüne Zier geschüttelt hat und nach dem Herbst die Winterkälte
nicht lange auf sich warten lässt, sollen sie jetzt die Stadt einnehmen, deren
Mauern ihnen zur Versorgung die günstigsten scheinen. Dies sind die Befehle
des Vaters, die ihr an die Ohren meines geliebten Sohnes tragen sollt."
[520] Durch solche Worte und ihre Furcht vor dem König wie vom Donner
gerührt kehren die Gesandten zurück und setzen Ferdinand in Kenntnis. Der
ruft, nun besserer Dinge, seine Heerführer zu seiner Versammlung und
spricht hoch oben auf einem Erdhügel zu seinen Männern:

„Ihr wollt erfahren, was die Anweisungen meines Vaters sind, ihr
[525] Edlen, was sein fester Wille ist. Drum schenkt mir nun eure Aufmerksamkeit, ich werde es euch sagen. Er befiehlt persönlich, dass niemand in die Lande seiner Heimat zurückkehrt, sondern dass wir alle unser
Winterlager hier in etruskischen Gefilden aufschlagen. Und es sollen

iussa, viri. Veterum sinitis si facta virorum
censeri, Italiam Poenus tria lustra vel annum 530
sole repercussum ferro vastavit et igni.
Nunc Poeni sane nobis dant magna tributa,
atque Italum gentes multae, Lucanaque tellus,
Campanique duces atque Apula regna et Iberis
omnia sunt magnis loca debita Marte trophaeis, 535
qua tepet Oceani, qua caerula Tethyos ora.
Quod superest Latii facile est domuisse tyrannis
Hesperiae antiquis. Primum Tyrrhena gerenda
bella quidem nobis, quod nos tellure, fretoque,
auxilio duplici, miseros vastamus Ethruscos. 540
Sunt contra Ligurumque manus Insubriaque arma.
At Veneti contra, quae gens dirissima multi
argenti atque auri, nobis sunt undique magno
auxilio Hadriacumque tegunt iam classibus aequor.
Ni parere velint, certum est aequare tepenti 545
moenia adusta solo." Sic fatus ab aggere summo
millibus innumeris stipatus cessit, et oras
vicinas populatus agros castellaque vastat
proxima, queis nec honos magnus nec nomen. Ubique
diripit inceniditque domos durosque trucidat 550
agricolas. Alto genitor quum celsus Olympo
Iupiter aeterno despexit lumine terras
mortalesque virum miseratus corde labores,
Iunonem adloquitur dictisque haec mandat amicis:
„Heu quantam stragem populis molitur Ethruscis 555
filius Alphonsi Pherinas! Quae funera mittit
omnibus! Olli autem quod non duce proelia forti
prisca gerunt, nullo vincunt certamine Celtas.
Ipsi sacra mihi primi fecere nec horum
maiores pietas divorum fugit. Iberis 560
contra autem sanctum nihil est, nec honore sacerdos
ullus inesse solet propter tam dira virorum
pectora. Pontifices imponere navibus ausos,
remige ne patrio sese dignentur, et ipsa
scis et saepe doles. Adeo gens improba, divum 565
immemor, exsultans furiis bacchatur iniquis,

euch die Befehle meines Vaters nicht hart und grimmig erscheinen,
[530] Männer. Wenn ihr erlaubt, dass wir noch einmal die Taten der Männer des Altertums in Betracht ziehen, dann hat der Punier Italien drei Lustren und ein Jahr nach Lauf der der Sonne, mit Feuer und Schwert verwüstet. Nun freilich leisten die Punier uns große Tribute und auch viele Völker der Italiener, der lukanische Landstrich, die Herzöge Kampaniens [535] und das apulische Reich gehören allesamt nun den Iberern als reiche Kriegsbeute, wo die warmen Gestade des Ozeans und der Tethis blau schimmern. Was von Latium übrig ist, machen sich die alten Herrscher Hesperiens leicht untertan. Zuerst müssen wir freilich bei den Tyrrhenern Krieg führen, weil wir dann mit doppeltem Vorteil, zu Lande und auf dem [540] Meer, die elenden Etrusker mit Verwüstung überziehen können. Uns stehen die Scharen der Ligurer und die Waffen der Insubrer entgegen. Die Venezianer dagegen, ein Volk, das über Unmengen Silber und Gold verfügt, stehen uns in jeder Hinsicht für wichtige Unterstützung zur Verfügung und kontrollieren mit ihren Flotten bereits die Adria. Und wenn sie uns nicht [545] gehorchen wollen, dann sind wir gewillt, ihre Mauern in Brand zu stecken und ganz dem Erdboden gleichzumachen." Als er so gesprochen hatte, stieg er, umringt von unzähligen tausend Mann, von der Kuppe des Erdwalls herab und verheerte die umgebenden Gebiete, verwüstete Ländereien und Kastelle in der Nähe, plünderte allerorten die Menschen aus, die weder Rang [550] noch einen großen Namen hatten, zündete ihre Häuser an und schlachtete die zähen Bauern ab. Als der erhabene Vater Jupiter hoch vom Olymp aus mit seinem ewigen Auge auf die Erde hinabblickte und in seinem Herzen Mitleid mit den Leiden der Sterblichen empfand, da spricht er Juno an und trägt ihr mit freundlichen Worten dies auf:
[555] „Ach, welche Verwüstung Ferdinand, der Sohn des Alfons, unter den etruskischen Völkern anrichtet! Welches Morden er unter ihnen allen verübt! Weil jenen in den ersten Gefechten ihr tapferer Anführer fehlt, besiegen sie die Kelten in keinem Gefecht.
Sie selbst waren die ersten, die mir Opfer brachten, und ihre Vorfahren [560] ließen es nicht an Ehrfurcht vor den Göttern fehlen. Den Iberern dagegen ist nichts heilig und kein Priester steht bei ihnen in Ehren angesichts einer so grimmigen Wesensart dieser Männer. Du weißt selbst und bedauerst es oft, dass sie es gewagt haben, Priester auf die Galeeren zu schicken, weil sie sich selbst zu fein für den Dienst am Ruder ihrer [565] Väter waren. Ein so ruchloses und gottvergessenesVolk jauchzt übermütig in seiner unrechten Raserei, was es nur irgends an menschlichem

sanguinis humani cupiens haurire quod usquam est.
Fallet eos certe mea nunc sententia, quando
stat superis servare pios nec inania frustra
vota precesque volant superas emissa sub auras. 570
Audit enim genitor divum, quaecumque precantur.
Quare age, et aeream demitte e nubibus Irim
indutam varios caelesti veste colores.
Aeoliam petat illa tuam saxoque sedenti
Hippotade mea iussa ferat, qui carcere ventos 575
et duris frenat vasta sub mole catenis.
Dic Austrum, Boreamque premat, contraque furentem
Euron et Eoos contraria flamina ventos.
At Zephyrum dura solum non claudat in aula.
Hoc opus est nobis, illum terraque marique 580
insultare sinat." Contra cui maxima coniux:
    „Mitto equidem variam mediis de nubibus Irim.
Sed me causa latet, quare cum cetera iussis
flamina clausa tuis patrio teneantur in antro,
quid Zephyrum dura iubeas emittier aula. 585
Odisti unde alios tantum quid denique ventos?"
    Huic contra placido respondit Iupiter ore.
„Ipse ego nec ventos odi, pulcherrima coniux,
nec Zephyrum foveo plus quam Boreamque Notumque.
Sed nobis Zephyris ad, quod molimur, amicis 590
est opus. Abde tuo mea nunc sub pectore dicta.
Rem minime ignotam referam tibi: Maximus armis
dux Pandulphiades Hispanas dividit undas
puppe quidem parva, magno sed pondere onusta.
Hanc Zephyri auxilio longis dissolvit ab oris 595
Oceani. Hac victor Tyrrhena per aequora vectus
avertet saevos Lydorum a litore Iberos."
    Talibus auditis gaudet Saturnia Iuno
Aeoliamque Irim caelo dea mittit ab alto.
Illa volans summo defertur ab aethere, et imas 600
ventorum ad terras celerem se mittit et ipsi
iussa refert regi, qui iam parere parabat.

Blut gierig zu schlürfen findet.

Gewiss werden sie sich auch jetzt wieder über mein Urteil täuschen, da es doch fester Wille der Götter ist, die Frommen zu schützen und deren [570] Wünsche und Gebete, einmal geäußert, nicht eitel und vergebens hinauf in die hohen Lüfte fliegen zu lassen. Der Vater der Götter hört nämlich alles, worum man ihn im Gebet ersucht. Drum wohlan, sende die luftige Iris hinab aus den Wolken, angekleidet mit ihrem Himmelsgewand in bunten Farben. Sie soll dein Aeolien aufsuchen und dem auf seinem [575] Felsen sitzenden Hippotaden meine Befehle überbringen, der die Winde in seinem Kerker und mit harten Ketten unter einem schweren Gewicht bändigt. Sag ihm, er soll den Süd und den Nord festhalten, und den gegen sie tosenden Ostwind und die anderen östlichen Winde. Den Zephyrus allein soll er jedoch nicht in seiner trutzigen Halle einschließen, [580] den brauchen wir nun. Ihm soll er erlauben über Land und Meer zu peitschen." Ihm antwortet seine gewaltige Gattin:

„Gewiss, ich entsende die bunte Iris aus der Mitte der Wolken, doch ist mir der Grund verborgen, warum du befiehlst, dass, während nach deinem Willen die übrigen Winde in der väterlichen Höhle eingeschlossen bleiben [585] sollen, der Zephyrus aus der trutzigen Halle entlassen werden soll. Woran liegt es, warum hasst du die anderen Winde so sehr?"

Darauf antwortete Jupiter mit freundlichem Gesicht:
„Ich hasse die Winde gewiss nicht, anmutigste Gemahlin, und ich begünstige den Zephyr nicht mehr als den Nord oder den Süd. Doch zu dem, [590] was ich vorhabe, benötige ich freundlich gesonnene Westwinde. Birg im Herzen, was ich dir nun sage. Ich werde dir eine Sache berichten, die dir keinesfalls unbekannt ist. Der Sohn des Pandolfo, der größte Heerführer, zerteilt gerade die spanischen Fluten mit einem zwar kleinen Schiff, jedoch einer äußerst gewichtigen Fracht. Dieses Schiff hat er mit Hilfe des [595] Zephyrus von den weiten Gestaden des Ozeans losgemacht, und wenn es ihn durch die tyrrhenischen Wasser getragen hat, wird er siegreich die grausamen Iberer von der Küste der Lyder verjagen."

Die Saturntochter Juno freut sich, solches zu hören und da sendet die Göttin die aeolische Iris hoch vom Himmel herab. Jene lässt sich im Flug [600] aus den höchsten Lüften hinabsinken, bewegt sich schnell zu den tiefen Landen der Winde und überbringt deren König ihre Befehle, der sich direkt anschickt, sie umzusetzen.

**Basini Parmensis
Hesperidos
Liber Undecimus**

Navigat interea notas Pandulphius undas,
iam patrias Sismundus aquas Genuamque propinquam
optat adire animus noctemque diemque secundo
findit iter liquidum Zephyro. Tum prospicit urbem
turrigeram et laetis conclusam collibus. Ecce, 5
ecce autem Celtae, crebris qui forte rapinis
Tyrrhenum infestant, multis cum navibus adsunt.
Tum Phegeus ventos, quos utre ferebat in altum
spirantes solvit velum. Tunc ocior omni
turbine fertur aquas scindens undasque refluxas. 10
Quae tremulos celeri superavit ut agmine fluctus,
intravit laetam fortis Pandulphius urbem
barbaricumque aliquid populos sermone frementes
ingreditur, speciem cuius mirantur. At ille,
qui sit, adhuc nulli patitur se noscere, donec 15
praetentatque animo et se praesentit amari
optarique, quod est, vivum fore. Patribus ipse
sese aperit demum. Stupuit canusque senatus
miratique animo cives, laetamque per urbem
ipsi epulis genioque vacant dulcique Lyaeo 20
indulgere iubent. Illum mirantur, et illum
circumstant reducemque virum gratantur, honore
accumulant quem praecipuo, quem denique donant
muneribus magnis. Bis centum dantur equorum
corpora lecta duci, comitesque ducesque, viarum 25
experti bello iuvenes. Iamque urbe relicta
montosas Ligurum laetus penetraverat oras
Insubrumque domos Ticinaque rura tenebat.
Inde Padum supra sub te, Apennine, tuoque
vertice laetus iter tenuit Parmamque frementem 30
Martis amore perit. Priscos cui Roma Quirites
transcripsit magno genitos Mavorte, genusque
immortale virum, quos fas non vincere bello.
Cassius hinc vates, hinc Cassius inclytus armis,

Der *Hesperis*
Basinios von Parma
Elftes Buch

Unterdessen segelt der Sohn des Pandolfo über vertraute Wogen, schon sehnt er sich danach, die Wasser seiner Heimat und das nahe Genua aufzusuchen, und Tag und Nacht durchschneidet er mit der Gunst des Zephyrus seine nasse Fahrbahn. Da sieht er vor sich die türmestarrende [5] Stadt, die in liebliche Hügel eingebettet ist. Doch sieh, sieh da, die Kelten, die mit ständigen Raubzügen die Tyrrhenische Seeplagen, sind mit zahlreichen Schiffen vor Ort. Da entlässt Phegeus die Winde, die er im Schlauch bei sich trug, mit einem Pfeifen hoch ins Segel. Sogleich wird das Schiff schneller als jede Strömung fortgetragen, die Wasser und [10] die zurückweichenden Wellen durchschneidend.

Als es die unruhigen Fluten in schneller Fahrt überwunden hatte, betrat der tapfere Sohn des Pandolfo die glückliche Stadt, und tritt auf die Menschen zu, die in ihrer Sprache irgendetwas Barbarisches murmeln. Diese bestaunen seine Erscheinung. Er aber lässt nicht zu, dass irgendjemand [15] erkennt, wer er ist, bis er zaghaft ihre Gesinnung ausgekundschaftet hat und vernimmt, dass man ihn dort liebt und dass man wünscht, dass er noch am Leben sei – was er ja ist. Da schließlich offenbart er sich von sich aus den Stadtvätern. Der weißhaarige Senat staunte, die Bürger wunderten sich im Geiste sehr und überall in der fröhlichen Stadt nimmt man [20] sich Zeit für Speise und Genuss und heißt, dem süßen Weingott zuzusprechen. Sie bestaunen ihn, umringen ihn und beglückwünschen den Helden zu seiner Rückkehr, den sie mit den größten Ehren überhäufen und den sie schließlich mit großen Gaben beschenken. Zweihundert Pferde von erlesener Statur werden dem Heerführer gegeben, dazu [25] Gefährten und Wegführer, kriegserfahrene junge Männer. Und schon hatte er die Stadt hinter sich gelassen und war frohen Mutes in die gebirgigen Lande der Ligurer vorgedrungen, die Heimstätten der Insubrer und die tessinischen Fluren.

Von da aus schlug er guter Dinge den Weg über den Po an deinem Fuß, [30] Apennin, und unter deinem Gipfel ein und strebt Parma, das von der Liebe zur Kriegstat tost, entgegen. Rom siedelte dort als erste Bürger Söhne des großen Kriegsgottes an, einen unsterblichen Menschenschlag, Menschen, die im Krieg nicht zu besiegen sind. Von hier kam der Dichter Cassius, von hier der für seine Waffentaten gerühmte Cassius und andere

atque alii proceres. Quorum fortissimus ardens 35
fulmen Otho belli non vanis Tertius armis.
Hinc genus egregii cives, Romana iuventus,
procedunt regi per latos obvia campos
agmina, Pandulphumque vocant ipsumque coronant
quisque suo demissi ab equo. Quos ille libenti 40
accipiens animo dulci compellit amore:
„O veterum gens prisca virum, quam mente benigna
accipio videoque meos antiqua Quirites
nomina Arimineis mixtos genus. Una propago est
Romulidas sortita patres, quos sanguine ab uno 45
scindere se veterum nos scimus origine avorum.
Quare agite antiquum, proceres, renovemus amorem."
Inde petit Mutinam, patrias hinc laetus et urbes,
Flaminiasque domos et regna paterna revisit.
Quae fama ut pavidas Celtarum venit ad aures, 50
obstupuere metu ingenti. Pars credere famae
indignata negat secum; pars illius artes
insidiasque timet; partem fortuna Latini
nominis externos contra non aequa fatigat.
Ast Italos laeta demulcent gaudia mente, 55
e Latio innumeris nam iam venere catervis.
Ac velut Oceano veniens Gradivus ab alto
Thracas adit placitas rediens iam victor ad oras,
sic Pandulphiades patria Sismundus in urbe
ingentes animos adtollit et impiger ardet. 60
Ardet enim patriasque cupit iam linquere terras,
Apennine, tuum caput ascensurus et arces
aerias, campisque iterum se reddere Ethruscis.
Incensumque ultro magni Mavortis amore
instigant Itali studiis et voce faventes: 65
„O decus Ausoniae, magnorum ductor Ethruscum,
nunc opus invidia est. Nunc te tua dextera demum
antiquis praeponat avis. Invicte Latini
nominis ultor ades. Te nunc ostende nec ultra
tende moras. In te certae spes vera salutis, 70
omnis honos Latii Sismundo restat in uno.
Te super omne decus, de te fas discere virtus

[35] edle Männer. Der tapferste von ihnen war Ottobuono de' Terzi, ein glühender Blitzschlag im Kriege mit alles andere als nichtigen Waffentaten. Aus der Stadt kommt die Bevölkerung, Bürger bester Abstammung, eine wahrhaft römische Jugend, dem Herrscher über die weiten Felder in Scharen entgegen, und sie rufen Pandolfo, alle steigen sie von ihren Pferden [40] ab und bekränzen ihn. Frohgemut nimmt er ihren Empfang auf und spricht sie voll Zuneigung und Liebe an:

„O ihr uraltes Geschlecht ehrwürdiger Männer, das ich hier in Zuneigung begrüße – und sehe ich da Bürger meiner eigenen Stadt, altehrwürdige Namen? Mit den Menschen von Rimini sind sie verwandt! Eine [45] gemeinsame Abstammung ist den Erben des Romulus zueigen, denn sie stammen alle, das wissen wir, von der gleichen Wurzel uralter Ahnen ab. Drum wohlan, ihr Edlen, lasst uns die alte Liebe erneuern."

Von da strebt er auf Modena zu und von hier kehrt er frohen Mutes in die Städte seiner Heimat, die flaminischen Heimstätten und das Reich [50] seiner Väter zurück. Als das Gerücht davon an die ängstlichen Ohren der Kelten gelangt ist, da erstarrten sie in gewaltiger Furcht. Ein Teil weigert sich empört, dem Gerücht Glauben zu schenken; ein anderer Teil fürchtet seine List und Verschlagenheit; wieder andere entmutigt das Schicksal des latinischen Volkes, das Ausländern nicht gewogen ist.
[55] Die Italiener aber erfüllt Freude und lässt sie frohen Mutes sein, denn aus Latium sind sie bereits in unzählbaren Scharen gekommen. Und wie der Kriegsgott bei seiner Rückkehr vom tiefen Ozean siegreich zurück zu den vertrauten Gestaden der Thraker kam, so erweckt Sigismondo, der Sohn des Pandolfo, in seiner Vaterstadt großen Mut und brennt vor lauter [60] Tatendrang. Er brennt nämlich darauf und wünscht, die Lande seiner Heimat wieder zu verlassen, um, Apennin, dein Haupt und deine luftigen Grate zu erklimmen und sich wieder auf die etruskischen Felder zu begeben. Und die Italiener stacheln den von sich aus schon vom Verlangen nach großen Kriegstaten Entfachten ihrerseits noch mit ihrem Eifer und [65] dem Jubel ihrer Stimmen an:

„O Stolz Ausoniens, Führer der großen Etrusker, nun heißt es wetteifern, nun soll dich deine eigene Hand zuletzt größer machen als deine uralten Ahnen. Sei als unbesiegter Rächer der Ehre Latiums zur Stelle. Zeig dich nun, und säume nicht länger. Auf dir allein, Sigismondo, ruht [70] die wahre Hoffnung auf sichere Rettung und alle Ehre Latiums. Alle Ehre sei dir zuteil.
An deinem Beispiel soll man lernen können, wie groß Tugend ist und wer

quanta sit, et iusto possint qui vincere bello.
Nunc veris certare odiis, nunc arma licebit
scilicet et votis optata capessere bella. 75
En portenta mali iam nunc dant signa futuri.
Numquam alias spissum tanti caligine vidi
aera, numquam aliis tanto se opponere nixu
defectusque polo solis lunaeque recursus.
Nunc aliquid magnum caelo molitur in alto 80
Iupiter. Ipse vides promittere magna cometas
funera. Nulla fides hominum surgente tumultu.
Quod restat Latio, veniunt in foedera reges
externi Ausoniasque audent sibi poscere terras.
Tali Roma malo, tali concussa ruina 85
Italia est, ni bella capis, ni proelia misces,
ni ruis in Celtas, et saevos agmine Iberos."
Talibus Italiae proceres de rebus agebant.
Quos inter dictis loquitur dux magnus amicis:
„O commune genus Latiae telluris alumni, 90
magnanimi Ausonii, quasi me non ante volentem
sponte mea Alphonsum contra bellare rogatis?
Ne vero, ne tanta animis ignavia surgat
ullius, ut dubitent Sismundum proelia contra
invitum expertis Celtarum obstare periclis, 95
quos vici, quos magna virum tot millia fudi.
Haud ita pulsa loco nostra est fortuna priori,
non sum adeo ignarus bellorum, et Martis Iberi.
Impubis pueri turmas spectemus equestres,
spectemus simul et campo certemus aperto. 100
Nec timeo Alphonsi furias et inania verba,
quae Celtis sine more volant. Nos arma movemus,
verba serunt illi, quae vos iam ponite laeti,
et bellum cuncti votis optate secundis.
Infidis negat altus opem nec Iupiter audit 105
vota nefanda virum. Testis sit Troia, soluto
foedere quae telo magnos violavit Achivos
Pandarea misso dextra cornuque sonanti.
Illum ipsum, qui tela manu, qui foedera solvit,
Tydides curru defudit victor ab alto. 110

Elftes Buch 441

in einem gerechten Krieg Sieger sein kann.
Nun werden wir mit wahrem Hass streiten können, nun werden wir zu den
[75] Waffen und in den Krieg ziehen können, die wir in unseren Gebeten
ersehnt haben. Sieh, die Vorzeichen deuten auf eine böse Zukunft hin,
niemals sah ich sonst die Luft so dicht von Finsternis, niemals sonst den
Untergang der Sonne vom Himmelszelt und den Umgang des Mondes
sich mit solcher Kraft einander entgegenstellen.
[80] Nun setzt Jupiter etwas Gewaltiges hoch am Himmel in Bewegung –
du siehst selbst, dass die Kometen großes Sterben verheißen. In dem
Sturm, der aufzieht, ist kein Verlass auf die Menschen. Ausländische
Herrscher schließen Bündnisse und wagen, die ausonischen Lande für
sich zu fordern und das, was von Latium übrig ist.
[85] Von solchem Übel ist Rom, von solchem Unheil wird Italien erschüttert, wenn du nicht in den Krieg ziehst, wenn du deine Kampfkraft nicht
einbringst, wenn du nicht gegen die Kelten und kriegswilden Iberer
stürmst." Mit solchen Worten reden die Edlen Italiens über den Stand der
Dinge. In ihrer Mitte spricht der große Heerführer mit freundlichen Worten:
[90] „O ihr geeintes Volk, Söhne des latinischen Bodens, hochherzige
Ausonier, bittet ihr mich, gegen Alfons zu Felde zuziehen wie einen, der
es von sich aus zuvor nicht gewollt hätte? Es möge sich wahrhaft in niemandes Geist eine solche Stumpfheit breitmachen, dass er ins Zweifeln
kommen könnte, ob Sigismondo der Gefahr durch die Kelten, die er ja
[95] schon am eigenen Leib erfahren hat, seine Kampfeskraft wohl unwillig entgegenstellt – die Kelten, die ich schon besiegt habe, die ich
schon zu so vielen tausenden vertrieben habe. So sehr hat mein Geschick
sich nicht von seinem angestammten Platz vertreiben lassen, so unkundig
bin ich nicht im Kriegshandwerk und im Kampf gegen die Iberer. Lasst uns
[100] die Schwadronen dieses unreifen Burschen ansehen, lasst sie uns ansehen und ihn sogleich im offenen Felde auf die Probe stellen. Ich fürchte
nicht die Wut des Alfons und die leeren Worte, die den Kelten ohne jeden
Anstand entfleuchen. Wir setzen unsere Kampfkraft in Bewegung, jene
streuen nur Worte, die ihr getrost missachten und stattdessen allesamt einen
[105] Krieg unter günstigen Vorzeichen wünschen könnt. Jupiter in der
Höhe verweigert den Ungläubigen seine Hilfe und die Bitten gottloser Männer hört er nicht. Troja sei mein Zeuge, das mit Treuebruch die großen Achiver kränkte, als von der Hand des Pandaros der Pfeil vom tönenden Horn
seines Bogens flog. Ihn selbst, der den Pfeil eigenhändig abschoss, der die
[110] Abmachung brach, warf der Tydide siegreich von seinem hohen Wa-

Quare agite, o socii, restat quod rebus agendis,
procurate citi. Neque enim mora longa ferendi
auxilii patitur miseris requiescere Lydis."
Sic ait. Ast Itali laeto fremuere tumultu.
Extemplo omnis eum ductorem deligit uno 115
adsensu Italia et cunctas dat habere catervas.
Quae fama ut pavidas Celtarum venit ad aures,
mittit Arimineam lectos Alphonsus ad urbem
legatos, qui dona ferant pacemque refecto
foedere qui firment. Latio fatalia dicant 120
sceptra externa deum deberi numine, quando
principio reges Ianum Latium omne tremebat
Saturnumque senem, Diomedis ut Apula regna
imperio Graii multos regnata per annos
Aeneamque, genus divum, tenuisse Lavini 125
moenia, ut Albani Troiano ab sanguine reges
corrigerent duros antiqua ab origine agrestes.
Romam a principio fundatam regibus Vrbem,
atque ubi consulibus multis divisa fuisset,
in se versa ruat sua mox per viscera ferro 130
exacto, donec Troiani ad Caesaris unum
venerit imperium, Thuscos inimicaque regum
nomina desereret. Moneat Mezentius ipsum
urbis Agellinae pulsus de sede. Nec umquam
Alphonsum credat reges odisse Latinos 135
nec bellasse, nisi magnis ut regibus hostes
exscindat Latiumque potens in pace reponat.
Nec dubitare quidem, cupiat si foedera Lydis
iungere, in ultoris bellum caput ingerat omne.
Sed per magna deum, terras quibus ipse Latinas 140
auspicibus teneat, testari numina, numquam
hoc animo in reges nec mente fuisse Latinos.
Verum illud, quod forte magis mirabile magno
Sismundo videatur, eum coluisse, suique
regnorum partem magnam dare velle, ducemque 145
Ausonidum contra Teucros, Byzantia qui nunc
obsidione premant iam quassis moenia muris,
mittere et Italiam superatis reddere Teucris.

gen. Drum wohlan, o Gefährten, kümmert euch schnell noch um die Dinge, die zu tun verbleiben. Denn die Zeit, den armen Lydern zu helfen, ist knapp und duldet nicht, dass wir nun ruhen."
So sprach er. Die Italiener aber tosten mit fröhlichem Jubel.
[115] Sofort wählte ganz Italien ihn einmütig zum Anführer und gestattet ihm sämtliche Truppen unter seinem Befehl zu haben.
Als Kunde hiervon an die Ohren der Kelten dringt und sie mit Angst erfüllt, da sendet Alfons ausgewählte Gesandte nach Rimini, um Geschenke zu überbringen und den Frieden mit einem wiederhergestellten Bündnis [120] zu sichern. Sie sollten sagen, dass die Szepter auswärtiger Herrscher zu Latiums Schicksal gehörten und sich dem Willen der Götter verdankten, da doch zu Anfang ganz Latium vor Janus und dem alten Saturn als Königen gezittert habe. Wie das apulische Reich viele Jahre hindurch der Herrschaft des Griechen Diomedes unterstand, so habe auch Aeneas, ein [125] Sohn der Götter, die Mauern Laviniums sein Eigen genannt. Die Könige von Alba von trojanischem Blut hätten seit dem Ursprung in alter Zeit ein Volk von grimmigen Bauern gelenkt. Die Stadt Rom sei ursprünglich von Königen gegründet worden, und als man es unter vielen Konsuln aufgeteilt habe, sei es in sich zusammengestürzt, weil es sich [130] selbst die Klinge in die Eingeweide getrieben habe, und bis es zur geeinten Herrschaft des trojanischen Caesar gelangte, wandte es sich von den Etruskern und dem Titel des Königs feindselig ab. Mezentius, der aus seiner Heimat in der Stadt Agella vertrieben worden sei, möge ihm eine Mahnung sein. Und er solle niemals meinen, dass Alfons die Herrschaft [135] latinischer Könige ablehne oder dass er aus einem anderen Grund in den Krieg gezogen sei, als dafür, die Feinde dieser großen Könige zu vernichten und mit seiner Macht den Frieden in Latium wiederherzustellen. Doch er zögere nicht, wenn er ein Bündnis mit den Lydern schließen wolle, den ganzen Krieg auf dem Haupt des Rächers auszutragen. Aber [140] er schwöre bei den großen Mächten der Götter, unter deren Fürsprache er die latinischen Lande in Besitz nehme, dass er so niemals gegen die Herrscher Latiums vorzugehen plante oder beabsichtigte. Was den großen Sigismondo aber vielleicht besonders erstaunen würde, sei dies, dass er ihn nämlich sehr schätze, ihm einen großen Teil seines Reiches [145] anvertrauen und ihn als Anführer der Ausonier gegen die Teukrer entsenden wolle, die derzeit den Mauern von Byzanz mit Belagerung zu Leibe rückten und dessen Befestigungen schon beschössen, und ihm dann, nach dem Sieg über die Teukrer, Italien schenken wolle.

Talia dicta ferunt Pandulpho, atque ordine pandunt
omnia, legatis cum sic fortissimus heros: 150
„Ite, redite citi, ductorique haec mea vestro
dicta referte. Genus Latii servile, quod ille
regibus externis portendi censet, id omne
Celtarum regi nutu Iovis esse negatum.
Proinde nihil speret deberi iam sibi, verum 155
esse aliam in fatis seriem, qua barbarus omnis
cedat ab Italia. Nec post arma ulla resumat,
nec Romana prius patria cecidisse ruina
imperia, extremis Celtas quam fuderit oris
consul, et infensos bello superarit Iberos. 160
Nec censere quidem Thuscos fore regibus hostes,
sed crudos pronosque manu contra ire tyrannos.
Quod vero nobis inimicam exstinguere gentem
apparet, id quondam non est mihi visus apertis
velle parare dolis, fidum cum me improbus ipsum 165
excipit insidiis, et multa fraude Biaon.
Ille inimicus enim mihi plus quam Tartaro et ipsi
pectore qui celet, numquam quod et ore revelet.
Quod Teucros Asiamque velit me mittere contra,
ibo ego sponte mea cum primum cana soluto 170
bruma gelu totas fluviorum oppleverit undas.
Interea Ausonia Celtas arcere superba
experiar dirisque minus me fidere Iberis.
Ille nefarius est, immanis et impius, ipsum
quisquis amat bellum populariaque excitat arma. 175
Verum defensat patriam quicumque labantem
oppressamque malis, hic fortis, et aequus et insons.
Haec, oratores, regi responsa, referte
Alphonso, ne vana terat dehinc tempora. Pergat,
pergat et Ausonios bellis petat usque nefandis. 180
Quos equidem, nec plura minor, defendere certum est."
    Talia fatus, adhuc aliquid tentare volentes,
maerentesque animo Celtas vanumque precantes
liquit, et arce sua sese dux ipse locavit.
Olli autem maesto demissi lumina vultu 185
multa diu inter se fati variumque locuti

Solche Worte überbringen sie Pandolfo und legen ihm alles der Reihe nach [150] dar, als der tapfere Held den Gesandten schließlich sagt: „Geht, kehrt schnell heim und überbringt eurem Fürsten diese Worte von mir. Er möge zwar der Meinung sein, dass durch frühere auswärtige Herrscher gezeigt sei, dass das Volk Latiums zur Knechtschaft verdammt sei, doch sei das dem König der Kelten nach dem Willen Jupiters gänzlich verwehrt. [155] Er solle künftig nicht mehr hoffen, dass irgendetwas davon ihm gehören könne, sondern es gebe im Schicksalsplan ein ganz anderes Muster, nach dem ein jeder Barbar Italien verlasse und die Waffen nicht mehr dagegen erhebe. Auch sei das Römische Reich nicht eher im Zusammenbruch des Vaterlands zerfallen, bevor nicht ein Konsul noch im letzten Winkel der Erde die [160] Kelten geschlagen und die verhassten Iberer im Kriege bezwungen habe. Auch meine er gewiss nicht, dass die Etrusker Königen gegenüber feindlich gesinnt seien, sondern dass sie nur gegen Tyrannen mitleidlos und gewaltbereit ins Feld zögen. Was aber das betreffe, dass er nur antrete, ein uns feindlich gesinntes Volk auslöschen zu wollen, so schiene er mir das [165] damals, da seine List offenkundig wurde, nicht vorzuhaben, als der niederträchtige Biaon mich selbst, ungeachtet meiner Worttreue, aus seinem Hinterhalt und mit großer Heimtücke ausschaltete. Der nämlich ist mir noch verhasster als selbst dem Tartarus, der in seinem Herzen verbirgt, was er mit dem Mund nicht offenbaren mag. Was das betrifft, dass er mich angeblich [170] gegen Teukrer und Asien entsenden will, so werde ich selbst aus eigenem Antrieb gehen, sobald der weiße Winter die Wogen aller Flüsse mit geschmolzenem Eis angefüllt hat. In der Zwischenzeit werde ich alles daran setzen, die Kelten vom stolzen Ausonien fernzuhalten, statt mich den grimmigen Iberern anzuvertrauen. Jener ist frevlerisch, maßlos und niederträchtig, der [175] den Krieg um seiner selbst willen liebt und die Völker zu den Waffen treibt. Doch jeder, der das Vaterland, da es wankt und von üblen Menschen bedrängt wird, verteidigt, ist tapfer, gerecht und ohne Tadel. Diese meine Antwort, Herolde, überbringt eurem König Alfons, damit er von nun an keine Zeit mehr eitel vergeudet. Er soll nur weitermachen, er soll nur weitermachen [180] und weiter den frevelhaften Krieg mit den Ausoniern suchen, die ich gewiss – und mehr drohe ich nicht an – verteidigen werde."

Nachdem er solches gesprochen hatte, ließ er die Kelten, die noch weiter auf ihn einwirken wollten und im Geiste voll Kummer waren, während sie ihn vergebens anflehten, stehen und begab sich als Heerführer in seine [185] Burg. Jene aber, niedergeschlagen mit traurigem Blick in ihren Gesichtern vieles lange miteinander beredend und besprechend, kommen

deveniunt tandem regis pugnacis ad aulam,
et responsa ducis Pandulphi ac dicta superbi
ordine quaeque suo referunt pacemque reportant
infectam. Doluit furiis accensus et ira 190
rex ferus infrendensque minas et inania verba
vertice concusso labefacta mente profudit.
Tunc equitem peditemque parat, quibus augeat omnem
Celtarum numerum, tunc aspera navibus implet
aequora, Pisanam quibus est venturus ad urbem. 195
   Ipse autem Italiae decus auxiliumque cadentis
dux Pandulphiades, sacris de more solutis
Gradivo atque aliis pius immortalibus, urbem
vestit Arimineam florentibus ordine sertis.
   Haud secus ac Lycia rediit cum laetus Apollo, 200
circumstant pictis Agathyrsa coloribus illum
agmina, Thebani ceu candida colla Lyaei
umbrant atque hederae patrio de more coronant,
tantus amor cunctis victoris et ora tuendi
Pandulphi et vultus claros. Et verba loquentis 205
non audire semel sat erat, mens omnibus unum
una oculis spectare ducem. Tum nocte vel atra
ipse subit mentes et pectora laeta subintrat.
Omnibus ipse locis occurrit ut almus Osiris,
exercetque viros inventus et alta resultant 210
flumina cornigeri septem felicia Nili,
haud aliter gens prisca virum Latiique iuventus
ad reducem plaudunt vario certamine regem.
Hic alii subito renovant thoracas ahenos,
loricasque graves clypeos cristasque comantes. 215
His ocreae duras includunt undique suras
lucentesque viros iuvat adspectare. Nec umquam
laetior Ausoniae numerus tulit arma superbus.
Infrenant equites alii phalerisque superbi
insternuntur equi. Tum spicula laevia bello 220
scutaque fida parant, rauco tum buccina cantu
torpentes animos quondam excitat atque canora
aere repente feri accendit Mavortis amorem,
tessera tum signum bello venit una cruento.

schließlich zur Halle des kampfeslustigen Königs, überbringen ihm die
Antwort des stolzen Heerführers Pandolfo, alles, was er gesagt hat, der
Reihe nach, und teilen schließlich auch mit, dass der Friede aufgekündigt
[190] ist. Den grausamen König grämte es, in Raserei entbrannt keifte er
Drohungen und spie eitle Worte, wie im Geist erschüttert und von Sinnen,
hervor.

Dann rüstet er Reiterei und Fußtruppen aus, um mit ihnen die Gesamtzahl
der Kelten zu vergrößern, und darauf füllt er die raue See mit Schiffen,
[195] mit denen er die Stadt Pisa zu erreichen beabsichtigt.

Der Heerführer selbst aber, Sohn des Pandolfo, Stolz Italiens und
seine Rettung in der Stunde des Niedergangs, bringt pflichtschuldig seine
Opfer und lässt ehrfurchtsvoll die Stadt Rimini für Gradivus und andere
Unsterbliche liebevoll mit Blumengirlanden schmücken.

[200] Nicht anders als, wenn Apollo frohgemut aus Lykien zurückgekehrt
ist, die agathyrsischen Heerscharen mit aufgemalten Farben um ihn
herum stehen, oder wenn die Thebaner dem weißen Hals des Lyaeus
Schatten spenden und ihn nach Sitte der Väter mit Efeu bekränzen, solch
ein Verlangen haben alle, das Gesicht und die Miene des siegreichen
[205] Pandolfo zu erblicken. Und nur einmal seine Worte zu hören, als er
sprach, war nicht genug. Alle sinnen gemeinsam darauf, ihren einen Anführer mit eigenen Augen zu sehen. Und dann kommt er auch in der finsteren Nacht noch in ihre Gedanken und macht durch seinen Eintritt ihre
Herzen froh. Wie der gütige Osiris an allen Orten selbst erscheint und ihn
[210] gesehen zu haben die Menschen antreibt und schließlich die sieben
Mündungen des gehörnten Nil glücklich jauchzen, nicht anders bejubelt
dieser altehrwürdige Menschenschlag, die Jugend Latiums, im Wetteifern
miteinander die Rückkehr des Anführers. Hier bessern plötzlich die einen
ihre ehernen Brustplatten und ihre schweren Riemenpanzer, ihre Schilde
[215] und ihre buschigen Helmzieren aus. Anderen umschließen die ge-
stählten Waden rundherum Beinschienen und es macht Freude, die strahlenden Männer anzusehen. Niemals war eine stolze Schar der Ausonier
glücklicher, ihre Waffen zu tragen. Andere zäumen als Reiter ihre Pferde
auf und die stolzen Rosse werden mit Fürbug und Crinet ausgerüstet. Bald
[220] bereiten sie die leichten Wurfspieße und ihre zuverlässigen Schilde
für den Kampf vor, bald schreckt die Fanfare mit ihrem rauen Klang die
zuvor trägen Geister auf und entfacht in ihnen mit ihrer klingenden
Bronze sogleich das Verlangen nach Kriegstaten, bald wird die gemeinsame Parole als Kennzeichen für den blutigen Krieg ausgegeben. Ein Teil

Pars arcus teretesque parant aptare sagittas, 225
pars pedibus crudum peronem inducere nudis.
Non illos nati, fidae nec coniugis ignes
nec maesti multa retinent pietate parentes,
sed citius iusso saevos bacchantur in hostes
praecipuique duces studio maiore ferantur. 230
Quos ubi delegit multis a millibus omnes
egregios, tumulo sic est effatus ab alto:
"Magnanimi proceres expertae robora pubis,
eximii bello iuvenes, si prisca recordor
proelia, si vires memini, si bella secunda 235
plurima gesta deo. Nunc, nunc vos illius omnes
temporis admonitu demum mea dicta tenaci
figite mente, duces, nec vana pericla timete
Celtarumque minas. Quarum quae copia? Quanta est?
Ante oculos sunt cuncta meos. Scio iniqua precari 240
excidia Hispanos Italis. Quos verba serentes –
di magni – quanti pendamus? Verba sed ultra
perdite ne, socii. Factis opus – hic labor, hic stat
gloria et hic magni magnae virtutis honores.
Fudimus Alphonsi Tyrrhenis agmina campis 245
plurima nos pauci. Vinclis servatur ahenis
pars melior, validaeque manus. Sunt caesa virorum
corpora multorum. Victi invictisque minantur
Celtae Italis – quos, summe pater, quonam usque furentes,
Iupiter alte, feres? Tibi nos, tibi sacra quotannis, 250
aeternumque tuis aris renovamus honorem,
nos ideo ut templis cogamur abire relictis,
ut putat Alphonsus, profugos a sanguine natos
Troiano? Ausonidas alienis quaerere terris
regna placet superis? Igitur Taracona petemus, 255
Hesperiasque domos, et prodigiosa priorum
litora Geryonasque alios armentaque prisca,
Amphitryoniades nostris quae vexerit oris
fatalem praedam. Latium sic linquimus, haec est
causa fugae. Iam nunc video Pherinanta parentis 260
haeredem Alphonsi coepto concedere bello.
Quare agite, o solitas proceres expendite vires

Elftes Buch 449

[225] schickt sich an, die Bogen und die glattrunden Pfeile zurechtzumachen, ein anderer Teil, den groben Stiefel über die nackten Füße zu streifen. Nicht ihre Kinder, nicht das Herdfeuer ihrer treuen Gemahlin und nicht die traurigen Eltern halten sie mit starkem Pflichtgefühl zurück, sondern schneller als befohlen rasen sie gegen die grausamen Feinde und ihre [230] herausragenden Anführer lassen sich von noch größerem Eifer forttragen. Als er alle Befehlshaber aus den vielen tausend ausgewählt hatte, sprach er von einem hohen Hügel so zu ihnen:

„Hochherzige Edelleute, Rückgrat einer kampferprobten Jugend, im Krieg ausgezeichnete Jünglinge, so wahr ich unsere ersten Schlachten in [235] Erinnerung habe, so wahr ich eurer Kräfte gedenke, der vielen Kriege, die wir mit göttlichem Wohlwollen geführt haben. Mit dem mahnenden Beispiel jener alten Zeit haltet nun endlich alle meine Worte beharrlich in eurem Verstand, meine Truppenführer, und fürchtet nicht die leere Gefahr und die Drohungen der Kelten. Worin besteht ihre [240] Kampfstärke? Wie groß ist sie? Mir steht alles vor Augen. Ich weiß, dass die Spanier für einen unverdienten Untergang der Italiener beten. Große Götter, welchen Wert sollen wir Menschen beimessen, die solche Worte führen? Doch verliert ihr nun keine weiteren Worte, Gefährten, Taten sind nötig. Hier wartet Mühsal, hier wartet Ruhm und hier warten [245] die großen Ehren großer Tugend. Wir haben mit wenigen Männern das riesige Truppenaufgebot des Alfons auf den tyrrhenischen Feldern geschlagen. Der bessere Teil von ihnen wird in ehernen Ketten bewahrt und damit auch ihre starken Hände. Die Leiber vieler Männer wurden erschlagen. Als Besiegte drohen die Kelten den unbesiegten Italienern – [250] höchster Vater, wie lange wirst du sie, die nicht aufhören zu wüten, noch dulden, großer Jupiter? Erneuern wir jährlich für dich mit Opfern an deinen Altären deine ewige Ehre, damit wir jetzt gezwungen werden, unsere Tempel zurückzulassen und fortzugehen, als Flüchtlinge, wie Alfons meint, geboren aus trojanischem Blute? Ist es Wille der Götter, dass die [255] Ausonier sich in fremden Landen ein neues Reich suchen? Lasst uns also gen Tarragona streben und die hesperischen Heimstätten, die gewaltigen Gestade der Alten, Gestalten wie Geryon und ihre uralten Herden, die der Held aus dem Geschlecht des Amphitryon in unseren Teil der Welt brachte, eine schicksalhafte Beute. So verlassen wir Latium, doch [260] das ist der Grund für die Flucht: Schon jetzt sehe ich, wie Ferdinand als Erbe seines Vaters Alfons in dem Krieg, den der begonnen hat, unterliegt. Drum wohlan, o ihr Edlen, setzt eure gewohnten Kräfte ein und

bellorumque animos studio exercete vetusto.
Cornipedes nunc tempus equos versare tepenti
pulvere, nunc humeros armis onerare decoris 265
nunc, auri argentique quod est, conferre novandis
illicet exuviis. Communia barbara sunto
omnia, quae, socii, campis capiemus Ethruscis
arma et opes." Dixit, socios tum nomine laetos
quemque suo ipse vocans dimittit, at ocius illi 270
diversas secuere vias. Pars arma requirunt,
pars clypeos, alii renovant thoracas et enses.
Illos dura tegit galea atque insigne comanti
vertice bina tegunt sublata cornua crista.
Hos Hydrae facies, illos tegit atra Chimaera, 275
prima leo, postrema draco, media hirta capella,
ardentis vires ignis quae flabat anhelas,
Bellerophontea cecidit cum denique dextra.
Illum cerva super coniuncta amplexa puella
cervinum caput est, illam tremuisse videres 280
attonitamque malis voto stupuisse paterno.
Nam memorant ventos cum iam placaret Atrides,
ut sua funesto lacerarit viscera ferro,
ut duce rapta dolis variis atque omnibus uso
sub Laertiada miserandis Aulida votis 285
iret, ut agna tremens balantis ab ubere matris,
quam ferus ablatam pleno detraxit ovili
pastor, et immitis magnam portavit in urbem.
Talis erat virgo, talem se muta ferebat,
candida ut imposuit patriis vestigia castris. 290
Horruit adspectu miserandae virginis heros,
– proh scelus! – vera longe pietate remotus.
Illa autem ignaro coram stetit obvia vultu
hostibus in mediis Priamo miseranda puella.
At pater hoste magis metuendus, ut ipse parentem 295
exuit, ut Troia posset Phrygibusque potiri,
sanguine virgineo sceleratas imbuit aras.
Non tulit, ut fama est, positis Dictynna sagittis,
namque ut saeva manu detexit tela sacerdos,
infula temporibus postquam circumdata flavis, 300

Elftes Buch 451

treibt euren Geist an zum altbewährten Kriegseifer. Nun ist es an der Zeit, die hornbehuften Pferde durch den warmen Staub zu lenken, an der Zeit, [265] eure Schultern mit stattlichen Waffen zu schmücken, an der Zeit, das, was ihr an Gold und Silber habt, zur Erneuerung eurer Rüstungen zusammenzutragen. Unsere gemeinsame Beute soll alles sein, was wir, Gefährten, auf den etruskischen Feldern an Waffen und Reichtümern von den Barbaren erbeuten." So hat er gesprochen, dann entsendet er seine [270] Gefährten frohgemut, einen jeden persönlich beim Namen nennend. Jene aber schlugen flink ihre jeweiligen Wege ein. Manche suchen ihre Waffen, manche ihre Schilde, andere bessern ihre Brustpanzer und ihre Schwerter aus. Jenen bedeckt ein Helm das Haupt und darauf gut erkennbar am haarigen Scheitel die beiden Hörner der hoch erhobenen [275] Helmzier. Diese bedeckt das Antlitz der Hydra, jene die finstere Chimäre, vorne Löwe, hinten Schlage und in der Mitte struppige Ziege, die schnaubende Stöße lodernden Feuers aushauchte, als sie schließlich unter der Hand des Bellerophon zugrunde ging. Jener trägt eine Hirschgestalt auf dem Haupt, eine Hirschkuh, die mit einem Mädchen eng [280] verschlungen ist, man meint, sie zittern und, von ihrem Unglück erschüttert, über das väterliche Gelübde stutzen zu sehen. Denn man erzählt sich, wie, als der Atride schließlich die Winde bändigen wollte, er mit todbringender Klinge sein eigen Fleisch und Blut zerfleischte, wie sie, vom Heerführer, dem Sohn des Laertes, der jede ihm kenntliche List [285] darauf verwandte, geraubt unter dem Bann böser Gelöbnisse nach Aulis ging, wie ein zitterndes Lamm, das der Hirte von der Zitze der klagend blökenden Mutter aus dem vollen Schafspferch nimmt und mit sich reißt und unbarmherzig in die große Stadt trägt.
So war die Jungfrau, so hielt sie sich stumm, als sie ihre strahlend weißen [290] Füße in das Lager des Vaters setzte. Vor dem Anblick der beklagenswerten Jungfrau erschauderte der Held, ach, welch Verbrechen, der sich von wahrer Liebe schon weit entfernt hatte. Jene aber stand ihm gegenüber mit ahnungsloser Miene inmitten ihrer Feinde bejammernswert vor Priamus.
[295] Doch ihren Vater muss sie mehr als einen Feind fürchten, [295] als dieser die Rolle des Vaters ablegt, um sich Trojas und der Phryger bemächtigen zu können, und die frevelhaften Altäre mit dem Blut der Jungfrau tränkt. Das wollte, wie es heißt, Dictynna nicht dulden und legte ihre Pfeile nieder. Denn als die Priesterin die grausame Waffe mit ihrer Hand [300] aufdeckte, nachdem man ihr die blonden Schläfen mit der Opfer-

flavaque purpureum duplicarunt ora calorem
lucidaque aethereum micuerunt lumina solem,
supposita rapuit tenerum trans aethera cerva
hanc dea, quam faciens nymphen ipsius et altos
iussit adire choros, numeroque adiunxit et aevum   305
immortale dedit silvis agitare profundis.
Virginis effigies ipsius et ardua cervae
cornua caniciem pravi texere Seneuci
insignis lingua mordaci, informis ad unum.
Cetera calvus erat, foeda rubigine dentes,   310
lumine captus erat dextro et cervice recurva
ipse humeros supra caput ostentabat iniquos,
altera curva pedis claudus vestigia flexi,
Pannoniumque senex furiis ardebat ephebum,
qui tamen aethereas sic est effatus ad auras   315
vociferans: „O magnanimum gens prisca virorum,
Ausonidae magni, quae vos dementia vano
Sismundo parere iubet? Quae insania mentes
praecipitat? Quis tantus adest furor omnibus, ut vos
unius imperio terras linquatis avitas   320
antiquasque domos? Alphonso praeda futuri
magna, viri? Retinete gradus! Si regna movent se,
ipse eat, adversumque vocans in proelia regem
aut ipsum Pherinanta, alios sinat esse quietos.
Scilicet ut primo Latii potiatur honore,   325
indecores alii campis sternemur Etruscis?
An nos, ut regnet, crudeli opponere leto
audeat, o miseri, toties? Si fama moveret,
si pietas animum, nostra virtute superbus,
inque solens numquam vacuas tot civibus urbes   330
Hesperias tanta vastasset clade nec arva
ossibus alberent primo Populonia bello.
Ipse suum iam tum pro caris corpus Etruscis
proiicere optasset fatumque in dulce ruisset.
Quod si quid magnum propriis tamen incipit armis,   335
non venit haec virtus patriae sine vulnere nostrae
Italia et tanto curvata est pondere facti.
Quare agite, o solum cuncti linquamus et ipsum

Elftes Buch 453

binde umwunden hatte, ihr blondes Antlitz die rotglühende Wärme doppelt aufschießen ließ und ihre strahlenden Augen von der Sonne am Himmel widerschienen, da entriss die Göttin sie durch die zarte Luft und ersetzte sie mit einer Hirschkuh, machte sie aber zu einer Nymphe und [305] gebot ihr, sich ihren erhabenen Reigen anzuschließen, machte sie zu ihrer der Ihren und vergönnte ihr, ein ewiges Leben in den tiefen Wäldern zu führen. Das Ebenbild genau dieser Jungfrau und die hoch aufragenden Hörner der Hirschkuh bedeckten nun die weißen Haare des niederträchtigen Seneucus, der für seine angriffslustige Zunge bekannt und [310] ganz und gar missgestalt ist. Im Übrigen war er kahl, seine Zähne von scheußlicher Fäulnis, ihm fehlte im rechten Auge das Licht und wegen seiner gebogenen Wirbelsäule trug er seine Schultern ungleich hoch über seinem Haupte, außerdem hinkte er, denn sein Fuß war krumm und drehte sich bei jedem zweiten Schritt nach außen. Und der Greis verzehrte [315] sich in Liebe nach einem pannonischen Jüngling. Dennoch sprach er laut rufend dies in die hohen Lüfte: „O ihr altehrwürdiges Volk hochherziger Männer, große Ausonier, welcher Wahnsinn gebietet euch, dem eitlen Sigismondo zu Willen zu sein? Welche Tollheit reißt euren Verstand jäh mit sich? Was ist da für eine Raserei in euch allen, dass ihr die Lande [320] eurer Ahnen unter dem Befehl eines Mannes verlasst und eure alten Heimstätten? Wollt ihr, Männer, die fette Beute des Alfons werden? Haltet eure Schritte zurück! Wenn der Wunsch nach Herrschaft ihn umtreibt, dann soll er eben selbst gehen und den König als seinen Gegner zum Kampf aufrufen oder Ferdinand selbst, die anderen soll er in Frieden leben lassen! [325] Damit freilich er sich den ersten Rang unter den Latinern sichern kann, sollen wir anderen nun glanzlos auf den etruskischen Feldern niedergestreckt werden? Darf er uns denn, ihr Elenden, so oft dem grausamen Tode aussetzen, nur damit er herrschen kann? Wenn sein Ruf, wenn Anstand seinen Geist antreiben würde, dann hätte er wohl niemals, auf unsere [330] Kampfkraft gestützt, hochmütig und unmäßig so viele hesperische Städte ihrer Bürger beraubt und sie mit solchem Unheil verwüstet, und dann wären nun auch nicht die Felder Populonias weiß von den Knochen des ersten Krieges. Er hätte selbst doch damals wünschen können, seinen Leib für seine geliebten Etrusker herzugeben, und wäre in sein süßes Verderben [335] gestürmt. Und wenn er dann trotzdem einmal etwas Großes mit seinen eigenen Waffen in Angriff nimmt, dann kommt auch diese Tugend nicht ohne Schaden für unser Vaterland, und Italien krümmt sich unter der großen Last einer solchen Tat. Drum wohlan, lasst uns ihn alle allein lassen,

vadentem et frustra bellum crudele gerentem,
norit ut infelix, quantum praestamus et ipsi. 340
Ille quidem nostro per magna labore superbus
ora virum fertur vario sermone loquentum.
Nos autem nullo viles cumulamur honore,
obscuraeque animae nulli ignotique latemus
caedibus in mediis. Quoties contexsimus ipsum 345
avulsum cupidis de faucibus hostis, ovantem
fama refert toties magnas fudisse catervas
hostilesque manus. Haec sunt, quae praemia reddit,
haec Pandulphiades pro magnis munera factis.
Praeterea si raptus honos, si gloria nulla 350
redditur, insignes opibus Pandulphius heros,
divitiisque suos reddet, qui ne arce, quod usquam est
auri atque argenti, patria custodit, id inde
eximet, ut ditet proceres sociosque Latinos.
Non ea libertas Italis, non illa laborum 355
praemia. Num satius fuerat servire tyranno
Hispano? Aut extrema pati, quam perdere nosmet
inter nos? Si fata iubent regnare tyrannos
externos, regnent. Itali stent rege sub uno,
nec Pandulphiadas in singula sceptra vocatos 360
tot reges habeamus, et hunc spoliemus et armis
aequalemque aliis reddamus. Abite, phalanges
magnanimum Ausonidum. Regi, quemcumque deorum
fata ferant, parete duci. Nec corpora ferro
perdite nec vires patrii divellite census. 365
Viderit Alphonsus, fuerint quicumque nocentes,
qui veniam cunctis indulsit civibus altae
Parthenopes quondam victor finemque malorum
invenient Itali demum." Sic fatus abortis
ora rigans lacrimis odio surgente quievit 370
cunctorum. Pandulphiades, quem sprevit, et extra
castra iubet caesum duris depellere virgis,
nec cessat mandare viris, aciesque recenset
distinctas numero fulgentiaque induit arma,
arma, quibus Latias solus servaverat urbes, 375
immortale patri donum et mirabile visu,

lasst ihn marschieren und vergebens seinen grausamen Krieg führen, damit
[340] er in seinem Unglück erkennt, wieviel wir für ihn hergeben. Er macht
freilich dank unserer Mühsal hochmütig in den Mündern der Großen mit
allerlei Geschichten von sich reden. Wir gewöhnlichen Menschen aber werden mit keiner Ehre überhäuft, wir bleiben als dunkle Seelen, als Niemande
und Unbekannte inmitten des Gemetzels verborgen. Immer wieder, wenn
[345] wir ihn beschützen, nachdem wir ihn dem gierigen Schlund des Feindes entrissen haben, heißt es im Gerede der Menschen, dass er frohlockend
große Scharen und Massen von Feinden geschlagen habe. Das ist es, was
der Sohn des Pandolfo uns für unsere großen Taten als Lohn und Gegenleistung gewährt.
[350] Wenn außerdem ihm einmal die Ehre entrissen wurde, wenn ihm kein
Ruhm gewährt wird, dann wird dieser Held, der Sohn des Pandolfo, die
Seinen mit Geschenken und Reichtümern auszeichnen, der ja in der Burg
seines Vaters alles, was es irgend an Gold und Silber gibt, hütet, und es von
dort fortnehmen, um damit den Edlen der Latiner und seinen Verbündeten
[355] Geschenke zu machen. Das ist nicht die Freiheit der Italiener, das ist
nicht der Lohn unserer Mühen. Wäre es gar besser gewesen, einem spanischen Tyrannen zu dienen? Den Tod in Kauf zu nehmen, anstatt uns untereinander zugrunde zu richten? Wenn es das Schicksal so verfügt, dass ausländische Könige herrschen, dann sollen sie herrschen. Die Italiener sollen unter
[360] einem König zusammenstehen, und wir wollen nicht viele verschiedene
Könige haben, mit jedem dieser Pandolfosöhne, die man zur Herrschaft ruft,
sondern einen. Auch diesen hier wollen wir seiner Waffen berauben und ihn
den anderen gleich machen. Geht fort, ihr Schlachtreihen der hochherzigen
Ausonier. Gehorcht dem König, den euch die Schicksalssprüche der Götter
[365] bringen, als Anführer und richtet weder eure Leiber mit dem Schwert
zuschanden, noch verschwendet die Wehrhaftigkeit eures Erbteils. Alfons
wird schon sehen, wer die sind, die ihm geschadet haben, er, der einst als
Sieger allen Bürgern der stolzen Parthenope Gnade schenkte, und dann wird
das Unglück der Italiener endlich ein Ende finden." Als er gesprochen hatte,
[370] wurde er still, während ihm die Tränen über das Gesicht liefen und
sich der Hass aller auf ihn erhob. Der Sohn des Pandolfo, den er beleidigte,
lässt ihn mit harten Rutenschlägen aus dem Lager verscheuchen, dann aber
erteilt er weiter unermüdlich den Männern Befehle, überprüft die Truppenstärke der einzelnen Einheiten und legt seine eigenen glänzenden Waffen
[375] an, mit denen er einst im Alleingang die latinischen Städte gerettet
hatte, ein unsterbliches Geschenk an seinen Vater und wunderbar anzu-

quae dedit armipotens miris ardentia signis,
loricam et thoraca gravem, galeam, atque cavatas
dulce decus suris ocreas clypeumque micantem,
ingentem clypeum, centum quem Gorgonis angues 380
cingebant varioque metus horrore ferebant.
Orbe sedet medio Discordia, cuius Erinnys
stat soror ante oculos, sequitur quam dira Megaera.
Impia Tisiphone vocat atra ad bella sorores
sanguineam ante ferens – visu miserabile – caedem. 385
Hic insanus Honos, et pulchri Gloria leti,
sidera praeterea claro fulgentia caelo,
Oriona simul violentum Arctonque, lavari
nescia ab Oceano tenuem quae circuit axem.
Septenos orbes explent septena rotatis 390
errabunda polis adverso sidera caelo
cursibus adsiduis, nec non et laetus Apollo
in medio circum dulci sonat omnia cantu.
Atque a Saturno tacitam sonus usque Dianam
adstrepit atque modis superos exercet acutis. 395
Inde duas urbes vario sermone videres
discordare sonis inter se, illamque vigentem
connubiis, iuvenumque choro nymphasque maritis
iungere spectares flammis hymenaeon hiulcis,
tum patres circo in medio iustumque senatum. 400
Illam autem circum variis exercitus armis
instructus late surgebat honore iubarum
ingenti et clypeis fulgentibus aere decoro.
Urbis habent muros matres, puerique senesque
moeniaque alta tenent. Tum fortibus inclyta circum 405
moenia diffusis comes est Mars atque Minerva:
Aurea utrique nitet facies, nitet aurea utrique
vestis, uterque deum se monstrat utrumque coronant
agmina magnanimum subito clamore virorum,
ut tuba ventivomis praeconibus aethera rauco 410
rumperet aere, viros cum Martis ad arma vocaret.
Illam autem circum laetis pax plauderet alis
exoptata diu. Multis hinc findere aratris
tellurem agricolas, incurvaque tendere colla

schauen, die einst der waffenmächtige Gott ihm gab, glühend mit staunenswerten Verzierungen, einen Riemenpanzer, einen schweren Brustharnisch, einen Helm und die als lieblicher Schmuck um seine Waden gebogenen [380] Beinschienen, sowie seinen funkelnden Schild, den die hundert Schlagen der Gorgo rahmten und mit mannigfachem Grauen Angst verbreiteten. In der Mitte des Runds sitzt die Göttin der Zwietracht, deren Schwester, die Erinnye, ihr vor Augen steht, der wiederum die grimmige Megaera folgt. Die gottlose Tisiphone ruft ihre Schwestern in finstere Kriege und [385] trägt dabei, furchtbar anzusehen, blutiges Morden vor sich her.

Hier stehen die irrsinnige Ehre und der Ruhm des schönen Todes, um sie die Sterne, die an einem klaren Himmel funkeln, der brutale Orion und mit ihm die Bärin, die unfähig, im Ozean zu baden, die zarte Himmelsachse umkreist.

[390] Sieben Sterne beschreiben, umherschweifend am sich drehenden Firmament am Himmel gegenüber, sieben Kreisbewegungen in stetem Lauf und auch Apollo lässt frohgemut in ihrer Mitte mit süßem Gesang alles rundum erklingen. Und der wandert vom Saturn bis zur stillen Diana und versetzt mit seinen hellen Weisen die Götter in Regung. Als nächstes [395] könnte man nun zwei Städte sehen, die durch den Tonfall ihrer unterschiedlichen Sprachen nicht im Einklang miteinander sind, und zwar ist die eine voll Lebens mit Hochzeitsfeiern und einem Reigen junger Menschen. Und man würde erblicken, wie Hymenaeus mit züngelnden Hochzeitsfackeln die Mädchen mit ihren Gatten zusammenführt, daneben die [400] Stadtväter in der Mitte eines runden Platzes und den gerechten Senat. Um die andere Stadt herum aber erhob sich ein Heer, das weithin mit allen Arten von Waffen ausgestattet war, unter dem gewaltigen Stolz seiner Helmzieren und der prächtigen Bronze der glänzenden Schilde.

Die Stadtbefestigungen besetzen die Mütter, die Kinder und die Alten und [405] sie halten die hohen Mauern. Dann sind da Mars und Minerva als Gefährten der tapferen Männer, die um die hochgerühmten Mauern verteilt stehen, beide haben ein golden glänzendes Antlitz und auch ihre Kleidung glänzt vor Gold, beide zeigen, dass sie Götter sind. Beide umringen auch Heerscharen hochherziger Männer unter jähem Geschrei. Man kann sehen, [410] wie die Tuba der wie die Winde blasenden Herolde mit ihrer rauklingenden Bronze die Luft erschüttert, wenn sie die Männer zu den Waffen des Kriegsgottes ruft. Wie um jene Stadt aber der lang ersehnte Frieden mit seinen glücklichen Schwingen bejubelt, dass nun wieder die Bauern mit vielen Pflugscharen den Boden aufbrechen, dass die hörnerstarrenden

cornifidosque boves Cereremque insurgere laeta 415
arva super plenoque viris stat copia cornu.
Talia erant clypeo divum immortalia dona.
Hunc Pandulphiades humero suspendit honesto.
Aethera complevit nova lux, omnisque repente
arrisit tellus circum et loca proxima laetam 420
spem dederant Italis. Tanto fulgore nitebat,
qualis ab Oceano consurgens Phoebus Eoo
iungit equos larga confundens lampade terras,
tum stellae splendore novo latuere minores.
Talis erat patriis fulgens Pandulphius armis. 425
Extulit his patria circumdatus arce repente
signa manu, belli vexilla superba, Quirites
quae misere patres victori, ubi Marte superbo
Asculon antiquam Romanae reddidit urbi.
Tum procul horrifico strepitu cava concha tremendum 430
rauca dedit sonitam crepuitque per aethera clangor.
Continuo perculsi animi cunctique Latini,
cuncti Itali subito coniuravere tumultu.
Ac veluti Hadriaco consurgunt gurgite fluctus
innumeri, totum fervet mare vastaque surgunt 435
aequora, sic Itali Thuscas densantur ad oras.
Est locus, unde caput celsa prorumpit ab arce
Hesperidum late rector Tiberinus aquarum,
unde rapit cursus Alpheas Arnus in oras,
et qui Arimineam pronus fluit amnis ad urbem, 440
hunc penes Hadriacas decurrit Sapis in undas.
Hac Itali primum densis venere catervis.
Quos Apennini cum vertice adesse furentes
accipiunt Celtae, variis dant pectora curis,
atque aegris stupuere animis et regia proles 445
Alphonsi Pherinas turbatique omine Iberi.
Quos inter dictis Tagus haec est fatus amicis
consilio insignis, sed non Pherinanta potenti
aequabat dextra, sumptis tamen utilis armis:
„Audite, o Pherina, nec non Taraconia pubes 450
atque alii proceres, iam nunc mihi recta monenti
magnanimi parete duces. Neu tarda morantes

Elftes Buch 459

[415] Ochsen ihre gekrümmten Nacken anspannen und dass sich Ceres wieder über den glücklichen Fluren erhebt, und Wohlstand ist im Füllhorn der Menschen. Dergestalt waren die unsterblichen Gaben der Götter auf dem Schild anzusehen. Ihn hängte der Sohn des Pandolfo auf seine ehrwürdige Schulter. Neues Licht erfüllte den Himmel und sofort lächelte die gesamte [420] Gegend ringsum freundlich und die Umgebung gab den Italienern gute Hoffnung, mit solchem Glanz erstrahlte sie. So wie Phoebus, sich aus dem östlichen Ozean erhebend, seine Pferde anschirrt, aus seiner Leuchte freigebig Licht auf die Erde gießt und die kleineren Sterne sich dann hinter dem neuen Glanz verborgen haben.

[425] So erschien nun der Sohn des Pandolfo gleißend in der Rüstung seines Vaters. Darin erhob er, im Schutz der Burg seines Vaters, umgehend die Feldzeichen, die stolzen Standarten des Krieges, die ihm als Sieger die römischen Väter sandten, als er in einem überragenden Feldzug das uralte Ascoli der Stadt Rom zurückgab.

[430] Dann gab mit schrecklichem Lärm das große raue Horn einen furchtbaren Klang von sich und das Dröhnen kroch hinauf bis zum Himmel. Sogleich sind die Geister davon getroffen und alle Latiner, alle Italiener schworen einander darauf in einem plötzlichen Aufruhr die Treue.

Und wie im Strom der Adria sich unzählige Fluten erheben, das ganze Meer [435] brodelt und die weiten Wasser anschwellen, so drängen die Italiener in dichtem Strom zu den etruskischen Gestaden. Es gibt einen Ort, von wo der Lenker der hesperischen Wasser weit und breit, der Tiber, aus seiner Bergfeste mit seinem Haupt hervorbricht, von wo auch der Arno reißend zu den alphaeischen Gestaden hinabschießt und der Fluss, der steil zur Stadt [440] Rimini herunterfließt, und neben ihm auch der Savio, der seinen Lauf zu den Wogen der Adria nimmt. An diesem Ort kamen die Italiener zunächst in dichten Scharen zusammen. Als die Kelten erfahren, dass sie voller Wut auf dem Gipfel des Apennin stehen, da geben sie ihre Herzen mannigfaltigen Sorgen hin und stutzen mit Unwillen im Geist, und sowohl [445] Ferdinand, Sohn König Alfons' als auch die anderen Iberer sind in Aufruhr gebracht. Unter ihnen erhob Tagus mit diesen freundlichen Worten die Stimme, der sich durch klugen Rat auszeichnete und Ferdinand zwar an bloßer Kraft nicht gleichkam, sich jedoch als nützlich erwies, wenn zu den Waffen gegriffen wurde:

[450] „Hört her, o Ferdinand, und auch die tarragonensische Jugend und ihr anderen Edlen. Hört nun auf mich, der ich zum Rechten ermahne, hochherzige Anführer, auf dass uns nicht die träge Morgenröte des morgigen Tages

aurora inveniat Tyrrhenis crastina campis,
sed cuncti ad naves mortem fugiamus acerbam.
Dum fortuna deum, superum dum fata sinebant, 455
tum certare manu, tum me bellare iuvabat.
Nunc autem, imparibus quoniam concurrimus armis,
Sismundum nobis notum sociosque tremisco.
Sismundum ante alios quanto se corde Latinis
praeferat atque neget Latio consistere Celtas, 460
experiuntur ubi vires Mavortis Iberi
Ausoniique simul. Pro quo tot bella, tot arma
saepe movent populi frustra, indefessaque bellis
Italia est, durumque genus, gaudensque laborum
invictumque animis, laetum ductore superbo. 465
Quem Fortuna virum rebus si forte secundis
extulerit, quae terra duces, quae litora Celtas,
aequora quae capient? Ubinam locus ullus Iberis?
Quae regio? Quae fida domus? Veniam ille precanti
cesserit Alphonso? Sine me, genus inclyte regum, 470
haec sine me, Pherina, communes ferre per auras
invidia quae verba carent. Parete monenti
vera Tago, si iusta precor, tutamque petamus
Parthenopen, dum fata sinunt, dum Iupiter ipse
non vetat. Aegri animo quamvis cedamus Ethruscis 475
incolumes campis, numquam deiecerit arces,
Parthenopea, tuas ante hic, quam paverit albos
ipse canes, dederitque avibus quam tristibus escas."
 Sic ait. Huic contra Pherinas ita turbidus infit:
„Infelix animi, cunctorum ignave virorum, 480
vane Tage, insignis lingua! Dum Marte secundo
est opus et praesens vocat in certamina Pallas,
tum tibi larga quidem virtus linguaeque potestas
promptior adsueto. Sed cum nec bella parantur,
pace bona fruimur dum lenti, proelia primus 485
poscis et egregiis circumstrepis omnia verbis.
Ne pedibus, ne quaere fugam, aut si concipis hostem
adventare, late tenebris et nocte tua sta.
Me sine cum sociis cunctis obstare Latinis
ingentique manu paucos prosternere Lydos 490

Elftes Buch 461

noch auf den tyrrhenischen Felder vorfindet, sondern lasst uns alle zu unseren Schiffen gehen und dem bitteren Tod entfliehen.
[455] Solange es das Schicksal der Götter, solange es die Bestimmung der Himmlischen noch erlaubte, da erfreute es mich, mit meiner eigenen Hand zu kämpfen, da erfreute es mich, Krieg zu führen. Nun aber, da wir mit ungleichen Waffen antreten, da erzittere ich vor dem uns wohlbekannten Sigismondo und seinen Verbündeten. Vor Sigismondo jedoch vor allen [460] anderen – mit welch Beherztheit er sich an die Spitze der Latiner stellt und es den Kelten verbietet, in Latium Fuß zu fassen, sobald die Iberer und die Ausonier zugleich die Gewalt des Kriegsgotts auf die Probe stellen, für den die Völker so viele Kriege anfangen, so viele Waffen unnütz in Bewegung setzen. Und Italien lässt sich von Kriegen nicht ermüden, sein Volk [465] ist hart und erduldet freudig Mühen, es ist im Kampfgeist unbesiegt und frohen Mutes über seinen stolzen Anführer. Wenn das Schicksal diesen Mann zu großem Erfolg erhebt, welches Land, welche Küste, welches Meer wird unsere Anführer, wird die Kelten dann noch aufnehmen? Wo werden die Iberer auch nur irgendeinen Platz haben? Welchen Teil der Welt? [470] Welches treue Haus? Wird er nachgeben, wenn Alfons ihn erst um Gnade anfleht? Gestatte mir, erlauchter Spross von Königen, gestatte mir, Ferdinand, zu aller Ohren diese Worte zu bringen, die ohne Missgunst sind. Hört auf Tagus, der euch zur Wahrheit ermahnt, so wahr ich euch um Gerechtes bitte. Wir wollen die sichere Parthenope aufsuchen, solange unser [475] Schicksal es noch zulässt, solange Jupiter selbst es nicht verbietet. Mögen wir auch mit Unwillen im Herzen unversehrt von den etruskischen Felder weichen, so wird er doch nie deine Festen stürzen, Parthenope, ehe er nicht selbst die weißen Hunde füttert und den Trauervögeln Nahrung gibt."

So sprach er. Ihm entgegnete Ferdinand aufbrausend dies:
[480] „Unseliger, Feigling unter den Männern, eitler Tagus, der du bekannt bist für deine Zunge. Wenn wir Kriegsglück nötig haben und Pallas uns an ihrer Seite in die Schlacht ruft, dann bist du freigebig mit deiner größten Tugend, dann ist die Macht deiner Zunge schneller bei der Hand als gewöhnlich. Doch wenn gerade kein Krieg in Vorbereitung ist und wir [485] uns träge des schönen Friedens erfreuen, dann bist du der erste, der zur Schlacht auffordert und dann tönst du mit hochtrabenden Worten überall herum. Schleich dich nicht zu Fuß davon, und wenn du mitbekommst, dass der Feind naht, dann versteck dich und bleib im Schutz deiner Dunkelheit. Mir aber erlaube mit allen Verbündeten den Latinern Widerstand [490] zu leisten, mit gewaltiger Schlagkraft die wenigen Lyder niederzustre-

Sismundumque, putas quem non superare deum vim
vimque hominum totam. Sed enim mortalis et ille est,
ille manus igni similes, ferroque calenti
ille animos quamvis, contra bellare parabo.
Mars communis enim et variis fortuna sub armis. 495
Esse bonus didici quando, ne finge timorem
hunc mihi neu sociis curas iniunge molestas."
    Sic ait obscurisque fremens se condidit umbris
nocte fere media. Cererem sumpsere per herbas
effusi virides Celtae. Pars cetera servat 500
excubias, alii somno dant membra fluenti.

cken und Sigismondo, von dem du glaubst, dass nicht einmal alle Macht der Götter und Menschen zusammen ihn bezwingt. Doch auch er ist nur ein Sterblicher, und mag er auch Hände wie Feuer und einen Geist wie heißen Stahl haben, so werde ich mich doch rüsten, gegen ihn Krieg zu führen. Denn [495] der Krieg ist uns gemein, das Glück aber wechselt die Seiten. Da ich einst gelernt habe, redlich zu sein, versuch nicht, mir diese Angst einzuflößen oder unseren Gefährten lästige Sorgen einzureden."

So sprach er und verbarg sich grollend in tiefen Schatten mitten in der Nacht. Die im grünen Gras verteilten Kelten nahmen ihr Abendbrot. [500] Ein Teil hält Nachtwache, andere geben ihre Glieder dem fließenden Schlaf hin.

Basini Parmensis
Hesperidos
Liber Duodecimus

Postera frugiferis revehebat lumina terris
Aurora et roseo lustraverat aethera curru,
nec minus Ausonidum ductor fortissimus arma
induit irarumque animis permittit habenas.
Comparat haud natum genitori ipsumque videre 5
iam Pherinanta cupit, victum quem concipit iri
congressu primo. Veluti cum se excitat ira
ille leo infrendens, et acerba tuetur et altum
exsuperat nemus incursu magnoque tumultu
eximium quaerens monstrantem cornua taurum, 10
haud secus Ausonidum ductori fervida gliscit
ira super magno Pherinante minorve fatigat
cura virum virtusque ferox. Tum signa revelli
imperat aerio de vertice montis et hostem
pergit in oppositum. Septem tum deinde diebus 15
fecit iter contra Celtas. Quos ipse videre
ut primum potuit, laeto sic incipit ore:
    „Cernitis hinc acies et barbara signa, Latini,
argento, atque auro fulgentesque aere cohortes,
divitias regum, populis quae debita nostris 20
praemia? Finis adest, variorum et meta malorum,
quae patimur toties. Thuscas bis perfidus urbes
obsidet Alphonsus violato foedere divum,
qui nunc crudeles sumunt ab sanguine poenas
et scelus infandum nostra virtute reposcunt, 25
qui mentem Celtis avertunt funditus, ut me
optato exspectent campo. Di, qualia nobis
gaudia? Quos animos iam nunc mentemque dedistis?
Praeterea si nulla deum sunt numina, nulli
si curant terras superi – quod non reor – ipsi 30
non cedent Celtis Itali, quos ipse tot annis,
tot bellis docui iusta non cedere pugna.
Quisquis terga dabit, non est Pandulphius. Illum
ut Celtam densis, Itali, perfigite telis."

Der *Hesperis*
Basinios von Parma
Zwölftes Buch

Die Morgenröte des Folgetags brachte das Licht zurück auf die fruchttragende Erde und hatte den Himmel mit ihrem rosenfarbenen Wagen erleuchtet, da legt auch schon der tapferste Führer der Ausonier seine Waffen an und lässt den Zornesregungen in seinem Geiste die Zügel [5] schießen. Er schließt nicht vom Vater auf den Sohn und will Ferdinand lieber selbst sehen, von dem er annimmt, dass er schon im ersten Aufeinandertreffen unterliegen wird. Wie wenn ein Löwe sich grollend in Zorn aufpeitscht, verwegen dreinblickt, den tiefen Hain mit seinem Dahinpreschen schnell durcheilt und mit großem Aufruhr dem erhabenen [10] Stier nachstellt, der ihm seine Hörner zeigt, nicht anders glimmt im Führer der Ausonier heiß die Wut auf den großen Ferdinand und nur wenig macht ihm die Sorge um seine Männer und seine unbändige Tatkraft zu schaffen. Dann befiehlt er die Feldzeichen vom luftigen Gipfel des Berges wegzunehmen und zog weiter dem Feind entgegen. Sieben [15] Tage marschierte er darauf noch in Richtung der Kelten. Als er sie zum ersten Mal mit eigenen Augen sehen konnte, da hob er mit freudiger Miene so an:

„Könnt ihr von hier die Reihen und Feldzeichen der Barbaren sehen, Latiner, ihre Truppen, die vor Silber, Gold und Bronze glänzen, den [20] Reichtum ihres Anführers, den sie unseren Völkern als Wiedergutmachung schulden? Das Ziel ist nah, und das Ende der mannigfachen Übel, die wir so oft ertragen müssen. Zum zweiten Mal belagert der treulose Alfons nun schon die etruskischen Städte und hat dafür einen vor den Göttern geschlossenen Bund verletzt, die ihn nun die grausige Strafe mit seinem [25] Blut bezahlen lassen und Sühne für den unaussprechlichen Frevel mithilfe unserer Tugend fordern. Sie haben den Kelten völlig ihre Sinne verdreht, dass sie meiner auf dem ersehnten Schlachtfeld harren. Welch Freude, Götter, habt ihr mir damit gemacht, welchen Mut, welche Beherztheit verliehen? Und auch wenn es die Macht der Götter nicht gibt, wenn keine Himmlischen sich [30] um die Erde sorgen – was ich nicht glaube – so werden die Italiener den Kelten doch nicht weichen, habe ich sie doch viele Jahren gelehrt, in einem gerechten Kampf niemals aufzugeben. Wer auch immer ihnen seinen Rücken zukehrt, ist keiner von Pandolfos Männern. So einen bringt wie einen Kelten vom Geschosshagel durchbohrt zur Strecke."

Dixit et adversos se concitat acer in hostes 35
agmine praerepto, montemque elatus in altum
spumivomo prorumpit equo, atque hinc omne tueri
Ausonidum genus atque acies spectare Latinas
fas habet ipse suo, quas ordine singula circum
instituit auxilia, et tironibus arte locatis 40
prima rudimenta aptavit. Nam cetera magno
sponte duci paret gens Itala. Nec minus hostes
adventare vident Sismundum, instructaque longe
agmina magnanimosque duces missamque sub armis
Ausoniam adtonitique animis languentibus omnes. 45
Namque Italum ductor, Pandulphi maxima proles,
quemque suo parere duci praeceperat. Ergo
omnibus unus amor bellandi atque omnibus ordo
unus, et instructi numero spatioque locati
ibant et sese magna virtute ferebant. 50
Omnibus arma novam fuderunt splendida lucem.
At Celtae clamore novo tristique tumultu
infremuere gravique animos formidine lassant.
Nam neque mos neque lingua eadem fuit omnibus, orbis
diversis quoniam venerunt partibus illi. 55
Tum circa Pherinanta duces quicumque volabant,
ardentes Celtae festina feruntur in arma
atque odere moras omnes, ceu turbidus Auster
imbribus horrisonis oneratus terga frementi
sub Iove nubiferos glomeravit ab aethere nimbos, 60
condensantur ubi nigro cava nubila caelo,
tum Zephyrique Notique tonant, tum frigidus urget
aethraeus Boreas flabris animosus hiulcis.
Hic quae prima manu, quaeve ultima corpora ferro
fundis humi, Pherina? Primum tu sternis Adrastum 65
ense gravi, fortem Peliam, fortemque Melanthum
et Rutulum, Melanippe, tuo de sanguine cretum,
et magnum Periphanta, Chromyn Rhodiumque sodalem
Ampycide carum. Quem postquam maximus heros
dux Pandulphiades vidit sine more furentem, 70
miscentemque acies et prima in bella ruentem,
non tulit ulterius iuvenem turbare maniplos

[35] So hat er gesprochen und stachelt sich selbst wild gegen die Feinde
an, zieht seine Truppen schnell zusammen und, vorwärtsgetragen von seinem schäumenden Ross, bricht er auf die hohe Bergflanke hervor. Und
von dort ist es ihm möglich, das ganze Volk der Ausonier zu betrachten
und die latinischen Streitkräfte in Augenschein zu nehmen, die er der
[40] Reihe nach einzeln um die Hilfstruppen verteilt und dann den klug
verteilten frischen Rekruten die geeigneten Anweisungen für ihren ersten
Einsatz gibt. Denn das übrige italienische Volk gehorcht dem großen Anführer von selbst. Und auch die Feinde sehen von Weitem Sigismondo
nahen, seine geordnet aufmarschierenden Heere und seine hochherzigen
[45] Hauptleute, das ganze unter Waffen stehende Ausonien, und alle sind
sie erschüttert und ihr Mut erlahmt. Denn der Führer Italiens, der größte
Sohn des Pandolfo hatte einen jeden angewiesen, seinem eigenen Hauptmann zu gehorchen. Daher teilen sie alle das selbe Verlangen zu kämpfen,
dieselbe gemeinsame Ordnung, und jetzt marschierten sie in der Stärke,
[50] in der sie aufgestellt wurden, und an den Positionen, die ihnen zugewiesen wurden, und bewegten sich mit großer Tugend. Ihre strahlenden
Waffen tauchten sie alle in neues Licht. Doch die Kelten brausten mit
neuerlichem Geschrei und grimmem Tosen und lassen ihren Kampfgeist
vor dem gewaltigen Schrecken ermatten. Denn sie hatten weder alle
[55] dieselben Sitten noch dieselbe Sprache, da sie aus verschiedenen Teilen der Welt dorthin gekommen sind. Da stürzen sich alle keltischen Anführer, die um Ferdinand herumschwirren, glühend auf vorschnelle Waffentaten und hassen jeden weiteren Verzug, wie wenn der tosende Südwind, auf seinem Rücken eine Last grausig tönender Regengüsse, unter
[60] einem grollenden Jupiter wolkenspeisende Dünste aus der Luft geformt hat, wo sich am schwarzen Himmel hohle Wolkenberge verdichten
und dann die West und Südwinde donnern, dann der frostige Nordwind
aus den hohen Luftschichten mit schnappenden Böen kraftvoll peitscht.
Welches sind die ersten und die letzten Leiber, die du hier eigenhändig
[65] mit dem Schwert zu Boden wirfst, Ferdinand? Zuerst streckst du den
Adrastus mit deiner mächtigen Klinge nieder, den tapferen Pelias und den
starken Melanthus, und Rutulus, geboren von deinem Blute, Melanippus,
den großen Periphas, den Chromys und seinen Gefährten Rhodius, der dem
Ampyciden lieb war. Als der gewaltige Held und Führer, Sohn des Pandolfo
[70] ihn sah, wie er ohne Sitte wütet, die Schlachtreihen aufmischt und in
die ersten Gefechte stürzt, da duldete er nicht länger, dass der Jüngling die
ausonischen Manipel in Unordnung brachte und blitzt ihm eilends mit star-

Ausonios, validaque volans micat obvius hasta,
infrendensque gravi cum murmure fortibus acrem
pressit equum pedibus saevumque effertur in hostem 75
increpitans: „Quid tela manu, quid vilia fundis
pectora? Sismundum, si te victoria tangit,
ne fuge, neve patri nota haec certamina vita.
Aut regnum Italiae sumptis quaeratur in armis,
aut tibi dulce decus leti per vulnera nostri." 80
 Dixerat. Ille viri voces horrendaque verba
accipiens rapido vertit vestigia cursu.
Hic medio in cursu, validam Pandulphius hastam
forte ferebat uti, medium transverberat armum
Hippotrochi et totum clypei cum parte lacertum 85
deiicit oppositas studio connixus in herbas.
Sanguinolenta manus clypeum decisa retrectat
ignarique tremunt digiti. Iacet ille novumque
horret equi strepitum, laxis qui fertur habenis.
Inde volans cursu neque enim tardatus eodem 90
robur in adversum dextra contorquet Osirim
atque hasta durum transit thoraca cruenta.
Labitur ille gravique ad terram pondere fertur
arrecto revolutus equo. Tanaimque Tagumque
tum legit ense sequens sociosque refertur in ipsos. 95
Ac veluti incurvus Tyrrhena per aequora delphin
perfurit in pisces alios celerique fatigat
agmine magnus hians, fugiunt illi aequore vasto,
ille vorat, quemcumque tulit fortuna morantem,
procedunt utrimque acies nec bella potenti 100
solus agit dextra Sismundus. It obvius hosti
hostis in arma fero, paribusque exercita flammis.
Amborum fervent pro claris pectora factis.
Tum clypeos clypeis urgent, et scuta micanti
aere notant animosque simul viresque fatigant. 105
 Qualis ubi summo torrens descendit hiatu
montis iter quaerens, valles intravit opacas,
vertice deiectus nigram petit ipse paludem
turbidus, obstupuit sonitum quicumque ruentis
audiit, ille caput saxo ter rupit ab alto, 110

ker Lanze entgegen, mit heftigem Grollen tosend, rammt seinem wilden Pferd die starken Fersen in die Flanken und bewegt sich schnell auf den [75] grausamen Feind zu, wobei er brüllt: „Was schleuderst du Geschosse, was streckst du die Leiber gewöhnlicher Männer nieder? Flieh nicht vor Sigismondo, wenn dir am Sieg etwas liegt, und meide nicht diesen Kampf, den dein Vater schon kennt. Entweder soll mit erhobenen Waffen nach der Herrschaft Italiens gegriffen werden oder du erlangst wenigstens die süße [80] Ehre eines Todes durch Wunden, die ich dir schlage."
So hatte er gesprochen. Jener ändert in schnellem Lauf seine Richtung, als er die Stimme des Mannes und seine grausigen Worte hört.

Hier durchstößt der Sohn des Pandolfo, seine kampfstarke Lanze stets zur Hand, die Schulter des Hippotrochus und schleudert dessen gesamten [85] Arm mit einem Teil des Schildes mit aller Kraft gegenüber ins Gras am Boden.

Blutüberströmt greift die abgetrennte Hand nach dem Schild, ohne Kontrolle zittern die Finger. Jener liegt am Boden und erschaudert vor dem neuen Lärmen eines Pferdes, das mit gelockerten Zügeln dahinschießt. [90] Von da schmettert er eilends und auf seinem Weg um nichts abgebremst seine Lanze mit der Hand auf den entgegenkommenden Osiris und durchbohrt mit blutiger Spitze den harten Brustpanzer.

Jener wankt und fällt mit großer Wucht zu Boden, von seinem steigenden Pferd geworfen, und dann nimmt er sich Tanais und Tagus mit dem [95] Schwert vor, und fällt schnell über die Gefährten her. Und wie ein gekrümmter Delphin in den tyrrhenischen Wassern unter den anderen Fischen wütet und sie mit weitaufgerissenem Maul in schnellem Schwarm bis zu Erschöpfung jagt, jene im weiten Wasser fliehen und jener jeden verschlingt, den ihm das Glück säumig vor das Maul gebracht hat, so rücken [100] auf beiden Seiten die Heere vor und Sigismondo schlägt die Schlacht mit seiner starken Hand nicht allein. Feind tritt hier grimmigem Feind zum Waffengang entgegen und beider Herz glüht, von gleichen Flammen aufgestachelt, um großer Taten willen. Da drängen sie Schilde mit Schilden zurück, hauen Kerben mit ihrem gleißenden Eisen in das der anderen [105] und verausgaben Kampfgeist und Kräfte zugleich.

Wie wenn ein Gebirgsbach, der sich von einer Scharte am Berggipfel einen Weg nach unten gebahnt, schattige Täler erreicht hat und vom Gipfel kommend aus eigener Kraft tosend einem schwarzen Sumpf zufließt, ein jeder, der den Klang des Fallbachs gehört hat, staunend aufgehorcht [110] hat, wie jener dreifach mit seinem Strom vom hohen Fels stürzte,

talis, ubi in pugnam densis concurritur armis,
insequitur longe diversa per omnia clamor.
Haurit Atim gladio Salius, Saliumque Melampus
Celta Italum longaque virum duplicaverat hasta.
Occidit et Phegeus, casus cui fata marinos 115
invidere deum, pietas nec prisca ruentem
sustinuit mediaque miser raptatur arena.
Ingemuit casum socii morientis, ut hausit
dux oculis Pandulphiades, et turbidus ira
lumina ter populos ardentia flexit in omnes 120
praecipitique elatus equo, quem Phegea iuxta
adspicit, Orsilochum ferro transfigit acuto,
saeva aquila exsuperat cunctas ut acuta volucres
aut visu aut, celeri dum fertur ab aethere lapsu,
sparsicomi ut vidit latitantem caespite rami 125
aut leporem aut cervae catulum sub monte relictum,
fertur ad ima ruens, superasque relapsa sub auras
dat plausum raptamque refert in nubila praedam.
Inde Midam petit insignem felicibus armis,
ante, diu cui nulla sacrum violare potestas 130
corpus erat, ferroque caput pulsarat acuto
frustra Italum ductor, Pandulphi maxima proles.
Ille autem contra mediis exsultat in armis
nudato capite, et geminatos spreverat ictus.
Obstupuit dux Ausonidum, contraque ruentem 135
admoto detraxit equo fluviique sonantis
luctantem manibus liquidas deiecit in undas.
Vi tanta turbati omnes, turbatus et ipse
ante alios Pherinas nec non Tagus ille, monebat
magnanimum senior frustra qui fidus alumnum. 140
Clamanti in mediis ensem cui fregit in ore
Narnius adventans linguaque e gutture rapta
clausit iter voci sanguis pulmone cruento.
Quem postquam foedo lapsantem pulvere vidit
dux Alphonsiades, vacuas ita fatur ad auras: 145
    „Iupiter alme deum, libat cui Graia iuventus,
cui Dodona malo deponit frigore frondes,
cui Selli incultum genus aras tollere agresti

Zwölftes Buch 471

so folgt, als man mit dichtgedrängten Waffen zum Gefecht zusammentrifft, weithin hörbar ein Rufen, das sich in alle Richtungen verbreitet. Salius durchbohrt Atis mit dem Schwert und der Kelte Melampus schlug den Italiener Salius mit seiner langen Lanze entzwei. Es fiel auch Phegeus, [115] dem die Sprüche der Götter den Verlauf seiner Seereise missgönnten und den bei seinem Ansturm nicht seine alte Ehrfurcht rettete, und so wird er mitten im Sand elend dahingerafft. Der Heerführer, Sohn des Pandolfo, seufzte auf über den Fall seines sterbenden Gefährten und sog das Bild in sich ein, dann ließ er dreimal rasend vor Wut seine Augen glühend [120] über alles Heervolk schweifen, prescht auf seinem rasenden Pferd los und durchbohrt Orsilochus, den er neben Phegeus sieht, mit spitzer Klinge, wie der wilde Adler alle anderen Vögel übertrifft, sei es in der Schärfe seiner Augen oder wenn er in schnellem Sturz vom Himmel herabsaust, sobald er einen Hasen gesehen hat, der sich unter den Blättern [125] eines dünnbelaubten Astes versteckt hält, oder das Kalb einer Hirschkuh, das an einer Bergflanke zurückgelassen wurde, er sich im Sturzflug hinab zum Boden begibt und dann auf dem Rückweg in die oberen Luftschichten mit den Flügeln schlägt und die gerissene Beute in die Wolken trägt. Danach greift er Midas an, berühmt für seine erfolgreichen [130] Waffen, dessen fast unbesiegbaren Körper zuvor lange keiner zu verletzen vermochte, und schlägt mit spitzer Klinge vergebens auf dessen Haupt ein, der Führer der Italiener, der größte Sohn des Pandolfo. Jener aber bäumt sich mit entblößtem Haupt unter seinen Waffen auf und gibt nichts auf den doppelten Schlag.
[135] Da stutzte der Führer der Ausonier, riss ihn, als er auf ihn zustürzte, vom näherkommenden Pferd und warf ihn in die klaren Fluten des tönenden Flusses, so sehr er sich auch mit Händen wehrte. Von solch schierer Kraft waren alle bestürzt und ganz besonders auch Ferdinand persönlich, nicht zuletzt aber auch jener Tagus, der als treuer älterer Gefährte seinen [140] hochherzigen Zögling vergebens warnte. Ihm zerbrach, als er noch mitten im Rufen war, in seinem Gesicht die Klinge der anrückende Narnius, reißt ihm die Zunge aus dem Schlund und lässt damit der Stimme den Weg im Blut aus der Lunge ersticken. Als ihn der Heerführer, der Sohn des Alfons, ihn gesehen hat, wie er sich im schmutzigen Staub [145] windet, da spricht er so in die freien Lüfte:
„Jupiter, gütiger Gott, dem die griechische Jugend Opfer bringt, für den Dodona in grimmiger Kälte das Laub abwirft, für den die Selloi genannten Priester, ein unverfeinertes Volk, Altäre auf ländlichem

caespite, humi soliti sacris gaudere iacentes,
quorum ab stirpe Tagus iactat se et sanguine cretum, 150
da, pater, incolumem media subducere pugna."
Sic ait. Ille preces partes divisit in ambas,
tolleret ut corpus pugna permisit ab atra,
esset ut incolumis voto negat ipse nefando.
Hoc dedit, hoc iuveni divum pater ipse negavit. 155
Ergo animis elata phalanx tela undique contra
Ausonios fundunt Celtae multoque repellunt
aequore, dum corpus media miserabile pugna
eripiunt. Tum vero ingens ferit aethera clamor
lugentum iuvenum magnoque dolore querentum, 160
ut videre senem, demissaque lumina leto.
Praecipue Pherinas, longaevi dulce magistri
obsequium quoties patri laudisset, id omne
venerat in mentem, magnas dat voce querelas:
„Quin ego in Alphonso fatear genitore dolendum 165
esse magis nunquam. Nunc nunc dolor altus ad ossa,
nunc et amara meum turbarunt vulnera pectus."
Sic ait, efferrique iubet miserabile adempti
corpus inane Tagi, rursumque in bella superbus,
aeger, hians animis, redit imperterritus atque 170
versus in adversum laxis Thrasymedon habenis,
quem ferit, extremoque sedent qua proxima ventri
ilia, direptis solvit compagibus alvum.
Viscera fluxa viro terra cecidere cruenta.
Hic Itali Celtaeque fremunt densaeque feruntur 175
parte ab utraque acies. Hastis nec currere longis
amplius aut celeres iuvat hos torquere sagittas,
sed gladiis clypeisque sonant, pedibusque pedum vis
stat glomerata virum, totoque sub aethere reddunt
arma gravem sonitum et longe quatit omnia murmur. 180
Erumpunt Itali tandem Celtasque retrudunt
praecipites retroque gravi clamore ruentes.
Haud secus Hadriacas impellit corniger undas
Eridanus latoque furens immittitur alto,
albescit longe liquidarum sulcus aquarum. 185
Stabat in Ausoniis acies pulcherrima turmis,

Wiesengrund zu errichten und am Boden liegend freudig den Kult zu
[150] verrichten pflegen, aus deren Volk und Blut zu stammen Tagus sich
brüstet, gewähre mir, Vater, ihn unversehrt aus der Schlacht zu bergen."
So sprach er. Jener beantwortete sein Gebet in grimmigem Zwiespalt:
Er gestattet ihm, dass er den Leichnam aus der grimmigen Schlacht barg,
doch dass er unversehrt sein sollte, das verweigert er der frevlerischen
[155] Bitte. Das eine gewährte der Göttervater dem Jüngling, das andere
verwehrte er ihm. Drum findet die Schlachtreihe zu neuem Kampfesmut
und von allen Seiten schleudern die Kelten Geschosse auf die Ausonier
und drängen sie auf weiter Fläche zurück, während sie den Leichnam mitten
aus der furchtbaren Schlacht bergen. Da aber erschüttert ungeheures
[160] Geschrei der Jünglinge, die trauern und mit großem Schmerz wehklagen,
den Himmel, als sie den Greis erblickten und seine vom Tod verlöschten
Augen. Allen voran Ferdinand, dem jedes einzelne Mal in den
Sinn kam, dass er dem Vater gegenüber die liebende Fürsorge seines Lehrers
gelobt hatte, ließ laute Klagerufe hören:
[165] „Nun, ich will zugeben, dass ich sogar über meinen Vater Alfons
nicht tiefer trauern müsste. Jetzt, jetzt geht mir der Kummer bis ins Mark
und jetzt hat mir eine tiefe Verletzung das Herz aufgewühlt."
So spricht er und lässt den leblosen Körper des gefallenen Tagus forttragen,
da kehrt er auch schon stolz in die Schlacht zurück, gekränkt,
[170] unerschrocken vor Kampfesmut die Zähne fletschend, und wendet
sich mit losen Zügeln gegen Thrasymedon, dem er entgegentritt, ihm den
Leib öffnet und die Eingeweide zerfetzt, wo die Weichen dem Ende des
Bauches am nächsten liegen. Die Innereien fließen dem Mann zu Boden
und färben die Erde blutig.
[175] Hier tosen die Italiener und Kelten, und auf beiden Seiten rücken
sie in dichter Formation aufeinander zu. Es bringt ihnen nun nichts mehr,
mit langen Lanzen aufeinander zuzustürmen oder flinke Pfeile zu feuern,
sondern sie tönen mit Schwertern und Schilden, Fußsoldat ballt sich mit
aller Macht Fußsoldat entgegen und unter dem gesamten Himmel geben
[180] die Waffen ihren lauten Klang wieder und das Dröhnen erschüttert
weithin alles. Endlich brechen die Italiener hervor und drängen die Kelten
jäh zurück, die unter lautem Schreien rückwärts stürzen. Nicht anders
dringt der gehörnte Eridanus in die Wellen der Adria, ergießt sich tosend
in der Weite der tiefen See und zieht eine lange weiße Furche durch die
[185] klaren Wasser.
Unter den ausonischen Schwadronen stand besonders eine prächtige Ab-

quam ducebat Ares Picentibus editus oris
insignis forma iuvenis, fidusque potenti
Sismundo egregiusque animi virtutis avari.
Hunc Pandulphiades primos immittit in hostes 190
cum sociis equitumque manu. Volat ocior aura
ille levi latoque ruens trahit agmina campo.
Incola Taygeti montis cui fortis Orestes
obvius it vastis Graiorum maximus armis
praecipitemque virum media prosternit arena. 195
Ille manum intendens fidos orabat amicos
et Glaucum magna clamabat voce sodalem:
　　„Glauce, decus nostrum, nunc te, fortissime, tandem
pugnatorem invictum oculis da cernier ipsis
Celtarumque Italumque, precor, meque eripe fato 200
seminecem infando primum, cunctosque vocato
huc Italos et tu contra mea fata repugna."
　　Sic ait. Ille quidem vellet succurrere amico,
sed iam fessus erat victoris vulnere Rhoeti
cernuus infractaque humero defecerat hasta. 205
Ergo saevus Aren horror cingebat acerbae
mortis et huic oculos nigrae texere tenebrae.
Quem postquam Ausonidae senserunt Marte relictum
Celtarum in medio, cuncti densantur eodem
unanimes, Tyrrhena phalanx, Ligurumque iuventus, 210
Flaminiique truces, et Graiae Alpheidos alae
urbis atroxque manu Sismundus, et agmina acutis
agglomerant sese cuneis, postremaque primos
pectora densa viros urgent campique repulsis
arripiunt partem Celtis sudore cruentis 215
vulneribus salso mixtis. Dolor arma molesto
pondere formidat, socium subducere Celtis
dum certant. Equus acer Aren conculcat Abantis
Hippocorysthiadae. Socii legere iacentem
foedatumque oculis clypeo posuere relicto. 220
　　Hic dea, gorgoneos quae substinet Aegide vultus,
dat vires animosque viris et vocibus omnes
suscitat Ausonios in bella superbaque facta:
　　„Nunc, nunc, o proceres, durum pugnate, Latini,

teilung, die Ares anführte, ein junger Mann von auffälliger Schönheit, der
von den picenischen Gestaden stammte und dem mächtigen Sigismondo
treu ergeben war, herausragend mit einem Geist, der nach Tugend gierte.
[190] Ihn entsendet der Sohn des Pandolfo mit seinen Gefährten und einer
Schar von Reitern in die vorderste Reihe der Feinde. Jener eilt schneller
als ein leichter Windhauch und zieht seine Truppe im Sturm auf das weite
Feld. Ihm tritt der tapfere Orestes entgegen, ein Bewohner des Taygetos,
mit den gewaltigen Waffen der Griechen und streckt den Mann jäh mitten
[195] im Sand nieder. Jener bat nach seinen treuen Freunden, während er
die Hand nach ihnen ausstreckt, und rief mit lauter Stimme nach seinem
Gefährten Glaucus:

„Tapferster Glaucus, mein Stolz, nun ist es an der Zeit, dich den Augen der Kelten und Italiener als unbesiegbarer Krieger zu erkennen zu
[200] geben, so bitte ich dich, und rette zuerst mich, schon halb tot, vor
einem unaussprechlichen Verderben, dann ruf alle Italiener hierher und
kämpfe gegen meinen Untergang."

So sprach er. Jener hätte dem Freund zwar zur Hilfe eilen wollen, doch
sank er bereits durch eine Wunde, die ihm Rhoetus siegreich geschlagen
[205] hatte, entkräftet hin und ging mit einer zerbrochenen Lanze in der
Schulter zu Boden. Also umringte den Ares das grausame Schrecknis eines
bitteren Todes und schwarze Finsternis nahm ihm das Augenlicht. Als die
Ausonier gemerkt hatten, dass er inmitten des Heeres der Kelten zurückgelassen worden war, da sammelten sich alle einmütig um ihn, die tyrrhenische
[210] Streitmacht und die Jugend der Ligurer, die grimmigen Flaminier und
die griechischen Horden aus der Stadt am Alpheus und der mit seiner Schar
schrecklich wütende Sigismondo, und die Heerscharen ballen sich in dichter Formation zu Keilen zusammen, die Brust der Hinteren rückt eng an die
Vordermänner und so erobern sie einen Teil des Schlachtfelds, indem sie
[215] die Kelten zurückdrängen, und dabei rinnt ihnen salziger Schweiß in
die blutigen Wunden. Der Schmerz schreckt wegen ihrer unliebsamen Last
vor den Waffen zurück, während sie sich mühen, ihren Gefährten den Kelten zu entreißen. Das hitzige Pferd des Abas, eines Sohnes des Hippocorysthes, trampelt Ares nieder. Die Gefährten hoben ihn vom Boden auf und
[220] legten ihn für alle sichtbar entstellt auf seinen fallengelassenen Schild.

Hier gibt die Göttin, die das Gorgonenantlitz auf ihrem Schild trägt,
den Männern Kraft und Mut und mit ihrer Stimmt stachelt sie alle Ausonier zum Kampf und zu stolzen Taten auf:

„Nun, nun, o Edle Latiums, kämpft erbittert, entzieht den fremden

subtrahite Italiam populis et dulcia regna 225
externis finemque manu reperite malorum!
Non Europa Asiae bello collisa bilustri
funera tot Phrygibus Troiano in litore misit,
Hesperios quot caede viros Mars ipse cruentis
Celtarum manibus Stygium demisit ad Orcum. 230
Quare agite unanimes una concurrite pugna
neve referte pedem, sed contra, audacia cuncti
qua vocat et virtus, cuneis inrumpite densis."
Fatur, et ardorem cunctorum in mentibus unum
iecit et aethereo dea magna refertur Olympo. 235
   Tum vero ingenti clamore phalanges Iberae
obsistunt retroque gradus invita reflectunt
agmina nec tergo, sed verso pectore in hostem.
Pars labat adspersis crudele cruoribus herbis,
illi crura suo calcantur ab agmine, at illi 240
prolapso caput hostis habet, nec surgere cuiquam
nec reparare licet vires animumve cadenti.
Impellunt Itali: Sismundus Abanta superbum
deiicit et Peliam, Taraco quem misit in arma.
Euryalum Pherinas iacta transverberat hasta 245
turbidus et magno spoliorum incessus amore
Ausonidum. Tum Taygetis quem montibus olim
nympha tulit partu pastori Chloris Amyntae,
sternit humi. Bromium ipse ferox, quem forte tegebat
laena rigens auro, petit improbus ense micanti. 250
Quem furere ut vidit tanto terrore per omnes
dux Pandulphiades, magna grave concitus ira
indignatus enim contra volat obvius, arma
armis terens. Italum timuit Taraconius heros
immiscetque suis se longa per agmina Celtis, 255
ac velut acer oves tacitas lupus ille trucidans,
in media agnoscit venientem caede molossum,
ariete deiecto fugiens dat terga sequaci
usque cani trepidumque ruit trepidumque tremiscit,
hic tibi summa dies, iuvenis memorande, fuisset, 260
incolumem ni te servasset magnus Apollo,
qui nebulae ingenti pavidum circumdedit umbra,

Zwölftes Buch 477

[225] Völkern Italien und seine lieblichen Lande und setzt den Übeln mit eurer eigenen Hand ein Ende! So vielen Phrygern brachte Europa nicht den Tod am trojanischen Strand, als es mit Asien in zehnjährigem Krieg zusammenstieß, wie viele der hesperischen Männer der Kriegsgott in diesem Gemetzel mithilfe der [230] blutigen Hände der Kelten zum stygischen Orcus hinabschickte. Drum wohlan, begegnet ihnen einträchtig gemeinsam in der Schlacht, weicht keinen Fußbreit zurück, sondern fallt alle in dichten Keilen dort über sie her, wohin Wagemut und Tugend euch rufen." So sprach die große Göttin, flößte dem Geist aller den gleichen glühenden Eifer ein und [235] zieht sich dann zum himmlischen Olymp zurück.

Da aber leisten ihnen die iberischen Schlachtreihen mit gewaltigem Geschrei Widerstand und die Heerscharen müssen gegen ihren Willen ihre Schritte rückwärts wenden, doch wenden sie dem Feind weiter die Brust, nicht den Rücken zu. Ein Teil sinkt in das grässlich mit Blut [240] besudelte Gras, jenem werden die Beine vom eigenen Heer zertrampelt, jenem packt, nachdem er hingestürzt ist, der Feind das Haupt, und keiner, der fällt, kann wieder aufstehen, wieder zu Kräften kommen oder Besinnung schöpfen. Die Italiener drängen wieder auf sie zu. Sigismondo wirft den hochmütigen Abas nieder und Pelias, den Tarragona zu den [245] Waffen sandte. Den Euryalus durchstößt Ferdinand mit einem Wurf der Lanze, rasend und angefacht vom Verlangen nach ausonischer Kriegsbeute. Dann streckt er selbst noch unbändig den Bromius, den einst in den Bergen des Taygetos die Nymphe Chloris dem Hirten Amyntas gebar, nieder, den ein goldstarrender Mantel bedeckte, und rückt ihm [250] ruchlos mit funkelndem Schwert zu Leibe.

Als der Heerführer, Sohn des Pandolfo, ihn mit solchem Schrecken unter allen wüten sah, da eilt er ihm, von großer Wut heftig aufgestachelt und voller Empörung, entgegen, Waffen mit Waffen zermalmend. Der Held aus Tarragona bekam Angst vor dem Italiener und mischt sich unter seine [255] Kelten, irgendwo in der langen Schlachtreihe. Und wie ein wilder Wolf, der die schweigenden Schafe zerfleischt, mitten im Blutbad den nahenden Molosser bemerkt und dann, obwohl er den Widder erlegt hat, schnell flüchtend dem Hund, der ihm nachstellt, den Rücken zuwendet, ängstlich dahinstürzt, ängstlich zittert, so hätte wohl auch deine letzte [260] Stunde hier geschlagen, ruhmreicher Jüngling, wenn nicht der große Apollo dich unversehrt gerettet hätte, der dich in deiner Angst mit dem gewaltigen Schatten einer Nebelbank umgab, welche die hitzigen Pferde

ardentes quae texit equos et barbara signa.
Ille dolos superum incusans, „Quid, Phoebe, latebris
occultas Pherinanta, deum saevissime?", dixit. 265
Nec plura, infestos se concitat acer in hostes
terribilis visu validam vi turbidus hastam
ipse ferens prae se magna comitante ruina.
Perfurit in Celtas omnes: Genua aegra resolvit
his, illis caput est ferro populatus acuto. 270
Tunc Ararim Fabarimque manu, flavumque Dimanta
sternit humi, ac Peliam Chritei de gente vetusta,
Maeoniumque Gyan et suetum Phyllea silvis,
Phyllea, Dardaniae quem non valuere phalanges
sternere, ubi triplici surgunt Byzantia muro 275
moenia, Sismundo servabant fata potenti.
Haud indigna quidem, sed enim durissima, Phylleu,
fata oculos texere tuos, quando ense superbi
occidis Ausonidum ductoris. Honore supremo
morte tui contentus obi: Non te ultimus Orco 280
Ausonidum mittit Stygio, sed maximus heros
dux Pandulphiades – hoc te solabere ademptum,
hac mercede polos Stygio mutabis Averno.
 Talia dum campis fervent mavortia Ethruscis
proelia, caelicolae medio sedere sereno 285
aetheris, ante deos genitor cum talia fatur:
 „Abnueram Alphonsum Thuscos invadere fines
Lydorum et terras iterum tentare quietas.
Quae belli, quae causa mali, quae tanta cupido est
imperii, quae dira sitis? Cur bella resumit 290
impatiens pacisque bonae regnique quieti?
Quid populos vastare iuvat? Nam filius olli
paret et imperio cari genitoris inhaeret.
Non odi Pherinanta equidem. Parere parenti
fas natum, sed vota movent me iusta precantum 295
Italiae non vana virum. Si multa dabamus
regna, quid Ausonias populat cum caedibus urbes?
Numquam animum nobis dapibus Tyrrhena carere
gens perpessa, deos opulis fraudavit amicis.
Nam superi tales soli sortimur honores. 300

Zwölftes Buch 479

verdeckte und die Feldzeichen der Barbaren. Sigismondo sprach, die Arglist der Götter scheltend: „Was verbirgst du, Phoebus, Ferdinand in [265] diesem Versteck, grausamster der Götter?" Mehr sagte er nicht und treibt sich wild in Richtung der verhassten Feinde an, schrecklich anzusehen, während er stürmisch seine starke Lanze vor sich her trägt und dabei große Zerstörung anrichtet. Er wütet gegen alle Kelten: Diesen durchtrennt er schmerzhaft die Knie, jenen zerfleischt er mit spitzer Klinge den [270] Kopf.

Dann streckt er Araris, Fabaris und den blonden Dimas mit der Hand nieder, und auch Pelias aus dem uralten Geschlecht des Chriteus, den Maeonier Gyas und den Phylleus, der das Leben im Wald gewohnt ist, Phylleus, den die dardanischen Schlachtreihen nicht niederstrecken konnten, wo [275] Byzanz sich mit seiner dreifachen Mauer erhebt, sparte das Schicksal für den mächtigen Sigismondo auf.

Kein unwürdiges, aber doch ein allzu grimmiges Schicksal schloss deine Augen, Phylleus,, als du durch die Klinge des stolzen Führers der Ausonier fielst. Stirb zufrieden, dass dein Tod deine größte Ehre ist – nicht der [280] geringste der Ausonier sendet dich in den stygischen Orcus, sondern der größte ihrer Helden, ihr Anführer, Sohn des Pandolfo. Das soll dich darüber trösten, dass du von ihm dahingerafft wurdest, mit diesem Lohn dürftest du den stygischen Avernersee gegen das Lebenslicht eintauschen.

Während solche kriegerischen Gefechte auf den etruskischen Feldern [285] toben, haben die Unsterblichen in der Mitte des heiteren Himmels Platz genommen, als der Vater so vor den Göttern anhebt:

„Ich hatte verboten, dass Alfons in etruskisches Gebiet einfällt und erneut die friedlichen Lande der Lyder angreift. Was ist der Anlass für den Krieg, für dieses Unheil, was soll diese große Gier, was dieser grimmige [290] Durst nach Macht? Warum nimmt er diesen Krieg wieder auf, er, der den guten Frieden und die friedliche Herrschaft nicht dulden kann? Warum erfreut es ihn, Völker zu verheeren? Denn sein Sohn gehorcht ihm nur und fühlt sich dem Befehl seines geliebten Vaters verpflichtet. Ferdinand hasse ich gewiss nicht, es ist nur Recht, dass ein Sohn seinem Vater gehorcht. [295] Doch mich bewegen die gerechten Bitten der Italiener, die nichts Falsches von mir erbitten. Wenn wir ihm doch schon so viele Reiche gaben, warum verwüstet er dann die ausonischen Städte mit Gemetzel? Das tyrrhenische Volk hat es niemals geduldet, dass meinem Geist das Opfermahl vorenthalten wird, es hat die Götter niemals um ihre gewogenen Speisen [300] betrogen. Denn allein uns Göttern kommen solche Ehren zu. Daher

Quare ego, recta pios quoniam mens aequat Olympo,
eripere Alphonsi statui de faucibus omnes
Maeonios rursumque fugae vi tollere regem."
    Dixerat. Huic contra fatur dea candida Iuno:
„Quid reges, regum genitor, carissime coniux,   305
exscindis? Quae causa odii crudelis iniqui
tanta movet mentem magni Iovis? Aut tibi quaenam
Ausonidum cordi est victoria? Cur magis aut hos,
aut hos, dure, minus curas? Quin linquis habenas
fatorum sorti? Vincant quos fervida virtus,   310
aut sua dextra iuvet, validaeque in corpore vires
atque animus praesens in pectore. Lydia gentis
gloria, quam memoras, tali virtute iugosos
Tyrrhenum fines, quali Taraconia pubes
Parthenopen, aliasque urbes atque Apula regna.   315
Et circum tibi sacra pii versantur Iberi."
    Dicenti placido respondit Iupiter ore:
„Haud ideo fortem Sismundum vincere certo,
ut nunc pluris ego hunc faciam, quam cetera regum
nomina, quam Celtas Italos magis ipse rependam.   320
Verum ita nunc facto nobis opus, hoc ego dudum
certus ago, humanos cogor quoque cernere casus.
Nam super ingenti Sismundo facta deum rex
molitur maiora, decus quando omne Latinum
reddidit Ausoniis. Ductorem fata Latinum,   325
sic Parcae statuere, legunt, qui solus Achivos
protegat et veteres tueatur viribus Argos."
Sic ait. Huic contra coniux pulcherrima fatur:
    „Sic vincat Celtas iam iam Pandulphius heros,
cedo equidem patiorque libens. Neque enim ulla rependes   330
post maiora mihi pro magnis gaudia curis,
quam sinere Ausonias in pace reponat ut urbes
nec non Dardaniis Graios defendat ab armis,
qui nunc - proh superum genitor! – quae funera, quantas
heu passi strages! Graium tot millia leto   335
infando demissa virum. Quin ecce trecentis
navibus ire Samon properant fervetque cruentis
longa Propontis aquis. Nunc, nunc Priameia surgit

Zwölftes Buch

habe ich beschlossen, da ein rechter Sinn die Gottesfürchtigen dem Olymp gleich macht, alle Mäonier den Fängen des Alfons zu entreißen, den König wieder machtvoll zu verjagen und aus dem Weg zu räumen.

So hatte er gesprochen, ihm entgegnet Juno, die strahlende Göttin:
[305] „Warum vernichtest du Könige, liebster Gemahl, selbst Vater von Königen? Welcher grausige Anlass für so ungerechten Hass treibt den Sinn des großen Jupiter so sehr um? Oder ist es so, dass dir der Sieg der Ausonier persönlich am Herzen liegt? Warum sorgst du dich, Hartherziger, um die Einen mehr, um die Anderen weniger? Warum überlässt du [310] die Zügel ihrer Geschicke nicht dem Schicksal? Es mögen die, denen ihre glühende Tugend oder ihre eigene Hand hilft, die große Stärke in ihrem Körper und der wache Geist in ihrer Brust, der Stolz des lydischen Volkes, von dem du sprichst, mit solcher Tatkraft erobern die hügelreichen Lande der Tyrrhener, wie die Jugend Tarragonas Parthenope [315] und andere Städte und das ganze apulische Reich. Doch auch die Iberer sorgen sich ehrfürchtig um das, was dir heilig ist."

Mit freundlichem Gesicht antwortete Jupiter ihr, als sie gesprochen hatte: „Nicht deswegen streite ich dafür, dass der tapfere Sigismondo siegt, damit er bedeutender wird als die Namen anderer Herrscher, oder [320] um die Italiener höher zu werten als die Kelten. Aber wir müssen es nun so handhaben, ich bin mir schon längst darüber im Klaren, denn auch ich bin genötigt, die Wechselfälle der Menschen anzuerkennen. Der König der Götter hat mit dem gewaltigen Sigismondo nämlich größere Taten vor, wenn er einmal den Ausoniern den latinischen Stolz ganz [325] zurückgegeben hat. Das Schicksal wählt, so haben die Parzen es beschlossen, einen latinischen Anführer, damit allein dieser die Achiver verteidigt und nach Kräften das alte Argos beschützt."

So sprach er. Ihm erwidert seine wunderschöne Gemahlin:
„So möge denn nun der Held, Sohn des Pandolfo, die Kelten bezwingen, [330] ich gebe nach und will es gerne leiden. Denn du wirst mir danach keine größere Freude mehr zum Ausgleich für meine großen Sorgen machen können, als ihm zu gestatten, dass er den Frieden in den ausonischen Städten wiederherstellt und die Griechen gegen die Waffen der Dardaner verteidigt, die nun – ach Vater der Götter! – solches Sterben, solches [335] Morden erleiden mussten! So viele tausend Griechen sind in einen unaussprechlichen Tod geschickt worden. Ja, sieh nur, nun schicken sie sich an, mit dreihundert Schiffen nach Samos überzusetzen, und die lange Propontis brodelt vor blutigen Wassern. Nun, nun erhebt sich das Troja

Troia mihi – quid me curru bellasse volucri
profuit?" Haec dicens dea caelo magna relicto 340
labitur aeriamque vocat de nubibus Irim:
  „Iri, tuis varios humeris infusa colores,
Iri, vola, tumidosque refer, dea, nubibus amnes,
et suspende fretum caeloque inverte sereno
nubila. Nunc Hyadas, densisque Oriona nimbis 345
auxilio pronos totumque exposce tonantem.
Nunc age, praecipitent omni de monte ruentes
in mare spumigerum campis stagnantibus amnes.
Sic neque bella gerent, neque sic pugnare licebit.
Umbrabuntur enim telluris et aequoris orae." 350
Sic ait et magno dea magna refertur Olympo.
  Interea Ausonidum ductor Pandulphus Iberos
sternit, et invicta leto dat fortia dextra
corpora sanguineisque fremens exsultat in armis.
Contra autem Celtae multo sudore resistunt, 355
immiscentque minas et tristia verba remittunt.
Ast Itali ferro certant et fortibus armis.
Hic ferus Haemonides belli dum detinet omnem
saepem armis, Celtas subito spes excitat ingens.
Ille quidem ante alios animis et viribus unus 360
praecipitans, quacumque viam victoria monstrat,
ibat in Ausonios magnoque favore ruebat,
unum te, Sismunde, fuga cunctantibus altis
devitans oculis. Veluti trahit ille leonum
maximus armenti pecus omne canemque cruentis 365
dentibus agnotum cernens vestigia retro
fessus anhela refert, cuncti simul inde secuti
pastores iuvenumque phalanx, sed nulla fatigant
bella feram, quantum canis asper et ignea noti
vis inimica pedis, tali fortissimus armis 370
Haemonides virtute viros se mittit in omnes,
per cunctos sumptis Italos invaserat armis."
Ter praevisa cavet Sismundi bella potentis.
Verum ubi praecipuum signavit ab agmine certo
lumine, dux Italum iuvenem in certamina solum 375
poscit et ante oculos animo indignante reducit,

des Priamos gegen mich – was hat es mir genützt, im geflügelten Wagen [340] mitzustreiten?" Noch während sie dies sagt, verlässt die große Göttin den Himmel, gleitet hinab und ruft die luftige Iris aus den Wolken: „Iris, die du von deinen Schultern bunte Farben ausströmst, Iris, flieg, lass brausende Flüsse hinauf in die Wolken schwellen, Göttin, häng das Meer dort oben auf und mach es am heiteren Himmel zu Wolken. Nun ruf [345] zur Hilfe an die Hyaden und den Orion mit dichten Wolken und den allmächtigen Donnerer. Los, nun sollen sich Flüsse von jedem Berg reißend ins schäumende Meer stürzen und die Felder überfluten. So werden sie keine Kriege führen und so werden sie nicht kämpfen können. Die Weiten der Erde und des Landes werden nämlich davon ganz und gar [350] überschattet."
So sprach die große Göttin und steigt wieder zum großen Olymp auf.

Unterdessen streckt Pandolfo, der Führer der Ausonier, die Iberer nieder und schickt mit unbesiegbarer Hand die Leiber tapferer Männer zum Tod und jauchzt dabei brausend unter blutigen Waffen.
[355] Die Kelten stellen sich ihm mit viel vergossenem Schweiß entgegen, rufen Drohungen dazwischen und erwidern grimmige Worte. Die Italiener aber kämpfen mit der Klinge und starken Waffen. Hier gibt der wilde, gewaltige Haemonide, indem er dem Waffenklirren der Schlacht für einen Moment ganz Einhalt gebietet, den keltischen Hoffnungen Aufschwung. [360] Vor allen anderen durch Mut und Kraft ausgezeichnet, schritt er jäh, wo auch immer der Sieg ihm einen Weg weist, gegen die Ausonier und stürzte sich mit großer Inbrunst auf sie, wobei er allein dir, Sigismondo, mit seinen Augen, zaudernd in die Höhe blickend, aus dem Weg geht. So wie jener größte der Löwen alles Vieh der Herde mit sich [365] reißt, und wenn er dann den Hund, mit dessen Zähnen er schon Bekanntschaft hatte, erblickt, erschöpft seinen atemlosen Rückzug antritt und ihm sogleich alle Hirten und die ganze Schar der jungen Männer nachstellt, doch kein Kampf das wilde Tier ermüdet wie der scharfe Hund und die die lodernde feindliche Kraft der wohlbekannten Pranke, [370] mit solcher Tugend stürzt auch der waffenmächtigste Haemonide sich auf alle Männer, über alle Italiener ist er mit gezogener Waffe hergefallen. Dreimal hütet er sich dabei vor der anstehenden Begegnung mit dem mächtigen Sigismondo. Doch als er sich als der herausragendste Kämpfer erwiesen hat, da macht der Führer der Italiener ihn mit sicherem Blick im [375] Schlachtgetümmel aus und fordert den Jüngling zum Zweikampf heraus und zieht sich dann vor dessen Augen empörten Geistes zurück, versteckt

dissimulans simulansque iterum. Quater agmina Iberum
dispulit in diversa, quater fumantibus arvis
flexit equum ad socios Tyrrhenorumque phalangas.
Dumque fugam simulat, metuendae nescius artis 380
Haemonides sequitur fugientem. Ille ocius acri
vectus equo praeceps gyrum se vertit in arctum
et medio in cursu venientem decipit hostem.
   Ac velut ille sacer, sequitur quem rauca volucris,
aethereas praedam circumvolat ales ad auras, 385
nunc liquidum deradit iter, nunc aethera pulsat
plausibus, instat avis rapido importuna volatu,
ille ubi tot vitasse vices, tot in aere gyros
circumflexe piget, victam rapit unguibus uncis
luctantem ac miserum rauco clamore gementem, 390
haud aliter dux Ausonidum Pandulphius heros
occupat incautum mediis in cursibus hostem,
pectus in adversum totum cui fervidus ensem
condidit et costas duplicato vulnere rupit.
Corruit, et vasta strepuerunt arma ruina. 395
Tum vero Ausoniis animum decus extulit ingens,
tunc hortantur equos, tum se mirantur in armis
clamore horrifico. Ceu plena cadentibus Haedis
flumina rauca sonant, cum Iupiter humidus imbres
arce quatit caeli multi, magnoque fragore 400
flumina praecipiti demittit ab aethere dextra,
dant igni signata viam loca lucida flamma
sulphurei et late magnus rescindit Olympus,
talis in adversos heros Pandulphius hostes
aestuat ingenti furiarum flumine et ira 405
ante volans. Dant arma viam Celtaeque labascunt.
   Quis numeret caedes? Quis nunc tot acerba virorum
funera, Musa, satis divinis explicet umquam
quae mihi carminibus? Si stet vox aerea vati,
omnia sanguinei referam non proelia Martis, 410
non strages, obitusque virum, quos barbarus hostis,
quos Italus Stygio victor demiserit Orco.
Sit satis egregias heroum attingere laudes.
   Ergo ubi letiferis Mavors alternus habenis

sich und gibt sich wieder scheinbar zu erkennen. Viermal hat er die Reihen der Iberer in alle Richtungen getrieben, viermal hat er auf den rauchenden Feldern sein Pferd zu seinen Gefährten und dann wieder zu den Reihen der [380] Tyrrhener gewendet. Und während er seine Flucht nur vortäuscht, da stellt ihm der Haemonide nach, ahnungslos über die List, die er fürchten sollte. Jener, schnell auf hitzigem Pferd reitend, wendet sich jäh in einer engen Drehung um und lässt mitten im Lauf den nahenden Feind in seine Falle rennen.

Und wie jener heilige Vogel, dem ein rau krächzender folgt, in den [385] himmlischen Lüften die Beute umkreist, bald durch die klare Luft nach unten gleitet, bald die höchsten Lüfte mit ihrem Flügelschlag erschüttert, sie, ein unheilvoller Vogel, in schnellem Flug bedrängt und, wenn jene ihm bis zum Verdruss so oft ausgewichen und so viele Kreise in der Luft beschrieben hat, er sie dann besiegt ergreift, während sie noch in seinen [390] krummen Krallen zappelt und mit rauem Schrei elendig klagt, nicht anders bedrängt der Führer der Italiener, der Held, Sohn des Pandolfo, mitten in der Verfolgungsjagd den unaufmerksam gewordenen Feind, dem er dann von vorne hitzig die gesamte Klinge in die Brust rammte und mit doppelter Wunde die Rippen zerbersten ließ.

[395] Er stürzte nieder und in seinem weit vernehmbaren Zusammenbruch krachten seine Waffen zu Boden. Da aber ließ den Ausoniern gewaltiger Stolz den Mut steigen. Dann treiben sie ihre Pferde an, dann bestaunen sie mit grauenerregendem Geschrei sich selbst in ihren Waffen. Wie die vollen Flüsse beim Untergang der Böcklein rau tosen, wenn der feuchte Jupiter [400] aus seiner reichen Himmelsburg Regengüsse schüttelt und mit seiner Hand unter großem Krachen Sturzbäche jäh vom Himmel herabsendet, Orte hell leuchtend dem Feuer Platz machen, gebrandmarkt von der schwefeldampfenden Flamme, und der große Olymp weit aufreißt, so lodert der Held, Sohn des Pandolfo, in der gewaltigen Brunst seiner Raserei [405] und in Zorn vorauseilend gegen die Feinde. Die Waffen bahnen ihm den Weg und die Kelten geraten ins Wanken.

Wer vermöchte die Tode zu zählen? Wer könnte, Muse, nun so viele Gefallene unter den Männern in göttlich inspiriertem Gedicht ausmalen, wie ich es nun tun muss? Und hätte ich als Dichter eine Stimme aus Eisen, [410] so werde ich doch nicht alle Gefechte dieses blutigen Krieges schildern, nicht das Gemetzel und das Sterben der Männer, die der barbarische Feind, die der siegreiche Italiener zum stygischen Orcus sandte. Es soll genügen, mich am herausragenden Lob der Helden zu versuchen.

flectit equos clypeoque tonat, quem vertit in illos 415
nunc et in hos, campi toto desaevit Erinnys
aequore, nunc Italos victrix, nunc turbat Iberos.
Condidit umbra diem telorum, et nube canora
ingruit aethereas stridor geminatus ad auras.
Nulla mali facies aberat volitantibus hastis. 420
    Ac veluti silva in media cum frigore primo
autumni folia alba cadunt, ubi inhorruit aether
ventorum incursu, pavidis cum corda rigescunt
agricolis, totasque tegunt iam nubila terras
nec iam culta boum apparent nec facta virorum, 425
talis erat magnae facies durissima pugnae
nec strepitu obscuri tanto Iovis ira Ceraunos
saeva petit scopulos, caelo cum saxa refuso
delituere micantque abrupti nubibus ignes.
Usque adeo obnixi contra Taraconia pubes 430
Ausonidaeque animis non cedere. Cominus armis
arma terunt cuncti, via nec stridentibus hastis
ulla reperta. Manus manibus, tum pectora miscent
pectoribus ferroque secant luctantia colla.
Diripiunt hi frena feris et equina relaxant 435
ora manu. Strident thoraces et horrida cristis
cassida nec voces fesso de pectore tractae
exsuperant strepitus armorum et ferrea Martis
murmura. Ceu quondam silvis sonuere profundis
flamina navifragos pelago portantia ventos, 440
hi pereunt galeis salso sudore repletis,
illis fessa negant gressum genua atque tumultu
in medio exanimes densa inter tela labascunt.
Nec iam saxa volant, nec iam lentatur in hostes
arcus et aethereas it stridula cuspis in auras, 445
sed clypeas clypeo, galeae galea alta recumbit.
Diripit arma viro vir cominus, et quatit arida
ora sitis siccasque regit spes improba fauces.
Tum Pandulphiadae tandem Latiique iuventus
agmine sic denso obsistunt: Sismundus ovantes 450
Ausonios cogebat agens stragemque metumque
hostibus. Erumpunt Itali nec tela nec hostes

Zwölftes Buch

Als nun also der Kriegsgott mit todbringenden Zügeln seine Pferde bald
[415] hier-, bald dorthin lenkt und mit seinem Schild donnert, den er bald
gegen die einen, bald gegen die anderen wendet, wütet auf der ganzen Breite
des Schlachtfelds die Erinnye, die siegreich mal die Italiener, mal die Iberer
in Unruhe versetzt. Schatten von Geschossen verdunkelte den Tag und aus
grollender Wolke fällt das Schreien, das von der Schlacht zum Himmel steigt,
[420] doppelt zurück. Keine Art des Schreckens fehlte, wo Speere flogen.

Und wie inmitten eines Waldes mit dem ersten Frost des Herbstes die
Blätter weiß vom Reif hinunterfallen, wenn der Himmel mit dem Peitschen
der Winde Schrecken verbreitet hat, wenn den Bauern vor Angst die Herzen
steif werden und Wolken bereits das ganze Land bedecken, kein Viehtrieb
[425] mehr sichtbar ist und kein Wirken der Menschen, so war das grimmige Antlitz der großen Schlacht, und nicht trifft die grausame Wut des
verborgenen Jupiter die ceraunischen Donnerklippen mit solchem Tosen,
wenn die Felsen nicht mehr zu sehen sind unter dem Himmel, der sich über
ihnen ergießt, und aus den Wolken Feuer blitzend hinunterkrachen.
[430] So stellten sie sich einander unablässig entgegen, die Jugend Tarragonas und auch die Ausonier verließ ihr Mut nicht. Alle kreuzen sie jetzt
im Nahkampf ihre Waffen, und die pfeifenden Lanzen finden keinen Weg.
Hand legt sich an Hand, dann Brust an Brust und mit dem Schwert zerhacken sie im Ringen einander den Hals. Sie reißen den hitzigen Pferden das
[435] Zaumzeug ab und lösen den Pferden mit der Hand das Gesicht, die
Brustpanzer und die mit Büschen starrenden Helme quietschen, keine
Stimme, aus erschöpfter Brust gepresst, übertönt den Lärm der Waffen und
das eiserne Grollen des Krieges, wie wenn einmal in tiefen Wäldern die
Brise erklang, die von den Schiffe zerstörenden Winden auf hoher See
[440] kündete.

Die einen sterben, die Helme triefend vom salzigen Schweiß, den anderen
versagen die erschöpften Knie den nächsten Schritt und mitten im Getöse
fallen unter dichtem Geschosshagel Männer leblos zu Boden.
Keine Steine fliegen mehr und kein Bogen wird mehr gegen die Feinde
[445] gespannt, keine Speerspitze mehr fliegend durch die Lüfte, sondern
Schild presst sich auf Schild, hoher Helm auf Helm. Der eine Mann raubt
dem anderen im Nahkampf die Waffen, der Durst plagt trockene Münder
und eine unselige Gier lenkt die durstigen Kehlen.
Dann formieren sich die Männer des Pandolfo und die Jugend Latiums
[450] endlich in so dichtem Gefecht zu einer Verteidigungslinie.
Sigismondo hat die jauchzenden Ausonier unter Kontrolle gebracht und

arreptas prohibere vias, sed cedere verso
ordine et Ausonidis dare terga sequacibus. Otrim
Boebius obstantem longe, longeque frementem 455
sternit humi ferro nec non Peliamque Thoumque.
Fanius Euryalum, Ciconum Pandulphius heros,
et Cromyum et frustra minitantem dura Podarcen.
Ac velut in segetem stat messor avarus, acervo
culmorum ante pedes acto, procumbit arista 460
omnis humi, et late languentia colla reclinant
gramina frugiferisque Ceres iacet arida sulcis,
iam Pherinanta manu, iam tum stravisset Orontem
magnanimumque Tolam, nisi iam Thaumantias Iris
turbine praecipiti magnum fuscasset Olympum. 465
Ipsa memor iussi nimbos in nubila et imbres
stellanti collecta sinu, quae flumina dudum,
quos biberat fontes, quae stagna lacusque vocarat,
solvit agens subitam tempestatem horrida tristi
grandine caeruleasque quatit dea turbida nubes. 470
Obstupuit subita turbatus imagine caeli
mutati Pandulphiades superosque repente
adfatur: „Quae tanta deos iniuria nostra
movit, ut Alphonsi fluxas res protinus imo
adspiciant fundo? Bis iam, pater optime divum, 475
eripis invisos leto bis denique Iberos."
   Dixerat, et iam tum pronis de montibus amnes
praecipitant camposque tenent. Telluris egenos
provehit unda viros, tantus se fuderat imber,
tantum ventus aquae pluvio spirarat Olympo. 480
Pars natat ignotis elata sub aequora silvis,
arbore pars capta subitis stat fortiter undis.
Ac veluti innumerae fluvio cum forte locustae,
dum fremit in ripis furor ignis et alta per herbas
flamma ruit, celerem saltum dant ocius omnes, 485
tum Pherinas celerans montes secessit in altos
non sine clade virum, quos unda voragine vasta
in silvas, in saxa prius, quae flumina numquam
pulsarant, protraxit equosque virosque coercens
semianimos. Agnovit enim sociosque vocavit 490

sandte nun Tod und Schrecken über die Feinde. Die Italiener machen einen Ausfall und weder Waffen noch Feinde versperren ihnen den Weg, sondern sie machen kehrt und weichen zurück, wenden den Ausoniern, [455] die ihnen nachstellen, den Rücken zu. Boebius streckt den Otris, der ihm von fern gegenübersteht und von fern zu ihm herüberbrüllt, mit der Klinge auf dem Boden nieder und auch den Pelias und den Thous. Fanius fällt Euryalus und der Held, Sohn des Pandolfo, Ciconus, Cromyus und Podarces, der ihm vergeblich grimmige Drohungen zuruft. Und wie sich der [460] Schnitter gierig über das Korn hermacht, einen Haufen Stroh schon zu seinen Füßen aufgetürmt, eine jede Ähre geht zu Boden, die Halme biegen sich weithin zu schlaffen Hügeln und die Ernte liegt trocknend in den fruchtbaren Ackerfurchen, so hätte er womöglich schon den Ferdinand und den Orontes mit seiner eigenen Hand zur Strecke gebracht, auch den [465] hochherzigen Tolas, wenn nun nicht die Thaumastochter Iris mit jähem Tosen den Himmel weithin verdunkelt hätte. Treu ihrem Befehl folgend löst sie nun die Dünste und Regengüsse, die sie am bestirnten Himmelszelt zu Wolken geballt hat, die Flüsse und Quellen, die sie schon lange ausgesogen hatte, die Teiche und Seen, die sie zu sich gerufen hatte, und treibt grauenvoll [470] ein plötzliches Unwetter mit grimmigem Hagel über das Land und schüttelt als tosende Göttin die blauen Wolken aus. Verwirrt über das plötzlich veränderte Antlitz des Himmels stutzte der Sohn des Pandolfo und spricht sogleich zu den Himmlischen: „Welche vermeintliche Untat von uns hat die Götter dazu getrieben, dass sie den Geschicken des Alfons, die ihrem [475] Tiefpunkt nahen, ihre Gunst schenken? Schon zweimal, bester Vater der Götter, entreißt du die verhassten Iberer dem Tode, zweimal schon."

So hatte er gesprochen, und da stürzen auch schon die Flüsse von den steilen Bergen und nehmen die Felder in Besitz. Die Flutwelle reißt die Männer, die keinen Boden mehr unter den Füßen haben, mit, ein solcher [480] Regen hatte sich ergossen, so viel Wasser hatte der Wind vom regnerischen Olymp geblasen. Ein Teil von ihnen schwimmt in unbekannten Wäldern durch das Hochwasser, ein Teil harrt in den plötzlichen Fluten tapfer auf dem Baum, die sie zu fassen bekommen haben, aus. Und wie zahllose Heuschrecken alle zugleich schnell einen beherzten Sprung in einen [485] Fluss machen, wenn an den Ufern eine Feuersbrunst lodert und die hohe Flamme durch die Wiesen rast, zieht sich Ferdinand dann schleunig in die hohen Berge zurück, nicht ohne Verlust an Männern, die die Welle mit gewaltigem Strudel vorher in die Wälder, auf die Felsen fortgespült hat, die vorher niemals Fluten berührt hatten, dabei Pferde und Männer halbtot

dux Pandulphiades: „Gressum revocate, superbi
Italiae populi, Martis densissima saepes.
Sic supero, sic dulce Iovi magnisque repente
sic visum superis. Pereunt, Pherinanta volentes
incolumem ut servent." Sic fatus Ethrusca revisit 495
oppida capta prius Tyrrhenis plurima campis
et Foliana capit deiectis moenia Celtis,
quae satus Alphonso Pherinas iam milite forti
muniit, ut dubio possent defendere bello.
Una Vadae in Thusco Celtarum litore moles 500
structa manu ingenti, lato circumdata muro
et pelagi fluctu circum grave saepta frementi,
restabat magno Sismundi addenda labori.
Hanc animis magno trepidabat Ethruria motu,
tutus in hac ingens esset quod portus arandis 505
opportunus aquis, cuperent seu currere contra
moenia Graiorum Pisasque urgere vetustas,
sive tuas pelago, Populonia, reddere praedas.
Auxilii quod erat, restabat navibus omne
Alphonso, quidquid Marte superarat acerbo, 510
iusserat extemplo validas supplere triremes.
Ergo aderat portu collectum robur Iberi
nominis et parvam complerant viribus urbem.
Hanc quoque Sismundo misit Tritonia mentem,
ardua terrificis quassaret moenia saxis, 515
atque aditum ratibus lato prohiberet ab alto.
A tellure tonat proiectis aerea saxis
machina, multifrago quae verberat aethera cursu
pulsat et ante sonum revoluto moenia saxo,
propter aquam vastos librat ballista molares. 520
Tollitur in caelum lapis editus, inde repente
ocior in medias elabitur improbus undas.
Hac prohibere rates visum est ratione molestas,
hac penetrare via deiectis moenia muris.
Hic ut prima ratis prono fugiebat ab alto 525
vertitur, emisso defecit in aequora saxo,
eiecitque viros mediaque insedit arena.
Tum vero Celtas subitus timor occupat omnes,

Zwölftes Buch 491

[490] mit sich reißend. Das bemerkte der Heerführer, Sohn des Pandolfo, und ruft seine Gefährten: „Macht kehrt, stolze Völker Italiens, dichtgedrängte Horde des Kriegsgotts. So hat es der himmlische Jupiter, so haben es sogleich auch die großen Götter für recht befunden. Die da geben ihr Leben gerne hin, um Ferdinand unversehrt zu retten." So sprach er und [495] suchte erneut die etruskischen Städte auf, die er zuvor auf den tyrrhenischen Feldern erobert hatte, nimmt die Mauern Foianos nach der Niederwerfung der Kelten ein, die Ferdinand, Alfons' Sohn, bereits mit tapferen Soldaten bewehrt hatte, um es in einem Krieg mit ungewissem Ausgang verteidigen zu können.

[500] Einzig das Bollwerk Vadas, das an der etruskischen Küste mit ungeheurem Aufwand keltischer Truppen besetzt wurde und mit einer breiten Mauer umgeben ist und ringsum von der wuchtig tosenden Flut der des Meeres eingehegt war, blieb nun der großen Leistung des Sigismondo noch hinzuzufügen. Vor dieser Stadt erzitterte Etrurien mit großer [505] Erregung im Geiste, weil sich in ihr ein riesiger sicherer Hafen, günstig für die Seefahrt, befand, sei es, dass sie gegen die Mauern der Griechen und das alte Pisa ziehen, sei es, dass sie dich, Populonia, über das Meer ein nehmen wollten.

Was es an Hilfe gab, stand Alfons mit seinen Schiffen zur Verfügung, was [510] auch immer er im erbitterten Krieg besiegt hatte, hatte er sofort an Bord seiner starken Triremen zu bringen befohlen. Daher befand sich in diesem Hafen die versammelte Kampfkraft des iberischen Volkes und sie hatten die kleine Stadt mit ihrer Streitmacht angefüllt. Die tritonische Göttin gab Sigismondo auch diesen Einfall, die steilen Mauern nämlich mit [515] schrecklichen Steingeschossen zu erschüttern und den Schiffen den Zugang von der breiten Seeseite aus zu versperren.

Von der Landseite her donnert die bronzene Maschine von den verschossenen Steinen, die den Himmel mit vielfach Zerstörung bringender Flugbahn peitscht, und sie trifft noch, bevor man sie hört, die Mauern mit dem [520] abgeschossenen Felsen. Nahe beim Wasser schleudert die Balliste riesige Steine. Der Stein wird hoch in den Himmel geworfen und saust von dort sofort rasend schnell und unbarmherzig mitten in die Fluten. Der Plan war es, auf die Weise die lästigen Schiffe fernzuhalten und zugleich auf diesem Wege nach der Zerstörung der Befestigungen durch die [525] Stadtmauer zu dringen. Als hier das erste Schiff aus den riskanten Wassern fliehen wollte und wendete, da schlug es durch den Einschlag eines Felsen Leck, verlor seine Besatzung und lief mitten am Strand auf

nec reperire viam ratibus nec pandere portas
amplius aut Italis concurrere cominus audent, 530
adservant tutis sed propugnacula telis.
  Narnius interea bellum crudele lacessit,
irritatque viros verbis: „Taracone profecti
Italiam pugnate viri, quid turribus altis
adstantes, bello totas non funditis iras? 535
Quo fugere minae vobis et inania dudum
verba, leves Celtae? Quo summa potentia Regis
Alphonsi? Pherinas ubi nunc? Cur liquit amicos?
O miseri! Queis nulla fugae fiducia, nulli
sperandi reditus! Veniam Pandulphius heros 540
ni dederit, pontumne viri, terramne petetis?
Heu miseri, quos non campis Mars asper Ethruscis
miserit ad Stygias Erebi implacabilis umbras,
quos insana fames, et amor tam longus edendi
alligat ancipiti parva intra moenia fossa. 545
Non, si sponte aditus pateant, intrabimus alta
moenia nec portis urbem capiamus apertis –
Marte placet celsas duro conscendere turres.
Vos canibus dare frusta feris avibusque cruentas
obscaenis escas, magno vos spargere ponto 550
incurvis pelagi laniandos piscibus omnes
decernunt Itali. Vos hac defendite vestra
moenia spe, Celtae, vos hoc, o barbara turba,
omine iam dudum magnis certate Latinis!"
  Talia dicenti verbisque immane minanti 555
rapta manu Peliae liquefactum fistula plumbum
ferrea sulphurea iaculata est concava flamma.
Fulminis acta citi glans more per aethera lapsa
praevolat et fragiles incognita dividit auras.
Sulphureos vix ille globos et pulveris umbras 560
viderat infelix, haesitque in pectore plumbum,
lumina conlapso nigrae texere tenebrae
liventesque genas infecit pallor et ungues
purpureos quondam. Corpus calor ipse reliquit,
quantus apud Thebas horrore tonantis Olympi 565
magnanimus Stheneli genitor cadit atque corusci

Grund. Da aber befällt plötzliche Furcht alle Kelten, und sie wagen nicht weiter, für ihre Schiffe einen Weg zu bahnen, die Tore weiter zu öffnen [530] oder mit den Italienern im Nahkampf zusammenzutreffen, sondern sie bemannen mit den zielsicheren Wurfgeschossen die Schanzwerke.

Unterdessen fordert Narnius sie zum grausamen Kampf heraus und stachelt die Männer mit diesen Worten auf: „Kämpft, ihr Männer, die ihr von Tarragona nach Italien gekommen seid. Was steht ihr auf den hohen [535] Türmen und lasst nicht euren ganzen Zorn in den Kampf fließen? Wohin sind eure Drohungen entschwunden und eure schon so lange leeren Worte, leichtfertige Kelten? Wohin ist all die Macht eures Königs Alfons? Wo ist Ferdinand denn jetzt? Warum hat er seine Freunde im Stich gelassen? O ihr Armen, die ihr keine Aussicht auf Flucht habt, die sich [540] keine Heimkehr erhoffen können! Wenn der Held, Sohn des Pandolfo, euch keine Gnade gewährt, Männer, werdet ihr dann aufs Meer oder an Land gehen? Ach, ihr Armen, die der grimmige Kriegsgott nicht auf den etruskischen Feldern zu den stygischen Schatten des unbarmherzigen Erebus gesandt hat, wahnsinnig machender Hunger und ein so [545] langes Verlangen nach Essen hält sie in ihrem kleinen Loch zwischen den Mauern im Ungewissen fest. Wir werden die Mauern nicht betreten, selbst wenn sie sie freiwillig auftun, noch werden wir die Stadt bei offenen Toren erobern. Nein, wir wollen die steilen Türme im harten Kampf besteigen. Die Italiener entscheiden hiermit, euch alle den wilden [550] Hunden zum Fraß zu geben und scheußlichen Vögeln zur blutigen Nahrung, euch im großen Meer zu verstreuen, damit die gekrümmten Fische der Tiefe euch alle zerfleischen. Mit dieser Hoffnung sollt ihr eure Mauern verteidigen, Kelten. Unter diesem Vorzeichen kämpft, Barbarenhorde, noch lange mit den Latinern!"

[555] Noch als er solche Dinge aussprach und mit seinen Worten Ungeheures androhte, da schoss ein aus der Hand des Pelias gerissenes hohles Eisenrohr mit Schwefelflamme flüssiges Blei auf ihn ab. Wie ein schneller Blitzschlag saust die Kugel eilends durch die Luft und durchschneidet unerkannt die zarten Brisen.

[560] Kaum hatte jener Unglückliche die Schwefelkörnchen und den dunklen Rauch des Pulvers gesehen, da steckte das Blei schon in seiner Brust, und schwarze Finsternis schloss dem Zusammengesackten die Augen, Blässe machte seine Wangen und seine einst purpurnen Finger fahl. Die Lebenswärme selbst verließ seinen Körper, wie bei Theben durch den

nube Iovis fulgens muris ruit actus ab altis.
Te Pandulphiades flevit, fortissime Narni,
Picenique duces et amoeni ripa Metauri.
Praecipue Pandulphiades Sismundus, ut illi 570
nuntius adtonitas implevit certior aures,
talia suspirans imo qui pectore rupit:
    „Non haec, o Narni, fuerant mea iussa nec olim
ista dabam praecepta tibi. Certare caveres
me sine. Sed quoniam mihi te parere vetabant 575
fata semel, miseram potuisti ponere vitam
litore Tyrrheno. Pro raptis, optime, terris
occidis et pulchro gaudes occumbere leto.
Haud impune duces Celtarum et barbarus hostis
ista ferent, Narni. Neque erit mora longa neque ulla 580
arte fugam rapient, iam iam cum saevus ad unum
exscindam atque viros tota cum stirpe revellam.
Interea, o iuvenes, crudeli caede peremptum
tollite et ignarum feretro componite corpus."
    Sic ait, et lacrymis perfuderat ora decoris 585
luctisonoque novum regemebant castra tumultu.
Nec minus ipse viros armari in bella iubebat
vociferans, scalisque aditus in moenia dura
moliri hortatur pugna, turrimque propinqui
materie praebente modum iam robore firmo 590
compactam et trabibus contextam grandibus instat
erigere et vacuo subitis educere caelo
viribus. Adcingunt magno Tyrrhena labori
agmina praeduri collectum robur agrestes,
caespitibus mixtis iacta tellure minacem 595
protinus in molem, celsas quae desuper arces
despiceret Celtasque sua statione moveret.
Qui simul ac summis viderunt moenibus altum
surgere molis opus tantae caelumque tot aspris
umbrari trabibus glomerataeque aggere terrae, 600
diriguere animisque viri stupuere relictis
Bassius, atque duces alii, fortisque Palermes,
atque alter Pherinas, Pulto Lyriusque remisso
imperio, cui Celta ferox, cui barbara parent

[565] Schrecken des donnernden Olymp der hochherzige Vater des Sthenelus fiel und hell durchzuckt von der blitzeschlagenden Wolke des Jupiter von der Mauer geworfen stürzte. Der Sohn des Pandolfo beweinte dich, tapferster Narnius, und mit ihm die picenischen Heerführer und das Ufer des lieblichen Metauro. Doch vor [570] allem Sigismondo, der Sohn des Pandolfo, der, als ihm gesicherte Kunde hiervon an seine erschütterten Ohren drang, solches seufzend tief aus seiner Brust hervorbrechen ließ:
„Das, o Narnius, waren nicht meine Befehle, noch gab ich dir einst diese Anweisung. Du hättest dich hüten sollen, ohne mich zu kämpfen. [575] Doch da das Schicksal dir nur einmal verbot, mir zu gehorchen, hast du nun dein unglückliches Leben am tyrrhenischen Strand lassen müssen. Du fällst, Bester, für die Länder, die man uns raubte, und freust dich, eines schönen Todes zu sterben. Die Führer der Kelten und der feindliche Barbar werden damit nicht ungestraft davonkommen, Narnius. Es wird nicht [580] lange dauern, noch werden sie mit irgendeinem Trick die Flucht ergreifen, wenn ich sie sogleich bis auf den Letzten niedermache und die Männer mit Stumpf und Stiel ausrotte. Unterdessen, o Jünglinge, nehmt den in einem so grausamen Tode zugrunde Gegangenen auf und legt seinen Leib, der nichts mehr spürt, auf eine Bahre."
[585] So sprach er und dabei hatte er sein Gesicht mit geziemenden Tränen übergossen und erneut seufzte das Lager mit wehklagendem Raunen auf. Nichtsdestoweniger befahl er den Männern nun persönlich mit lauter Stimme, sich für den Kampf zu rüsten, ruft sie auf, in erbittertem Kampf mit Leitern einen Weg auf die Mauern bereitzustellen, und drängt darauf, [590] einen Turm, der schon aus festem Holz zusammengezimmert, wobei man sich beim Baustoff auf das, was in der Nähe war, beschränken musste, und mit großen Balken verstärkt worden war, aufzubauen und dann mit einer jähen Kraftanstrengung in die Höhe zu heben. Die tyrrhenischen Heerscharen, zähe Landmänner, umgeben das große Werk mit [595] aufgesammeltem Holz und bauen es mit Grassoden, gemischt mit Erdbrocken, zu einem trutzigen Bollwerk aus, um von oben auf die hohen Festen blicken und die Kelten von ihren Stellungen vertreiben zu können. Sobald die sahen, dass sich über ihren Mauerzinnen die hohe Masse eines solchen Werks türmte und dass der Himmel sich von so vielen rauen [600] Balken und einem Wall aus zusammengeballter Erde verfinsterte, da erstarrten sie, ihr Mut verließ sie und sie mussten stutzen, Bassius und andere Heerführer, der tapfere Palermes, der andere Ferdinand, Pulto und

agmina, et insignis fama Cacosarcus et armis 605
atque alii, quorum, Musae, meministis, Iberi.
Qui postquam tanta viderunt mole superbos
Italiae populos subiecto incumbere muro,
tela facesque parant contra iaculisque lacessunt
Ausonios crebris. Magno tum castra tumultu 610
miscentur, multi Stygias mittuntur ad umbras.
Exspirant dulces animas pars, atque tubarum
ante cadunt multi sonitum, quos haurit arundo
missilis armatumque volans hastile veneno.
Hic vero, ceu nulla prius sint gesta tot annis 615
proelia, ceu nulli fuerint sub Marte labores,
omnis amor laudum dulcesque ante ora triumphi.
Ter Pandulphiades muros fortissimus altos
aggere constructo trabibus sublimis acernis
exsuperans armis trepidanti adparuit hosti, 620
ter Marti eripuit iuvenem Tritonia Pallas.
Nec mora, praecipiti cum Pallada turbine Mavors
verberat adsiduis clypei tinnitibus hastam
horrentem arboream quatiens et fervidus urget
vociferans: „Quid tela deum, quid proelia contra 625
sera venis? Uni quae tanta audacia divae?
Tune oblita venis Diomedis ut ipsa furores
moveris in superos, Phrygiae cum litore Troiae
irritare viri mentemque animumque furentis
haud dubitas in me, quae nunc tibi dona remitto 630
debita?" Sic fatus validam procul expulit hastam
Aegida terribilem ferrata cuspide pulsans,
Aegida terribilem, quam non Iovis ulla moverent
fulmina, non saevos queis deiicit ille Gigantas.
Hanc tamen armipotens hasta Gradivus adibat. 635
Illa manu saxum turri deiecit ab alta
in caput inque humeros laesa cervice furentis
labentisque retro. Risit Pandulphius heros:
„I nunc et Celtis animum viresque secunda!"
Vix ea, praecipitem ac summa pro turre minantem 640
diripit Orsilochum, nec te tua forma, Lycurge,
nec roseis alba ora genis texere Podargum

Lyrius, der sein Reich aufgegeben hatte, dem die unbändigen Kelten und die barbarischen Heerscharen gehorchen, und auch Cacosarcus, gut zu [605] erkennen an seinen Waffen, sowie andere Iberer, derer nur ihr euch entsinnt, Musen. Nachdem sie gesehen, wie die Völker Italiens hoch oben von einem solchen gewaltigen Gerät sich auf die Mauer darunter fallen lassen, da bringen sie Geschosse und Fackeln gegen sie in Stellung und setzen den [610] Ausoniern mit einem Hagel aus Wurfspießen zu. Da füllt sich das Lager mit großem Aufruhr und viele werden zu den stygischen Schatten geschickt. Einige hauchen ihr Leben aus und viele fallen schon vor dem Erschallen der Trompeten, die nämlich, die die schlanken Pfeile treffen und das sausende Wurfgeschoss, mit Gift bewehrt.

[615] Hier aber trachten sie, als wären in den vielen Jahren zuvor keine Schlachten geschlagen worden, als hätte es die Mühen des Krieges nicht gegeben, ganz nach Lob und süße Triumphe stehen ihnen vor Augen. Dreimal überwand der Sohn des Pandolfo mit großer Tapferkeit die hohen Mauern, hoch auf dem Bauwerk stehend, das aus Ahornbalken errichtet [620] ist, und tauchte mit seinen Waffen vor dem ängstlichen Feind auf, dreimal entriss die tritonische Pallas den Jüngling dem Kriegsgott.

Keine Zeit vergeht und schon geht in jähem Wüten Mars Pallas mit stetem Klirren seines Schildes an, schleudert die schreckliche hölzerne Lanze nach ihr und bedrängt sie dabei hitzig brüllend: „Was gehst du jetzt noch [625] gegen die Waffen und die Kämpfe der Götter vor? Was nimmst allein du dir für eine Dreistigkeit heraus? Hast du vergessen, du die selbst die Raserei des Diomedes gegen die Himmlischen gewendet hast, als du nicht zögertest, am Strand des phrygischen Troja den Sinn und den Geist des tobenden Heldengegen mich zu wenden, ein Geschenk, das ich dir [630] nun zurückgebe?" So hatte er gesprochen und schleuderte seine starke Lanze von fern auf sie und sie prallte mit ihrer eisernen Spitze auf die schreckliche Aegis, die schreckliche Aegis, der auch alle Blitze Jupiters nichts anhaben können, mit denen jener die entsetzlichen Giganten niederwarf. Dennoch griff der waffenmächtige Kriegsgott sie mit der [635] Lanze an.

Jene warf mit der Hand einen Felsen vom hohen Turm auf sein Haupt und seine Schultern; mit verletztem Kopf schlug er wild um sich und wankte rückwärts. Der Held, Sohn des Pandolfo, lachte: „Geh nun und unterstütze die Kelten mit Mut und Kräften!" Kaum hatte [640] er das gesagt, da reißt er schon jäh den Orsilochus hinab, der ihm

insignem genitore Tago, nec profuit aureo
amne satum, sed te geminae flevere sorores.
His Halium comitem et confixum Therea dextram 645
Gargani clypeo demittit et urget ab alto
increpitans: „Nunc, siqua animum fiducia tangit,
incipite et conferte manus contra omnibus unum
viribus, o Celtae. Quo tela refertis Ethruscis
o toties promissa, viri?" Sic fatur. At illis 650
frigidus e toto fugit in praecordia sanguis
corpore, nec quisquam iactavit verba canenti
talia, sed latebras exquirere moenibus omnes.
Et nisi clausa dies magnum fugisset Olympum,
quattuor ille virum misisset millia leto, 655
induxetque suos et moenia summa teneret.

von der Turmspitze drohte, und weder schützte dich deine Schönheit, Lycurgus, noch den Podargus, berühmt dafür, den Tagus zum Vater zu haben, sein helles Antlitz zwischen rosenfarbenen Wangen, und auch nicht, Sohn des goldenen Flusses zu sein – vielmehr beweinten dich deine [645] beiden Schwestern. Hier wirft er ihren Gefährten Halius und den Thereus hinab, dessen Rechte am Schild des Garganus aufgespießt ist, hinab und setzt von oben nach, indem er brüllt: „Jetzt legt los, wenn irgendeine Zuversicht noch euren Geist erreicht, und tretet im Nahkampf mit allen Kräften gegen mich einen an, o Kelten. Wohin richtet ihr die Waffen, die [650] ihr den Etruskern so oft versprochen habt, Männer?" So spricht er, jenen aber entweicht ihr Blut kalt aus dem ganzen Körper in die Eingeweide und keiner traute sich, einen Schuss abzugeben, während er solche Worte sprach, sondern sie suchten sich allesamt Verstecke auf den Mauern.

Und wenn nicht der endende Tag den offenen Himmel verlassen hätte, hätte [655] er wohl viertausend Mann in den Tod geschickt, die Seinen in die Stadt geführt und die hohen Mauern in seinen Gewalt gebracht.

Basini Parmensis
Hesperidos
Liber Decimus Tertius

Abstulerat curas mortalibus atque labores
nox Iovis imperio et nigra telluris in umbra
clausa diurnarum referens oblivia rerum
lenibat dulci languentia corpora somno.
Sed non magnanimi subigebat corda Palermae 5
tristiaque adsiduis urgebat pectora curis.
Qui simul in mediis haec est effatus Iberis:
 „Hactenus, o socii, spes est solata timentes
ante diu Celtas, donec mare currere apertum
fas erat et nondum Fortuna inimica furebat 10
in caput Alphonsi magni nostramque salutem.
Nunc autem ultro Italis quoniam sors aequa propinquat,
cedamus superis nec tendere numina contra
conemur, proceres. Unum tentare favorem
experiamur adhuc superum, dum nigra silet nox. 15
Apta fugae nox est tacitisque adcommoda furtis.
Dum somno vinoque graves deus imbuit artus
Ausonidum, tormenta silent muralia et ignes
permixti fumo totas posuere favillas,
navibus a tacitis tortas abrumpite funes, 20
et tantos servate duces. Gratissima Celtis
omnibus, Alphonso prae cunctis grata facessant
imperia haec iuvenes. Dulces rapiamus Ethruscis
reliquias nostri cupidis, magnoque vetate
Sismundo hanc laudem claris accedere factis. 25
Illum, illum vidistis enim quid Marte, quid armis
infremat, insultet quo turbine victor et hasta
et clypeo ante alios! Cui si fortuna reservat
inclusos parvae superandis moenibus urbis,
crastina dum vehitur roseis Aurora quadrigis, 30
frustra iter arreptum tentemus tempore tali.
Quare agite o, dum fata sinunt, fugite ocius atram
mortem infandam omnes, medio quos spargere ponto,
atque feris dare, quos canibus promittit Ethruscis.

Der *Hesperis*
Basinios von Parma
Dreizehntes Buch

Auf Geheiß Jupiters hatte die Nacht den Sterblichen ihre Sorgen und Mühen genommen und besänftigte die ermatteten Körper mit süßem Schlaf, indem sie ihnen, umschlossen vom schwarzen Schatten der Erde, Vergessen der Dinge des Tages schenkte.
[5] Doch vermochte sie sich nicht die Brust des hochherzigen Palermes untertan zu machen und bedrängte sein trauriges Gemüt mit beständigen Sorgen, bis er dann inmitten der Iberer dies aussprach:
„Bislang, o Gefährten, hat die Hoffnung die schon seit langem furchtsamen Kelten getröstet, solange es nämlich möglich war, über das offene [10] Meer zu fahren, und kein feindseliges Schicksal über dem Haupt des großen Alfons und unserer Rettung wütete. Nun hat aber, da ein gewogenes Los ohne ihr Zutun den Italienern naht, wollen wir uns den Himmlischen fügen und nicht versuchen, gegen den Götterwillen anzugehen, ihr Edlen. Lasst uns noch einmal versuchen, auf das Wohlwollen der Götter [15] zu vertrauen, solange die schwarze Nacht still ist: Die Nacht eignet sich zur Flucht und ist wie geschaffen für ein stilles Davonstehlen. Solange der Gott die schlaffen Glieder der Ausonier mit Schlaf und Wein tränkt, die mauerbrechenden Geschütze schweigen und die Feuer sich in Rauch aufgelöst ganz zu glimmender Asche gelegt haben, reißt die [20] gewundenen Seile von den schweigend daliegenden Schiffen ab und rettet so eure großen Anführer. Die jungen Männer dürften diese Befehle wohl zum größten Wohlgefallen aller Kelten, vor allem aber zu Alfons' Wohlgefallen ausführen. Die Dinge, die uns noch heil geblieben sind, wollen wir den Etruskern, die danach gieren, entreißen, und auch sollt [25] ihr so dem großen Sigismondo verwehren, dass sich dieser Ruhm zu seinen Heldentaten gesellt. Denn ihr habt doch gesehen, wie jener im Krieg, wie jener unter Waffen tost, mit welcher Raserei er als Sieger wütet mit Lanze und Schild vor allen anderen! Wenn sein Kriegsglück ihm hier ein paar Eingeschlossene aufspart, um derentwillen er die Mauern dieser [30] kleinen Stadt überwinden muss, dann werden wir, wenn morgen Aurora mit ihrem rosenfarbenen Viergespann aufzieht, vergebens den übereilten Ausweg suchen, der uns dann genommen ist. Drum wohlan, solange das Schicksal es noch erlaubt, flieht rasch alle vor dem finsteren Tod, ihr, die mitten im Meer zu verstreuen oder wilden Tieren und Hunden vorzuwerfen

Di, prohibete, boni, tantarum dira minarum 35
omina! Di, tales in eum convertite casus!
Quod si vita tamen manet infelicior ipsa
morte, quid in tenebris animam traxisse iuvabit,
carcere tam diro queis pallidus horror ad ossa,
et verbis non laeta fames squalentiaque ora 40
aeternos passura situs? Sunt omnibus omnes
poena quidem mortes, sed enim super omnia leti
dira fames genera est suprema miserrimaque una."
    Talibus impulsi Celtae Cacosarcus, et ingens
Bassius atque alii, Lyrius Pultoque superbus 45
arma ratesque parant furtim, noctemque labori
gratam aptant tacitisque movent vestigia plantis.
Tum remos et vela manu, tum cornua tractant
arborea et funes properant aptare silentes.
    Talia dum Celtae totis placito ordine tectis, 50
urbe quidem parva, multo sed milite plena,
expediunt, atque apta fugae iam tempora quaerunt,
saucius arma tenens et vulnere foedus acerbo
Palladis aequoream Venerem Gradivus adibat
flammivomis elatus equis clypeique cruenta 55
parte rubens. Cyprum ipse volans se sponte tulisset,
ni pariter magno Cytherea redisset Olympo
aera per liquidum niveis adlata columbis.
Quam procul ut vidit: „Gratissima diva dearum,
cara soror fratri ante alias, huc dirige cursum, 60
huc, mea cura, veni, videas ut dura Minervae
vulnera. Sismundum contra bellare paranti
obstitit ipsa deo mihique haec tibi vulnera liquit
ingenio curanda tuo. Quid denique tantum
odit utrumque caput Veneri Martique resistens 65
unius ob magnum decus improba? Num tibi toto
ex animo cecidere animi monumenta nefandi,
cum tibi Tydiden diris occurrere telis
inque tuam suadet mortalia vulnera dextram?
Nunc Pandulphiaden in me crudeliaque arma 70
suscitat. Usque adeone deos mortalibus illa
posthabeat? Tantumque duci det laudis Ethruscum,

Dreizehntes Buch 503

[35] er den Etruskern gelobt. Gute Götter, wendet die grimmigen Schrecknisse solcher Drohungen ab! Götter, wendet solch ein Ende gegen ihn selbst! Wenn wir dennoch am Leben bleiben sollten, einem Leben, das kläglicher ist als der Tod selbst, was wird es uns freuen, in Finsternis unser Leben zu [40] fristen, denen uns in grimmer Haft das bleiche Grauen bis ins Mark gehen wird, und ein Hunger, der mit Worten nicht zu stillen ist, und deren trockene Münder ewig Durst leiden werden? Es sind zwar alle Tode eine Strafe, doch die schlimmste Art zu verenden ist der grimmige Hunger und die unzweifelhaft elendigste."
[45] Von solchen Worten getrieben machen die Kelten Cacosarcus, der gewaltige Basius und andere, Lyrius und der stolze Pulto ihre Waffen und Schiffe heimlich bereit, nutzen die Gunst der Nacht für ihr Bemühen und gehen um auf leisen Sohlen. Bald legen sie Ruder und Segel, bald hölzerne Stangen eigenhändig zurecht und ordnen eilig in der Stille die Takelage.
[50] Während die Kelten in rechter Ordnung solches in allen Häusern in der zwar kleinen, aber mit vielen Soldaten gefüllten Stadt schnell vorantreiben und schon nach dem geeigneten Zeitpunkt für ihre Flucht suchen, da trat der verletzte, und von herber Wunde besudelte Kriegsgott mit seinen Waffen in der Hand an die das Meer liebende Venus heran, [55] gezogen von seinen flammenschnaubenden Rössern und mit vom Blut teils rotem Schild. Er hätte, so war sein erster Antrieb, eilends nach Zypern ziehen wollen, wenn nicht die cythereische Göttin ihrerseits schon auf den großen Olymp zurückgekehrt wäre, wohin sie sich durch die klare Luft von ihren schneeweißen Tauben hatte tragen lassen. Als er sie aus [60] der Ferne sah, sprach er: „Liebreizendste Göttin unter Göttinnen, Schwester, die du mir, deinem Bruder, teurer bist als alle anderen, wende deine Schritte hierher, hierher, meine Teure, komm, damit du die schweren Wunden der Minerva siehst. Sie hat sich höchstselbst mir, einem Gott, in den Weg gestellt, der sich anschickte, gegen Sigismondo zu kämpfen, und [65] hinterließ mir diese Wunden, die dein Können nun lindern soll. Warum hasst sie nur unser beider Häupter und stellt sich niederträchtig Venus und Mars in den Weg wegen des großen Glanzes eines einzelnen Mannes? Sind dir etwa die Mahnmale ihres frevelhaften Betreibens ganz entfallen, als sie den Tydeussohn dazu brachte, dir entgegenzustürmen mit grimmigen [70] Waffen, um deiner Hand die Wunden eines Sterblichen zuzufügen? Nun hetzt sie den Sohn des Pandolfo gegen mich und zu grausamen Waffentaten auf. Soll sie immer weiter die Götter den Menschen so sehr nachordnen? Soll

ut clausos terra atque mari bellator Iberos
vi capiat? Triginta etiam quae forte triremes,
auxilium Alphonsi quod restat rebus, habentur 75
spes miseris, adimant Itali? Ne talia, quaeso,
ne patiare, soror. Satis est spoliasse tot armis
bis miseros Celtas. Satis est natumque patremque
amisisse animas, procerum tot magna cadentum
nomina, et incassum populos tentasse Latinos. 80
Unum oro, quando ista potes, ne navibus uti
Alphonsum contra possint. Quaecumque relictae
a trepidis fuerint, Vulcanius occupet ignis.
Ista tui sit cura viri, mihi cetera mandes."
    Vix ea, cum vultu risit Cytherea decoro: 85
„Non bello, germane mihi, non victus iniqua
Pallade, non armis deiectus adesse sorori
adpares, sed forte choros cum ducit Apollo
qualis ad Oceanum, talis nunc ora comasque,
frater, ades." Tum grata manu tergere cruorem 90
incipit, imbuerat qua colla tumentia sanguis.
Verum humor, non sanguis erat, sine sanguine divos,
quos non ipsa Ceres, quos non alit ipse Lyaeus,
nectaris ambrosiaeque liquor sine tempore reddit.
    Tum Venus ipsa refert: „Vulcanum in talia mitto 95
obsequia et solitos iubeo exercere labores.
Quos tu ignes illic, frater, quae incendia cernes!"
    Sic ait. Ille deae magnum praesensit amorem
amplexuque levi clypeo dedit oscula adempto.
Hinc Apennini iuga celsa nigrantibus alis 100
occupat, unde videt diversas litoris oras
Hadriaci, Thuscique maris regnumque superbi
Sismundi. Illa autem Siculos super ardua fluctos
tollitur aligeris nocturna sub astra columbis.
Est locus Aeoliam iuxta, domus alta cavernas 105
efficit et longis suspendit cornibus antrum
usque sub Aetnaeas per longa foramina rupes,
Vulcani sedes vasto sublimis hiatu,
unde ignes ventique ruunt et fumus ad auras
aethereas nigra caligine semper anhelat. 110

Dreizehntes Buch 505

sie dem Führer der Etrusker so viel an Ruhm zugestehen, dass er die von der Land- und der Wasserseite eingeschlossenen Iberer im Kampf mit Gewalt [75] ergreift? Sollen die Italiener auch noch die dreißig Triremen, das, was von der Hilfe des Alfons noch übrig ist, was ihnen an Hoffnung bleibt, an sich bringen? Ich bitte dich, Schwester, so etwas darfst du nicht dulden. Es ist schon genug, dass er die armen Kelten zwei Mal solcher Mengen an Waffen beraubt hat, genug, dass Söhne und Väter gefallen sind, dass die Namen der [80] gefallenen Edlen so viele sind, und dass sie vergebens gegen die Völker Latiums gezogen sind. Um eines bitte ich dich, da du es vermagst, nämlich dass sie sich nicht der Schiffe gegen Alfons bedienen können. Alle, die von den ängstlich Flüchtenden zurückgelassen wurden, soll das Feuer des Vulcan erfassen. Das sei Aufgabe deines Mannes, mir überlass den Rest."

[85] Kaum hatte er das gesagt, als die cythereische Göttin mit anmutiger Miene lachte: „Mein Bruder, du siehst mir, deiner Schwester, nicht wie einer aus, der im Krieg, der von der gehässigen Pallas, der im Waffengang bezwungen wurde, sondern erscheinst wie Apollo, wenn er seine Reigen zum Ozean führt, vor mir mit deinem Gesicht und deinem Haar." Dann [90] fängt sie an, zärtlich das Blut mit ihrer Hand abzuwischen, dort, wo es in Strömen seinen Hals überströmt hatte.

Doch es war nur ein klares Nass, kein Blut. Der Trank von Nektar und Ambrosia macht die Götter, die nicht Ceres, nicht der Weingott Lyaeus nährt, zu Wesen ohne Zeit.

[95] Dann sagt Venus: „Ich werde Vulcanus zu einer solchen Gefälligkeit entsenden und ihn anweisen, seine gewohnte Sorgfalt walten zu lassen. Was für Feuer, was für Brände wirst du dort sehen, Bruder!"

So sprach sie. Jener spürte die große Liebe der Göttin, legte seinen Schild zur Seite und küsste sie in sanfter Umarmung. Von hier lässt er sich [100] mit schwarzen Schwingen auf den steilen Graten des Apennin nieder, von wo er beide Küsten sieht, die des adriatischen und die des etruskischen Meeres und das Reich des stolzen Sigismondo. Jene aber schwingt sich unter dem Nachthimmel mit ihren flügelschlagenden Tauben in hohem Flug über die sizilischen Fluten.

[105] Es gibt einen Ort in der Nähe Äoliens, die Behausung dort bildet Höhlen in der Tiefe und eine Höhle spannt sich dort mit langen Tropfsteinen an der Decke ihren langen Schlund entlang bis unter die Klippen des Ätna, der Wohnsitz des erhabenen Vulcanus liegt in diesem gähnenden Abgrund, aus dem Feuer und Winde hervorbrechen und Rauch unablässig in tiefer [110] Schwärze bis in die Lüfte des Himmels keucht.

Hic gelidis Cyclopes aquis stridentia tingunt
arma deum, et validis quatiunt incudibus antrum,
brachiaque in numerum tollunt, alternaque versant
aera manu vastique gemunt stridore camini.
Hic magno mittenda Iovi candentia flammis   115
fulmina terrificamque horrendis Aegida monstris
horribili exercent sonitu, currusque, rotasque
praecipites, ocreasque graves galeamque micantem
fulmine cristatam, sublimem Martis honorem.
Fulmina praecipue ventoso turbine et igni   120
sulphureo miscent operi, tortisque sequaces
imbribus adiiciunt iras et nube corusca
murmura rauca gravi sonitu fremituque remittunt.
Inde vomunt clausis animosas follibus auras,
inque cava fornace furit Vulcanius ignis   125
instat et ipse deus tanto insudare labori.
    Quem Venus ut iuxta stetit ore superba decoro,
haec prior eloquitur: „Divum gratissime coniux,
nota tibi, Alphonsi quonam fortuna loco res
constituat, qua parte labans, quo pondere vergat.   130
Cui misero nunc triste quidem pro viribus haustis
subsidium paucae Tyrrheno in litore naves
restabant, dum fata dabant meliora favorem.
Nunc autem, an restent, dubitans ignara pericli
tristis agor, quando a Latiis tot gentibus una   135
urbe feros Celtas clausos et moenia vidi
paene manu fortis Sismundi capta, nec armis
nec rapidis Gradivus equis obstare furenti
fas habet. Ipsa viro vires Tritonia Pallas
sufficit. Ipsa egomet parmamque et sibila durae   140
Gorgonis ora videns abeo nec proelia tento
ulla manu. Mihi bella meo placuisse marito
una gerenda. Meus non hic Rhoeteius heros,
ob quem Tydides servandum vulnera nobis
intulit. Unum oro, quoniam tibi sola superbo   145
ingenio certare audet Tritonia, vires
ignibus ipse tuis addas, navesque relictas
a trepidis, cum terga fuga nudasse videbis,

Hier tauchen die Zyklopen die Waffen der Götter zischend in eiskaltes
Wasser und lassen die Höhle unter ihren wuchtigen Ambossen erzittern,
heben ihre Arme im Takt, wenden die Bronze mit der Hand hin und her
und dabei ächzen die riesigen Schlote pfeifend.

[115] Hier fertigen sie in ihren Feuern die weiß zuckenden Blitze, um sie
dem großen Jupiter zu senden, und in furchtbarem Lärm den schreckenerregenden Aegisschild mit seinen grausigen Ungeheuern, Wagen und
schnelle Räder, schwere Beinschienen und den buschigen, blitzendfun-
kelnden Helm, den erhabenen Schmuck des Mars. Doch vor allem stellen
[120] sie Blitze her mit windigem Tosen und Schwefel und geben sie den
stürmischen Regengüssen mit, ihnen als Zornesausbrüche zu folgen und
in finsterer Wolke mit lautem Krachen und Dröhnen ein raues Grollen
wiederzugeben.

Dort pumpen sie ungestüme Luftströme aus dichten Blasebälgen, das
[125] vulkanische Feuer wütet im ausladenden Schmelzofen und der Gott
selbst steht bereit, seinen Schweiß für solches Werk zu vergießen.

Als Venus sich zum ihm gestellt hat, da spricht sie ihn als erstes mit
diesen Worten an und macht dazu stolz ein anmutiges Gesicht: „Mein Gemahl, liebster unter den Göttern, das Glück des Alfons ist dir bekannt und
[130] auch, wohin es seine Angelegenheiten gebracht hat, auf welcher Seite
es sich befindet nicht und nach welcher Seite es sich neigt. Dem Armen sind
nun als klägliche Hilfe für seine erschöpften Kräfte zwar noch ein paar
Schiffe am tyrrhenischen Strand verblieben, solange ein günstigeres Los
ihm gewogen war. Nun aber, da ich die bittere Gefahr nicht einschätzen
[135] kann, trage ich mich mit dem Zweifel, ob sie ihnen bleiben sollen, da
ich gesehen habe, wie die grimmigen Kelten in einer einzigen Stadt von so
vielen Völkerscharen Latiums eingeschlossen und die Mauern schon beinahe durch die Hand des tapferen Sigismondo eingenommen wurden. Und
der Kriegsgott hat keine Möglichkeit, sich ihm in seinem Wüten mit Waffen
[140] oder schnellen Pferden in den Weg zu stellen. Die tritonische Pallas
persönlich verleiht dem Mann Kräfte. Ich für meinen Teil wende mich mit
Blick auf ihren Schild und das zischende Gorgonenhaupt darauf ab und versuche gar nicht erst, mit eigener Hand zu kämpfen. Der einzige Krieg, den
ich ausfechte, ist der, meinem Gemahl zu gefallen. Ich habe hier keinen
[145] rhoeteischen Helden, zu dessen Rettung der Tydeussohn mir Wunden
zufügte. Um eines nur bitte ich dich, da es einzig die tritonische Göttin an
Talent mit deinem Stolz aufzunehmen wagt, dass du deine Feuer anfachst,
die Schiffe, die von den Ängstlichen zurückgelassen wurden, verbrennst,

uras atque urbem vacuam sine classe relinquas.
Hanc operam partire mihi et largire laborem! 150
Quodque petit coniux, alii quaecumque dedisses,
ne, Vulcane, nega. Maestis Aurora querelis,
te Thetis et toties Mars flexit, ut arma novares.
Et mihi fas aliqua, coniux, in parte locari
te penes." Haec fatam verbis et nomine contra 155
Lemnius adpellans: „Quid enim, pulcherrima coniux,
non dederim? Sana quid enim tibi mente negarim?
Tu mihi curarum requies, tu grata voluptas
atque animi pars magna mei. Nec Nereis umquam,
te nisi propter, opus manuum immortale mearum 160
ipsa tulit. Nostris fabricata incudibus illi
arma dedi, quod alumna sacris adolesse sub undis
diceris Aurorae. Phrygibus, quos semper amaras,
aequa fuit quoniam, croceum dignata cubile
Tithoni. Nec plura moror." Sic fatus apertis 165
rupit iter terris et turbine fertur anhelo,
nec tortas secat ipse vias nec clauda retardant
ipsa deum, ut quondam, rapidis vestigia flammis,
sed super aequoreos fluctus et curva secundum
litora pronus iter populandam inclinat ad urbem, 170
qualia ubi ad terras de prono sidera caelo
lapsa cadunt longosque trahunt trans aethera crines,
aut ubi ventus agit summis de montibus ignem
in nemorum silvam ingentem, descendit inane
aequor et arenti spoliantur gramine valles. 175
    Sed iam lecta ducum naves manus omnis in aequas
ibant et transtris tacita sub nocte sedebant,
cum graviter portu crepuerunt rostra recusso.
Quem strepitum mirati Itali rapiuntur ad arma
unanimes, tolluntque moras et noctis in umbra 180
horrendae obscuri densant ad litora passim,
pars muros fortis Sismundi scandere iussi
imperio, pars ingentem conscendere turrem,
pars tormenta virum tollendo ad sidera saxo
instituunt. Tum prima ratis, quae forte tenebat 185
iam pelagus, misso defecit in aequore saxo

sobald du siehst, dass sie ihren Rücken in der Flucht schutzlos darbieten, [150] und dass du die Stadt ohne eine Flotte hinterlässt. Dieses Werk gesteht mir zu und schenk mir diese Mühe! Verwehre, Vulcanus, nicht, was auch immer du jemand anderem gewährt hättest, wenn es deine Gemahlin ist, die es verlangt. Mit traurigen Klagen stimmte Aurora dich um, auch Thetis und Mars so oft, dass du seine Waffen repariertest. Auch ich habe das [155] Recht, Gemahl, dass ich bei dir einen gewissen Wert habe." Als sie so gesprochen hatte, redete der lemnische Gott sie mit solchen Worten und ihrem Namen an: „Was, wunderschöne Gemahlin, würde ich dir nicht geben? Was könnte ich dir bei klarem Verstand verwehren? Du bist die Linderung meiner Sorgen, meine liebliche Lust und ein Großteil meines Sinnens. Und [160] die Nereide hätte niemals, wäre es nicht um deinetwillen gewesen, ein unsterbliches Werkstück von meinen Händen bekommen. Jener gab ich Waffen, die auf meinen Ambossen gefertigt worden waren, weil es heißt, dass du als Zögling der Aurora unter ihren heiligen Wogen aufgewachsen seist. Weil sie den Phrygern gewogen war, die du immer geliebt hast, hat sie sich erbarmt [165] und dem Tithonus ein goldenes Lager gegeben – ich will uns nicht länger aufhalten." Nachdem er so gesprochen hatte, barst er aus der Erde hervor, die aufbrach, als er sich einen Pfad bahnte, und in atemlosem Tosen jagt er hinauf, macht keine Windungen auf seinem Weg, noch hält sein hinkendes Bein, wie einst, den Gott mit seinen reißenden Flammen auf, [170] sondern er wendet seinen Weg über die Meeresfluten und gewundene Küsten entlang eilig zu der Stadt, sie zu verwüsten, wie wenn Sterne, die steil vom Himmel gleitend auf die Erde fallen und einen langen Schweif über den Horizont ziehen, oder wie der Wind einen gewaltigen Brand von den Gipfeln der Berge in die Bäume eines Waldes treibt, in die öde Ebene [175] hinabsteigt und die Täler des trockenen Grases beraubt werden.

Doch schon hat sich die ganze erlesene Schar von Heerführern gleichmäßig an Bord der Schiffe verteilt und saß in der schweigenden Nacht auf den Ruderbänken, als die Rümpfe heftig von der Erschütterung im Hafen dröhnten. Aus Verwunderung über diesen Lärm stürzen die Italiener [180] einmütig zu den Waffen, beenden die Nachtruhe und strömen im finsteren Schatten der grausigen Nacht überall am Ufer zusammen, ein Teil wird mit einem Befehl des tapferen Sigismondo angewiesen, die Mauern zu ersteigen, ein Teil, auf den Turm zu klettern, ein Teil der Männer trifft Vorkehrungen, mit den Geschützen Steine über den Himmel zu [185] schleudern. Da kenterte das erste Schiff, das gerade bereits das offene Meer erreichte, im Wasser, von einem Felsen getroffen, und im glei-

immersitque viros una cum classe ruina.
Inde moram faciunt Itali dum forte, ferendo
pondere nave duces pelagus tenuere secunda.
Cetera Celtarum bello praeclara iuventus 190
arma ferunt contra iaculisque volantibus umbras
divisere cavas naves deducere curvo
litore conati. Taedas Pandulphus et ignes
poscit. At ardentes concrescere litore pinos
ocius adspiciunt Celtae. Tum lampada mixto 195
sulphure praecipiti demisit ab aggere dextra
dux Pandulphiades navem iaculatus in atram
Aethomeni, et nigros concepit vertice crines
flamma volans olli tabulisque adfixa vaporem
ingentem piceis circumtulit. Ora vocantis 200
Orsilochi socios fax altera clausit et udo
gutture flamma furens stomacho consedit aperto.
Labitur infelix Telon, labuntur Iberi
innumeri circa durisque imperdita Mauris
corpora Celtarum pelago cecidere cruento. 205
Quatuor ipse rates flammis incendit et igni
sulphureo ante alios perstans bellumque ministrans.
    At deus, indignatus enim mortalibus esse
tantum opis in flammas, discussis protinus umbris
omnibus adparens caelo se ostendit aperto: 210
    „Porto alios ignes incendiaque altera vobis,
Ausonidae duri." Nec plura, fragore per auras
intonuit vastumque vagans tremor impulit aequor.
Audiit et sonitum pastor Tyrrhenus, et audax
Sardus et ora, caput rapit unde celerrimus Arnus. 215
Obstupuit dux Ausonidum, Tyrrhenaque turba,
Ausoniique duces flammis lucescere fluctus,
et vicina diem superare incendia verum.
At vero Vulcanus edax per tecta, per aedes
volvitur et latos dispergit lumine muros 220
usque furens, tum diluvio per dura sequaci
robora serpit. Hiant tabulata ratesque fatiscunt
peste nova cunctae, vacuas tum fumus ad auras
erigitur, tum clara vomunt incendia lucem

chen Untergang riss es mit sich auch die Männer in die Tiefe. Dann warten die Italiener ab, bis die Hauptmänner auf einem zweiten, schwer beladenen Schiff das offene Meer erreicht haben.
[190] Die übrige, im Krieg hochberühmte Jugend der Kelten greift gegen sie zu den Waffen und durchdrang mit fliegenden Wurfspießen die leere Dunkelheit, im Versuch, die Schiffe von der gewundenen Küste fortzusteuern. Pandolfo fordert Fackeln und Feuer, und die Kelten sehen mit an, wie am Ufer die brennenden Kiefernhölzer schnell größer werden. Dann lässt [195] der Anführer, Sohn des Pandolfo, eigenhändig eine riesige, mit Schwefel angereicherte Brandbombe von einem steilen Erdwall hinab auf das dunkle Schiff des Aethomenus abfeuern und das Feuer zog einen finsteren Schweif hinter sich her, während es auf ihn zufliegt, und ließ, rundum die geteerten Hölzer, als es sich dort festgesetzt hatte, in gewaltigen Rauch [200] aufgehen. Eine weitere Brandbombe verschloss dem Orsilochos, als er nach seinen Gefährten rief, den Mund und das Feuer, das in seinem feuchten Rachen wütete, sank in seinen offenen Schlund.
Der unglückliche Telon wankt, es wanken um ihn herum zahllose Iberer und die Leiber der Kelten, denen grimmige Mauren nichts hatten anhaben [205] können, fielen ins blutrote Meer.
Vier Schiffe setzte er höchstselbst mit den Flammen in Brand, vor allen anderen am Schwefelfeuer ausharrend und über die Schlacht gebietend.
   Der Gott aber, gekränkt, dass Sterbliche so viel Kontrolle über das Feuer haben sollten, lässt sogleich die Schatten zerstieben und zeigt sich [210] allen, am offenen Himmel erscheinend:
   „Ich bringe euch anderes Feuer und andere Brände, ihr hartnäckigen Ausonier." Mehr sprach er nicht, donnerte mit einem Krachen durch die Lüfte und ein Grollen drang im weiten Meer umher. Das Geräusch hörte der tyrrhenische Hirte und der tollkühne Sarde und das Land, in dem der [215] geschwinde Arno reißend seinen Anfang nimmt. Der Führer der Ausonier, die tyrrhenische Schar und die ausonischen Hauptmänner stutzten darüber, dass die Fluten im Flammenschein leuchteten und die nahen Feuer den helllichten Tag übertrafen. Vulcanus aber wälzt sich gefräßig durch die Dächer und Häuser und überzieht die weiten Mauern mit seinem [220] Schein, während er in einem fort wütet. Dann kriecht die Feuersbrunst durch das harte Bauholz, Wasser strömt sogleich ein, die Dielen brechen auf und alle Schiffe bersten unter dieser neuen Plage auseinander. Bald erhebt sich Rauch in die leeren Lüfte, bald speien die lodernden Brände purpurnes Licht, bald beugt sich die Flamme mit dem aus Osten

purpuream, tum flamma Euris inclinat Eois, 225
nunc Boreae submissa truci, nunc effugit Austros,
nunc incerta fluit mutatoque aethere fertur,
nunc gravidas populata trabes, nunc prona carinas,
arbuteasque levi contextas vimine crates.
    At trepidi Celtae naves deducere toto 230
litore conati bellantur limine parvae
urbis et ingenti muros clamore relinquunt.
Hic animis praestans, pictis insignis et armis,
clarus et ipse sua iam laude Tolonius ingens,
iam virtute annos superans, ut vidit euntes 235
ipse rates Celtarum, animis elatus avaris
litore de sicco saltum dedit ocius undis
et simul: „O trepidi, quae vos fuga concita, Celtae,
praecipitat?" Nec plura, ratem de litore dextra
arripit, Alconem quae forte vehebat Iberum. 240
Ille diu luctans puppem deducere frustra
viribus in ventum fusis, dum forte tenetur
ancipiti suspensus aqua, miratur abire
tres alias propriamque vado stagnante morari.
Dum stupet atque animum formidine frangit amara, 245
adspicit haerentem navi de litore Lydum,
pressantemque manu puppem obnixeque tenentem.
„Tune", ait, „infelix, Celtas, Tyrrhene, reducis
in terram hanc iterum?" Nec plura effatus adacto
ense secat dextram misero tibi, magne Toloni. 250
Illa tremens paulum liquidis stat inutilis undis.
At iuvenis laeva puppem tenet atque cruento
verberat adsiduus ventos aurasque lacerto
voce vocans Alcona ferum: „Quid, Celta, minaris?
Hinc tibi fas non est exire, potentia nulla. 255
Sunt alii, qui iam igne rates populantur, Ethrusci."
Vix ea praefato, laevam secat hosticus ensis.
Tum iuvenis, tum vero amens formidine nulla,
truncus, uti firmis haerens radicibiis alta
olim fronde comas et brachia tectus adulta, 260
verum ubi tristis hiems ramis decussit honestam
caesariem, solus vestit se tegmine vertex

[225] kommenden Wind, bald unterwirft sie sich dem grimmigen Nord, dann wieder flieht sie vor dem Südwind, bald fließt sie ungewiss umher und lässt sich vom Drehen der Bö tragen, bald verheert sie tragende Balken, bald frisst sie sich steil durch Rümpfe und durch das mit leichten Ruten verflochtene Schalwerk aus Meerkirsche.

[230] Die Kelten aber, nach ihrem Versuch, die Schiffe überall von der Küste wegzusteuern, kämpfen ängstlich an der Grenze der kleinen Stadt und verlassen unter gewaltigem Geschrei die Mauern. Als hier nun der durch seinen Mut hervorragende und an seiner bunten Rüstung gut erkennbare Tolonius, der sein Alter an Tugend weit überragte, ein berühmter, [235] auch selbst an Lob für seine Person maßloser Mann, mit eigenen Augen sah, wie die Schiffe der Kelten abfuhren, da machte er, hochfahrend in ruhmsüchtigem Wagemut, schnell einen Satz vom trockenen Ufer in die Wogen und rief dabei: „O ängstliche Kelten, was für eine hastige Flucht lässt euch so jäh davoneilen?" Und mehr sprach er nicht. Mit seiner [240] Hand kriegt er von der Uferlinie das Schiff zu fassen, das den Iberer Alcon trug. Als jener sich lange vergebens abmüht, das Schiff wegzusteuern, wobei seine Mühen aber im Wind zerstieben, während er im Wasser festgehalten weder vor noch zurückkommt, wundert er sich, dass drei andere Schiffe sich entfernen, sein eigenes aber wie auf einer Sandbank [245] verwurzelt festsitzt. Während er verdutzt ist und seinen Geist mit diesem bitteren Schrecknis zermürbt, da erblickt er den Lyder, der von der Uferseite aus an dem Schiff hängt, den Rumpf eigenhändig niederdrückt und mit aller Kraft festhält. „Holst du, unseliger Tyrrhener", sagte er da, „die Kelten wieder an dieses Ufer zurück?" Mehr sagte er nicht, [250] zieht sein Schwert und haut dir Unglücklichem, großer Tolonius, die rechte Hand ab. Jene bleibt, noch etwas zuckend, nutzlos in den klaren Fluten liegen. Der Jüngling aber hält mit der Linken den Rumpf fest und wirbelt mit dem blutigen Armstumpf noch beharrlich durch Wind und Lüfte, wobei er mit lauter Stimme nach dem grimmigen Alcon ruft: „Was [255] willst du mir, Kelte, androhen? Es ist dir nicht gestattet, von hier zu entkommen, du hast keine Möglichkeit. Da sind andere Etrusker, die eure Schiffe schon mit Feuer verheeren." Gleich nachdem er das gesagt hat, schlägt ihm die feindliche Klinge auch die Linke ab. Da aber stemmt der Jüngling sich, wie von Sinnen durch nichts mehr zu erschrecken, wie ein [260] Baumstamm, der, einst stolz belaubt und von starken Ästen geschützt, noch immer fest an seinen Wurzeln hängt, wenn ein grimmiger Winter ihm aber sein stolzes Laub von den Zweigen geschüttelt hat, ein-

et viridis consurgit honos, deformia supplet
brachia solus apex, tali se robore firmat
ferreus ante ratem pernix, tum pectore toto 265
trudit ovans et victor agens ad litora navem.
Obstupuit dux ante alios fortissimus Alcon,
fulmineo simul ense caput ferit atque cerebrum
spargit utrimque viro. Pronus tamen ipse ruinam
in puppim dedit, obstupuit fortissimus Alcon. 270
Interea per cuncta furit loca lucidus ignis
Vulcani, diasque faces in robora classis
amissae et dempta iam tum statione relictae
coniicit et vires tectis dispergit anhelas
omnibus. Exsuperant flammarum lumina ponto 275
obvia Tyrrheno. Egressis crudele Tyrannis
augurium, flammas laeti mirantur Ethrusci.
Nec divina quidem cessant incendia, donec
pallentes abiungit equos nox humida curru
vecta suo et nigras telluris abegerat umbras, 280
ac velut astra procul niveam circum undique Lunam
magna videntur, ubi tranquillior expulit aer
nubila, cernuntur montes procurvaque ponti
litora, multus enim se ostendit in ignibus aether,
sidera cuncta micant, laeto stat pectore pastor. 285
    Tum Pandulphiades urbem sine more receptam
aequat humo, et muros Italum dux diruit altos.
Corpora deinde virum dignis mandare sepulchris
instituit. Dubiam Tyrrheno in litore plebem
condidit, eximios Pisanam mittit ad urbem. 290
Te, Narni, ante alios et te, memorande Toloni,
quem Tyrrhena manus longo comitata dolore
prosequitur gemitu, et singultibus aethera pulsat:
    „O decus aeternum nostrae, memorande Toloni,
gentis, et egregium nomen venture per ora 295
magna virum, et lustris numquam moriture futuris,
te pietas, te laudis amor, te conscia virtus,
gloria te iussit crudelem spernere mortem.
Nec casus te in fata trahunt, sed sponte subisti
letum insigne libens, stupuit quod ferreus hostis 300

zig der Wipfel sich noch mit einem Schutz umhüllt, und dann, wenn die grüne Zier wiederkehrt, nur noch die Krone die verstümmelten Äste mit [265] Leben füllt, mit solcher Kraft stemmt er sich eisern vor dem Schiff trotzig in den Boden, drückt es dann außer sich mit der Breite seiner Brust vor sich und treibt es so auf den Strand. Noch mehr als alle anderen stutzte da der Anführer, der so tapfere Alcon, trifft ihn sogleich mit funkelnder Klinge am Kopf und haut dem Helden den Schädel in zwei Teile. Noch [270] beim Niedersinken bringt er aber das Schiff zum Kentern und der so tapfere Alcon konnte es nicht fassen. Unterdessen wütet allerorten das hell lodernde Feuer des Vulcanus, legt himmlische Flammen an die Holzplanken der verlorenen Flotte, die da schon aufgegeben ist, nachdem die Matrosen ihre Posten verlassen haben, und legt seine erstickende Kraft [275] über alle Häuser. Das Leuchten der Flammen strahlt herüber bis auf das tyrrhenische Meer, den geflohenen Unterdrückern ein grausames Vorzeichen. Die Etrusker aber bestaunen frohgemut die Flammen. Und die gottgemachten Feuersbrünste lassen nicht nach, bis die Nacht taunass die bleichen Pferde von ihrem Wagen abgeschirrt hat, von dem sie sich hat [280] tragen lassen, und die schwarzen Schatten von der Welt vertrieben hat. Und wie fernab um den schneeweißen Mond die Sterne groß erscheinen, sobald ruhigeres Wetter die Wolken vertrieben hat, man die Berge erkennen kann und die gewundenen Küsten des Meeres, es zeigt sich zwischen den Feuern nun viel vom Himmel, alle Sterne funkeln und der Hirte [285] steht leichten Herzens da.

Dann schleift der Sohn des Pandolfo die Stadt, die auf so unerhörte Weise eingenommen wurde, und er, der Führer der Italiener, bricht die Mauern ab. Er trifft sodann Anweisungen, die Leichen der Männer in würdigen Gräbern beizusetzen. Das einfache Volk, bei dem die Zuordnung [290] schwerfällt, bestattet er an der tyrrhenischen Küste, die Männer von Rang lässt er ihn nach Pisa überführen. Vor allen anderen dich, Narnius, und dich, denkwürdiger Tolonius, dem die tyrrhenische Schar in langem Zug das Geleit gibt, ihm mit Klagen folgt und mit Schluchzen die Luft erschüttert:

„O ewiger Stolz unseres Volkes, denkwürdiger Tolonius, dessen [295] erhabener Name von großen Männern im Munde geführt werden wird und der du in künftigen Zeiten niemals sterben wirst. Pflichtgefühl, Verlangen nach Ruhm, selbstgewisse Tugendhaftigkeit und Ruhm geboten dir, den grausamen Tod zu verachten. Nicht Zufälle waren es, die dich in den Untergang rissen, sondern du bist freiwillig in einen strahlenden Tod [300] gegangen, dem der eiserne Feind als einem Beispiel altherge-

exemplum antiquae virtutis, et unde fuisset
his genus, unde animus, queis cum bellare parassent.
Esse quidem cuncti clamabant ferrea Lydis
pectora, dura virum non ulli membra labori
subdita, non ferro, non cedere fortibus armis, 305
non unum a tota superari classe. Quis alter
Alcides Theseusve manu praestantior olli?
Et taurum ingentem et fulvum traxere leonem,
indomitas impune feras – tu tanta virorum
corpora cum magna traxisti, Lyde, carina. 310
O dextram – indignum – crudeli vulnere raptam,
o dignam Pylio consumptam rege iuventam!
Tune decus magnum primis exstincte sub annis
aeterni nostros decorasti laude triumphos.
Scilicet invidit tantum Gradivus honorem 315
ante diem audenti atque animum super astra ferenti."
    Haec ubi fleta, viam arripiunt curvoque feruntur
litore deflentes planctus lacrimasque cientes.
    At Pandulphiades patrias remeabat ad urbes
cum sociis victor Picenaque presserat arva, 320
amnis ubi Hadriacas volvit se Sena sub undas.
Hic urbem sociis, olim quam longa vetustas
solverat, emeritis dedit alti grata laboris
praemia. Laetus ager circum, silvaeque novandis
materies ratibus natae nec plura iuvenci 325
farra domum Italia grati traxere laboris
ex magna cuncti, quam qui sunt moenia circum
Gallica. Clarus adhuc fama locus ille, ubi victor
Hannibalis fratrem spoliavit Claudius armis
et vita quondam clari trans laeta Metauri 330
flumina. Parte alia nam Graia reconditur Ancon
montibus atque mari portu seclusa profundo est.
Hic arcem primum, magnum quae despicit aequor,
condidit, hinc totam praecinxit moenibus urbem,
hinc pontem, et portam posuit turrimque superbam, 335
hinc loca grata fori atque domos capere ipse iubebat,
hinc portas aptare viros, hinc dividit agrum
civibus, hinc mores et iura ex ordine avita

brachter Tugend staunend gegenüberstand und der ihm zeigte, von welcher Art die waren, gegen die sie in den Krieg gezogen waren, und woher sie ihren Mut hatten. Alle riefen sie, dass die Lyder eine Brust aus Eisen hätten, starke Glieder, die sich von keiner menschlichen Mühe unterkriegen [305] ließen, dass sie nicht mit dem Schwert, nicht mit starken Waffen, dass sich einer von ihnen nicht von einer ganzen Flotte bezwingen lasse. Welcher neue Alcide oder Theseus möge wohl an Kraft herausragender sein als jener? Sie zogen unbeschadet einen gewaltigen Stier und einen goldenen Löwen, unbezähmbare Bestien. Du, Lyder, hast so viele Leiber [310] von Männern zusammen mit ihrem großen Schiff gezogen. O deine Hand, so unwürdig von einer grausamen Wunde dahingerafft, o deine Jugend, würdig, so alt wie der pylische König zu werden, dir geraubt! Du, vernichtet in der herrlichen Blüte deiner jungen Jahre, hast dadurch unseren Triumph mit ewigem Ruhm veredelt. Der Kriegsgott missgönnte dir [315] freilich eine solche Ehre, der du vor deiner Zeit solchen Wagemut bewiest und deinen Mut bis über die Sterne hobst."

Als sie das weinend gesprochen haben, machen sie sich geschwind auf den Weg und eilen vom gewundenen Strand, wehklagend und mit Tränen.

Der Sohn des Pandolfo aber reiste siegreich mit seinen Gefährten in [320] die Stadt seines Vaters zurück und hatte schon die picenischen Lande betreten, wo der Fluss Sena sich in die adriatischen Wogen wälzt. Hier gab er seinen Gefährten die Stadt, die einst ihr hohes Alter hatte zerfallen lassen, als willkommenen Lohn für ihre große Kraftanstrengung. Fruchtbares Land umgab sie, es wuchsen Wälder, die zur Wiederherstellung der Schiffe [325] dienen konnten, und sämtliche Jungstiere in ganz Italien brachten nicht mehr Getreide zum Lohn der angenehmen Arbeit nach Hause als die, die es rund um die Mauern Senigallias gibt. Noch heute ist jener Ort für seinen Ruf berühmt, da dort einst der siegreiche Claudius den Bruder Hannibals seiner Waffen beraubte und jenseits des seligen Flusses [330] Metauro auch seines Lebens. Auf der anderen Seite schmiegt sich nämlich Ancona in die Berge und ist mit seinem Hafen durch das tiefe Meer abgeschirmt.

Hier errichtete er erstmals eine Festung, die das große Meer überblickt. Von ihr ausgehend umgürtete er die ganze Stadt mit Mauern, dann [335] errichtete er eine Brücke und ein Stadttor und einen stolzen Turm, sodann einen willkommenen Marktplatz und gebot ihnen dann, dort ihre Heime zu beziehen. Dann wies er die Männer an, Tore zu errichten, verteilte das Ackerland unter den Bürgern, richtete nach Art seiner Vorfahren

imposuit, qui bella gerant, si forte vocarit
fors adversa, viros delegit agroque locavit 340
cultores, terrae imperitent qui laeta moventes
iugera, qui domitent tauros glebasque fatigent.
    Hinc ad Arimineam fertur laetissimus urbem,
victor ubi superis votum dum solvit, honorem
ipse deo reddens summo mirabile templum 345
marmore de Pario construxit et urbe locavit
in media. Quod dura Iovis non ulla moverent
fulmina, non saevos queis deiicit ille Gigantas.
Porta aeterna ingens nigro durissima saxo
vestibulo posita est pulchro, quam candida circum 350
quattuor in caelum capita arrexere columnae.
Candida praeterea muri latera undique magni,
sex intus late signis fulgentibus aedes
hinc atque hinc pulchra testudine ad aethera missae.
Marmora tum partim fulvo conduntur in auro, 355
ostentant nudas partim sua signa figuras.
Parte alia ingenti surgit testudine templum
aetheris in morem, magnumque imitatus Olympum
ille labor manuum signisque ingentibus altum
ardet opus fulgentque poli viventia monstra. 360

Sitte und Gesetze ein, setzte Männer ein, die in den Krieg ziehen würden,
[340] wenn ein widriges Schicksal sie dazu aufriefe, wies dem Land seine
Besteller zu, damit sie der Erde geböten, die fruchtbaren Morgen umwälzend, die Ochsen zähmten und den Boden erschöpften.

Von dort aus führt es ihn frohesten Mutes in die Stadt Rimini, wo er
siegreich zur Einlösung seines Gelöbnisses einen staunenswerten Tempel
[345] aus parischem Marmor errichtete, um dem höchsten Gott persönlich
Ehre zu erweisen, und ihm seinen Ort mitten in der Stadt gab. Selbst die
harten Blitzschläge des Jupiter würden ihm nichts anhaben können, nicht
einmal die, mit denen er die wilden Giganten stürzte.

Ein ewiges Tor, unzerbrechlich hart aus schwarzem Stein, erstreckt sich
[350] mächtig über den Eingang, und beiderseits erheben vier weiße Säulen ihre Häupter in den Himmel. Von allen Seiten bilden strahlend weiße
Mauern die Flanken, im Innern spannen sich sechs Kapellen mit glänzenden Statuen auf der einen und auf der anderen Seite mit einem herrlichen
Gewölbe in den Himmel.

[355] Dann verbirgt sich der Marmor teils unter schimmerndem Gold und
teils bieten die Statuen ihre Gestalt unbedeckt dar. Auf der anderen Seite
erhebt sich der Tempel mit gewaltigem Gewölbe bis in den Himmel und
dieses Menschenwerk ahmt damit den großen Olymp nach, das ganze
Bauwerk glänzt mit seinen gewaltigen Statuen und es funkeln lebensecht
[360] die Ungeheuer des Himmelszeltes.

Anmerkungen zu Text und Übersetzung

Inhaltsangaben

Buch 6: *pergens*: Syntaktisch ergäbe nur *pergenti* Sinn. Dem Herausgeber Drudi wird hier ein Angleichungsfehler unterlaufen sein, daher wird für die Übersetzung *ad sensum* gelesen.

Buch 7: *in Aufido*: Francesco Sforzas Vater Muzio Attendolo ist im Pescara, nicht im Ofanto ertrunken, siehe Anmerkung *ad loc.* 7, 369.

Buch 9: *mente capti*: Die auch im 18. Jahrhundert noch ungebrochen virulente Frage nach der Erlösung der Seelen im Limbus scheint den Herausgeber Drudi über Sigismondo Malatestas dantesken *descensus ad inferos* hinaus interessiert zu haben: Ohne Grundlage im Text des Epos stellt er den Kindern und den Patriarchen auch – an erster Stelle – die *mente capti* zur Seite, die geistig Behinderten, deren Gnadenfähigkeit durch ihre Unfähigkeit, sich der Erlösung bewusst zu sein (Drudi scheint hier von der Bezeichnung *ignari rerum* in 9, 56 auszugehen), in Zweifel gezogen werden konnte, deren Schuldfähigkeit jedoch zugleich durch ihre geistige Verfassung getilgt wurde vgl Anmerkung *ad loc.* 9, 67.

Buch 1

1, 195 *Lydorum*: Die schon von Petrarca in Rückgriff auf den älteren Plinius popularisierte Vorstellung einer lydischen Besiedlung Latiums wendet Basinio durchgehend auf Florenz und die Toskana an. Vergleichbar ist in der knapp dreißig Jahre jüngeren *Volaterrais* Naldo Naldis die Bezeichnung von Volterra als *urbs Lydi*.

1, 254 · Pandulphius: Dass Basinio sich ganz bewusst für eine antikisierende oder pseudoantik-hyperkorrekte Graphie (mit Auswüchsen wie *Hethruscus*) entschied bzw. schrifthygienisch auf eine solche hinarbeitete, wird durch eine Verschreibung im Arbeitsexemplar des Dichters (f. 8v) deutlich, wo er *Pandulfius* durch die ansonsten durchgehaltene Graphie *Pandulphius* korrigiert.

1, 306 · *multigenum...cretum*: Der Jäger Orion wurde nach Hygin: *Fabulae* 195 aus dem vermischten Urin von Jupiter, Neptun und Merkur gezeugt.

Buch 2

2, 75 · *Dystychium*: Dieser (im Gegensatz zu vielen anderen Namen generischer Krieger, die nur genannt werden, um im selben Atemzug ihr Ende zu finden) ansonsten in der lateinischen Epik nicht bezeugte Name ist tautologisch und sprechend zugleich: Dystychius (von gr. δυστυχία = Unglück) ist der erste Krieger, der im italischen Krieg fällt, sein namensgebendes Unglück ist, als erster Krieger im italischen Krieg zu fallen. Basinio treibt damit auf die Spitze, was er mit dem „Erztöner" und dem „weit Dröhnenden" als Herolden (*Chalcobous* und *Eurybromius*) im ersten Buch (1, 92) begonnen hat. Zugleich ist bei Dystichius auch an eine Kontrastimitation des neutestamentlichen Eutychus (Apg 20,9–12) zu denken, dessen Wiederbelebung im Gegensatz zu der von Basinios Krieger gelingt.

2, 361–374 · *Aerea...orbem*: Möglicherweise in Autopsie, sicher aber durch die Expertise des Roberto Valturio war Basinio vertraut mit den Neuerungen, die sich im Bereich der Artillerie ergeben hatten, und so fügt er der Beschreibung des ersten Kanonenschusses in seinem Epos den Hinweis an, die Antike hätte derlei – bis zu einem bestimmten Zeitpunkt, der sich aus den genannten mythologischen und historischen Referenzen extrapolieren lässt – nicht gekannt, und lässt öffnet damit zwei Deutungsmöglichkeiten den Weg: Entweder ergänzt er hier hellsichtig, dass es sich nicht um eine Erfindung des Westens, sondern um einen unlängst erfolgten Technologietransfer aus einem anderen Kulturraum handele, oder er schafft mit dem Verweis auf Alexander und den zweiten punischen Krieg einen *terminus post quem* im späten dritten Jahrhundert vor Christus, der zeitlich grob mit den Lebensdaten des Archimedes korreliert, der von Basinios Zeitgenossen, allen voran Valturio selbst, als möglicher Erfinder des Schießpulvers gehandelt wurde, vgl. D. L. Simms: *Archimedes and the Invention of Artillery and Gunpowder*, in: *Technology and Culture* 28 (1987), S. 67–79, hier S. 73.

Realienkundlich hat die technologische Veränderung der Kriegführung im 14. bis 16. Jahrhundert grundlegend Mallett: *Mercenaries*, ibid., S. 146–180 aufgearbeitet.

Buch 3

3, 75   *Numida*: Basinio unterstellt immer wieder, dass sich in Alfons' Heer signifikante afrikanische Truppenkontingente befinden, und lässt auch den König oder seine Getreuen von kriegerischen Erfolgen südlich des Mittelmeers sprechen (vgl. etwa die Rede des Iphitus in 6, 209–220). Historischer Kern dieser Anspielungen ist vor allem Alfons' erfolgloser Feldzug gegen das hafsidische Djerba 1432, in einem Versuch, die aragonesisch-sizilianischen Machtansprüche auf die Insel wiederzubeleben. Hinzu kommen aber auch wiederholte diplomatische Annäherungen zwischen dem äthiopischen Kaiser und dem Haus Aragon, die zeitweilig sogar dynastisch zementiert werden sollten, vgl. Peter L. Garretson: *A Note on the Relations between Ethiopia and the Kingdom of Aragon in the Fifteenth Century*, in: Rassegna di Studi Etiopici 37 (1993), S. 37–44, hier S. 41–43.

Basinio gelingt es damit, Alfons mit zwei prototypischen antiken Feindbildern zu assoziieren:

Einerseits natürlich dem barkidischen Karthago, unter Hannibal Roms größter Albtraum, was Projektionsfläche zur typologischen Modellierung Sigismondos als neuer Scipio Africanus (vgl. den Sarkophag aus der *Cappella degli Antenati* auf dem Umschlag) bot; andererseits der in der augusteischen Propaganda als afrikanisch-asiatisches Vielvölkerheer verunglimpften Streitmacht des Marcus Antonius bei Actium.

3, 385   *lancibus ambiguis*: Das Autograph zeigt an dieser Stelle Bearbeitungsspuren. Basinio scheint die Darstellung der Schicksalswaage früher aus der wörtlichen Rede in die auktoriale Erzählung zurückführen zu wollen als in der ersten Bearbeitung, hat dabei aber eventuell vergessen, *imposui* anzugleichen (*imposuit* wäre metrisch unerheblich), vgl. im Manuskript f. 36r–v.

Buch 4

4, 139f.   *castella...finitima*: Gemeint sind wohl die Kastelle Longiano, Gatteo und Santarcangelo im Gebiet zwischen Rimini und Cesena.

4, 190   *Vesulus*: Bereits Vergil charakterisiert den Monte Viso in *Aeneis* 10, 708 als *pinifer*, auch wenn der mit 3800 Meter höchste Gipfel der cottischen Alpen weit über die Baumgrenze hinausragt.

4, 195   *iam vastanda...Placentia*: Basinio deutet an, dass die auch für die Maßstäbe des 15. Jahrhunderts äußerst brutale Zerstörung und Plünderung Piacenzas durch Francesco Sforza 1447 zu diesem Zeitpunkt noch bevorsteht. Francesco Filelfo schildert das Ereignis ausführlich im dritten Buch seiner *Sphortias*.

4, 215f.   *duces Danaeius atque...Rubrius*: *Danaeius* dürfte Danesio da Siena sein, der in Giovanni Simonettas *Res Gestae*

Buch 4   525

Francisci Sphortiae 167 als Hauptmann der kirchlichen Truppen gegen Sforza im Vorfeld der Belagerung von Gradara belegt ist. Zu Pietro Rossi, der sich vermutlich hinter *Rubrius* verbirgt, siehe unten *ad loc.* 4, 435.

4, 245   *collem Aponum*: Gemeint sind die südwestlich des heutigen Abano Terme sich erstreckenden euganeischen Hügel.

4, 246–257   *Huic...colit*: Eine Vielzahl von Anspielungen auf die mythischen Ursprünge der Bevölkerung Paduas.

4, 250   *Parthenium fluvium*: Fluss an der Nordküste Kleinasiens, heute Bartın Çayı, Basinio konnte ihn kennen aus *Ilias* 2, 854 oder Strabon 12, 3, 5.

4,251   *Quique...tenebant*: Direkte Übersetzung von *Ilias* 2, 853.

4, 253   *Cromnanque...Erythinos*: Direkte Übersetzung von *Ilias* 2, 855.

4, 284   *Ulyssis*: Basinio verwendet diese ungebräuchlichere Nebenform des Genitivs von *Ulixes* (belegt z.B. in Cicero: *Tusculanae Disputationes* 5,46, eigtl. *Ulixis*) auch in *Carmina varia* 17, 8.

4,321   *Centauro*: Das Flaggschiff des venezianischen Dogen (*regia puppis*) wurde als ‚Bucintoro' bezeichnet.

4, 328   *gazas Eoas*: Ebenso wie die *thesauri Eoi* einige Verse weiter (4, 347) wird hier auf den für Venedig charakteristischen Reichtum an byzantinischen Spolien, wie etwa die Tetrachengruppe oder die Pferde von San Marco, verwiesen.

4, 433   *Rubrius*: Es handelt sich wahrscheinlich um den Parmenser *condottiere* Pietro Rossi, dessen Familie allerdings heraldisch mit einem Schwanenhals als Helmzier belegt ist, nicht etwa einem Pferdeschweif.

4, 465 *Scarpacis*: Der Bach, den Basinio hier als Zufluss des Foglia beschreibt und für den er einen nicht mehr belegbaren oder antikisierend neugeschaffenen Namen (*Scarpax*) verwendet, dürfte einem von vier als Entwässerungsgraben (*fosso*) regulierten Bachläufen links des Foglia zwischen Montecchio und dem Gewerbegebiet Fornace PICA handeln (Fosso del Taccone, Fosso della Cornacchia, Fosso della Biscia oder Fosso Pantano, vgl. http://www.atcps1.it/mappe_rip_fagiano/PESARO.pdf). In einer landwirtschaftlich und industriell stark entwickelten Region wie der adriatischen Romagna ist die historische Hydrographie aufgrund der Verlegung und Zuschüttung von Wasserläufen (in Deutschland etwa im nördlichen Ruhrgebiet) besonders unzuverlässig, vgl. Paolo Campagnoli: *La Bassa Valle del Foglia e il territorio di Pisaurum in età romana*, Studi e scavi 7, Bologna 1999, S. 13.

Buch 5

5, 97–100 *Iupiter...genitrix*: In den Anruf an weite Teile des paganen Pantheons sind an mehreren Stellen Zitate aus dem Proömium von Lukrez' *De rerum natura* eingearbeitet (*mare navigerum*, vgl. *De rerum natura* 1, 3; *daedala tellus*, vgl. *De rerum natura* 1, 7; *genitrix*, vgl. *De rerum natura* 1, 1 an jeweils gleicher Stelle im Hexameter). Es erscheint verlockend, Basinios anschließende, etwas holprige Beteuerung, diese *numina* seien ja alle letztlich nur allegorische Facetten des einen christlichen Gottes und jede andere Lesart verbiete sich, vor dem Hintergrund der einsetzenden Lukrez-Rezeption nach dem Fund von *De rerum natura* durch Poggio Bracciolini 1417 als Zeugnis für die virale Verbreitung des (nach der von Stephen Greenblatt: *The Swerve. How the Renaissance Began*, London 2011, S. 221–244 popularisierten Deutung für den Beginn der Moderne konstitutiven) epikureischen Weltbildes an einem – ohnehin des Paganismus und der Blasphemie verdächtigen Hof – zu lesen. Basinio mag sich aber auch einfach bei dem neu erschlossenen Werk des Lukrez als Muster für einen bis dahin wenig rezipierten, außerordentlich gelungenen Anruf an eine oder mehrere pagane Gottheiten bedient haben und etwa bei *daedala tellus* auch statt eines besonderen Preises der Schöpfungskraft, der der physikalischen Natur selbst nach epikureischer Lehre innewohnt, schlicht an das griechische δαίδαλος (gescheckt, bunt, gepunktet) gedacht haben, das hier die Anmutung des Festlands gegenüber dem gleichförmigen Meer betont.

Buch 6

6, 14   *Nicea*: Dass eine Person, nicht etwa ein Ort, gemeint ist, wird durch das männliche Attribut *magnum* nahegelegt. Die Identifikation ist schwierig, am wahrscheinlichsten erscheint der *condottiere* Niccolò da Tolentino, der bis zu seiner Gefangennahme 1434 durch mailändische Truppen eine wichtige Stütze der florentinischen Verteidigung gegen das Herzogtum war und nach seinem Tod mit Grablege und einem Fresko in Santa Maria del Fiore kommemoriert wurde. Warum allerdings ein Veteran des aragonesischen Heeres dabei zugegen gewesen sein sollte, ist unklar, da König Alfons sich erst 1435 mit Filippo Maria Visconti verbündete.

6, 217 *Atlas*: In der Ausgabe von Drudi findet sich mit *Altas* einer der wenigen typographischen Fehler, der angesichts der Großschreibung von *Altas* wohl eher dem Satz als dem Editor zuzuschreiben ist, vgl. Basinios Autograph, f. 68r.

6, 239 *consilio divum*: Neben Basinios *Liber Isottaeus* ist die bemerkenswerteste zeitgenössische Spiegelung der Liebe zwischen Isotta und Sigismondo der Elegien- bzw. Heroidenzyklus *De amore Iovis in Isottam* von Basinios Kollegen und Rivalen Porcellio. In dem Werk kommt es auf dem Olymp zum Eklat, als Jupiters epistolographisch niedergelegte Liebe zu Isotta von dieser mit dem Verweis auf Sigismondos überlegene Attraktivität nicht erwidert wird und der Göttervater daraufhin im Liebeskummer in den Ausstand tritt. Die Olympier spalten sich in zwei Lager mit unterschiedlichen Herangehensweisen an die Problematik und schließlich wird exakt die Lösung gefunden, auf die Basinio hier anspielt: Isotta soll zu Lebzeiten Sigismondo gehören, nach ihrem Tode aber per Katasterismos zu den Göttern aufsteigen und damit in Jupiters Besitz übergehen. Zu Porcellios Werk und Querbezügen zu *Hesperis* und *Isottaeus* vgl. D'Elia: *Pagan Virtue*, S. 216–222 und Peters: *Mythologie*, S. 231f.

6, 274   *nomen Reparata*: Möglicherweise kodiert Basinio hier das nicht nachweisbare Datum des ebenfalls nicht zweifelsfrei nachweisbaren Triumphzugs durch den Gedenktag der Hl. Reparata (8. Oktober, ausgehend von einem Sieg bei Piombino im September ein plausibler Termin), der Schutzpatronin von Florenz und ursprünglichen Patronatsheiligen der Kathedralkirche Santa Maria del Fiore, zugleich stellt er aber mit einer Pseudo-Aitiologie, in der Sigismondo den Gedenktag zu Ehren der durch ihn wiederhergestellten Freiheit (*reparata libertas*) überhaupt erst stiftet, die Sachchronologie auf den Kopf.

6, 317…359   *Nate…sequamur*: Die Darstellung deckt sich nur teils mit der Memorabiliensammlung der *Dicta et Facta Alphonsi* von Alfons' Staatsminister Antonio Beccadelli, dem wichtigsten Vermittler des italienischen Humanismus im aragonesischen Neapel, wo ebenfalls geschildert wird, wie Alfons in einem Zwiegespräch mit Ferdinand über die weitere Lage berät, hier aber Alfons seinem Sohn den dringlichen Aufruf zur Rache an Florenz gibt und ihm seine Veteranen aus Piombino anvertraut (*Dicta et Facta* 3, 51).

6, 407   *equum*: *equitem* wird durch das Autograph bestätigt (f. 71v.) Hier liegt evtl. ein Flüchtigkeitsfehler in der Redaktion durch Basinio vor. Das Korrelativum

Buch 7

nunc...nunc... lässt vermuten, dass abwechselnde Schläge auf das eigene Pferd und den vorausreitenden Rivalen geschildert werden sollten, nun treffen jedoch beide Schläge einen Menschen. *equum* wäre metrisch zwar nicht einwandfrei, aber unproblematischer als *equitem*, daher wird hier im mutmaßlichen Sinne Basinios entsprechend emendiert.

Buch 7

7, 16 *Fortunatam/Beatam*: Die Kanaren sind Mitte des 14. Jahrhunderts als *Principatus Fortunatae Insulae* vom Papst als Lehen vergeben worden, das Fürstentum war aber nur kurzlebig, und zu Basinios Zeit rangen Kastilien und Portugal um die Hoheit über die Inseln, die 1483 Kastilien zugeschlagen wurden. Parallel dazu existierte seit 1351 das Missionsbistum der *Insulae Fortunatae*. Auch die 1427 nach ihrer teilweisen nautischen Erschließung durch Diogo de Silves von Portugal beanspruchten Azoren firmierten zeitweise unter dieser Bezeichnung.

7, 63 *Gallica regna*: Gemeint sind die lombardischen (d.h. in römischer Systematik zur *Gallia cisalpina* gehörigen) Städte und Territorien, die Pandolfo III. Malatesta als Condottiere eroberte, als Lohn für seine Dienste erhielt oder erwarb, allen voran Brescia, das er zu seiner Residenz machte und wo auch Sigismondo geboren wurde.

7, 74 *Cleophaeae natae*: Sigismondos Großnichte 3. Grades, Helena Palaiologina (1428–1458), Tochter von Cleofe Malatesta und Theodoros Palaiologus, Despot von Morea und Sohn des byzantinischen Kaisers, war durch ihre Heirat mit Johann II. ab 1442 Königin von Zypern. Wie Sigismondo wuchs auch Cleofe unter der Obhut Carlo Malatestas in Rimini auf und der Kontakt zum byzantinischen Zweig der Familie dürfte bei Sigismondos späteren *condotte* auf der Peloponnes eine Rolle gespielt haben, vgl. Falcioni: *Malatesta, Pandolfo,* ibid., S. 90f. und D'Elia: *Pagan Virtue,* ibid., S. 75. Sigismondos Vater war ferner 1413 von Venedig die Herzogswürde von Kreta angetragen worden, die er aber ablehnte, vgl. Jones: *The Malatesta,* ibid., S. 134.

7, 124   *geminis...natis*: Zwillingssöhne sind für keine der zahlreichen ehelichen und außerehelichen Verbindungen Sigismondos belegt. Es ist eher davon auszugehen, dass mit den beiden Söhnen Roberto (geb. 1440, aus einer Liaison mit Vanetta dei Toschi) und Sallustio (geb. 1450, von Isotta degli Atti) gemeint, die schon zum Zeitpunkt von Basinios Arbeit an der *Hesperis* die wahrscheinlichsten Erben sein würden und deren später unvermeidliche Rivalität (die für Sallustio 1470 tödlich enden würde) hier noch durch die Fiktion einer eindeutigen Filiation überblendet wird.

7, 146f.   *Colchi montis*: Das nicht weiter erläuterte Toponym *Colchus* (vgl. TLL Onom. 2, 529 s.v. *Colchi*) ließe angesichts Basinios Neigung zur Mehrfachverwendung seines eigenen Materials an eine Übernahme aus den entstehenden *Argonautica* denken, jedoch widerspräche dies der üblichen Sorgfalt des Dichters bei der Angleichung wiederverwerteter Verse (im Autograph f. 76r sind keine Bearbeitungsspuren am entsprechenden Ort auszumachen). Basinio scheint stattdessen eine antiquarisch-genealogische Zuschreibung entweder fingieren oder bestätigen zu wollen: Ausgehend von einer Aussage in der *Bibliotheke* des Apollodor (9, 24), dass einige der von König Aietes auf die Suche nach Medea entsandten Kolcher aus Angst vor dessen Zorn über den Misserfolg der Mission an der Adria Siedlungen gegründet hätten, bietet der Dichter in einem Fragment seiner unvollendeten *Argonautica* die Aitiologie für einen *mons Colchus* bei Rimini, der seinen Namen von den kolchischen *profugi* herleite (in der Edition von Drudi o.V., 504):

Pars in Arimineo consedit littore fessa,

Unde etiam collis flava vestitus oliva
plurimus insurgit, caeloquo occurit aperto,
cui Colcho nomen, cui fama et gloria monti.

Ein Teil ließ sich erschöpft am Strand von Rimini nieder, weshalb sich dort auch ein gewaltiger Hügel, gehüllt in gelbe Oliven, erhebt und sich dem offenen Himmel entgegenstreckt, den man den Kolchischen nennt, der Ruhm und Ehre genießt.

Die prominentesten Erhebungen im Umland von Rimini sind der Monte Titano (im Zwergstaat San Marino) und der Monte San Bartolo bei Cattolica. Für beide sind aber keine historischen Bezeichnungen fassbar, die eine Etymologisierung als *mons Colchus* nahelegen würden.

7, 191   *quique*: Basinio scheint anstelle eines beabsichtigten *quique* versehentlich *cuique* geschrieben zu haben (evtl. wegen des benachbarten *mihi*), das syntaktisch aber keinen Sinn ergibt.

7, 223f.   *fas...mentis*: Ungeachtet aller homerischen Grundierung der Szene dringt bei Minervas flammendem Plädoyer, dem Wagemut und der schöpferischen Kraft des menschlichen Geistes keine Hindernisse in den Weg zu legen, doch zugleich eine immer deutlicher artikulierte Anthropologie des Humanismus durch, wie sie kurz zuvor (1452/53) etwa in den *De dignitate et excellentia hominis libri* Giannozzo Manettis eindrindlich formuliert wurde, des Mannes also, der für die Republik Florenz beide *condotte* mit Sigismondo ausgehandelt und noch auf dem Schlachtfeld von Vada die Rede anlässlich der Übergabe des *bastone* an den Malatesta gehalten hatte.

7,250   *et dea*: Die Begegnung zwischen dem fahrenden Helden und einer in Menschengestalt getarnten Pallas/Minerva ist eine Anspielung auf das 13. Buch der Odyssee, wo Odysseus ihr bei der Begegnung die fingierte Geschichte seines vorgeblichen Mordes an Orsilochos erzählt.

7, 369 *Phorcius*: Mit welchem Gewässer Basinio hier das unterstellte verwandtschaftliche Zwischenglied zwischen dem Meeresgott Phorcus und Francesco Sforza etymologisch unterfüttert wissen will, ist nicht mit Sicherheit zu sagen. Der Verweis auf den Ofanto (*Aufidus*) einerseits und die Niederlage Sforzas andererseits (die nahe dem Foglia stattgefunden hat) sowie die *arenae Hadriacae* lassen an einen Fluss denken, der zwischen den beiden genannten Flüssen an der Ostküste in die Adria mündet. Mit der von Servius *ad Aen.* 5, 824 ausgehenden Lokalisierung der Phorcus-Aitiologie im tyrrhenischen Meer lässt sich dies nicht in Einklang bringen. Der aussichtsreichste Kandidat auf eine Identifikation mit Phorcus ist der mittlerweile trockengelegte Fuciner See (*Lacus Fucinus*), der Basinio aus der *Alexandra* des Lykophron, einer pseudepigraphischen griechischen Version einer Prophezeiung der Kassandra *ex eventu*, als λίμνη Φόρκη (*Alexandra* 1275) bekannt sein könnte und auf dessen versuchte Trockenlegung durch Kaiser Claudius (Sueton: *Divus Claudius* 20) die Darstellung eines halbtoten Gewässers hindeuten könnte. Der See sollte über den Fluss Liri in die tyrrhenische See entwässert werden, was Basinio jedoch aus der Sueton-Stelle nicht hätte ersehen können. Die fragliche Stelle in der *Alexandra* verweist auf die Argonautensage und könnte von Basinio bei seiner Beschäftigung mit dem Mythos für seine *Argonautica* konsultiert worden sein, die, wie gezeigt, in diesen Abschnitt der *Hesperis* vielfach abstrahlt.

Tatsächlich fand Sforzas Vater Muzio Attendolo sein Ende in den Wassern des Pescara (in der Antike: *Aternus*), wo er in der Schlacht um L'Aquila gegen Braccio da Montone 1424 ertrank, was den Herausgeber im *Argumentum* zum siebten Buch zu einem vorschnellen Schluss verleitet. Der Mailänder Humanist Leonardo Grifo, ein Schüler Francesco Filelfos, verfasste – angeblich schon 1451 – ein kurzes Epos darüber, den *Conflictus Aquilanus*, dazu s. Peters: *Mythologie*, ibid., S. 111–134.

Buch 8

8, 22 *cunctis...horis*: Die auch semantisch eigenwillige Junktur ist keine hyperkorrekte Verschreibung von *cunctis...oris*, wie angenommen werden könnte, sondern von Basinio tatsächlich so intendiert, wie der handschriftliche Befund zeigt (f. 86v), wo der Autor *horis* auf Durchstreichung von *annis* ergänzt hat, er den Ausschließlichkeitsanspruch also eindeutig zeitlich verstanden wissen will.

8, 157 *Hesperides*: Die Identität des hier nur durch sein Patronymikon benannten „Hesperiden" ist unklar. Ovids *Metamorphosen* erzählen die tragischen Geschichten zweier Söhne des Morgen- und Abendsterns, Daedalion und Ceyx: Ersterer nimmt sich durch einen Sprung vom Parnassus das Leben, nachdem er seine Tochter nicht vor der Gewalt ihrer göttlichen Verehrer (und Schänder) Hermes und Apollo und vor der eifersüchtigen Wut der Artemis hat bewahren können, und wird aus Mitleid in einen Greifvogel (Falke oder Habicht) verwandelt (vgl. *Metamorphosen* 11, 291–345). Sein Bruder, Ceyx, kommt in einem Seesturm um, nachdem er und seine Geliebte Alcyone Jupiter mit ihrem Liebesglück verärgert haben und wird, wie Alcyone auch, in einen Eisvogel verwandelt (vgl. *Metamorphosen* 11, 410–591). Für eine Identifikation mit Ceyx spräche dessen Tod in einem Seesturm, für die (wahrscheinlichere) mit Daedalion einerseits die verspielte Periphrase der bereits von Ovid benannten Identität von Morgen- und Abendstern (*Metamorphosen* 11, 296) sowie dessen Verwandlung in einen Greifvogel. Die Etymologie der ebenfalls mit den Inseln der Glückseligen identifizierten (vgl. hierzu die Anm. zu 7, 16f.) Azoren aus dem portugiesischen *açor* (= Habicht, ein Irrtum, da auf den Inseln allenfalls Bussarde vorkommen) mag Basinio geläufig gewesen sein, da die Inseln bereits im 15. Jh. unter diesem Namen auf Karten und Globen firmierten. Durch topographische Zuweisung einer gelehrten mythographischen Anspielung konnte er hier zugleich der

Etymologie der halbmythischen Inseln im Westen eine Aitiologie an die Seite stellen.

8, 176–178 *Pannonio…puellae:* Gemeint ist Galeotto Malatesta (1327–1375), nach seinem Ritterschlag durch Ludwig von Ungarn 1347 auch Malatesta Ungaro genannt, ein Cousin von Sigismondos Vater Pandolfo. Galeotto machte 1358 eine Pilgerreise nach Irland, zu deren eigentlichem Zweck sein mitreisender Hofdichter Niccolò Beccari das ersehnte Wiedersehen mit Galeottos zuvor von ihrem eifersüchtigen Ehemann ermordeten Mätresse Viola Novella in der Unterwelt stilisierte, vgl. Anna Falcioni, Art: „Malatesta, Galeotto, detto Malatesta Ungaro", in: *Dizionario Biografico degli Italiani*, a cura di Antonio M. Ghisalberti u.a., 100 Bde., Mailand 1960–2020, Bd. 68 (2007), S. 44–47, hier S. 45. Da Galeotto als der erste Malatesta gilt, der den Hof in Rimini in größerem Ausmaß mit der Patronage talentierter Literaten schmückte, präfiguriert seine referierte Pilgerfahrt tatsächlich in zweifacher Hinsicht Sigismondos epische Reise zur Insel der Glückseligen.

8, 282 *pellentes damna malumque*: Basinio betont durch Zitation von Hesiod, *Werke und Tage* 123 *in margine*, dass er das Wesen der zu den Sterblichen zurückkehrenden Glückseligen im Sinne der griechischen ἀλεξίκαοι verstanden wissen will. Zu Basinios Selbstglossierung in der hoföffentlichen Arbeitshandschrift vgl. grundlegend Pieper: *In Search*, ibid., S. 65f.

8, 283 *opaco*: Ein rein typographischer Fehler gibt in der Edition von 1794 das Wort mit *apaco* wieder, wie das Autograph f. 92r zeigt.

8, 285 *post illam…*: In dieser Passage, die im Autograph intensive Bearbeitungsspuren zeigt (so ist etwa der gesamte Abschnitt 273–282 eine nachträgliche Einfügung, die punktuell noch ein weiteres Mal modifiziert wurde) scheint Basinio Schwierigkeiten gehabt zu haben, die Stringenz seiner Weltalterlehre über den Bearbeitungsprozess zu retten: Er lässt Psycheia von fünf Zeitaltern sprechen, was ihn im Abgleich mit den kanonischen vier Weltaltern möglicherweise dazu veranlasst hat, 285 umzuarbeiten (*ferrea* zu *aenea*), aber dabei die Doppelung des bronzenen nicht mehr korrigiert zu haben. Hier wird daher ausnahmsweise entschieden, die Änderung letzter Hand nicht zu übernehmen, sondern zum Erhalt der Sachlogik auf Satzebene die Ausgangsfassung wiederherzustellen: *post illam gens ferrea quae ultima ferro*, vgl. im Autograph f. 92r.

8, 330   *Sacerdotes aram statuere*: Sigismondos Verhältnis zum devotionalen Erbe seines in der lokalen Tradition als Seliger verehrten Halbbruders scheint gespalten gewesen. Galeotto Roberto wurde auf eigenen Wunsch nicht in San Francesco, sondern auf dem Vorplatz bestattet, wo sein Grab schnell Ankerpunkt für lokale Verehrung wurde, was Sigismondo laut des (freilich tendenziösen) Berichts in den *Commentarii* Pius' II. mit Missgunst und Spott zur Kenntnis nahm. So schreibt der Lehnsherr und Erzfeind des Malatesta:

> Galeottum quasi sanctum sui cives coluere et ad sepulchrum eius vota fecerunt. Sigismundus nunquam eius aliter meminit quam ‚fatui cuiusdam hominis' et quotiens tumulum eius honorari accepit „Ariminenses", inquit, „meum fatuum venerantur."

> Galeotto verehrten seine Bürger wie einen Heiligen und brachten ihre frommen Bitten an seiner Grabstätte dar. Sigismondo gedachte seiner niemals anders als eines ‚gewissen schwachsinnigen Mannes' und wann immer er hörte, dass dessen Grabstätte Verehrung erfuhr, sagte er „Die Leute in Rimini verehren meinen Schwachkopf von Bruder." (Pius II.: *Commentarii* 10, 31, 8; das Wortspiel *fratrem – fatuum* ließ sich nicht ins Deutsche übertragen.)

Oberflächlich scheinen die Verse anzudeuten, dass Sigismondo sich durch Stiftung etwa einer Kapelle in das religiöse Erbe seines Halbbruders und Vorgängers einzuschreiben versuchte. Die einzige erhaltene Repräsentation Galeottos in einem liturgischen Weihgemälde auf dem Malatesta-Territorium findet sich im ca. 50 km entfernten Saltara in der Apsis von San Francesco in Rovereto, eine Kommemoration innerhalb des *Tempio Malatestiano* erfolgte nie. Durch die explizite Bekräftigung der franziskanisch inspirierten Demut, die Basinio Galeotto Roberto hier in den Mund legt, erscheint der Ausschluss von dessen Grablege aus dem Renovierungsprojekt des *Tempio* (vgl. hier auch die letzte Miniatur der *Hesperis*-Prachthandschriften, z.B. BnF Bibliothèque de l'Arsenal, Ms-630, f. 126r, die bei aller geschäftigen Bautätigkeit für den *Tempio* der gut sichtbaren Grablege Galeottos gebührend Platz einräumt) gleichsam als letzter Wille des Halbbruders, den dieser dem neuen Herrn von Rimini kommunizieren kann, der somit nicht in Konkurrenz zu der religiösen Vorbildfigur Galeotto tritt. Sigismondos und Galeottos jeweilige *pietas* erscheinen durch den Monolog des Seligen zudem zur anderen komplementär, der militärisch verwirklichte Patriotismus Sigismondos als ebenso gottgefällig wie Galeottos devotionale Selbstentsagung.

Buch 9

9, 67   *Pars...infantum remanet*: An dieser Stelle wird deutlich, dass Basinio mit diesem Bereich den auch bei Dante ausführlich geschilderten Limbus als den Ort derer meint, die ohne Schuld (weil vor der heilsgeschichtlichen Erlösung durch Christus oder der individuellen Erlösung durch die Taufe verstorbenen) der göttlichen Gnade nicht teilhaftig geworden sind. Noch zu Basinios Lebzeiten wurde auf den Konzilien von Basel, Ferrara und Florenz die beim Konzil von Karthago 418 beschlossene Lehre von der

Unerlösbarkeit ungetaufter Kinder bestätigt, nachdem im 13. Jahrhundert intensiv über die Existenz eines gesonderten *limbus puerorum* gestritten worden war, vgl. Elke Pahud de Mortanges: *Der versperrte Himmel. Das Phänomen der sanctuaires à répit aus theologiegeschichtlicher Perspektive*, in: Schweizerische Zeitschrift für Religions- und Kulturgeschichte 98 (2004), S. 31–48, hier S. 34f.

9, 81–99   *Quis…crediderim*: Gemeint sind Cicero und Demosthenes, deren Gegenüberstellung von Plutarchs Parellelbiographien kanonisiert wurde. Einzelne Vitenpaare hieraus zu übersetzen und möglichen Förderern zu widmen, war im 15. Jh. ein üblicher Modus der Patronageanbahnung geworden.

9, 104–105:   *Neque…laxant*: Die Stelle ist entweder kodikologisch verderbt oder inhaltlich so dunkel, dass ihre Bedeutung nur näherungsweise und aus dem größeren Zusammenhang zu erschließen ist. Basinio selbst hat den ursprünglichen, nicht mehr lesbaren, Versanfang von 104 radiert (f. 97r). Gemeint ist wohl, dass Cicero und Demosthenes trotz ihrer quasi-göttlichen Begabung zur Rede nicht ihren eigentlich verdienten Platz im Himmel einnehmen können, da eine solche Gabe eben in den Dienst der christlichen Offenbarung gestellt werden muss, d.h. dass man keinen anderen Klang mit seiner Stimme hervorbringen soll, um unter die *divi* gezählt zu werden. Die Junktur *ora laxare* ist vor der Patristik nur in Lukans *Bellum civile* (6, 567) belegt, wo es allerdings noch um ein sehr viel konkreteres Öffnen des Mundes geht, wenn die thessalische Hexe den Toten gewaltsam die Kiefer öffnet, um ihnen Worte für die Unterwelt in die Kehle zu flüstern.

9, 218   *Maximus, qui mora vicit*: Gemeint ist Quintus Fabius Maximus, einer der Retter Roms im Zweiten Punischen Krieg, seiner abwartenden Taktik wegen mit dem Beinamen *Cunctator* versehen, den Basinio im Relativsatz paraphrasiert. Während Sigismondo Malatesta in dieser Hinsicht nicht eben brillierte, so war das bedächtige, hinhaltende Taktieren doch eine bei *condottieri* gefragte Fähigkeit, wie die Inschrift auf Donatellos Gattamelata-Standbild in Padua belegt, die den Söldnerführer aus Narni als *dux aetatis suae cautissimus* würdigt.

9, 224 *Galaoti...parentis*: Sigismondos Großvater Galeotto I. (um 1300–1385).

9, 238 *vanior Ancus*: Inwieweit der vierte mythische König von Rom, Ancus Marcius, hier in einer dynastischen Synkrisis tatsächlich als „schwächer" bewertet wird (Anhaltspunkt könnte etwa sein, dass er das Heer einsetzen musste, um die aufständische Bevölkerung in Zaum zu halten, vgl. Livius 1, 32f.), ist nicht im Letzten zu klären. Möglicherweise bezieht sich *vanior* auch auf seine unklarere Abstammung (vgl. Cicero: *De re publica* 2, 33) oder schlicht darauf, dass Sigismondo ihn im Defilee von Basinios Heldenschau nicht so deutlich erkennt wie die übrigen.

Buch 10

10, 57 *limine pro Iani*: Etymologisierend und antikisierend wird hier auf die Porta San Gennaro, das älteste Stadttor Neapels, angespielt. Eine Doppeldeutigkeit mit Janus als mythischem Urkönig Latiums und dem barbarischen Feind, der nun erneut vor dem Tor steht, mag von Basinio beabsichtigt sein.

10, 59 *deficit...Populonia terra*: Nach dem Tod Rinaldo Orsinis und seiner Gattin Caterina Appiano 1450 bzw. 1451 schlug das Fürstentum Piombino sich auf die Seite Neapels, was von König Alfons schon vor dessen erstem toskanischen Feldzug beabsichtigt war, aber an Orsini scheiterte.

Buch 11

10, 126–203 Die ganze Passage zitiert immer wieder teils in wörtlicher Übersetzung aus den Anweisungen, die Kirke Odysseus vor seiner zweiten Abreise von ihrer Insel gibt (*Odyssee* 12, 36–110).

10, 539 *primum quod*: Einer der raren Einbrüche ganz und gar unklassischer Diktion in Basinios poetischem Stil, Mutmaßlich beeinflusst durch das volkssprachliche *prima che* setzt er hier *primum quod* statt z.B. *prius quam*.

10, 568 *vincunt*: Drudi (1794) hat *vicunt*.

Buch 11

11, 34 *Cassius*: Basinio spielt hier auf Gaius Cassius Parmensis an, der zunächst auf Seiten der Caesarmörder, dann auf Antonius' Seite im Bürgerkrieg kämpfte und dem Parmenser Zweig der *gens Cassia* entstammte. Kenntnis von dessen Teilnahme am Bürgerkrieg könnte Basinio aus Valerius Maximus 1, 7, 7, von der dichterischen Tätigkeit aus einer kurzen Erwähnung in Horaz' *Epistel* 1, 4, 3 gewonnen haben. Als Mitverschwörer, der sich nach Philippi auf die ‚falsche' Seite schlug, und vergessener Dichter, dessen fragmentarische Überlieferung sich in einem bei Varro zitierten Vers erschöpft, ist Cassius Parmensis als antike Projektionsfläche des kurzen patriotischen Einschubs zu Rang und Bedeutung Parmas für Basinio sicher nicht ideal, aber letztlich seine einzige Option, die als Veteranenkolonie gegründete Stadt, die in römischer Zeit nie über den Status eines Wegpostens an der *Via Aemilia* hinauskam, durch antiquarische Gelehrsamkeit mit humanistischer Strahlkraft zu versehen.

11, 36 *Otho...Tertius*: Ottobuono de' Terzi (um 1360–1409) war als Markgraf Herr über Parma und zahlreiche Kleinstädte und Kastelle in dessen Umgebung, so auch von Tizzano, einem der beiden mutmaßlichen Geburtsorte Basinios, dessen Vater offenbar gute Beziehungen zu den Terzi pflegte. Ottobuonos unehelicher Sohn Niccolò kommandierte Guardasone, als Basinio auf diplomatischer Mission in Diensten Ferraras 1449 an der letztlich vergeblichen Verteidigung der Festung teilnahm.

11, 133   *Agellinae*: Die einzig bei Vergil, *Aeneis* 8, 478–491 belegte Version, dass Mezentius seiner Grausamkeit wegen aus Caere, der *urbs Agyllina*, vertrieben worden sei, übernimmt Basinio hier samt der Etymologisierung von Servius *ad Aen.* 8, 478.

11, 167f.   *Ille...revelet*: Auch hier macht Basinio durch ein griechisches Zitat am Seitenrand seiner Arbeitshandschrift deutlich, dass er diese Stelle als direkte Übersetzung von *Ilias* 9, 312f. gelesen wissen will. An der fraglichen Stelle ist es bei Homer Achilles, der einen Friedensschluss ausschlägt und in der von Basinio zitierten Sentenz zu verstehen gibt, dass ihm insbesondere die Unaufrichtigkeit des Odysseus zuwider ist.

11, 308   *Seneucus* ist der epische Avatar eines von Basinios Rivalen um die Gunst Sigismondos als Patron, Tommaso Seneca da Camerino, der nun, ähnlich wie Porcellio Pandoni in den ersten beiden Büchern und Guarino im zehnten Buch, für seine angebliche Inkompetenz in mythographischen Fragen eine parodistische Schelte mitbekommt. Der geneigte Leser, damals wie heute, wird die Ungereimtheiten in der ekphrastischen Binnenerzählung von Iphigenie in Aulis (Iphigenie vor Priamus, Fortleben als Waldnymphe) mit Befremden registriert haben. Dass es sich bei dem geschilderten Stück Rüstung um die Helmzier Tommaso Senecas handelte, löst diese mythographischen Fehlinformationen mit der Unkenntnis ihres Besitzers auf, der, ähnlich wie Porcellio, aufgrund seiner von Basinio kolportierten mangelnden Griechischkenntnisse nicht in der Lage wäre, seinen Irrtum zu bemerken (er ist auf einem Auge blind).

Buch 12   541

11, 324 *sinat*: Drudis Edition hat *sinant*.

11, 380–417 *ingentem clypeum...dona*: Eine stark verkürzte und umgestellte, aber über weite Strecken wörtlich übersetzte Adaptation der Beschreibung von Achilles' Schild in *Ilias* 18, 483–608.

11, 442 *Hac...*: Eine präzise Lokalisierung verbietet sich nicht nur, weil das Heer, dem Sigismondo als *capitaneus generalis* vorstand, wohl kaum den Weg über einen Gipfel im Apennin genommen haben wird, sondern einen Pass, sondern auch, weil es einen Ort, an dem Tiber, Arno, Marecchia und Savio gemeinsam entspringen, nicht gibt. Basinio entwirft hier eine panitalisch aufgeladene Heterotopie als Schauplatz für den Moment, in dem sich mit der Überwindung des Apennin zugleich das Blatt zuungunsten der zuvor aufwändig als ausländische Tyrannen stilisierten Aragonesen wendet. Die ortsekphrastische Formel *Est locus* (11, 437) führt Basinio damit mutwillig *ad absurdum*, vgl. Peters: *Narrative Structures*, ibid., S. 275f.

Buch 12

12, 211 *Graiae Alpheidos*: Der Arno, der bei Pisa in die Tyrrhenische See mündet, hat in der antiquarischen Tradition seit Servius *ad Aen.* 10, 179 nach den vermuteten Gründern, die am griechischen Alpheos lebten, den griechischen Namen des Flusses übernommen, *Alpheis* ist also die „Alpheusstadt" Pisa (vgl. 2, 324).

12, 398 *cadentibus Haedis*: Die *Haedi* („Böcklein") sind ein Sternenpaar im Sternbild des Fuhrmanns, deren Aufgang im Herbst die stürmische Jahreszeit einläutete. Basinio will mit dem Verweis auf den Untergang der *Haedi* hier entweder auf die Schneeschmelze im Spätwinter anspielen, die die Flüsse schwellen lässt, oder auf die ersten

Frühsommergewitter, die mit dem gänzlichen Verschwinden der *Haedi* koinzidieren. Eine ausführlichere Erwähnung des Sternenpaars findet sich etwa bei Manilius 5, 102–109. Basinio selbst nennt sie auch in *Astronomica* 1, 324.

12, 427 *Ceraunos*: Ein küstennaher Gebirgszug am ionischen Meer, heute im südlichen Albanien. Seine meteorologische Eigenheit, die Bildung von Gewittern zu begünstigen, trägt er bereits im griechischen Namen (κεραυνός = „Blitz"). Auch die moderne volkssprachliche Bezeichnung für seinen Südteil Malet e Vetëtimes („Donnerberge") trägt diesem Umstand Rechnung. In Zusammenhang mit *scopuli*, wenn auch nicht als direkte Junktur, vorgeprägt in etwa Horaz' *Carmina* 1, 3, 20. Eine Erwähnung findet sich in er *Hesperis* bereits in 3, 438, dort allerdings ohne Bezug zu den meteorologischen Spezifika.

12, 555–567 *Talia…altis*: Basinio beschreibt hier vermutlich den ersten tödlichen Schusswaffengebrauch in der lateinischen Dichtung, indem er Sigismondos Hauptmann *Narnius* durch den Schuss aus einer einfachen Hakenbüchse auf dem Wehrgang der Stadtmauer von Vada dahinrafft. Dass seine flammende Rede mit unbändiger Provokation der vermeintlich feigen Aragonesen so abrupt ihr Ende findet, fügt sich mit der anschließenden Andeutung des Dichters, die Schlachtfelder des antiken Epos hätten solches nur aus der Hand von Göttern gesehen, zu einer zaghaften Ahnung, dass die Parameter der Kriegführung sich am Ausgang des Mittelalters zu verschieben begannen, ähnlich wie die Kränkung des Vulcanus im folgenden Buch darüber, dass es den Menschen auch ohne ihn gelingt, die aragonesische Flotte in einer Feuersbrunst untergehen zu lassen (13, 208f.). Vgl. auch die Anm. *ad loc.* 2, 361–374.

Buch 13

13, 281–285: *Ac...pastor*: Dieser Vergleich ist nachträglich vom Autor auf Rasur (evtl. über einem griechischen Zitat) eingefügt worden, was die schwierige Zuordnung und logische Referenzierung des Einschubs erklären mag (f. 147v).

13, 321 *Sena*: Der Fluss Misa, der in der Antike nach der Stadt seiner Mündung (*Sena Gallica*, heute und zu Basinios Zeit Senigallia) Sena hieß. Dass ihr hohes Alter die Stadt „aufgelöst" (*solverat*) habe, spielt auf ihre Schleifung im 13. Jh. und die allmähliche Erosion ihrer Überreste, begünstigt durch eine benachbarte Saline, an. Sigismondo Malatesta erkannte das strategische Potenzial der Stadt und ließ ihre Befestigungen wiederaufbauen, was Basinio an dieser Stelle antikisierend mit der Veteranenversorgung eines antiken *imperator* gleichsetzen kann. Später (13, 328–331) verweist der Dichter zudem auf die Stadt als Schauplatz eines großen militärischen Erfolges im 2. Punischen Krieg, als nicht nur die Stadt als Stützpunkt der Karthager genommen, sondern auch Hasdrubal, der Bruder Hannibals, geschlagen und getötet werden konnte. Nicht nur Sigismondo selbst verstand sich als zweiter Gründer Senigallias, vgl. Jones: *The Malatesta*, ibid., S. 321, Anm. 7.

13, 360 *poli viventia monstra*: Nicht bloß ein Verweis auf das astrologische Bildprogramm des *Tempio*, sondern auch auf den anderen Pol von Basinios hexametrischem Oeuvre, die *Astronomica*, die ebendiesen Gegenstand haben.

Index nominum

Abas: 12, 218; 12, 243
Abdua: 4, 230
Acheron: 3, 471
Acherusius: 3, 506
Achilles: 2, 354; 4, 576 (s. Aeacides)
Achivus: 7, 79; 9, 184; 9, 358; 10, 24; 11, 107; 12, 326
Acidalius: 1, 205
Actaee: 4, 302
Adrastus: 12, 65
Aeacides: 2, 371; 9, 186 (v. Achilles)
Aeacus: 7, 238; 9, 373
Aeaeus: 4, 285
Aegae: 7, 556
Aegialus: 4, 254
Aegides: 8, 214
Aegina: 7, 238; 9, 373
Aegis: 1, 139; 2, 40; 7, 250; 12, 221; 12, 632; 12, 633; 13, 116
Aegisthus: 9, 359
Aemilius: 4, 487; 4, 571
Aeneas: 3, 16; 3, 25; 6, 140; 8, 217; 9, 235; 11, 125
Aeolia: 10, 574; 10, 599; 13, 105
Aeolides: 7, 45; 9, 355; 9, 356; 10, 295
Aeolius: 1, 329
Aesonides: 10, 181 (s. Iason)
Aeta: 10, 182
Aethiopes: 1, 708; 7, 165; 7, 356
Aethomenus: 13, 198
Aetnaeus: 13, 107
Aetolus: 3, 25; 6, 144

Afer: 1, 13; 1, 129; 6, 212
Africa: 2, 179
Agamemnonides: 9, 360
Agathyrsus: 11, 201
Agave: 4, 303
Agellina: 11, 134
Albanus: 3, 17; 9, 236; 11, 126
Alcides: 5, 411; 6, 54; 7, 50; 13, 307
Alcinous: 3, 213
Alcithous: 3, 252
Alcon: 13, 240; 13, 254; 13, 267; 13, 270
Aloides: 9, 323
Alpes: 4, 244; 4, 478; 5, 360; 7, 327
Alpheis: 12, 211
Alpheus: 2, 324; 4, 481; 11, 439
Alphonsiades: 12, 145
Alphonsus: 1, 43; 1, 52; 1, 94; 1, 131; 1, 245; 1, 268; 1, 347; 1, 359; 1, 379; 1, 439; 1, 479; 1, 506; 1, 536; 1, 560; 1, 600; 2, 50; 2, 155; 2, 178; 2, 205; 2, 304; 2, 359; 2, 396; 2, 441; 2, 459; 2, 487; 2, 514; 3, 54; 3, 82; 3, 104; 3, 148; 3, 194; 3, 204; 3, 220; 3, 230; 3, 304; 3, 316; 3, 330; 3, 332; 3, 340; 3, 342; 3, 381; 3, 388; 3, 393; 3, 399; 3, 403; 3, 406; 3, 421; 3, 446; 3, 451; 4, 3; 4, 503; 4, 513; 4, 519; 4, 547; 4, 550; 4, 555; 5, 17; 5, 187; 5, 511; 5, 518; 5, 524; 5, 526; 6, 16; 6, 32; 6, 95; 6, 108; 6, 177; 6, 195; 6, 199; 6, 222; 6, 294; 6, 347; 6, 381; 6, 383; 7, 20; 7, 244; 7, 322; 7, 344; 7, 406; 7, 498; 7, 604; 8, 170; 10, 40; 10, 61;

10, 81; 10, 111; 10, 255; 10, 266;
10, 312; 10, 393; 10, 415; 10, 448;
10, 502; 10, 510; 10, 556; 11, 92;
11, 101; 11, 118; 11, 135; 11, 179;
11, 245; 11, 253; 11, 261; 11, 321;
11, 366; 11, 446; 11, 470; 12, 23;
12, 165; 12, 287; 12, 302; 12, 474;
12, 498; 12, 510; 12, 538; 13, 11;
13, 22; 13, 75; 13, 82; 13, 129
Ambitio: 8, 392; 9, 264
Amor: 8, 390
Amor habendi: 9, 259
Amphinome: 4, 302
Amphitryo: 5, 410
Amphitryoniades: 5, 459; 11, 258
Ampycides: 12, 69
Amyntas: 12, 248
Anchises: 3, 15; 6, 127; 6, 133
Ancon: 13, 331
Ancus: 9, 238
Androphonus: 3, 108
Antenor: 4, 263
Antenoridae: 4, 246 (s. Venetus)
Antigone: 3, 306
Antigonus: 4, 423
Antiphates: 1, 340; 1, 367; 1, 369; 3, 65; 6, 304
Aonius: 9, 37
Apenninus: 2, 279; 2, 313; 4, 141; 4, 481; 6, 161; 7, 85; 10, 491; 11, 29; 11, 62; 11, 443; 13, 100
Apollo: 1, 62; 1, 114; 1, 673; 1, 687; 1, 713; 2, 94; 2, 118; 2, 119; 2, 215; 2, 223; 2, 259; 2, 269; 2, 288; 2, 291; 3, 375; 3, 407; 4, 9; 4, 26; 5, 293; 5, 526; 6, 451; 9, 155; 9, 168; 11, 200; 11, 392; 12, 261; 13, 88 (s. Cynthius, Phoebus)

Aponus: 4, 245
Apseudes: 4, 350
Apulus: 3, 304; 4, 506; 5, 15; 6, 144; 6, 146; 10, 534; 11, 123; 12, 315
Aquilo: 3, 187; 7, 525
Araris: 12, 271
Arctos: 11, 388
Ares: 12, 187; 12, 206; 12, 218
Argivus: 6, 143; 8, 226
Argo: 10, 145; 10, 186; 10, 196
Argos: 3, 246; 12, 327
Ariadne: 9, 128
Arimineus: 1, 194; 1, 569; 2, 310; 4, 61; 4, 103; 4, 132; 4, 205; 4, 374; 4, 385; 9, 84; 10, 102; 10, 270; 11, 44; 11, 118; 11, 199; 11, 440; 13, 343;
Arnus: 1, 122; 1, 162; 1, 209; 2, 145; 3, 151; 3, 154; 11, 439; 13, 215
Arpinas: 9, 87
Ascanius: 9, 236
Asculon: 5, 20; 11, 429
Asia: 1, 159; 8, 225; 11, 169; 12, 227
Assyrius: 9, 230
Athenae: 9, 97
Athesis: 4, 230
Atis: 12, 113
Atlantiades: 1, 405; 1, 412 (s. Cyllenius, Mercurius)
Atlas: 4, 602; 6, 217; 8, 105; 10, 302
Atreus: 9, 361; 10, 417; 10, 427; 10, 431
Atrides: 4, 578; 11, 282
Atys: 3, 151
Augustus: 3, 19
Aulis: 11, 285
Auphidus: 7, 370

Index nominum 547

Aurora: 1, 14; 1, 109; 2, 191; 2, 327; 5, 338; 5, 493; 6, 2; 6, 364; 8, 159; 9, 1; 9, 385; 12, 2; 13, 30; 13, 152; 13, 163
Ausonia: 2, 23; 4, 98; 4, 546; 5, 81; 6, 354; 7, 100; 9, 413; 11, 66; 11, 172; 11, 218; 12, 45
Ausonides: 1, 101; 1, 376; 1, 451; 1, 555; 1, 604; 2, 9; 2, 269; 2, 419; 2, 480; 3, 219; 3, 337; 3, 374; 3, 383; 3, 428; 3, 462; 3, 503; 4, 354; 7, 316; 7, 407; 7, 490; 8, 22; 8, 148; 8, 166; 9, 380; 9, 403; 9, 407; 10, 242; 11, 146; 11, 254; 11, 317; 11, 363; 12, 3; 12, 11; 12, 38; 12, 135; 12, 208; 12, 247; 12, 279; 12, 281; 12, 308; 12, 352; 12, 391; 12, 431; 12, 454; 13, 18; 13, 212; 13, 216 (s. Malatesta, Pandulphiades, Pandulphius, Pandulphus, Sismundus)
Ausonius: 1, 30; 1, 43; 1, 105; 1, 222; 1, 359; 1, 446; 1, 454; 1, 457; 1, 505; 1, 541; 2, 196; 3, 66; 4, 20; 4, 102; 4, 206; 5, 510; 6, 16; 6, 213; 7, 6; 7, 292; 9, 437; 10, 10; 10, 307; 10, 372; 10, 412; 10, 452; 11, 84; 11, 91; 11, 180; 11, 462; 12, 73; 12, 157; 12, 186; 12, 223; 12, 297; 12, 325; 12, 332; 12, 362; 12, 396; 12, 451; 12, 610; 13, 217
Auster: 3, 138; 5, 305; 5, 339; 5, 342; 6, 216; 6, 427; 7, 417; 7, 430; 7, 526; 10, 577; 11, 58; 13, 226
Auximon: 5, 41
Avernus: 5, 472; 8, 217; 9, 19; 9, 333; 12, 283
Bacchus: 1, 545; 6, 448; (s. Iacchus, Liber, Lyaeus)

Balius: 2, 354
Bassius: 12, 602; 13, 45
Bellerophon: 5, 213
Bellerophonteus: 7, 51; 11, 278
Bellona: 2, 474
Benacus: 4, 207
Bentius: 7, 339
Bergomeus: 4, 184; 4, 199
Bergomon: 4, 209
Biaon: 1, 521; 1, 530; 1, 647; 2, 241; 11, 166
Boebius: 12, 455
Boreas: 1, 14; 2, 335; 3, 137; 3, 140; 5, 303; 6, 131; 7, 381; 7, 430; 7, 578; 10, 516; 10, 577; 10, 589; 12, 63; 13, 226
Brixia: 4, 208
Bromius: 12, 249
Butas: 3, 206
Byzantius: 11, 146; 12, 275
Cacosarcus: 12, 605; 13, 44
Cadmaeus: 6, 46
Cadmeius: 9, 189
Cadmus: 7, 530
Caedes: 8, 389
Caesar: 11, 131
Caesena: 4, 122
Caeus: 2, 423
Calliope: 9, 154
Calydonius: 6, 145
Calypso: 9, 126
Camenae: 7, 52
Camillus: 9, 218; 10, 353
Campanus: 10, 534
Capaneius: 9, 190
Capitolius: 1, 118; 5, 505
Carillus: 4, 176
Carinus: 10, 180; 10, 200; 10, 202

Carthago: 7, 289; 7, 347
Cassius: 11, 34
Castalius: 9, 41
Catilina: 9, 298
Cato: 9, 221
Caucaseus: 7, 187
Cayster: 1, 159; 8, 224
Celtae: 1, 69; 1, 438; 1, 445; 1, 535; 1, 565; 1, 667; 2, 18; 2, 69; 2, 97; 2, 116; 2, 130; 2, 251; 2, 393; 2, 408; 2, 418; 2, 429; 2, 439; 2, 455; 2, 479; 2, 512; 3, 52; 3, 56; 3, 69; 3, 71; 3, 74; 3, 125; 3, 176; 3, 182; 3, 203; 3, 221; 3, 229; 3, 317; 3, 345; 3, 373; 3, 377; 3, 414; 3, 431; 3, 450; 3, 461; 3, 495; 3, 498; 3, 505; 4, 479; 4, 500; 5, 18; 6, 26; 6, 30; 6, 108; 6, 172; 6, 179; 6, 202; 6, 215; 6, 344; 6, 354; 7, 19; 7, 96; 7, 331; 7, 408; 8, 170; 9, 412; 10, 18; 10, 39; 10, 49; 10, 96; 10, 110; 10, 247; 10, 251; 10, 321; 10, 323; 10, 331; 10, 359; 10, 372; 10, 390; 10, 397; 10, 413; 10, 475; 10, 494; 10, 504; 10, 558; 11, 6; 11, 50; 11, 87; 11, 95; 11, 102; 11, 117; 11, 154; 11, 159; 11, 172; 11, 183; 11, 194; 11, 239; 11, 249; 11, 444; 11, 460; 11, 467; 11, 500; 12, 16; 12, 26; 12, 31; 12, 34; 12, 52; 12, 57; 12, 114; 12, 157; 12, 175; 12, 181; 12, 200; 12, 209; 12, 215; 12, 217; 12, 230; 12, 255; 12, 269; 12, 320; 12, 329; 12, 355; 12, 359; 12, 406; 12, 497; 12, 500; 12, 528; 12, 537; 12, 553; 12, 579; 12, 597; 12, 604; 12, 639; 12, 649; 13, 9; 13, 21; 13, 44; 13, 50; 13, 78; 13, 136; 13, 190; 13, 195; 13, 205; 13, 230; 13, 236; 13, 238; 13, 248; 13, 254
Centaurus: 4, 321
Ceraunia: 3, 438
Ceraunus: 12, 427
Cerberus: 9, 287
Ceres: 1, 226; 3, 518; 5, 413; 6, 447; 7, 312; 8, 199; 11, 415; 11, 499; 12, 462; 13, 93
Cethegus: 9, 298
Chalcis: 5, 476
Chalcobous: 1, 92; 5, 516; 6, 372
Chaos: 3, 324; 9, 25; 9, 259; 9, 284
Charites: 1, 199; 8, 73
Charybdis: 3, 439; 4, 12; 10, 130; 10, 165; 10, 172
Chimaera: 11, 275
Chloris: 12, 248
Chriteus: 12, 272
Chromius: 3, 243; 4, 431
Chromys: 12, 68
Chrysa: 1, 114; 2, 231
Cicones: 12, 457
Cimmerius: 7, 9; 7, 72; 7, 353; 8, 216; 10, 93
Cimyndis: 5, 476
Circe: 4, 279; 9, 126; 10, 199
Cisalpiniacus: 5, 498
Claros: 2, 232
Claudius: 13, 329
Cleophaeus: 7, 74
Cleophe: 7, 76
Clytaemnestre: 9, 359
Clytius: 2, 101; 3, 255; 6, 451
Cocles: 5, 122
Cocytus: 8, 309; 9, 377
Colchus: 7, 146
Contracta: 5, 25

Index nominum 549

Coronis: 2, 256; 2, 292
Cremona: 4, 194
Creon: 9, 193
Crete: 2, 281
Cromna: 4, 254
Cromyus: 12, 458
Cronus: 3, 68
Cupido: 3, 143; 8, 390
Curae: 8, 387
Curius: 4, 570; 10, 353
Cyclopes: 13, 111
Cylla: 1, 115; 2, 231
Cyllarus: 6, 395
Cyllenius: 1, 48; 10, 91; 10, 107 (s. Atlantiades, Mercurius)
Cymodocea: 4, 301
Cymothoe: 4, 304
Cynthius: 1, 706 (s. Apollo, Phoebus)
Cynthus: 1, 116; 6, 252
Cyprus: 7, 73; 7, 75; 7, 141; 7, 155; 9, 405; 10, 24; 13, 56
Cytherea: 13, 57; 13, 85 (s. Venus)
Cythoron: 4, 252
Daedalius: 1, 568
Daedalus: 6, 396; 6, 437; 6, 441
Danae: 5, 405
Danaeius: 4, 215
Danaus: 7, 47; 9, 354
Daphne: 6, 230
Daphnius: 3, 254
Dardania: 6, 141
Dardanius: 6, 135; 12, 274; 12, 333
Decius: 5, 121
Deliciae: 8, 197
Delos: 1, 116; 2, 230; 6, 251
Deus: 1, 260; 9, 451 (s. Iupiter, Omnipotens, Saturnius)

Diana: 5, 108; 11, 394
Dictynna: 11, 298
Dido: 9, 116
Dimas: 12, 271
Diomedes: 6, 142; 11, 123; 12, 627
Dis: 1, 460; 5, 473; 8, 292; 10, 292
Discordia: 1, 11; 3, 145; 3, 329; 5, 181; 5, 296; 8, 392; 9, 264; 11, 382
Dodona: 12, 147
Dolor: 3, 144; 8, 386
Dolus: 9, 260
Doris: 4, 303
Dorylas: 6, 396; 6, 437
Doto: 4, 297; 8, 66
Driopeia: 2, 81
Dynamene: 4, 297; 8, 66
Dystychius: 2, 75
Elysius: 3, 493; 7, 27; 8, 147; 9, 30; 9, 62; 9, 151; 9, 391
Enyo: 1, 500
Eous: 3, 465; 4, 328; 4, 347; 5, 338; 7, 105; 9, 397; 10, 280; 10, 578; 11, 422; 13, 225
Ephialtes: 9, 323
Ephyre: 4, 301
Epimetheus: 7, 214
Epiros: 2, 371
Erebus: 3, 113; 7, 38; 7, 494; 8, 92; 8, 292; 9, 319; 9, 335; 12, 543
Eridanus: 2, 278; 3, 131; 4, 256; 10, 204; 12, 184 (s. Padus)
Erinnys: 2, 5; 3, 31; 9, 291; 11, 382; 12, 416
Eriphylaeus: 9, 357
Erythini: 4, 254
Estor: 10, 325
Ethruria: 12, 504

Ethruscus: 1, 45; 1, 100; 1, 123; 1, 193; 1, 232; 1, 254; 1, 297; 1, 360; 1, 556; 2, 63; 2, 242; 2, 273; 2, 325; 2, 388; 3, 72; 3, 100; 3, 338; 3, 422; 3, 468; 4, 417; 4, 546; 5, 14; 5, 512; 5, 522; 6, 101; 6, 306; 6, 376; 6, 381; 7, 404; 10, 101; 10, 311; 10, 334; 10, 497; 10, 502; 10, 527; 10, 540; 10, 555; 11, 63; 11, 66; 11, 268; 11, 326; 11, 333; 11, 475; 12, 284; 12, 495; 12, 542; 12, 649; 13, 23; 13, 34; 13, 72; 13, 256; 13, 277
Euganeus: 1, 24; 2, 187; 4, 249
Eugenius: 4, 497; 5, 19
Euneus: 10, 416
Euphilus: 2, 407
Europa: 5, 407; 9, 375; 12, 227
Eurota: 1, 117
Eurus: 1, 401; 4, 394; 6, 137; 7, 381; 7, 417; 7, 428; 7, 433; 7, 524; 9, 428; 10, 578; 13, 225
Euryalus: 3, 253; 3, 279; 5, 268; 12, 245; 12, 457
Eurybromus: 1, 92; 5, 516
Euterpe: 8, 202
Evander: 9, 233
Fabaris: 12, 271
Fabius: s. Maximus
Fama: 7, 24; 8, 205; 8, 218; 8, 261; 9, 27; 10, 1
Fames: 8, 386
Fanius: 2, 140; 2, 384; 2, 453; 2, 459; 3, 367; 12, 457
Fiducia: 8, 393
Firmum: 5, 42
Flaminius: 2, 312; 4, 241; 4, 416; 5, 48; 7, 125; 10, 496; 10, 49; 12, 211
Fluentia: 2, 322; 6, 93

Fluentinus: 3, 467; 6, 13; 6, 42; 6, 283; 7, 123; 10, 494
Folianus: 10, 317; 10, 333; 12, 497
Fortuna: 2, 239; 3, 91; 3, 419; 4, 227; 6, 327; 11, 466; 13, 10
Fortunatus: 2, 217
Fraudes: 9, 261
Furiae: 9, 448
Furor: 3, 32
Gades: 4, 484
Galaotus: 4, 111; 4, 137; 8, 302; 9, 224; 9, 242
Gallicus: 7, 63; 13, 328
Gallus: 2, 320; 3, 73; 4, 185; 4, 192; 4, 465; 4, 475; 4, 478; 5, 80; 5, 505
Ganymedes: 6, 128
Garamas: 1, 13
Garganus: 12, 646
Gaudium: 3, 144
Gemitus: 8, 386
Genua: 4, 188; 11, 2
Geryon: 11, 257
Getae: 3, 120
Geticus: 3, 137; 4, 76; 4, 89
Getulus: 2, 347; 3, 75; 6, 211; 10, 410
Gigantes: 2, 426; 7, 42; 7, 172; 9, 302; 9, 314; 9, 332; 12, 634; 13, 348
Glauce: 4, 304
Glaucus: 4, 269; 12, 197; 12, 198
Gloria leti; 11, 386
Gorgo: 1, 138; 11, 380; 13, 141
Gorgoneus: 7, 250; 12, 221
Gradiva: 5, 49; 5, 64; 5, 92; 5, 146; 5, 233; 5, 240; 5, 329; 5, 487
Gradivus: 3, 27; 3, 46; 3, 119; 5, 177; 11, 57; 11, 198; 12, 635; 13,

54; 13, 138; 13, 315 (s. Mars, Mavors)
Graiugenus: 5, 461; 7, 81
Graius: 2, 324; 3, 244; 6, 61; 6, 143; 7, 78; 8, 139; 8, 142; 8, 151; 9, 81; 9, 83; 9, 92; 9, 156; 9, 183; 10, 23; 10, 495; 11, 124; 12, 146; 12, 194; 12, 211; 12, 333; 12, 335; 12, 507; 13, 331
Grynaeus: 2, 232
Gyas: 3, 253; 3, 254; 10, 459; 12, 273
Hadriacus: 2, 314; 3, 132; 4, 142; 4, 157; 4, 241; 4, 369; 5, 82; 5, 486; 7, 135; 7, 371; 10, 309; 10, 544; 11, 434; 11, 441; 12, 183; 13, 102; 13, 321
Haedi: 12, 398
Haemonides: 3, 161; 3, 166; 3, 172; 12, 358; 12, 371; 12, 381
Haemophages: 2, 100; 2, 117
Halie: 4, 301
Halius: 3, 76; 12, 645
Hannibal: 4, 502; 13, 329
Harpi: 6, 145; 9, 234
Harpyia: 2, 355
Hebe: 7, 613; 10, 300
Hector: 9, 185
Hectoreus: 3, 22
Helena: 9, 111
Helicon: 9, 41
Hellespontus: 10, 42
Henetus: 4, 249
Hercules: 10, 297
Herculeus: 6, 321
Hermione: 9, 112
Hermophilus: 2, 141

Hesperia: 1, 355; 3, 92; 3, 373; 7, 71; 7, 326; 10, 351; 10, 538
Hesperidae (Volk): 1, 382; 1, 442; 1, 580; 1, 610; 2, 139; 8, 105; 10, 354; 11, 438
Hesperides (Mann): 7, 525; 8, 157; 8, 173; 10, 281
Hesperius: 1, 118; 4, 564; 5, 150; 6, 445; 10, 305; 11, 256; 11, 331; 12, 229
Hippocorysthiades: 12, 219
Hippolytus: 1, 698
Hippomedon: 9, 192
Hippophilus: 5, 292
Hippotades: 10, 575
Hippotrochus: 12, 85
Hispanus: 1, 457; 1, 463; 2, 465; 3, 196; 7, 331; 10, 111; 10, 593; 11, 241; 11, 357
Homocles: 3, 303; 3, 314; 3, 319
Honos: 11, 386
Hyades: 5, 155; 12, 345
Hydra: 11, 275
Hyrtacides: 3, 244
Iacchus: 5, 411 (s. Bacchus, Liber, Lyaeus)
Ianus: 9, 232; 10, 57; 11, 122
Iapetionides: 5, 293; 7, 205
Iapygus: 4, 121; 6, 434
Iasius: 1, 390
Iason: 8, 227; 10, 146; 10, 173; 10, 197 (s. Aesonides)
Iberia: 2, 46
Iberus (Fluss): 1, 222; 2, 62
Iberus: 1, 3; 1, 19; 1, 333; 1, 345; 1, 386; 1, 409; 1, 412; 1, 445; 1, 449; 1, 453; 1, 484; 1, 559; 1, 659; 2, 3; 2, 39; 2, 54; 2, 100; 2, 174; 2, 183;

2, 393; 2, 418; 2, 443; 2, 457; 2,
494; 2, 505; 2, 520; 3, 23; 3, 29; 3,
198; 3, 203; 3, 345; 3, 498; 3, 505;
4, 175; 4, 479; 4, 504; 4, 518; 5,
185; 6, 207; 6, 320; 7, 5; 7, 273; 7,
314; 8, 211; 8, 296; 8, 341; 10, 17;
10, 48; 10, 115; 10, 359; 10, 397;
10, 411; 10, 441; 10, 534; 10, 560;
10, 597; 11, 87; 11, 98; 11, 160; 11,
173; 11, 446; 11, 461; 11, 468; 12,
236; 12, 316; 12, 352; 12, 377; 12,
417; 12, 476; 12, 512; 12, 606; 13,
7; 13, 73; 13, 203; 13, 240
Icarius: 1, 287
Ida: 3, 15
Idaeus: 3, 13
Idalius: 5, 166
Idmon: 3, 289; 3, 299; 3, 313; 3, 322
Ilerda: 2, 102; 3, 253
Iliacus: 2, 510
Iliades: 4, 266
Illyricus: 7, 373
Indus: 4, 527; 6, 44; 6, 57
Ino: 7, 530
Insidiae: 9, 260
Insubres: 4, 193; 4, 377; 4, 382; 4,
392; 4, 398; 4, 440; 4, 509; 5, 378;
10, 71; 10, 541; 11, 28
Invidia: 4, 74; 8, 391; 9, 263
Iocus: 8, 197
Iolas: 3, 252; 7, 314
Ionius: 10, 3
Iopas: 3, 148
Iphitus: 3, 499; 6, 7; 6, 27; 6, 202
Iris: 1, 220; 1, 221; 1, 482; 1, 528;
5, 151; 10, 572; 10, 582; 10, 599;
12, 341; 12, 342; 12, 343; 12, 464
Isaurius: 5, 48

Isaurus: 2, 315; 4, 230; 4, 236; 4,
383; 4, 463
Isothea: 8, 36 (s. Isotta)
Isotta: 6, 225 (s. Isothea)
Ister: 10, 184
Italia: 1, 23; 1, 33; 1, 52; 1, 133; 1,
271; 1, 335; 1, 360; 1, 365; 1, 410;
1, 476; 1, 599; 1, 643; 2, 186; 2,
262; 2, 308; 3, 20; 3, 196; 3, 364; 4,
75; 4, 96; 4, 175; 4, 449; 4, 477; 4,
508; 4, 532; 4, 550; 4, 565; 5, 14; 5,
56; 5, 133; 5, 149; 5, 178; 5, 185; 5,
264; 6, 93; 6, 112; 6, 160; 6, 340; 7,
78; 7, 509; 8, 170; 8, 304; 8, 369; 9,
241; 9, 409; 9, 417; 9, 434; 10, 32;
10, 47; 10, 232; 10, 454; 10, 530;
11, 86; 11, 88; 11, 116; 11, 148; 11,
157; 11, 196; 11, 337; 11, 464; 12,
79; 12, 225; 12, 296; 12, 492; 12,
534; 12, 608; 13, 326
Italus: 1, 7 ; 1, 8; 1, 25; 1, 66; 1, 89;
1, 107; 1, 145; 1, 161; 1, 179; 1,
249; 1, 268; 1, 280; 1, 296; 1, 339;
1, 352; 1, 357; 1, 388; 1, 414; 1,
420; 1, 427; 1, 436; 1, 443; 1, 449;
1, 540; 1, 566; 1, 570; 1, 580; 1,
609; 1, 634; 2, 19; 2, 69; 2, 130; 2,
139; 2, 173; 2, 183; 2, 198; 2, 242;
2, 394; 2, 409; 2, 411; 2, 435; 2,
455; 2, 469; 2, 479; 2, 495; 2, 501;
2, 512; 2, 521; 3, 53; 3, 88; 3, 90; 3,
99; 3, 183; 3, 234; 3, 242; 3, 349; 3,
401; 3, 404; 3, 430; 3, 502; 4, 17; 4,
197; 4, 253; 4, 258; 4, 338; 4, 351;
4, 501; 4, 518; 4, 538; 5, 132; 5,
502; 6, 247; 6, 301; 6, 319; 7, 97; 7,
99; 7, 346; 7, 479; 7, 491; 7, 602; 8,
173; 8, 174; 9, 403; 10, 5; 10, 29;

Index nominum 553

10, 39; 10, 56; 10, 58; 10, 60; 10, 246; 10, 254; 10, 266; 10, 351; 10, 354; 10, 381; 10, 407; 10, 533; 11, 55; 11, 65; 11, 114; 11, 241; 11, 249; 11, 355; 11, 359; 11, 369; 11, 421; 11, 433; 11, 436; 11, 442; 12, 31; 12, 34; 12, 42; 12, 46; 12, 114; 12, 132; 12, 175; 12, 181; 12, 200; 12, 202; 12, 243; 12, 254; 12, 320; 12, 357; 12, 372; 12, 375; 12, 412; 12, 417; 12, 452; 12, 530; 12, 552; 13, 12; 13, 76; 13, 179; 13, 188; 13, 287
Ithacus: 10, 192; 10, 199
Iulius: 3, 19; 9, 220
Iuno: 1, 70; 1, 203; 1, 473; 1, 485; 5, 151; 5, 155; 5, 390; 5, 438; 9, 4; 10, 146; 10, 173; 10, 197; 10, 554; 10, 598; 12, 304
Iupiter 1, 73; 1, 93; 1, 137; 1, 140; 1, 252; 1, 263; 1, 284; 1, 373; 1, 382; 1, 396; 1, 401; 1, 454; 1, 456; 1, 460; 1, 492; 1, 555; 1, 634; 1, 673; 1, 680; 1, 681; 1, 687; 1, 689; 1, 692; 1, 702; 1, 707; 1, 713; 2, 40; 2, 215; 2, 223; 2, 234; 2, 269; 2, 291; 2, 414; 2, 424; 3, 95; 3, 204; 3, 361; 3, 385; 3, 406; 3, 407; 4, 170; 4, 231; 4, 351; 4, 400; 4, 448; 4, 564; 4, 606; 5, 37; 5, 97; 5, 109; 5, 150; 5, 156; 5, 174; 5, 176; 5, 364; 5, 390; 5, 396; 5, 433; 5, 450; 5, 456; 5, 464; 5, 500; 5, 501; 5, 517; 5, 525; 5, 526; 6, 11; 6, 75; 6, 115; 6, 129; 6, 209; 6, 227; 6, 237; 6, 241; 6, 308; 6, 337; 6, 338; 6, 343; 7, 53; 7, 160; 7, 167; 7, 277; 7, 283; 7, 333; 7, 358; 7, 363; 7, 419; 7, 470; 8, 37; 9, 34; 9, 106; 9, 111; 9, 309; 9, 348; 9, 349; 9, 422; 10, 19; 10, 140; 10, 281; 10, 552; 10, 587; 11, 81; 11, 105; 11, 154; 11, 250; 11, 474; 12, 60; 12, 146; 12, 307; 12, 317; 12, 399; 12, 427; 12, 493; 12, 567; 12, 633; 13, 2; 13, 115; 13, 347 (s. Omnipotens, Saturnius)
Ixion: 7, 48; 9, 352; 10, 296
Labienus: 4, 103; 4, 131; 4, 153
Labor: 8, 387
Laertiades: 11, 285 (s. Laertius, Ulysses)
Laertius: 4, 279 (s. Laertiades, Ulysses)
Lamyrus: 3, 68
Laodamia: 9, 115
Laomedon: 6, 133
Laomedontaeus: 5, 458
Latagus: 5, 291
Latinus: 1, 4; 1, 31; 1, 69; 1, 256; 1, 298; 1, 324; 1, 425; 1, 442; 1, 462; 1, 471; 3, 49; 3, 71; 3, 122; 3, 124; 3, 236; 3, 340; 3, 344; 3, 446; 4, 100; 4, 438; 4, 523; 5, 119; 6, 17; 6, 342; 7, 500; 9, 90; 9, 459; 10, 59; 10, 489; 11, 53; 11, 68; 11, 135; 11, 140; 11, 142; 11, 354; 11, 432; 11, 459; 11, 489; 12, 18; 12, 38; 12, 223; 12, 324; 12, 325; 12, 554; 13, 80
Latium: 1, 21; 3, 190; 3, 248; 4, 35; 4, 42; 4, 48; 4, 521; 5, 509; 6, 166; 6, 242; 6, 344; 8, 163; 9, 232; 10, 69; 10, 537; 11, 56; 11, 71; 11, 83; 11, 120; 11, 122; 11, 137; 11, 152; 11, 212; 11, 259; 11, 325; 11, 460; 12, 449

Latius: 5, 131; 5, 183; 5, 189; 6, 215; 7, 343; 7, 497; 11, 90; 11, 375; 13, 135
Lato: 5, 75
Latona: 1, 680; 2, 237; 2, 238; 3, 376; 3, 408; 5, 414; 6, 75
Laureus Mons: 4, 235; 4, 384
Lavinia: 9, 235
Lavinum: 11, 125
Leda: 6, 229
Ledaeus: 9, 111
Lemnius: 5, 440; 13, 156 (s. Mulciber, Vulcanus)
Lentulus: 9, 298
Lethaeus: 10, 223
Lethe: 5, 480
Letum: 3, 32; 8, 387
Leucothea: 7, 531
Liber: 2, 220; 6, 45 (s. Bacchus, Iacchus, Lyaeus)
Libya: 1, 530; 1, 532; 4, 480; 7, 298; 9, 222
Libycus: 1, 521; 3, 141; 7, 70; 7, 154
Ligus: 1, 23; 2, 186; 4, 198; 4, 398; 4, 404; 4, 440; 4, 460; 4, 466; 4, 474; 4, 483; 5, 503; 5, 140; 9, 428; 10, 71; 10, 72; 10, 541; 11, 27; 12, 210
Linus: 9, 155
Lucanus: 4, 507; 5, 16; 10, 533
Lucifer: 2, 494; 4, 57; 7, 106; 7, 336; 8, 80
Lucretia: 9, 118
Luctus: 8, 386; 9, 261
Luna: 1, 39; 5, 76; 13, 281
Lunaris: 8, 373

Lyaeus: 1, 226; 1, 571; 3, 518; 6, 55; 7, 313; 8, 199; 11, 20; 11, 202; 13, 93 (s. Bacchus, Iacchus; Liber)
Lycaon: 4, 602
Lycaonius: 2, 233
Lycia: 1, 117; 6, 251; 11, 200
Lycius: 5, 192
Lycorias: 4, 305
Lycurgus: 12, 641
Lycus: 2, 118; 2, 122
Lydia: 6, 103
Lydius: 3, 193; 10, 417; 12, 312
Lydus: 1, 195; 2, 96; 2, 158; 2, 165; 2, 329; 2, 382; 2, 447; 2, 497; 2, 517; 3, 85; 3, 327; 3, 347; 3, 458; 3, 511; 4, 99; 6, 123; 6, 274; 6, 341; 6, 366; 7, 2; 10, 73; 10, 313; 10, 319; 10, 322; 10, 333; 10, 337; 10, 382; 10, 386; 10, 474; 10, 478; 10, 597; 11, 113; 11, 138; 11, 490; 12, 288; 13, 246; 13, 303; 13, 310
Lyrius: 12, 603; 13, 45
Maeonides: 4, 578; 9, 155
Maeonius: 1, 104; 6, 21; 10, 190; 12, 273; 12, 303
Maia: 10, 210; 10, 214
Malatesta: 1, 583; 7, 80; 7, 126; 8, 150; 8, 166; 8, 176; 9, 241 (s. Ausonides, Pandulphiades, Pandulphius, Pandulphus, Sismundus)
Malatestaus: 1, 611
Mantua: 1, 156; 4, 159
Marcellus: 9, 219
Mars: 1, 1; 1, 99; 1, 142; 1, 167; 1, 257; 1, 276; 1, 310; 1, 335; 1, 444; 1, 500; 1, 586; 2, 2; 2, 51; 2, 182; 2, 308; 2, 383; 2, 389; 2, 401; 2, 469; 2, 474; 2, 521; 3, 3; 3, 42; 3, 290; 3,

409; 4, 210; 4, 370; 4, 377; 4, 433;
4, 517; 5, 50; 5, 56; 5, 81; 5, 95; 5,
128; 5, 140; 5, 218; 5, 234; 5, 236;
5, 285; 5, 297; 5, 345; 5, 521; 6,
218; 6, 324; 7, 325; 7, 344; 9, 216;
10, 8; 10, 38; 10, 335; 10, 341; 10,
361; 10, 385; 10, 389; 10, 512; 10,
535; 11, 31; 11, 98; 11, 406; 11,
411; 11, 428; 11, 481; 11, 495; 12,
208; 12, 229; 12, 410; 12, 438; 12,
492; 12, 510; 12, 542; 12, 616; 12,
621; 13, 26; 13, 65; 13, 119; 13, 153
(s. Gradivus, Mavors)
Martius: 2, 452; 4, 436
Maurus: 13, 204
Maurusius: 7, 346; 10, 304
Mavors: 1, 264; 2, 128; 2, 473; 3,
70; 10, 16; 10, 499; 11, 32; 11, 64;
11, 223; 11, 461; 12, 414; 12, 622
(s. Gradivus, Mars)
Maximus (Fabius): 9, 218
Medea: 9, 129
Medus: 9, 231; 10, 43
Medusa: 1, 138
Megaera: 4, 77; 9, 291; 11, 383
Melampus: 3, 161; 3, 166; 12, 113
Melanippus: 3, 104; 12, 67
Melanthus: 12, 66
Melite: 4, 302
Menelaus: 2, 510
Mercurius: 1, 47; 7, 215; 10, 91; 10,
207; 10, 230 (s. Atlantiades,
Cyllenius)
Metaurus: 2, 77; 2, 316; 4, 178; 4,
229; 4, 502; 12, 569; 13, 330
Metus: 9, 261
Mezentius: 11, 133
Midas: 12, 129

Mincius: 1, 157
Minerva: 1, 265; 7, 268; 11, 406;
13, 61 (s. Pallas, Tritonia)
Minos: 5, 409; 9, 375
Mulciber: 1, 86 (s. Lemnius,
Vulcanus)
Musa: 1, 2; 2, 68; 2, 152; 4, 574; 8,
201; 8, 235; 9, 35; 9, 44; 9, 151; 10,
191; 12, 408; 12, 606
Mutina: 10, 48
Mutius: 5, 121
Mycenae: 7, 76; 9, 361
Narnius: 12, 142; 12, 532; 12, 568;
12, 573; 12, 580; 13, 291
Neptunus: 4, 266; 7, 164; 7, 356; 7,
421; 7, 484; 7, 485; 7, 503; 7, 535;
7, 555; 7, 594
Nereides: 4, 306
Nereis: 13, 159
Nereus: 1, 288; 4, 274; 5, 107; 8,
220; 8, 271
Nesee: 4, 302
Niceas: 6, 14
Nilus: 11, 211
Ninus: 9, 230
Notus: 1, 14; 1, 171; 1, 287; 1, 328;
1, 332; 1, 429; 1, 666; 2, 112; 2,
338; 3, 187; 4, 278; 7, 380; 7, 428;
7, 446; 9, 222; 10, 128; 10, 589; 12,
62
Nox: 5, 466; 8, 19; 9, 382
Numa: 9, 237
Numida: 2, 74; 3, 66; 3, 75; 6, 212;
6, 383
Oceanus: 1, 707; 2, 181; 2, 216; 2,
356; 2, 494; 5, 310; 5, 421; 5, 451;
6, 325; 6, 364; 7, 16; 7, 96; 7, 177;
7, 364; 8, 33; 8, 80; 8, 213; 8, 280;

8, 296; 9, 1; 10, 105; 10, 261; 10, 301; 10, 536; 10, 596; 11, 57; 11, 389; 11, 422; 13, 89
Odium: 9, 263
Oedipodes: 9, 361
Oedipodionides: 9, 188
Ogygius: 1, 545; 6, 45
Oilus: 3, 174; 3, 175
Olympius: 7, 360
Olympus: 1, 49; 1, 61; 1, 67; 1, 284; 1, 424; 1, 469; 1, 557; 1, 677; 1, 690; 1, 709; 2, 252; 2, 294; 2, 328; 2, 413; 2, 449; 2, 462; 3, 2; 3, 37; 3, 140; 3, 368; 3, 395; 4, 563; 5, 96; 5, 124; 5, 153; 5, 171; 5, 197; 5, 242; 5, 309; 5, 343; 5, 383; 5, 463; 5, 474; 6, 73; 6, 183; 6, 217; 6, 252; 7, 54; 7, 60; 8, 311; 8, 319; 8, 348; 8, 377; 9, 2; 9, 325; 9, 348; 10, 89; 10, 92; 10, 108; 10, 288; 10, 368; 10, 472; 10, 551; 12, 235; 12, 301; 12, 351; 12, 403; 12, 465; 12, 480; 12, 565; 12, 654; 13, 57; 13, 358
Omnipotens: 1, 87 (s. Deus, Iupiter, Saturnius)
Omophagus: 3, 193
Onirus: 5, 449 (s. Somnus, Sopor)
Orcus: 1, 601; 1, 699; 2, 82; 5, 374; 7, 239; 9, 375; 12, 230; 12, 280; 12, 412
Orestes: 3, 255; 3, 260; 3, 267; 7, 58; 12, 193
Orestius: 5, 292
Orion: 1, 176; 1, 302; 5, 155; 5, 276; 7, 396; 11, 388; 12, 345
Orithyia: 9, 128
Orontes: 3, 174; 10, 433; 12, 463
Orpheus: 8, 235; 9, 154; 9, 327

Orsilochus: 12, 122; 13, 201
Ortygia: 1, 116
Osiris: 11, 209; 12, 91
Ossa: 2, 427; 7, 173; 9, 325
Ossaeus: 2, 280
Otho: 11, 36
Otris: 12, 454
Otus: 9, 323
Padus: 4, 191; 4, 229; 4, 253; 11, 29 (s. Eridanus)
Padusaeus: 10, 205
Paeon: 1, 691; 1, 703; 2, 245; 2, 248; 2, 252; 2, 290
Palermes: 12, 602; 13, 5
Pallas: 1, 135; 5, 321; 7, 197; 7, 557; 7, 581; 10, 402; 11, 482; 12, 621; 12, 622; 13, 54; 13, 87; 13, 139 (s. Minerva, Tritonia)
Pallor: 9, 262
Pandareus: 11, 108
Pandulphaeus: 7, 488
Pandulphiades: 1, 660; 2, 19; 2, 22; 3, 202; 3, 360; 3, 448; 4, 219; 4, 389; 4, 423; 4, 446; 4, 473; 4, 496; 5, 78; 5, 297; 5, 312; 5, 345; 5, 443; 5, 490; 6, 158; 6, 256; 6, 288; 7, 112; 7, 342; 7, 534; 8, 121; 8, 162; 8, 230; 8, 298; 9, 55; 9, 120; 9, 131; 9, 381; 9, 414; 10, 593; 11, 59; 11, 197; 11, 349; 11, 360; 11, 371; 11, 418; 12, 70; 12, 119; 12, 190; 12, 252; 12, 282; 12, 449; 12, 472; 12, 491; 12, 568; 12, 570; 12, 618; 13, 70; 13, 197; 13, 286; 13, 319 (s. Ausonides, Malatesta, Pandulphius, Pandulphus, Sismundus)
Pandulphius: 1, 90; 1, 131; 1, 216; 1, 223; 1, 254; 1, 612; 1, 640; 2,

304; 3, 8; 3, 21; 3, 61; 3, 114; 3, 332; 3, 457; 3, 475; 4, 393; 4, 415; 5, 1; 5, 354; 5, 482; 5, 497; 6, 47; 6, 196; 6, 222; 6, 368; 6, 394; 6, 414; 7, 2; 7, 122; 7, 282; 7, 469; 8, 141; 8, 191; 8, 257; 8, 301; 9, 48; 9, 78; 9, 99; 9, 163; 9, 195; 9, 300; 9, 463; 10, 25; 10, 170; 10, 236; 10, 273; 10, 407; 11, 1; 11, 12; 11, 351; 11, 425; 12, 33; 12, 83; 12, 329; 12, 391; 12, 404; 12, 457; 12, 540; 12, 638 (s. Ausonides, Malatesta, Pandulphiades, Pandulphus, Sismundus)
Pandulphus: 1, 64; 1, 88; 1, 213; 1, 261; 1, 425; 1, 441; 1, 676; 2, 240; 2, 258; 2, 295; 2, 394; 2, 456; 2, 495; 2, 519; 3, 89; 3, 338; 3, 342; 3, 389; 3, 394; 3, 512; 3, 515; 4, 104; 4, 111; 4, 149; 4, 203; 4, 258; 4, 419; 5, 11; 5, 71; 5, 206; 5, 319; 6, 96; 6, 121; 6, 250; 6, 351; 7, 14; 7, 325; 7, 334; 7, 459; 7, 542; 7, 552; 8, 165; 8, 174; 8, 357; 9, 242; 9, 351; 10, 285; 11, 39; 11, 149; 11, 188; 11, 205; 12, 46; 12, 132; 12, 352; 13, 193 (s. Ausonides, Malatesta, Pandulphiades, Pandulphius, Sismundus)
Pannonius: 8, 176; 9, 243; 11, 314
Panope: 4, 303
Panthoides: 3, 321
Paphlagones: 4, 247; 4, 262
Parcae: 1, 38; 3, 250; 3, 384; 5, 367; 6, 321; 7, 249; 12, 326
Parius: 13, 346
Parma: 4, 196; 11, 30
Parnassus: 6, 74; 8, 237; 9, 39

Parthenius: 4, 250
Parthenope: 1, 54; 1, 251; 2, 179; 3, 312; 4, 17; 4, 506; 5, 8; 6, 295; 7, 5; 10, 507; 11, 368; 11, 474; 12, 315
Parthenopea: 2, 522; 10, 88; 11, 477
Parthus: 4, 528; 6, 68
Pasiphae: 9, 112
Pasithea: 1, 202
Patara: 2, 232
Patavus: 4, 264
Pelagon: 5, 290
Pelasgus: 4, 99; 6, 341
Peliacus: 2, 280
Pelias: 12, 66; 12, 244; 12, 272; 12, 456; 12, 556
Pelion: 2, 427; 7, 173
Pellaeus: 2, 372
Penates: 1, 356; 3, 96; 10, 75
Peneius: 6, 231
Pergama: 5, 459
Persa: 9, 231
Persephone: 8, 293; 9, 18
Perseus: 5, 406
Perusinus: 4, 203; 4, 213; 4, 234; 4, 379; 4, 386; 4, 397; 4, 407; 4, 467; 4, 490
Phaedra: 9, 128
Phaeton: 3, 465
Phegeus: 9, 429; 9, 432; 10, 234; 10, 238; 11, 8; 12, 115; 12, 121
Pherinas: 6, 315; 10, 83; 10, 311; 10, 334; 10, 365; 10, 399; 10, 497; 10, 521; 10, 556; 11, 260; 11, 324; 11, 446; 11, 448; 11, 450; 11, 471; 11, 479; 12, 6; 12, 12; 12, 56; 12, 65; 12, 68; 12, 139; 12, 162; 12, 245; 12, 265; 12, 294; 12, 463; 12,

486; 12, 494; 12, 498; 12, 538; 12, 603
Pherusa: 4, 297; 8, 66
Philippus: 2, 372; 4, 184; 4, 217; 4, 224; 4, 370; 4, 377; 4, 430; 4, 475; 4, 516; 4, 538; 4, 547; 5, 3; 5, 117; 5, 336; 5, 377; 5, 498; 5, 503
Phlegeton: 8, 308; 9, 377
Phlegraeus: 7, 175
Phlegya: 5, 401
Phoebaeus: 9, 162
Phoebus: 1, 506; 1, 533; 1, 688; 2, 237; 2, 292; 3, 376; 3, 397; 5, 293; 6, 59; 6, 76; 6, 81; 6, 183; 6, 230; 6, 250; 7, 31; 8, 107; 9, 36; 9, 153; 11, 422; 12, 264 (s. Apollo, Cynthius)
Pholus: 2, 423
Phorbas: 1, 385; 1, 502
Phorciades: 4, 514; 4, 539; 4, 552; 4, 556; 5, 3; 5, 9; 5, 42; 5, 43; 5, 63; 5, 132; 5, 144; 5, 193; 5, 199; 5, 205; 5, 207; 5, 214; 5, 248; 5, 260; 5, 282; 5, 285; 5, 311; 5, 335; 5, 350; 5, 356; 5, 360; 5, 369; 5, 485; 5, 504; 7, 366
Phorcius: 7, 369; 7, 370
Phryges: 11, 296; 12, 228; 13, 163
Phrygia: 3, 13; 12, 628
Phrygius: 4, 246; 4, 264; 5, 101
Phylleus: 12, 273; 12, 274; 12, 277
Picentes: 3, 352; 4, 516; 5, 37; 5, 52; 12, 187
Picenus: 2, 317; 3, 72; 4, 178; 4, 381; 4, 416; 4, 514; 4, 540; 4, 557; 5, 4; 5, 12; 5, 20; 5, 46; 7, 125; 7, 366; 12, 569; 13, 320
Picus: 6, 395; 6, 415; 6, 436; 6, 442
Pirithous: 5, 402; 7, 59; 9, 352

Pisa: 2, 324; 10, 495; 12, 507
Pisaeus: 10, 65
Pisanus: 11, 195; 13, 290
Placentia: 4, 195
Planctae: 10, 138
Pleiades: 4, 602
Podarces: 12, 458
Podarge: 2, 355
Podargus: 12, 642
Poenus: 1, 126; 2, 300; 2, 370; 9, 217; 10, 530; 10, 532
Polydemius: 3, 318; 3, 321
Populonia: 2, 50; 2, 385; 10, 59; 12, 508
Populonius: 2, 115; 2, 192; 3, 180; 3, 235; 3, 378; 6, 4; 10, 350; 11, 332
Priameius: 12, 338
Priamus: 11, 294
Priscus: 9, 239
Procris: 9, 127
Prometheus: 7, 182
Propontis: 10, 178; 12, 338
Proto: 4, 297; 8, 66
Psychea: 8, 72
Psycheia: 7, 18; 8, 34; 8, 64; 8, 93; 8, 260; 8, 361; 9, 379; 10, 263
Pulto: 12, 603; 13, 45
Pygmaei: 1, 419
Pylades: 7, 58
Pylius: 13, 312
Pyramus: 9, 117
Python: 6, 60
Quirinus: 3, 11
Quirites: 1, 474; 4, 501; 4, 572; 6, 100; 10, 69; 11, 31; 11, 43; 11, 427
Rabies: 3, 32; 9, 259
Rapinae: 8, 388
Reparata: 6, 274

Index nominum 559

Rhadamanthus: 5, 409; 7, 240; 9, 374
Rhodanus: 8, 224
Rhodius: 12, 68
Rhoeteius: 13, 143
Rhoetus: 12, 204
Risus: 8, 197
Robertus: 7, 125
Roma: 1, 118; 2, 203; 2, 369; 4, 35; 4, 534; 5, 54; 5, 62; 5, 506; 6, 104; 9, 94; 10, 69; 11, 31; 11, 85; 11, 128
Romanus: 1, 12; 1, 19; 1, 33; 3, 18; 4, 36; 4, 496; 4, 526; 4, 555; 5, 4; 5, 18; 5, 24; 5, 59; 8, 151; 9, 81; 9, 82; 9, 89; 9, 96; 9, 217; 10, 32; 11, 37; 11, 158; 11, 429
Romulides: 10, 45
Romulus: 4, 499; 9, 237
Rubico: 4, 123; 5, 82
Rubrius: 4, 216; 4, 433; 4, 440
Rutulus: 12, 67
Rymphus: 3, 216; 3, 219; 6, 394; 6, 433
Saguntus: 2, 369
Salius: 3, 255; 3, 260; 3, 265; 3, 266; 3, 278; 3, 288; 3, 292; 3, 300; 3, 301; 12, 113
Samos: 12, 337
Sapis: 2, 313; 4, 230; 11, 441
Sardus: 13, 215
Saturnius: 1, 46; 1, 406; 1, 413; 5, 418; 7, 227; 10, 598 (s. Deus, Iupiter; Omnipotens)
Saturnus: 1, 494; 9, 233; 11, 123; 11, 394
Scamander: 6, 138
Scarpax: 4, 463

Scylla: 4, 12; 10, 131; 10, 156; 10, 162; 10, 172; 10, 193
Selloe: 12, 148;
Semele: 5, 410
Sena: 2, 320; 13, 321
Seneucus: 11, 308
Senones: 3, 73
Servius: 9, 240
Sesamon: 4, 252
Siculus: 7, 152; 13, 103
Sigaeum: 5, 460
Sigismundus: 4, 225 (s. Sismundus)
Silenus: 1, 548
Silvanus: 9, 10
Sirenes: 4, 288
Sismundus: 1, 50; 1, 163; 1, 192; 1, 308; 1, 351; 1, 365; 1, 421; 1, 478; 1, 537; 1, 617; 1, 632; 1, 655; 2, 253; 2, 386; 2, 398; 2, 452; 2, 518; 3, 22; 3, 76; 3, 185; 3, 236; 3, 330; 3, 404; 3, 409; 3, 422; 3, 445; 3, 509; 3, 513; 4, 43; 4, 89; 4, 109; 4, 119; 4, 152; 4, 165; 4, 174; 4, 293; 4, 312; 4, 322; 4, 379; 4, 404; 4, 406; 4, 433; 4, 531; 5, 12; 5, 40; 5, 42; 5, 51; 5, 78; 5, 185; 5, 190; 5, 244; 5, 254; 5, 264; 5, 270; 5, 284; 5, 362; 5, 493; 6, 3; 6, 92; 6, 149; 6, 235; 6, 320; 6, 343; 6, 365; 6, 380; 6, 440; 7, 12; 7, 86; 7, 114; 7, 177; 7, 196; 7, 248; 7, 251; 7, 305; 7, 318; 7, 323; 7, 339; 7, 345; 7, 378; 7, 399; 7, 486; 7, 536; 8, 68; 8, 148; 8, 168; 8, 190; 8, 212; 8, 290; 9, 43; 9, 243; 9, 392; 9, 437; 9, 457; 10, 3; 10, 31; 10, 75; 10, 95; 10, 344; 11, 2; 11, 59; 11, 71; 11, 94; 11, 144; 11, 318; 11, 458; 11, 459; 11, 491;

12, 43; 12, 77; 12, 101; 12, 189; 12, 212; 12, 243; 12, 276; 12, 318; 12, 323; 12, 363; 12, 373; 12, 450; 12, 503; 12, 514; 12, 570; 13, 25; 13, 62; 13, 103; 13, 137; 13, 182 (s. Ausonides, Malatesta, Pandulphiades, Pandulphius, Pandulphus, Sigismundus)
Sisyphus: 7, 44; 7, 45; 9, 355; 9, 356; 10, 295
Sol: 1, 39; 1, 112; 1, 113; 1, 152; 1, 459; 2, 180; 4, 59; 4, 289; 7, 184
Solymi: 5, 212
Somnus : 1, 188; 5, 430; 5, 442 (s. Onirus, Sopor)
Sophoenus: 2, 255; 2, 259; 2, 288
Sopor: 1, 187; 1, 196; 5, 441 (s. Onirus, Somnus)
Soracte: 1, 117
Spio: 4, 305
Sthenelus: 6, 142; 12, 566
Stygius: 1, 358; 1, 601; 1, 693; 1, 699; 1, 701; 3, 113; 3, 150; 3, 171; 3, 200; 3, 251; 3, 276; 3, 393; 3, 471; 3, 492; 4, 73; 4, 592; 5, 374; 7, 38; 7, 46; 8, 92; 8, 217; 8, 309; 8, 310; 9, 45; 9, 322; 9, 390; 12, 230; 12, 281; 12, 283; 12, 412; 12, 543; 12, 611
Styx: 5, 469; 9, 368
Superbus: 9, 240
Syrtes: 7, 298; 10, 130
Taenarius: 8, 215
Tagus: 2, 122; 4, 432; 11, 447; 11, 473; 11, 481; 12, 94; 12, 139; 12, 150; 12, 169; 12, 643
Tanais: 12, 94

Tantalus: 7, 46; 8, 397; 9, 306; 9, 316; 10, 295
Taraco: 1, 107; 1, 444; 1, 598; 3, 190; 6, 210; 7, 21; 7, 248; 7, 252; 7, 271; 7, 281; 7, 301; 7, 330; 7, 338; 11, 255; 12, 244; 12, 533
Taraconius: 1, 541; 1, 583; 2, 20; 2, 73; 2, 85; 2, 157; 2, 329; 2, 341; 3, 75; 3, 289; 3, 357; 9, 407; 10, 15; 10, 82; 10, 240; 11, 450; 12, 254; 12, 314; 12, 430
Tarchon: 2, 120; 3, 170; 3, 193
Tartara: 3, 278; 5, 452; 8, 307; 8, 384; 8, 398; 9, 61; 9, 332; 10, 260; 11, 167
Tartareus: 3, 324; 3, 434; 5, 472; 7, 39; 7, 413
Taygetus: 12, 193; 12, 247
Telamon: 3, 254
Tellus: 1, 459
Telon: 13, 203
Tenedos: 1, 115; 2, 231
Terra: 4, 76
Tertois: 11, 36
Tethys: 2, 181; 5, 421; 6, 325; 10, 261; 10, 536
Teucri: 11, 146; 11, 148; 11, 169
Thalia: 4, 304
Thaumantias: 5, 151; 12, 464
Thaumantis: 7, 561
Thaumas: 1, 514
Thebae: 3, 254; 8, 289; 12, 565
Thebanus: 9, 183; 11, 202
Themis: 6, 73
Thereus: 12, 645
Theseus: 7, 59; 9, 193; 9, 352; 13, 307
Thetis: 13, 153

Thisbe: 9, 117
Thoas: 3, 243
Thous: 12, 456
Thraces: 3, 121
Thracius: 9, 327
Thracus: 11, 58
Thrasymedon: 12, 171
Thuscus: 2, 322; 2, 469; 5, 186; 10, 36; 10, 72; 10, 73; 10, 268; 10, 323; 10, 340; 10, 462; 10, 481; 11, 132; 11, 161; 11, 436; 12, 22; 12, 287; 12, 500; 13, 102
Tiberinus: 11, 438
Ticinus: 11, 28
Timavus: 4, 255
Tisiphone: 3, 323; 9, 289; 11, 384
Titan: 5, 468; 9, 304; 9, 346
Titanius: 8, 373
Tithonius: 8, 145
Tithonus: 13, 165
Tityus: 7, 43; 9, 338; 10, 293
Tolas: 12, 464
Tolonius: 13, 234; 13, 250; 13, 291; 13, 294
Tritones: 4, 324
Tritonia: 1, 137; 10, 404; 12, 514; 12, 621; 13, 139; 13, 146 (s. Minerva, Pallas)
Troes: 4, 99; 6, 341; 9, 183
Troia: 2, 368; 4, 251; 4, 265; 8, 259; 11, 106; 11, 296; 12, 339; 12, 628
Troianus: 6, 130; 11, 126; 11, 131; 11, 254; 12, 228
Tullus: 9, 238
Tydeus: 9, 189
Tydides: 9, 234; 11, 110; 13, 68; 13, 144
Tyndaris: 9, 358

Tyrinthius: 8, 215
Tyrrhenus: 1, 3; 1, 44; 1, 559; 2, 85; 2, 193; 2, 446; 2, 496; 2, 500; 3, 24; 3, 103; 3, 215; 3, 222; 3, 367; 3, 373; 3, 414; 3, 428; 4, 2; 4, 17; 4, 477; 4, 480; 6, 103; 6, 201; 6, 354; 6, 429; 7, 97; 7, 154; 8, 170; 8, 211; 10, 65; 10, 189; 10, 315; 10, 322; 10, 330; 10, 360; 10, 388; 10, 435; 10, 538; 10, 596; 11, 7; 11, 245; 11, 453; 12, 96; 12, 210; 12, 298; 12, 314; 12, 379; 12, 496; 12, 577; 12, 593; 13, 132; 13, 214; 13, 216; 13, 248; 13, 276; 13, 289; 13, 292
Tyrus: 3, 294
Ulysses: 4, 281; 8, 215; 10, 142; 10, 164; 10, 191 (s. Laertiades, Laertius)
Umber: 2, 321
Vada: 12, 500
Venetus: 4, 182; 4, 201; 4, 245; 4, 308; 4, 349; 4, 361; 4, 372; 4, 378; 4, 417; 10, 70; 10, 542 (s. Antenoridae)
Venus: 1, 187; 3, 13; 5, 102; 5, 399; 8, 198; 13, 54; 13, 65; 13, 95; 13, 127 (s. Cytherea)
Vesulus: 4, 190
Volaterra: 2, 27
Volaterranus: 2, 323
Voluptas: 8, 196
Vulcanius: 13, 83; 13, 125
Vulcanus: 1, 150; 5, 448; 7, 208; 13, 95; 13, 108; 13, 152; 13, 219; 13, 272 (s. Lemnius, Mulciber)
Vulnera: 8, 390
Xanthus: 2, 354; 6, 139
Xerxes: 10, 41

Zelia: 2, 233
Zephyreis: 8, 4; 8, 12
Zephyrus: 1, 14; 1, 62; 1, 171; 1, 287; 2, 355; 3, 138; 4, 121; 4, 395; 5, 342; 6, 434; 7, 18; 7, 380; 7, 429; 7, 433; 7, 446; 7, 525; 8, 34; 8, 49; 8, 52; 8, 96; 8, 99; 8, 109; 8, 120; 8, 130; 9, 402; 10, 94; 10, 117; 10, 263; 10, 274; 10, 281; 10, 286; 10, 579; 10, 585; 10, 589; 10, 590; 10, 595; 11, 4; 12, 62